财政部"十三五"规划教材
高等教育（成人/网络）工商管理专业系列教材

项目管理

主　编　赵树宽
副主编　孙　涛　魏康宁　王楠楠

中国财经出版传媒集团
经济科学出版社
Economic Science Press

图书在版编目（CIP）数据

项目管理/赵树宽主编 . —北京：经济科学出版社，2018.8
高等教育（成人/网络）工商管理专业系列教材
ISBN 978-7-5141-9671-9

Ⅰ.①项⋯　Ⅱ.①赵⋯　Ⅲ.①项目管理-高等学校-教材
Ⅳ.①F224.5

中国版本图书馆 CIP 数据核字（2018）第 195249 号

责任编辑：范庭赫
责任校对：杨　海
责任印制：李　鹏

项 目 管 理

主　编　赵树宽
副主编　孙　涛　魏康宁　王楠楠
经济科学出版社出版、发行　新华书店经销
社址：北京市海淀区阜成路甲 28 号　邮编：100142
总编部电话：010-88191217　发行部电话：010-88191522
网址：www.esp.com.cn
电子邮件：esp@esp.com.cn
天猫网店：经济科学出版社旗舰店
网址：http://jjkxcbs.tmall.com
北京密兴印刷有限公司印装
787×1092　16 开　32 印张　680000 字
2018 年 9 月第 1 版　2018 年 9 月第 1 次印刷
印数：0001—3000 册
ISBN 978-7-5141-9671-9　定价：85.00 元
(图书出现印装问题，本社负责调换。电话：010-88191510)
(版权所有　侵权必究　举报电话：010-88191586
电子邮箱：dbts@esp.com.cn)

前 言
INTRODUCTION

项目管理学科源于20世纪50年代的美国，1958年美国海军特种计划局和洛克希德航空公司在规划和研究在核潜艇上发射"北极星"导弹的计划中首先提出PERT技术，并在项目中得到了广泛应用。从60年代起，国际上许多国家和项目管理者对项目管理产生了浓厚的兴趣。国际上成立了以欧洲为首的国际项目管理协会（IPMA）以及以美国为首的美国项目管理协会（PMI），成为国际上最有影响力的两大项目管理专业机构，为国际项目管理推广工作做出了卓越贡献。20世纪80年代美国项目管理协会组织专家研究并推出项目管理知识体系（PMBOK），系统而全面总结了项目管理实践中成熟的理论、方法、工具和技术，提出项目管理十个知识领域（范围、时间、成本、质量、人力资源、沟通、风险、采购和利益相关者、集成），也包括一些富有创造性的新知识。

20世纪60年代，过去项目管理主要应用于建筑工程、国防工程两大领域，现在已经广泛应用于政府、科研、制造、电子、通讯、IT、金融、投资、农业、保险、咨询、服务等诸多行业，在各行各业中发挥着关键作用。

我国项目管理学科的发展起源于华罗庚推广的"统筹法"，中国项目管理学科体系也是由"统筹法"的应用而逐渐形成。真正的项目管理实践始于利用世行贷款的鲁布革水电站项目，1984年在国内按照国际惯例首先采用国际招标，利用现代项目管理思维、工具和方法，缩短了工期，降低了造价，取得了显著的项目管理效果。至此，我国许多大中型工程，如黄河小浪底工程、三峡工程相继实行现代项目管理体制，包括项目资本金制度、法人负责制、合同承包制、建设监理制等，也同样取得了预期的结果。特别是进入了20世纪90年代，随着信息系统工程、网络工程、软件工程的发展，以及大型工程项目建设和高科技项目开发，我国的跨国项目越来越多，国内许多企业纷纷走出国门，在海外投资和建设项目，促使项目管理理论与方法不断创新，推动了项目管理快速发展且更趋现代化。

在当今信息社会和知识经济时代中，环境与客户需求在不断变化，人们的生产方式已经由过去简单重复的生产活动为主逐步转向了以项目开发和项目实施活动为主的模式，项目已经成为社会创造精神财富、物质财富和社会福利的主要方式，项目管理也就成为发展最快和使用最为广泛的管理领域之一。

美国著名杂志《财富》（*Fortune*）预测项目经理将成为21世纪年轻人首选的黄金

职业，项目管理也正成为社会管理和企业管理现代化的重要内容。项目管理人才的培养成为现今社会的当务之急。21世纪是个知识爆炸的时代，知识更新速度越来越快，项目管理人才培养有多种途径和方法，随着知识经济时代的到来，互联网走进千家万户，借助电脑和网络掌握项目管理理论、技术和方法，学习项目管理经验成为社会的时尚与必然趋势。

本书以PMBOK理论框架为体系，基于项目生命期理论，依据项目启动、规划设计、实施和收尾交付过程，以计划、组织、领导、控制等管理职能为管理思路，进行了教材体系结构的构建。本书注重理论与实际的结合，强调项目管理理论、技术与方法在项目管理实践中的应用，注重具体项目案例和实例的介绍，以提高其可操作性。本书注重网络工具的应用，强调利用因特网信息量大，查询信息速度快的特点，达到快速更新知识、完善知识体系和丰富实践应用的目的。

本书可作为国内大学、高职学校工程管理、工商管理、财务管理、行政管理、信息管理、旅游管理、营销管理、人力资源管理、工业工程、房地产管理、物流管理等管理专业课堂教学和网络教学的项目管理教材，还可以作为各行业领域在职从事项目管理专业工作人员自学的专业参考书。

本书由赵树宽担任主编，孙涛、魏康宁和王楠楠担任副主编。丁荣贵教授对全书写作给予了悉心的指导。第1章由魏康宁编写，第2章由刘兴智编写，第3章由孙亚男编写，第4、6章由赵树宽编写，第5章由王平编写，第7章由张进智编写，第8章由曲斌编写，第9章由王楠楠编写，第10章由孙涛编写，第11章由李中华编写，第12章由王金安编写，第13章由张剑敏编写。

在本书的编写过程中，参阅和引用了部分国内外有关的研究成果和文献，在此一并向相关作者和机构以及帮助过本书编写和出版的朋友们表示诚挚的谢意。由于时间仓促，水平有限，书中缺点和错误在所难免，也有不少待完善之处，恳请广大读者和专家批评指正。

作　者

目 录
CONTENTS

第 1 章　项目管理概论 ··· 1

　1.1　项目概述 ·· 2
　1.2　项目管理概述 ··· 8
　1.3　项目管理的发展历程 ··· 16

第 2 章　项目组织 ·· 26

　2.1　项目组织的概念 ·· 27
　2.2　项目组织的特点与设计原则 ··· 29
　2.3　项目组织的结构形式 ··· 32
　2.4　项目经理的职能 ·· 42

第 3 章　项目立项与启动 ··· 55

　3.1　项目的需求分析与选择 ·· 56
　3.2　项目可行性研究与决策 ·· 62
　3.3　项目启动 ·· 74

第 4 章　项目策划、规划与设计 ·· 100

　4.1　项目策划 ·· 101
　4.2　项目规划 ·· 112
　4.3　项目设计 ·· 118

第 5 章　项目采购管理 ··· 132

　5.1　项目采购概述 ··· 133
　5.2　招标、投标与评标 ·· 138
　5.3　合同管理 ·· 158

第6章 项目进度管理 … 169
6.1 项目活动定义 … 170
6.2 项目进度计划的编制 … 178
6.3 项目网络进度计划的制订 … 182
6.4 项目作业计划 … 191
6.5 项目进度计划工期费用优化 … 192
6.6 项目资源配置与优化 … 195
6.7 项目进度计划的控制 … 201

第7章 项目成本管理 … 215
7.1 项目成本管理概述 … 216
7.2 项目成本管理规划 … 223
7.3 项目成本估算 … 227
7.4 项目成本预算 … 234
7.5 项目成本控制 … 241

第8章 项目质量管理 … 256
8.1 项目质量管理概述 … 257
8.2 项目质量规划 … 268
8.3 项目质量控制 … 276
8.4 项目质量保证 … 285
8.5 项目质量监督 … 288

第9章 项目风险管理 … 295
9.1 项目风险的概念与分类 … 296
9.2 项目风险管理的内容与方法 … 302
9.3 项目风险管理规划 … 307
9.4 项目风险识别 … 311
9.5 项目风险估计与评价 … 316
9.6 项目风险应对 … 320
9.7 项目风险监控 … 322

第10章 项目人力资源管理 … 332
10.1 项目人力资源管理的概念和主要内容 … 333
10.2 人员配备管理计划 … 335
10.3 项目团队管理 … 343
10.4 项目团队绩效评价 … 354

10.5　高效项目团队的建设 ·· 361

第 11 章　项目沟通与冲突管理 ·· 366

　　11.1　项目沟通 ·· 367
　　11.2　项目沟通管理 ··· 390
　　11.3　项目冲突 ·· 411

第 12 章　项目利益相关方管理 ·· 421

　　12.1　项目利益相关方的定义 ··· 422
　　12.2　项目利益相关方的构成及其职责 ··· 425
　　12.3　项目利益相关方管理 ··· 443

第 13 章　项目收尾与后评价 ··· 455

　　13.1　项目的竣工验收 ··· 456
　　13.2　项目资料的交付 ··· 467
　　13.3　项目结算与决算 ··· 470
　　13.4　项目审计 ·· 477
　　13.5　项目回访与保修 ··· 483
　　13.6　项目后评价 ·· 488

第1章 项目管理概论

【本章学习目标】

1. 掌握项目、项目群、项目组合的概念
2. 了解项目生命周期的四个阶段
3. 掌握项目管理和项目治理的概念
4. 了解现代项目管理的特点
5. 了解项目管理的主要内容
6. 了解项目管理的发展历程

【重要概念】

项目（project）

项目群（program）

项目组合（project portfolio）

项目生命周期（project life cycle）

项目管理（project management）

项目管理知识体系（project management body of knowledge，PMBOK）

【开篇案例】

项目管理在企业中的应用[①]

道格，全球建筑公司的CEO，正在向董事会做年终总结报告。像其他大的建筑公司一样，全球建筑公司经历了非常困难的一年，他们不得不靠降低运营规模并裁减部分员工以渡过难关。在董事会上，一位董事问道格："您认为在过去的一年里公司取得的最大成就是什么？"道格思考了片刻，回答道："这是一个非常好的问题，盖博。老实说，我认为我们今年能渡过难关最主要的原因就是我们是一个真正的项目型组织。我们在成功选择和实施项

[①] 此案例来源于 Schwalbe, K.（2015）. An Introduction to Project Management, Fifth Edition: With a Brief Guide to Microsoft Project 2013. Createspace Independent Publishing Platform.

目能力上有了很大的提升。我们所有的项目都与我们的商业战略目标相一致，而且我们有一整套落实项目的具体措施。另外，不像我们很多的竞争对手一样，我们对市场变化的反应很快。我们现在具备了在整个公司范围内管理各类项目的能力，我们的项目管理办公室（Project Management Office，PMO）主任——玛丽，在这方面工作非常出色。我相信，这些能力将帮助我们在未来几年取得成功。"

有人认为，驱动21世纪新型商务企业发展的原动力是项目管理。现代项目管理虽然是一门从西方传入的新兴学科，但究其起源，却与人类生产活动密切相关。自从人类开始有组织地进行活动，就一直实施着各种规模和不同类型的项目。诸如万里长城和金字塔等著名文明遗迹展示了古代在大型工程项目管理方面卓越的成就。现在，随着项目管理被应用于越来越多的领域，如建筑、金融、工程、电子、通信、计算机、航空航天、服务等，项目管理的重要性被越来越多的组织和企业所认识。企业决策者认识到，运用项目管理的知识、工具和技术可以为他们大大减少项目选择和运作中的盲目性，从而降低项目失误带来的巨大损失。而那些拥有良好项目管理教育和实践经验的人员早已成为各类大公司追逐的对象。因此，有必要对项目管理进行系统的学习。

1.1 项目概述

要想了解项目管理，首先必须明白什么是项目（project）。请看下面几个例子，考虑一下他们有什么相同之处：

一对年轻夫妇雇了一家装修公司帮他们装修新房；
举办一次生日晚会；
苹果公司发布新一代 iPhone 手机；
公司准备开发一个新的办公系统；
某城市某段道路正在维修；
进行一次市场调研。
以上事件虽然各不相同，但都代表了不同类型的项目。

1.1.1 项目的定义与特征

项目在人们的生活和工作中随处可见，小到一个生日聚会、一次搬家、一场旅游，大到一个工程项目、一届奥林匹克运动会、一场春节晚会，这些都是项目。美国项目管理专业资质认证委员会主席保罗·格雷斯（Paul Grace）曾经说过："在当今社会中，一切都是项目，一切也将成为项目"。

美国项目管理协会[①]（Project Management Institute，PMI）对项目的定义是：项目是组织进行的一个暂时性的努力付出，在一段事先确认的时间内，运用事先决定的资源，以生产一个独特的产品、服务或者结果。

这个定义表明，项目是一个在资源约束下进行的过程。项目通常具有三重约束：时间、费用和性能（质量）。项目的外在表现形式虽然多种多样，但项目之间总有共性。这些共性构成了项目的基本特性，并把项目与公司的日常运作活动（operation）区别开来。

项目与运作的区别

企业内部开展的工作可以分为两部分：一个是日常运作，一个是项目。日常运作和项目的主要区别在于：日常运作是连续不断和重复的，而项目是一次性和独特的。

项目的基本特征表现在：

（1）它有一个明确的目标。每一个项目都是一个特定的项目产品，是为一个明确的目标而成立的。

（2）由一系列互相关联的任务构成。

（3）所有的项目都具有有限的资源。比如时间、人力和成本等。

（4）项目具有独特性、一次性的特征。每个项目都是不同的，它有明确的开始和结束时间，是一个临时性组织。

一般来说，项目具有以下基本特性：

（1）项目具有明确的目标。任何项目都是为了实现一定的目标，其结果可以是一件产品，也可以是一项服务。项目目标的制定通常需要依照一定的工作范围、时间、成本和资源约束。项目的目标一旦确定，一般不能轻易改动。当然，如果项目的内外部环境发生了巨大的变化，项目的目标就得修正，甚至发生实质性的变化。一旦项目的目标发生了实质性的变化，它就不再是原来的项目了，随之产生的将是一个新的项目。例如，"京九"项目的目标就是在三年之内将贯穿南北的交通大动脉分阶段地全程贯通，其质量要符合铁道部和建设部的要求，其成本要在预算约束之内。

（2）项目的独特性。项目是一件事情，是一项独一无二的任务；而公司日常运作则是连续不断、周而复始的重复活动。从过程角度来说，项目具有独特性。每个项目都有自己的特点，每个项目都不同于其他的项目。项目所产生的产品、服务或完成的任务与已有的相似产品、服务或任务在某些方面有明显的差别。项

[①] 美国项目管理协会成立于1969年，是一个由项目管理专业领域内的研究人员、学者、顾问和经理组成的全球性的专业组织机构。目前在全球超过185个国家和地区拥有60多万会员和证书持有人。由PMI组织编写的《项目管理知识体系指南》是目前项目管理领域内的权威教科书。该协会推出的项目管理领域的资格认证（Project Management Professional，PMP）是全球权威的项目管理资格认证。

目自身有具体的时间期限、费用和性能质量等方面的要求。有些项目因为其自身的特点而具有独特的性质，例如三峡工程；有些项目虽然提供的产品和服务类似，但因其特定的需求，发生的时间、地点、内外部环境不同，项目的实施过程和项目本身就具有独特性。例如，装修公司承担新房装修项目，不同的客户可能在装修风格上有不同的要求，不同的客户装修预算、时间要求也会不一样，因此每个新房装修项目都具有自己的独特性。

（3）项目实施的一次性。每一个项目都具有明确的开始时间和结束时间，都是一次性的任务。每个项目都应该根据自身的条件和所处的环境进行管理，因此项目的实施具有一次性。项目实施的一次性是区别于公司日常运作活动的最大特点。例如，建设一家水泥厂是一个项目，需要具有明确的起止时间；但建成投产之后日常的水泥重复性生产活动就不再是项目，而只是企业的日常运作活动。

（4）项目组织的临时性和开放性。不同于根据职能进行划分的企业活动，项目一般需要具有各种专业技术/才能的人协同合作，形成项目小组。随着项目的进展，小组里的成员及其职能都在发生不断变化，项目结束时项目小组也会随之解散。因此，项目组织具有临时性。现代项目往往需要多个甚至上百个单位/组织共同协作，它们通过合同、协议以及其他的社会联系组合在一起。因此，项目组织没有严格的边界，体现了它的开放性。

（5）项目的不确定性。项目在实施过程中受各种资源因素及内外环境因素的约束。由于这些因素不可避免地会发生变化，因而项目在具体实施中不可能完全按照计划进行，由此所带来的偏差就导致了项目的不确定性，也就是说，项目在实施过程中具有风险。例如，一个建筑项目可能会因为突发的恶劣天气导致暂时停工，从而影响项目按时完成；由于经济环境的变化（例如货币的贬值、原材料价格的上涨等），项目的实际成本可能会高于预估成本，造成项目超预算；由于供应商供应的原材物料质量出现问题，从而影响项目的质量。这些不确定性都会影响项目的成功。因此，在项目实施之前，对可能影响项目的内部要素和外部环境进行充分分析是十分必要的。在项目的实施过程中，也要对项目进行有效的管理和控制，防止项目目标与计划出现偏差。

1.1.2 项目的生命周期

1. 项目生命周期

从根本上说，项目就是一系列的活动，它是指项目从开始到结束的整个过程，而不仅仅是指项目最后移交给客户的产品或者服务。PMI 认为，项目生命周期（project life cycle，PLC）就是由项目各个阶段按照一定顺序所构成的整体，项目生命周期有多少个阶段和各阶段的名称取决于组织开展项目管理的需要。一般来说，项目从开始到结束包括四个阶段，即项目启动、规划设计、组织实施和收尾交付阶段。这四个阶段构成了项目的生命周期（见图 1-1）。表 1-1 总结了这四个阶段的主要内容①。

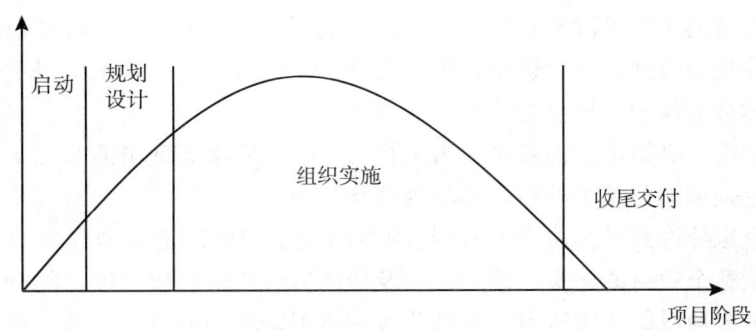

图 1-1　项目生命周期

表 1-1　项目的生命周期

阶段	名称	主要内容
1	项目启动阶段	进行项目决策，确定项目定位、项目需求和目标，确定项目章程，估算项目所需投资，建立项目组织，确定项目组织的关键成员，正式启动项目
2	项目规划设计阶段	进行项目策划，做好项目产品设计及组织设计，制订项目计划，做好项目的准备工作
3	项目组织实施阶段	依据项目计划组织项目实施，在实施过程中进行检查，评估状态，有问题进行纠偏，或进行计划的修订，直至完成项目
4	项目收尾交付阶段	质量验收、资料验收、决算结算、项目总结、项目交付、人员安排和项目后评价等工作

PMI 的项目生命周期定义是从项目管理和控制的角度出发，强调了项目过程的阶段性和项目生命周期的管理作用，实际上项目生命周期就是一种开展项目管理的方法和工具。在实践中，不同专业领域的项目会有很大差别，其生命周期描述也会有很大的不同。如一般工程建设项目的生命周期可以划分为项目可行性研究与立项阶段、项目计划与设计阶段、项目实施阶段和项目交付使用阶段；而信息系统开发项目的生命周期可以划分为概念定义阶段、用户需求调查阶段、系统分析阶段、系统设计阶段、系统实施阶段、系统测试阶段、用户培训阶段和系统转轨和运行阶段等 8 个阶段。

2. 项目全生命周期

项目全生命周期（whole life cycle）20 世纪 60 年代出现在美国军界，主要用于军队航母、激光制导导弹、先进战斗机等高科技武器的管理上。从 20 世纪

---

① 此表来源于傲姿时代项目管理教材开发项目组（2001）. 项目管理基础［M］. 北京：清华大学出版社，2001.

70年代开始，全寿命周期管理理念被各国广泛应用于交通运输系统、航天科技、国防建设、能源工程等各领域。所谓全寿命周期管理，就是从长期效益出发，应用一系列先进的技术手段和管理方法，统筹规划建设、生产、运行和退役等各环节，在确保规划合理、工程优质、生产安全、运行可靠的前提下，以项目全寿命周期的整体最优作为管理目标。

在系统论、决策论、信息论、组织行为学、运筹学等理论的基础上，现代项目管理理论强调项目整个寿命周期的管理和控制。

英国皇家特许测量师协会RICS把项目的全生命周期定义为"项目的全生命周期是包括整个项目的建筑、使用，以及最终清理的全过程。项目的全寿命周期一般可划分成项目的建造阶段、运营阶段和清理阶段。项目的建造、运营和清理阶段还可以进一步划分为更详细的阶段，这些阶段构成了一个项目的全寿命周期。"

从这个定义可以看出，项目全寿命周期包括了一般意义上的项目寿命周期（项目建设周期）和项目运营的生命周期（运营到清除的周期）两个部分，具体如图1-2所示。

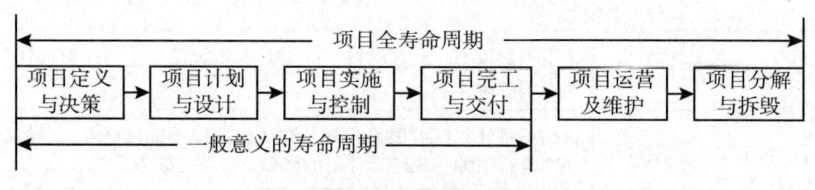

图1-2 项目寿命周期示意

全生命周期管理具有与其他管理理念不同的特点：

（1）全生命周期管理是一个系统工程，需要全面综合系统考虑各阶段的工作内容及相互关系，只有这样，才能实现各阶段目标，确保最终目标的实现。

（2）全生命周期管理贯穿于项目全过程，并在不同阶段有不同的特点和目标，各阶段的管理环环相连。

（3）项目全寿命周期管理既具有阶段性，又具有整体性，要求各阶段工作具有良好的持续性。

（4）全生命周期管理的参与主体多，并相互联系、相互制约。

（5）全生命周期管理具有复杂性，由项目全生命周期管理的系统性、阶段性、多主体性决定。

1.1.3 项目的分类

项目按照不同的划分标准，可以划分为不同的类型。以下列举几种常见的分类。

1. 按项目的规模分类

根据项目投入的劳动力、投资额、项目持续时间等各项指标，可以将项目按规模分为大型项目、中型项目和小型项目三类。在采用这种分类方法时，不同的国家和地区、不同的行业会有不同的标准。比如我国工程项目根据项目的合同额和项目年完成营业额确定各项目的规模等级。

2. 按项目的复杂程度分类

不同的项目所包含的内容、所应用的技术、组织关系、涉及到的利益相关方数量及其相互关系的复杂程度是不一样的。根据这些差异，可以把项目分为复杂项目和简单项目。复杂项目的特点是所涉及的内容多，应用技术、组织关系和人员的关系都比较复杂。简单项目则不同，其项目内容相对比较简单，使用技术、组织关系和人员关系等也都比较简单。值得注意的是，这两类项目的划分是相对的，它们之间并不存在着一个明确的界限。

3. 按项目所在的行业分类

按项目所在的行业，项目可以分为工业项目、投资项目、农业项目、IT项目、军事项目、水利项目等。对于同一行业的项目，我们又可以按照不同的划分标准进行分类。例如，投资项目按性质不同可以分为基本建设项目和更新改造项目；按其规模又可分为大型、中型和小型投资项目。

4. 按项目实施领域分类

按项目实施领域可以把项目分为新产品开发项目、科研项目、技改项目、工程建设项目、服务项目等。

1.1.4 项目与项目群、项目组合

在现代企业中，与项目紧密相关的另外两个概念是项目群（program）和项目组合（project portfolio）。他们三者相互结合，已成为企业实现战略目标的重要手段。图1-3给出了它们三者之间在范围上的关系。

PMI对项目群的定义是：一组有相互关联关系的项目，经过协调统一管理，以便获取单独管理时无法取得的效益和控制。项目群中的项目需要共享组织的资源，需要进行项目之间的资源调配。通过这种方式，企业可以更加有效合理地利用资源。例如，一家建筑工程公司目前正在承担两个项目：一栋高层民用住宅项目和一栋多层民用住宅项目。这两个项目就可以组合为一个项目群。这样做的一个好处是，可以充分利用这两个项目的相似性，对需要的共同原材料、审批手续等进行统一处理，可以大大提高项目实施的效率和效果。

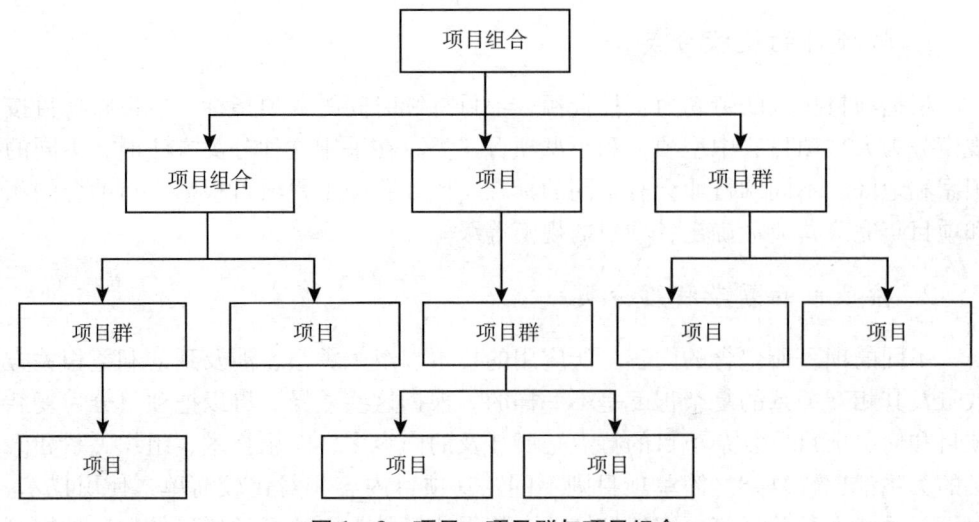

图1-3 项目、项目群与项目组合

项目组合是一组项目和/或项目群的集合，这种集合有利于企业对其进行有效管理，以实现企业的战略目标。对项目组合的管理则称之为项目组合管理。它可以帮助企业在可利用资源和企业战略计划的指导下，通过项目评价选择、多项目组合优化，进行多个项目或项目群投资的选择和支持，确保项目符合企业的战略目标，从而实现企业收益最大化。

与项目群管理相比，项目组合更多的是从企业战略和总体业务目标出发，根据分类评价和风险分析后归纳在一起的一个组合，组合的各个要素（项目或者项目群）之间可能没有业务或者技术方面的联系，它们组合在一起仅仅是为了实现企业战略目标。例如，一家建筑工程公司的战略目标可能是提高项目边际收益、降低成本、提升关键技术人员能力。那么，项目或者项目群就可以按照这三个目标进行分类，形成三个项目组合。

1.2 项目管理概述

项目已经成为企业的生存方式，是企业实现战略目标的重要载体。随着社会发展与科技进步，项目的规模越来越大，其中所涉及的技术工艺越来越复杂，项目投资者对项目质量的要求也越来越高。因此，项目管理已经成为提高项目生命力的关键。项目管理是指运用各种相关技能、方法与工具，为满足或超越项目有关各方对项目的要求与期望，所开展的各种计划、组织、领导、控制等方面的活动。

1.2.1 项目管理过程

与项目生命周期所对应，项目管理一般包括五个过程，即启动、计划、执行、控制和收尾。下面简单介绍五个过程的主要目标。

（1）启动过程。明确并核准项目或项目阶段，即确定一个项目或某阶段的开始并要求着手实施的过程。一般包含客户识别需求、可行性研究、立项、初步集成方案及项目章程确立等。

（2）计划过程。即制定有效的、可执行的详细的计划，保证实现项目目标。一般包括确定和细化目标，并为实现项目目标和完成项目要解决的问题范围而规划必要的行动路线。

（3）执行过程。协调人与其他资源，以实施项目管理计划。

（4）控制过程。定期测量并监控绩效情况，发现偏离项目管理计划之处，通过采取纠正措施来实现项目的目标。

（5）收尾过程。正式验收产品、服务或成果，并有条不紊地结束项目和项目阶段。收尾过程包括正式结束项目或项目阶段的所有活动，将完成的成果交付他人或者结束已取消的项目的各个过程。这一过程一旦完成，就证实了该项目或者该项目过程已经完成。

这五个过程支持项目生命周期的四个阶段。项目生命周期的四个阶段是从项目实现过程的角度考虑的，是一次进行，不可能重复的。而项目管理的五个工作过程并不是独立的一次性过程，它贯穿于项目生命周期的每一个阶段，项目的任何一个阶段都包含一个或几个"启动—计划—执行—控制—收尾"的管理工作过程。

1.2.2 项目管理的职能

项目管理作为一种管理活动，其基本职能主要分为计划、组织、协调、评价与控制。

1. 计划职能

项目计划就是根据项目目标的要求，对项目范围内的各项活动所作出的合理安排。它系统地确定项目的任务、进度和完成任务所需的资源等，使项目在合理的工期内，用尽可能低的成本和以尽可能高的质量完成。项目计划是把项目活动全过程、全目标都列入计划，通过统一的、动态的计划系统来组织、协调和控制整个项目，使项目协调有序地达到预期目标。

项目的成败首先取决于项目计划工作的质量。任何项目的管理都要从制订项目计划开始，项目计划是确定项目协调、控制方法和程序的基础及依据；是制定和评价各级执行人的责权利的前提；是项目经理和项目工作人员工作的行动指南；是对项目进行评价和控制的标准。

2. 组织职能

组织有两重含义，一是指组织机构，二是指组织行为（活动）。项目管理的组织是指为进行项目管理、完成项目计划、实现组织职能而进行的项目组织机构的建立、组织运行与组织调整等组织活动。项目管理的组织职能包括五个方面：组织设计、组织联系、组织运行、组织行为与组织调整。

项目组织是实现项目计划、完成项目目标的基础条件，组织的好坏对于能否取得项目成功具有直接的影响。项目组织职能侧重于建立一个高效率的项目管理体系和组织保证系统，通过合理的职责划分、授权，运用各种规章制度以及合同的签订与实施，确保项目目标的实现。

3. 协调职能

项目的协调管理，即是在项目存在的各种结合部或界线之间，对所有的活动及力量进行联结、联合、调和，以实现系统目标的活动。项目经理应在协调各种关系特别是主要的人际关系中处于核心地位。

4. 评价控制职能

项目计划只是根据预测而对未来作出的安排，由于在编制计划时难以预见的问题很多，因此在项目组织实施过程中往往会产生偏差。如何识别偏差、消除偏差或调整计划，保证项目目标的实现，这就是项目管理的评价与控制职能所要解决的。

项目评价是项目控制的基础和依据，项目控制则是项目评价的目的和归宿。项目的控制就是在项目实施的过程中，运用有效的方法和手段，不断分析、决策、反馈，不断调整实际值与计划值之间的偏差，以确保项目总目标的实现。项目控制往往是通过目标的分解、阶段性目标的制定和检验、各种指标定额的执行，以及实施中的反馈与决策来实现的。

经营管理之父——亨利·法约尔

法约尔提出的管理活动的五种要素是其最主要的贡献。这五种要素实际上就是管理的五种职能，并形成一个完整的管理过程。法约尔的主要管理理论贡献有：

1. 六项经营活动

经营活动包含的六种活动是：

(1) 技术活动，指生产、制造、加工等。
(2) 商业活动，指购买、销售、交换等。
(3) 财务活动，指资金的筹集和运用。
(4) 安全活动，指设备和人员的保护，预防偷盗、火灾、水灾，消除罢工、行凶等。
(5) 会计活动，包括存货盘点、资产负债表的制作、成本核算、统计等。
(6) 管理活动，包括计划、组织、指挥、协调、控制等五种要素。

2. 管理活动的五种要素

(1) 计划。即预测未来和制订行动计划。

(2) 组织。即企业在物质资源和人力资源方面结构的确立。

(3) 指挥。就是通过指令调配生产，使组织充分发挥其作用。

(4) 协调。就是让企业人员团结一致，使企业中的所有活动和努力都得到统一与和谐。

(5) 控制。就是检验企业中发生的每一件事是否同所拟订的计划、发出的指示和确定的原则相符合，其目的是发现错误、改正错误和防止重犯错误。

3. 管理十四条原则

法约尔根据自己的管理经验，总结出十四条管理原则：

(1) 劳动分工。

(2) 权力与责任。

(3) 纪律。

(4) 统一指挥。

(5) 统一领导。

(6) 个人利益服从整体利益。

(7) 人员的报酬。

(8) 集权。

(9) 等级制度。

(10) 秩序。

(11) 公平。

(12) 人员的稳定。

(13) 首创精神。

(14) 团结精神。

1.2.3 项目管理主要内容

明确了项目管理的概念和项目管理的过程，就要进一步了解在实际的项目管理中具体要涉及到哪些方面的管理。这个问题可以从已有的两个项目管理知识体系中得到回答。目前国际上的两个项目管理知识体系分别由两个国际项目管理组织提出。一个是以欧洲国家为主的组织——国际项目管理协会（International Project Management Association，IPMA）；另外一个是以美国为主的组织——美国项目管理协会（Project Management Institute，PMI）。IPMA 拥有一个应用标准《国际项目管理专业资质标准》（IPMA Competence Baseline，ICB），其对项目管理者的素质要求大约有 40 个方面，针对项目管理人员专业水平的不同将项目管理专业人员资质认证划分为四个等级，即 A 级、B 级、C 级、D 级，每个等级分别授予不同级别的证书。PMI 总结了项目管理专业领域所需要的知识，开发了世界上第一套《项目管理知识体系》，这个体系简称为 PMBOK（Project Management

Body of Knowledge）。目前这个体系已成为项目管理领域的权威教科书。在此我们主要介绍这一体系。

PMBOK 从知识领域的角度将项目管理划分为 10 个知识领域：项目综合管理、项目范围管理、项目时间管理、项目成本管理、项目质量管理、项目人力资源管理、项目沟通管理、项目采购管理、项目风险管理和利益相关方管理。图 1-4 列出了这 10 个知识领域及其主要过程。

图 1-4 PMBOK 项目管理知识体系

（1）项目综合管理。它是一个综合性过程，是为了正确地协调项目所有各组成部分而进行的各个过程的集成。其核心就是在多个互相冲突的目标和方案之间作出权衡，以便满足项目利益相关方的要求。项目综合管理主要由三个关键过程组成。第一，开发计划过程，这一过程是制订项目计划；第二，执行计划过程，这一过程是执行项目计划，实际开展列入项目计划中的各项活动；第三，变更控制过程，此过程协调贯穿或者影响整个项目的变更。

（2）项目范围管理。就是确保项目不但完成全部规定要做的，而且也仅仅是完成规定要做的工作，最终成功地达到项目的目的。基本内容是定义和控制列入或未列入项目的事项。其主要过程包括：启动项目（启动）；对项目进行范围规划，编写项目范围说明书，以此作为决策的基础（范围规划）；将主要项目可交付成果进一步划分，划分为较小的、更加易于管理的组成部分（细分子项目）；正式认可项目的范围（范围核实）；控制项目范围的变更（范围变化控制）。

（3）项目时间管理。是为了保证能在规定时间内完成项目所有活动的一系列管理过程。其主要过程包括：识别为完成项目各种可交付成果所必须进行的诸项具体活动（活动定义）；找出活动间的依赖关系（活动排序）；对完成各项活动所需要的时间进行估算（活动时间估计）；分析各项活动顺序、活动资源的要求，编制项目时间进度（进度编制），控制调整项目进度计划的变化（进度控制）。

（4）项目成本管理。它是为了保证完成项目的实际成本、费用不超过预算成本、费用的一系列管理过程。其主要过程包括：确定为完成项目诸项活动所需的各类资源（例如人力、材料、设备等）的种类及数量（资源规划）；对规划好的资源进行成本、费用的估算（成本估计）；将估算的总成本分摊到各个工作细目中（成本预算）；控制项目成本预算的变更（成本控制）。

（5）项目质量管理。它是为了保证项目能够满足客户所设定的各种要求而进行的一系列管理活动。其主要过程包括：确定哪些质量标准适用于本项目，同时确定如何实现这些质量标准（质量规划）；对项目进展情况进行及时全面的评价，以保证项目能够达到规定的质量标准（质量保证）；对项目各种结果进行监督控制，确定已完成工作符合相关的质量标准，对未达到质量标准的，找出原因，制定改进措施（质量控制）。

（6）项目人力资源管理。它是保证所有参加项目者的能力和积极性都能够得到最有效地利用和发挥而进行的一系列管理活动。其主要过程包括：确定、记录并分派项目参与者角色、责任及他们之间的相关关系（组织规划）；招聘项目所需的人力资源，并将他们安排到合适的岗位（人员组织）；培养项目团队成员及集体的能力，提高整个项目管理的水平（团队建设）。

（7）项目沟通管理。它是保证项目信息及时、准确地提取、收集、传播、存储以及最终进行处置的一系列管理活动；是在人、思想和信息之间建立联系，这些联系对于取得成功是必不可少的。参与项目的每一个人都必须用项目"语言"进行沟通，并且要明白，他们个人所参与的沟通将会如何影响到项目整体的沟通与管理。项目沟通管理侧重于信息本身，其主要过程包括：确定项目所有参与者对沟通与交流的要求，例如谁需要什么样的信息，何时需要，应以何种形式交接等（沟通计划）；将所需要的信息及时准确的传递到所有项目利益相关方手中（信息传递）；收集并分发传播项目的信息（实施情况）；提取、收集并分发传播表示项目完成的资料（信息总结）。

（8）项目风险管理。在项目的实施过程中可能会遇到各种不确定的因素，需要对这些因素进行识别分析，并采取对应措施，这个管理过程就是项目风险管理。其主要目的是把有利因素带来的积极结果尽量扩大并加以利用，把不利因素带来的后果降到最低程度。其主要过程有：确定有哪些风险因素会影响到本项目（风险识别）；估计这些风险因素可能发生的范围及其发生可能性的大小（风险量化）；确定对不同风险采取的不同措施及对策（风险对策研究）；对项目实施过程中对风险进行监控，针对风险出现的变化采取应对措施（风险对策实施）。

（9）项目采购管理。它是为了从项目组织外部获取所需货物或服务而采取的一系列管理措施。其主要过程包括：确定要采购何种货物或服务以及何时采购（采购计划）；编制货物或服务要求文件并找出潜在的来源（征集采购申请）；根据具体情况比较价格，从可能的买方中进行合理选择（货源选择）；与卖方签订并管理合同（合同管理）；完成并结算合同（行政收尾）。

（10）项目利益相关方管理。项目利益相关方包括项目当事人和其利益受该项目影响（收益或受损）的个人和组织，也称为项目干系人、项目利益相关者、利害关系者。每一个项目的实施，都需要项目诸多方面当事人的参与，这些单位和人的行为决定了项目的成功率。一般来说，在项目中我们常见的利益相关方有：受项目结果影响的部门或人员；影响项目结果的部门和人员；有决定权的人员；与项目相关的专家；为项目提供数据/信息的部门和人员等。项目管理从本质上说是对项目利益相关方的管理。项目利益相关方管理侧重于对利益相关方期望及参与程度的管理。项目利益相关方不参与项目开发，或者对项目过度干预，都是造成项目失败的直接原因，也是很多项目失败最主要的原因。项目利益相关方管理的主要过程包括：识别利益相关方；对识别的利益相关方根据其权力的大小、影响力等因素进行分析；根据分析结果对不同利益相关方制定不同的管理方案；对利益相关方的参与进行管理与控制。

1.2.4 项目管理的意义

项目管理作为一次性创造活动的管理模式，已成为适应知识经济时代最具生命力的管理工具之一，项目管理的能力和水平将构成知识经济时代个人和组织的核心竞争力。美国项目管理协会执行总裁卡特先生（Virgfi Carter）指出："随着全球经济的一体化以及科学技术的日新月异，项目管理作为一次性创造活动的管理模式，已成为适应新经济时代最具生命力的管理工具之一。"项目管理理论、工具及方法的应用可以大大降低项目风险、减少项目成本并提高项目成功率。因此，进行项目管理具有重要的意义。概括起来，主要有以下三点。

1. 通过项目管理可以避免大型复杂工程的失误

我国从20世纪80年代起开始在部分重点建设项目中尝试运用项目管理模式。从华罗庚引进统筹法以来，中国项目管理无论从学科体系上，还是实践应用上都取得了突飞猛进的发展。虽然项目管理在我国的起步较晚，但是它的重要性和关键性已众所皆知，现在，项目管理已不再是一个陌生的名词。近年来，随着科学技术的不断发展和我国经济的持续稳定增长，越来越多的大型工程项目呈现在人们眼前。比如已经完成的三峡工程、北京2008年奥运会工程和仍在进行中的高速铁路工程和巨型港口建设工程等。这些项目具有不同于一般工程项目的特点：其项目范围巨大，呈现出复杂的特性；其工期长，导致不可预见风险增多；项目参与方众多，导致项目管理难度增大；工程涉及范围广，与社会、经济、环境、生态等相互影响。这些特性导致无论是投资者还是承建者都无力承担因为管理失误而带来的巨大损失。只有采用现代科学的项目管理理论与方法，才能做好项目的组织实施和风险应对，确保项目总目标及三个分目标（时间、成本、质量）的优化与实现。

2. 采用项目管理工具和方法，有助于目标系统的管理与项目参与方之间的协调

项目管理是一个复杂系统工程，涉及进度、质量、合同、财务、物资、风险、文档等诸多方面的工作，同时又涉及到众多利益相关方，如承约商、客户、供应商、政府部门、社会公众等。不同工作和不同项目利益相关方对项目都有不同的目标，这些目标组成了项目的目标系统。其中有些目标可能会相互制约。比如，项目管理有四个要素：范围、时间、质量、成本。对一个项目来说，最理想的情况就是"多、快、好、省"。"多"指工作范围大，"快"指时间短，"好"指质量高，"省"指成本低。但是，这四者之间是相互关联的，提高一个指标的同时会降低另一个指标。这时候就必须采取项目管理的工具和方法，对项目实施的全过程进行有效协调与监控，才能兼顾各个子目标，保证项目总目标的实现。

3. 项目管理能促使专业人才的成长

项目管理的应用已经从 20 世纪 80 年代仅限于建筑、国防、航天等传统行业迅速发展到今天的计算机、电子通信、金融业甚至政府机关等众多领域。各类不同的项目有不同的专业性，因此对人才的要求各不相同。现代的管理强调"以人为本"，各种不同的项目要求在技术上和管理上都要有各类专业人才，因此项目管理对各类专业人才成长提供了一个良好的环境，对专业人才成长和使用极为有利。

中国航天工业的发展

中华人民共和国的航天事业起始于 1956 年。中国发展航天事业的宗旨是：探索外太空，扩展对地球和宇宙的认识；和平利用外太空，促进人类文明和社会进步，造福全人类；满足经济建设、科技发展、国家安全和社会进步等方面的需求，提高全民科学素质，维护国家权益，增强综合国力。中国发展航天事业贯彻了国家科技事业发展的指导方针，即自主创新、重点跨越、支撑发展、引领未来。集中来说，中国发展载人航天事业的意义有如下几个方面：

1. 载人航天事业是人类历史上最为复杂的系统工程之一，它的发展取决于整个科技水平的发展。同时，它也影响整个现代科学技术领域的发展，同时对现代科学技术的各个领域提出了新的发展要求，从而可促进和推动整个科学技术的发展。一个国家载人航天技术的发展，可以反映出这个国家的整体科学技术和高科技产业水平，如系统工程、自动控制技术、计算机系统、推进能力、环控生保技术、通信、遥感以及测试技术等诸多方面。它也能体现这个国家近代力学、天文学、地球科学和空间科学的发展水平。

2. 发展载人航天是当今各国综合国力的直接体现。各发达国家在发展战略

上都将增强综合国力作为首要目标，其核心就是高科技的发展，而载人航天技术就是其主要内容之一。一个国家如果能将自己的宇航员送入太空，不仅仅是国力的体现，而且也将在很大程度上增强民众的自豪感，提高民族精神，增强凝聚力。特别是"神舟飞船"计划获得成功，如同60年代的"两弹一星"工程一样，将引起全世界的瞩目，提升我国的国际地位。

3. 毫无疑问，在地球资源日渐枯竭的未来，对太空资源的开发和利用就日渐重要。而载人航天技术显然在其中占有重要地位。浩瀚的太空是拥有丰富资源的巨大宝库，载人航天事业就是通向这个宝库的桥梁。"太空工厂"几乎像是在变魔术一般，在微重力、真空和无对流的条件下，制造出地球上难以形成的合金材料和其他的相关产品，可以想象如果说前三次工业革命给人类带来了巨大的财富，那么这次由太空技术引发的"新工业革命"最终将改变整个人类社会的现有模式，"Made In Space"的字样将充满整个市场的各个角落。中国要想在未来市场中占据一席之地，离不开开发太空资源的基础——载人航天技术。

4. 载人航天事业的发展标志着人类的发展进入到一个新的阶段。以往只有在科幻电影中才能见到的镜头，将一步步在我们的现实生活中实现。人类转移到其他星球上居住和生活将不再是幻想，完全可以开发出更加美好的生活空间，来解决生活空间越来越拥挤的现状，对于中国特别重要。

1.3 项目管理的发展历程

1.3.1 国际上项目管理的发展历程

国际上通行的观点认为，项目管理始于20世纪40年代，是第二次世界大战后的产物，是为国防建设项目而创建的一种管理方法。项目管理在国际上的发展基本上可以划分为两个阶段：以20世纪80年代为分界线，之前称为传统项目管理阶段，之后称为现代项目管理阶段。

在传统项目管理发展阶段，项目主要集中在国防、建筑、航天等少数行业。此时采用的项目管理方法被认为主要致力于项目预算、规划和为达到特定目标而借用的一些运营管理的方法，是在相对较小的范围内所开展的一种管理活动。当时的项目经理更多的是担任项目具体执行者的角色，即他们被动地接受一项指定的任务或工作，并根据上级不间断的指令去完成自己负责的项目。最早的项目管理成功的例子是美国的阿波罗登月计划。从这些项目中，人们逐渐认识到项目管理的重要作用，并逐渐形成项目管理的两大研究体系，即1965年在欧洲成立的国际项目管理协会（IPMA）和1969年在美国成立的美国项目管理学会（PMI）。这两个协会通过卓有成效的工作，积极推动了国际项目管理现代化的发展。

国际项目管理协会（IPMA）

国际项目管理协会（International Project Management Association，IPMA）创建于1965年，是一个在瑞士注册的非营利性组织，是国际上成立最早的项目管理专业组织，目的是促进国际间项目管理的交流，为国际项目领域的项目经理之间提供一个交流各自经验的论坛。

IPMA的成员主要是各个国家的项目管理协会，到目前为止共有英国、法国、德国、中国、澳大利亚等60多个成员组织（NA），中国项目管理研究委员会（PMRC）是其中之一。这些国家的组织用它们自己的语言服务于本国项目管理的专业需求，IPMA则以广泛接受的英语作为工作语言提供有关需求的国际层面的服务。

为了达到这一目的，IPMA开发了大量的产品和服务，包括研究与发展、教育与培训、标准化和证书制以及有广泛的出版物支撑的会议、讲习班和研讨会等。

这个阶段创造了许多项目管理方法与工具，并一直沿用至今，例如关键路径法（CPM）和计划评审技术（PERT）。在这一期间诞生了一些有说服力的项目。1957年，杜邦公司将关键路径法（CPM）应用于设备维修，使维修停工时间由125小时锐减为7小时；1958年，在北极星导弹设计项目中，美国人应用计划评审技术（PERT），将项目任务之间的关系模型化，使设计完成时间缩短了2年；20世纪60年代著名的阿波罗登月计划，项目耗资300亿美元，2万家企业参加，40万人参与，动用700万个零部件，由于采用了网络计划技术，各项工作进展有序，取得了很大的成功。

进入20世纪80年代后，各类项目日益复杂、建设规模日趋庞大，项目外部环境变化频繁，项目管理的应用也从传统的军事、航天逐渐拓展到建筑、石化、电力、水利等各个行业，项目管理成为政府和大企业日常管理的重要工具。同时，随着信息技术的飞速发展和信息系统工程、网络工程、软件工程、大型建设工程以及高科技研发项目等新领域的出现，现代项目管理的知识体系和职业逐渐成形，项目管理进入现代项目管理阶段。在这个阶段，项目已经成为社会创造精神财富、物质财富和社会福利的主要方式，在企业和社会发展中的作用越来越重要，现代项目管理也成为发展最快和使用最为广泛的管理领域之一。

现代项目管理阶段在学术发展方面主要体现在项目管理专业教育体系的建立和项目管理理论与方法的研究与应用方面。国际上有许多大学相继建立和完善了项目管理专业的本科生和研究生教育体系。通过这一阶段的学术发展，已经形成了专业化的理论和方法体系，例如，1987年美国项目管理学会发布了项目管理知识体系，总结了项目管理实践中成熟的理论、方法、工具和技术。同时，在这一阶段，国际标准化组织还以美国项目管理学会（PMI）的项目管理知识体系指南等文件为框架，制订了 ISO10006 这一关于现代项目管理的标准。

1.3.2 我国项目管理发展的历程

我国对项目管理的理论研究和管理实践起步较晚。我国一些高校和研究机构在 20 世纪 70 年代末开始做这方面的引进和介绍工作，并在 1991 年成立了全国性的项目管理学会——中国项目管理研究委员会（PMRC）。此委员会从成立以来做了大量开创性工作，为推进我国项目管理事业的发展，促进我国项目管理与国际项目管理专业领域的沟通与交流起到了积极的作用。

同时，我国开始积极在实践中应用项目管理理论。其中最为著名的例子是 1984 年的云南鲁布革水电项目。鲁布革水电项目是我国第一个利用世界银行贷款的项目，也是我国第一个实行国际招标的水电建设工程。工程运用先进的项目管理手段，摆脱了鲁布革项目前期"投资大、工期长、造价高、见效慢"的困境，实现了工期短、成本低、质量好的效果。这个项目对当时我国工程建设在管理体制、劳动生产率和报酬分配等方面产生了重大影响，形成了"鲁布革冲击"，使人们真实地看到了项目管理技术的作用。

系统工程学家——钱学森

钱学森（1911.12.11~2009.10.31），汉族，吴越王钱镠第 33 世孙，生于上海，祖籍浙江省杭州市临安。他是世界著名科学家和空气动力学家，中国载人航天的奠基人，中国科学院及中国工程院院士，中国"两弹一星"功勋奖章获得者，被誉为"中国航天之父""中国导弹之父""中国自动化控制之父"和"火箭之王"，1955 年钱学森放弃国外优越的工作条件毅然回到祖国，在他的带领下中国导弹、原子弹的发射向前推进了至少 20 年。

项目管理理论虽然在我国一直得到重视和积极应用，并取得了良好的效果，但从目前来看，项目管理在我国的发展还存在一些不足之处。比如，项目管理虽然在许多行业中都得到了应用，但目前主要在工程建筑等行业有较大的影响力，其理论技术也主要被这些行业的从业人员所熟悉和采用。以至于很多人对项目管理概念产生误解，认为项目管理就是工程建设项目管理。目前，IT 行业应用项目管理成功的例子越来越多，很多相关英文经典著作也相继被引入我国并开始在高校使用，这为推动我国项目管理学科理论与实践发展起到了积极推动作用。

华罗庚的优选法

早在 20 世纪 70 年代，由于数学家华罗庚教授的大力宣传和推广优选法，全国各行各业都将优选法运用于生产实践，从而产生了巨大的经济效益。有研究表明,用这种"优选法"做16次试验相当于用"均分法"2500多次试验所达到的精度。实践证明,在选择合适的生产条件、进行新产品的试制、确保达到产品质量的情况下,"优选法"确实能让我们快速选择最佳方案。

例如:某保健饮料开发公司在试验配制一种新型饮料时,需要加入某种化学成分G。根据已往的研究经验,估计每100公斤饮料大约可加入G的量在1000~2000克之间。要研究出其口感、营养、颜色、气味俱佳的饮料,就需要做大量的试验。如果以每10克作一次试验的话,就要作100次试验,显然这样就要耗费许多人力、物力、财力以及时间。现在,该公司采用"优选法",用一张有刻度的纸条表示1000~2000克,在纸条的1618处画一条线,1618这一点实际上就是这张纸的黄金分割位置即0.618倍;用算式表示为:

$1000 + (2000 - 1000) \times 0.618 = 1618$

取1618克化学成分G加入100公斤饮料中做一次试验。然后把纸条对折起来,前一线(1618)落在1382处画线。显然,这两条线对于纸条的中点是对称的。数值1382可以计算出来,即:

$1000 + (2000 - 1618) = 1382$

这个算式可以写为:左端点+(右端点-前一点)=后一点

再取1382克化学成分K加入100公斤饮料中,再做一次试验。

把两次试验的效果进行比较,如果认为1382克的浓度比较低,则在1382处把纸条的左边一段剪掉(反之,就在1618处剪掉右边的一段)。把剩下的纸条再对折一次,再画线,再做实验,并将实验结果与前面的实验效果比较,如此反复进行试验、比较,逐步接近最好的加入量,直到满意为止。

在使用"优选法"时,要根据以往的研究和经验来确定试验范围,这是非常重要的。当然,有时候最优点可能在试验范围之外,这时可在做过几次试验后,再在剪掉的另一段做一次试验,若试验效果好就必须向该端扩大试验范围。

1.3.3 项目管理师资质认证

有学者认为,项目管理在我国成为真正热门的学科是从项目管理师资质认证开始的。项目管理师是指掌握项目管理原理、技术、方法和工具,参与或领导项目的启动、计划、组织、执行、控制和收尾过程的活动,确保项目能在规定的范围、时间、质量与成本等约束条件下完成既定目标的人员。项目管理师资质认证是一种对项目管理专业人员知识、经验、能力水平和创新意识的综合评估证明,具有广泛的认可度和专业权威性。目前在我国主要存在两种认证体系:一是国际认证体系,包括 PMP(Project Management Professional)和 IPMP(International Project Management Professional);一个是国内认证体系,主要是 CPMP(China Project Management Professional)。

1. PMP

PMP 认证是由 PMI 在全球范围内推出的针对项目经理的资格认证体系,通过该认证的项目经理叫 PMP（项目管理专业人员）。自从 1984 年以来，PMI 就一直致力于全面发展并保持一种严格的、以考试为依据的专家资质认证项目，以便推进项目管理行业和确认个人在项目管理方面所取得的成就。国内自 1999 年开始推行 PMP 认证，由 PMI 授权国家外国专家局培训中心负责在国内进行 PMP 认证的报名和考试组织。该认证通过两种方式对报名申请者进行考核，以决定是否颁发给 PMP 申请者 PMP 证书。国家外国专家局培训中心为引进机构，不参加培训事宜。中国区的 PMP 培训由 PMI 的 REP 全球授权机构和国家外国专家局授权的机构来进行培训①。PMP 在中国的认证，是完全由 PMI 组织考试，有关 PMP 的认证程序、培训、考试等均使用英语，现在正逐步汉化，采用英汉对照式。

PMP 是项目管理界含金量最高的证书，在全球 185 个国家和地区得到了高度认可。PMP 已经被认为是项目管理专业身份的象征，是项目经理人取得的重要资质，获得 PMP 证书标志着个人的项目操作水平已得到 PMI 确认，具备国际专业项目操作水平，有资格从事项目的操作。

2. IPMP

IPMP 是国际项目管理协会（IPMA）在全球推行的四级项目管理专业资质认证体系的总称，目前已得到 30 多个国家的推广和认可。它有 4 个级别，即 IPMP A 级：国际特级项目经理；IPMP B 级：国际高级项目经理；IPMP C 级：国际项目经理；IPMP D 级：国际助理项目经理（见图 1－5）。每个人可根据自己专业水平自由选择相应级别的认证。

IPMP 是经 IPMA 授权，由中国项目管理研究委员会（PMRC）正规引进的。PMRC 是我国唯一的、跨行业的项目管理专业组织，并且唯一代表中国加入 IPMA 成为其会员国组织，与世界各国项目管理专业组织有着广泛的国际交流，我国各行各业许多高级项目管理专家是 PMRC 的会员。IPMP 的引进不是全盘照搬，而是按照 IPMA 的要求，PMRC 参照国际项目管理专业资质基准，结合中国国情，建立了中国项目管理知识体系与国家项目管理专业资质基准，在获得 IPMA 的认可后，IPMA 才授权 PMRC 引进、推广 IPMP。PMRC 已将 IPMP 认证程序、认证培训、认证考试等全部汉化。IPMP 是符合中国国情并与国际接轨的项目管理专业资质认证。

3. CPMP

中国项目管理师（CPMP）是中华人民共和国劳动和社会保障部在全国范围内推行的项目管理专业人员资格认证体系的总称。它分四个等级，即项目管理员、助理项目管理师、项目管理师、高级项目管理师，每个等级分别授予不同级别的证书。学员经培训并考试合格后，获得相应级别的证书。

---

① 资料来源于 PMP 考试网。

头衔	能力	认证程序			有效期
		阶段1	阶段2	阶段3	
国际特级项目经理 Certified Projects Director （IPMA Level A）	能力= 知识+经验 +个人素质	A	项目群管理报告	面试	5年
国际高级项目经理 Certified Senior Project Manager （IPMA Level B）		B	申请 履历 项目清单 证明材料 自我评估	项目报告		
国际项目经理 Certified Project Manager （IPMA Level C）		C		笔试 二选一： 案例研讨或 短项目报告		
国际助理项目经理 Certified Project Management Associate （IPMA Level D）	知识	D	申请 履历 自我评估	笔试		无时间限制

图 1-5　IPMA 全球四级证书体系

CPMP 作为国家职业资格考试，具有广泛的认可度和专业权威性，代表了我国政府对项目管理专业从业人员资格认证的最高水平。国家职业资格项目管理师证书已成为我国政府部门和各企事业机构组织对项目管理专业人员素质考核的主要参考因素，是对项目管理专业人员执业、求职、任职的基本要求。

【本章小结】

项目是组织进行的一个暂时性的努力付出，在一段事先确认的时间内，运用事先决定的资源，以生产一个独特的产品、服务或者结果。项目具有明确的目标、独特性、一次性、项目组织的临时性和开放性及不确定性等特点。

项目从开始到结束包括四个阶段，即项目启动、规划设计、组织实施和收尾阶段。这四个阶段构成了项目的生命周期。项目全生命周期包括建设期和运营期,直到项目报废为止,它是系统考虑项目的全过程,以实现项目整体最优。

项目管理是指运用各种相关技能、方法与工具,为满足或超越项目有关各方对项目的要求与期望,所开展的各种计划、组织、领导、控制等方面的活动。项目管理一般包括启动、计划、执行、控制和收尾五个过程。

PMBOK从知识领域的角度将项目管理划分为10个知识领域:项目综合管理、项目范围管理、项目时间管理、项目成本管理、项目质量管理、项目人力资源管理、项目沟通管理、项目采购管理、项目风险管理和项目利益相关方管理。

【推荐读物】

1. 袁义才,陈军. 项目管理手册[M]. 北京:中信出版社,2001.
2. PMI网站:http://www.pmi.org.
3. Schwalbe, K. (2015). An Introduction to Project Management, Fifth Edition: With a Brief Guide to Microsoft Project 2013. Createspace Independent Publishing Platform.
4. 池仁勇. 项目管理(第三版)[M]. 北京:清华大学出版社,2015.
5. 何清华. 建设项目管理信息化[M]. 北京:中国建筑工业出版社,2011.
6. 傲姿时代项目管理教材开发项目组. 项目管理基础[M]. 北京:清华大学出版社,2001.

【复习讨论题】

1. 什么是项目?请写下自身经历过的五个项目。
2. 简述项目与企业日常运作的区别。
3. 请描述项目管理的五个阶段。
4. 请描述项目管理的知识领域。

【网上练习】

请查阅并分析国内有影响的项目,如鲁布革工程、三峡工程项目、航空航天工程、奥运工程、碧桂园森林城市等项目的成功经验。

【案例分析】

一切都将成为项目——长天企业如何做好项目管理

项目管理是20世纪50年代后期发展起来的一种计划管理方法。它一出现就引起举世瞩目。1975年美国杜邦公司把这种方法应用于设备维修,使维修停工时间由125小时锐减为7小时;1985年美国人在北极星导弹设计中,应用项目管理技术,竟把设计完成时间缩短了两年。

传统的项目管理以技术为导向,而在网络技术快速发展,知识成为企业核心竞争力的今天，项目管理更有了新的发展。长天公司在项目管理方面的做法给了我们耳目一新的感觉。他们充分利用现代先进技术手段，将知识管理、管理会计等先进的管理理念与科学严谨的项目管理方法有机结合，既发挥了项目管理方法上的优势，又为传统的项目管理插上了知识管理的翅膀。

学习是一个必不可少的过程。长天公司首先是从美国项目管理组织 PMI 引入了整套成熟的项目管理方法。在全公司进行项目管理思想的普及培训；使得项目管理深入到公司每一个层面，长天公司成为全员项目管理的企业。当然，原样学习可以，原样照搬或许就没有出路了。在深入学习和大量实践探索的基础上，长天公司形成了独具特色和竞争力的项目管理方法，并运用此方法不断提高项目水平，不断地在激烈的市场竞争中胜出。

1. 长天公司的方法论

据长天公司竞争力促进中心的行业总工程师李云峰先生介绍，长天的项目管理主要体现出管理方法、风险控制、知识管理等方面的特色，而且，公司还在不断地调整组织结构，不断地研究和推广更加有效的项目管理。

首先在方法上，长天公司的项目管理有阶段化管理、量化管理和优化管理三个层面。

阶段化管理指的是从立项之初直到系统运行维护的全过程，长天公司按照自己的运作模式将项目分成小的阶段。比如，对于应用开发项目，划分为项目准备、业务调研、外观包系统、系统设计、开发及测试、联调及验收、上线、推广以及维护等 9 个阶段。而对于产品开发项目，则划分为市场调研、产品设计、编程、测试、制作手册和产品打包等 6 个阶段。每个阶段都有明确的目标和成果验收，以及必要的监督回馈，这样就能够很好地减少项目经理和客户的分歧，增加项目风险的可控性。在项目经理提交给客户的需求分析和初始报告里，就已经把每个阶段要完成的工作，可出的成果，甚至具体到有多少个界面，都清晰地描述出来了。这样，在每个阶段完成后，客户和项目负责人都能够比较清楚地了解项目的进展、完成情况，以及客户对项目完成部分的满意程度。同时，也方便进行项目组成员的绩效评估。

量化管理也很重要。长天公司把项目的方方面面尽可能地进行数量化，做到责任清楚。给客户做软件，时常碰到这种问题，如：某阶段成果 A（包括 A1、A2、A3 等不同部分）出来了，客户看了以后，可能认为 A1 完全符合要求，A2 根本就不对，A3 虽然有毛病但改改还可用等。那么，这其中的问题出在哪里？责任该由谁负？责任又有多大呢？为此，必须把各种目标、投入、成果等分类量化。比如，用明确的模块或子系统表达客户需求，精确计算 A1、A2、A3 每部分花费人工、物力、财力等。把各种量化指标存入数据库，就能够轻而易举地解决上述的问题了。而且，每个阶段都有清晰的量化管理，也非常有利于整个项目进程的推进。

优化管理就是分析项目每部分所蕴含的知识、经验和教训，更好地发扬项目进程中的经验，吸取教训，在全公司传播有益的知识。再如前面例子，通过分析发现 A1 部分的领头人能力强，就可以让他以后多带几个人，使他的知识和经验更好地发挥成效。A2、A3 部分为什么不成功？是客户的需求没提清楚，是理解的错误，还是设计的问题？通过这些分析后，有利于进一步优化项目管理。

2. 项目风险控制

长天公司认为，目前国内软件项目管理最困难的在于需求分析。国外企业的业务较规范，需求很清楚，但国内企业或组织往往不能清楚地描述自己的需求，造成软件的项目管理难度加大，甚至项目失败。对此问题，长天的解决办法是运用信息分析模型来形成外观包需求说明书。信息分析模型用于把业务调研的结果进行分析，然后将其转型为外观包，即对设计员和程序员都清晰、直观的图表或其他表达方式。另外，长天公司在与客户订立合同时还明确界定，一定程度的客户需求变更或需求引申，将视为合同变更，应重新评估费用。

在项目运作过程中，通过部门合作，用提供项目信息报告的方法，共同监控风险。财务部的报告运用 ABC（activity based costing）核算法，主要报告关于项目花费的去向、阶段财务状况等。分析项目进行各阶段的钱是如何花的，就能够大致清楚项目进展的情况。比如说清楚了某阶段需求说明、市场推广、开发或者其他行为各花了多少钱，通过对比这个阶段是否该在这种活动上花这些钱，就能够及时地判定当前阶段或者前一阶段在项目管理上存在的问题。商务部主要提供收款情况方面的报告。商务部的收款计划和对外定货付款计划都是向前看（forecast），将收、支计划提供给财务部以方便财务部调拨资金，如有盈余可做其他投资或安排。人力资源部则主要提供全公司员工知识，技能方面的报告，根据项目进程不断更新人员知识库，帮助每个项目组随时找到所需人员。所以，不只是一个项目经理，而是所有部门都在配合记录有关信息，分析项目进程，保障项目顺利进行。以前可能是项目经理掌握着 80% 以上的有关项目的专有信息（只在他的脑子里），在这种规范化管理后，项目经理掌握的专有信息将只有 40% 或更低，如果项目经理因故离职，接任者能比较容易地把握项目进展，从而降低公司因为人员流动造成的风险。

适当的项目管理在项目风险控制中非常重要。但如果缺乏有效的测评体系，项目团队将无法了解自身绩效，企业也可能对项目失去控制。长天公司在项目每个阶段结束时，都有规范的报告送交无形资产管理部，每位员工交工作报告到信息管理部，项目结束时，还要交详尽的项目报告给项目管理部，同时，使用"项目计划与进展分析表"全面反映项目各阶段的财务、人力以及成果情况，通过预测过程和实际进展状况的对比分析，由各相关部门，客户一起来监管项目进程，及时发现问题，尽早调整偏失，以最大限度地避免损失。

3. 组织的知识积累

长天公司项目管理的第三个特色就是组织的知识积累。软件行业不同于传统行业。比如建筑业，建第一幢房子花 1000 万元，建一模一样的第二幢、第三幢同样各需要 1000 万元，费用差别不大。但对于软件行业，设计开发第一个软件系统花费 1000 万元，再完成第二、第三个相类的系统，需要多少投入可就不一定了，成本差别会非常大。其关键就在于公司知识积累做得如何。

长天公司积累知识的方法是：人员专业化培养，知识与载体分离。公司培养员工向不同方向发展，有技术特长的，培养他发展技术的深度；有其他专业特长的，比如精通税务、财务等，则培养成业务专家。公司要求员工各有专业特长，一方面他会热爱这个工作，更重要的是他拥有个人核心竞争力，会很自信，对个人的未来充满信心。在长天公司，人力资源部提供的专业支持可帮助项目经理方便快捷地组成项目团队。因为长天企业的人力部有一套知识指数（长天公司自创）对每个员工以及全公司的知识进行评估管理。具体的做法是，把需要度量的知识实体分为固定知识（项目成果）和流动知识（参与人员），再把知识实体的价值体现划分成不同的度量平面。根据所有知识实体在不同度量平面上的知识度量值，可以形成不同的知识平面指数和公司知识指数，并可根据此知识指数体系来全面分析公司的知识积累状况，并迅速做出恰当的反应。比如，一段时期内公司金融行业知识指数下降较大，那么人力部可能就要考虑招聘精于金融行业的人员了。再如，某财务系统项目需要组织团队，只要查询一下系统，查一下知识指数，就能找到合适的人才。知识与载体分离体现的是，在组织中人力资本与组织资本是有区别的，简单地说，人力资本属于员工个人，企业只可租借使用；而组织资本就是8小时以外员工带不回家的企业资产，它为公司所有。对企业来说，相比于人力资本，组织资本更为重要。一个管理者（领导者）必须知道如何容纳和积累知识，使之为公司所有。

长天公司认为，软件开发项目最重要的是人的思想和潜能，所以项目管理成果积累的核心就在于积累思想和知识。天长公司建立了动态适应性的组织结构，而且不停地进行调整，调整的目的在于更加有利于对项目的管理。在长天的总部，划分为多个逻辑公司LC（Logical Company），其中LCO和LCV比较特殊，分别构成公司的行政管理平台和价值管理体系，而其他的LC则分别组织各个行业的项目和产品开发。LCV下设竞争力促进中心、协作协调中心、风险商务中心、管理财务中心等机构，这些价值管理机构开发并构架了长天公司的价值体系，并在每个项目进行过程中，真正实施知识积累。这套管理模式的运用，更多地使长天公司的知识积累显性化，将人力资本转化为组织资产，能够留在企业发挥作用。长天公司的脚步从未停止，在项目管理方面他们还在创造更多、更好的模式和方法。将来，一切都将成为项目，管好了项目，就能赢得一切。

根据上述材料讨论：

（1）结合案例讨论企业实施现代项目管理的重要性。
（2）长天公司项目成功的因素是什么？
（3）提出项目组织资产积累的有效方法。

本案例摘自袁义才，陈军. 项目管理手册 [M]. 北京：中信出版社，2001；原载于《IT经理世界》2000年第8期，作者袁丽。

第2章 项目组织

【本章学习目标】

1. 理解项目组织的概念
2. 理解项目组织的特点与设计原则
3. 掌握典型的项目组织结构形式
4. 理解典型项目组织结构形式的优缺点
5. 理解项目经理的定位
6. 了解项目经理的职责与权力

【重要概念】

组织（organization）
项目组织（project organization）
项目组织结构（project organization structure）
职能式组织（functional organization）
项目式组织（projectized organization）
矩阵式组织（matrix organization）

【管理问题】

如何进行项目组织

某公司计划建造一座集商业、酒店、办公、会所于一体的大型综合楼宇。大厦地下2层，层高5米；地上28层，总高度为116米。该大厦功能齐全，包括多个单项工程：采暖卫生、给排水、煤气、消防、通风空调、制冷、变电站、动力照明、电视、电话、监控等系统。该项目总投资1.5亿元，项目总建筑面积27000平方米，该工程工期要求36个月。该工程拟采用工程总承包模式。

总承包商在项目组织方面应该解决以下主要问题：项目组织与总承包公司之间的关系；项目团队的组织机构设置；项目经理的产生；项目经理责任制的建立等。

第2章 项目组织

组织是管理活动的基础，被称为生产的第四大要素，能使其他要素合理配合而增值。项目组织作为一种新型的管理组织形式，与传统的组织具有共性，符合组织过程的一般原则和规律。同时，项目组织因项目临时性、独特性的影响而具有特殊性。本章主要探讨关于项目组织的三个方面的问题：一是项目组织的概念、特点及原则；二是典型的项目组织形式；三是项目经理及其职责。

2.1 项目组织的概念

2.1.1 组织的基本概念

由于生理、心理、物质和社会的限制，人们为了达到个人的目标或共同的目标，就必须合作，这样就组成群体，形成组织。

组织的原意是将丝、麻织成布帛，也就是组合、编制的意思。随着社会的进步，人的认识不断深化，组织的内涵也更加丰富，逐步从物的组织到人的组织，从静态的组织到动态的组织，从封闭的组织到开放的组织，从单个的组织到系统的组织。

社会系统理论的创始人、美国著名管理学家巴纳德认为，组织是"两人以上有意识的协调和活动的合作系统"，所有正式组织不论其级别和规模差别多大，均包含共同的目标、协作的愿望和信息沟通三个基本要素，组织的生产和发展只有通过这三个基本要素的结合才能实现。

切斯特·巴纳德

切斯特·巴纳德（Chester Barnard，1886~1961）出生于美国一个贫穷的家庭。1906~1909 年期间在哈佛大学攻读经济学。由于拿不到一项实验学科的学分，1909 年未拿到学位的巴纳德离开哈佛大学，进入美国电话电报公司开始了他的职业生涯。巴纳德不仅是一位优秀的企业管理者，他还是一位出色的钢琴演奏家和社会活动家。他曾经担任过巴赫音乐学会的主席；帮助美国原子能委员会制定政策；在 20 世纪 30 年代经济大萧条时期担任新泽西州减灾委员会总监；1942 年巴纳德创立了联合服务组织公司并出任总裁；1948~1952 年担任美国洛克菲勒基金会董事长。巴纳德在漫长的工作实践中，不仅积累了丰富的经营管理经验，而且还广泛地学习了社会科学的各个分支。

1938 年，巴纳德出版了著名的《经理人员的职能》一书，此书被誉为美国现代管理科学的经典之作。1948 年，巴纳德又出版了另一重要的管理学著作《组织与管理》。巴纳德的这些著作为建立和发展现代管理学做出了重要贡献，也使巴纳德成为社会系统学派的创始人。除了以上两本经典著作外，巴纳德还写过许多论文和报告，如《经理人员能力的培养》《人事关系中的某些原则和基本考察》《工业关系中高层经理人员的责任》《集体协作》《领导和法律》等。由于巴纳德在组织理论方面的杰出贡献，他被授予了七个荣誉博士学位。

1. 共同的目标

共同的目标是针对每个组织成员来说的，是协作愿望的必要前提。没有目标就没有协作，同时也无法了解和预测组织对个人的要求和它的决策内容。组织成员个人的行动与决策要与组织目标统一起来，就必须注意以下四个方面的问题：

（1）组织目标不仅要得到各组织成员的理解，而且必须为各个成员所接受。

（2）各个成员在理解目标时，不同的理解会发生矛盾。管理者应当努力克服这一矛盾，让组织成员感到确实存在一个共同的目标。

（3）每个组织成员都具有组织人格和个人人格两个方面，管理者应努力克服组织目标和个人目标的背离，正确处理好个人利益与组织利益的关系。

（4）组织为了适应环境的变化，求得生存和发展，目标经常需要调整。

2. 协作的愿望

协作的愿望是指个人为组织目标贡献力量的愿望。这种愿望能使组织内部众多人员的力量凝聚为一个整体，使组织成为一个真正的有向心力的群体。缺乏协作的意愿，个人面向组织目标的努力就难以持久，组织就会是一盘散沙。

3. 信息沟通

信息沟通是使组织成员了解组织目标，认同组织目标的重要手段，是建立组织目标与组织成员协作愿望二者有机联系的动态过程，只有二者形成一个有机整体，组织成员才能产生组织期望的面向组织目标的协同行动。

组织的含义多种多样，我们认为，组织是在共同目标指导下协同工作的人群社会实体单位。它是建立一定的组织构架，通过分工合作而协调配合人们行为的组合活动过程。

2.1.2 项目组织的定义

项目组织包含共同的目标、协作的愿望和信息沟通三个基本要素，但受项目独特性和临时性特点的影响而与一般组织的基本要素不同。

在一般组织中，成员与组织间利益冲突可以通过牺牲成员短期利益，弥补其长期利益的形式来化解。但项目是临时性的，参与项目的利益相关方（项目成员）间在短时间内难以建立起长期关系，无法通过长期利益的弥补来解决项目成员间的利益冲突问题。所以，在项目组织过程中，各个利益相关方建立共同目标的过程是以满足各个利益相关方的需求为基础，而且要求各利益相关方的利益能够在项目生命周期内实现，项目组织中不强调"牺牲""贡献"等精神，侧重如何整合各方的需求形成共同目标，实现利益的共享。所以，项目建立共同目标的过程不是"我们来自五湖四海，为了共同的目标走到一起"，而是"我们来自五湖四海，为了各自的目标走到一起"，在各自目标整合的基础上形成共同目标。

利益相关方参与项目是为了取长补短。各个利益相关方往往来自不同的组织与领域，存在沟通上的障碍；同时项目具有临时性，参与项目的各个利益相关方往往没有前期合作经验，缺乏默契。相比于一般的组织过程，要求项目各利益相关方具有更强的协作意愿，并在项目组织过程中加强项目的沟通与冲突管理，保证项目组织整体协调和良好运行。

项目组织是指由一组个体成员（利益相关方）为实现具体的项目目标而协同工作的人群组合体。项目组织的根本使命是在项目经理的领导下，群策群力、系统工作、协作配合、增强组织凝聚力，为实现项目目标而努力工作。应当说，项目组织工作的有效性是保证项目成功的基础和前提，它为项目管理实践提供了一个极为重要的基础平台。

2.2 项目组织的特点与设计原则

2.2.1 项目组织的特点

项目组织与其他形式组织的最大差别是它的独特性和一次性，这个特点决定了项目经理要面对不断变化的情况和未曾遇到过的事情，其管理没有特定的规则。项目组织是一个临时性的组织，项目的成员在整个过程中会不断变化，他们在项目需要时加入，任务完成后返回各自的职能部门或调配到其他项目中。项目很少有机会将所有的成员组织在一起，进行整体的训练。因此，项目组织必须高度强调团队的合作精神，需要一个强有力的项目领导者。与其他组织形式相比，项目组织具有如下特点：

1. 项目组织的临时性

项目组织因项目而设置，团队成员、项目任务都具有一次性。项目组织随着项目的开始而建立，项目的完成而结束，它不是一个常设性的机构。如在一个工程项目中，项目概念阶段会有很多的咨询工程师参与到项目中来，他们是项目的主角；进入规划（设计）阶段，各专业的设计工程师开始加入到项目中来，并发挥主要作用，咨询工程师会离开或用相对少的精力参与项目；施工阶段，施工队伍加入到项目中来，他们在项目中发挥主导作用；工程建设完成后，项目组织也就解散了。

2. 项目任务的导向性

项目组织是为了满足顾客的需求，以项目为组织单元，围绕任务来配置各种资源的组织。因此，项目组织是面向任务而建立起来的，所有项目管理的目标都指向要完成的工作任务。

3. 柔性与灵活性相结合

项目组织与其他类型的组织相比有较大的柔性和灵活性，打破了传统的固定建制的组织形式。项目组织的成员可能来自同一个组织的不同部门，甚至来自不同的组织，并且是随着项目进展而动态变化。由于项目是临时性的，项目利益相关方之间的联系是相对松散的，是通过合同以及其他各种社会关系联结起来的。因此项目组织的边界往往是模糊的，某些项目利益相关方在参与本项目的同时，可能还参与了其他的项目。

4. 项目组织目标的动态性

任何一个项目组织的建立都是为了实现一定的项目目标，正是这种目标才使得项目成员能形成一个协同工作的团队。项目的目标需要一个发展的过程，随着人们对项目认识程度的加深，目标将从模糊到清晰。项目是在目标下开始的，又在目标下结束，项目完成后的目标与项目最初的目标相比，可能是一个已经发生变化的、更能反映环境变化和客户需求的明确目标。

5. 项目经理是项目组织的关键人物

项目实践中，项目管理往往是一种基于团队管理的个人负责制，即"项目经理责任制"。由于项目系统管理的要求，项目经理是组织指挥项目工作的核心，是项目组织中的关键角色。选聘好项目经理是项目组织工作的重要任务，也是项目成败的关键。

6. 既强调统一领导又重视团队合作

项目经理是项目的负责人，是沟通和协调项目所有利益相关方的核心人物，对项目组织的组建、项目实施的进度、质量与费用控制和项目目标的实现起着重要作用。但影响项目成功的另外一个关键因素是必须建立一个主动性、创造性的高效项目团队。项目的成功需要团队成员之间团结一致、密切配合、强调团队的协作精神。

7. 项目可能被误认为是对职能部门工作的批评

企业通常是按职能划分各个部门，同时将职责也分配下去，每个部门都承担一定的责任，他们只需要将各自的工作做好，便完成了交付的任务。这种方式在商业环境变化缓慢，责任能够清晰划分的情况下是可行的，但当商业环境变化剧烈、责任不能预先设定清晰的情况下，便产生了项目这种方式。职能工作和项目工作对于任何一个组织而言都是必要的，二者互为补充。然而实践中，部门管理者误认为采取项目方式削弱了他们的价值，是对其工作的不信任，因此，部门管理者不支持项目的情况时有发生。

8. 项目组成员目标各异，忠诚度不够

项目的产生使项目组成员聚到一起，项目结束后，项目组也会随之解散。各成员将回到自己原来的部门或原来的组织。因此，项目经理对项目组成员的"临时"影响相较于部门经理的"长期"影响，显得微不足道。这也使得项目组成员往往不能全身心投入项目工作。

9. 项目组织强调资源的优化配置

建立项目组织就是为了保证项目目标的实现。要实现项目的目标必须有效地使用项目的资源，而有效配置和使用资源为发挥项目组织作用提供了基础和前提。关于项目的资源，应从下面三个方面去理解：

（1）项目资源的内容十分丰富，包括有形的资源和无形的资源；

（2）项目资源需要项目负责人和项目成员积极努力从项目所处的内外环境中获得；

（3）项目资源的利用要发挥项目所有人员的主观能动性，这是项目组织最为关切的问题。

上述特点决定了项目的组织没有明确的方法、规则指导它如何工作。这是因为项目的成员是不断变化的，不能事先进行整体的培训；项目的目标在实施中可能会因环境变化和客户需求的改变而发生变化；由于项目组织面对一个多变的环境。因此，只有对项目实行动态和整合管理，才能有效地管理项目组织的不确定性，为此，项目组织应具有高度的弹性和柔性。

上述项目组织特点影响了项目组织设计原则，与一般的组织设计原则既有共性，又有差异。

2.2.2 项目组织设计的原则

项目组织是为实现一定的项目目标而组建的，项目组织设计的好坏对项目目标的实现有重要影响。项目组织设计是一项复杂的工作，很难准确描述如何设计一个有效的项目组织，然而，坚持以下原则是有益的：

1. 整体性原则

项目是一个开发性系统，是一个有机整体。项目内部各子系统之间，项目与外部各系统之间存在一定的关联关系。在进行项目组织设计时，要以项目整体效用最大化为出发点，划分部门，建立管理层级，明确责权，完成人员配备，建立沟通渠道。

2. 目标一致性原则

项目目标的实现，需要项目组织中各个部门，各个成员的共同努力。这就需要在项目组织设计时明确各个部门，各个成员的任务目标与项目总目标之间的关系，明确各个部门、各个成员的贡献，建立起一个自上而下的目标体系。

3. 统一指挥原则

统一指挥原则是指项目组织中任何一级机构或是任何成员必须有且仅有一个直接的上级，或一个指标只有一个领导下达，唯有如此，才能保证政令统一，行动一致。

4. 有效管理层次和管理幅度原则

管理层次是组织中最高层到最低层之间的层级数，管理幅度则是上级管理者所直接管理的下级人员的数量。在组织规模一定的情况下，二者成反比例关系。管理幅度大则管理层级少，此种情况下，虽然能缩短信息传递链，提升信息传递的准确性与及时性，但容易出现管理乏力，即管理人员管不过来的现象；管理幅度小则管理层级多，此种情况正好相反，虽然规避了管理乏力的现象，但容易造成人力资源浪费、信息传递失真、不及时等现象。因此，在项目组织设计时，要平衡好管理层次和管理幅度。

5. 责任与权力对等原则

权力作为履行责任的重要条件，过大过小都不利于责任的履行。权力过大容易滋生权力滥用、腐败等现象；权力过小则会给当事人履行责任造成困难。因此，在项目组织设计时，要使岗位责任和岗位权力对等。

6. 精干高效原则

项目组织的部门设置、人员配备以高效完成项目任务实现项目目标为准则，在进行项目组织设计时，要尽量结构简化，力求一专多能，一人多岗，减少冗余人员。

2.3 项目组织的结构形式

为了完成特定的使命和目标，必须在企业平台上构建高效的项目组织。项目组织成员之间的分工合作、信息传递方式、企业职能部门参与项目方式不同导致组织结构的多样化，组织结构的选择是项目实施的基础，是项目成败的关键之一，最为典型的项目组织结构包括职能型组织结构、项目型组织结构、矩阵型组织结构、网络型组织结构及混合型组织结构。每种组织形式都有各自的优点、缺点和一定的适用范围。

2.3.1 职能型项目组织

1. 职能型组织结构的形式

职能型项目组织形式是指根据项目的需要，企业主管从职能部门抽调职员组成项目小组（见图2-1）。如新产品开发项目可以从营销、研发、生产等部门各抽调一定数量的人员组成产品开发小组。

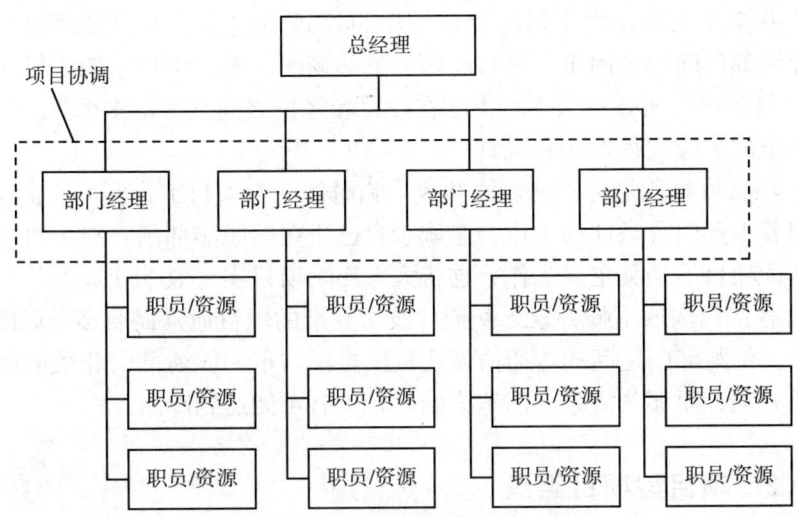

图2-1　职能型项目组织形式

资料来源：丁荣贵著.项目管理：项目思维与管理关键（第2版）[M].北京：中国电力出版社，2013，第130页．

随着项目的进行，日常职能工作被分解到各个职能部门完成，职能部门职员被临时安排承担项目工作，职能经理负责项目目标的实现。这样的组织形式没有明确的项目主管或项目经理，项目协调及各职能部门之间的合作等信息通过企业设置的职能部门传递，由职能经理或部门主管负责。职能型项目组织形式适用于小型且持续时间较短的单项目、公司或企业内部项目的管理。

2. 职能型组织结构的优点

（1）在人员的使用上具有较大的灵活性。只要将项目工作包恰当分配给各职能部门，职能部门就可为项目提供所需技术人员。

（2）有利于同一部门的专业人员交流知识和经验，可以为项目实施提供有力的技术支持，对创造性地解决项目的技术问题提供帮助。项目结束后的经验教训可以作为资产留在职能部门中指导类似项目的实施,保证项目技术连续性。

(3) 职能部门的技术专家可以同时参加不同的项目,提高资源利用率和降低项目成本。

(4) 职能部门可以为本部门的专业人员提供晋升途径。职员在职能部门中有稳定的职位,为职员长期发展提供保障,有利于他们无后顾之忧地为项目服务。

3. 职能型组织结构的缺点

(1) 难以专注于一个项目目标的实现。职能部门有自己的日常工作,各职能部门负责人往往从本部门的利益考虑,并且可能会同时负责多个项目的运行,大大分散部门的精力,职能部门的工作方式往往是面向本部门的,而不是面向项目的,不利于项目目标的实现。

(2) 权责不明确,由于没有专职的项目经理负终责,部门经理相互推诿责任,将导致部门间协调困难,项目管理混乱的局面,导致项目逾期或超支。

(3) 与客户沟通效率低下。由于在项目和客户之间存在着多个管理层次,会对客户要求的响应变得迟缓和艰难。

(4) 项目成员积极性不高。团队成员临时性的为项目工作,可能在此期间还大量承担着本部门日常性的工作,忠诚于自己所在的职能部门,对项目的认同感不高,认为项目不是其主要工作,这将大大影响项目实施效率和效果。

(5) 各部门沟通不畅,缺乏交流。技术复杂的项目通常需要多个职能部门的共同合作,但跨部门之间的沟通协调比较困难。与单一职能部门相关的问题会得到较好的处理,而那些需跨部门解决的问题很有可能遭到冷落。

2.3.2 项目型项目组织

1. 项目型组织形式

项目型组织结构又称为直线型组织结构,是一种面向任务或活动的组织结构,专门按项目需求设置,独立于企业职能部门之外(见图2-2)。项目型组织有完成项目必需的所有资源,每一个项目部门均有项目经理负责项目的实施,对上直接受企业主管的领导,对下负责项目资源的分配与组合,以实现项目目标。各个项目组织相对独立,互不影响。

项目型组织结构中也有专门的职能部门负责整个组织的职能业务管理,但是这些职能部门一般不行使对项目经理的直接领导,而是为项目团队提供各种支持或服务。这是一种非常适合开展项目活动的组织形式。因此,建筑施工企业、管理咨询企业、信息系统集成企业等项目多采用这种组织结构形式,其尤其适合投资额大、时间跨度长的大型项目。

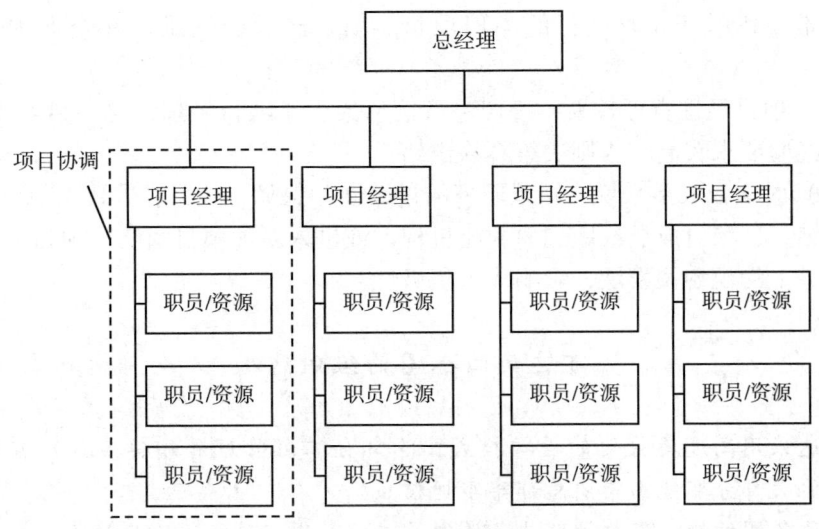

图 2-2 项目型组织形式

资料来源：丁荣贵著．项目管理：项目思维与管理关键（第 2 版）[M]．北京：中国电力出版社，2013，第 132 页．

2. 项目型组织结构的优点

（1）职责明确，保证单头领导。每个组织单元仅向一个上级负责，上级对下级直接行使直线职权，不能越级下达指令。项目工作任务明确，命令协调一致。

（2）沟通渠道畅通。项目从职能部门中分离出来，使得沟通途径变得简洁。项目经理可以避开职能部门与公司的高层领导直接沟通，避免职能部门的掣肘，提高沟通速度与效率。

（3）充分发挥团队精神。项目目标明确，项目成员能够集中精力于项目目标，项目之间没有利益冲突，团队内部能够密切合作。

（4）对项目目标和客户需求做出快速反应。项目拥有实现项目目标所需的所有资源，项目经理对项目团队有完全的控制领导权，整个项目团队致力于一个项目，使决策的速度加快，整个项目组织能够对客户的需求和高层管理的意图做出更快的响应。

（5）便于项目控制。项目型组织从结构上来说简单灵活、易于操作，项目团队的所有成员都在为项目经理工作，项目经理完全控制资源，不会与其他项目在优先次序及资源问题上发生冲突。便于对项目成本、进度、质量的控制。

3. 项目型组织结构的缺点

（1）资源重复配置。每个项目有独立的项目管理团队，导致人员、设备、资源等重复配置。在整个公司中，多个同时进行的项目存在任务上的重复，造成大量的重复劳动。

（2）资源难以流通共享。团队成员完全效力于自己的团队，人力资源与知识不能共享，难以在团队外部进行职业技能和知识交流，项目专用资源即使闲置不

项目管理

用,也难以利用于同时进行的类似项目。项目经验教训难以在企业内部形成资产。

(3) 项目经理责任较大,一切决策信息集中于项目经理,对项目经理能力、知识、经验要求较高,否则决策容易出错。

(4) 对项目成员来说,缺乏职务的连续性和保障,项目成员缺乏归属感。项目一旦结束,项目成员或回到原职能机构,或进入新的项目团队,项目成员难以获得职务上的规划及发展,影响成员积极性。

万达集团公司的组织结构

万达采用高度集权化的管控模式,除部分工程管理和销售实施放在区域公司,其他大部分职能由集团总部牢牢把控。

万达集团的组织架构按照业务的发展流程,进行了更加彻底的调整,将所有部门划分入项目前、中、后期三个部分。一个总裁负责前期的拿地、规划设计、招商;一个总裁只管施工,达到快速统一的工厂化速度;一个总裁负责商业管理、院线、百货的管理,如下图所示。

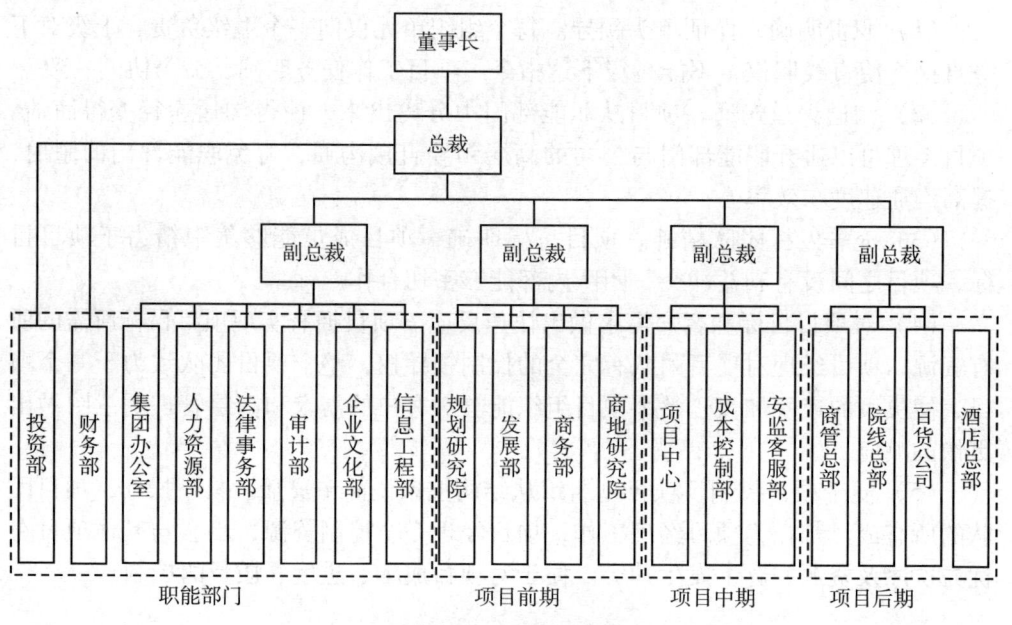

万达集团公司组织结构

万达集团公司商业管理有限公司涉及全国各地多个综合体项目,为加强这些项目运营的有效管理,公司采用分区域进行管理。每一区域设区域商管公司总经理,负责所辖区域的全面运营管理。区域商管公司下设副总经理,负责招商、物业、财务、人事等职能管理工作。商管公司的组织结构如下图所示。

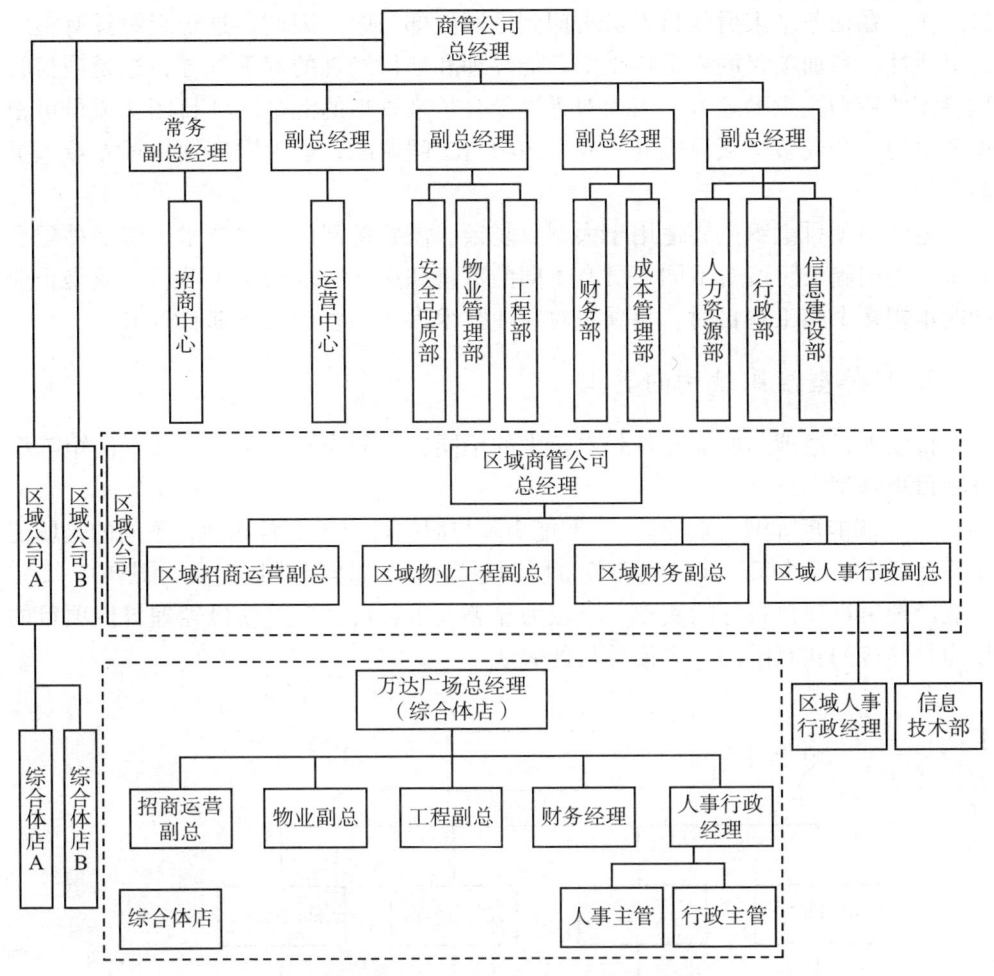

万达集团商业管理有限公司组织结构

资料来源：百度文库，https：//wk.baidu.com/view/821c28fdg4/ea76e58fao4ef.

2.3.3 矩阵型项目组织

1. 矩阵型组织结构的形式

矩阵型项目组织形式是将按照职能划分的纵向部门与按照项目划分的横向部门结合起来，构成类似矩阵的组织管理系统。矩阵型项目组织既有项目型组织注重项目和客户的特点，又保留了职能型组织结构的职能特点，有利于项目经理在各职能部门的支持下，将参与本项目组织的人员在横向上有效地组织在一起，为实现项目目标协同工作。项目经理直接对高层管理者负责，并由高层管理者授权，对项目的结果负责，而职能部门经理则负责为项目提供项目所需要的足够的资源。

矩阵型组织可以从不同职能部门抽调各种专业人员，组成项目团队去开展项目工作,在任务结束后项目人员再回到原职能部门中。因此,这种组织具有很大的灵活性。参加项目的成员接受原职能经理和项目经理的双重领导,这是项目管理者需要特别注意的地方,因为双重领导会带来管理的混乱。项目团队成员可根据需要为一个或多个项目服务,并可在项目之间调配,最大限度地发挥专业人员的作用。

矩阵型项目组织主要适用于大型、复杂、需要多部门、多技术、多工种配合施工,不同施工阶段对不同人员有不同的数量和搭配需求的施工项目;或是企业同时承担多个施工项目时,各项目对专业技术人才和管理人员都有需求。

2. 矩阵型组织结构的类型

根据项目经理与职能经理相对权力的不同,又分为职能矩阵型、平衡矩阵型及项目矩阵型。

(1) 职能矩阵型(弱矩阵)。职能矩阵与职能型组织非常相似,不同的是职能矩阵有正式授权的职能部门经理负责协调项目活动、监督项目完成(见图2-3)。职能经理负责项目目标的实现,其权力显著大于项目经理。项目经理督促项目的权力是间接的和有限的,方便项目的完成。

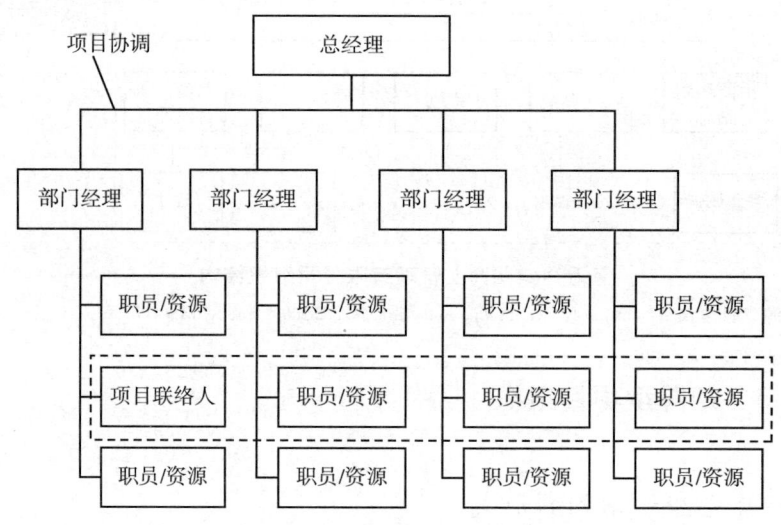

图2-3 弱矩阵型项目组织形式

资料来源:丁荣贵著. 项目管理:项目思维与管理关键(第2版)[M]. 北京:中国电力出版社,2013,第133页。

老马的困境

老马是个"空降兵",因为在X公司杰出的表现被Y公司不惜重金挖了过来。老马的第一项任务就是从各个部门抽调精兵强将组成项目组,进行公司产品的市场调查。老马知道这个项目至关重要,不仅与他本人的前途有关,对公司的前途也有很大影响,于是他找到各相关人员,问他们能否参加该项目,大家均回答很忙、没有时间,没有办法参加。

对于弱矩阵结构来说,由于项目协调人缺乏权力和对项目资源的有效控制,协调能力、影响能力和人际关系都是项目协调人十分重要的素质,它们将对项目的结果产生重要影响。

资料来源:丁荣贵著. 项目管理:项目思维与管理关键(第2版)[M]. 北京:中国电力出版社,2013:133.

(2)平衡矩阵型。项目经理与职能经理权力相当(见图2-4)。项目经理负责制订项目的总体行动计划,整合不同领域的人员和资源,制定工作进度表并监督工作进程;职能经理则根据项目经理设定的进度和标准负责人员的安排并执行分配给他的项目任务。双方密切协作,共同进行技术与操作方面的决策。

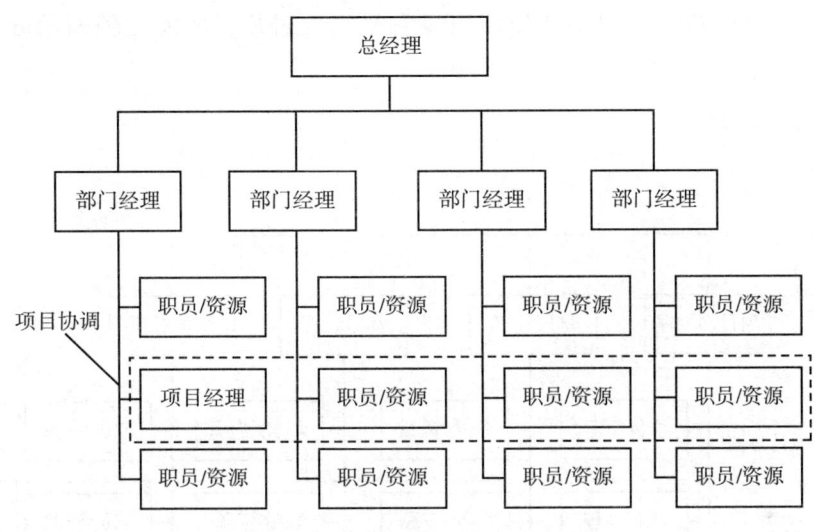

图2-4 平衡矩阵型项目组织形式

资料来源:丁荣贵著. 项目管理:项目思维与管理关键(第2版)[M]. 北京:中国电力出版社,2013:134.

小李能平衡好两份"分内工作"吗?

小李是Z公司信息部副经理。他最近承担了一个项目,要在一个月内拿出公司局域网的设计方案。他制订了一个项目的实施计划,其中需要公司人力资源部、市场部和企管部派人参加。由于小李是公司的技术权威之一,而且与这些部门的经理们具有良好的私交,因而,这些经理都愿意帮助他。现在的问题是,小李的部门业务十分繁忙,他不得不经常停下手头项目的工作去处理那些"分内的"事务。

一个月过去了,虽然小李完成了对公司局域网建设的设计方案,但该方案提交后并没有得到公司的认可，反而有些公司领导对他的技术能力产生了怀疑。小李知道这是由于自己对项目投入精力不足造成的。不过他没法跟公司领导解释，因为在项目启动初期，公司就召开了正式的启动会议，宣布了他这个项目经理的正式存在和"充分"的权力与责任。此外，各个部门也配合得很好。甚至本部门经理大刘也很支持他，尽量不让他处理部门的日常琐事，只有在召开部门例会、处理一些由小李分管的工作时才占用他的时间。

对于平衡矩阵结构来说，项目经理有两份"分内工作"，他们必须在项目与部门工作之间搞平衡，但遗憾的是，这种平衡常常难以做到。

资料来源：丁荣贵著. 项目管理：项目思维与管理关键（第2版）[M]. 北京：中国电力出版社，2013：134.

（3）项目矩阵型（强矩阵）。项目矩阵型组织类似于项目型组织，项目经理权力大于职能经理（见图2-5），项目经理控制项目的大多数方面，包括项目范围及职能人员安排，并对主要项目决策有最终发言权；职能经理辅助分配项目人员。

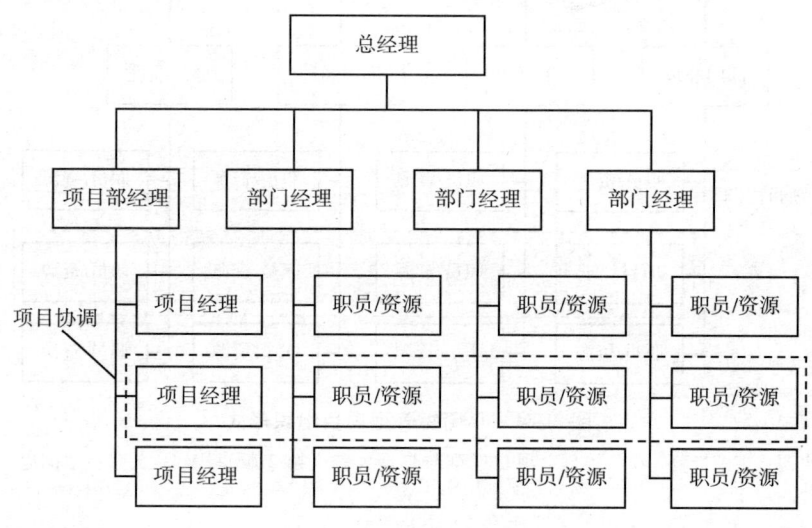

图2-5　强矩阵组织形式

资料来源：丁荣贵著. 项目管理：项目思维与管理关键（第2版）[M]. 北京：中国电力出版社，2013：135.

项目成员的归属问题如何解决

小张是个工程师，业务比较突出，被抽调到某个项目组，干了一年。项目组成绩不错，受到了公司的表扬，小张也得到了奖金，回到了原部门。部门经理大刘问他参加如此成功项目的感受，小张回答说："感觉很好，但是以后这样的项目不要再派我参加了。"

对于强矩阵形式来说，虽然项目经理有足够的权力来使用项目组成员，但当项目结束后，长期离开本部门的项目组成员却会面临一种归属问题。同样，这些项目组成员所在的职能部门经理们也不会愿意他的下属长期离开部门工作，因为需要的时候他指望不上这些下属，而当他不需要这些下属时，他们却可能要回来了。

资料来源：丁荣贵著. 项目管理：项目思维与管理关键（第2版）[M]. 北京：中国电力出版社，2013：135.

选择项目矩阵型或职能矩阵型主要取决于项目和不同职能部门的共同需求。一般来说，如果项目技术问题复杂，需要较多专业技术人员，项目工期较长，则选择项目矩阵型；如果项目对技术没有太高要求或项目持续时间较短，则可以选择职能矩阵型，需要的时候可以利用职能部门的技术力量，不需要专门分配技术人员到项目团队。

3. 矩阵型组织结构的优点

（1）有两套管理组织对项目进行管理，可以确保管理工作的全面细致。一方面，矩阵型组织具有项目型组织的长处，有专门的人即项目经理负责管理整个项目，负责在规定的时间、经费范围内完成项目的要求。另一方面，可以临时从职能部门抽调所需的人才，分享各部门的人才储备，大大减少类似项目型组织中出现的人员冗余情况。

（2）减少了项目组成员对项目结束后的忧虑。项目成员同时也是职能部门的一分子，保障了职务的连续性，有利于团队解散之后项目成员的发展。

（3）具有弹性和应变能力，对客户要求的响应快捷灵活，而且对公司组织内部的要求也能做出较快的响应。方便组织结构、人员配置的调整与解体，具有较大的机动性和适应性。项目矩阵型组织具有很大的灵活性，可以被许多不同类型的项目采用。

（4）加强了各职能部门的横向联系，便于沟通信息。组织内部有两个层次的协调，为完成一项特定工作，首先由产品经理或项目经理与职能经理进行接触协调，当协调无法解决时，矛盾或问题才提交高层领导。

（5）便于领导对项目的控制。项目中会有来自职能部门的人员，这些人员会在公司规章制度的执行过程中保持与公司的一致性，从而增加公司领导对项目的控制力，有利于公司对多个项目统筹安排。当有多个项目同时进行时，公司可以平衡资源以保证各个项目都能达到其各自的进度、费用及质量要求，避免了资源重复配置，促进了人员、设备等在项目之间的流动。

4. 矩阵型组织结构的缺点

（1）很少关注组织整体目标。虽然矩阵型组织能够在几个项目之间进行进度、费用和质量方面的平衡，但这一优势也有其不利的一面，每个项目经理都更关心自己项目的成功，而不是整个公司的目标。

（2）项目经理间易产生矛盾。资源在项目之间流动容易引起项目经理之间的争斗。在项目施工高峰期，一些服务于多个项目的人员，可能应接不暇而顾此失彼。

（3）两套管理组织需要的管理人员较多，管理成本较高。

（4）项目组成员接受项目经理和原单位上级的双重领导，当二者意见不一致，发生矛盾时，当事人将无所适从。若组织成员过于受控于职能部门，将削弱其在项目上的凝聚力，影响项目组织作用的发挥。

思考：这位项目经理的做法是否合理？

某企业是以项目为基础的企业，即企业的经营活动是由许多项目活动有机构成。为了适应企业这一特点，企业组织结构采用了矩阵式组织结构，但是在项目运作过程中，项目中的人员经常会受到项目经理及职能经理的双重领导，降低了运作效率和效果。某项目经理为了使项目成员在项目存续期间不受干扰，规定在项目成员进入项目组必须接受这样一条约束，即在项目组工作时不与原属职能部门发生任何联系。请分析这位项目经理的做法是否合理。

2.4 项目经理的职能

2.4.1 项目经理的定义

项目经理就是运用科学的管理方法、整合项目资源，对项目进行实际管理的人。项目经理是项目的计划者与执行者，对项目成果负有全面的管理责任。

项目独具特色决定了管理的独特性与临时性，项目团队也是独特的与临时的，项目经理需要在变动的环境、变动的团队成员中施展自己的管理思路，带领团队成员实现管理目标，对项目经理来讲是充满困难、充满挑战的过程。

项目管理的临时性与独特性，同样决定了项目经理权力的临时性，每个项目经历的个性是不同的，管理方法、思路也是不一样的，这就决定了团队管理的多样性，虽然项目经理的权力具有临时性，但并不影响项目经理发挥权力，同样能够施展管理才能，能够实现项目目标，创造项目成果。

项目管理的临时性和独特性，正是发挥项目经理管理能力的最好机遇，在有限的时间里尽情展现自己的管理能力，如团队建设思路、对外沟通交流、整合资源的思路、激发团队成员积极性的方法。

项目经理肩负企业的责任与使命，同样承担的组织给予的压力与挑战。责任与使命让一个项目经理充满责任感与使命感，是企业领导对项目经理的信任与栽培。压力与挑战是考验项目经理管理能力与心理素质的最佳方法，是项目经理展现自己管理能力的最佳途径，一切用业绩说话，用数字说话。

（1）项目经理要对上级组织负责，保证项目的目标与公司的业务目标一致。项目经理应了解公司业务的市场状况以及本公司的市场定位和战略目标。

（2）项目经理要对具体的项目承担责任，通过对项目实施计划、监督与控制，确保所执行的项目按照计划的时间，在给定的项目预算内，达到项目预期的目标。

（3）项目经理需要在复杂的跨学科、跨部门、跨组织的环境下进行管理与领导，更多的利益相关方参与项目的运作。项目经理必须组织和管理好项目团队，才能有效地进行项目管理工作。项目经理作为项目的负责人和协调人，必须促使项目团队成员形成一个集体，团队成员认同项目的目标，成员之间相互配合。

（4）项目经理虽然对项目的成败负责，但项目经理在公司中的正式权力不大，往往没有直接的财务权和人事权。相对于职能经理，项目经理责重权轻，没有稳定的权力基础，存在"权力差距"，对团队成员缺乏有效的奖惩权，项目所需资源需要"借调"。

由此可见，项目经理作为项目团队的关键人物，其作用和地位的重要性是肯定的，对项目成员和整个项目成败的影响力也是毋庸置疑的。

项目经理作为项目的领导人，决定其成功管理的关键不仅仅在于他掌握了多少专业知识或多少资源，而更在于其领导力水平的高低，在于他如何组织一个高效的、稳定和谐的项目团队，为项目的成功提供保障。

2.4.2 项目经理的定位

1. 项目经理是管理者

项目管理是以个人负责制为基础的管理体制，项目经理就是项目的负责人，有时人们也称为项目管理者或项目领导者，他负责项目的组织、计划及实施全过程，以保证项目目标的成功体现。成功的项目无一不反映了项目管理者的卓越管理才能，而失败的项目同样也说明了项目管理者的重要性。项目管理者在项目及项目管理过程中起关键性作用。因而项目经理就是一个项目全面管理的核心和焦点。

项目经理领导整个项目团队，为实现一定的项目目标而做出一系列工作。项目实施过程中会面临诸多困难，项目经理无疑要通过自己出色的工作能力和管理技能妥善处理这些问题，协调好项目成员之间的关系，对于项目出现的变更在短时间内与业主等相关人员积极协商并加以解决。要协调好项目中庞杂的事务和复杂的人际关系，项目经理首先应是一名出色的管理者。

2. 项目经理是执行者

作为管理者的项目经理，第一，要有顽强的执行力，思想坚定，作风硬朗，以身作则，抱着敢打必胜的信念开展项目管理工作，主动展现自己的执行力，团队的执行力才能被激活、被带动，团队成员才能被感染；第二，作为管理者的项目经理要树立人尽其才的管理理念，把合适的人放到合适的位置上，发挥其最大的价值与能量；第三，强于执行的项目经理必须敢于打破常规管理，善于逆向思维，项目经理的思维一定与成员不同，团队成员可以在项目经理决定前提出异议，如没有异议，一旦项目经理做出决定，团队成员就要不折不扣地去执行；第四，敢于承担责任是评价项目经理执行力强弱的基本条件。项目经理就是用来担当责任的，项目经理应在企业利益至上的前提下，突破各种企业制度约束，因为所有管理创新都是对原有制度的突破与否认。

3. 项目经理是项目第一责任人

项目经理的能力决定了项目成败、获利高低、利益相关方的满意度高低，所以项目经理是团队的第一负责人。项目经理要从战略的高度整合资源、平衡利益相关方的关系，必须获得高层领导的支持，以提升自己在职能部门与利益相关方中的影响力。如唐僧去西天取经的故事，唐僧获得唐太宗的支持，取经项目是"一把手"项目，在西行的过程中，出示唐王的签证材料，得到西行各国的接待与帮助。唐僧由于是如来佛的弟子，西行道路上有各路神仙暗中保护，虽然身陷妖怪洞府，但不至于有生命危险，不会影响取经项目的持续推进。所以，获得高层领导的支持，是担当第一责任人的首要条件。项目成员及利益相关方处在配合、支持、服务项目的地位，他们参与项目的目的是获得利润，所以，项目经理要激发利益相关方的工作积极性，让他们为实现项目目标服务，使项目在激烈的红海竞争中生存下来。

4. 项目经理是"教练"

项目经理要用自己的管理知识与工作经验训练团队，让团队成员相互补位，协同工作，保持充足的激情与自信，工作中努力拼搏，实现项目的预计目标，所以项目经理还有教练的定位。项目经理带领团队作战，需要编制作战计划，制定游戏规则，通过培训，让每一名成员知道项目管理的规则与红线。管理经验丰富的项目经理会在组建团队的时候，就给团队制定一系列作战规则，以保证团队的战斗力、凝聚力、向心力。如曾国藩最初带领湘军作战时，不懂得制定作战计划导致多次失败。通过总结经验教训，曾国藩逐步制定出一系列治军的制度，如在作战前为全体将领做站前动员，表现优秀的将领可以佩戴曾国藩发放的荣誉刀具，攻进城门者抢到的财物归士兵个人所有，为奋勇作战的将领向皇上申请俸禄与爵位。通过制定的治军规则，有效增强了团队的战斗力，逐步削弱了太平军的作战实力。

5. 项目经理是"伯乐"

项目经理要善于发现人才、培养人才，给人才成长的机会与空间，所以项目经理有"伯乐"的定位。坚持"选人、用人"的工作方针,让合适的人承担合适的任务,让每一名成员有明确、清晰、可考核的目标,具备坚定顽强的工作态度、丰富灵活的思路和强大的充满掠夺性的执行力,是项目经理每天需要思考的问题。刘邦大败项羽的关键是做好了选贤任能的战略工作,刘邦在大败项羽后曾说:"运筹帷幄,决胜千里,不如张良;镇国家、抚百姓、给馈饷,不绝粮道,不如萧何;率百万之众战必胜、攻必取,不如韩信。"但他能知人善任地使用调度这三个人中英杰,这才是取得天下的根本原因。项羽不能好好借用范增的智慧,最终导致一败涂地。

6. 项目经理是"传道者"

项目经理在管理中要言传身教,传递正能量、企业价值观、职业操守与道德,让团队充满精气神,所以项目经理还担负"传道者"的定位。项目经理不仅要面对项目成员,更要面对项目利益相关方,统一他们的思想,协调他们的工作节奏,得到利益相关方的支持与合作,取得优秀的工作业绩。通过传递正能量,帮助利益相关方寻找项目建设的意义与成就,是项目经理重要的工作内容。

2.4.3 项目经理的角色与责任

项目经理对整个项目的成功负有全面的管理责任。为了很好地履行职责,项目经理应该与项目发起人密切合作,以确保使用的资源充分到位;同时项目经理应当负责项目计划的编制,以保证项目在进度、预算以及质量范围内顺利完成项目。在项目启动前就必须任命项目经理,这样才可以保证有人对项目实施负责。

项目经理的角色与责任包括:贯彻执行企业项目政策与程序;获取项目实施所需的资源;保证项目团队成员的技术熟练度及生产力,需要时对其提供培训;建立并保持项目工作的质量标准;识别并获取项目所需的工具。

1. 在项目启动过程中的角色与责任

(1)编制项目实施可行性文件;
(2)确定项目的假设条件;
(3)制订项目章程;
(4)制定项目决策方案。

2. 在项目计划过程的角色与责任

(1)编制详细的项目计划文件;
(2)建立组织分解结构及工作分解结构表;
(3)编制或者帮助编制项目工作范围说明书、项目进度安排、沟通计划、风险管理计划(包括风险应急计划)、采购计划、配置管理(configuration management)计划、项目预算等;

(4) 确保管理层、客户、有关的机构以及承包商等遵守自己的承诺；
(5) 确保项目计划得到审批并作为实施基准；
(6) 为项目分配资源；
(7) 批准项目计划。

3. 在项目实施过程中的角色与责任

(1) 管理项目工作并为项目团队成员开展工作提供指导；
(2) 定期检查项目进展状况，将预算与实际费用进行比较；
(3) 定期检查项目网络图，将进度基准计划与实际完成的工作进行比较；
(4) 定期检查项目质量，确保项目达到质量标准；
(5) 确保项目计划经常更新，必要时由各利益相关者共同签署。

4. 在项目控制过程中的角色与责任

(1) 变更项目预算及项目进度安排，需要时提供变更建议；
(2) 检查、保证审查结果的质量；
(3) 作为变更控制委员会的一员审批产品/项目变更；
(4) 审查项目风险，建立风险应对策略与程序。

5. 在项目收尾过程中的角色与责任

(1) 对未通过测试验收的产品重新编制行动方案；
(2) 得到客户及项目管理层对完成产品的认可；
(3) 对于尚未解决的事项进行收尾工作；
(4) 编写项目总结报告；
(5) 开展项目经验/教训的交流活动；
(6) 进行财务方面的收尾活动；
(7) 将所有项目的有关文件、数据进行归档；
(8) 必要时参加并协助项目审计；
(9) 与项目团队以及项目利益相关者一起庆祝项目的成功；
(10) 做好项目结束后团队成员的合理安排。

项目经理——唐僧

➢ 很得上司支持和赏识

直接得到唐太宗的任命，既给袈裟，又给金碗；
又得到以观音为首的各路神仙的广泛支持和帮助。

➢ 优点

品性坚韧，原则性强，不达目的不罢休；
项目目标清晰，追求执着，信念坚定；

对佛学造诣极高，唐朝第一高僧；
勤敏好学，悟性极高。
➢ 缺点
不能腾云驾雾直接降妖除魔；
目的明确，但没有计划，3年项目，结果花了19年。

【本章小结】

项目组织。介绍了组织的概念和项目组织的含义，分析了项目组织的概念、特点和项目组织的原则，然后重点介绍了职能型、项目型、矩阵型三种典型项目组织结构形式，以及各种形式的优缺点和适用的情景。

项目团队管理。项目团队管理主要工作内容包括跟踪团队成员绩效，提供反馈，解决问题并协调各种变更，提高项目绩效。主要介绍了项目团队成员的选择流程、项目团队的发展阶段与管理风格、高效项目团队的建设等。

项目经理的职能。项目经理是项目管理的核心，清晰的职责界定对于项目经理有效开展项目管理工作具有重要的指导意义。主要介绍了项目经理的定义、项目经理的定位、项目经理的具体职责等。

【推荐读物】

1. 丁荣贵著. 项目管理项目思维与管理关键（第2版）[M]. 北京：中国电力出版社，2013.
2. 宋金波，朱方伟，戴大双. 项目管理案例 [M]. 北京：清华大学出版社，2013.
3. [美] 克莱门斯，[美] 吉多著，张金成，杨坤译. 成功的项目管理（第5版）[M]. 北京：电子工业出版社，2012.
4. 池仁勇主编，王飞绒，余浩，高辉，汤临佳副主编. 项目管理（第3版）[M]. 北京：清华大学出版社，2015.

【复习讨论题】

1. 什么是组织？什么是项目组织？
2. 项目组织的特点是什么？
3. 简述项目组织的原则。
4. 常见的项目组织结构形式有哪些？各有什么优缺点？
5. 论述项目经理在项目中的地位与作用。
6. 项目经理角色与责任有哪些？

【网上练习】

选择一家你关注的公司，通过互联网查找资料了解该公司项目组织结构的具体形式，并运用所学项目组织理论对该公司项目组织结构形式进行分析与评价。

【案例分析】

H银行信息科技项目管理模式选择①

近年来，我国商业银行迫于业务创新的需要、外资银行的竞争压力以及银行上市等诸多因素，越来越重视信息科技的管理与建设；同时，信息技术的不断发展和完善，也给银行等金融机构提供了更广阔的产品服务平台。商业银行各项业务的开展与运营管理离不开各类金融专业软件和信息管理软件的支持。我国商业银行信息化系统建设起步较晚，信息科技软件的分散开发和单独引进业务系统不仅使软件系统维护成本居高不下，还导致银行不能充分利用自己所拥有的信息资源，推动业务的发展。

H银行很早就认识到信息科技在改善银行经营与管理方面的重要作用，并在信息化方面投入巨资，以应对市场竞争。2004~2005年，H银行通过流程再造引进并建设了国际先进的数字化信贷管理系统和资金管理系统，启动了新一代核心银行系统建设工作（简称"新核心系统"），完成了总行与分行骨干通信网络建设、分行与支行网络改造等工程；2006~2008年，全面启动核心银行系统的功能需求分析与建设工作，并进行全行支付结算集中作业方式的流程设计和以客户关系管理为主要内容的营销体系流程设计。新核心系统的建设为H银行未来的业务经营打下了良好的基础，同时也为后续信息科技项目的管理提出了新的要求。

1. H银行信息科技项目管理现状与困惑

（1）组织机构。

H银行信息科技项目主要由总行下设的信息技术部负责，信息技术部下设规划室、开发一室、开发二室、资源与配置室、网络运营室、信息安全室、系统运营室等几个室分管信息科技项目的业务评审、技术评审、需求审定、立项、开发、测试、上线和运行维护等工作。

在H银行新核心系统引进伊始，为了完成新核心系统骨干通信网络工程改造工作，总行下增设了大集中项目开发办公室，形成了以新核心系统开发为目的的项目式组织，该项目开发办公室的主要负责人为信息技术部主管领导。随着新核心系统骨干通信网络工程的完工，其业务重心转为实现新核心系统与H银行现有各分行、业务部门、信息系统的业务改造工作，并产生了大量的业务需求（简称CR），H银行将CR作为项目进行管理，而大集中项目开发办公室逐渐变成了与信息技术部平行的职能部门，并根据CR管理需要逐渐增设了业务需求组、集成组、PMO、核心组、推进组、测试组、质量组等机构。H银行信息科技项目组织结构如图1所示。

---

① 资料来源：宋金波，朱方伟，戴大双. 项目管理案例 [M]. 北京：清华大学出版社，2013.

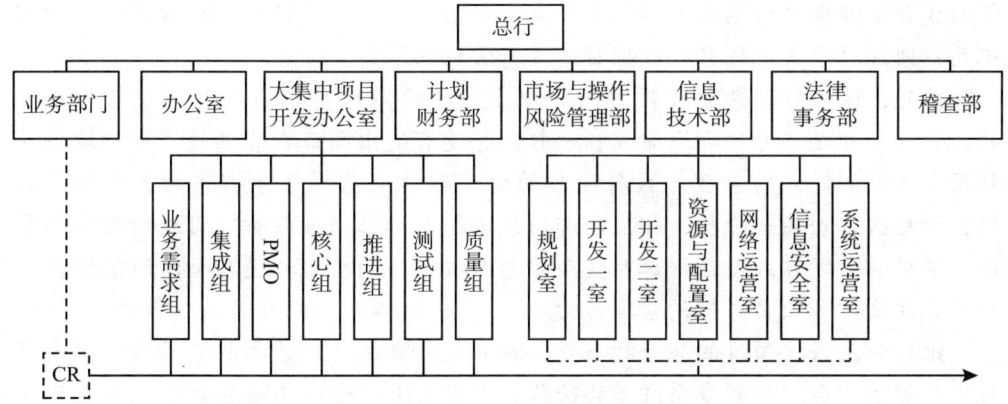

图1 H银行信息科技项目组织结构

(2) 信息科技项目管理过程。

当前H银行信息科技项目管理可以划分为以下几个阶段：项目的立项管理、商务管理、实施管理和上线管理。

H银行的信息科技项目主要来自产品类业务需求中需要软件开发的部分以及信息技术部根据信息科技发展战略进行的相关系统开发，而在新核心系统实施阶段，大量的项目来自各业务部门为了配合新核心系统上线而提出的CR。所有项目需求均需要通过大集中项目管理办公室的需求评审、业务评审，并通过需求审定确定项目目标，包括功能划分、开发上线时间等，再经由行政班子对立项意见和预算进行表决，通过的项目则正式立项。

立项后根据项目金额的大小及类型选择适用的项目采购方式，如商务谈判小组、竞争性谈判小组、询价小组、评标小组等。无论以何种方式形成的商务合同均由信息技术部签订，并在项目实施过程中履行付款责任。

由于CR通常涉及多个系统的开发和接口的调整，因此，需要根据技术评审结果将一个CR的功能切分到不同的系统，由不同的开发部门进行开发。虽然指定某个开发团队为项目组长，但开发时各系统相互独立，各自按事先约定的工期完成工作即可。

由于银行的信息系统需要时时处于运行状态，大量的系统更新或CR项目需要在某个时间点集中完成上线工作，因此信息科技项目的进度和功能实现是目前H银行关注的重点。项目上线稳定后即由运维人员负责系统的日常维护管理，系统开发人员不参与已开发完成系统的日常管理工作。

(3) 信息科技项目管理存在的问题。

①组织机构设置及职责分工不明确。

目前，H银行有信息技术部以及大集中项目开发办公室两个管理口径对信息科技项目进行管理，组织机构设置比较复杂，而且信息技术部与大集中项目开发办公室下设机构的职能界定比较模糊，存在职能交叉的情况，这就造成了信息科技项目管理效率不高并存在多头管理现象。如大集中项目管理办公室为了更好地管理CR，成立了集成组进行技术评审、推进组进行项目监督，而集成组和推进组的成员全部来自信息技术部。由于大集中项目办公室是针对新核心系统的管理机构，因此对于其他信息科技项目是没有管理权限的。

同时，H银行信息科技项目的管理方式是按照银行职能式的组织结构进行的，管理和开发、开发和运维混在一起，并没有突出项目在管理过程中的地位和作用。这种职能式的管理方式将项目的管理职能散落到了流程中的各个职能部门，项目执行到某一阶段，相应的部门就根据本部门的任务对项目进行开发和管理。这样的管理方式无法保证对整个信息科技项目的全过程进行全面的掌控。

②缺乏对多项目并行的管理能力。

银行信息科技项目的显著特点是：在新核心系统开发前期将其作为一个大项目进行管理，当进行到多系统对接阶段，大量CR的出现使信息科技项目呈现出多项目并行的特点。项目工期一般不长，但数量较多，单个项目涉及多个系统，且为了实现规定时间内系统的批量上线，项目工期要求严格。同时，这也符合一般商业银行日常信息科技项目的管理特点。

但是在H银行内部并没有一个对所有项目进行统筹安排和协调的部门，没有做到依据上线时间对多个项目的开发进度进行排列。目前的做法是，需求牵头部门提出需求后，大集中项目开发办公室与信息科技部做出反应。这种做法非常容易造成不同项目之间资源需求的冲突，这里的资源需求不仅仅在于某个项目对资源种类和数量的需要，还包括时间轴，即在每个时点或时段的资源种类和数量的需要。比如说，在同一时间内，可能有处于不同阶段的多个项目在进行，但是对于这些项目的时间安排、资源分配没有进行统一协同、优化配置，在人力、物力、财力有限的情况下，会造成不同项目之间资源冲突，导致一些紧急项目的延误。H银行对于不同信息科技项目的需求提出、立项申请和开发测试上线缺乏合理的时间安排，没有进行有效的多项目管理，导致了其资源利用不合理，多项目管理效率低下的问题。

③重上线进度、轻成本控制。

目前H银行为了保障新核心系统的顺利上线，强调各CR的上线时间和功能，不计成本、不在乎项目管理的规范性，在项目管理过程中基本没有进行工作分解结构（WBS）工作，更没有针对各个项目的WBS制定计划和分配资源，使得单个项目的进度、成本无法跟踪和控制。在进度管理方面，H银行实行粗放型的进度计划，根据需求和经验进行功能切分后，将CR分解到不同的现有系统中并规定完成时间，由各系统酌情进行开发工作，难以对每个项目的进度进行比较准确的预测。在成本管理方面，H银行的信息科技项目开发合同与具体项目没有对应关系，出现一个CR多个合同或一个合同涉及多个CR的现象，使得合同付款与项目开发进度无法准确对接，容易造成付款风险。

④项目管理责任部门缺乏积极性。

H银行所有信息科技项目都是由信息技术部与供应商签订合同，责任承担部门都是信息技术部，其责任重、压力大，同时也导致了项目风险的过度集中。在H银行相关制度中规定，需求牵头部门作为项目的提出单位和受益单位不承担项目的费用，只是项目的监督和考核部门。项目费用只作为年度预算的一部分，与需求牵头部门的绩效评价不挂钩，而 H 银行的年度预算比较宽松，所以项目成本的高低对于需求牵头部门没有影响。这种情况导致，只要项目成果使用效果合格，对于项目效率的高低，需求牵头部门一般不做关注，其作为项目的监督考核部门积极性不高。而 H 银行没有专设其他对信息科技项目进行监督和考核的部门，因此信息科技项目的效率高低随机性较大。为了提高信息科技项目的效率，必须提高需求牵头部门的积极性。因此需要清晰地界定项目管理的责任，以便激励相关部门最大程度发挥自己的主观能动性，明确自己在项目过程中的定位和角色，提高信息科技项目的效率。

⑤H 银行面临的困惑。

上述现象一方面反映了新核心系统这一大项目实施的问题，另一方面也反映了商业银行信息科技项目管理中普遍存在的问题。以新核心系统开发为对象的单一项目，通过增加人力、突击工作、不计成本等方法在一定程度上也能保证新核心系统的顺利完成。但是，随着新核心系统上线的逐步完成，未来 H 银行的信息技术部门将面临多项目并行的典型软件项目开发的管理工作，因此迫切需要建立一套规范的信息科技项目管理制度和流程，保障信息科技项目的顺利实施。目前商业银行信息科技项目管理有两种典型模式，分别是事业部制管理模式和专业化分工管理模式，此时的 H 银行站在了信息科技项目管理的十字路口，究竟何种组织结构和管理模式更为适用，成为 H 银行决策层面临的重要抉择。

2. 事业部制信息科技项目管理模式

G 银行是国内典型的股份制商业银行，其信息科技项目管理采用了独立的事业部制，将信息技术部门作为独立核算的事业部，承接其他业务部门的信息科技项目的开发，进行独立核算，自负盈亏。业务部门作为其客户，对其提供资金支持。信息技术部门可以产生利润，但不是以营利为目的。其组织结构如图2所示。

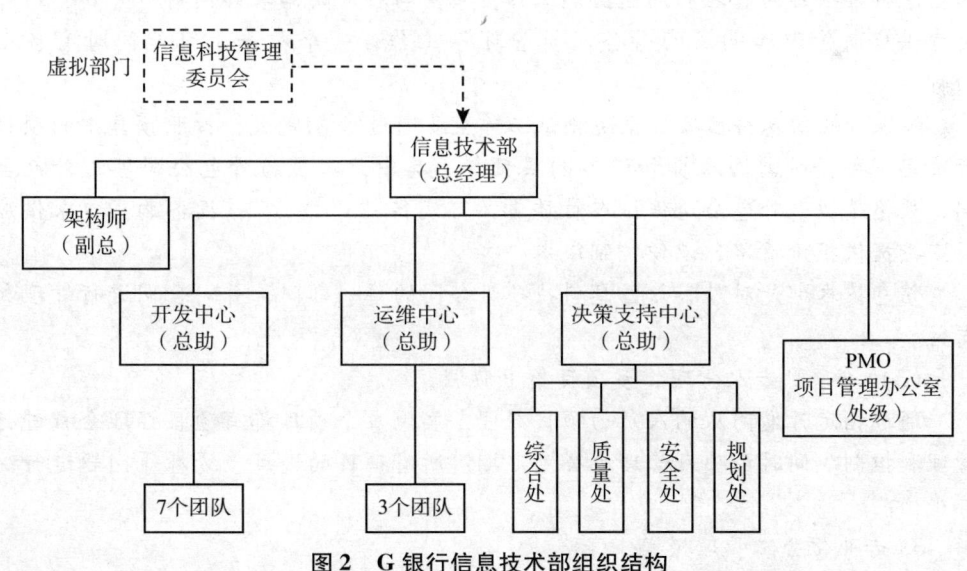

图 2　G 银行信息技术部组织结构

项目管理

G银行信息技术部下设开发中心、运维中心、决策支持中心和项目管理办公室。其中开发中心根据业务系统的类型分为7个团队，主要负责相关信息系统的开发工作，而系统测试工作则全部外包，由非开发人员执行，以体现开发和测试相分离的原则。运维中心下设3个团队，分别负责硬件管理、上线管理和系统性能测试，实现开发和运维从行政上的独立。决策支持中心负责所有信息科技项目的规划、评审、商务、质量、安全等工作。项目管理办公室是介于总经理助理与项目团队之间的职能部门，协调开发中心与运维中心的关系，对项目进行全程记录和协调，并进行知识管理。项目管理办公室每月上、中、下旬都要开会，分别沟通项目需求/决策、开发/技术、上线时间等问题。

G银行信息科技项目管理模式的特点如下：

（1）独立核算，自负盈亏。

信息技术部从每年第三季度末就开始做下年预算。针对各部门提出的信息科技项目需求，由信息技术部根据需求量（硬件成本，如扩容产生的成本）、人员量（行员以及外包人员）和设备采购量（单独的设备购买）等确定项目预算，经业务部门认可并通过信息科技委员会审批后作为下一年度项目计划及预算执行。

当年的项目在年初基本定好，年中出现的项目走立项程序，但不开发，作为下一年的任务，为紧急事件留有一定的应急资金。

成本控制采用固定成本法，通过预算对信息技术部的项目费用进行控制，以满足部门正常运行为主，不提倡营利。非极其特殊情况，项目成本不再追加。

（2）核心在内，外包为主。

G银行将其信息科技相关团队分为核心大系统团队、风险团队和其他团队三种类型共七个开发团队，每个团队约10～20名成员，主要负责与某一系统相关的信息科技项目的管理和沟通协调工作，对内与相应的需求部门对口开发，对外负责供应商管理和购买的劳务人员管理等工作，一个人手上可能同时有多个项目。

G银行的信息科技项目系统测试工作主要通过外包完成，按照预算中的项目数决定下年度所需的人员和设备购买预算。其中，人员与外包公司签订外包合同，严格选拔，外包公司保证人员质量，可实行"退换货"；设备购买要求供应商定期提供报价清单，以便控制成本。

信息技术部是对外签订信息科技项目合同的唯一部门，并对合同进行管理和支付。

（3）单项目专人管理，多项目集中协调。

通过指定开发团队的人员为项目经理，实现每个项目都有项目经理全程进行管理和控制。同时由项目管理办公室定期对所有项目的进度、资源等问题进行统筹平衡。

3. 专业化分工管理模式

Z银行是中国传统商业银行，主要经营公司金融、个人金融和金融市场等商业银行业务。其信息科技项目管理部门（信息技术部）作为银行的一个职能部门，更专注于系统开发相关工作，同时将运维、商务等功能从信息技术部门独立出来，使信息技术部更像一个专业化开发车间。其信息技术部门组织结构如图3所示。

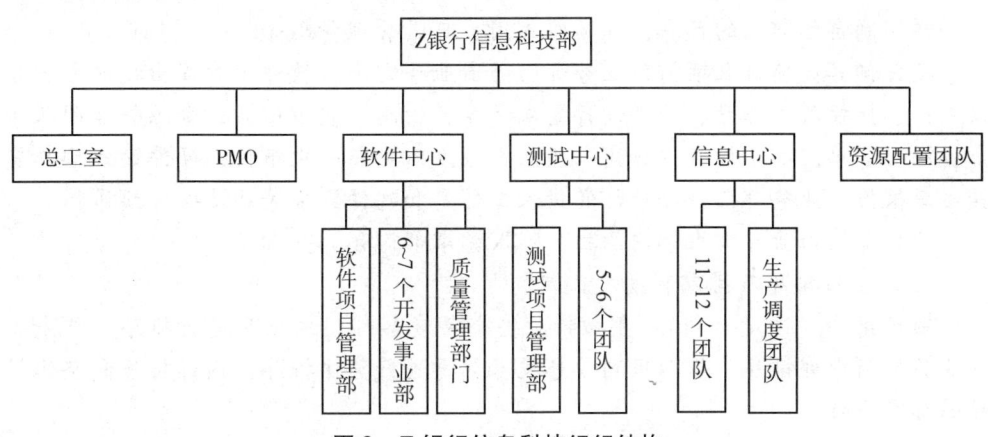

图3　Z银行信息科技组织结构

Z银行的信息技术部主要由软件中心、测试中心和信息中心构成。其中：软件中心为系统开发的核心部门，由于Z银行注重信息科技项目的自行开发能力，在京、沪、广三地均有开发机构，共有约2000～3000位专职系统开发人员，因此该银行的信息科技项目开发工作主要由软件开发中心完成，较少外包。测试中心形成5～6个专业的测试团队，对所有信息科技项目进行用户测试，体现了开发与测试分离的原则。信息中心主要负责投产前的系统连通性测试（组织生产测试）、投产、运维、日常维护等工作，体现了开发与运维相分离的原则。

此外，每个工作量大于或等于1000人次/天的项目在立项后成立一个PMO，对整个项目进行管理衔接以及监督控制，由业务部门人员任项目经理、信息技术部人员任项目副经理，成员构成可能包括但不限于信息技术部各中心人员、科技部等其他部门人员，不同PMO人员可以交叉。

Z银行信息科技项目管理模式的特点如下。

（1）采购中心、业务部门、信息技术部形成制约关系。

在项目立项以后，采购工作由采购中心、业务部门、信息技术部共同完成。其特点如下：

①采购中心是与信息技术部平行的职能部门，具有三方制约的监督作用。

②业务部门发起需求，在提供给采购中心的函中提出商务形式建议，具体商务形式由采购中心确定。

③采购中心负责采购工作的实施，如组织招投标、竞争性谈判等，采购协商完成后需要上报行长，行长签字同意后才能进行采购。

④信息技术部主要提供技术支持。

合同付款确认：在达到付款标准的每一阶段，由需求发起部门（业务部门）提供用户部门使用报告并发送信息技术部，经过信息技术部确认后再上报到总行财务管理部门进行付款。信息技术部只产生成本，而不创造利润。

（2）项目成本预算与控制情况。

年度预算：年初各部门根据项目数量和规模制定预算，信息技术部跟其他部门一样编制自己部门的预算，如运维费用、日常管理费用等。

项目预算：项目立项前，业务部门提出业务需求，软件中心提出技术方案建议书，包括投入工作量、硬件设备需求量等，由总工室审核后，资源管理团队给出资源配置单，由于设备供应商一般在半年左右更新一次报价，硬件设备预算直接参考报价。业务部门根据估计的投入工作量和硬件设备等估计项目预算。

项目费用由业务需求部门承担，列入需求部门预算并考核。

（3）项目排序及排期制度。

项目排序（进度计划）：年初针对整个年度各部门的项目进行排序，首先由各业务部门内部排序，然后报到信息技术部再进行整体排序；内部排序和整体排序的标准一致。

项目排期（进度控制）：一到两个月进行一次，确定接下来两个月左右时间内项目进行的顺序、阶段及时点，如项目开发、测试、投产、版本上线时间（主要是根据项目排期来确定不同中心在规定时间内需要完成的任务），涉及临时项目时，需要在项目排期时进行临时项目的工作安排。

（4）业务部门责权较大。

业务部门在开发和测试等阶段介入，参与项目功能确定、SIT 测试等环节，确认开发产品的适用性、把关可用性；同时主办业务部门负责协调涉及该产品需求的其他业务部门。

根据上述材料讨论：

1. 试对 H 银行信息科技项目管理情况进行 SWOT 分析。
2. 试分析 G 银行与 Z 银行信息科技项目管理模式的优缺点。
3. 试为 H 银行选择或设计一个合适的信息科技项目管理模式。

第3章 项目立项与启动

【本章学习目标】

1. 掌握项目可行性研究、项目章程、项目启动会的概念
2. 了解项目需求分析的方法
3. 了解项目可行性研究的意义
4. 掌握项目可行性研究的内容及方法
5. 掌握项目决策的要点
6. 了解项目章程的作用
7. 了解项目启动会的作用及议程内容

【重要概念】

项目需求分析（project requirement analysis）
项目可行性研究（project feasibility study）
项目章程（project charter）
项目概念化文件（project conceptualization file）
项目决策（project decision）
项目启动会（project kick-off meeting）
德尔菲法（delphi method）

【开篇案例】

杭州湾跨海大桥项目的尴尬

出于项目可行性研究中对效益的乐观评估和项目良好前景的展望，杭州湾跨海大桥一度吸引了大量民间资本，17家民营企业以BOT形式参股杭州湾大桥发展有限公司，让这一大型基础工程成为国家级重大交通项目融资的模板。然而项目建成通车五年后，项目资金仍然非常紧张，2013年全年资金缺口达到8.5亿元。而作为唯一收入来源的大桥通行费收入全年仅为6.43亿元。按照30年收费期限，根本无法回收本金。投资入股的民企纷纷转让股份，退出大桥项目，地方政府不得不通过国企回购赎回了项目80%的股份。

项目管理

《杭州湾跨海大桥工程可行性研究》预测到 2010 年大桥的车流量有望达到 1867 万辆，但 2010 年实际车流量仅有 1112 万辆，比预期少了 30% 以上。严重的预期收益误判导致民企投资决策错误。大桥项目从规划到建成的 10 年间多次追加投资，从规划阶段的 64 亿元到 2011 年的 136 亿元，投资累计追加 1 倍还多，参股的民企已先期投入，只能继续追加，最终被"套牢"。2013 年嘉绍大桥通车对杭州湾大桥是"雪上加霜"，接下来，杭州湾第三跨海工程钱江通道 2014 年底也将通车，另外宁波杭州湾大桥、舟山—上海跨海高速、杭州湾铁路大桥等项目也已纳入地方或国家规划，未来车流量将进一步分流，合同与规划的严重冲突令项目前景更加黯淡。

项目启动是项目生命期四个阶段的首要阶段，也是风险最高、影响最大的一个阶段，所以这一阶段的工作决定了项目的成败。项目立项过程和项目的启动过程常常被误认为是一个过程。其实上述两个过程有着明显的区别。立项管理是确定项目的目标，立项决策是否正确直接导致整个项目的成败。立项批准后进入项目启动阶段。项目启动是指正式批准新项目，或者批准现有项目进入下一阶段的过程。项目启动后进入项目计划过程，项目计划过程保证了项目目标的实现，正式启动过程将项目与实施组织的日常工作联系起来。项目立项与启动既紧密相连，又存在差异，一个项目的成功启动离不开项目组或项目经理，但仅仅依靠项目组和项目经理是无法实现项目成功启动的，必须具备各种相应的条件。项目要能够获得组织内外各种必要的资源，最重要的是项目要能够得到各利益相关方的支持。一个完整的项目启动过程要符合相应的流程，并完成必要的项目启动工作内容。

3.1 项目的需求分析与选择

3.1.1 项目的需求分析

要保证项目科学正确决策，首要的工作就是项目需求分析，也就是分析项目的市场需求。任何一个项目都是为了满足某种需求而存在的，不同的项目面对的用户和需求是不同的，要保证项目成功就必须满足相应的需求。识别需求是项目启动阶段的首要工作，起源于需求的产生，结束于需求建议书的发布。一个完整、清晰、正确的需求建议书是今后计划和执行项目的基础。

1. 客户需求的识别

客户的需求是基于某些方面的变化而产生的，需求识别的主要目的就是对内外部环境进行分析，发现环境中的变化趋势，把这些变化以及由此而产生的需求辨别出来并加以分析。客户需求主要来源于以下几个方面：

（1）市场需求。市场需求是由于市场变化而产生的，客户对于市场需求的响应直接导致了对项目的需求。如为解决众多小型公司无力购置昂贵的专业信息管理软件这一问题，某一系统开发商专门针对某一行业小公司业务简单、财务能力差、组织结构灵活等特点开发一款通用的、价格低廉的，并且可以 DIY 的套餐组合。

（2）发展需求。发展需求是客户基于自身发展的需要，为提高自身能力而产生的对项目的需要。例如一家公司为了提高对客户的响应能力和速度，建立一个 CRM 项目。

（3）技术需求。技术需求是指由于技术的发展进步所引起的需求。随着科学技术进步，原有的比较落后的系统将会不断地被市场所淘汰，为了维持发展和提高竞争力，企业不得不开发新的系统。如某公司原有的系统只能处理一些文字信息，而随着企业不断发展，业务不断增多，需要处理的信息越来越多，为了能够全面、快速、更好地处理这些信息，该公司决定开发一个新的信息系统。

（4）竞争需求。竞争需求是指企业在受到竞争压力时，或者是主动要求提高自身竞争力的情况下所产生的对项目的需求。例如，某公司为了提高自身竞争力而开发一套快速物流系统，提高物流处理效率。

客户对上述需求的反应将会成为项目需求，但这种需求是很笼统而不明确的，只是一个粗略的概况，或许客户自身都不能清晰地表达这种需求。因此，需要进一步的研究和分析自身状况和条件，考虑项目的目标和经济效益，以充分明确项目的需求。

需求的识别和定义过程对客户和项目是十分重要的，错误的项目需求会导致整个项目的失败，因为需求定义是项目以后工作的基础，也就是决定项目是"做什么"的，后续的工作都是围绕"怎么做"而展开的。

因为项目会涉及到方方面面的问题，项目需求比较庞杂。因此，为了使项目开发的相关组织和人员能更好地理解项目需求，也为了明确界定各方的责任和义务，在定义项目需求的最后阶段要将需求定义的结果形成专门的文档，这也就是在项目需求定义阶段的成果——项目需求建议书。

2. 编制项目需求建议书

项目需求建议书（requirement for proposal，RFP）是客户发出的，用来向项目承包方说明如何满足其已经被识别出来的项目需求以及所要进行的全部工作的书面文档。详细的项目需求建议书能让项目承包方明确客户需要什么样的项目产品，同时，这也是项目承包方完成项目投标文件的基础。

需求建议书一般都是正式文件，但也有以非正式文件出现的情况，比如对于内部项目，可能就不会产生格式标准的正式的需求建议书。

标准的需求建议书一般应该包括以下内容：

（1）项目工作陈述。项目工作陈述涉及的内容主要是项目的工作范围，客户应再次明确指出承包方要完成的工作任务中所涉及的内容或者称为任务范围。项目的工作陈述应该明确表明客户需要的是什么，比如说是更新完善现有的系统，还是建立一个全新的系统替代当前系统；工作是仅仅完成系统开发，还是在完成系统开发后要继续进行后期的维护。

（2）项目的目标。项目的目标包括交付物、成本、进度等。其中，交付物是承包商或项目团队所提供的实体内容。以一个用以结账和收款的软件系统来说，承包商可能被期望能提供硬件（计算机）、软件（磁盘和一些印刷品）、操作手册和培训教程，交付物也可能包括客户要求承包商或项目团队提供的定期进度报告或结束报告。

（3）项目目标要求。客户在需求建议书中必须明确规定项目可交付成果的规格、技术性能和特征。如：信息项目包括响应时间、更新处理时间、数据的转换和传送时间、数据处理能力、可维护性、可补充性、易读性、可靠性、运行环境可转换的特殊要求等。

（4）客户供应条款。客户供应条款中列出了在项目执行期间，客户能够为项目承包方所提供的资源和支持。

（5）客户付款方式。这是项目承包方最为关心的内容之一，也就是客户打算在什么时候，以什么方式向项目支付多少资金。

（6）项目时间要求。项目时间要求指的是客户要求项目在什么时间结束，也就是项目的完成日期。由此可以推算大致的项目进度计划，使得承包方可以判断能否在规定时间内完成软件开发和交付。

（7）有关承包商投标的事项。大型项目一般要求采用招投标的方式来选择承包商，通过对若干个承包商的项目建议书或投标方案的比较来确定最后的承包商。这需要客户在需求建议书中对有关投标的事项，如项目建议书的格式及投标方案的内容做出规定，以确保为承包商提供一个公平竞争的环境。

（8）对承包方项目招标文件的要求。需求建议书会规定有关承包方项目申请书的内容、格式和提交的截止日期，以便能够公平合理的选择承包方。

（9）对承包方项目投标文件的评价标准。投标文件涉及的项目评价标准具体如下：

①申请方提出的技术方案；
②申请方在类似系统开发中的经验和成绩；
③项目成本预算；
④项目进度计划；
⑤项目质量标准。

住宅装修项目需求建议书

1. 项目范围

承约商要具备装修后现代风格住宅的相关经验，配备专业化的设计、施工团队。

（1）提供80平方米两室一厅的住宅设计方案。

（2）提供装修工程的详细预算。

(3) 承约商负责购买主要材料，按项目计划施工并要在三个月内完工。

2. 项目目标要求

(1) 整体装修风格为后现代，要简约大方。

(2) 主、次卧室要温馨，主卧中需要梳妆台、衣柜、大床等必要家具，款式及色彩要与客厅相呼应。

(3) 客厅要求有电视背景墙、电脑台、T型沙发等必要家具，要求设计节省空间，营造浪漫时尚的氛围。

(4) 卫生间均使用防水材料，要有一个浴缸及淋浴功能。必须保证热水器和浴霸的安全性及地面防水性。

(5) 厨房和饭厅相连，一体式厨房。

(6) 电器线路设计要单线回路，有网线和电话线。各洗手池、卫生间设计热水管路，必须保证线路安全。

(7) 动工前要提交整体效果图及各个部分效果图，如不满足客户需求需要酌情修改。

(8) 项目预算要尽可能详细，注明使用材料的品牌、型号、大小、质地、价格等。

3. 客户供应条款

在项目实施以前，承约商要获得客户对最终计划的认同。

4. 合同类型

合同采用一个10万元作为预算，由承约商提供合同文本，讨论、确定并签订合同。

5. 客户的付款方式

给提供满足需求建议书要求工作的承约商付款。客户将按照下面的时间表付款给承约商：

当项目完成了1/3时付总额的1/3；

当项目完成了2/3时付总额的1/3；

当本人已经完全满意于项目，并且承约商已履行了全部合同义务时再付出总额的最后1/3。

6. 项目的时间要求

在2016年5月1日以前选中一家承约商。

项目的期限为3个月，从2016年6月1日~8月1日。

所有的可交付物必须在2016年8月1日以前提供给客户。

3.1.2 项目选择

1. 项目构思

项目构思又称项目创意，是指项目承包方根据客户的需求建议书的要求和内外部环境的实际情况，提出能够满足客户要求的各种项目方案，用以进行项目的可行性研究和选择。

为了能更好地满足客户需求，保证项目的顺利进行，一般要提出多个项目解决方案，每种方案都有其各自的特点和长处，用户需要根据自身条件和限制进行多方案的选择。和其他项目一样，任何一个项目也需要进行项目构思，项目构思最常用和有效的方法是头脑风暴法，发挥开发人员和客户的想象力，产生尽可能多的创意。

例如，信息系统项目方案需要包含以下内容：

（1）系统所基于的平台。任何项目都是基于一定的操作系统平台上工作的，不同的操作系统所要求的开发方法和资源都不相同，目前主要的两大操作系统是微软公司的视窗操作系统（Windows）和开源操作系统 Linux。

（2）系统数据库结构基础。需要一个合适的数据库结构，数据库的选用要依据客户处理信息的实际需求。

（3）系统开发语言。每个项目中的程序编写和开发需要用到相应的计算机语言，不同计算机语言编制的程序的性能、维护和后续开发也不尽相同，因此，要考虑到客户的实际情况，选用客户能够接受的，易于维护的语言进行编写。

（4）系统硬件配置。计算机系统的运行需要计算机硬件的支持，随着硬件的快速更新，如何选择一个合适的硬件也将成为构架项目系统的重要考虑因素。

（5）项目的基本功能。项目的最终目的是为客户开发一个具有合适功能的系统，因此，该系统的功能是双方最为关注的。在项目构思阶段，项目承包方应该根据客户的需求建议书提出系统的基本功能模块，让客户初步了解方案所实现的系统是如何进行操作的，并且是否能够满足客户的需求。

（6）项目方案的大致预算。在项目的构思阶段，无法得到项目需要的详细预算，但大致的预算是必需的，对于一些资金较紧张的项目，很可能由于预算问题而淘汰一些方案。

2. 项目选择标准

由于各种条件，比如人、财、物等方面的限制，并不是项目承包方提出的所有的项目方案都能满足客户的需求，因此需要对这些项目方案进行初步的筛选。项目选择就是由客户根据自身条件，从项目承包方提供的项目方案中，经过初步的分析，去除那些明显不符合要求的方案。被去除的方案就不再需要进行可行性研究，避免浪费资源。

如信息系统项目方案的初步选择主要考虑以下几个指标：

（1）人员因素。人员因素指将要进行具体操作的员工的技能水平、员工接受新系统的能力，项目系统要考虑员工接受能力，如果员工普遍感觉接受起来很困难，或者是在短期内无法接受，那么这种方案就不是一个理想的方案。

（2）技术因素。技术因素是指客户企业的内部管理和维护的技术水平，在开发完成交付客户后，经过一定时间的试运行，主要的维护工作就由开发方转移给实际使用方。因此，选用的系统方案要符合客户的技术水平，或者说是客户能够在一定情况下达到的水平。

（3）组织因素。客户的组织因素对项目选择的影响主要在于组织机构。新建立的系统权限和操作框架要与客户现有的或者经过改造后的组织结构相适应。

（4）财务指标。财务指标也是一个比较重要的影响因素，不同的项目方案的预算可能差距较大，因此，客户会根据自己的资金实力和项目预算选择合适的项目方案。

3. 项目选择方法

目前项目选择的方法种类较多，通常可以把项目选择的方法分为定性分析方法和定量分析方法。定性分析方法主要包括头脑风暴法、德尔菲法、专家会议法等。定量分析方法通常包括模糊综合评价法、层次分析法等。在实际项目选择过程中主要以定性的分析方法为主，同时使用定量分析方法。下面介绍项目选择中常用的几种方法。

（1）头脑风暴法。

头脑风暴法（brainstorming）的发明者是现代创造学的创始人——美国学者阿历克斯·奥斯本。头脑风暴原指精神病患者头脑中短时间出现的胡思乱想，奥斯本借用这个概念来比喻思维高度活跃、打破常规思维方式而产生大量创造性设想的状况。头脑风暴的特点是让与会者敞开思想，使各种设想在相互碰撞中激起脑海的创造性风暴。其可分为直接头脑风暴和质疑头脑风暴。前者是在专家群体决策基础上产生尽可能多的设想的方法，后者则是对前者提出质疑，发现现实可行的方法。

（2）德尔菲法。

德尔菲法又名专家意见法或专家函询调查法，最早出现于50年代末，是当时美国为了预测在其"遭受原子弹轰炸后，可能出现的结果"时发明的一种方法。德尔菲法本质上是一种反馈匿名函询法，它是采用背对背的通信方式征询专家小组成员的预测意见，经过几轮征询，使专家小组的预测意见趋于集中，最后做出符合市场未来发展趋势的预测结论。其具体做法是，在对所要预测的问题征得专家的意见之后，进行整理、归纳、统计，再匿名反馈给各专家，再次征求意见，再集中，再反馈，直至得到稳定的意见。其过程可归纳为：匿名征求专家意见—归纳、统计—匿名反馈—归纳、统计……若干轮后，停止。它是一种利用函询形式的集体匿名思想交流过程。

（3）层次分析法。

层次分析法（analytic hierarchy process，AHP）是美国运筹学家萨蒂（Saaty）教授于20世纪80年代提出的一种实用的多方案或多目标的决策方法。它合理地将定性与定量决策结合起来，按照思维、心理的规律把决策过程层次化、数量化。运用层次分析法需要经过以下五个步骤：建立系统的递阶层次结构；构造两两比较判断矩阵；针对一个标准，计算各备选元素的权重；计算当前一层元素关于总体目标的排序权重；进行一致性检验。如果所选要素不合理，其含义含混不清或要素间的关系不正确，都会降低层次分析法的结果质量。为保证递阶层次结构的合理性，需要把握以下原则：分解简化问题时把握主要因素，不漏不多；注意相比较因素间的强度关系，相差太悬殊的要素不能在同一个层次比较。

3.2 项目可行性研究与决策

在对项目方案进行初步选择之后，就可以开展下一步的项目可行性研究，对项目方案进行最后的选择。项目方案选择对项目做出筛选仅仅是使用比较出粗略的方法，对明显不符合要求的方案进行剔除，这种选择方法的好处是成本较低，时间较短，而且比较有效。但是，对于那些不是那么明显的，从一些简单的定性指标上无法判断是否可行，或者说是无法进行优选的方案，有必要用详细可行性研究的方法，进一步进行研究。

3.2.1 项目可行性研究的目的和依据

1. 项目可行性研究的目的

项目可行性研究是对提出的投资建议、工程项目建设方案或研究课题建议的所有方面进行尽可能详细的调查研究和作出鉴定。或者说它的目的是对新建或改建工程项目的主要问题，从技术经济两个方面进行全面、系统的研究分析，并对投产后的经济效果进行预测，以判断它是"行"还是"不行"。需要说明的是可行性并非最优，而是可行，只有在可行的基础上才能进一步求出最优方案。

编制项目可行性研究是项目前期工作的重要环节，其主要作用有以下几个方面：

(1) 可以作为项目投资决策和编制设计任务书的依据；
(2) 作为向银行或贷款单位申请贷款的依据；
(3) 是申请建设执照和同有关部门签订合同的依据；
(4) 是项目进行初步设计的基础。

2. 项目可行性研究的依据

进行项目可行性研究的依据包括：
(1) 国家经济和社会发展的长期规划，部门与地区规划，经济建设的指导方针、任务、产业政策、投资政策和技术经济政策以及国家和地方法规等。
(2) 组织的整体战略、宗旨、愿景。
(3) 经过批准的项目建议书和在项目建议书批准后签订的意向性协议等。
(4) 由国家批准的资源报告、国土开发整治规划、区域规划和工业基地规划。

（5）国家、地区和行业的工程技术、行业标准。

（6）国家颁布的建设项目经济评价方法与参数，如折现率、行业基准收益率、影子价格换算系数、影子汇率等。

（7）市场调查报告。包括市场需求量与供给量、市场竞争对手情况、市场价格和消费者需求及心理、促销手段等。

（8）项目约束条件、假设和限制。例如：信息系统项目的约束、假设和限制通常包括：系统运行的寿命；方案比较的限制时间；经费、投资方面的来源及限制；法律、政策的约束；硬件、软件、开发和测试环境的条件和限制因素；可获取的资源；系统调试并投入使用的最迟时间。

3.2.2 项目可行性研究的内容

1. 经济可行性分析

开发一个新项目，首先要在经济上具有可行性。企业投资项目的最终目的是获得利益最大化，因此，对项目进行可行性研究首先要衡量该项目是否能给投资者带来可观的经济效益。例如，就信息系统项目而言，最大的效益就是带来信息处理效率的提高和运营成本的降低，而其成本就是系统开发成本、系统转换成本和运行成本。经济可行性研究就是要综合计算成本和收益，只有长远的收益高于成本的项目才会得到投资方的支持。

系统的开发和运行是需要资金支持的，如果项目的规模比较大，就需要考虑客户的资金支持能力，比如中石油的ERP系统的开发成本是数亿元，这对一个规模较小的公司来说在财务上是不可行的。财务可行性分析也包括分析客户的资金筹措，一个项目所需要的资金可以从多个渠道获得。在可行性研究阶段，资金筹措工作是对项目开发所需投入的固定资产和软件开发所需投入资金的估算进行方案设计和选择。要考虑客户是否能根据项目进度及时提供项目进展所需要的资金和资源。在财务可行性研究中，需要对以下主要内容进行分析和研究：

（1）项目总投资估算；
（2）固定资产总额；
（3）流动资产总额；
（4）资金来源；
（5）资金筹措方案；
（6）资金使用计划；
（7）项目财务效益；
（8）国民经济效益。

2. 技术可行性

项目的开发依赖于信息技术，并不是组织需要的所有功能都能通过系统来实现，因此在对项目方案进行可行性研究时，要考虑技术上的可能性，也就是说，对于项目方案所提供的功能是否能用计算机来实现。技术可行性研究并不是说一些功能不可能实现，而是同一个方案的功能和开发方法在技术上会有所冲突。如，在开发方案中使用 Java、VB、C++等开发方法进行联合开发，使得项目中各子系统间产生不兼容现象，系统存在较高的不稳定性。

另外，在考虑了软件开发之后也要考虑硬件配置，开发后的软件需要什么样的硬件来运行，在技术上是否能获得这样的硬件配置。同时，新系统的性能和技术一定要优于现有系统，而不能有所倒退；同时，新系统要有一定的前瞻性，能在经济有效期内保持一定的先进性，也就是说，在系统预计使用年限内，不能出现因为系统过于落后而被淘汰更换新系统的情况。这就要求系统分析人员在设计和选择项目的时候有较强的预见能力，能够预测到将来科技的发展趋势。

在完成技术可行性研究时，还需要对系统的局限性进行研究。主要研究系统在功能、运行模式、性能、处理速度等方面可能存在的缺陷，把这些缺陷与系统需求说明进行对比，确定这些指标的重要程度。对于一些局限性，在不影响系统主要功能的情况下是可以满足客户需求的，但对于一些较重大的缺陷，却可能导致项目的夭折。因此，有必要评价系统缺陷的重要程度，并制订相应解决方案。

3. 管理可行性

项目的建立和运行需要由人来完成，一个完善的系统如果没有合适的人力资源体系来负责管理和保障也不会发挥任何作用。因此，所建立的项目系统必须要有相应的组织体系给予支持。同时，实施项目是一个不断创新的过程，在这个过程中知识工作者作为关键的资源成为影响项目成功的主要因素之一。由于项目的独特性，使得提高知识工作者的生产率成为项目实施的关键，随着劳动力等关键资源使用成本的增加，市场竞争的加剧，管理问题成为越来越多项目失败的主要原因。因此，保证项目的顺利实施离不开项目管理的支持，作为项目的实施组织必须结合自身情况，针对每一个项目的实际情况完善管理可行性分析。

4. 社会可行性

主要分析项目对社会的影响，包括政治体制、宏观政策、经济发展、法律法规、宗教文化等方面。

5. 其他因素

其他因素如国家有关的法律法规、项目的社会影响力等也是影响项目进展的重要因素。

3.2.3 项目可行性研究的步骤

进行项目可行性研究是希望能够发现问题、解决问题和得到能够经得起考验的结论,在这些基础上进行决策,完成项目。可行性研究的结果离不开系统、可靠的过程保证。因此,明确可行性研究的过程,构建系统科学的研究步骤,是成功完成可行性研究的关键。可行性研究包括以下步骤:

1. 清晰定义研究目的和目标

确定项目可行性研究的目标。这是项目可行性研究的首要因素,它能保证在以后的工作中保持正确的方向。在所作的工作中时刻把研究目标与当前工作进行比较,通过目标的指引,不断明确后续的研究方向,否则所做的可行性研究工作就像雾中的轮渡,随时都有触礁的危险。

2. 明确研究中所需使用的资源

列出一个可能会用到的资源清单。在这个过程中尽量要求把项目中能够用到的资源全部列清楚,然后以某种优先级进行排序。通常这些资源的获取来源包括:

(1) 以前的经验;
(2) 其他项目的经验;
(3) 专业杂志;
(4) 网站;
(5) IT 书籍;
(6) 厂商产品说明。

3. 选择适合的研究伙伴

完成可行性研究是一个工作量较大的工作,需要其他成员共同完成。这些成员可以来自组织内部,也可以从组织外部进行选择。可以先将研究工作分成几个部分,然后将其分配给团队成员去完成,这样在其他成员的帮助下,工作将变得更加高效。

4. 整理和归档

开始阅读和记录有关项目的信息。用书签等方式记录下所发现的有用的网页、书籍、杂志等内容,这样做可以轻松获取所需资料。记录的内容还应包括你使用过的相关资料所在书刊杂志的名称和其所在页码,这样可以避免不必要的重复和返工。

5. 评估并做进一步研究

将收集的相关信息进行整理汇编。当把所有完成的研究汇集到一起时,检查这些数据是否已经能够实现可行性研究的目标。如果可以实现,则转入可行性研究报告的编写工作。否则,将依照上述五步方法继续进行研究工作。

上述方法虽然简单,但却十分有效。关键的因素是时间,不要陷入永不停止的研究工作中，而忘记了可行性报告才是真正的交付物。

3.2.4 项目可行性研究报告

项目可行性研究报告是可行性研究的结果和正式文件，也称为项目评价报告，是对项目方案是否可行做出的评定文件。对一个项目进行可行性研究，必须在国家有关规划、政策、法规的指导下完成，还要有相应的各种技术资料。可行性研究是向上级和金融机构提供的报告，它为客户和管理人员服务，同时也是项目管理团队作为执行项目的依据。因此，项目可行性研究报告必须站在公平公正的立场，内容要达到国家要求的深度，同时尽量通俗易懂，并足够详细。另外，要避免单纯为了获得批准而将可行性研究报告做成"可批性研究报告"。

1. 可行性研究报告的编制要求

由于项目可行性研究工作及可行性研究报告对于整个项目开发的重要性，为了保证它的科学性、客观性、真实性和公正性，防止遗漏和错误，应编制可行性研究报告，对其有以下基本要求：

（1）必须站在客观公正的基础上进行调查和研究，做好基础资料的收集和整理分析工作。对于收集到的资料，要从客观实际需要进行论证评价，如实反映客观规律、经济规律。项目可行与否，应该从科学分析的数据结果来判断和回答，而不能先认定研究结果再去臆造数据。

（2）可行性研究报告的深度和详细程度要符合国家的相关规定标准，基本内容要求完整。在成本合理的前提下，应使用尽量多的资料，避免粗制滥造，搞形式主义。在具体做法上要掌握以下几点：坚持先论证，后决策的原则；把握好项目建议书、可行性研究、项目评估这几个阶段的关系，在任何一个阶段发现不可行，都要停止项目研究；调查研究要贯穿始终，掌握切实可靠的资料、保证资料选取的全面性、客观性、连续性；坚持多方案比较选优。

2. 项目可行性报告框架

项目可行性报告的框架结构是完成整个项目可行性报告的基础，通过可行性报告的模板可以清晰地了解和掌握可行性报告的框架。

2013年发改委最新×××项目可行性研究报告大纲

1. 项目总论
   1.1 项目基本情况
   1.2 项目建设单位基本情况
      1.2.1 公司简介
      1.2.2 组织形式

         1.2.3　股东简介
　　1.3　项目可行性研究报告编制单位
　　1.4　项目可行性研究报告编制依据
　　1.5　项目建设内容与规模
　　1.6　项目总投资及来源
　　1.7　项目经济及社会效益
　　1.8　项目建成后的产业集群效应
　　1.9　项目结论与建议
　　　　1.9.1　项目主要经济指标
　　　　1.9.2　项目主要问题及解决建议
2. 项目建设背景、必要性与可行性
　　2.1　项目建设背景
　　2.2　项目建设必要性
　　2.3　项目建设可行性
　　　　2.3.1　模式可行性
　　　　2.3.2　技术可行性
　　　　2.3.3　经济可行性
　　　　2.3.4　组织协调和人力资源可行性
3. 项目宏观环境分析
　　3.1　政策环境分析
　　3.2　经济环境分析
　　3.3　技术环境分析
4. 项目产品市场分析
　　4.1　项目产品产能规划
　　4.2　项目产品特性介绍
　　4.3　项目产品市场现状及发展趋势分析
　　4.4　项目市场营销策略
　　　　4.4.1　营销策略指导思想
　　　　4.4.2　目标市场
　　　　4.4.3　品牌策略
　　　　4.4.4　产品策略
　　　　4.4.5　渠道策略
　　　　4.4.6　定价策略
　　　　4.4.7　销售体系
　　　　4.4.8　促销策略
　　　　4.4.9　售后服务
5. 项目产品原料、工艺流程及设备
　　5.1　项目产品原料

5.2 项目产品工艺流程
  5.3 项目设备选型
6. 项目建设总体规划
  6.1 项目建设地址
  6.2 项目地点分布
  6.3 场区内外运输
  6.4 项目土建及配套工程
  6.5 供排水工程
  6.6 供电工程
7. 环境保护与劳动安全
  7.1 环境保护
  7.2 生态系统修复
  7.3 消防措施
  7.4 劳动安全卫生
8. 节能分析
  8.1 概述
  8.2 编制依据
  8.3 节能原则
  8.4 项目能耗指标分析
  8.5 能源供应分析
  8.6 建筑节能
    8.6.1 执行标准
    8.6.2 节能措施
    8.6.3 墙体节能技术措施的采用
    8.6.4 门窗节能技术措施的采用
    8.6.5 屋面节能技术措施
    8.6.6 设备选型
  8.7 设备节能
    8.7.1 主要生产工艺及设备节能措施
    8.7.2 辅助生产设备节能措施
    8.7.3 公用设施节能措施
    8.7.4 其他措施
  8.8 能耗计量器具
  8.9 能源计量管理
9. 企业组织、劳动定员与实施进度
  9.1 项目组织机构
  9.2 人员招聘和培训
    9.2.1 人员招聘

9.2.2 人员培训
9.3 项目实施的各阶段
9.4 项目实施进度表
10. 项目投资估算及资金筹措
   10.1 项目总投资估算
      10.1.1 固定资产建设投资估算
      10.1.2 流动资金估算
      10.1.3 项目总投资
   10.2 资金筹措
11. 项目财务评价
   11.1 计算依据及相关说明
      11.1.1 项目测算参考依据
      11.1.2 项目测算基本设定
   11.2 总成本费用估算
      11.2.1 直接成本
      11.2.2 工资及福利费用
      11.2.3 折旧及摊销
      11.2.4 修理费
      11.2.5 财务费用
      11.2.6 其他费用
      11.2.7 总成本费用
   11.3 销售收入、销售税金及附加和增值税估算
      11.3.1 销售收入
      11.3.2 销售税金及附加费用
   11.4 损益及利润及分配
   11.5 盈利能力分析
      11.5.1 投资利润率、投资利税率
      11.5.2 财务内部收益率、财务净现值、投资回收期
      11.5.3 项目财务现金流量表
      11.5.4 项目资本金财务现金流量表
   11.6 盈亏平衡分析
   11.7 敏感性分析
12. 效益分析
   12.1 经济效益
   12.2 社会效益
13. 风险与风险管理项目
   13.1 市场风险及防控
   13.2 管理风险及防控

13.3 法律风险及防控

13.4 项目建设风险及防控

14. 附件

3.2.5　项目投资管理体制

从1949年中华人民共和国成立直到20世纪70年代末，中国的投资体制一成不变，中央政府为唯一的投资主体，以财政拨款进行投资，由行政部门安排设计和施工。这种方式就是计划经济体制下的项目投资审批制。

改革开放后，我国经济体制由计划经济体制转为市场经济体制，但项目行政审批制度一直没有变化，因为它曾是政府宏观经济管理的重要手段。尽管政府多次推动项目投资体制的改革，但由于种种原因始终没有启动。2004年7月国务院发布了《国务院关于投资体制改革的决定》，对今后投资体制改革的一系列方向性、原则性问题进行了阐述，内容全面，影响深远，引起社会各界的高度关注。《国务院关于投资体制改革的决定》发布后，国家发改委，财政部、商务部、国土资源部、国家环保总局等有关部门也发布了一系列的配套文件。

1. 深化投资体制改革的指导思想

按照完善社会主义市场经济体制的要求，在国家宏观调控下充分发挥市场配置资源的基础性作用，确立企业在投资活动中的主体地位，规范政府投资行为，保护投资者的合法权益，营造有利于各类投资主体公平、有序竞争的市场环境，促进生产要素的合理流动和有效配置，优化投资结构，提高投资效益，推动经济协调发展和社会全面进步。

2. 深化投资体制改革的目标

（1）改革政府对企业投资的管理制度，按照"谁投资、谁决策、谁受益、谁承担风险"的原则，落实企业投资自主权；

（2）合理界定政府投资职能，提高投资决策的科学化、民主化水平，建立投资决策责任追究制度；进一步拓宽项目融资渠道，发展多种融资方式；

（3）培育规范的投资中介服务组织，加强行业自律，促进公平竞争；健全投资宏观调控体系，改进调控方式，完善调控手段；

（4）加快投资领域的立法进程；加强投资监管，维护规范的投资和建设市场秩序；

（5）通过深化改革和扩大开放，最终建立起市场引导投资、企业自主决策、银行独立审贷、融资方式多样、中介服务规范、宏观调控有效的新型投资体制。

3. 改革项目审批制度，落实企业投资自主权

（1）彻底改革现行不分投资主体、不分资金来源、不分项目性质，一律按投资规模大小分别由各级政府及有关部门审批的企业投资管理办法。

对于企业不使用政府投资建设的项目，一律不再实行审批制，区别不同情况实行核准制和备案制。其中，政府仅对重大项目和限制类项目从维护社会公共利益角度进行核准，其他项目无论规模大小，均改为备案制。项目的市场前景、经济效益、资金来源和产品技术方案等均由企业自主决策、自担风险，并依法办理环境保护、土地使用、资源利用、安全生产、城市规划等许可手续和减免税确认手续。

对于企业使用政府补助、转贷、贴息投资建设的项目，政府只审批资金申请报告。

（2）规范政府核准制。要严格限定实行政府核准制的范围，并根据变化的情况适时调整。《政府核准的投资项目目录》（以下简称《目录》）由国务院投资主管部门会同有关部门研究提出，报国务院批准后实施。未经国务院批准，各地区、各部门不得擅自增减《目录》规定的范围。

企业投资建设实行核准制的项目，仅需向政府提交项目申请报告，不再经过批准项目建议书、可行性研究报告和开工报告的程序。

政府对企业提交的项目申请报告，主要从维护经济安全、合理开发利用资源、保护生态环境、优化重大布局、保障公共利益、防止出现垄断等方面进行核准。对于外商投资项目，政府还要从市场准入、资本项目管理等方面进行核准。

政府有关部门要制定严格规范的核准制度，明确核准的范围、内容、申报程序和办理时限，并向社会公布，提高办事效率，增强透明度。

《项目申请报告》通用文本结构

（1）申报单位及项目概况；
（2）发展规划、产业政策及行业准入分析；
（3）资源开发及综合利用分析；
（4）节能方案分析；
（5）土地利用、征地拆迁及移民安置分析；
（6）环境和生态影响分析；
（7）经济影响分析；
（8）社会影响分析。

（3）健全备案制。对于《目录》以外的企业投资项目，实行备案制，除国家另有规定外，由企业按照属地原则向地方政府投资主管部门备案。备案制的具体实施办法由省级人民政府自行制定。国务院投资主管部门要对备案工作加强指导和监督，防止以备案的名义变相审批。

3.2.6 项目决策

在对项目进行可行性分析后,根据可行性研究报告的结果,在充分征求意见的基础上,运用一定的项目决策方法,项目投资者对项目进行科学决策。正确的项目决策是项目成功的前提。项目决策是指按照一定的程序、方法和标准,在项目可行性研究报告结论的基础上做出项目投资决定的过程。

1. 项目决策的原则

项目决策是对一个复杂的、多因素的项目管理系统进行逻辑分析和综合判断的过程,包括拟建项目的必要性和可行性的分析论证,对项目投资方案的制订与选择,以及对投资方案的评价与审批。

项目经理在项目决策过程中必须遵循下列原则:

(1) 科学原则。

项目决策要尊重客观规律,要按科学的决策程序办理,并运用科学有效的决策方法。为实现科学决策,项目决策者应该从以下四个方面入手:

①确定项目目标;

②围绕预定目标拟定出多个实施方案;

③在多个方案中进行比较选择;

④要预计方案实施过程中可能出现的变化及应采取的应急措施,还要考虑到预定目标实现后的实际效果。

(2) 可持续发展原则。

项目处于不断地运动和发展变化之中,通过决策确定的经营目标、行动方案应随着项目管理系统的发展及环境变化而不断调整,故须遵循可持续发展原则。

(3) 民主原则。

项目决策应避免单凭个人主观经验决策,应广泛征求各方面的意见。在反复论证的基础上,由集体做出决策。民主决策是科学决策的前提和基础。

(4) 经济原则。

项目决策本身讲究产出效果和投入代价之间的关系,关系到决策收益和成本问题,若决策所花代价很大,取得效益甚微,则应考虑进行该项决策有无必要。要追求项目总体效益最优,微观效益与宏观效益的统一、近期效益与远期效益的统一。

2. 项目决策的程序

(1) 明确目标。目标是在一定条件下解决问题要达到目的的归结点。若无目标则无所谓决策,目标错了决策就会失误。为使决策目标明确合理,需注意确定目标要实事求是,目标须明确具体。

(2) 搜集数据。决策选择的基础是数据,所以好的决策必须建立在丰富的、准确的信息资料的基础上。项目数据的一个重要来源是企业本身的财务系统,另外还有市场需求、贷款条件、政策、投资环境、原材料和能源供应等信息和数据。

(3) 制订多个备选方案。做出决策选择必须有多个备选的方案。在寻找备选方案的过程中,始终存在忽略掉最优方案的危险。所以为了确保最优方案,一定要在考虑的方案中罗列出所有的可能方案,并且要提出创新的解决方法。

(4) 确定判断方案优劣的准则。决策主要是为了从多个备选方案中进行选择。项目决策的准则是:若投入相等,则使收益或其他产出最大;若产出相等,则使费用或其他投入最小;若投入和产出均不相等时,则使产出和投入之差最大,也就是使利润最大。

(5) 确定决策方案。根据决策标准,在多个备选方案中,运用一定的决策方法,如决策树方法、仿真模拟法等,最终选择一个满意的方案作为决策方案。

(6) 执行方案。

方案的执行是决策过程中至关重要的一步。在方案选定以后,就可制定实施方案的具体措施和步骤。通常而言,执行过程应做好以下工作:

①制定相应的具体措施,保证方案的正确执行;
②确保有关决策方案的各项内容都为所有的人充分接受和彻底了解;
③运用目标管理方法把决策目标层层分解,落实到每一个执行单位和个人;
④建立重要工作的报告制度,以便随时了解方案进展情况,及时调整行动。

(7) 决策的跟踪、检查及处理。

一个大规模决策方案的执行通常需要较长的时间,在这段时间中,情况可能会发生变化,必须通过定期的检查评价,及时掌握决策执行的进度,将有关信息反馈到决策机构。决策者依据反馈来的信息,及时跟踪决策实施情况,对局部与既定目标相偏离的应采取有效的纠正措施,以保证既定目标实现;对客观条件发生重大变化,原决策目标确实无法实现的,则要重新调查研究新问题,确定新的目标,重新制订可行的决策方案并进行评估和选择。

赫伯特·西蒙的决策理论

赫伯特·西蒙(Herbert A. Simon, 1916~2001),美国著名的管理学家和社会科学家,经济组织决策管理大师,1978年度获得第十届诺贝尔经济学奖。西蒙1916年生于美国威斯康星州密尔沃基,毕业于芝加哥大学,1943年获得博士学位。曾先后在加利福尼亚大学、伊利诺伊工业大学和卡内基—梅隆大学任计算机科学及心理学教授,曾从事过计量学的研究。他还担任过企业界和官方的多种顾问。他所倡导的决策理论,是以社会系统理论为基础,吸收古典管理理论、行为科学和计算机科学等内容而发展起来的一门边缘学科。西蒙在他所著的《管理决策新科学》一书中,用了大量篇幅来总结计算机在企业管理中的应用,特别是计算机在高层管理及组织结构中的应用。

西蒙等人认为，一个企业组织机构的建立及企业的分权与集权不能脱离决策过程而孤立地存在，必须要与决策过程有机地联系起来。西蒙等人非常强调信息联系在决策中的作用。他们把信息联系定为"决策前提赖以从一个组织成员传递给另一个成员的任何过程"。西蒙认为，今天关键性的任务不是去产生、储存或分配信息，而是对信息进行过滤，加工处理成各个有效的组成部分。今天的稀有资源已不是信息，而是处理信息的能力。

西蒙认为，企业在制订计划和对策时，不能只考虑"攫取利润"这一目标，必须统筹兼顾，争取若干个相互矛盾的目标一同实现。其决策理论以"有限度的合理性"而不是"最大限度的利润"为前提，应采用"符合要求"的原则。这一理论的典型例子有"分享市场""适当利润""公平价格"。在决策方式上，他主张群体决策。群体参加决策的优点是，群体成员不会同时犯同样的错误，可以避免决策的失误。群体参加决策可将问题分成若干部分、分别交给专家处理，从而加速问题的解决和提高解决的质量。

3.3 项目启动

在项目的可行性研究之后，客户的需求由一个模糊的概念变成了一个具体的、可执行的项目方案，此时就到了项目正式启动的阶段。

3.3.1 项目启动的环境分析

尽管项目是一次性的，目的在于产生独特的产品和服务，但组织并不能孤立地运行项目。项目经理必须对项目运行的环境进行足够的了解，需要在一个更大的组织视野下来考虑项目。项目经理对项目要有一个全盘考虑，并且清楚项目管理的价值。项目管理的目标不是为了技术，而是朝着既定的目标（更好的服务或者产品）渐进的过程。当决定实施新项目时，你需要清晰全面的理解项目目标。模糊不清的理解势必造成时间、费用和精力的浪费，管理低效率和混乱。在项目启动时，你要清楚地知道项目的结果是什么，只有你明确知道项目包括的全部内容，这个项目才算真正启动。

项目启动时，需要考虑以下项目背景信息：

1. 项目是否具有明确的目标

一名出色的项目经理，应该在尽可能短的时间内确定所负责项目的项目目标。同时保证项目目标的明确性、可测量性、可实现性、相关性以及时间约束性，也就是项目目标的 SMART 原则。项目客户、项目发起人、项目团队成员等利益相关方都应对项目目标有一致的认可。在这个过程中，不仅要识别出项目的具体的目标，还要清楚地识别出项目潜在的需求。

2. 项目是否有合理的开始和结束日期

项目随着规模的不断扩大，项目所需要的各种资源也将不断地增加。如果项目没有规定一个合理的开始和结束时间，没有明确的日程安排，将意味着项目将无限期地推迟或者永无休止的进行，项目需要的资源将成为未知数。项目必须设立合理的开始结束时间和具体的时间进度的安排，明确要做的工作内容，在规定时间内交付项目，使得客户满意。

3. 项目是否得到组织高层的支持

项目的成功离不开组织高层的支持。组织的高层，尤其是项目的发起人，拥有足够的资源，在项目的实施过程中可以利用这些资源实现项目目标。同时，确保组织高层支持来完成项目实施工作，可以更加透彻地了解管理层对项目的要求，对项目的后续实施具有重要的指导价值。

4. 项目是否有财务支持

任何项目都离不开资金的支持。以技术为核心的项目对优质的硬件、软件以及优秀的人员进行投资，都离不开资金的支持。如果项目预算不清晰，需要边干、边计划、边筹集，那么项目将更加容易掉进入不敷出的窘境。

5. 项目是否有行业及国家标准或者国际规范

行业、国家标准或者国际规范，都涉及到项目技术规范和质量要求。在项目启动阶段考虑上述标准和规范，是对项目行业内成熟经验的借鉴，对于强制性规范，在项目的实施过程中必须遵照执行，对于建议性规范，对项目也有重要的指导作用。

6. 项目是否有人做过

相同或者相类似的项目在本组织内是否已有人做过，如果有，就必须了解上述项目的实施情况，可以借鉴项目经验。在项目启动前，应该先做一些调查以确信该项目没有被其他部门完成。

作为项目，除了对上述一般项目管理背景信息进行了解之外，还需要了解以下与技术相关的信息：

（1）新技术将会怎样影响使用者。

随着信息技术的飞快发展，对新技术的应用已经渗透到组织的各个层级。如果新技术的应用将造成对原有工作、生活模式的冲击，应提前让使用者知道，否则新技术的应用将会受到前所未有的抵制，毕竟项目是为了让工作更加简单轻松。

（2）所使用的技术对其他软硬件是否有影响。

项目往往既涉及软件，也涉及硬件，项目采用的技术可能影响到其他的硬件或者软件,这种影响带来的风险需要预先考虑。

(3) 所使用的技术与操作系统的兼容性。

不同的组织内会采用不同的操作系统。即便是同一个组织内,也可能存在两种或者更多的操作系统,如 Windows、Mac、Linux、UNIX 等,即便是 Windows 本身,也存在多个版本,因此要了解操作系统对项目应用的要求和影响。

(4) 项目采用的技术其他组织是否已经采用。

全新的技术可以增强项目的竞争性,同时也将存在危险因素,例如与其他组织进行数据共享时,可能带来兼容问题。采用相对成熟的技术,由于之前有较为广泛的应用,项目在实施过程中遇到的技术风险将很小。

(5) 项目采用的技术是否有足够的售后支持。

技术供应商是否具有一定的影响,存在较长的时间并且已经取得一些成功的案例,如果遇到问题,技术供应商能否给予及时的解决,以及能否得到持久的售后支持都是项目需要掌握的信息。

(6) 网络建设情况。

现在的项目离不开网络的支持。网络能否支持新项目的运行,是任何组织在实施项目前不得不考虑的问题。

当然,除了上述重要的信息外,还有诸多信息需要了解。值得注意的是你需要预见可能发生的最坏情况,并且找到应对的方法,而不是等到危机爆发后慌乱的应付。

3.3.2 项目启动阶段利益相关方分析

项目成功的目标之一是让利益相关方满意,对于项目来说,不同的利益相关方,在项目管理的不同阶段,其扮演的角色和责任也将不同,明确上述内容,将有利于协调工作,调动相关人员。通常项目在启动阶段的利益相关方有以下几个:

1. 组织高管

组织高管负责识别项目需求,评价项目风险及批准要实施的工作。为了保证项目符合组织机构商业需求,应建立信息技术战略计划,同时建立程序和制度以保证政策得以贯彻实施。组织高管在项目启动阶段的角色与责任:

(1) 选择项目经理以及在人员配备方面提供协助;

(2) 审查并批准项目风险分析;

(3) 确保资金及资源供应;

(4) 明确项目需求,确定项目目标;

(5) 对项目进行验收;

(6) 任命项目经理。

2. 项目经理

项目经理对整个项目的成功负全责。为了更好地履行项目职责，项目经理应该与组织高级管理层紧密合作，以确保使用的资源充分到位；同时负责编制项目计划，以保证项目在进度、预算以及质量范围内顺利完成项目。项目经理在项目启动阶段的角色与责任：

（1）草拟项目概念文件及项目章程；
（2）定义项目成功标准；
（3）编制项目约束条件文件；
（4）编制项目假设文件；
（5）进行成本—收益分析；
（6）做好项目进度、成本、质量和安全的控制。

3. 项目发起人

项目发起人是股本投资者，即项目的实际投资者，是项目结果和产品的最终接受人和受益人。项目发起人不是每天进行全职工作的职员，而是组织内部项目结果的接受者。他为发起项目提供商业依据，项目发起人在项目启动阶段的角色与责任：

（1）就项目当前或未来的价值及相关性等方面提供战略计划及指导；
（2）定义项目的需求；
（3）为项目获取资金支持；
（4）任命项目发起人的联络人。

4. 项目小组

项目小组负责实施项目的各项任务，必要时项目小组成员可以协助项目经理实施项目计划编制工作。项目小组可以聘请行业专家来实施项目方案，同时要与客户以及其他项目利益相关方保持有效沟通，以确保需求得到正确的理解与实施。项目小组在项目启动阶段的角色与责任：

（1）为产品开发提供评估意见；
（2）保证需求是切合实际的，并与目前可得资源的状况相匹配；
（3）从完整性、相关性及清晰性等角度分析需求；
（4）保证项目按规定的进度、预算高质量完成项目。

5. 顾客

顾客要对他们的需求表达是否清晰负责，并证实已结束的项目是否符合他们的要求，在使用项目的成果时，顾客要接受必要的培训。顾客在项目启动阶段的角色与责任如下：

（1）清晰定义他们的需求，以及对项目小组和项目经理的要求；

（2）参与项目的规划与设计；
（3）验收并接受项目。

6. 质量保证小组

质量保证小组的职能是定期评价整个项目的实施情况，以确保项目能够满足相关质量标准。质量保证是项目小组职能不可分割的一部分，项目小组成员应当把质量保证当作是每一项工作任务的关键工作来对待。

质量保证小组在项目启动阶段的角色与责任：
（1）保证需求得以识别；
（2）建立质量保证体系；
（3）对项目质量进行控制，确保达到质量标准，确保用户满意。

3.3.3 项目启动阶段输入内容

1. 项目需求说明书

项目需求说明书是用户对将要开发的项目的立项必要性、系统开发的要求等内容进行记录的文档。项目的最终目的是为了满足客户对系统的需求，因此，一份清晰、明确的项目需求说明书是进行任何项目后续工作的根本保证。

2. 项目成果说明书

项目成果说明书是对系统开发所要完成的产品特征、结构和功能进行说明的文档。项目成果说明书的主要内容包括：系统项目产品特点、系统平台、系统功能、操作模式、信息处理能力等。成果说明书对项目起指导作用，但成果说明书不是一成不变的，随着项目的执行，项目环境变化和执行情况的明晰，成果说明书可能会发生变化，这种变化一般要经过项目相关方的慎重磋商后才能被确认。

3. 项目可行性研究报告

可行性研究是项目启动前的工作的重点，可行性研究正确与否直接决定了项目后期的命运。项目可行性研究报告是确定项目可行与否的重要判定依据，在可行性研究报告中还具体描述了项目的技术方案、系统模型、资金预算及筹措渠道、项目计划进度等内容。在后期项目实际执行过程中，需要以项目可行性研究报告为依据。因此，在项目启动之前，必须要完成项目的可行性研究报告，确保项目进行的必要性和可行性，并作为项目启动规划的重要依据。

4. 项目范围说明书

项目范围说明书界定了项目团队在项目执行过程中需要完成的工作和需要交

付的成果,是判断哪些工作需要做,哪些工作不需要做,需要交付的系统包括什么等内容。在项目最终验收的时候,项目范围说明书是项目完成的重要依据和项目目标是否实现的标准。

5. 项目合同书

项目合同书是项目各利益相关方之间签订的明确责任和义务的合同或协议性质的文件,具有法律效力。在市场经济条件下,合同在经济体相互合作中起到十分重要的作用,它赋予各方权力,同时也对相关组织的行为做出约束。在项目的开发过程中,项目合同书是判定项目相关方权责利的最终依据,约束双方都要按照合同书的要求规范自己的行为,行使自己的权力,履行各自的责任,最终获得相应的利益。如果产生纠纷,则依照合同规定解决。

3.3.4 项目启动的步骤

1. 发起项目

发起项目就是由项目发起人向项目各利益相关方传递信息,使其充分认识到项目开发的必要性,并承担起各自相应的责任。有许多组织或企业都可以成为项目发起人,如项目的使用者、项目使用者的主管部门、项目开发商,或者是认识到项目开发机会的其他组织。在一般情况下,项目发起人行使投资人的角色,都是项目的最终受益者,能够通过项目获得相应的收益。

2. 批准项目

项目批准是由项目发起人和实施组织向上级或者相应的主管部门申请批准项目,最高决策者审批项目并将完成项目所需的权力、资源和所需承担的责任委托给项目组织的过程。对于一些政府投资的大型项目采用项目审批制度,而企业投资列入核准目录以内的,实行项目核准制。其他项目实行备案制。

3. 选聘项目经理

项目经理是项目工作的实际管理人,负责项目执行过程中的决策、计划、组织、领导和控制,对项目的成败起到决定性作用。项目经理应该领导项目团队完成项目目标,确保项目全部工作在预算范围内按时优质完成。项目管理涉及管理的方方面面,因此对项目经理的技能和经验有很高的要求。一般情况下,项目开发商在选择项目经理的时候都会要求项目经理在系统开发方面具有优良的品质、高超的技能和丰富的项目管理经验。项目经理需要以下基本能力:

(1) 决策与领导能力;
(2) 人员开发能力;
(3) 沟通技巧;

(4) 人际交往能力;
(5) 处理压力和解决问题的能力;
(6) 时间管理能力;
(7) 专业技术技能;
(8) 项目控制能力。

4. 组建项目团队

项目开发的实际工作是由项目团队成员具体执行和完成的,项目团队成员素质的高低直接决定了项目开发质量。因此,在组建项目团队时,要慎重选择团队成员。依据不同的组织架构和岗位素质能力要求选聘人员,组建项目团队,并对这些成员进行合理的任务分配和使用,目的是将原本可能并没有密切关系的人员组成一个能够通力合作、为达到共同目标而努力的团队。

5. 召开项目启动会议

项目启动会议是一个项目正式开始的标志,因此其对项目的顺利进行具有重要意义。项目启动会议一般是由项目经理组织和召开的。一般情况下,项目启动会议可分为内部启动会议和外部启动会议。

(1) 项目内部启动会议。

项目内部启动会议是指在项目承包方内部召开的项目启动会议。会议的目的是让项目团队成员对该项目的整体情况(包括系统的开发背景、项目目标、项目总体规划及项目团队成员等信息)和各自的工作角色、职责和权力有一个清晰的认识和了解,为项目协同工作做准备;同时获得领导对项目资源的承诺和保障。为了获取相应的资源和保障,参会人员除了项目团队外,还应该包括相关领导。

项目内部启动会议所需要介绍的主要内容包括:项目的开发背景、项目主要相关方信息、项目的基本需求、项目的总体规划(包括项目建设思路、项目总体计划等)、管理制度与流程、项目团队成员及其分工、项目存在的风险及应对策略和项目资源需求等。

(2) 项目外部启动会议。

项目外部启动会议的目的是让项目承包方、用户方、监理方等项目主要利益相关方对该项目的整体情况(包括项目的建设背景、项目目标、项目总体规划及项目团队成员等信息)有一个清晰的认识和了解,让项目各主要利益相关方清晰地明确各自的职责和义务,让项目利益相关方明确在项目开发过程中所需要给予的支持和配合,从而让各方就项目开发的相关事宜达成共识。

项目外部启动会议所需要介绍的主要内容包括:项目开发背景、项目目标、项目主要相关方领导和项目负责人、项目的基本需求、项目的总体规划(包括项目建设思路、项目总体计划等)、项目各主要利益相关方的责任和义务、项目存在的风险及其应对策略和项目资源配置及协作与配合等。

项目启动会会议议程

1. 欢迎词及介绍	5. 角色和责任	9. 客户接受评价指标	13. 结束
2. 会议目的	6. 项目管理方法	10. 状态汇报方式	
3. 项目背景	7. 变化控制	11. 问答	
4. 项目范围	8. 行动要点	12. 总结	

3.3.5 项目启动阶段输出内容

1. 项目章程

项目章程是正式确认项目存在的文档，它可能是一个专门的文件。项目章程赋予了项目经理合理利用企业资源从事系统开发的权力，完成系统开发项目的责任和项目规则。

由于项目章程的编制是为了向相关各方项目沟通和管理的需要，因此往往在项目启动最后阶段、项目计划编制阶段开始前签发，常常被用作是编制项目计划的前提基础。项目章程模板包含以下内容：

①一般信息；
②项目目标；
③项目目的；
④项目工作范围；
⑤项目权力；
⑥角色与责任；
⑦管理层检查点；
⑧签字。

（1）一般信息。

主要介绍项目的投资方（主营业务、经营年限、资产负债、股东构成、主要投资项目、现有生产能力）、项目的目标、项目的建设背景、建设地点、主要建设内容和规模、产品和工程技术方案、主要设备选型和配套工程、投资规模和资金筹措方案等内容。

（2）项目目的。

为什么要做这个项目？这是项目目的说明书要回答的问题。但作为项目章程的一部分内容，它并不是简单对目的说明书的概述，而是说明为什么试图启动项目，是对项目目的的本质说明。特别是对于那些需要投入大量资金与时间的项目。掌握这个问题的答案会使项目小组在整个项目期间有更全面的信息来支持决策。

（3）项目目标。

项目目标主要是建立项目执行目标（计划完成的程度），基于客户的需求确定项目的预期目标。项目目标应当进行量化，以更准确和清晰地了解项目是否达到组织目标。项目目标应与组织的目标、使命及目的等相一致，这样项目利益相关方就可以对没有达到目标的方面进行纠正。将项目章程中的项目目标与各方沟通，以保证所有的项目利益相关方理解商业需求，而这种需求也正是通过项目要解决的。

（4）项目工作范围。

项目章程中的项目工作范围是在较高层级上建立的文档化内容，从整体上对项目范围进行描述，尽量涵盖整个项目的所有工作内容，但在此并不需要对其进行细化，在项目计划编制时可做进一步分解。如：项目章程包含了培训需求，在项目计划中就可以进一步分解为培训的类型、培训材料的采购与开发等内容。通过实现项目章程中的项目目标来达到组织的战略目标。

（5）项目权力。

由于项目的复杂性，需要做出许多比较困难的决策来保持项目不偏离轨道。基于这种原因，项目章程定义了解决潜在问题的权力和机制，有三个领域的问题必须要解决：第一，组织的高管要签发项目章程，需要某管理层为项目提供组织资源，而且对影响它的因素拥有控制力；第二，项目章程必须指定一位项目经理，并且赋予他计划、实施以及控制项目的权力；第三，项目章程必须在项目与高层管理之间建立联系，以保证存在一种支持机制来解决项目经理权力范围之外的问题。

这样，项目章程就成为高级管理层与项目经理之间的合同，双方对于项目都拥有权力，负有责任和义务。在项目章程中有一页内容专门用于签字，因此所有相关各方都应在上面签字。

（6）项目角色与责任。

项目启动、计划、实施以及收尾阶段的角色和责任都必须在项目小组成员之间进行分配。清晰识别工作范围、识别工作依赖关系、准确地估计工期、清晰定义质量标准、简要地描述可交付成果以及建立衡量项目工作实施情况的标准等内容是非常重要的。

（7）管理层检查点。

为了保证项目取得令人满意的进展，应当清晰定义管理检查点（或者重大里程碑），确定衡量进展的计划日期。高级管理层运用重大里程碑（检查点）来批准一个阶段或里程碑的结束，并做出是否继续进行项目后一阶段工作的决策。这些检查点确保在项目章程中规定的时间范围内交付的产品或服务达到项目目标的要求。

（8）对项目章程的管理。

作为一项声明，项目章程的目的就是宣布项目的正式存在，但并不意味着要去管理发生的变更。项目章程是一个随时间而发生变化的文件，因此，如果发生的变更非常大而使原来的项目章程不再可行,那么就需要签发新的项目章程。

建立了项目章程以后,项目小组就要开始着手开发与维护可行方案来实现商业需求,这也是通过项目所要解决的。至于项目技术、工具以及技能等内容将在项目计划编制阶段进行定义并审查。

项目章程模板

A. 一般信息

这部分是关于建议项目组织以及项目参与各方的一般信息。

项目名称:_____   日　　期:_____
控制机构:_____   修改日期:_____
制作单位:_____   批　准　人:_____

B. 项目目的

这部分主要沟通创建项目及编制项目许可证文件的目的。

C. 项目目标

这部分确定项目的目标与组织目标的关系。注意:项目充满风险及不稳定性。因此,作为编制项目许可证的一部分内容,需要对高层级风险事件建立原始风险评价来识别、量化风险,并编制风险应对/风险减轻计划,避免或减轻风险对项目结果的不利影响。

项目会支持组织战略目标。由项目许可证引申编制的项目计划会:

- 编制项目执行情况计划并根据这些目标衡量项目的进展情况。
- 提供项目执行报告并将结果建档。

外部监督委员会必须批准项目执行情况衡量计划。

组织目标	项目目标

D. 项目范围

这部分的详细程度必须充分考虑到项目计划编制时对项目范围编写的要求。更为详细的项目范围描述在项目计划编制阶段进行。注意:项目范围蔓延(在项目中加入工作却没有进行相应的成本、进度及质量等方面的调整)会导致原先的计划无法实现。因此,在整个项目期间,项目范围澄清以及遵守计划是非常重要的。描述任何影响项目的假设或约束条件。

E. 有关项目的权力

这部分描述参与项目立项的个人或组织的权力,权力限制条件、对项目的管理监督权力以及项目经理的权力。本项目许可证定义两种管理结构（内部管理结构和外部管理结构）来确保影响项目完成的各种变更及问题得到适当控制。

权力

这部分确保项目发起人有权对组织内有关资源应用于项目第一个检查点做出承诺。

项目许可证由发起组织创建，并授权将组织内有关资源应用于项目第一个检查点。

项目经理

这部分明确项目经理，同时可能定义项目经理对项目的角色与责任。这部分也列出项目经理的技能组合而且选择项目经理的理由/条件。取决于项目的复杂程度，也可能在本部分描述"项目经理如何控制矩阵制组织结构和职员"。

识别项目经理及其明确的权力、技能组合以及选择项目经理的理由。

监督委员会

这部分描述组织管理层对项目的控制。在项目范围内，建立内部控制机制来控制项目的日常工作。项目经理负责管理内部控制。建立外部监督委员会来确保将组织的资源应用到项目中来以满足项目与组织的目标。

控制

本部分应描述并涉及用于内部控制机制与外部控制机制互相影响的一种流程。适当时，应用图表来表示。

F. 角色与责任

这部分描述项目或组织结构及其在项目各阶段的角色与责任。注意：作为补遗，编制一个责任分配矩阵是可取的。矩阵展示项目的主要项目活动以及关键的项目利益相关方。同时为显示跨职能/组织的相互影响提供了很好的范例。

- 项目组织概览

这部分描述支持项目以及不直接隶属于项目管理的关键组织或个人，责任矩阵有助于组织及分配责任任务的完成。

主要里程碑	职能角色							

图例

E = 负责实施；A = 最终批准的权力；C = 必须商议；I = 必须被通知；G. 管理核查点。

这部分描述由发起组织建立的关键管理核对单。

核对单	评价标准

H. 签字

下面人员的签字是确认他们对本文件的目的和内容理解并同意。签字后，签字人同意将这个文件作为正式的项目许可证，并对必要的资源做出承诺。

名称/职位	签字	日期

2. 项目概念化文件

作为一项正式的可交付成果，项目概念化文件确定高层方法、成功关键指标、产品说明书及其他高层计划方面的信息。编制项目概念文件的目的就是解释项目存在的原因，同时保证项目与组织机构的商业计划相匹配，或者与组织机构的信息技术战略计划相匹配。在一般情况下，项目概念化文件中的内容为项目内部管理层和外部管理层提供是否支持本项目的信息，并对项目提出明确的期望和定位要求。项目概念文件不应是一组产品流程交付物，而应当是确定"要做什么？""为什么要做？""项目完成时给组织带来什么样的商业价值？"等内容。

3. 项目说明书

项目说明书是说明项目整体情况的书面文件，主要包括项目实施动机、项目目的、项目整体情况的说明、项目经理的责任和权力等内容。

4. 项目经理及完整的项目团队

项目启动后，就应该形成以项目经理为领导的项目团队，对项目团队的要求主要是衡量其是否能够明确项目目标、项目整体规划，是否能够掌握在系统开发中所需要的技术能力。同时，更重要的是在短时间能够成为一个团队，有意愿为共同的目标而相互合作并承担责任。

5. 项目制约因素的确定

制约因素指限制项目团队活动的因素，如项目预算将会限制项目团队设备和人员的配置，减缓项目进度。

6. 项目假设条件的明确

在项目前期制订项目方案和项目计划时，通常都会假设某些因素的存在，这些因素也就是假设条件。但在实际执行过程中，由于环境的变化和未来的不可预知性，这些假设条件可能与实际状况并不相符，因此，假设条件也存在一定的风险。项目启动阶段应明确这些假设条件，在未来环境的变化中做到更好的防范风险。

【本章小结】

项目立项与项目启动是项目生命周期的开端，确保项目的可实施性与正确性是项目管理的首要任务，项目经理及高层管理者应重视该阶段的工作。从项目需求分析出发，将多个项目作为备选方案。对项目从技术、经济、管理等方面进行可行性分析，编制可行性报告，对项目进行最终决策。项目启动是项目经理组建项目团队，并开始执行项目具体工作的过程，本章介绍了项目启动的环境、项目启动阶段输入内容、项目启动的步骤、项目启动阶段输出内容。项目启动阶段项目利益相关方的参与为项目整个生命周期内项目资源获取、项目顺利实施奠定了基础。

【推荐读物】

1. 戚安邦. 项目论证与评估 [M]. 北京：机械工业出版社，2014.
2. 李海涛. 投资项目可行性研究 [M]. 天津：天津大学出版社，2012.
3. 林万龙. 投资项目财务分析实务（第2版）[M]. 北京：中国农业出版社，2011.
4. 何清华. 建设项目管理信息化 [M]. 北京：中国建筑工业出版社，2011.
5. 国家发展改革委，建设部. 建设项目经济评价方法与参数 [M]. 北京：中国计划出版社，2006.
6. 张奇. 公私合作（PPP）项目决策与评估 [M]. 北京：经济科学出版社，2016.

【复习讨论题】

1. 什么是需求分析？简述项目需求分析的意义。
2. 简述项目可行性研究的意义与内容。
3. 简述国家新的投资体制改革的目标与指导思想。
4. 简述项目申请报告与项目可行性研究报告的区别。
5. 简述项目章程的作用。
6. 如何启动一个项目？

【网上练习】

请在网上查阅资料并分析三峡项目的可行性研究过程。

【案例分析】

"锦江之星"经济型酒店项目可行性研究

一、项目概况

（1）项目名称："锦江之星"经济型酒店。
（2）地址：厦门市莲坂地块。
（3）项目总投资：2000万元。
（4）经营模式：特许经营加盟"锦江之星"。
（5）市场定位：针对工薪层商务人士和旅游者的二、三星级经济型酒店，每天每间标准间平均租金初步定价于188元。
（6）项目规模：见表1。

表1　　　　　　　　　项目规模一览

序号	内容	数量
1	总建筑面积	3000平方米
2	占地面积	500平方米
3	建筑层数	6层
4	酒店客房数	120间
5	员工总数	50人

（7）预期投资与收益。

项目总投资2000万元，其中建设投资1826万元，流动资金147万元；2000万元中有1000万元通过银行贷款取得，预计3年还清，另外1000万元自有。该项目建设期预计1年，第二年开始运转营业，预计前10年平均收入达到1011万元。

二、市场分析

1. 经济型酒店的发展与优势

随着中国社会经济发展，与国际社会经济水平差距的缩短，经济型酒店将起重要的作用，相比已发展成熟、规范化高档酒店，有更多的商业机会。近期在中国发展高档酒店已不是投资酒店的最好选择，经济型酒店的发展是酒店的新机会。近年来，国内的酒店集团（如锦江集团、新亚集团、首旅集团）已开始启动发展经济型酒店，并使之有品牌、连锁的计划，基本上是迎合了酒店发展的新方向，得到社会和市场的积极反应，获得了良好的经济效益。经济型酒店（Econo Hotel）定位于普通消费大众，价格适中，基本设施齐全，干净、方便、舒适。经济型酒店把客房作为经营的绝对重点，其多分布在大、中城市的繁华路段或要冲，借助成熟街区丰富的餐饮娱乐设施、城市基础建设、交通条件，为客人提供便利。

2. 厦门市经济型酒店现状及前景分析

（1）厦门酒店业结构的不合理和经济型酒店的消费空当给经济型酒店的发展提供了大好机遇：厦门目前已经建成的酒店在数量结构上呈明显的"两头大，中间小"的"哑铃状"的不合理状态，即质量好、价格高的高星级酒店和质量次、价格低的社会旅馆数量大，质量与价格较适中的经济型酒店很少。高星级酒店（四星、五星级酒店）固然硬件配套与服务都让人满意，但其高昂的价格却让普通消费大众望而却步；社会旅馆（一、二星级或者招待所）虽然价格低，但其内部设施较为简陋，服务质量不高，也无法吸引普通消费大众。而中间硬件设备与价格都适中的经济型酒店（相当于三星级酒店）最能吸引大众，却基本处于真空状态，这一消费断层，给经济型酒店发展提供了大好机遇。

（2）厦门作为一个沿海开放城市，丰富的旅游资源和各种国内国际会议也吸引了大批游客和商务人士，不断增大的客源成为经济型酒店发展的有利因素。尤其是各种会议的增多成为一个重要机遇，现在服装、医药、汽车、化工类的行业会议常常设在厦门，而且厦门还有很多跨国公司，常有培训和国际性会议，厦门已经是一些会议的首选城市。一个全国性会议往往能集合数百人，所以给酒店带来了丰富客源。今年厦门市在原有"9·8"投洽会、台交会的基础上，住交会、石材展、汽博会等展会接踵举行，而在这些大展期间，厦门市很多三星级及以下的酒店客源爆满。另外，周边城市自驾车游客，以及江浙、广东等地的自驾车游客也明显给厦门饭店业带来了客源。

3. 项目经营模式

该项目采用通过特许经营方式加盟"锦江之星"。连锁规模经营是经济型酒店的一大特点。经济型酒店价格低，规模小，财力有限，所以要以规模取胜，最大幅度地降低成本；要以品牌取胜，最大限度地提高入住率。国内外的经验证明，经济型酒店比较适合连锁和特许经营。经济型酒店通过战略联盟组建网络，发展连锁和特许，能够扩大规模经济，提高市场覆盖面。这样既可以降低成本，还可以扩大企业知名度，增加品牌在消费者心目中的影响力，使酒店有客源、管理质量的保证。所以，本项目的经营模式将通过特许经营方式加盟"锦江之星"。

4. 项目市场定位

根据"锦江之星"的基本市场定位，并考虑到厦门作为旅游城市和会议城市的特点以及厦门经济发展水平，我们将项目市场定位于：针对工薪层商务人士和旅游者的二、三星级酒店。客户定位大致有两个层次：低层次主要接待国内旅游或商务等散客；高层次主要接待白领、海外中档消费的商务客人。即：既能满足出差、商务客人，又能适应一般支付能力的游客。

根据项目市场定位进行定价与出租率预测。

（1）定价：从厦门各酒店定价来看，厦门共有68家星级酒店（均为标准间房价），调查的结果见表2。

表2　　　　　　　　　　　　厦门星级酒店价格

酒店级别	五星级	四星级（准四星级）	三星级（准三星级）	二星级
价格	575～568元	200～548元	168～310元	155～280元

经济型酒店大约处于二、三星级水平，故大约预订房价为188元/间（无门市价与优惠价之分）。有数据显示，我国70%的工薪族可以接受150～200元左右的价位。因此我们的这家经济型酒店的消费价格，能够迎合我国一般公务、商务旅客等大众旅游消费者的实际消费需求，具有一定的价格竞争优势。

（2）出租率：根据"锦江之星"各加盟店80%以上的平均出租率以及厦门实际情况，我们预测营业期第一年出租率可达62%，以后每年以5%速度递增，第二、三年分别67%、72%，从第四年开始稳定在77%。

5. 项目经营策略

（1）简化功能。

项目的硬件产品和功能配置处处体现实用性，没有任何多余的摆设和浪费。把服务功能集中在住宿上，把餐饮、购物、娱乐功能大大压缩、简化。除客房外仅设了一个有100人餐位的餐厅，不提供宴会、会议、娱乐设施。

（2）提高性价比。

项目把性能提升的重点放在了客房上，不仅空调、24小时热水、客房面积、卫生设施不亚于二星级酒店，而且在设计理念和装潢水平上大大超越了二星级酒店，把现代家居的简约、清新、温馨、舒适、实用的特征融入客房，给客人以"家"的感觉。其服务宗旨就是"让老百姓过上贵族生活""让客人满意"。

（3）节约成本。

项目的能源、水资源、人工、用品、设备等都高度节省。如：实行"一专多能，一职多岗"，要求每个员工熟练掌握多个岗位技能，对于某些职责相通、工作相似的岗位合并由一人承担，员工与客房比例仅为0.3，是一般低星级酒店的1/7～1/5，这样大大节约了劳力成本。能源用品方面，用25克的肥皂代替40克的；梳子缩短减少2分钱；用最简单的板式床，免去音乐、灯控面板、浴缸等。另外，通过集团统一采购原材料等还可以降低20%的成本。

三、项目选址

项目选址在厦门市中心莲坂地块。通过SWOT分析了该地块的优势与其劣势，其结果见表3。

表3　　　　　　　　　　　　　　　项目SWOT分析

优势	劣势
（1）地理位置优越，周边有较大的车流量、人流量，交通发达。项目位于厦门岛的几何中心——莲坂旧城区，地处厦门交通枢纽地带，项目附近的富山转盘连接了岛内四大主干道：厦禾路、嘉禾路、湖滨南路、莲前大道。莲前大道是前往东部生活区和国际会展中心的必经之路。项目用地有30多条公交车辆停靠，交通便捷，各方人流都可快速汇聚。 （2）周边商业及居住气氛浓厚，有利于提高本项目产品的价值。莲坂地块基于富山商圈，雄踞龙头位置，地理位置十分显赫。周边坐落着繁华的SM城市广场、富山诚达购物中心、世贸商城、SOHO新概念写字楼等等。项目所在区域将成为厦门新兴商业中心和商业重地，聚集众多商业化设施，其商业价值也在逐渐提升。	（1）项目周围有较多的酒店，如：厦门闽南大酒店、厦门心中林大酒店、华夏大酒店、厦门庐山大酒店、厦门航空宾馆、厦门南方宾馆，且大多为三星级酒店，因此有较多的竞争对手，竞争将非常激烈。 （2）项目地处厦门最繁华地段，租金相对较高，增加投资总成本。 （3）项目地处厦门繁华的商业圈、交通枢纽地带，嘉禾路、厦禾路、莲前路和湖滨南路都是厦门市的交通要道，因此项目周围环境会比较嘈杂。
机会	威胁
（1）虽然项目附近的竞争对手较多，但它们大多是三星级及以上的酒店，房价相对较高。 （2）项目周围尚未有同类型的酒店与我们形成竞争。 （3）项目位于厦门市最优地段，交通发达、升值潜力巨大。	正在新建的明发商业城将会给我们带来不少商机，但它本身定位于集旅游、购物、娱乐、休闲、酒店、餐饮多种功能兼容并蓄的商业城，它建成后附带的明发酒店将成为我们一个强劲的竞争对手。

四、投资估算与资金筹措

1. 项目投资计划与资金筹措

（1）投资计划。该项目总投资2000万元，其中主要用于建设投资1826万元，还包括27万元的建设期利息和147万元的流动资金。建设投资（包括建设期利息）在建设期（第1年）一次性投入，流动资金在经营期开始（第2年）投入（详见表4）。

（2）资金筹措计划。2000万元总投资中自有资金1000万元，长期借款1000万元。流动资金147万元全部自有，建设投资853万元自有，1000万元借入（详见表4）。

表4　　　　　　　　　　　投资计划与资金筹措　　　　　　　　　　单位：万元

序号	项目	合计	建设期 1	经营期 2	备注
1	总投资	2000	1853	147	固定资产原值 = 建设投资 − 无形资产 − 递延资产 + 建设期利息 = 1776万元
1.1	建设投资	1826	1826		估算如表3～表5所示（其中1000万元借入，826万元自有）
1.2	建设期利息	27	27		借入资金/2 × 贷款利率（5.58%）=（1000/2）×5.58% = 27

续表

序号	项目	合计	建设期 1	经营期 2	备注
1.3	流动资金	147		147	全部自有
2	资金筹措	2000	1853	147	
2.1	自有资金	1000	853	147	资金筹集中,自有资金与借入资金比例约为1:1,因为在"锦江之星"担保的情况下,银行贷款可达投资总额的50%,期限不超过5年
2.1.1	用于建设投资	853	853		
2.1.2	用于流动资金	147		147	
2.2	长期借款	1000	1000		

(3) 建设投资1826万元中:固定资产投资1749万元,其中包括建安工程费用900万元,土地征用费750万元,工程其他费用63万元,预备费36万元;无形资产投资主要是一次性加盟费50万元;递延资产投资主要指项目筹建开办费,约27万元(详见表5)。

表5　　　　　　　　　建设投资估算

序号	项目	估算价值（万元）	占建设投资比例（%）	备注
1	固定资产投资	1749	95.78313	
1.1	建安工程费用	900	49.28806	每平方米3000元,建筑面积3000平方米 3000元/平方米×3000平方米=900（万元）
1.2	土地征用费	750	41.07338	每平方米15000元,占地面积500平方米 15000元/平方米×500平方米=750（万元）
1.3	工程建设其他费用	63	3.450164	包括:可行性研究费1%、勘察设计费2%、厂址选择费1%及工程监理保险费2%,合计占建安费的7%
1.4	预备费	36	1.971522	按建安费的4%估算
2	无形资产投资（加盟费）	50	2.738226	指加盟"锦江之星"一次性支付的加盟费50万元
3	递延资产投资（开办费）	27	1.478642	包括咨询费、人员培训费、筹建人员工资等（占建安工程费用的约3%）
	合计	1826	100	

2. 还本付息计划

长期借款 1000 万元，经营期（第 2 年）开始还款，3 年还清（不含建设期）（见表 6）：

建设期（第 1 年）应计利息 27 万元；

经营期（第 2 年）计息 56 万元，还本 328 万元；

经营期（第 3 年）计息 37 万元，还本 332 万元；

经营期（第 4 年）计息 19 万元，还本 340 万元。

表 6　　　　　　　　　　还本付息计划　　　　　　　　　　单位：万元

序号	项目	建设期	经营期		
		1	2	3	4
1	长期借款及还本付息				
1.1	年初累计借款		1000	672	340
1.2	本年应计利息	27	56	37	19
1.3	本年还本		328	332	340
2	还本资金来源		328	332	340
2.1	折旧费		121	121	121
2.2	摊销费		15	15	15
2.3	未分配利润		192	195	204

注：本年应计利息 = 年初累计借款额 × 贷款利率（5.58%）

年初累计借款 = 去年年初累计借款 − 本年还本额

还本资金来源为折旧费、无形资产及递延资产摊销费和本年末未分配利润。

五、项目财务分析

1. 收益估算

（1）年客房收入 = 平均每间客房每天租金 × 客房出租率 × 120 间客房 × 365 天

其中，平均每间客房每天租金定为 188 元，低于同等级酒店；

客房出租率第一年为 62%，以后按每年 5% 的速度递增，第四年达到并稳定于 77%（参照各地"锦江之星"加盟店的经营情况及厦门实际情况）。

（2）经济型酒店年客房收入占营业总收入的 60%，据此估算年营业总收入

（3）年餐饮收入和其他收入分别占营业总收入的 35% 和 5%，据此估算年餐饮收入和其他收入。

估算结果：随着出租率提高，营业总收入在经营期第一年为 851 万元，逐年上升，第四年稳定在 1057 万元（见表 7）。

2. 成本费用估算

成本费用估算结果见表 8。

表7 收益估算表 单位：万元

序号	项目	比重	经营期							
			2年	3年	4年	5年	6年	7年	8年	9年	10年
1	年客房收入	0.6	511	552	593	634	634	634	634	634	634
	每间客房每天租金（元）		188	188	188	188	188	188	188	188	188
	客房出租率（%）		0.62	0.67	0.72	0.77	0.77	0.77	0.77	0.77	0.77
2	年餐饮收入	0.35	298	322	346	370	370	370	370	370	370
3	其他收入	0.05	43	46	49	53	53	53	53	53	53
合计	营业总收入	1	851	920	988	1057	1057	1057	1057	1057	1057

注：由于只是粗略估算，且10年的通胀率难以确定，故我们不考虑通货膨胀因素。

表8 成本费用估算表 单位：万元

序号	项目	占营业总收入比重	经营期							
			2年	3年	4年	5年	6年	7年	8年	9年	10年
1	营业成本及费用	0.3	255	276	296	317	317	317	317	317	317
1.1	原材料	0.16	136	147	158	169	169	169	169	169	169
1.2	一般人员工资与福利	0.05	43	46	49	53	53	53	53	53	53
1.3	水电燃料费	0.06	51	55	59	63	63	63	63	63	63
1.4	其他营业费用	0.03	26	28	30	32	32	32	32	32	32
2	管理费用		192	196	201	205	205	205	205	205	205
2.1	加盟管理费	0.035	30	32	35	37	37	37	37	37	37
2.2	固定资产折旧		121	121	121	121	121	121	121	121	121
2.3	无形及递延资产摊销		15	15	15	15	15	15	15	15	15
2.4	管理人员工资与福利	0.03	26	28	30	32	32	32	32	32	32
3	财务费用		75	37	19	0	0	0	0	0	0
3.1	长期借款利息		75	37	19	0	0	0	0	0	0
4	总成本费用		521	509	516	522	522	522	522	522	522

（1）营业成本费用占当年经营总收入的约30%

其中：原材料成本控制：同行业原材料占营业额20%，加盟后团购价低于同行业20%，故原材料费用占营业额比重为16%；

人力成本控制：比同等酒店低2/3，约需营业人员0.3人/间，故营业人员约需120×30%＝36（人），其余保安5人，管理人员9人，共有员工50人；一般员工工资福利占营业额5%，管理人员工资福利占营业额3%；

水电燃料费占营业额6%，其他营业费用占3%。

（2）管理费用包括：

①加盟管理费，按营业额的 3.5% 收取

②固定资产折旧（采用直线折旧法，不考虑资金时间价值）

固定资产原值 = 1776 万元

固定资产残值 = 原值 × 4% = 1776 × 4% = 71（万元）

折旧年限 = 20 × 60% + 5 × 40% = 14（年）

（其中建筑折旧年限 20 年，建设费用占建安费的 60%；设备折旧年限 5 年，设备购置安装费用占建安费的 40%）

故：每年折旧费 =（固定资产原值 − 残值）/折旧年限 = 121（万元）

③无形及递延资产摊销

无形及递延资产原值 = 加盟费 50 万元 + 开办费 27 万元 = 77（万元）

摊销年限为 5 年

故：每年应摊销费用 = 原值/摊销年限 = 15.4 万元

（3）财务费用主要为长期借款利息

建设期应计借款利息计入固定资产原值进行折旧提取

经营期每年借款利息 = 年初累计借款额 × 贷款利率 5.58%

（三年还清贷款，其余年份借款利息为 0）

估算结果：总成本费用变化较小，第一年为 521 万元，第二年为 509 万元，第三年为 516 万元，第四年开始稳定在 522 万元；总成本费用包括营业成本、管理费用和财务费用，其中营业成本占 30%。

3. 利润估算

利润总额 = 营业总收入 − 总成本费用 − 营业税金及附加

其中，营业税金及附加为营业总收入的 5%

税后利润 = 利润总额 − 所得税

其中，所得税税率为 33%

税后利润分配：计提 10% 的法定盈余公积和 10% 公益金，合计 20% 的公积金；其余留做未分配利润。

估算结果：随着营业收入增加而成本费用基本不变，利润总额第一年为 287 万元，逐年提高，第四年开始稳定在 482 万元；税后利润第一年为 192 万元，逐年提高，第四年开始稳定在 258 万元，如表 9 所示。

表 9　　　　　　　　　　　　　　利润表　　　　　　　　　　　　单位：万元

序号	项目	营业期								
		2 年	3 年	4 年	5 年	6 年	7 年	8 年	9 年	10 年
1	营业总收入	851	920	988	1057	1057	1057	1057	1057	1057
2	总成本费用	521	509	516	522	522	522	522	522	522
3	营业税金及附加（1 × 5%）	43	46	49	53	53	53	53	53	53

续表

序号	项目	营业期								
		2年	3年	4年	5年	6年	7年	8年	9年	10年
4	利润总额（1-2-3）	287	365	423	482	482	482	482	482	482
5	所得税（4×33%）	95	120	139	159	159	159	159	159	159
6	税后利润（4-5）	192	244	283	322	322	322	322	322	322
6.1	公积金（6×20%）		49	57	64	64	64	64	64	64
6.2	未分配利润	192	195	226	258	258	258	258	258	258

4. 财务比率分析

由收益费用和利润情况，可得到反映酒店经营效益的几个静态指标，如表10所示。

表10　　　　　　　　　　财务比率表　　　　　　　　　　单位：%

项目	营业期				备注
	2年	3年	4年	5~10年	
成本费用率	61	55	52	49	=总成本费用/总经营收入
税前营业利润率	34	40	43	46	=税前利润/总经营收入
税后营业利润率	23	27	29	31	=税后利润/总经营收入
税后投资利润率	15				=税后平均利润/总投资

从表10可知：成本费用率以3%左右的速率逐年下降，第5年稳定在49%；税前和税后营业利润率以3%左右速率逐年上升，第5年分别稳定在46%和31%；税后总投资利润率达到15%。上述各指标都说明该项目的经济效益良好，回报率高，可以投资。

5. 现金流量表估算及财务净现值

由收入估算表、成本费用表以及利润表可得全部投资的现金流量表，如表11所示。

表11　　　　　　　　财务现金流量表（全部投资）　　　　　　　　单位：万元

序号	项目	建设期	经营期								
		1年	2年	3年	4年	5年	6年	7年	8年	9年	10年
1	现金流入		851	920	988	1057	1057	1057	1057	1057	1891
1.1	营业总收入		851	920	988	1057	1057	1057	1057	1057	1057
1.2	回收固定资产余值										687

续表

序号	项目	建设期	经营期								
		1年	2年	3年	4年	5年	6年	7年	8年	9年	10年
1.3	回收流动资金										147
2	现金流出	1853	805	675	705	734	734	734	734	734	734
2.1	建设投资	1853									
2.2	流动资金		147								
2.3	总成本费用		521	509	516	522	522	522	522	522	522
2.4	营业税金及附加		43	46	49	53	53	53	53	53	53
2.5	所得税		95	120	139	159	159	159	159	159	159
3	净现金流量	−1853	46	244	283	323	323	323	323	323	1157
	累计净现金流	−1853	−1807	−1563	−1280	−957	−634	−311	12	334	1491
4	净现金流现值	−1853	41	202	213	221	200	182	166	151	491
	累计净现值（NPV）	−1853	−1812	−1610	−1397	−1176	−976	−794	−628	−477	13

注：第10年固定资产净值 = 固定资产原值 − 9 × 每年折旧 = 1776 − 9 × 121 = 687（万元）。
流动资金一次性期末回收，为147万元。
行业基准收益率 i = 10%。

由表11可知：

(1) 现金流入：建设期无现金流入，营业期开始出现现金流入并逐年增加，从第5年开始稳定在1057万元，第10年由于回收固定资产余值和流动资金现金流入增至1891万元；

(2) 现金流出：建设期1一次性流出1853万元的建设投资，营业期2又投入147万元的流动资金，使第2期现金流出为805万元，以后现金流出有所减少，并从第5年开始稳定在734万元；

(3) 净现金流量：建设期为负数，经营期开始出现正值并逐年增加，从第5年开始稳定在323万元，第10年由于现金流入增多而增至1157万元；

(4) 累计净现金流量：前7年都为负数，但逐年减少，第8年开始出现正值并增多，第10年达到1591万元；

(5) 累计净现值NPV（考虑资金时间价值）：前9年出现负数，但逐年减少，第10年出现正值，第10年 NPV = 13。

以上第10年末净现金流量 = 1591万元，说明该项目的净收入抵偿全部投资后仍有盈余；第10年末净现值 NPV = 13万元，说明该项目除获得行业基准收益率10%的收益外还有多余的收益，故该项目可行。

6. 回收期与内部收益率估算

(1) 静态投资回收期——以净收入抵偿全部投资所需要的时间（不考虑资金时间价值）

公式：T=(n-1)+上一年累计净现金流量的绝对值/出现正值年份的净现金流量=(7-1)+|-311|/323=6.9年（不包括建设期）

其中，n为累计净现金流开始出现正值的年份

根据计算结果可知：静态回收期约为7年<该行业基准回收期10年，故项目可行。

（2）动态投资回收期——考虑资金时间价值的情况下，以净收入抵偿全部投资所需的时间。

公式：T=(n-1)+上一年累计净现金流量现值的绝对值/出现正值年份净现金流量的现值=(9-1)+|-477|/491=8.9年（不包含建设期）

其中，n为累计净现值NPV出现正值的年份

根据计算结果可知：考虑了资金时间价值后，该项目动态回收期约为9年，比静态回收期约长2年，但仍小于该行业基准回收期10年，故该项目可行。

（3）内部收益率FIRR——使各年净现值累计为0的折现率（考虑资金时间价值）

公式：

$$P_t = \sum_{t=0}^{P_t} (CI-CO)_t (1+Ic)^{-t} = 0$$

可算出内部收益率FIRR=10.14%>基准收益率i=10%，说明该项目收益率超过基准收益率，除获得基准收益率10%之外的收益后还有多余的收益，故该项目可行。

六、项目风险分析

1. 盈亏平衡分析（税后利润=0）

当税后利润>0时，该项目盈利；税后利润<0时，该项目亏损。故由税后利润=0得到该项目的盈亏平衡点时的各项指标：

保本租金=80元<实际定价188元；

保本出租率=41%<预测稳定出租率77%；

保本营业收入=550万元<预测最小营业收入851万元。

由于保本价格、保本出租率、保本营业收入都大大低于实际预测值，故该项目有较大把握赢利，风险性较低。

2. 敏感性分析

该项目中可控制因素主要为租金、出租率、总投资和成本，故分别分析这些因素同比例变动将引起投资收益率和累计净现值NPV如何变动，以确定哪些因素对投资收益率和NPV影响最大，为敏感因素。

由表12可知：租金和出租率对净现值NPV影响较大，为敏感因素，总投资和营业成本对NPV影响较小（租金和出租率同比例变动引起NPV变动幅度更大）。

表12　　　　　　　　　　各因素变动对NPV的影响　　　　　　　　单位：万元

因素	−20%	−10%	0	10%	20%	NPV = 0
租金	−542	−264	13	293	571	160
稳定出租率	−467	−228	13	255	496	76.6%
总投资	232	123	13	−104	−213	2025 万元
营业成本	248	131	13	−102	−219	占营业额30.37%

七、项目社会效益分析

（1）该经济型酒店的建立，填补了厦门经济型酒店的缺口，符合普通消费大众的消费需求，适应厦门酒店业结构调整与发展需要，有良好的社会效益；

（2）为国家创造更多的税收；

（3）项目符合国家"以推动经济型连锁酒店为重点促进住宿业的结构调整"的宏观政策。

八、可行性研究结论

1. 项目可行性研究主要经济指标。

项目可行性研究主要经济指标如表13所示。

表13　　　　　　　　　　项目主要经济指标

项目	财务状况
投资计划	总投资2000万元，建设投资1826万元，建设期一年
资金筹集	自有1000万元，借入1000万元
偿还期	3年（不含建设期）
税后利润	第2、3、4年分别为192万元、244万元、283万元，第5年开始稳定于322万元
税后营业利润率	第2、3、4年分别为23%、27%、29%，第5年开始稳定于31%
税后投资利润率	15%
净现值NPV	13万元>0，故该项目可行
投资回收期	静态6.9（不含建设期）
	动态8.9（不含建设期）
内部收益率FIRR	10.14% > 基准收益率10%，故该项目可行
盈亏平衡点	租金80元，出租率41%，收入550万元，都较低，说明风险小，有较大把握盈利
敏感因素	租金、出租率

2. 可行性结论。

综上所述,"锦江之星"经济型酒店的建设方案既能产生良好的社会效应,又能带来较好的经济效益,且抗风险能力较好,项目可行。

案例来源:http://www.doc88.com/p-9833374600111.html

第4章　项目策划、规划与设计

【本章学习目标】

1. 掌握项目策划、项目规划、项目设计的概念
2. 了解项目策划的方法
3. 掌握项目规划的重要性
4. 掌握项目规划的步骤
5. 了解项目设计的流程
6. 了解项目设计的内容

【重要概念】

项目策划（project strategy）
头脑风暴法（brainstorming）
项目规划（project planning）
项目设计（project design）
技术设计（technical design）

【开篇案例】

"武汉外滩花园"被爆破

2002年3月30日，"武汉外滩花园"这一经有关部门正式立项批准的住宅开发项目建成仅4年，却被定性为"违反国家防洪法规"并被强制爆破，造成直接经济损失达2亿多元，拆除和江滩治理等方面的费用更让政府付出了数倍于投资的代价。

"武汉外滩花园"是一块"风水宝地"。南望长江，东邻武汉长江大桥，目之所及，还有龟山、蛇山、黄鹤楼、晴川阁、江汉交汇处，武汉三镇几乎所有的标志景观尽收眼底。

2001年11月19日对"武汉外滩花园"的大多数业主来说是一个不眠之夜。当晚，中央电视台《焦点访谈》报道："外滩花园"建在长江防洪墙以外的河道里，有碍行洪，违反《防洪法》。

节目播出时,外滩花园第一期住宅建成不到4年,第二期建成还不到一年,整个小区450套住宅已售出近9成,相当一部分业主入住还不到半年,有的人正在为新居搞装修、买家具。

"震惊""蒙了""不是滋味",业主们如此描述他们收看节目的感受。

不久,国家防汛抗旱总指挥部发出"清障令",要求武汉市限期拆除这一违法建设的住宅小区。12月9日,由市委常委、副市长挂帅,汉阳区政府、市水务(防汛办)、规划、房产、公安局等参加的"搬迁安置工作组"进驻"外滩花园",开始动员住户搬迁。

这时,住户的感受开始由"震惊"转向"愤怒""有一种受骗上当的感觉"。他们感到愤怒,是因为这个小区的建设从官员的认可到政府审批,从开发商的承诺到业主"两证"(国家认可的房产证、土地使用权证)的发放,一切都是那么无懈可击。

项目策划、规划和设计是对项目整体实施工作的预判和安排,其核心问题是考虑项目目标如何实现和其实现的具体过程。通过对项目进行策划、规划与设计,项目领导者和项目团队能够对项目有一个总体的把握,对项目进行有效的管理和控制,从而保证项目能够顺利实施。实施前的策划、规划与设计对项目最终成功非常重要。本章的主要内容是对项目策划、规划与设计进行总体内容的介绍。

4.1 项目策划

4.1.1 项目策划的定义与作用

项目策划是针对未来将要执行的项目工作做出当前的选择和决策,是一种具有战略性的建设性、逻辑性的思维过程。项目策划是以智能创造为动力源泉,以项目实践为发展条件,是社会发展和智能实践持续进步的综合体现,是脑力模拟、思考、统筹的理性行为。总的目的就是把所有可能影响决策的决定总结起来,对未来起到指导和控制作用,最终实现方案目标。

1. 项目策划的定义

项目策划是以具体社会实践为活动对象,根据项目的实际情况,围绕项目特性,运用系统知识,进行运筹思考、调研论证,最终设计合理的方案,在短期内达到提升项目品牌知名度、提高项目管理水平、确保项目成功、创造项目价值的效果。项目策划的概念包括以下三层含义:

(1) 项目策划依据明确的项目目标。项目策划要围绕项目目标,把项目工作从整体拆分为具体的、可执行的、可衡量的工作,把各项工作的执行时间按逻辑关系进行排序,明确各项工作的时间进度、成本费用、质量标准、责任人,从而达到运转高效,最终实现项目目标。

(2) 项目策划有明确的实践意义。项目策划要回答做什么、何时做、谁来做、如何做。要充分调研、收集、分析项目信息,强调从实践中来,到实践中去。从实践中获得项目的特性、优势,进行信息提炼,进行项目的思考与筹划,制定项目的实施方案,到实践中去运用、推广。

(3) 项目策划有方案的比选过程。项目策划在实践经验的基础上,广泛征求意见,将项目信息进行有机整合,梳理实现项目目标的因果关系,形成支撑项目目标的各种系统方案,通过各种比选策略评价方案的优劣,选择出最合理的方案。

2. 项目策划的特征

项目策划是一门新兴的策划学,以具体的项目活动为对象,体现一定的功利性、社会性、创造性、时效性特征。

(1) 功利性。项目策划能给策划方带来精神上的满足或愉悦感和经济上实实在在的利益。功利性也是项目策划要实现的目标,是策划的基本功能之一。项目策划的一个重要的作用,就是使项目主体利益最大化。

项目策划的主体有别,策划主题不一,策划的目标也有差异。项目策划的功利性可分为长远之利、眼前之利、钱财之利、实物之利、发展之利、权利之利、享乐之利等。

(2) 社会性。项目策划不仅注重本身的经济效益,更应关注它的社会效益,如通过赞助体育比赛、赞助失学儿童、捐款协办大型文艺活动等方式来构筑策划主题,塑造实体的社会形象,经济效益与社会效益两者的有机结合才是项目策划功利性的真正意义所在,只有这样,才能为更多的受众所接受。

(3) 创造性。项目策划是一项创造性的工作。项目策划要想达到预期轰动的效果,必须要有创造性的新思路、新创意、新策划。策划才能别具一格,与众不同;才能吸引人,打动人,取得最佳成效。"鹦鹉学舌""照葫芦画瓢",照搬、模仿、抄袭别人固有的模式都不是真正的策划。

《孙子兵法》曰:"夫兵形象水,水之形,避高而趋下;兵之形,避实而击虚。水因地而制流,兵因敌而制胜。故兵无常势,水无常形;能因敌变化而取胜者,谓之神。"

(4) 时效性。项目具有时效特征。如月饼的生产必须考虑生产期,保证在农历八月十五前2~3个月必须开发生产出来。鲜花种植必须考虑教师节、母亲节、情人节的时间。圣诞节用品必须在一年一度的圣诞节前供应市场,否则就要等待一年。时装设计要考虑季节变化的要求,否则就会造成产品的积压。因此,我们在进行项目策划时，一定要考虑时间要求，绝对不能盲目策划。

（5）超前性。项目策划活动必须预测未来行为的影响及其结果，对未来的各种发展变化的趋势进行把握，必须对所策划的结果进行事前评价。项目策划一定要具有超前性，没有超前性的策划不能认为是好策划。但策划追求超前性，是以一定的条件为前提的，不能脱离现有的基础，提出毫无根据的凭空想象。项目策划要立足现实，面向未来，诉诸对象。

3. 项目策划的作用

全面而深入地调查、分析项目建设环境，制定科学合理的项目策划，可以为科学决策提供依据，避免决策失误。

（1）项目策划属于智力产业的分支，能够起到预测的作用。项目策划涉及的领域很多，有市场策划、产品策划、组织策划、人力资源策划等。这些策划必须从项目全局来考虑，依据项目目标，系统考虑各领域之间的关系。其中市场策划是所有策划的前提，必须基于客户的需求、竞争环境，从智力、思想、策略、专业、概念等方面进行研究、评价，结合市场调研数据，将智力、智慧、思想整合优化，将宝贵的智慧与财富深深地结合在一起，制定有竞争力和影响力的项目实施方案，为社会创造经济效益与社会价值。

（2）全面而深入地调查、分析项目环境，编制科学合理的项目策划方案，可以为项目的科学决策提供依据，从而避免决策失误。项目策划是企业管理者做出满意项目决策的重要依据。项目策划能够让企业管理者做出更有价值的决策，最大限度地避免项目投资偏差，做出适合市场需求的产品，提高项目组织水平，确保项目成功，为企业和社会创造更多经济效益。

（3）具有明确项目定义的项目前期策划可以为项目设计提供科学依据。项目定义是项目前期策划的重要组成部分和基础。项目定义的主要内容包括项目定位和项目结构。项目定位就是结合建设地点的自然条件和特点，提出项目的性质、特点、功能和水平的要求，项目设计需要按照项目的定位组织产品设计，确保项目产品满足客户的需求并具有市场竞争力，使得项目建成后能够独树一帜，并获得良好的经济效益。比如建设一个大型的国际会展中心，展览的规模要多大，会议部分的规模要多大，它们各自的构成怎样；会展中心要不要建星级宾馆，若要建，建几星级；会展中心是否应设置娱乐设施，什么样的娱乐项目等。

（4）项目策划有利于项目运营和项目目标的实现。项目策划贯穿项目的全生命周期，为项目运营保驾护航。项目策划的目的是规避风险、提升企业竞争力。企业要赢得市场、占领市场，最重要的是创新。项目策划就是进行创新的第一步，严格遵照科学策划程序，创造性地提出项目的建设方案、产品方案、营销方案，探索企业经营的创新之路，更好地扬长避短，赢得市场的主动权。

项目策划是以项目目标为依据和前提，是围绕项目目标而进行项目的策划，所以按照策划方案组织实施，是工期、质量和投资三大控制目标的根本保证。

（5）整合项目资源，形成竞争优势。项目策划要从全局的角度、在项目的全生命周期内，每一项活动都需要一定资源的支持。通过项目的策划，充分考虑项目工作对资源的需求及总资源的要求，把有限的资源配置到关键项目和关键工作上，保证资源配置的最大效用，从而保证项目顺利实施，降低项目成本，提高项目效益。

"一举而三役济"的故事

祥符年间，皇宫失火，一夜之间，大片的宫廷楼榭变成了废墟。宋真宗派大臣丁谓主持修复工程。当时，要完成这项庞大的建设工程，面临着三大问题：第一，从何处取土；第二，如何运进大批木材和石料；第三，失火废墟以及建筑垃圾如何处理。

丁谓研究了工程后，策划了这样的施工方案：首先，将通向皇宫的道路挖掉，形成从施工现场通向城外汴水的大深沟，挖出来的土作为施工需要的新土备用，从而解决了新土问题；其次，从城外把汴水引入所挖的大沟中，可以利用木排及船只运送修缮宫室要用的木材石料，解决了木材石料运输问题；最后，宫殿修完后，再把废弃的砖瓦、灰土等填到深沟里，又把它恢复为街道。通过一件事却解决了三件费力的事，节省下来的钱用亿万计算。

4. 项目策划的分类

（1）市场策划。市场策划的基础是市场调查，是项目开发研究最重要的阶段之一。项目推向市场之前，需要对市场进行全面的摸底调查，调查的内容涉及经济、人文、地理、交通、商业、项目竞品等因素。通过市场调查，将各种因素进行量化，通过科学的定量和定性分析，判断符合市场需求的产品类型、特性、价格区间，最终形成策划成果。策划成果将成为产品各阶段策划的基础和前提，对其他项目策划具有战略的指导意义。

（2）产品策划。基于市场的需求及市场策划的结果，进行产品的策划。科学地开展项目的策划，摒弃经验主义与主观主义，对项目的社会环境、经济环境、竞争产品进行调研，对项目任务书进行论证，对设计依据进行分析，科学的确定产品内容。以房地产项目为例，产品策划介于建筑设计与规划设计之间的中间地带，是概念性设计的深化，是扩大设计之前的重要环节，涉及总规划、竖向设计、户型配比、户型设计、景观设计、电气设计、给排水设计、车位设计、消防设计等专业，是确保产品品质最关键的环节。

（3）营销策划。将项目要发生的营销行为进行模拟演练与预先安排。营销策划通过系统形象的推广策略，将产品的优点全面系统有效地传递给目标客户。营销策划是市场策划与产品策划的直接结果，运用各种营销推广手段，兼顾市场热点、客户需求，在合适的时间、地点，将产品推向市场，让客户获得满足，让企业赢得市场。

（4）管理策划。项目能否成功，取决于项目管理的水平。在实施项目之前需要对项目管理进行策划。主要包括：项目管理模式、项目组织管理、项目进度、项目成本、项目质量、项目风险、项目采购、项目人力资源、项目沟通等内容。

三峡工程的项目管理

一、项目简介

三峡工程全称为长江三峡水利枢纽工程，是当今世界上最大的水利枢纽工程。三峡工程位于长江三峡之一的西陵峡的中段，坝址在三峡之珠——湖北省副省域中心城市宜昌市的三斗坪。整个工程包括一座混凝重力式大坝、泄水闸、一座堤后式水电站、一座永久性通航船闸和一架升船机。三峡工程是一个具有防洪、发电、航运等综合效益的巨型水利枢纽工程。枢纽主要由大坝、水电站厂房、通航建筑物三部分组成。

二、项目时间管理

1. 总规划：根据审定的三峡工程初步设计报告，三峡工程建设总工期定为17年，工程分三个阶段实施。

第一阶段工程工期为5年（1993～1997年）。

第二阶段工程工期为6年（1998～2003年）。

第三阶段工程工期为6年（2004～2009年）。

主要控制目标是：2009年年底全部机组发电和三峡枢纽工程完建。

2. 管理措施

（1）统一进度计划编制办法

业主根据合同要求制订统一的工程进度计划编制办法，在办法里对工程进度计划编制的原则、内容、编写格式、表达方式、进度计划提交、更新的时间及工程进度计划编制使用的软件等作出统一规定，通过监理转发给各施工承包商，照此执行。

（2）统一进度计划内容要求

三峡工程进度计划内容主要有两部分，对上一工程进度计划执行情况进行总结并且对下一步进度计划说明。

（3）统一软件、统一格式

为便于进度计划网络编制主体间的传递、汇总、协调及修改，对工程进度计划网络编制使用的软件进行了统一，以实现进度计划的汇总、协调和平衡。

三、项目成本管理

1. 事前控制：制订切实可行的成本计划，同时组织好职工的培训。

2. 事中控制

(1) 材料费用控制。

(2) 机械设备使用费控制。

(3) 建立项目成本审核签证制度,控制成本费用支出。

3. 事后控制

事后控制主要是对照合同结算价情况,将实际成本和目标成本之间的差距加以分析,以便进一步挖掘潜力,落实成本责任制,兑现项目承包经济责任。

四、项目质量管理

1. 建立质量管理机构

三峡枢纽工程质量检查专家组、三峡工程质量管理委员会、参建各方内部质量管理机构。

2. 制定质量检测标准

三峡工程的质量标准是在现有国家规范的基础上,结合三峡工程的具体情况,以合同为依据编制而成。

3. 工程质量事前控制

(1) 工程规划及设计质量控制

采取设计优化方案及采用新工艺、新技术、新材料、新型结构前首先要进行充分的工程技术论证,并进行必要的生产性试验。

(2) 设备采购质量控制

三峡工程的金属结构和机电设备,其性能和技术指标由设计单位研究提出,经组织国内专家反复审议后确定,所有的设备采用公开招标方式,由总公司组织采购。

(3) 原材料供应质量控制

三峡工程建设所需原材料的主要技术指标,均由设计单位提出,经专家审定后确定。

4. 施工质量控制

(1) 完善优化设计,加强技术交底。在保证工程安全的前提下,设计单位根据现场条件的变化或出现的问题,及时调整、变更或优化设计方案。

(2) 严格工艺作风,认真按"三检制"进行单元工程的自检。

(3) 加强旁站监理,严格质量把关。随着工程进展需要,监理单位增加了一批素质较高、年龄和职称结构相对合理的专业监理人员。

5. 通过召开质量问题现场教育会、举行质量问题警示展等多种形式,提高全员的质量意识和责任心,参建各方作了深刻的自我剖析,并落实了整改措施,有效地促进了三峡工程的质量管理工作。

五、项目人力资源管理

长江三峡的人力资源管理历经三个阶段——"数对人头、发对工资""抓两头、促中间""讲服务、强管控"。

1. "数对人头、发对工资"主要是针对央企人力资源管理信息化建设的核心定位问题，也是我们解决的最基础目标之一，只有把我们的目标定位的足够明确和清晰，才能有效地执行信息化的建设；

2. "抓两头、促中间"是信息化建设的方法和策略关键，在确定了系统建设目标后，需要制定有针对性的策略和方法才能有效推进；

3. "讲服务、强管控"是我们信息化建设的角色定位，把我们的系统定位成服务工具而不是人服务于它，因此要考虑到各级人员的需求，同时在应用过程中逐步完善到强化集团管控层面，解决根本问题。

六、项目沟通管理

中国长江三峡工程开发总公司利用现代计算机信息技术、现代管理科学理论方法及技术建设了大型集成化工程管理系统TGPMS。系统全面覆盖了三峡工程管理的各个层面，如预算管理、计划合同、资金与成本控制、工程进度、质量控制、技术、物资设备、施工、安全、文档等项目管理各环节，构建了工程管理的信息沟通平台，为业主、设计、监理、施工、供应商等工程参建各方提供了协同工作平台，实现了跨组织、跨地域、以数据为中心，面向业务主题、面向流程处理，对工程管理全过程、全方位的控制与管理，成为三峡总公司各部门及三峡工程参建各方进行工程管理不可或缺的工具。

七、项目风险管理

1. 业主集中投保

该项目采用不切标块，以开口大保单方式由业主统一投保左岸电站全部设备安装工程险和高压电器设备运输险。

2. 公开询价，进行保险招标

中国三峡总公司作为项目业主采取公开询价、专家评审、领导决标的方式进行投保，体现了"公开、公平、公正、科学"的原则。

3. 多家保险公司共同承保

为了有效地转移和分散风险，又兼顾三峡工程已投保的左岸厂坝土建建筑工程险可能的交叉责任和三峡工程第三阶段工程投保项目以及左岸电站机组投产以后的财产险的竞争选择，由中国人民保险公司、中国太平洋保险公司、中国平安保险公司三家保险公司以共保的方式承保。

4. 合理安排再保险

保额的20%必须首先由中国再保险公司办理法定再保险。接着，根据各家保险公司的各自资本金及准备金比例确定自留额。余下的保险金额需要在国际上进行再保险，以化解风险。

八、项目采购管理

三峡集团采用电子采购平台系统，可实现招投标项目管理、非招标采购管理和招投标采购管理信息系统三位一体的集成统一管理,有利于实现集团范围内的集中采购;可实现对招标与非招标的工程项目、服务项目、货物采购等各项采购业务的全方位覆盖,有利于提高采购质量和降低成本;可实现对招标过程中发标、投标、开标、评标、决标全过程的统一管理,能够显著提高集团招标采购工作的效率、规范化水平和管控力度;可实现招投标采购管理过程中各类文档和数据的全电子化、结构化和全过程的可追溯,能够与政府监督平台对接,使招标采购业务受到内外部的严格监督,同时降低办公成本,减少资源浪费。

该系统包含三大模块:一是适用于公开与邀请招标投标项目的电子招标投标系统;二是适用于询价、竞争性谈判等非招标采购项目的电子采购系统;三是进行招标采购立项、审批、归档等管理活动的招标采购管理信息系统。电子采购平台上线后,三峡集团所有类型的采购业务和主要的采购方式均可通过该平台进行管理,可实现全过程电子化,为集中采购创造了有利条件。

资料来源:李晓倩,《三峡工程项目管理》https://wenku.baidu.com/view/5505832/a37f111f1855bf4.html。

4.1.2 项目策划的原则与方法

企业将项目产品推向市场,将生产力转化为现金流,得益于项目策划的成功与执行。企业每个项目有不同的项目策划原则与方法,总体来讲,所有的项目策划均包含质量、价格、品牌、渠道、促销等原则。

1. 策划原则

(1) 可行性原则。项目策划考虑最多的是项目的可行性。项目策划时要求项目策划人员时刻考虑项目的科学性、可行性,主要从市场、原材物料、设备、人员、土地、环境等是否可行出发,这是项目策划方案能够有效实施的重要保证。

(2) 逻辑思维原则。策划的目的在于解决项目管理中的问题,按照逻辑性思维的构思来编制策划书。首先是设定情况,交代策划背景,分析项目产品现状,再把策划的目的全盘托出;其次进行具体策划内容详细阐述;最后明确提出解决问题的对策。

(3) 信息原则。信息作为项目策划必不可少的基础性情报,可以看作是项目策划的起点。项目策划的关键在于信息的收集、整理和加工。应作好项目信息的收集力求全面,原始信息真实可靠,信息加工准确及时,信息系统完整协调。

(4) 简洁朴实原则。要注意突出重点,抓住项目管理中所要解决的核心问题,深入分析,提出可行性的相应对策,针对性强,具有实际操作指导意义。

(5) 可操作原则。编制的策划书是要用于指导项目管理活动,其指导性涉及项目管理活动中的每个人的工作及各环节关系的处理。因此其可操作性非常重要。不能操作的方案创意再好也无任何价值。不易于操作也必然要耗费大量人、财、物,管理效果差。

（6）创意新颖原则。要求策划的"点子"（创意）新、内容新、表现手法也要新，给人以全新的感受。项目策划中有些要素是共同的，而新颖的创意则是策划书的核心内容。

2. 项目策划方法

（1）头脑风暴法。头脑风暴策划方法是在进行会议时，策划人要充分地说明策划的主题，提供必要的相关信息，创造一个自由的空间，让各位专家充分表达自己的想法，独立表达自己的观点。为此，参加会议的专家的地位应当相当，以免产生权威效应，从而影响另一部分专家创造性思维的发挥。

（2）德尔菲法。所谓德尔菲法是指采用函询的方式，反复地征求咨询专家的建议，然后由策划人进行统计，将专家的综合意见再发送给各位专家，通过几个回合，直至得出比较统一的方案。这种策划方法的优点是：专家们互不见面，不能产生权威压力，因此，可以自由地充分地发表自己的意见，从而得出比较客观的策划方案。

（3）智能放大法。智能放大法是指对事物有全面而科学的认识，然后在这种认识的基础上对事物的发展作夸张的设想，运用这种设想对具体项目进行策划。

4.1.3 项目策划方案

1. 项目策划方案的筹备

（1）策划调研。项目调研是收集、分析、研究与项目相关的数据与信息的过程。通过科学的调查研究，提高项目决策的准确度，降低项目策划风险。一般通过设计调查问卷、访谈研究或资料梳理，收集项目所在区域的经济信息、竞品信息等内容。

（2）策划方案的组织。项目策划由投资方发起，由合作公司及专业咨询公司负责执行。策划方案注重项目策划的论证与调整工作，尤其要加强同地区同类项目的策划对比与经验教训的总结。

2. 项目策划方案的编写要求

（1）封面。封面上要写明策划名称、单位、日期、编号。

（2）目录。它是项目策划书的主要组成部分，需要严格按照章节条款的逻辑层次进行编写。

（3）总体思路。阐明策划的主要目的、需要达到的主要目标、主要的构思。

（4）主体内容。这是策划方案最核心的部分，依据项目总体构架设想，分专题进行研究并详细的论述，运用科学合理的论证方法，逐步将策划思想和具体实施方案完整地展现出来。

（5）策划预算。为完成项目策划工作，对需要提供的资金支持，进行详细的资金预算。

（6）策划进度。策划工作由一系列工作组成，如团队组建、市场调研、方案论证、策划书编制等环节，对各环节需要的时间进行全面的统筹与梳理。

（7）策划方案的表现形式。策划方案要求层次清晰、重点突出、逻辑严谨、数据充实、文笔简练，尽量用照片、图表来表达策划理念。

3. 项目策划方案的关键要点

（1）总体思路。

①战略掌控。从战略上全面掌控项目的融资、规划、设计、生产、推广工作，全面了解产品的差异性，产品自身的优势与不足、卖点与买点。做到知己知彼、百战不殆。

②深入调查。对项目投放区域的经济总量、人口数量、交通环境、同类竞品进行全面深入的环境调查研究，将项目自身的优势、劣势与投放区域的实际情况进行全面梳理论证，实现项目落地与品牌落地。

③全面创新。所有项目都需要全面创新，从产品设计、施工运营、推广理念都要全面超越自我、超越同行业，只有做市场第一个吃螃蟹的项目，才能奠定企业在市场的地位。

（2）建立品牌。

①品牌与项目的动态沟通。品牌时代的消费者更注重产品使用体验，所以，产品的售后服务就成为项目与品牌动态沟通的纽带，通过沟通将企业价值、用户价值、品牌价值三者有效地联系起来。项目策划方案的核心工作就是实现企业、用户、品牌三者价值的全面提升，最终形成强大的品牌势能，让企业拥有更大的市场份额。

②品牌与客户的动态平衡。时代发展的脚步越来越快，企业在更新、产品在更新、功能在更新，品牌与客户之间一直在进行动态平衡。客户越来越重视企业的品牌，做项目就是做品牌，品牌能够提升企业的市场地位，品牌能够提升客户的忠诚度与归属感，企业要通过品牌来与客户互动。通过项目策划方案，全面塑造企业品牌与产品品质，在客户中推广品牌，实现企业的快速增长，实现资金的快速回笼。

③品牌与客户的动态优化。品牌与客户的关系是一个动态优化的关系。客户将项目体验反馈给企业，企业优化管理，提升客户的使用体验，进一步提升企业品牌价值。企业主动调查客户的体验，依据反馈信息，企业进行产品更新，进一步维护品牌美誉度。项目策划方案就是让企业品牌在市场上放出光芒，让客户的购买欲望体验达到峰值，让财富的洪流奔涌。

（3）SWOT 分析。

策划方案中一定要做好 SWOT 分析，全面剖析项目的优势与劣势、机会与风险，为项目决策做好调研分析工作。以房产项目为例说明 SWOT 分析：

项目优势：主要从项目的区位、周边配套、教育设施、银行网点、交通设施是否齐全考虑。

项目劣势：如周边竞品的数量、规模、距离、档次处于项目的什么档位。

项目机会：如新区开发、城市中轴线延伸、户籍政策放宽、融资成本降低等。

项目风险：同业竞品提前开业、同质产品开工、融资成本提升、限购政策等。

综合分析：依据市场调研结果深入分析项目的优势、劣势，全面细致的比较机会与风险。全面尊重市场需求，适应市场发展趋势，引导客户产生购买需求，大力整合与项目相关的资源，借助专业咨询公司的专业智慧，为市场提供高性价比、高度差异化的产品，整合产业链，以合理的成本、高质量的产品优化市场的产品格局与份额，使项目达到投资预期。

（4）项目定位。

项目定位是策划方案的重中之重，主要涉及项目的形象定位、功能定位、客群定位、价格定位。

①形象定位注重项目的外在气质，是企业在客户心中塑造的形象，赋予文化的理念，带给人们更高品质的生活。企业通过广告中不断宣传、强化的良好的项目形象，承担着表达项目、宣传项目、塑造项目的功能，最终达到促进销售的目的。

②功能定位。任何产品都有特定的功能，如剃刀的功能是剃除胡须，洗衣粉的功能是去污，企业通过强化项目的特定功能，来吸引客户购买。现在企业都注重突出项目的一个主要功能，再附加其他功能，如手机的主要功能是通话，附加照相、储存、听歌等功能，来提高产品对客户的吸引力。项目策划要在客户需求分析的基础上，对产品功能进行定位，并对产品功能进行描述与表达，提高产品在市场上的占有率，加大回款力度。

③客群定位。每一个项目都有特定的客户群体。依据项目优势，分析项目产品的显性客户群或潜在客户群，重点分析消费行为、消费模式、消费特点等。显性客群是指市场上一直存在的，有巨大挖掘潜力的客群，如可口可乐将第二次世界大战时的美国军人作为特定客户群，并提出 5 美分一瓶的特别定价，让可口可乐成为全球最大的饮料公司。潜在的客群是指没有被市场发现或被企业忽略的客群，如百事可乐将非裔美国人作为客户群，组建非裔美国人营销团队，销量一举超越皇冠可乐，成为可口可乐最有力的竞争者。

④价格定位。追求最大利润是企业推出新产品新项目的动力所在，但追求最大利润并不是追求最高价格，合理定价才能拥有消费者，控制合理的利润率才能让项目长期持续盈利，所以，定价策划要重视的因素包括区域经济发展水平、同类竞品价格、客户群的经济收入、项目生产及开发成本。策划中要立足于让客户获利的原则，才能定制出符合项目长远利益的价格。

（5）营销策略。

营销策略是项目策划方案的深化与细化，能够丰富项目策划的指导性与实战

性。总体来讲,要重点深化以下内容:

①营销推广创新。将项目信息、企业品牌与公益活动、文化活动关联在一起,提升项目与企业的公众口碑。

②营销推广节奏。从项目推向市场到项目持续销售,都需要依靠推广工作。从客户需求和市场趋势出发,以追求长期、持续的盈利为原则,精心策划营销推广工作,不断掀起营销高潮。

③项目客户服务。产品推向市场后,涉及售后服务工作,通过持续的、有效的、长期的经验,不断优化项目在客户心目中的品牌形象,实现客户与项目的双赢。

4.2 项目规划

4.2.1 项目规划的定义及其作用

项目规划是预测未来,确定项目要达到的目标,估计会碰到的问题,并提出明确的方针目标、解决问题的方案措施、采用的手段和方法的过程。项目规划要求从多种来源收集信息,它经过各规划过程制定而出。在项目规划过程中,项目团队应根据对项目结果的影响大小,邀请所有有关的利益相关方参与。在满足利益相关方需求的同时,项目团队必须创造性地发挥他们的潜能,从而帮助项目取得成功。

古代西周城市规划

《周礼·考工记》记载:"匠人营国,方九里,旁三门,国中九经九纬,经涂九轨,左祖右社,前朝后市,市朝一夫"。

良好的项目规划是项目成功的关键。项目规划为项目的启动、实施及结束提供了基础,它制定了关于具体项目目标、项目结构、任务、里程碑、人员、成本、设备、性能以及问题的解决方案等方面的指导原则。在新项目的规划阶段,应该就项目需要什么和可利用什么进行分析,同时,还应该重新审视单位内外可利用的专业技术人员。如果需要转包,我们应该对合同的性质进行彻底的分析。可以采取各种不同的处理方式,比如生产、购买、租借和转包。我们应该将这些方式进行比较,并将比较的过程作为项目规划步骤的一部分。项目规划有以下七项原则:

(1) 运用项目规划的方法进行有效的协调,而不是控制;
(2) 在项目不同的环境中利用不同个性特征的人;

(3) 预先设定项目规划中需要经常修改的版本；
(4) 授权项目成员对自己的工作进行评估；
(5) 描述创造价值的任务，而不仅仅是价值创造的活动；
(6) 定义具体的可实现的里程碑事件；
(7) 在项目规划中需要使用的检查列表、矩阵模型等工具。

在项目规划的初始阶段，应该确定将对项目产生影响的内外部因素，并对这些因素赋予不同的权重。能对项目规划产生影响的内部因素包括：基础设施、项目规模、劳资关系、项目位置、项目领导、组织目标、管理方法、技术人员供给情况、资源及资本的可利用性等方面。除了内部因素之外，外部因素也会对项目产生影响。能够对项目规划造成影响的外部因素包括：公众需求、技术现状、市场需求、行业竞争、行业发展、政府管制、政府目标等。某个外部因素可能会独立地对项目造成影响，或者与其他外部及内部因素结合起来作用于项目。

4.2.2 项目规划方案的内容

项目规划方案是在借鉴众多项目成功经验和最佳实践的基础上，结合项目实际情况形成的实施指导性文件，作为项目实施的总指导思想和要求。项目规划方案的内容包括项目范围、进度与里程碑、项目组织及实施策略等。一个项目规划方案通常由下列几个部分组成：

1. 封面页

封面可以只简单地写上项目名称和日期，也可以包括以下信息：项目名称、申请（执行）机构、通讯地址、电话、传真、电子邮件、联系（负责）人，还可以把银行账户、律师、审计机构等信息列在封面页上。

2. 项目概要

这是读者最先阅读、浏览的部分，也是最重要的部分。在概要部分，要把你认为重要的所有信息汇集起来。概要一般要包括：机构的背景、使命与宗旨、项目要解决的问题与方法、项目申请方的能力和以往的成功经验等。

3. 项目背景、存在的问题与需求

在这一部分，需要详细介绍存在的问题以及为什么你要设计这个项目来解决这些问题，要充分地说明问题的严重性与紧迫性。一般来讲，这一部分包括以下主要信息：项目范围（问题与事件、受益群体）、导致项目产生的宏观与社会环境、提出这个项目的理由与原因、长远与战略意义等。

4. 目标与产出

在这一部分中需要详细地介绍项目的总体目标及阶段性目标与任务，以及各

目标的评估标准。总体目标是一个长期的、宏观的、概念性的、比较抽象的描述。由总体目标可以分解成一系列具体的、可衡量的、可实现的、带有明确时间标记的阶段性目标。

湖南长沙傅家洲旅游开发项目目标

> ➢ 长沙市高端水上旅游产品旗舰；
> ➢ 长沙市高端会议度假中心；
> ➢ 湖南省高端水上休闲度假旅游产品第一品牌；
> ➢ 中国乃至亚洲第一流的水上休闲度假产品；
> ➢ 国家级水上运动训练基地；
> ➢ 国际水上赛事举办地之一；
> ➢ 国际水上产品会展中心；
> ➢ 长沙市旅游新亮点、城市新名片。

——资料来源：深圳市艾肯弘扬咨询管理有限公司

5. 受益群体

在这一部分中，需要对项目的受益群体做一个更加详细的描述。必要时，还可以把受益群体分为直接受益和间接受益群体。比如一个残疾人服务机构，其直接受益群体是残疾人群，间接受益群体则是他们的家庭，甚至整个社会。

6. 解决方案与实施方法

通过以上部分，可以清楚地解释存在的问题和希望完成的事情。现在需要介绍采用什么方式、方法和措施方案来实现这些目标。在措施中要提到为了执行这一解决方案，都需要哪些资源条件、责任分工、操作规范、评价标准等。

7. 项目进程计划

在这一部分中，要详细地描述项目的开始结束时间、各项任务的先后顺序以及开始结束时间。可以用一个带有时间标记的图表来表示各项活动之间的关联与因果关系，如表4-1所示。

表4-1　　　　　　　　　　项目里程碑计划表

实施内容	实施周期（月）	项目里程碑				
		项目启动	方案确认	集成测试	系统上线	验收
系统升级、整合与优化	2	2010-03-08	2010-03-08	2010-03-12	2010-04-10	2010-04-30
地产建筑项目管理	4	2010-03-08	2010-04-20	2010-05-24	2010-07-10	2010-09-30
资金管理	5	2010-03-08	2010-05-24	2010-06-21	2010-07-10	2010-09-30

续表

实施内容	实施周期（月）	项目里程碑				
		项目启动	方案确认	集成测试	系统上线	验收
人力资源	4	2010-03-08	2010-04-30	2010-06-04	2010-07-10	2010-09-30
预算管理	5	2010-05-08	2010-07-12	2010-08-23	2010-10-10	2010-11-30
决策分析	4.5	2010-05-08	2010-07-12	2010-08-23	2010-10-10	2010-11-30
投资项目管理	6	2010-05-08	2010-09-10	2010-11-22	2010-12-31	2011-03-30
协同管理	3.5	2010-03-08	2010-03-31	2010-05-15	2010-06-20	2010-08-15

8. 项目组织架构

在这一部分中，需要描述为了达成项目目标，需要什么样的执行团队和项目组织结构。执行团队应包括所有项目组成员：志愿者、专家顾问、专职人员等，他们需要有与这个项目相关的工作经验、专业背景、学历等，以及执行团队的经验与能力等。另外，应该明晰地写出项目总负责人、财务负责人及其他各分项目的负责人。需要构建与项目规模相适应，满足项目需要的组织结构，确定项目组织结构层次、职能部门及业务部门。明确项目各部门的职责与权限。

9. 费用、预算与效益

这一部分所要提供的绝不仅仅是一个费用预算表，而是要叙述和分析预算表中的各项数据、总成本与各分成本，包括人员、设备的费用等。另外一个很重要的部分是产出的效益，包括财务效益、经济效益和社会效益。

10. 监控与评估

监控是项目实施过程中非常重要的部分，监控的执行机构与人员（可以是理事会、资助方、监理方或其他第三方机构）、监控任务等都应该写在项目计划中。监控报告应该包括：项目的进展与完成情况、原定计划与现实状况的比较、预测未来实现计划的可能性等。

11. 附件

如果篇幅太长或数据太多而不适于放在正文中的文件，都可以被放在附件当中，比如：机构的介绍、年报、财务与审计报告、名单、数据、图表等。

建设工程项目管理规范（GB/T 50326—2006）目次

1 总则
2 术语

3 项目范围管理
   3.1 一般规定
   3.2 项目范围确定
   3.3 项目结构分析
   3.4 项目范围控制
4 项目管理规划
   4.1 一般规定
   4.2 项目管理规划大纲
   4.3 项目管理实施规划
5 项目管理组织
   5.1 一般规定
   5.2 项目经理部
   5.3 项目团队建设
6 项目经理责任制
   6.1 一般规定
   6.2 项目经理
   6.3 项目管理目标责任书
   6.4 项目经理的责、权、利
7 项目合同管理
   7.1 一般规定
   7.2 项目合同评审
   7.3 项目合同实施计划
   7.4 项目合同实施控制
   7.5 项目合同终止和评价
8 项目采购管理
   8.1 一般规定
   8.2 项目采购计划
   8.3 项目采购控制
9 项目进度管理
   9.1 一般规定
   9.2 项目进度计划编制
   9.3 项目进度计划实施
   9.4 项目进度计划的检查与调整
10 项目质量管理
   10.1 一般规定
   10.2 项目质量策划
   10.3 项目质量控制与处置
   10.4 项目质量改进

11 项目职业健康安全管理
    11.1 一般规定
    11.2 项目职业健康安全技术措施计划
    11.3 项目职业健康安全技术措施计划的实施
    11.4 项目职业健康安全隐患和事故处理
    11.5 项目消防保安
12 项目环境管理
    12.1 一般规定
    12.2 项目文明施工
    12.3 项目现场管理
13 项目成本管理
    13.1 一般规定
    13.2 项目成本计划
    13.3 项目成本控制
    13.4 项目成本核算
    13.5 项目成本分析与考核
14 项目资源管理
    14.1 一般规定
    14.2 项目资源管理计划
    14.3 项目资源管理控制
    14.4 项目资源管理考核
15 项目信息管理
    15.1 一般规定
    15.2 项目信息管理计划与实施
    15.3 项目信息安全
16 项目风险管理
    16.1 一般规定
    16.2 项目风险识别
    16.3 项目风险评估
    16.4 项目风险响应
    16.5 项目风险控制
17 项目沟通管理
    17.1 一般规定
    17.2 项目沟通程序和内容
    17.3 项目沟通计划
    17.4 项目沟通依据与方式
    17.5 项目沟通障碍与冲突管理

18　项目收尾管理
　　18.1　一般规定
　　18.2　项目竣工收尾
　　18.3　项目竣工验收
　　18.4　项目竣工结算
　　18.5　项目竣工决算
　　18.6　项目回访保修
　　18.7　项目管理考核评价

4.3　项目设计

4.3.1　项目设计定义及其作用

项目设计是指根据项目设计的基本原则和利用对实现项目预定目标有益的原始资料，结合实际的项目实施条件，从整个项目的全局出发，确定科学合理的各子项目间的衔接、配合及时间关系，并设计符合项目实施情况的逻辑关系图，从而以最少的投入，在规定的时间内，以高质量、低成本来完成项目。

一个项目设想的提出，有其特定的政治、经济或社会生活背景。从简单而抽象的建设意图产生，到具体复杂的工程建成，其间每一环节、每一过程的活动内容、方式及其所要达到的预期目标，都离不开项目计划的指导，而项目计划出台的前提就是依据项目行动方案的设计。

项目设计师需要把项目意图转换成定义明确、系统完整、目标具体且具有策略方案和运作思路的高智力的系统活动，包括项目建设前期项目系统的构思与设计、建设期间项目组织设计和项目建成后的运营设计等。项目设计是以项目管理理论为指导，制订具体明确可实施的设计方案，服务于项目管理的全过程。项目设计的作用主要有以下几个方面：

1. 构建项目整体蓝图

项目设计的首要任务是根据项目建设意图进行项目的定义和定位，全面构思一个待建的项目系统。项目定义是指对项目的用途、性质作出明确的界定和说明，具体描述项目的主要用途或综合用途和目的。项目定位是根据市场和需求，综合考虑投资能力和最有利的投资方案，决定项目的规格和档次。在项目定义和定位明确的前提下，提出项目系统的整体蓝图，进行项目功能分析，确定项目系统的组成结构，使其形成完整的配套能力。在项目定位的基础上，基于市场容量和投资者的资金实力，对项目的系统规模做出设计，从而使项目的基本设想变成具体而明确的建设内容和要求。

2. 明确项目建设成本

项目设计是确定项目建设成本的重要手段。选择经济合理的设计方案有利于对项目进行全过程的投资控制。政府、行政主管部及投资单位依据设计单位提供的设计进行项目概算，确定项目投资数额。承包项目的企业依据设计单位提供的项目设计方案编制预算，组织实施项目，组织有关部门进行项目竣工验收，办理项目决算与结算手续。由此可见，设计贯穿于项目建设全过程，并对项目造价的形成与确定起到关键的总控作用。

在项目建设前期，设计单位可运用专业技术特长和经验，以及编制方案的特殊身份，向项目业主单位在选址、方案优化等方面推荐技术可行、功能满足需求、造价低和工期短的设计方案，并通过项目初步概算直观反映出来，使项目业主方能充分体验到项目的规模及功能。在项目建设中期，设计单位可根据总体设计方案，提出合理可行的建设工期方案、工序实施程序、风险控制计划等提议，以缩短工期、避免浪费、降低风险、节省投资。项目承包方依据设计方案制定项目计划并组织实施，以取得企业利润。项目完成后由业主、监管部门、项目承包方等相关部门依据设计单位提出的项目设计方案组织工程验收，确定项目建设是否符合技术标准，是否具备移交使用的条件，是否达到项目发起方的目标。项目建设后期，设计单位可依据项目概算、建设全过程等方面确认项目决算是否合理。

3. 对项目进行整体管控

由于项目设计以项目管理理论和方法为指导，密切结合具体项目系统的整体特征，所以为项目的发展和实施管理做出描述，不仅可以把握和揭示项目系统总体发展的条件和规律，而且可以深入到项目系统构成的各个层面，乃至针对各个阶段的发展变化对项目管理的运作方案提出系统的、具有可操作性的构想。因此，项目设计将直接成为指导项目实施和项目管理的基本依据。

项目管理工作的中心任务是项目目标控制，而项目设计是项目管理的前提。虽然项目设计、项目管理和项目控制三者的工作性质不同，但却有极其紧密的联系。没有设计的项目管理，将会陷入管理事物的盲目和被动之中；同样没有科学管理作支撑的项目设计也将会成为纸上谈兵，缺乏实用价值。

4. 帮助项目领导者进行项目决策

项目设计包含专家对项目的总体设计和项目各个细节部分的设计，同时也包括项目的定义、定位和目标的设计。因此当项目领导者进行项目决策时，可以把项目设计方案作为依据，前提是项目设计必须经过科学、严谨的论证。另外，根据项目设计方案，可以识别项目利益相关方，明确他们的具体需求，为项目的顺利进行提供有效的保证。

4.3.2 项目设计的基本原则和流程

1. 项目设计的基本原则

在进行项目设计时，必须遵循一定的基本原则，以提高项目设计的科学性。

(1) 项目设计方案必须从实际出发，切实可行，符合项目所处环境的实际情况，有实现的依据和可能性。

(2) 满足项目合同的工期要求。项目需要严格按照项目全生命周期启动、设计、实施、收尾、交付使用并发挥投资效益，因此在进行项目设计时，必须保证项目能够在竣工时间上符合合同要求。

(3) 确保项目质量和安全。项目质量是指设计成果反映市场或用户需求的程度，以及交付物或服务达到设计规范的程度。因此，设计方案应充分考虑项目成果的质量，并提出保证项目成果质量的技术措施，使设计方案符合技术规范与标准。同时，在设计阶段就予以考虑安全问题，把发生事故的风险降到最低。

(4) 在保证项目质量的前提下，采用国内外先进的项目技术和科学管理方法，使设计方案更加经济合理，尽量降低项目成本，从而使项目取得最佳的经济效益。

2. 项目设计的步骤

项目设计按工作进程和深度的不同，一般分为方案设计、初步设计、技术设计和施工图设计。不同的工程项目其设计阶段的划分可以有所不同，如对大型复杂的工程项目，首先要进行方案设计，通过方案选优，再进行初步设计、技术设计、施工图设计；对于中小型工程项目则可以以方案设计代替初步设计，而后直接进行施工图设计，对小型简单的项目则只需进行施工图设计。

(1) 方案设计。

在方案设计阶段，项目研发团队通过对项目业主和客户的需求分析，对项目的总体框架进行设计并形成初步的项目方案，它是整个项目实施的整体文件和战略文件，必须满足初步设计的展开要求。

(2) 初步设计。

初步设计阶段应在方案设计、可行性研究报告、项目外部环境资料和其他基础资料完善的基础上进行。其用途是在规定的建设地点、时间和可用资金限定范围内，阐明拟建项目技术和财务可行性。初步设计文件的详细程度应满足如下要求：经过比较确定设计方案，订购主要设备和材料，确定所需资金数额并进行筹集，为进行产品或施工图设计和项目启动做好准备。由设计单位编制设计概算书，成为筹集资金、编制项目预算与控制项目设计的依据。项目初步设计需要满足详细设计的展开要求。

(3) 技术设计。

技术设计是针对技术复杂或有特殊要求而又缺乏设计经验的建设项目而增设的一个设计阶段，用以进一步解决初步设计阶段一时无法解决的一些重大问题，如初步设计中采用的特殊工艺流程须经试验研究，设备须经试验验证，大型建筑物、构筑物的关键部位或特殊结构须经试验研究落实，建设规模及重要的技术经济指标须经进一步论证，等等。

技术设计根据批准的初步设计进行，其具体内容视工程项目的具体情况、特点和要求确定，其深度以能解决重大技术问题，指导施工图设计为原则。技术设计阶段在初步设计总概算的基础上编出修正总概算，技术设计文件要报主管部门批准。

(4) 施工图设计。

施工图设计是在初步设计、技术设计的基础上进行详细、具体的设计，以指导建筑安装的施工，非标准设备的加工制造。因此，必须把工程和设备各构成部分的尺寸、布置和主要施工做法等绘制出正确的、完整和详细的建筑和安装详图，并做必要的文字说明。其主要内容包括：全项目性文件（设计总说明，总平面布置及说明，各专业全项目的说明及室外管线图，工程总概算）和各建筑物、构筑物的设计文件（建筑、结构、水暖、电气、热机等专业图纸及说明以及公用设施、工艺设计和设备安装，非标准设备制造详图、单项工程预算等）。

国家规定的方案设计内容及深度

(1) 设计说明。

①设计依据说明，包括写明所依据的批准文号、可行性研究报告、土地使用合同书、规划设计要点、设计任务书等。

②总图设计说明，包括写明建筑使用功能要求、总体布局、功能分区、内外交通组织、环保、节能措施、总用地面积、总建筑面积、道路绿化面积等。

③建筑设计的构思、造型及立面处理、建筑消防安全措施、建筑物技术经济指标及建筑设计特点等说明。

④结构设计依据的条件、风荷、地震基本烈度、工程地质报告、地基处理及基础形式、结构造型及结构体系简要说明。

⑤给水排水、暖通、电气等专业设计说明，主要有各专业设计依据说明，水源、总用水量、给水方式、生活、生产、消防供水的组合，污水排水的排放条件，环保要求等说明；供暖通风要求，选用设备等说明；电源、电压、容量、供电配电系统说明；建筑防雷、弱电设施等说明。

(2) 建设方案设计图纸。

①总平面图。用地红线标注建筑物位置，城市道路消防车道，车辆出入口，停车场布置，绿化设施，总平面设计技术经济指标。

②单体建筑平面图。标注轴线尺寸、总尺寸；内外门、窗、楼电梯、阳台、

各房间名称及特殊要求；建筑剖面、室内外设计标高、楼层层高；立面图、透视图；建筑模型、根据需要绘制的鸟瞰图等。

(3) 工程估价。大型及重要工程项目：工程估算书及编制说明。

4.3.3 项目设计的主要内容

项目设计分为项目总体设计和项目实施设计两步。项目总体设计一般是指在项目前期立项过程中所进行的全面设计；而项目实施设计可以是对全面设计任务进行分解后的一个单项性或专业性问题的设计，例如一个生产子系统的工艺设计或设备选型配置设计等。

1. 项目总体设计

项目是伴随着国家、企业或个人的实际需求而提出来的，因此在对项目进行总体设计时，需要从项目发起人的需求出发，结合项目所处环境和项目所需资源进行设计。项目总体设计主要包含以下内容：

(1) 项目的定义。即对项目性质、目标、功能、结构等基本内容的描述。

(2) 项目的定位。即描述项目的建设规模、建设质量标准，项目在经济社会发展中的地位、作用和影响力，项目定位依据、目标设定、项目必要性和可能性分析等。

(3) 项目的系统构成。即描述系统的总体功能与目标，系统内各单项工程、单位工程的构成和相互联系，系统与系统环境的协调关系、项目配套及资源配置的策划思路及方案。

(4) 其他。与项目实施及运行有关的重要设计环节。

2. 项目实施设计

项目实施设计是指项目管理和项目目标控制设计，旨在把体现建设意图的项目构思变成有实现可能性和可操作性的行动方案，提出带有谋略性和指导性的意见。项目实施设计包括以下几个方面：

(1) 项目目标设计。

项目目标设计是指在项目构思的基础上，进行项目基本目标策划，并对项目构成、项目过程、项目环境进行深入分析，结合项目主体自身状况提出项目的总目标，并对项目总目标进行分解，形成项目的子目标，构建项目目标系统。

项目目标设计的内容，包括项目目标的构成；项目目标的各个主要方面目标，如时间、质量、成本、安全等目标。

(2) 项目组织设计。

项目组织设计是用来指导项目全过程各项活动的技术、经济和组织的综合性文件，是技术与项目管理有机结合的产物，它能保证项目启动后项目活动有序、高效、科学、安全、合理地进行。它包括组织结构的设计、组织职能、权力的设计和组织管理方式的设计等。

（3）项目进度设计。

项目进度设计是根据项目的总体目标，对总目标进行分解。通过 WBS 确定项目的活动构成，分析项目活动之间的逻辑关系，估计项目活动的时间，运用横道图和网络图技术，编制结构合理的进度计划体系，作为项目组织实施和控制的依据。

（4）项目管理设计。

项目管理设计是对项目实施任务进行分解，并对项目组织工作所进行的设计。它是指在设计项目活动中运用专门技术知识，采用一定的工具和方法，使项目能够在有限资源约束条件下，实现或超过设定的需求和期望的过程。项目管理是对一系列与项目目标相关活动进行整体的监测和管控，一般具有以下几个基本步骤：

①项目启动。

在项目管理过程中，启动阶段是开始一个新项目的过程。启动项目必须了解企业组织目前和未来主要业务发展方向，这些主要业务将使用什么技术及相应的使用环境是什么。

②项目计划。

在项目管理过程中，项目计划的编制是一项最为复杂的管理工作，项目计划工作涉及项目管理十大知识领域。在项目计划编制的过程中，运用计划编制方法，可看到后面各阶段的输出文件。计划的编制人员同样要有一定的工程经验和责任心，在计划制订出来后，项目的实施阶段将严格按照计划组织实施并进行有效的控制。项目所有变更都将随环境和条件变化而变化，都是在项目计划的基础上进行调整的，项目计划的变更是参考计划阶段的文件而产生的。

③项目实施。

项目实施阶段是占用资源量最大的一个阶段，此阶段必须按照上一阶段制订的计划来执行，采取必要的措施，来完成计划阶段制定的各项任务。在项目实施阶段，项目经理应将项目按照一定的类型或功能分成不同的子项目，由不同利益相关方和项目团队中的不同成员来完成。在项目开始之前，项目经理向参加项目的成员发送《项目任务书》。《项目任务书》中规定要完成的工作内容、职责和权限、工程进度、工程的质量标准、工程预算等与项目有关的内容，《项目任务书》还应有项目使用方主要负责人的联系方式及地址等内容。

④项目收尾。

项目的收尾过程是项目生命期最后一个阶段，标志着整个项目的阶段性结束，即项目的利益相关方对项目产品的正式接收，项目正式结束。这期间包含所有可交付成果的完成、质量的验收、范围的验收、项目的总结、工程款的决算与结算、人员的安排、项目审计等内容，还有项目各阶段产生的文档、项目管理过程中的文档、与项目有关的各种记录等。收尾阶段的结束标志是《项目总结报告》，收尾阶段完成后项目将进入使用阶段的维护期。

【本章小结】

项目策划、规划和设计是对项目整体实施工作的预判和安排，其核心问题是考虑项目目标如何实现。本章的主要内容是对项目策划、规划与设计进行一个总体的介绍和内容的概况。

项目策划是针对未来将要执行的项目工作做出当前的选择和决策，是社会发展和智能实践持续进步的综合体现，是脑力模拟、思考、统筹的理性行为。项目策划有着明确的管理目标、明确的实际意义和方案的比选过程。在策划过程中需要遵循可行性原则、逻辑思维原则、信息原则、简洁朴实原则、可操作原则和创意新颖原则。

项目规划是预测未来，确定要达到的目标，估计会碰到的问题，并提出解决问题的有效方案、方针、措施和手段的过程。项目规划要求从多种来源收集信息，它经过各规划过程编制出来。项目规划需要形成具体的项目规划结果。

项目设计是根据项目设计的基本原则和利用收集到的原始资料，结合项目的实际，从整个项目的全局出发，对项目产品和实施过程进行科学的设计，保证以最少的资源投入，在规定的时间内，以高质量、低成本来完成项目。项目设计包括项目总体设计和项目实施设计两大部分，其中项目总体设计是对项目所进行的全面设计，项目实施设计包括项目的目标、组织、融资、控制设计。

【推荐读物】

1. 赵君华，蒋志高，杨边裴，易翼. 工程项目策划 [M]. 北京：中国建筑工业出版社，2013.
2. 余源鹏. 专业市场项目开发全程策划 [M]. 北京：中国建筑工业出版社，2009.
3. 贾士军. 房地产项目全程策划：理论、实操与案例 [M]. 广州：广东经济出版社，2003.
4. 乐云. 工程项目前期策划 [M]. 北京：中国建筑工业出版社，2011.

【复习讨论题】

1. 简述项目策划、项目规划、项目设计的概念及特点。
2. 项目策划与项目规划的区别是什么？
3. 讨论项目规划在项目管理中的地位与作用。
4. 简述项目设计的依据。
5. 项目设计的主要内容包括哪些？
6. 简述项目设计的流程。

【网上练习】

请在网上查阅并分析国家关于项目规划、设计相关标准及内容。

第4章 项目策划、规划与设计

【案例分析】

SD 公司新厂区设施规划布局设计

一、公司简介

SD 公司是生产煤矿设备的专业厂家之一，一直专注于煤矿支护、运输、动力等矿用专用设备的研发和生产。公司按产品类别设有支护设备、输送设备、动力设备三个生产制造厂。

1. 新厂区背景介绍

SD 公司新厂区属于搬迁，产品生产工艺及产能保持不变，但要重新优化布局，根据新厂区面积轮廓，以及周围道路交通条件，科学划分办公区、生产区，重新设计车间大小、厂内物流走向、厂内道路，以及各种管线的铺设，使新厂区功能齐全、运营高效，在满足生产需要的基础上，进一步降低运营成本，为员工创造一个环境优美、工作舒适的作业环境。

新厂区的轮廓见图1。

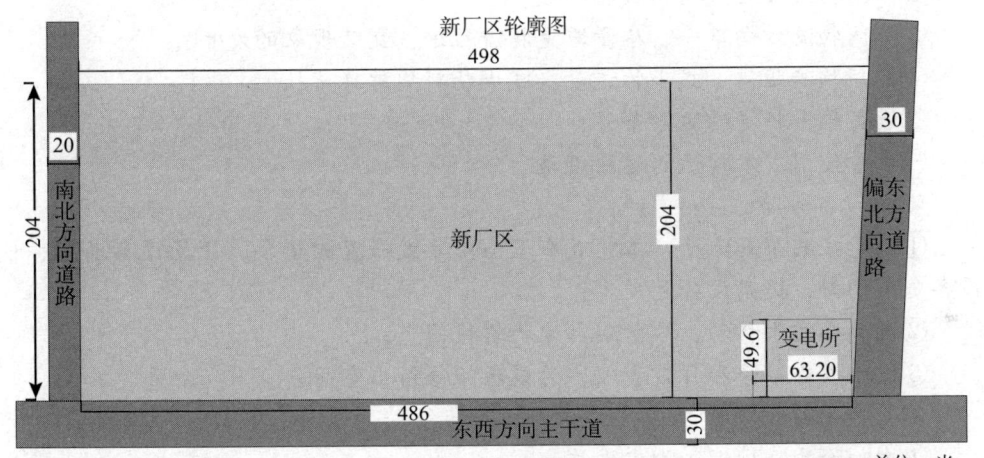

图 1 厂区轮廓

新厂区为 SD 公司的支护设备、输送设备生产制造厂，生产产品包括：单体液压支柱、轻采支架、刮板输送机、皮带机四种产品。

2. 新厂区规划设计内容

（1）计算生产各种产品所需生产面积，推算出车间面积大小，注意考虑车间道路、车间办公室、车间二级仓库以及车间辅助设施（如卫生间、更衣室）所占面积。

（2）初步确定办公区位置及占地面积，本着布局合理、重点突出的原则，选择公司办公区位置及大小，考虑办公区周围的绿化、景观等内容。

(3) 规划设计职工食堂、员工停车场、浴室等后勤设施。

(4) 设计车间总体方案，根据新厂区面积轮廓以及办公区的初步位置及大小，确定车间长度和宽度，在设计过程中需要综合考虑办公区域和生产区域的相对位置、占地面积与区域形状，使各方需求都能够考虑到，各方利益都要照顾到，使厂区面积得到合理有效使用。

(5) 根据设计方案决定是否设置仓库，设置何种仓库：原材料库、半成品库、机物料库、废品库、危险品专用库、成品库等。

(6) 设计各种管线走向及位置。具体包括：自来水管道、暖气管道、污水管道、雨水管道；电力电缆、电话电缆、计算机网线、摄像头线缆、路灯电缆等。

3. 厂区规划设计规范原则

(1) 生产工艺方面。
①满足生产工艺的要求；
②保证工艺加工精度要求（避免油烟、粉尘、震动等对加工精度的影响）；
③从长远角度看，为将来生产工艺的改进留有余地（空间、地下管道预埋、管线适当加粗等）。

(2) 物流方面。
①厂区人流、物流各行其道，避免交叉，物流避免往返折回；
②车间物流应与厂内物流相一致；
③车间物流方向单一、尽量避免物流往返、交叉现象的发生；
④缩短物流距离、减小物流量、减少物料周转环节；
⑤满足较重物资的运输条件；
⑥尽量使用成本较低的运输设施。

(3) 设备方面。
①以对象式布置为主，工艺式布置与对象式布置相结合，便于设备共用、使设备负荷均匀，提高设备利用率；
②设备要便于移动，尽量不打地脚螺栓固定；
③便于设备维修和日常管理，为设备维修留出空间。

(4) 作业环境方面。
①增加除油、排烟、除尘设施；
②充分考虑采光、换气、取暖、降温的需要；
③想方设法改善作业环境，保证员工的身心健康。

(5) 可扩展性方面。
充分考虑企业未来发展，给产品调整、工艺改进、设备更新留有余地。

二、厂区布局总体规划设计

根据GB50187—2012工业企业总平面设计规范，对总平面布置的规范要求如下：

总平面布置应在总体规划的基础上，根据工业企业的性质、规模、生产流程、交通运输、环境保护，以及防火、安全、卫生、节能、施工、检修、厂区发展等要求，结合场地自然条件，经技术经济比较后择优确定。

1. 总平面布置应节约集约用地

（1）在符合生产流程、操作要求和使用功能的前提下，建筑物、构筑物等设施，应采用联合、集中、多层布置；

（2）应按企业规模和功能分区，合理地确定通道宽度；

（3）厂区功能分区及建筑物、构筑物的外形宜规整；

（4）功能分区内各项设施的布置，应紧凑、合理。

2. 总平面布置时需要预留发展用地

（1）分期建设的工业企业，近远期工程应统一规划。近期工程应集中、紧凑、合理布置，并应与远期工程合理衔接；

（2）远期工程用地宜预留在厂区外，当近、远期工程建设施工期间隔很短，或远期工程和近期工程在生产工艺、运输要求等方面密切联系不宜分开时，可预留在厂区内。其预留发展用地内，不得修建永久性建筑物、构筑物等设施；

（3）预留发展用地除应满足生产设施发展用地外，还应预留辅助生产、动力公用、交通运输、仓储及管线等设施的发展用地。

3. 项目总平面布置时对厂区通道宽度的要求

（1）应符合通道两侧建筑物、构筑物及露天设施对防火、安全与卫生间距离的要求；

（2）应符合铁路、道路与带式输送机通廊等工业运输线路的布置要求；

（3）应符合各种工程管线的布置要求；

（4）应符合绿化布置的要求；

（5）应符合施工、安装与检修的要求；

（6）应符合竖向设计的要求；

（7）应符合预留发展用地的要求。

4. 总平面布置应充分利用优势条件

总平面布置应充分利用地形、地势、工程地质及水文地质条件，布置建筑物、构筑物和有关设施，应减少土（石）方工程量和基础工程费用，并应符合下列要求：

（1）当厂区地形坡度较大时，建筑物、构筑物的长轴宜顺等高线布置；

（2）应结合地形及竖向设计，为物料采用自流管道及高站台、低货位等设施创造条件。

（3）总平面布置应结合当地气象条件，使建筑物具有良好的朝向、采光和自然通风条件。高温、热加工、有特殊要求和人员较多的建筑物，应避免西晒。

（4）总平面布置应采取防止高温、有害气体、烟、雾、粉尘、强烈振动和高噪声对周围环境和人身安全的危害的安全保障措施，并应符合现行国家有关工业企业卫生设计标准的规定。

5. 合理地组织货流和人流

（1）运输线路的布置，应保证物流顺畅、径路短捷、不折返；

（2）应避免运输繁忙的铁路与道路平面交叉；

（3）应使人、货分流，应避免运输繁忙的货流与人流交叉；

（4）应避免进出厂的主要货流与企业外部交通干线的平面交叉。

总平面布置应使建筑群体的平面布置与空间景观相协调，并应结合城镇规划及厂区绿化，提高环境质量，创造良好的生产条件和整洁友好的工作环境。

工业企业的建筑物、构筑物之间及其与铁路、道路之间的防火间距，以及消防通道的设置，应执行现行国家《建筑设计防火规范》GB50016等有关的规定。

三、新厂区整体布局设计

由于该工厂生产产品为单体液压支柱、刮板输送机、皮带机、支架四种产品。产品种类少、产量大。且各产品工艺、原材料等相关性不大。综合考虑，对厂区采取对象专业化的原则布置。生产区根据产品类型分为四个生产车间。

首先，根据各车间产品的生产参数计算各车间面积；

表1　　　　　　　　　　　　　　单体支柱生产参数

工序（或工段）名称	使用设备	作业面积（平方米）	人员数量（个）	班产量	工位数量	在制品占用面积（平方米）
柱头下料	带锯	6×2.75	1	550~600	2	6×2.75
油缸下料	带锯	6×2.75	1	450~460	2	6×2.75
活柱筒下料	带锯	6×2.75	1	450~460	2	6×2.75
加长筒下料	带锯	6×2.75	1	440~450	2	6×2.75
热处理	中频炉	4.4×6	1	600	11	(2×1.5)×2
车活柱筒两端	数控车床	6.8×4	1	460~480	4	(2×1.5)×2
滚活柱筒表面	自制数控车床	6.8×4	1	140~160	9	(2×1.5)×2
油缸平头倒角	自制车床	5×3	1	200	2	(2×1.5)×2
平油缸端面，切槽	自制数控车床	6.8×3	1	600~800	6	(2×1.5)×2
油缸精车里孔	自制数控车床	6.8×3	1	400~500	3	(2×1.5)×2
油缸内滚压	自制数控车床	6.8×3	1	230~240	9	(2×1.5)×2
摩擦焊接	摩擦焊接机	4×6	2	600	2	(2×1.5)×2
压柱头	锤子压和模具	2×1.5	1	1000	2	(2×1.5)×2
二氧化碳保护焊接	二氧化碳保护焊接机	3×6	1	100	5	(2×1.5)×2
装配	装配线	18×4	8	200	1	(2×1.5)×2
支柱试压	试压机	6×4	1	200	2	(2×1.5)×2
长支柱喷漆线	喷设施	4.4×6	3	240	1	(2×1.5)×2
短支柱喷漆线	数控喷漆设施	6.6×12	2	1800	1	(2×1.5)×8

根据表1单体支柱的生产参数计算得出,单体支柱车间的作业面积(包含在制品占用面积)为2267.6平方米,考虑通道面积、办公区域面积、员工休息面积和原材料、产成品占用面积,在跨度上遵循选取6的倍数原则,将单体支柱生产车间面积初步设计为4320平方米(60米×72米)。

表2　　　　　　　　刮板输送机生产参数

工位名称	使用设备	作业面积(平方米)	人员数量(个)	班产量	工位数量	在制品占用面积(平方米)
板材切割	火焰切割机	7.7×18	3	20块	1	2.5×18
铣边加工	铣边机	7.7×13.5	1	5块	1	3.5×13.5
钢板焊接	铆焊机	7.7×12	4	3~4台	1	6×7.7
骨架点合	点焊机	7.7×6	1	3~4台	5	2×7.7
手工焊接	二氧化碳气体保护焊机	8×6	1	3~4台	7	2×8
校平	校平机	8×13.5	1	230~260块	1	8×6.5
装配	行车	8×42	5		2	6.5×13.5
热处理	井炉	2×2	3		4	(4×5)×2
热处理	电炉	3×4		3	(4×5)×2

根据表2刮板输送机生产参数表计算得出,刮板输送机车间的作业面积(包含在制品占用面积)为2392平方米,考虑通道面积、办公面积、员工休息面积和原材料、产成品占用面积,将刮板输送机生产车间面积初步设计为4320平方米(60米×72米)。

表3　　　　　　　　皮带机生产参数

工位名称	使用设备	作业面积(平方米)	人员数量	班产量	工位数量	在制品占用面积(平方米)
板材下料	剪板机	12×8	2	80	1	8×8
H钢、槽钢下料	锯床	12×8	2	450~500	1	7×8
角钢、圆钢下料	冲床	12×8	2	500	1	7×8
冲孔成型	冲床	4×8	1	400	1	4×4
压弯成型	压力机	4×8	1	280~320	1	4×4
钻孔	钻床	4×8	1	500	1	4×4
卷滚筒	卷筒机	12×8	2	40	1	12×8
焊接	埋弧焊机	42×5	16	240~260	12	42×3+24×8
喷漆1	手工喷涂	40(车间外空地)	2	240~260	2	40
喷漆2	三道喷漆间	24×8		1	120×8(成品库)

根据表3皮带机生产参数表计算得出，皮带机的作业面积（包含在制品占用面积）为8204平方米，考虑通道面积、办公面积、员工休息面积和原材料、产成品占用面积，将皮带机生产车间面积初步设计为12800平方米（160米×80米）。

表4　　　　　　　　　　　支架生产参数

工位名称	使用设备	作业面积（平方米）	人员数量	班产量	工位数量	在制品占用面积（平方米）
原材料表面处理	喷丸机	10×7	2	7台	1	7×7
数控切割工位	数控切割机	18×6	8	7台	1	18×1.5
剪割工位	剪板机	3×2.5	2	7台	2	2×2
校平工位	校平机	10×7	1	7台	1	7×7
折弯工位	折弯机	5×4	2	7台	1	3×3
小折弯工位	小折弯机	3.5×2	1	7台	1	2×2
台钻工位	台式钻床	3.5×2	1	7台	1	2×2
立钻工位	立式钻床	3.5×2	1	7台	1	2×2
摇臂钻工位	摇臂式钻床	5×2	1	7台	1	2×2
镗孔工位	六头镗床	7×2	1	7台	1	2×2
顶梁拼装	行车、焊机	6×4	7	4台	2	6×2
底座拼装	行车、焊机	6×4	6	4台	2	6×2
掩护梁拼装	行车、焊机	6×4	6	4台	2	6×2
小件拼装	行车、焊机	6×4	随机	4台	1	4×2
顶梁焊接	焊机	6×6	7	3台	3	6×2
底座焊接	焊机	6×6	6	3台	2	6×2
掩护梁焊接	焊机	6×6	6	3台	2	6×2
小件焊接	焊机	6×6	随机	3台	1	4×2
结构件表面处理	喷丸机	10×7	2	4台	1	7×7
喷漆工位	喷漆机	10×7	1	4台	1	7×7
装配工位	行车	18×6	15	3台	3	

根据表4支架生产参数表计算得出，支架生产车间的作业面积（包含在制品占用面积）为1645平方米，考虑通道面积、办公面积、员工休息面积和原材料、产成品占用面积，将支架生产车间面积初步设计为3600平方米（60米×60米）。

根据以上分析，厂房总体平面布局如图2。

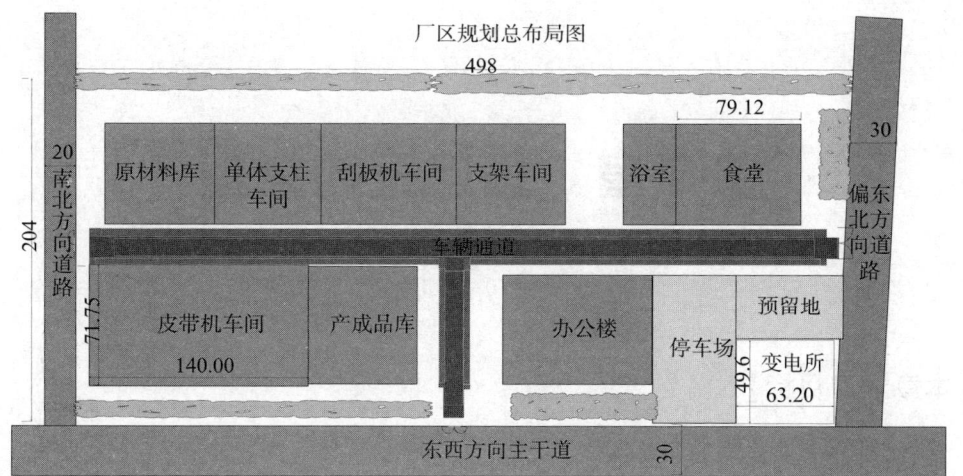

图 2　厂房总体平面布局

第5章 项目采购管理

【本章学习目标】

1. 理解项目采购的含义及方式；
2. 掌握招标、投标及评标的主要过程；
3. 熟悉招标公告、招标邀请函、投标书等编写格式；
4. 了解国际工程项目常用的几种合同形式。

【重要概念】

项目采购（project procurement）
招标邀请书（invitation for bid）
投标（bidding）
评标（bid evaluation）
合同变更（change of contract）
合同索赔（contract claim）
FIDIC 合同条件（FIDIC contract conditions）

【开篇案例】

广州格力空调为政府采购失败状告广州市财政局

2100 万元的空调与 1700 万元的空调相比，哪个更便宜？答案自然是后者。然而，在广州市番禺中心医院"门诊楼变频多联空调设备及其安装"采购项目的投标中，报价 1707 万元的广州格力空调销售有限公司（以下简称"广州格力"）却败给了报价 2151 万元的广东省石油化工建设集团公司。

为此，广州格力和作为政府采购监督机关的广州市财政局对簿公堂，事情起因是这样的。

2008 年 11 月 4 日，对于负责投标的广州格力商用空调销售部部长王长明来说是个值得高兴的日子，因为在番禺中心医院的采购竞标中，广州格力以投标报价 1707 万元被评标委员会推荐成为第一中标候选人。"假如没有什么意外的话，就意味着中标了。"

但他空欢喜了一场。2008年11月21日，中标结果发布，原先位列第一、投标报价最低的预中标供应商广州格力被排除在外，而报价最高的广东省石油化工建设集团公司中标，其中标金额比广州格力足足高了400万元。

广州格力的败北，并非因为质量不过关。"格力在全国空调界也算是名列前茅的，虽然不敢说我们的产品就一定比别人的好，但不比别人差还是能做到的。"王长明说。

那么究竟其中有什么缘故？

原来早在11月7日，采购人番禺中心医院就认为第一位预选中标供应商的投标文件"不符合招标文件中有星号标记的内容"，不应中标。

11月14日，番禺区财政局政府采购办决定，由广州市政府采购中心对该项目进行复审。11月18日，广州市政府采购中心邀请原评标委员会进行了复审，便得出了那个令广州格力目瞪口呆的结果。

——《中国青年报》记者王帝2009年11月2日的报道

现代项目管理的知识体系被划分为多个知识领域，项目采购便是其中之一。项目的执行除了需要必备的人力资源外，还必须具备相应的设备、设施、原材料、服务以及其他物质资源，离开了这些，再高明的项目经理也不可能按要求完成项目的任务。在市场经济条件下，这些产品和服务是通过采购活动来实现的。项目采购就是从执行组织以外通过采购取得项目所需要的产品（包括设备、物资和土建工程等）或服务。

5.1 项目采购概述

采购就是设法搞到或采办。它有狭义和广义之分，狭义的采购是指以购买的方式，由买方支付对等的代价，向卖方换取物品的行为过程，即所谓的"一手交钱，一手交货"或"银货两讫"；广义的采购是指除了以购买的方式获取物品、工程或者服务以外，还可以通过租赁、借用或者交换的方式取得使用权或所有权，以达到满足需求的目的。

5.1.1 项目采购的含义

1. 项目采购的概念

项目采购是指为了完成项目而从项目组织外部获取所需产品、服务或成果的过程。它几乎贯穿整个项目周期全过程，在整个项目中具有举足轻重的作用。项目采购多种多样，比如有工程项目采购、货物采购、咨询服务采购、IT项目采购等，按照内容可以分为以下三种。

(1)货物采购。货物采购是指业主为获得货物通过招标或其他的形式选择合格的供货商,并完成货物获取的过程。项目实施过程中,设备以及材料的采购属于此种方式。

(2)土建工程采购。土建工程采购简称工程采购,是指业主通过招投标或其他商定的方式选择一家或数家合格的承包商来完成施工工程的全过程。土建工程是指各类房屋、桥梁、道路、水利等工程建设,设备安装、管道线路铺设等施工建设以及附带的服务。

(3)咨询服务采购。咨询服务采购简称服务采购,是指聘请咨询公司或专家提供勘察、设计、监理、项目管理、可行性研究、科学研究等服务,也包括劳务公司提供的劳务服务等。可以说,服务采购包括了货物采购和工程采购以外的其他任何采购。

2. 项目采购的主要过程

项目采购活动基本上贯穿于整个项目周期全过程,对应关系见图5-1。

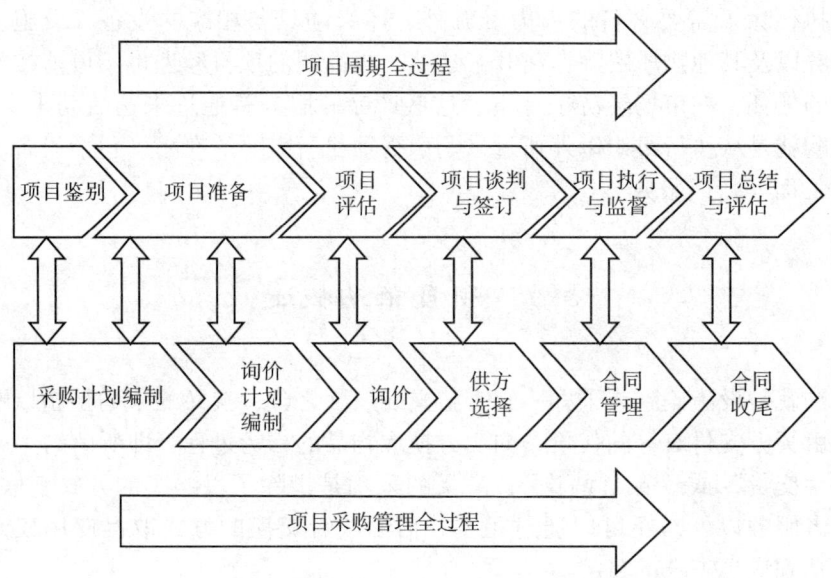

图5-1 项目采购管理与项目周期对应关系

项目周期全过程一般包括六个阶段:项目鉴别、项目准备、项目评估、项目谈判和签订、项目执行和监督、项目总结与评价。无论是工程项目采购、货物采购还是咨询服务项目采购,其采购的主要过程具有共性特点,都可以分为以下几个阶段:

(1)采购计划编制。采购计划是对项目中整个采购工作的总体安排,包括采购方式、时间安排、相互衔接、组织管理以及协调安排等内容。

(2)询价计划编制。编制询价计划就是依据采购计划,编制包括支持询价工作所需的文档准备工作。

(3) 询价。询价的过程就是根据询价计划，通过广告宣传或者投标者会议等方式，让潜在的卖主了解采购需求，卖主通过建议书或者投标书的形式表达自己的能力和意愿的过程。

(4) 供方选择。就是选定供应商，与之进行谈判，并最终签订合同的过程。

(5) 合同管理。就是在合同执行过程中，确保卖方履行合同要求的过程。

(6) 合同收尾。就是在合同执行完毕后所做的结束工作，类似于管理收尾，涉及产品核实（所有的工作是否正确、满意地完成）和管理收尾（更新记录以反映最终结果，并为将来使用而对这些信息归档）。

5.1.2 项目采购的方式

通常，项目采购方式可分为招标采购方式和非招标采购方式两大类。招标采购又分为竞争性招标采购和有限竞争性招标采购，主要包括国际竞争性招标采购、有限国际招标采购、国内竞争性招标采购等几种具体采购方式；非招标采购主要包括国际、国内询价采购、直接采购、自营工程等。

不同的项目采购方式，体现了不同的竞争程度。招标采购方式，尤其是竞争性招标采购方式，其竞争程度最高，相关法律法规的规定也更加严格。重大项目、政府采购以及公共采购项目通常采用招标采购方式。

1. 国际竞争性招标采购

国际竞争性招标（international competitive bidding，ICB）是指在国际上通过各种宣传媒介刊登招标公告，在世界范围内进行招标采购，国内外合格的投标商均可以参加投标的采购方式。国际竞争性招标要求制作完整的英文标书。世界银行于1951年将国际竞争性招标作为一种很好的采购方式加以推广，根据不同地区和国家的情况，世界银行规定了凡采购金额在一定限额以上的货物和工程合同，都必须采用国际竞争性招标。

尽管国际竞争性招标程序比较复杂，但确实有很多的优点：（1）由于投标竞争激烈，一般可以帮助买主以有利的价格采购到需要的设备和工程；（2）可以引进先进的生产设备、产品技术、工程技术和管理经验；（3）可以保证所有合格的投标人都有参加投标的机会，以保证其公平；（4）保证采购工作根据预先确定并为大家所知道的程序和标准公开而客观地进行，以减少在采购中作弊的可能。

当然，国际竞争性招标也存在一些缺陷，主要是：（1）国际竞争性招标费时较多，花费较大。国际竞争性招标有一套周密而比较复杂的程序，从招标公告、投标人作出反应、评标到授予合同，一般都要半年到一年以上的时间。（2）国际竞争性招标所需准备的文件较多，工作量大。招标文件要明确规范各种技术规格、评标标准，以及买卖双方的权利与义务等内容。

2. 有限国际招标采购

有限国际招标（limited international bidding，LIB）是采用不公开刊登招标广

告而直接邀请国内外有关供应商或承包商进行投标的一种采购方式。这种采购方式主要适用于以下情况：

（1）采购金额较小；

（2）能够提供货物或服务的供应商数目有限；

（3）有其他特殊理由证明不能完全按照国际竞争性招标方式进行采购，如紧急的援建项目。

有限国际招标方式不需要刊登广告，因此，利用国际贷款组织提供资金的工程项目，必须首先确定拟邀请参加投标的厂商名单，报国际贷款组织审核确认。为了保证价格具有竞争性，邀请投标的厂商应尽可能广泛一些，至少保证三家以上。

除了不刊登广告、不实行国内优惠外，有限国际招标采购的程序与国际竞争性招标采购的程序基本相同。

3. 国内竞争性招标采购

国内竞争性招标（national competitive bidding，NCB）是指在国内进行的招标采购，招标通告只在国内主要媒体刊登，招标文件一般也只采用本国文字书写。国内竞争性招标通常用于合同金额较小、采购品种比较分散、分批交货时间较长、劳动密集型、商品成本较低而运费较高、当地价格明显低于国际市场等的采购。这种采购方式主要用于不可能吸引外国竞争的采购活动。此外，若从国内采购的货物或者工程建筑可以大大节省时间，而且这种便利将对项目的实施具有重要的意义，也可仅在国内通过竞争性招标采购。

4. 国际和国内询价采购

询价采购是在比较国外或国内几家供应商（通常至少三家）报价的基础上进行的采购。这种采购方式主要用于采购现货或价值较小的标准规格设备，或者用于小型、简单的土建工程。

询价采购不需要招标，只需向有关供货厂家发出询价单，然后在各家供货商报价的基础上进行比较，最后确定供货商并与之签订合同。

5. 直接采购

直接采购是指不通过招标或者"货比三家"等方式，而是由项目单位直接和供货单位进行谈判而签订合同的采购方式。

直接采购适用于下述情况：

（1）对于正在实施中的工程或货物合同，在需要增加类似的工程量或货物量的情况下，可通过这种方式延续合同。

（2）考虑与现有设备配套的设备或设备的标准化方面的一致性，可采用此方式向原来的供货厂家增购货物。在这种情况下，原合同货物应是适应要求的，增加购买的数量应少于现有货物的数量，价格应当合理。

(3) 所需设备具有专营性，只能从一家厂商购买。

(4) 负责工艺设计的承包人要求从指定的一家厂商购买关键的部件，以此作为保证达到设计性能或质量的条件。

(5) 在一些特殊情况下，如抵御自然灾害，或由于需要早日交货，可采用直接签订合同的方式进行采购，以免由于延误而花费更多的费用。

6. 自营工程

自营工程是指在土建工程项目中采用的一种采购方式，它是借款人或项目业主不通过招标或其他采购方式而直接使用自己国内、省（区）内的施工队伍来承建的土建工程。自营工程用于下列情况：

(1) 工程量的多少事先无法确定；

(2) 工程的规模小而分散，或所处地点比较偏远，使承包商要承担过高的动员调遣费用；

(3) 必须在不干扰正在进行中的作业的情况下进行施工并完成工程；

(4) 没有一个承包商感兴趣的工程；

(5) 如果工程不可避免地要出现中断，在此情况下，其风险由借款人或项目业主承担，比由承包商承担要更为妥当。

5.1.3 项目采购的法律基础

1. 招标投标法

招标投标法是国家用来规范招标投标活动、调整在招标投标过程中产生的各种关系的法律规范的总称。按照法律效力的不同，招标投标法律规范分为三个层次：第一层次是由全国人大及其常委会颁布的《中华人民共和国招标投标法》（简称《招标投标法》）；第二层次是由国务院颁发的招标投标行政法规以及有立法权的地方人大颁发的地方性招标投标行政法规；第三层次是由国务院有关部门颁发的招标投标的部门规章以及有立法权的地方人民政府颁发的地方性招标投标规章。

2. 建筑法

我国从1998年开始实行的《中华人民共和国建筑法》（以下简称《建筑法》）对建筑工程发承包、建筑许可、建筑监理、生产安全、质量管理等方面进行了明确规定。

(1) 对"建筑工程施工许可"的规定："建筑工程开工前，建设单位应当按照国家有关规定向工程所在地县级以上人民政府建设行政主管部门申请领取施工许可证；但是，国务院建设行政主管部门确定的限额以下的小型工程除外。"

(2) 对建筑工程发包的规定："建筑工程依法实行招标发包，对不适于招标发包的可以直接发包。"建筑工程实行招标发包的，发包单位应当将建筑工程发包给依法中标的承包单位。建筑工程实行直接发包的，发包单位应当将建筑工程发包给具有相应资质条件的承包单位。

(3) 对建筑工程承包的规定：承包建筑工程的单位应当持有依法取得的资质证书，并在其资质等级许可的业务范围内承揽工程。禁止建筑施工企业超越本企业资质等级许可的业务范围或者以任何形式用其他建筑施工企业的名义承揽工程。禁止建筑施工企业以任何形式允许其他单位或者个人使用本企业的资质证书、营业执照，以本企业的名义承揽工程。

3. 合同法

《中华人民共和国合同法》（以下简称《合同法》）规定，合同是平等主体的自然人、法人、其他组织之间设立、变更、终止民事权利义务关系的协议。合同的订立，应当遵循平等原则、自愿原则、公平原则、诚实信用原则、合法原则等。

(1) 平等原则。合同当事人的法律地位平等，一方不得将自己的意志强加给另一方。

(2) 自愿原则。当事人依法享有自愿订立合同的权利，任何单位和个人不得非法干预。

(3) 公平原则。当事人应当遵循公平原则确定各方的权利和义务。

(4) 诚实信用原则。当事人行使权利、履行义务应当本着实事求是、遵循诚实信用原则。

(5) 合法原则。当事人订立、履行合同，应当遵守法律、行政法规，尊重社会公德，不得扰乱社会经济秩序，损害社会公共利益。

5.2 招标、投标与评标

招标投标是指招标人和投标人经过要约、承诺、择优选定，最终形成协议和合同关系的、平等主体之间的一种交易方法，是"法人"之间达成有偿、具有约束力的法律行为。招标采购是最高竞争形式的采购方式，它能够在最大程度上保证采购活动的公开、公正和公平。因此，国家关于招投标的相关法律法规也更加细致完备。

5.2.1 项目招标

1. 招标的概念与方式

招标人在采购货物、发包工程或购买服务之前，以公告或邀请书的方式提出招标的项目、价格、技术、交货期、投标人资质等要求，并得到卖方响应的活动过程叫招标。招标是一种国际上普遍运用的、有组织的市场交易行为，是贸易中的一种工程、货物、服务的买卖方式，招标在一定范围内公开货物、工程或服务采购的条件和要求，邀请众多投标人参加投标，并按照规定程序从中选择交易对象的一种市场交易行为。招标活动需要通过一定的方式来完成，招标方式包括有以下两种。

（1）公开招标。公开招标又称无限竞争性招标，是指由招标人通过报纸杂志、广播电视、互联网等大众媒体，向社会公开发布招标公告，凡对此招标项目感兴趣并符合规定条件的国内外供货商或者承包商，都可自愿参加竞标的一种招标方式。公开招标是最具竞争性的招标方式。在国际上，涉及到招标通常都是指公开招标。公开招标也是所需费用最高、花费时间最长的招标方式。

公开招标的优点是：①有利于开展真正意义上的竞争，最充分地展示公开、公正、平等竞争的招标原则，防止和克服垄断；②能有效地促使承包商在增强竞争实力上修炼内功，努力提高工程质量，缩短工期，降低造价，求得节约和效率，创造最合理的利益回报；③有利于防范招标投标活动操作人员和监督人员的舞弊现象。公开招标的缺点是：①参加竞争的投标人越多，每个参加者中标的概率将越小，白白损失投标费用的风险也越大；②招标人审查投标人资格、投标文件的工作量比较大，耗费的时间长，招标费用支出也比较多。

（2）邀请招标。邀请招标又称有限竞争性招标或选择性招标，是指由招标人根据自己的经验和掌握的信息资料，向被认为有能力承担工程任务经预先选择的特定的承包商发出邀请书，邀请他们参加项目的投标竞争。

由于邀请招标不发布广告，招标文件只送几家，这意味着招标范围相对缩小，使整个招标的时间可以大大缩短，相比公开招标，其招标费用也相应减少。缺点是邀请招标中投标人数量有限，竞争的范围有限，招标人拥有的选择余地较小，有可能提高中标的合同价，也有可能将某些在技术上或报价上更有竞争力的供应商或承包商遗漏。

对于建设项目哪些应当采用公开招标、哪些可以采用邀请招标、哪些可以不进行招标的工程范围，招标投标法律法规都有相应规定。

2. 工程项目招标流程

对于一般的工程项目，其招标流程如图 5-2 所示。

（1）建设工程项目报建。工程项目建设单位或个人，在工程项目确立后的一定期限内，应向建设行政主管部门（或建设工程招标投标管理机构）申报工程项目，办理项目登记相关手续，接受当地建设行政主管部门的监督管理。

（2）审查招标人招标资质。建设行政主管部门（或建设工程招标投标管理机构）依照相关法律法规对以下内容进行审查备案：①是否是法人，或是依法成立的其他组织；②是否有与招标工作相适应的经济、技术管理人员；③是否有组织编制招标文件的能力；④是否有审查投标单位资质的能力；⑤是否有组织开标、评标、定标的能力。不具备条件②~⑤的，应委托相应资质的招标代理机构进行招标。

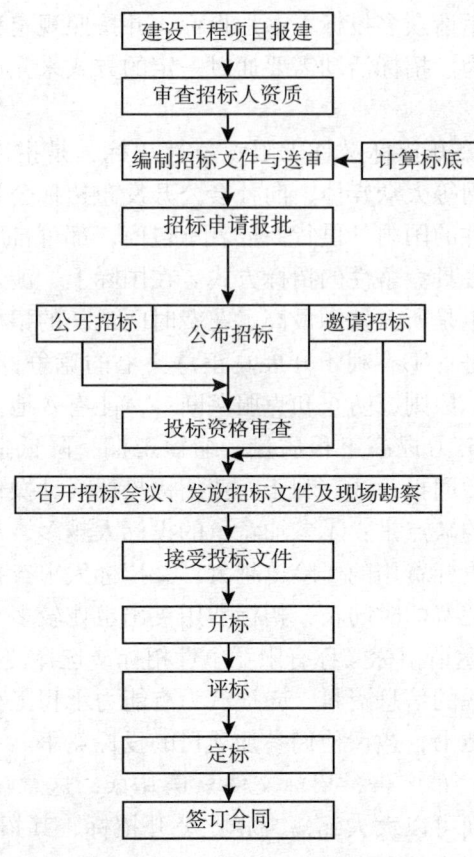

图 5-2 工程项目招标流程

（3）申请招标。具有资质的招标单位以招标申请书的形式向建设行政主管部门提出要求开始组织招标、办理招标事宜的有关活动。

（4）编制资格预审文件和招标文件并送审。公开招标时，要求进行资格预审的供应商或承包商只有通过了资格预审才可以参加投标。资格预审文件和招标文件须报招标管理机构审查，审查同意后方可刊登资格预审通告、招标通告。

（5）发布资格预审公告、招标公告或发出投标邀请函。公开招标可通过报刊、广播、电视、互联网等媒体发布"资格预审通告"和"招标通告"，邀请招标则向选定的投标人发出投标邀请函。

（6）对投标人资格进行审查。对申请资格预审的投标人送交填报的资格预审文件和资料进行评比分析，确定出合格的投标人名单，并报招标管理机构核准。

（7）发售招标文件。将招标文件、图纸和有关技术资料发放或售卖给已经通过了资格预审的投标人。

（8）组织招标人踏勘现场、召开投标预备会，对招标文件答疑。

(9) 开标。开标也叫唱标,是在投标须知所规定的时间和地点由招标人主持开标会议,在所有投标文件密封完好的情况下,工作人员当众拆封,宣读每一位投标人名称、投标价格和投标文件的其他主要内容的过程。

(10) 评标。就是由评标委员会通过初步评审和详细评审两个阶段,以评标报告的形式向招标人推荐合格的中标候选人的过程。中标候选人一般推荐 2~3 名。

(11) 定标。就是招标人根据评标报告推荐的中标候选人确定中标人的过程。

3. 项目采购招标文件的内容及格式

项目采购招标文件是指招标人向投标人提供的为进行投标工作所必需的文件。其主要作用在于说明需要采购货物或工程的性质,通报招标依据的规则和程序,告知订立合同的条件等。招标文件既是投标人准备投标文件和参加投标的依据,又是业主与中标人签订合同的基础。项目采购标准招标文件由以下内容组成:

(1) 招标公告或投标邀请书。

公开招标时发布招标公告,邀请招标时则寄发投标邀请函。

招标公告的作用是让潜在的投标人获得招标信息,以便进行项目筛选,确定是否参加投标。

×××项目招标公告

1. _____(招标人)的_____工程,已由_____批准兴建。现决定对该项目的工程施工进行公开招标择优选定承包人。

2. 本次招标工程项目的概况如下:

(1) 招标工程项目的规模_____、结构类型_____。招标范围:_____。

(2) 工程建设施工地点为_____。

(3) 计划开工日期为_____年____月____日,工期_____日历天。

3. 参加本次招标项目投标的投标人必须具备建设行政主管部门核发的_____级及以上和具有足够资产及能力来有效地履行合同的施工企业或自愿组成的联合体(联合体各方均应当具备规定的相应资格条件。由同一专业的施工企业组成的联合体,按照资质等级低的单位确定资质等级)。

4. 如对上述招标项目感兴趣,可向招标人提出资格预审申请,只有资格预审合格,才能参加投标。

5. 可从招标人或招标代理机构处获取资格预审文件,时间为_____年____月____日至_____年____月____日,每天上午_____时_____分至_____时_____分,下午_____时_____分至_____时_____分(公休日与节假日除外)。

6. 资格预审文件每套售价_____元人民币,售后不退,如欲邮购,可以书面形式通知招标人，并另加邮费每份_____元人民币，招标人将立即以航空挂号方式向投标人寄送资格预审文件，但在任何情况下，如寄送的文件迟到或丢失招标人均不对此负责。

7. 资格预审申请书必须经密封后，在____年__月__日____时以前送至招标人。申请书封面上应清楚地注明"_____（招标工程项目和标段名称）资格预审申请书"字样。

8. 迟到的申请书（以申请书送到招标人的时间为准）将被拒绝。

9. 招标人将及时将申请评审结果通知投标申请人。并预计于____年__月____日发出资格预审合格通知书。

10. 资格预审合格的投标申请人，请按照资格预审合格通知书中通知的时间、地址和方式向投标人购买招标文件及有关资料。

11. 有关本项目投标的其他事宜，请与招标人或招标代理机构联系。

招标人或招标代理机构（签字盖章）：_____
办公地址：_____
邮政编码：_____ 联系电话：_____
传　真：_____ 联系人：_____
日期：____年__月__日

投标邀请书（函）是用来邀请资格预审合格的投标人，按照招标人规定的条件和时间前来投标。

×××项目投标邀请书

致：_____（被邀请投标人）

1. _____（业主或建设单位名称）的_____工程，建设地点在：_____，结构类型：_____，建设规模为_____，该工程报建和招标申请已得到有关行政主管部门批准。现通过邀请招标选定承包单位。

2. 工程质量要求达到国家施工验收规范合格标准。计划开工日期为____年__月__日，工期____天（日历天数）。

3. _____受建设单位委托作为招标代理人，现邀请合格的施工单位进行密封投标，以得到必要的劳动力、材料、设备和服务来建设和完成工程。

4. 投标人的资质等级须是_____级以上的施工企业，愿意参加投标的施工企业，可携带营业执照、施工资质等级证书向招标人领取招标文件。

5. 该工程的发包方式为（包工包料或者包工不包料）_____，招标范围为_____。

6. 招标工作的安排。

（1）发放招标文件单位：_____。

(2) 发放招标文件时间：_____年____月____日起至_____年____月____日止，每日上午：_____，下午：_____（节假日除外）。
(3) 投标地点及时间：_____。
(4) 现场踏勘时间：_____。
(5) 投标预备会时间：_____。
(6) 投标截止时间：_____年____月____日_____时。
(7) 开标时间：_____年____月____日_____时。
(8) 开标地点：_____。

招标人：（盖章）_____

法定代表人：（签字、盖章）_____

地址：_____

邮政编码：_____

联系人：_____

电话：_____

日期：_____年____月____日

（2）投标人须知。

投标人须知是招标文件的重要组成部分，它是业主或其委托的咨询公司为投标人如何投标所编制的指导性文件，一般包含如下内容。

投标人须知包含内容

一、总则
  （一）工程综合说明
  （二）招标内容和范围
  （三）资金来源
  （四）资格要求与证明文件
  （五）工程质量要求
  （六）工程工期要求
  （七）文明施工要求
  （八）投标费用
  （九）招标日程安排及说明
二、招标文件的有关说明
  （一）招标文件的内容
  （二）招标文件的发放
  （三）招标文件的效力
  （四）招标文件的澄清及修改
三、投标报价说明

（一）投标价格
（二）预算书编制依据
（三）投标货币

四、投标书的编制
（一）投标书的语言
（二）投标书的组成
（三）投标有效期
（四）投标保证金
（五）承诺
（六）现场考察和答疑
（七）投标书的份数和签署

五、投标书的递交
（一）投标书的密封与标志
（二）投标截止期
（三）迟到的投标书

六、开标与评标
（一）开标
（二）评标过程的保密
（三）投标书响应性的确定
（四）投标报价的确定
（五）投标书的评价与比较

七、授予合同
（一）合同授予标准
（二）中标通知书
（三）履约保证金
（四）合同协议的签署

八、结束语

（3）招标资料表。

招标资料表是招标文件的一个重要组成部分，招标资料表应与投标人须知中的有关各条相对应，为投标人提供具体资料、数据、要求和规定。投标人须知中的文字和规定不允许修改，只能在招标资料表中对之进行补充和修改。招标资料表中的内容与投标人须知不一致时则以招标资料表为准。

（4）合同条件。

合同条件一般也称合同条款，国际上通用的工程合同条件一般分为通用条件和专用条件两大部分。合同条件主要是论述在合同执行中，当事人双方的职责范围、权利和义务、监理工程师的职责和授权范围，遇到各类问题（如工程进度、质量、检验、支付、索赔、争议、仲裁等）时，各方应遵循的原则及采用的措施等。目前在国际上，由于承、发包双方的需要，已有许多合同条件模板，在这些合同条件中有许多已经标准化、国际化，无论在何处施工都能适应承发包双方的需要。

（5）技术规范。

技术规范就是工程实施要求的说明文件。技术规范和图纸两者反映了业主对工程项目应达到的技术要求，也是施工过程中承包商控制质量和监理工程师检查验收的主要依据。只有严格按规范施工与验收，才能保证最终获得合格的工程产品。

（6）投标书和投标保函。

投标书是由投标人充分授权的代表签署的一份投标文件。投标书格式包含投标书及其附录，一般都是由业主或咨询工程师拟订好固定的格式，由投标人填写。以下是投标书及其附录的一般格式：

投 标 书

_____（业主或招标人名称）：

1. 我方已仔细研究了_____（项目名称）_____标段施工招标文件的全部内容，愿意以人民币（大写）_____元（¥_____）的投标总报价，工期_____日历天，按合同约定实施和完成承包工程，修补工程中的任何缺陷，工程质量达到_____。

2. 我方承诺在投标有效期内不修改、撤销投标文件。

3. 随同本投标函提交投标保证金一份，金额为人民币（大写）_____元（¥_____）。

4. 如我方中标：

（1）我方承诺在收到中标通知书后，在中标通知书规定的期限内与你方签订合同。

（2）随同本投标函递交的投标函附录属于合同文件的组成部分。

（3）我方承诺按照招标文件规定向你方递交履约担保。

（4）我方承诺在合同约定的期限内完成并移交全部合同工程。

5. 我方在此声明，所递交的投标文件及有关资料内容完整、真实和准确。

6. _____（其他补充说明）。

投标人：_____（盖单位章）

法定代表人或其委托代理人：_____（签字）

地址：_____

网址：_____

电话：_____

传真：_____

邮政编码：_____

____年____月____日

投标书附录的一般格式：

×××投标书附录
（填入协议条款号）

履约保证金	合同价的_____％
银行保函金额	合同价的_____％（一般为5％）
履约担保书金额	合同价的_____％一般为（10％）
提交进度计划	在_____天内
发出开工令的时间	签订合同协议书后_____天内
工期	_____天
误期赔偿费金额	_____元/天
误期赔偿费限额	最终合同价的_____％
提前工期奖励	_____/天（如不适用填入0）
提前工期奖励限额	合同价的_____％
缺陷责任期	_____天（或年）
中期支付证书的最低金额	_____
拖期支付利率	_____％/年
保留金	_____
动员预付款金额	合同价的_____％
动员预付款开始回扣时间	_____
指定争端审议委员会或专家机构	_____
仲裁语言	_____

投标单位：（盖章）

法定代表人：（签字盖章）

日期：_____年____月____日

在国际工程承包中，当事一方为避免因对方违约而遭受经济损失，一般都要求对方提供可靠的第三方保证。这里的第三方保证是指第三者（如银行、担保公司、保险公司或其他金融机构、商业团体或个人）应当事一方的要求，以其自身信用，为担保交易项下的某种责任或义务的履行而作出的一种具有一定金额、一定期限、承担其中支付责任或经济赔偿责任的书面付款保证承诺。

与工程项目建设有关的保证承诺主要有投标保证、履约保证和动员预付款保证等形式。投标保函是投标保证的具体形式，主要目的是担保投标人在业主定标前不撤销其投标。投标保函通常为投标人报价总额的2.5％，有效期与报价有效期相同，一般为90天。以下是投标保函（银行保函）的一般格式：

×××投标保函

鉴于_____（投标人名称，以下简称"投标人"）已于_____（日期）递交了建设（合同名称）的投标文件（以下简称"投标文件"）。

兹宣布，我行，_____（银行名称，以下简称"银行"）注册于_____向业主_____（业主名称，以下简称"业主"）立约担保支付_____的保证金，本保函对银行及其继承人和受让人均有约束力。

加盖本行印章，于_____年____月____日。

本保证责任的条件是：

1. 如果投标人在投标文件中规定的投标文件有效期内撤回投标文件；或

2. 如果投标人拒绝接受对其投标文件错误的修正；或

3. 如果投标人在投标文件有效期内业主所发的中标通知书后：

（1）未能或拒绝根据投标人须知的规定，按要求签署协议书；或

（2）未能或拒绝按投标人须知的规定提供履约保证金。

我行保证在收到业主第一次书面要求后，即对业主支付上述款额，无须业主出具任何证明，只需在其书面要求中说明索款是由于出现了上述条件中的一种或两种，并具体说明情况。

本保证书在投标人须知规定的有效期后的28天内或在业主要求延期的时限（此延期通知无须通知银行）内保持有效，任何索款要求应在上述日期前交到银行。

日期：_____ 银行签署：_____
证人：_____ 盖　章：_____
地址：_____

履约保证（担保）的一般格式如下：

履约担保

_____（发包人名称）：

鉴于_____（发包人名称，以下简称"发包人"）接受_____（承包人名称）（以下称"承包人"）于_____年____月____日参加_____（项目名称）标段施工的投标。我方愿意无条件地、不可撤销地就承包人履行与你方订立的合同，向你方提供担保。

1. 担保金额人民币（大写）_____元（¥_____）。

2. 担保有效期自发包人与承包人签订的合同生效之日起至发包人签发工程接收证书之日止。

3. 在本担保有效期内，因承包人违反合同约定的义务给你方造成经济损失

时，我方在收到你方以书面形式提出的在担保金额内的赔偿要求后，在7天内无条件支付。

4. 发包人和承包人按《通用合同条款》第15条变更合同时，我方承担本担保规定的义务不变。

担　保　人：_____（盖单位章）
法定代表人或其委托代理人：_____（签字）
地　　　址：_____
邮政编码：_____
电　　　话：_____
传　　　真：_____
_____年____月____日

（7）工程量清单及报价表。

工程量清单又叫做工程量表，是对合同规定要实施的工程全部项目和内容按工程内容、工程量大小等栏目所列出的一系列表格。

工程量清单的用途：一是为投标人报价提供了一个共同的竞争性投标的基础。投标人根据施工图纸和技术规范的要求以及拟订的施工方法，通过单价分析并参照本公司以往的经验，对表中各栏目进行报价，并逐项汇总为各部位以及整个工程的投标报价。二是工程实施过程中，每月结算时可按照表中已实施的项目的单价和价格计算应付给承包商的款项。三是在工程变更增加新项目或索赔时，可以选用或参照工程量清单中的单价确定新项目或索赔项目的单价和价格。工程量清单的一般格式见下表。

工程量清单

序号	内容	单位	数量	单价（元）	合价（万元）
201	开挖表土（最深30厘米）废弃不用	立方米	60000		
202	开挖表土（30~50厘米）储存备用，最远距离1公里	立方米	45000		
206	从批准的取土场开挖土料用于回填，运距1.5千米，堆积备用	立方米	82000		
207	岩石开挖（任何深度）、弃渣	立方米	18000		
	其他				

报价表则是投标人依据工程量清单所列项目提出的投标报价。

项目采购标准招标文件还包括预付款银行保函格式、图纸等设计资料、说明性注解、争端解决程序、世界银行资助的采购中提供货物、土建和服务的合格性等内容，在此不再详述。

5.2.2 项目投标

1. 项目投标的概念

所谓项目投标，就是投标人在同意招标文件中所提出的条件和要求的前提下，对招标项目估算自己的报价，确定投标方案、价格、技术措施、投标策略及竞争手段等内容，在规定的日期内填写标书并递交给招标人，参加竞争并争取中标的过程。简单地说，投标就是投标人响应招标人的要求参加投标竞争的行为。关于招标投标的性质，《合同法》明确规定：招标是要约邀请；投标是要约；中标通知书是承诺。

项目投标流程见图 5 – 3 所示。

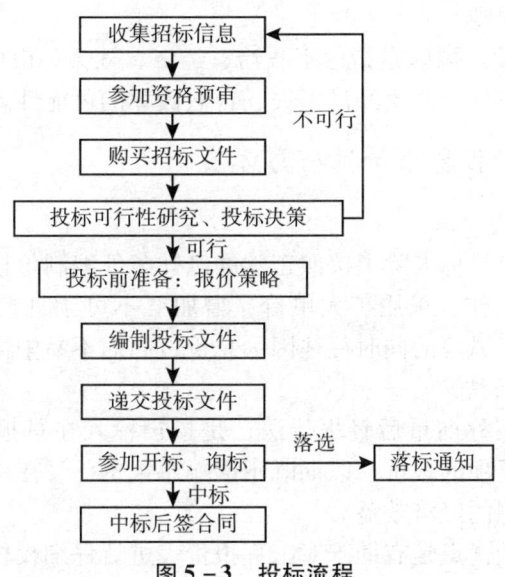

图 5 – 3　投标流程

为了公司的发展和利润，投标人应主动通过各种渠道搜集招标信息，一旦了解到合适的招标项目，就应积极参加招标方组织的资格预审工作，在资格预审通过后，根据向招标方购买的招标文件，认真进行投标可行性研究，做出投标还是不投标的决策。如果决定参与投标，就要进一步分析研究做出报价决策，投标报价有三种类型：生存型、竞争型、盈利型。根据招标文件的相关要求编制投标文件并按时递交，等待参加开标会，如果中标，则应及时与业主或招标方签订合同。

2. 投标决策应考虑的主要因素

投标决策是指投标人针对招标项目做出的是参加投标还是不参加投标、如果投标，投什么性质的标的有关决定。投标决策时应主要考虑以下因素。

（1）招标人和招标工程监理工程师的情况。建设工程招标人（业主）有无合法地位，对招标工程有无招标主体资格，招标项目业主的支付能力和履约信誉如何，以及招标项目监理工程师处理问题的政策水平、技术能力和职业道德素养如何等方面的情况。

（2）投标人自身的实力。在经济方面：有无垫资承包能力；有无一定的资金周转用来支付施工用款或筹集承包工程所需外汇的能力；有无承担各种风险，特别是不可抗力带来的风险的能力等。在技术方面：专业技术人员、工程承包经验、合作伙伴实力如何。在管理方面：成本控制能力和管理水平、管理措施和健全的规章制度如何。

（3）投标的竞争对手和竞争形势。要考虑竞争对手的实力、优势和投标环境等因素。

（4）投标的法制环境。尤其要注意国际工程招标的法律适用原则：①强制适用工程所在地法的原则；②国际法效力优于国内法效力的原则；③最密切联系法原则；④意思自治原则。

（5）投标的风险。风险是指由于政治、经济、社会和市场的变化及工程实施中存在的不可预见事件而产生经济损失、自然破坏的可能性。

3. 常见的几种投标报价技巧与方法

（1）扩大标价法。

扩大标价法是指投标人除了按照正常的已知条件编制价格外，对工程中变化较大或没有把握的工作，采用扩大单价，增加"不可预见费"的方法来减少风险。这种方法在规避风险的同时往往因为总价过高而不易中标。

（2）不平衡报价法。

不平衡报价法又称前重后轻报价法，是指投标人在总报价基本确定的前提下，调整内部各个子项的报价，以期既不影响总报价，又在中标后满足资金周转的需要，获得较理想的经济效益。

不平衡报价法的优点是有助于对工程报价表进行仔细校核和统筹分析，总价相对稳定，不会过高；缺点是单价报高或报低的合理幅度难以掌握，单价报得过低会因执行中工程量增多而造成承包商损失，报得过高会因招标人要求比价而使承包商得不偿失。因此，在运用不平衡报价法时，要特别注意工程量有无错误，具体问题具体分析，避免盲目报价。

（3）多方案报价法。

多方案报价法是指对同一个招标项目除了按招标文件的要求编制了一个投标报价以外，还编制了一个或几个建议方案。多方案报价法有时是招标文件中规定采用的，有时是承包商根据需要决定采用的。

4. 建设工程投标文件的组成内容

根据《标准施工招标文件》的规定，投标文件的内容包括以下几个方面：

(1) 投标函及投标函附录；
(2) 法人代表身份证明；
(3) 授权委托书；
(4) 联合体协议书（未成立联合体的不采用）；
(5) 投标保证金；
(6) 已标价工程量清单；
(7) 施工组织设计；
(8) 项目管理机构；
(9) 拟分包项目情况表；
(10) 资格审查资料（资格预审的不采用）；
(11) 投标须知规定的应填报的其他材料。

5. 编制投标文件的依据

编制投标文件时需要依据以下内容。
(1) 招标文件；
(2) 国家及地方关于项目建设、项目管理、项目监理的法律、法规、规定、政策等；
(3) 国家和地方政府及行业管理部门发布的关于工程设计、施工质量、材料、安全、设备、环保等标准、规范、规程，现场勘察情况等。

在实际编制中应注意不要遗漏招标文件规定的内容，根据需要，确有必要时，可适当增加相应内容。

5.2.3 项目评标

1. 评标的概念

所谓评标，是指按照规定的评标标准和方法，对各评标人的投标文件进行评价、比较和分析，从中选出最佳投标人的过程。

2. 评标的程序

项目评标的程序如图5-4所示。
(1) 评标准备。成立评标工作组，组建评标委员会并选举评标委员会负责人，进行评标会议准备。评标委员成员应当编制供评标使用的相应表格，认真研究招标文件，了解和熟悉的内容包括：招标项目的基本情况；招标项目的范围和性质；招标文件中规定的主要技术要求、标准和商务条款；招标文件规定评标标准、评标方法和在评标过程中考虑的相关因素。
(2) 初步评审。初步评审的内容包括：①是否有单位盖章、法定代表人或法定代表人授权的代理人签字或盖章、有效的授权委托书；②是否按规定的格式填写，内容是否齐全，关键字迹是否清晰、容易辨认；③是否有投标人递交两份或多份内容不同的投标文件，或在一份投标文件中对同一招项目报有两个或多个报价，且未声明哪一个有效；④投标人名称或组织结构是否与资格预审时一致；⑤是否按招标文件要求提交了投标保函或保证金；⑥如果是联合体投标是否附有联合体协议。

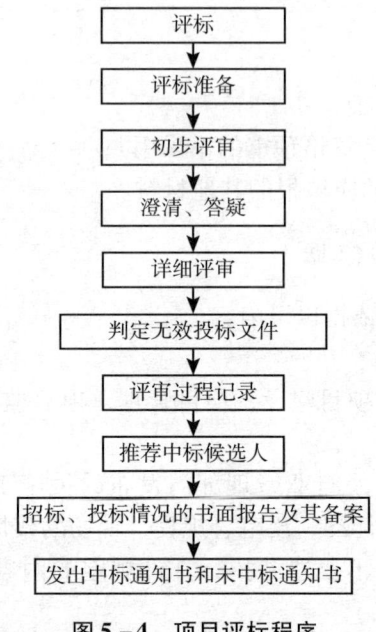

图 5-4　项目评标程序

（3）澄清、答疑。评标委员会可以书面方式要求投标人对投标文件中含义不明确、对同类问题表述不一致或者有明显文字和计算错误的内容进行必要的澄清、说明或者补正。澄清、说明或者补正应以书面方式进行，并不得超出投标文件的范围或者改变投标文件的实质性内容。

（4）详细评审。经初步评审合格的投标文件，评标委员会应当根据招标文件确定的评标标准和方法，对其技术部分和商务部分进行进一步的评审、比较。评标委员会应当根据招标文件，审查并逐项列出投标文件的全部投标偏差。评标委员会对在评标过程中发现的问题，应当及时做出处理或者向招标人提出处理建议，并做出书面记录。

（5）判定无效投标文件。投标文件有下述情形之一的应当判定为无效投标文件：①投标人资格条件不符合国家有关规定和招标文件要求的，或者拒不按照要求对投标文件进行澄清、说明或者补正的；②未能对招标文件做出实质性响应。评标委员会应当审查每一份投标文件是否对招标文件提出的所有实质性要求和条件一一做出响应；③投标文件载明的技术方案、技术规格、技术标准和方法等明显不符合招标文件的要求；④投标文件附有招标人不能接受的条件；⑤在评标过程中，评标委员会发现投标人的报价明显低于其他投标报价或者在设有标底时明显低于标底，使得其投标报价可能低于其个别成本的，应当要求该投标人做出书面说明并提供相关证明材料。投标人不能合理说明或者不能提供相关证明材料的，由评标委员会认定该投标人以低于成本报价竞标；⑥在评标过程中，评标委员会发现投标人以他人的名义投标、串通投标、以行贿手段谋取中标或者以其他弄虚作假方式投标的。

（6）评标过程记录。评标委员会完成评标后，应当向招标人提出书面评标报告，并抄送有关行政监督部门。评标应当如实记载以下内容：①基本情况和数据表；②评标委员会成员名单；③开标记录；④符合要求的投标一览表；⑤无效投标情况说明；⑥评标标准、评标方法或者评标因素一览表；⑦经评审的价格或者评分比较一览表；⑧经评审的投标人排序；⑨推荐的中标候选人名单与签订合同前要处理的事宜；⑩澄清、说明、补正事项纪要。

评标报告由评标委员会全体成员签字。对评标结论持有异议的评标委员会成员可以书面形式阐述其不同意见和理由。评标委员会成员拒绝在评标报告上签字且不陈述其不同意见和理由的，视为同意评标结论。评标委员会应当对此做出书面说明并记录在案。

（7）推荐中标候选人。评标委员会推荐的中标候选人应当限定在1~3人，并标明排列顺序。采用公开招标方式的评标委员会应当向招标人推荐2~3个中标候选方案。采用邀请招标方式的，评标委员会应当向招标人推荐1~2个中标候选方案。评标委员会决定否决所有投标的，应在评标报告中详细说明理由。

（8）招标、投标情况的书面报告及其备案。招标人应当自确定中标人之日起15日内，向有关行政主管部门提交招标投标情况的书面报告。书面报告至少应包括下列内容：①招标项目基本情况，包括招标范围、招标方式和发布招标公告的媒介、资格审查、评标过程和确定中标人的方式及理由等；②招标文件中投标人须知、技术规格、评标标准和方法、合同主要条款等内容；③投标人情况；④评标委员会的组成和评标报告；⑤中标结果；⑥其他需要说明的问题。

（9）发出中标通知书和未中标通知书。招标人向中标人发出中标通知书，同时向未中标人发出未中标通知书。

中标通知书

＿＿＿＿＿＿＿＿（中标人名称）：

你方于＿＿＿＿＿＿＿＿（投标日期）所递交的＿＿＿＿＿＿＿＿（项目名称）标段施工投标文件已被我方接受，被确定为中标人。

中标价：＿＿＿＿＿＿＿＿元。

工期：＿＿＿＿＿＿＿＿日历天。

工程质量：符合＿＿＿＿＿＿＿＿标准。

项目经理：＿＿＿＿＿＿＿＿（姓名）。

请你方在接到本通知书后的_____日内到_____（指定地点）与我方签订施工承包合同，在此之前按招标文件第二章"投标人须知"第7.3款规定向我方提交履约担保。

特此通知。

招标人：_____（盖单位章）

法定代表人：_____（签字）

_____年____月____日

某工程项目设计标的评标组织及评标程序

1. 评标组织

（1）招标人负责组建评标委员会，根据本项目的规模和特点，评标委员会由9人组成，主任委员由招标人推荐，评委由技术专家组成。

（2）评标委员会的工作职责：对投标文件进行技术和商务评审；集体讨论，以综合评分的方式对所有投标人进行排序；推荐三名中标候选人；完成书面评标报告。

（3）在评标过程中，评标委员会有权就投标文件中需要进一步澄清的问题，要求投标规定时间内做出答复。逾期不答复，其问题由评标委员会裁定。

（4）评标委员会下设评标工作组，评标工作组由招标人委派的工作人员组成。评标工作组的职责：根据招标文件的评标标准和方法检查每一份投标文件的完整性、有效性，并将各投标文件中的商务部分汇总在相应的表格内，辅助评标委员会的工作。

（5）招标人负责安排评标场所和评标会务工作，向评委介绍项目工程概况，并使评委熟悉了解招标文件的相关内容和评标工作要求。

（6）监督人员由监察局及公证机关有关人员组成，以"公开、公平、公正""诚实守信"为原则，对本次评标过程实施监督。

2. 评标程序

（1）投标文件的收取。_____年____月____日 15:00前，各投标人将投标文件送达招标人规定的会议室，由招标人和监督人员共同收取投标文件，检查确定了密封情况，做好投标文件收取记录。

（2）开标。_____年____月____日 15:00截标并开标。开标时由招标人、所有的投标人、监督共同验证投标文件的密封情况，招标人依据招标文件的规定，公布投标人相关信息。

（3）投标文件编号。开标后，评标工作组采用附件的格式对投标文件进行编号，并对投标文件的组成及份数进行了核实。

（4）初步评审。在评审会前，为协助评标委员会进行符合性审查，由评标工作组按招标文件和本办法的具体约定，先期分别对商务文件和技术文件进行查阅、整理、信息汇总，提交评标委员会，供评标委员会作为初步评审的参考。评标委员会在初步评审阶段对每份投标文件与上述汇总情况进行复核审查后，如无更正事项则将汇总结果作为评审依据。

（5）详细评审。初步评审结束后，对通过符合性审查的投标文件，评标委员会根据招标文件的规定和评标办法，对投标文件和其他证明资料进行分析、讨论和评分。其中商务文件先由评标工作小组采用评标办法附件规定的格式进行预评分，经评审委员会复核并确认后，作为综合评分的一部分。讨论和评分情况由评标工作组记录、整理。

（6）评分。由主任委员主持，评标委员会成员对投标文件进行综合评议后进行评分。具体程序如下：

①依据商务文件的评分标准对评标工作小组进行的商务文件预评分进行复核、确认。

②评标委员依据技术文件的评分标准对技术文件和其他证明资料采用评标办法附件规定的格式进行评分。

③由监督人员监督，评标工作组采用评标办法附件规定的格式将各评委对商务文件、技术文件和其他证明资料的评分进行汇总，并按照得分的多少进行排序。

④如果出现两个或两个以上的投标人得分相同，则对得分相同的投标人由评委通过投票方式，得票多者排序在前。

⑤监督人对上述过程进行监督。

（7）澄清。在评审过程中，如需就投标文件进行澄清，应以书面的方式发出澄清要求，投标人应在规定的时间内以书面形式答复。

①技术问题应由评委提出，并经评标委员会主任委员签字，将内容及投标人编号交由监督人员，再由监督人员向招标人告知投标人的名称及需澄清的问题，由招标人迅速予以传达。

②商务问题应由评委提出，并经评标委员会主任委员签字后交由招标人发出；收到回复后，由招标人交给评标委员会主任。

（8）评标委员会在评标过程中发现的问题，应及时做出处理或者向招标人提出处理建议并做出书面记录。

（9）评委严格按照评标标准，根据评审、讨论和评分过程，形成书面评标报告，由主任委员采用评标办法附件规定的格式审核汇总，全体评委签字确认。

（10）其他。

①如评标委员会经讨论认为，投标文件确实没有达到要求的深度和水平，入围单位的名额可以空缺。

②未被推荐为中标候选人的单位，可以得到相应的经济补偿。

③在评标委员会进行评分时，无关人员应撤出会场。所有与会人员对各投标单位的得分和排序情况以及评委发表的意见应严格保密。

3. 评标的方法

（1）最低投标价法。

最低投标价法是指以价格为主要因素确定中标候选供应商的评标方法，即在全部满足招标文件实质性要求前提下，依据统一的价格要素评定最低报价，以提出最低报价的投标人作为中标候选供应商或者中标供应商的评标方法。

最低价中标法一般先进行第一阶段技术标的评审，确定符合招标文件的投标，再进行第二阶段的商务标评审，选择符合条件的最低报价的投标的单位作为中标单位。

（2）综合评分法。

综合评分法是按照招标文件设定的不同分值权重分别对投标人的技术标和商务标进行评分，按照得分或评标价高低推荐中标候选人。这种评标方法是在最大限度地满足招标文件实质性要求前提下，按照招标文件中规定的各项因素进行综合评审后，以评标总得分最高的投标人作为中标候选人的评标方法。

综合评分的主要因素是：价格、技术、财务状况、综合实力、信誉、业绩、服务、对招标文件的响应程度，以及相应的比重或者权值等。上述因素应当在招标文件中事先规定。评标时，评标委员会各成员应当独立对每个有效投标人的标书进行评价、打分，然后汇总每个投标人每项评分因素的得分（见表5-1）。

表5-1 招采评标综合评分表

指标类型	指标	分值	标准	投标单位1 单项评分	投标单位1 加权评分	投标单位2 单项评分	投标单位2 加权评分	投标单位3 单项评分	投标单位3 加权评分	投标单位4 单项评分	投标单位4 加权评分	投标单位5 单项评分	投标单位5 加权评分
报价部分（70分）	报价	100	报价最低标为100分，有效投标人的报价每高出最低标1%减1分（不足1%，按1%计），最终得分乘70%为最终综合得分										
技术部分（30分）	技术标要求	20	对招标文件技术指标每有一项偏差：-2分										
技术部分（30分）	厂家考察情况	15	入围审批报告内，第一档的得满分；以后每档依次扣3分										
技术部分（30分）	投标人业绩	10	2011年、2012年每年在天津地区销售数量在500台以上，得10分，每少100台扣2分										

续表

指标类型	指标	分值	标准	投标单位1		投标单位2		投标单位3		投标单位4		投标单位5	
				单项评分	加权评分	单项评分	加权评分	单项评分	加权评分	单项评分	加权评分	单项评分	加权评分
技术部分（30分）	施工组织设计	管理人员结构	2	施工组织设计内无相应内容的：0分；施工组织设计内有相关内容但不完备：1分；施工组织设计内有相关内容且完备适用：2分										
		工期保证措施	2											
		工序协调措施	2											
		现场环保措施	2											
		施工安全措施	2											
	项目经理	6	项目经理为电梯安装或电梯工程专业一级并经过年检在有效期内的，且负责过三项以上类似工程：6分；项目经理为电梯安装或电梯工程专业二级并经过年检在有效期内的，且负责过三项以下一项以上类似工程：2分											
	交货期和工期	4	交货期和工期全部满足招标文件要求：4分；交货期每超出1天，减2分；超出3天者为严重不响应招标文件要求；工期每向后延3天，减2分；超出10天者为严重不响应招标文件要求											
	付款方式	15	付款方式全部满足招标文件要求：10分；投标人不响应招标文件要求，但其所提供付款方式优于招标文件要求，给予加10分；不响应招标文件付款要求，且其所提供付款方式又不优于招标文件要求的，0分											
	售后服务	10	保修二年得10分；保修一年的5分											
	故障响应及故障排除时间	10	1小时内有维修技术人员到场得10分；超过1小时但在2小时内有维修技术人员到场得6分；超过2小时到场均为0分											

(3) 复合标底法。

复合标底法是考虑了招标人按照有关规定所编制的标底,又反映了投标价的市场竞争水平,目的是使投标标底综合体现国家行业政策性价格水平与行业市场竞争水平,使得对工程的价格评审更加合理。另外,采用复合标底能较好地解决目前标底泄露问题。

(4) 两阶段评标法。

所谓两阶段评标法,是指在施工招标评标过程中,将施工技术部分和商务(费用)部分,即技术标和经济标的评审分成两个阶段,先进行技术标评审,只有技术标按评标办法评审合格的投标单位,才能进入下一阶段经济标的评审,最后通过经济标的比较来确定推荐中标单位的一种评标方法。这种评标办法一般适用于施工条件复杂、艰险、施工技术要求高,采用新技术、新材料、新工艺,或工程的施工技术、施工机械设备有特殊要求的大中型工程的施工招标评标。

5.3 合 同 管 理

5.3.1 常见的几种合同形式

1. 建设工程合同

《合同法》第二百六十九条规定:"建设工程合同是承包人进行工程建设,发包人支付合同价款的合同。建设工程合同包括勘察、设计、施工合同。"

建设工程合同具有以下法律特征:

(1) 合同的主体以法人为主。工程建设项目招标发包的招标人,通常为该项建设工程的投资主体即项目业主;国家投资的工程建设项目,招标人通常为依法设立的项目法人(就经营性的建设项目而言)或者项目的建设单位(就非经营性建设项目而言)。

(2) 建设工程合同的标的是建设工程。建设工程不能是其他标的物,而是不可以移动的不动产工程,并长期存在和发挥效用,事关国计民生的大事,这正是其标的物的特殊性。这一点与承揽合同不同,是逐渐从承揽合同中独立出来的。

(3) 国家对建设工程实施应有的监督和管理。建设工程一般有投资大、周期长、质量要求高的特点,对国家经济建设具有重大意义,这些工程建设项目都要纳入国家基本建设规划。因此必须加强监督管理。

(4) 建设工程合同是有程序性的要式合同,工程建设合同必须按照规定的程序进行。建设工程合同应当采取书面形式,这是由于建设工程合同履行的特点所决定的,也是国家对其监督管理的需要。

(5) 建设工程合同体现了计划性特征。国家对基本建设工程实行计划控制,是实现国家经济快速、稳定发展的重要措施,所以建设工程合同仍应受国家计划的约束。对于计划外的工程项目,当事人不得签订建设工程合同,对于国家的重大项目工程建设合同,更应该根据国家规定的程序和国家批准的投资计划和设计任务书签订。

从不同的角度,又可以将建设工程合同划分为不同类型。按合同专业内容可以分为咨询(监理)合同、勘察设计合同、工程施工合同等;按签约各方关系的不同可以分为工程总承包合同、工程分包合同、转包合同、劳务合同、联合承包合同等;按合同计价方式可以分为固定总价合同、成本补偿合同、单价合同等。

合同协议书

_____(发包人名称,以下简称"发包人")为实施_____(项目名称),已接受_____(承包人名称,以下简称"承包人")对该项目标段施工的投标。发包人和承包人共同达成如下协议。

1. 本协议书与下列文件一起构成合同文件:
(1) 中标通知书;
(2) 投标函及投标函附录;
(3) 专用合同条款;
(4) 通用合同条款;
(5) 技术标准和要求;
(6) 图纸;
(7) 已标价工程量清单;
(8) 其他合同文件。
2. 上述文件互相补充和解释,如有不明确或不一致之处,以合同约定次序在先者为准。
3. 签约合同价:人民币(大写)_____元(¥_____)。
4. 承包人项目经理:_____。
5. 工程质量符合_____标准。
6. 承包人承诺按合同约定承担工程的实施、完成及缺陷修复。
7. 发包人承诺按合同约定的条件、时间和方式向承包人支付合同价款。
8. 承包人应按照监理人指示开工,工期为_____日历天。
9. 本协议书一式_____份,合同双方各执一份。
10. 合同未尽事宜,双方另行签订补充协议。补充协议是合同的组成部分。

发包人:_____(盖单位章)   承包人:_____(盖单位章)
法定代表人或其委托代理人:____(签字) 法定代表人或其委托代理人:____(签字)
____年___月___日   ____年___月___日

2. 买卖合同

《合同法》规定，买卖合同是指出卖人转移标的物的所有权于买受人，买受人支付价款的合同。在买卖合同中，取得标的物所有权的一方称为买受人，转移标的物并取得价款的一方称为出卖人。

买卖合同具有以下法律特征：

（1）买卖合同是一种转移财产所有权的合同。买受人不但要取得合同涉及的财产，更以依法获得其所有权作为根本目的。这也是区别于其他以行为、智力成果作为法律关系客体的合同之本质特性。

（2）买卖合同是有偿合同。买卖合同的实质是以等价有偿方式转让标的物的所有权，即出卖人转移标的物的所有权于买方，买方向出卖人支付价款。这是买卖合同的基本特征。

（3）买卖合同是双务合同。在买卖合同中，买方和卖方都享有一定的权利，承担一定的义务。而且，其权利和义务存在对应关系，即买方的权利就是卖方的义务，买方的义务就是卖方的权利。

（4）买卖合同是诺成合同。诺成合同自当事人双方意思表示一致时即可成立，不以一方交付标的物为合同的成立要件。当事人交付标的物属于履行合同，与合同的成立无关。买卖合同可以是书面的，也可以是口头的。但对于房屋买卖等标的额较大的财产，应当签订书面合同。

买卖合同的内容由当事人约定，除一般合同所具有的当事人名称或者姓名和住所、标的、数量、质量、价款或者报酬、履行期限、地点和方式、违约责任及解决争议的方法等条款外，还可以包括包装方式、检验标准和方法、结算方式、合同使用的文字及其效力等条款。

3. 委托合同

《合同法》第三百九十六条规定："委托合同是委托人和受托人约定，由受托人处理委托人事务的合同"。在委托合同关系中，委托他方处理一定事务的一方为委托人，又称委任人；接受该委托的一方为受托人，又称受任人。

委托合同有以下法律特征：

（1）委托合同是代理关系发生的一种原因。《民法通则》第六十四条规定："代理包括委托代理、法定代理和指定代理"。委托代理是按照被代理人的委托行使代理权，而委托合同即是确定这种委托代理关系产生的协议。代理是指代理人在代理权限范围内，以被代理人的名义同第三人进行一定的民事法律行为，由此产生的法律效果直接归属于被代理人的一种法律制度。代理强调的是代理人须以被代理人的名义行事，而委托合同中并不强调这一点，只要受托人以委托人的利益行事即可。

（2）受托人应按照委托人的指示和要求处理委托事务。受托人是按照委托人的要求和指示，为了委托人的利益处理事务，因此受托人处理事务的后果直接归委托人。但是，有一点需要注意，即受托人在处理委托人委托的事务中，只有按委托人的指示和要求从事委托活动，受托人的行为后果才对委托人具有约束力。

（3）委托合同具有严格的人身属性。委托合同的订立和履行是以委托人和受托人之间互信为基础的，所以受托人应亲自受理受托事务，不经过委托人同意，不能转托他人处理委托事务。

（4）委托合同可以是有偿的，也可以是无偿的。《合同法》第四百零六条规定："有偿委托合同，因受托人的过错给委托人造成损失的，委托人可以要求赔偿损失。无偿的委托合同因受托人的故意或者重大过失给委托人造成损害的，委托人可以要求赔偿损失"。由此可以看出有偿合同与无偿合同的法律后果是有所不同的。

5.3.2 合同实施管理

1. 合同分析与合同交底

由于诸多因素的影响，承包人在签订合同后、履行和实施合同前有必要进行合同分析。合同分析是从合同执行的角度去分析、补充和接触合同的具体内容和要求，将合同目标和合同规定落实到合同实施的具体问题和具体时间上，用以指导具体工作，使合同能符合日常工程管理的需要，使工程按合同要求实施，为合同执行和控制确定依据。合同分析往往由企业的合同管理部门或项目中的合同管理人员负责。通过合同分析可以发现合同中的漏洞，解释有争议的内容。尤其是在合同执行过程中，合同双方有时也会发生争执，往往是由于对合同条款的理解不一致所造成的。通过分析，就合同条文达成一致理解，从而避免争议的发生。同时，通过合同分析，还可以将任务分解落实到具体的工程小组或部门、人员。

合同交底则是指合同管理人员在对合同的主要内容做出解释和说明的基础上，通过组织项目管理人员和各工程小组负责人学习合同条文和合同分析结果，使每一个项目参加者掌握合同中的主要内容、各种规定、管理程序，熟悉自身的合同责任和工程范围以及各种行为的法律后果等，使大家树立全局观念，使各项工作协调一致，避免执行中的违约行为。

2. 合同控制

在工程实施过程中，由于实际情况千变万化，导致合同实施与预定目标的偏离，如果不及时采取措施，这种偏差常常由小到大，日积月累，对合同的履行造成严重的影响。因此需要对合同实施情况进行跟踪，以便及时发现偏差，不断调整合同实施，使之与总目标一致。

合同控制是指承包商的合同管理组织为担保合同所约定的各项义务的全面完成及各项权利的实现，以合同分析的成果为基准，对整个合同实施过程进行全面监督、检查、对比和纠正的管理活动。

合同控制的日常工作包括：落实合同实施计划、协调各方关系、指导合同工作、参与项目控制工作、合同实施情况的跟踪以及偏差分析与处理、负责工程变更与索赔管理、负责工程文档管理、争议处理。

3. 合同实施后的评价

由于合同管理工作比较偏重于经验，只有不断总结经验，才能不断提高管理水平，才能通过工程不断培养出高水平的合同管理者。因此，在合同执行后进行合同后评价这项工作，将有助于人们总结合同签订和执行过程中的利弊得失和经验教训，为以后工程的合同管理工作借鉴，提高项目合同管理水平。

4. 合同资料管理

在合同实施过程中，业主、承包商、工程师和供应商之间有大量的信息，承包商的项目经理部内部的各个职能部门（或人员）之间也有大量的信息交往，需要进行有效的资料管理。建立合同资料管理信息化系统是必然趋势，目前市面上有很多合同管理系统，如：恒润基合同管理系统、易度合同管理系统、智邦国际合同管理系统、建文软件合同管理系统（工程类）等，都是专业的企业合同管理软件。如果软件公司留有软件接口的话，数据也可以同步到其他系统（如 OA、CRM）中去。

5.3.3 工程合同的变更、索赔、转让与终止

1. 工程合同的变更

合同变更是指合同依法成立后，在尚未履行或尚未完全履行时，当事人依法经过协商，对合同的内容进行修订或调整所达成的协议。工程变更则是指在工程施工过程中，根据合同约定对施工的程序、工程的内容、数量、质量要求及标准等做出的变更。

许多情况下，由于合同的变更导致了工程的变更。工程变更也可以看作是一种特殊的合同变更，但二者存在着差异：一般合同内容变更的协商，发生在履约过程中合同变更之时，而工程变更则是标的变更在前，价款变更协商在后。在施工过程中，由于双方合同中已经授予工程师进行工程变更的权力，因此，工程师可直接使用赋予的权力发出工程变更的指令，根据约定承包商应该先行实施该指令，然后，双方再对变更工程的价款进行协商。

2. 合同索赔

索赔即索取赔偿，是指根据合同及法律规定，在合同履行过程中，合同一方因对方不履行或未能正确履行合同所规定的义务而遭受损失，受损方可以就遭受

的实际损失凭有关证据要求对方给予补偿。实际损失是以合同规定的标准为依据进行计算的；如果合同中没有规定相应的标准，则以双方协商一致的合理标准为基础进行计算。

在经济合同的履行过程中，任何一方如果发生不履行自己的义务，或者不按合同的约定或法律的规定履行合同的行为，都是违反合同的行为，简称"违约行为"。如果这种违约行为给无过错方造成损失，违约方必须按照合同及法律规定，给予无过错方补偿。所以从理论上讲索赔是双方面的。比如，就建筑工程合同的索赔而言，不仅承包商可以向业主索赔，业主也同样可以向承包商索赔。只不过我们通常所讲的"索赔"都是指承包商向业主的索赔。因为在施工承包合同中业主处于较有利的地位，这使得业主向承包商的索赔变得轻而易举，他们只需从工程款中直接扣减就可以了。

索赔是合同管理中必不可少的一个重要环节，良好的索赔管理对经济合同的顺利履行有着非常重要的意义。实际上合理的工程索赔对于应对招标人的过分压价，培育和净化建筑市场，促进建筑业健康发展，提高企业经济效益，都有至关重要的作用。

3. 合同转让

合同转让具体分为合同权利的转让和合同义务的转让。对于合同权利的转让，《合同法》规定，债权人可以将合同的权利全部或者部分转让给第三人，但有下列情形之一的除外：(1) 根据合同性质不得转让；(2) 按照当事人约定不得转让；(3) 依照法律规定不得转让。对于合同义务的转让，《合同法》规定，债务人将合同的义务全部或部分转移给第三人的，应当经债权人同意。合同义务转移分为两种情况：(1) 合同义务的全部转移，在这种情况下，新的债务人完全取代了旧的债务人，新的债务人负责全面履行合同义务；(2) 合同义务的部分转移，即新的债务人加入到原债务中，与原债务人一起向债权人履行。

4. 合同终止

合同终止是指依法生效的合同，因具备法定的或当事人约定的情形，合同的债权、债务归于消灭，债权人不再享有合同的权利，债务人也不必再履行合同的义务。《合同法》规定有下列情形之一的，合同的权利义务可以终止：①债务已经按照约定履行；②合同解除；③债务相互抵销；④债务人依法将标的物提存；⑤债权人解除债务；⑥债权债务同归于一人；⑦法律规定或者当事人约定终止的其他情形。

5.3.4 国际工程项目常用合同简介

1. FIDIC 合同条款简介

FIDIC 是国际咨询工程师联合会的法文缩写，中文译文"菲迪克"。

FIDIC是一个国际性的非官方组织，用其法文名称是"Fédération Internationale Des Ingénieurs – Conseils"的前5个字母代表。其中文名称是"国际咨询工程师联合会"，英文名称是"International Federation of Consulting Engineers"。

FIDIC组织成立于1913年，最初的成员是欧洲境内的法国、比利时等3个独立的咨询工程师协会。1949年，英国土木工程师协会成为正式代表，并于次年以东道主身份在伦敦主办FIDIC代表会议，一般历史学家将这次会议界定为当代国际咨询工程师联合会的诞生。1959年，美国、南非、澳大利亚和加拿大也加入了联合会，FIDIC从此打破了地域的划分，成为了一个真正的国际组织。

FIDIC总部机构现设于瑞士洛桑。现在FIDIC组织在全球范围内已经拥有80多个成员协会，代表了约400000位独立从事咨询工作的工程师。独立性是该组织的特点之一。

在创立之初，FIDIC组织的最重要的职业道德准则之一就是咨询工程师的行为必须独立于承包商、制造商和供应商之外，必须以独立的身份向委托人提供工程咨询服务，为委托人的利益尽责，并仅以此获得报酬。

FIDIC组织作为业界最大的协会，其影响已遍及世界各地。FIDIC所制定的通用标准合同条件也在国际上得到了普遍认可和广泛应用。中国工程咨询协会代表我国于1996年10月加入该组织。

FIDIC除下属若干个地区委员会外还下设许多专业委员会，主要包括业主与咨询工程师关系委员会（CCRC）、土木工程合同委员会（CECC）、电器机械合同委员会（EMCC）及职业责任委员会（PLC）等。FIDIC专业委员会针对不同的工程采购模式编纂了许多标准合同条件范本，如FIDIC土木工程施工合同条件、FIDIC电器与机械工程合同条件等。1957年，FIDIC与欧洲建筑工程联合会（FIEC）一起，在英国土木工程师协会（ICE）编写的《标准合同条件》（ICE Condition）的基础上编纂了FIDIC土木工程施工合同条件第一版。随后在1969年、1977年、1987年陆续出版了第二、三、四版FIDIC土木工程施工合同条件。逐步形成了五种模式的标准化合同条件（条款）：《土木工程施工合同条件》（Conditions of Contract for Works of Civil Engineering Construction）（简称红皮书）、《电气与机械工程合同条件》（Conditions of Contract for Electrical and Mechanical Works）（简称黄皮书）、《设计—建造与交钥匙工程合同条件》（Conditions of Contract for Design-Build and Turkey）（简称橘皮书）、《业主/咨询工程师标准服务协议书》（简称白皮书）、《土木工程施工分包合同条件》（简称褐皮书）。以上这些文本被人们统称为"FIDIC彩虹族"（FIDIC rainbow）。

随着国际工程合同额的持续增长，合同争端的增加，客观上需要适应性更强、能更好地界定承发包双方责权利的标准合同范本，在对第四版进行多处修订的基础上，于1999年9月，FIDIC又出版了新的《施工合同条件》（Condition of Contract for Construction，简称"新红皮书"）、《工程设备和设计—建造合同条件》（Conditions of Contract for Plant and Design-Build，简称"新黄皮书"）、《EPC

交钥匙项目合同条件》（Conditions of Contract for EPC Turnkey Projects，简称"银皮书"）和适合于小规模项目的《简明合同格式》（Short Form of Contract，简称"绿皮书"）。《业主/咨询工程师标准服务协议书条件》（FIDIC"新白皮书"，1998）、《转包合同条件》、《咨询分包协议》和《招标程序》等也在世界范围内被广泛使用。

对于各种类型的建设项目，尤其是大型项目，无论其主要部分是建筑工程、土木工程、化学、电力、机械工程或是上述的任何组合，所需的合同条件日趋复杂。因此采用合同各方和融资各方均熟悉的、标准化的合同范本将显得越发重要。如能采用标准的合同范本，投标人不用为不熟悉的合同条件而准备更多的不可预见费用；招标人也可最大限度地降低采购成本，而只是在特殊风险发生时才对承包方给予补偿；各方的合同管理人员也不用为不断改变的合同条件而付出无休止的努力。

FIDIC合同条件是在总结了各个国家、各地区的业主、咨询工程师和承包商各方经验基础上编制出来的，也是在长期的国际工程实践中形成并逐渐发展成熟起来的，是目前国际上广泛采用的高水平的、规范的合同条件（条款）。这些条件具有国际性、通用性和权威性。其合同条款公正合理，职责分明，程序严谨，易于操作。考虑到工程项目的一次性、唯一性等特点，FIDIC合同条件分成了通用条件和专用条件两部分。通用条件适于某一类工程，如红皮书适用于整个土木工程（包括工业厂房、公路、桥梁、水利、港口、铁路、房屋建筑等）。专用条件则针对一个具体的工程项目，是在考虑项目所在国法律法规不同、项目特点和业主要求不同的基础上，对通用条件进行的具体化的修改和补充。

2. NEC合同条款简介

英国土木工程师学会（ICE）发行的NEC（the new engineering contract）合同文本，以弹性、清晰、浅显为诉求，适用于各类型工程，自1993年正式发行以来，已获得许多好评。NEC的工程施工合同的特色是由不同的功能做成分册的合同，如带有工程量清单的标价合同、带有工程量清单的目标合同、成本偿付合同、管理合同等。内容的重点是补偿、风险配置及争议处理均力求公平，且往往由双方共同决定，并加上预警制度。文字表达中舍弃了FIDIC用工程师的名称，而以项目经理代替，以免名称上的混淆。NEC合同包括：①工程与施工主合同；②工程与施工从合同；③专业服务合同；④争端裁决合同。NEC的工程施工合同条款分为核心条款、主要选项条款和次要选项条款。

3. JCT合同文本

联合合同委员会（joint contract tribunal，JCT）于1931年在英国成立（其前身是英国皇家建筑师协会），并于1998年成为一家在英国注册的有限公司。该公司共有八个成员机构，每个成员机构推荐一名人员构成公司董事会。迄今为止，JCT已经制定了多种为全世界建筑业普遍使用的标准合同文本、业界指引及其他标准文本。

JCT 合同文本在中国使用确实有一定的局限性，主要表现在：英国合同法属于普通法系，而我国合同法更接近于大陆法系，这对于建设工程合同的签订与实施会产生一定的影响，从中也折射出两种法律文化方面的差异。但是，在英国，由于 JCT 合同文本是由建筑业各参与方经过反复讨论，并由他们各自在 JCT 的代表同意后颁发的，因此 JCT 合同文本已充分考虑了各方利益的平衡。在某项工程采用 JCT 合同文本后，一方面双方无须再就通用条款进行谈判，只需对专用条款进行商谈，大大提高了工作效率；同时在管理合同时，何方违反合同通常比较容易确定，便于及时处理违约问题。这对于一般来说标的物巨大、工程时间较长、参与方众多并且运作复杂的建筑业界来说非常重要。JCT 合同文本最初在英国及英联邦地区使用，由于其历史悠久、相对成熟，应用的国家和地区越来越多，目前已成为全世界著名的建筑业合同文本之一。

4. AIA 系列合同条件

AIA 是美国建筑师学会（the American institute of architect）的简称。该学会作为建筑师的专业社团已经有近 140 年的历史，成员总数近 6 万名，遍布世界各地。AIA 出版的系列合同文件在美国建筑业界及国际工程承包界，特别在美洲地区具有较高的权威性，应用广泛。

AIA 系列合同文件分为 A、B、C、D、G 等系列，其中 A 系列是用于业主与承包商的标准合同文件，不仅包括合同条件，还包括承包商资格申报表，保证标准格式；B 系列主要用于业主与建筑师之间的标准合同文件，其中包括专门用于建筑设计、室内装修工程等特定情况的标准合同文件；C 系列主要用于建筑师与专业咨询机构之间的标准合同文件；D 系列是建筑师行业内部使用的文件；G 系列是建筑师企业及项目管理中使用的文件。

【本章小结】

项目采购是项目管理中的一个重要组成部分，它几乎贯穿项目周期全过程。项目采购的内容分为三种：货物采购、土建工程采购以及咨询服务采购。项目采购方式分为招标采购和非招标采购两大类，其中国际竞争性招标采购是最高竞争形式的采购方式，它与其他采购方式相比较，更能保证项目采购过程的公开、公正和公平，因此，世界银行贷款的国际工程项目、大型项目、重要项目一般都采用此种采购方式。FIDIC 合同条件是在世界范围内被广泛认可和使用的、一种标准的合同文本，国际竞争性招标采购合同的签署大都采用 FIDIC 合同标准。

【推荐读物】

1. 吴守荣. 项目采购管理 [M]. 北京：中国电力出版社，2015.
2. 乌云娜. 项目采购与合同管理 [M]. 北京：电子工业出版社，2006.
3. 陈正. 工程招投标与合同管理 [M]. 江苏南京：东南大学出版社，2005.

4. 邱小平等. 项目采购管理 [M]. 北京：经济管理出版社, 2007.
5. 吴芳, 冯宁. 工程招投标与合同管理 [M]. 北京：北京大学出版社, 2010.
6. 陈永强. 项目采购管理 [M]. 北京：机械工业出版社, 2003.

【复习讨论题】

1. 什么是项目采购？项目采购的内容有哪些？
2. 为什么说招标采购方式是所有采购方式中竞争性最强的？
3. 国际上通常采用的采购方式有哪些？
4. 简述公开招标与邀请招标的异同点。
5. 招标文件应包括哪些内容？
6. 简述工程项目的招标流程。
7. 常见的投标报价方法有几种？简要介绍之。
8. 工程项目投标文件主要包括哪些内容？
9. 简述工程项目的评标流程。
10. 建设工程合同的法律特征有哪些？
11. 合同索赔的意义是什么？
12. 简述 FIDIC 合同条款内容。

【网上练习】

请查阅以下国内相关招标采购网，了解相关项目招标采购信息和招标公告内容及其他相关内容。

1. 中国招标与采购网（http：//www.zbytb.com/）；
2. 招标采购管理杂志（http：//zbcggl.ctba.org.cn/）；
3. 中国招标投标协会网址（http：//www.ctba.org.cn/）；
4. 项目采购管理百度文库。

【案例分析】

某市政工程项目招标投标过程解析

某市政设施工程全部由政府投资兴建。该项目为该省建设规划的重点项目之一，且已列入地方年度固定投资计划，概算已经主管部门批准，征地工作尚未全部完成，施工图样及有关技术资料齐全。现决定对该项目进行施工招标。招标人在国家级报刊发布招标公告。因估计除本市施工企业参加投标外，还可能有外省市施工企业参加投标，故招标人委托咨询单位编制了两个标底，准备分别用于对本省和外省市施工企业投标价的评定。招标人于 2014 年 8 月 5 日向具备承担该项目能力的 A、B、C、D、E 五家承包商发出资格预审合格通知书，其中说明，

8月10日~8月11日在招标人总工程师室领取招标文件，9月5日14时为投标截止时间。五家承包商均领取了招标文件。8月18日招标人对投标单位就招标文件提出的所有问题统一做了书面答复，随后组织各投标单位进行了现场踏勘。9月5日这五家承包商均按规定的时间提交了投标文件。但承包商A在送出投标文件后发现报价估算有较严重的失误，于是赶在投标截止时间前半小时递交了一份书面声明，撤回已提交的投标文件。

开标时，由招标人委托的市公证处人员检查投标文件的密封情况，确认无误后，由工作人员当众拆封。由于承包商A已撤回投标文件，故招标人宣布有B、C、D、E四家承包商投标，并宣读该四家承包商的投标价格、工期和其他主要内容。

评标委员会委员由招标人直接确定，共由7人组成，其中招标人代表2人，技术专家3人，经济专家2人。

按照招标文件中确定的综合评标标准，4个投标人综合得分从高到低的依次顺序为B、C、D、E，故评标委员会确定承包商B为中标人。由于承包商B为外地企业，招标人于9月8日将中标通知书寄出，承包商B于9月18日收到中标通知书。最终双方于10月13日签订了书面合同。

根据上述材料讨论：

(1) 该工程若采用邀请招标方式是否违反有关规定？为什么？

(2) 从招标投标的性质看，本案例中的要约邀请、要约和承诺的具体表现是什么？

(3) 招标人对投标单位进行资格预审应包括哪些内容？

(4) 根据《招标投标法》的有关规定，判断该项目在招标投标过程中有哪些不妥之处，说明理由。

第 6 章 项目进度管理

【本章学习目标】

1. 了解项目进度管理知识体系
2. 掌握项目进度计划的编制
3. 把握项目进度计划的优化
4. 掌握项目资源计划的制订与优化
5. 掌握项目进度计划的控制

【重要概念】

项目进度计划（project schedule）
工作分解结构（work breakdown structure）
活动时间估计（activity time estimation）
网络计划技术（network planning technique）
项目进度计划优化（project schedule optimization）
项目资源（project resource）
项目进度计划的控制（project schedule control）

【开篇案例】

历山路道路改造项目为什么严重拖期？

为保证2009年全国第十一届全运会在济南顺利召开，方便市民通行，鉴于历山路车流量比较大，路面破损比较严重，经过详细论证，济南市政部门决定2007年下半年对历山路实施全面改造。道路规划红线宽度60米，建设BRT（快速公交）系统，使历山路焕发新的活力，承担起济南市南北交通大动脉的重任。项目工期为2007年6月20日~2007年12月30日。

历山路改造项目从2007年6月20日开始实施，市民忍受着施工带来的种种不便，期盼着在2007年底能够顺利完工。但自历山路工程施工以来，工程进展一直不顺利，这条充满期待的道路多次"卡了脖子"，历山路已经施工12个多月了，仍然没有竣工，工程严重拖期，对市民的出行带来了严重的不利影响。

一位执勤的交警告诉记者，自从历山路施工以来，道路交通压力一直比较大，给市民也带来了一些不便，交警部门也盼望着道路尽快完成施工，以缓解历山路以及周边道路的交通压力。

各媒体在各种新闻媒介进行了大量的报道，不少市民反响很大，也通过不同渠道反映情况，表示严重不满。历山路是主城区南北交通的一条主干道，希望有关部门能加快施工进度，尽快恢复该路的正常交通。

历山路改造项目出现了许多项目管理问题，这些问题具有很强的代表性，对项目学习者、项目实践者具有重要的启示作用。

在项目管理中，进度是项目管理三大目标最重要的目标之一，是项目管理的最重要的约束，是确保项目成功最为重要的影响因素。

项目进度管理就是在项目实施过程中为确保项目在规定的时间内实现项目的目标，对项目活动进度和日程安排所进行的管理过程。项目进度管理就是要在客户需求分析的基础上，确定项目的目标，根据项目产品进行项目活动定义，基于项目活动间的逻辑关系进行项目活动排序，对项目活动进行时间估计，制订项目初始进度计划，对项目进度计划进行优化和调整，作为项目的进度执行计划。在项目实施过程中，对项目进行定期、定点或不定期的进度控制，发现问题，及时分析原因，最终解决问题。根据客户需求或环境条件的变化按照变更程序和方法进行变更调整，从而实现项目进度工期目标，满足客户的需求，确保项目按期完成。项目进度管理知识体系见图6-1。

6.1 项目活动定义

项目范围管理是项目管理十大知识体系内容之一，项目管理的基础和前提。要制订项目进度计划首先要做好项目的活动定义。项目活动定义（activity definition）是指为完成项目产品（可交付成果）所必须完成的各项具体的活动内容。在项目活动定义中，对项目整体活动进行结构分解，并进行详细解释，把分解的每项具体工作落实到明确的责任单位和责任人，通过具体工作的完成，确保整个项目的完成。

项目活动定义的具体内容如表6-1所示。

第6章 项目进度管理

```
                        ┌──────────────┐
                        │  项目时间管理  │
                        └──────────────┘
```

定义活动	排列活动顺序	估算活动资源
1.输入 •进度管理计划 •范围基准 •事业环境因素 •组织过程资产 2.工具与技术 •分解 •专业判断 3.输出 •活动清单 •活动属性 •里程碑清单	1.输入 •活动清单 •活动属性 •里程碑清单 •项目范围说明书 •事业环境因素 •组织过程资产 2.工具与技术 •紧前关系绘图法 •确定依赖关系 •提前量与滞后量 3.输出 •项目进度网络图 •项目文件更新 •里程碑清单	1.输入 •进度管理计划 •活动清单 •活动属性 •资源日历 •风险登记册 •事业环境因素 •组织过程资产 2.工具与技术 •备选方案分析 •专业判断 •估算数据 •自下而上估算 •项目管理软件 3.输出 •活动资源需求 •资源分解结构 •项目文件更新

估算文件持续时间	制订进度计划与优化	控制进度
1.输入 •进度管理计划 •活动清单 •活动属性 •活动资源需求 •资源日历 •项目范围说明书 •风险登记册 •资源分解结构 •事业环境因素 •组织过程资产 2.工具与技术 •分解 •专业判断 •类比估算 •参数估算 •群体决策技术 •储备分析 3.输出 •活动持续时间估算 •项目文件更新	1.输入 •进度管理计划 •活动清单 •活动属性 •项目进度网络图 •活动资源需求 •活动持续时间估算 •项目范围说明书 •风险登记册 •项目人员分派 •资源分解结构 •事业环境因素 •组织过程资产 2.工具与技术 •进度网络分析 •关键路径法 •提前量与滞后量 •进度压缩 •资源优化技术 •进度计划编制工具 3.输出 •项目进度计划 •进度基准 •项目日历 •项目文件更新	1.输入 •进度管理计划 •项目进度计划 •工作绩效数据 •项目日历 •事业环境因素 •组织过程资产 2.工具与技术 •绩效审查 •项目进度软件 •资源优化技术 •建模技术 •提前量与滞后量 •进度压缩 3.输出 •工作绩效信息 •进度预测 •变更请求 •项目管理计划更新 •项目文件更新 •组织过程资产更新

图 6-1 项目进度管理知识体系

表 6–1　　　　　　　　　　　项目活动定义的内容

输入	工具和方法	输出
项目工作分解结构	分解技术	更新的项目工作分解结构
项目范围说明书	模板法	活动清单
历史资料		辅助说明
制约因素		
假设条件		

6.1.1　项目活动定义的基础

项目活动定义需要掌握大量的信息资料，这是做好项目范围定义的基础和前提，否则很难准确对项目范围进行定义。

项目范围定义需要参考很多信息，例如，需求建议书、项目章程、项目合同、项目目标、项目约束与假设、项目论证、项目产品、项目可交付成果等，这些内容在项目范围定义前需要了解和掌握，并在项目利益相关方之间确认或建立一个项目范围的共识，作为未来项目决策和计划的文档基准。

（1）项目需求建议书。是从客户角度出发，客户与服务商建立正式联系的第一份书面文件。需求建议书一般由客户起草，主要描述客户的需求、条件及对项目任务的具体要求。一份完整的需求建议书主要包括满足其需求的项目工作自述、对项目的要求、期望的项目产品、客户供应条款、付款方式、契约形式、项目完成时间、项目预算、质量标准要求等。

（2）项目章程。项目章程是为了在项目启动阶段就对项目有重大影响的所有事项与项目利益相关方讨论，并达成一致意见并记录在案，作为各方执行的规则和依据。同时，也通过该文档来任命项目经理，并授权项目经理用于管理项目所需的资源。文档内容包括了项目概述、关键干系人、项目目标、可交付成果、里程碑、阶段划分、验收审批要求、项目经理任命、沟通方式等。

（3）项目目标。考虑到项目的成功性，项目目标至少要包括成本、进度和质量三个方面。项目目标应尽量量化，应该有标志（如成本）和绝对的或相对的价值（如120万元等），不可量化的目标（如客户满意度）要承担很多高的风险。

（4）项目约束和假设。制约因素是受制于既定行为或不定行为的状态、特性或感觉。制约因素是客观存在的，往往对项目范围、成本、进度、资源等方面起限制和约束作用。假设条件是指当前不能确定的、未经验证但仍被视为正确、真实或确定的因素。假设条件存在不确定性，影响项目规划的所有方面；

项目实施过程中假设条件一旦不成立就可能造成相应后果,因此假设条件往往意味着风险。在项目规划过程中,项目团队应该经常识别、记录并验证假设条件。

(5) 项目论证。这里主要是项目的合理性说明,表达促使项目创建的商业性需求,项目实施的条件及可行性,为项目决策、项目规划设计和将来评估项目的成败提供依据。

(6) 项目产品。是产品说明的简要概况,必须对项目产品的性能和特征加以具体明确的说明。

(7) 项目可交付成果。一般要列一个子产品级别概括表,如一个软件开发项目设置的主要可交付成果可能包括程序代码、工作手册、人机交互学习程序等。

6.1.2　项目工作分解结构的概念与作用

1. 项目工作分解结构的概念

工作分解结构(work breakdown structure,WBS)是指将整个项目分解成互相独立、互相影响、互相联系的更细小、更容易操作和管理的活动的过程。

项目经理在规划和控制项目的过程中,工作分解结构是非常有用的工具。编制完整的 WBS,确定了项目的总目标,并通过分解确定项目子目标,明确了各项单独的工作(部分)与整个项目(整体)的关系。

2. 项目工作分解结构的作用

工作分解结构的作用主要体现在:为独立工作单元的人员分派相应职责,便于划分和分派任务,有利于调动利益相关方的积极性;估算各独立单元的时间、费用和资源需要量,提高这些要素估算的准确度;为进度计划、资源计划和费用计划提供控制标准;将项目工作与相关的财务账目联系起来;确定工作内容和工作顺序;估算项目整体和全过程的费用。

6.1.3　WBS 的结构类型

1. 树形工作分解结构图

树形工作分解结构图分为以下三种:
(1) 基于功能的工作分解结构图,如图 6-2 所示。

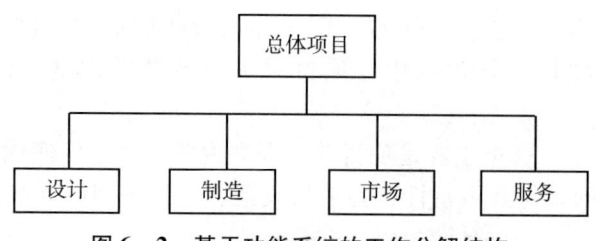

图 6-2 基于功能系统的工作分解结构

（2）基于业务模块的工作分解结构图，如图 6-3 所示。

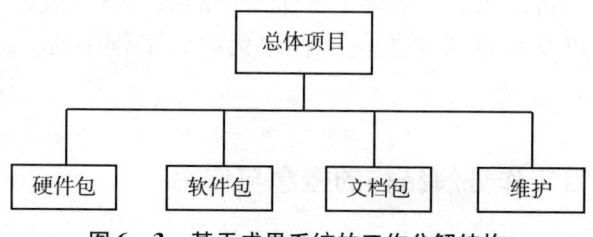

图 6-3 基于成果系统的工作分解结构

（3）基于过程的工作分解结构图，以软件研发项目为例，如图 6-4 所示。

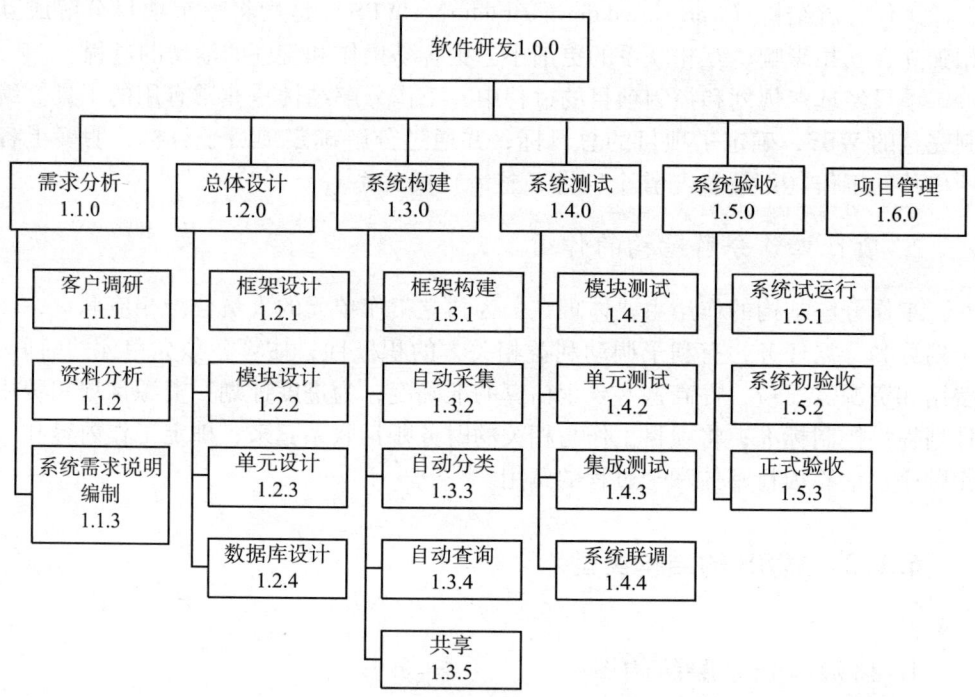

图 6-4 基于工作过程的分解结构（以软件研发项目为例）

2. 编码工作分解结构图

基于项目信息化的需要，工作分解后的工作包及工作分解结构都需存储在计算机中，编码工作分解结构图正是为适应这一需求而产生。以某项目控制阶段的工作分解结构为例，其编码工作分解结构图如图6－5所示。

Microsoft Project 2013中的WBS编码结构图

	WBS	任务名称
1	**1**	**报警系统**
2	**1.1**	**自动报警**
3	1.1.1	电线管敷设检查、完善
4	1.1.2	管内穿线
5	1.1.3	绝缘测试
6	1.1.4	订购报警设备
7	1.1.5	探头、收报安装
8	1.1.6	警铃、模块安装
9	1.1.7	报警控制器安装
10	**1.2**	**气体灭火**
11	1.2.1	高压管道安装
12	1.2.2	直观、喷头安装
13	1.2.3	系统试压
14	1.2.4	管道色标
15	1.2.5	瓶组安装
16	1.2.6	气体报警管道敷设
17	1.2.7	管内穿线
18	1.2.8	绝缘测试
19	1.2.9	报警设备安装
20	**1.3**	**其他**
21	1.3.1	各系统调试
22	1.3.2	联动调试
23	1.3.3	准备验收

图6－5　编码工作结构

6.1.4　工作分解结构（WBS）模板

初次编制项目WBS是一件工作量非常大、要求非常高和十分困难的一项工作。它需要依靠专家和团队的力量，通过头脑风暴等方法，依据专家的经验编制项目WBS。该类项目WBS编制完成后，再做同类项目WBS时，就可借鉴以前编制的WBS，在此基础上根据项目的实际情况进行适当优化调整，这样，制定WBS相对来说就容易多了。所以制定各类项目的WBS模板就显得相当重要。

WBS模板就是某一类项目制作好WBS固定模式，可以用来套用进行同类项目的实际应用。图6－6给出了IT项目的WBS模板，图6－7给出了图书出版项目的WBS模板。

6.1.5　工作分解结构词典

工作分解结构的各级工作单元中会包括专业术语、缩写等任务内容，而它们还需要更具体的解释说明，这就是工作分解结构词典（WBS dictionary，WD）。工作分解结构词典通常针对工作包进行描述，包括进度日期、成本预算、人员配置等其他规划信息，如表6－2所示。

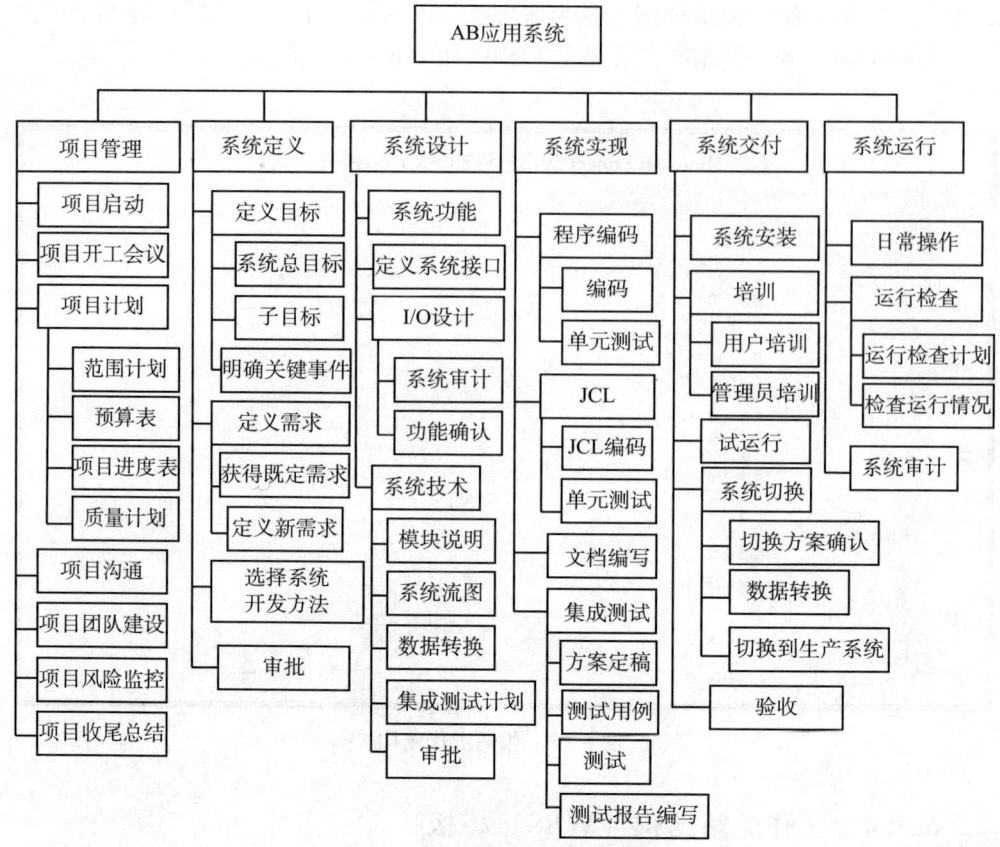

图 6-6 IT 项目的 WBS 模板

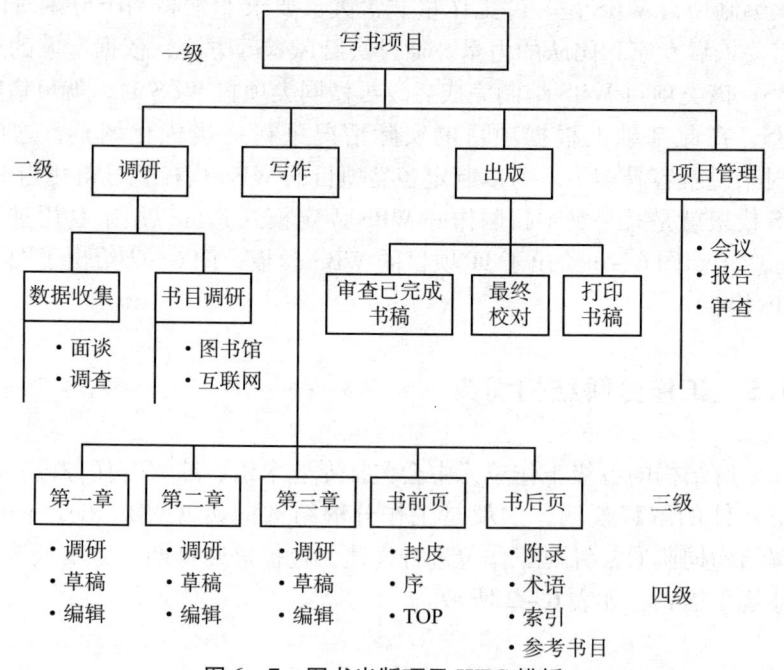

图 6-7 图书出版项目 WBS 模板

表 6-2　　　　　　　　　　工作分解结构词典

任务名：	订购材料，D
任务交付物：	签名并发出订单
验收标准：	部门经理签字、订单发出
技术条件：	本公司采购工作程序
任务描述：	根据第×号表格和工作程序第×条规定，完成订单并报批
假设条件：	所需材料存在
信息源：	采购部、供应商广告等
约束：	必须考虑材料的价格
其他：	风险：材料可能不存在 防范计划：事先通知潜在的供应商，了解今后该材料的供货可能性
签名：	项目成员 A

6.1.6　工作分解结构（WBS）的确认

WBS 确认是利益相关方对 WBS 的认可和接受的过程。在项目生命周期中，发包方与承包方双方需要共同确认 WBS，并作为项目工作实施的依据和控制标准。只有出现在 WBS 中的工作，才是项目范围内的工作。若出现项目变更或范围蔓延等情况，应以原 WBS 为基准及时更新 WBS，作为项目资产保存。

6.1.7　编制工作分解结构应注意的问题

对于实际的工程项目，特别是相对较大的项目，在编制工作分解结构时，需要注意以下几种情况：

（1）有些简单项目可以直接以工程分解结构（engineering breakdown structure，EBS）作为 WBS。但是在很多情况下，由于考虑到有不同的承发包方式、采购模式和分包合同内容所确定的合同结构体系（CBS），所以就不能直接以 EBS 作为 WBS。

（2）WBS 应当综合考虑 OBS（organization breakdown structure）、CBS（cost break down structure）、PMM（project management mode）、EBS（engineering breakdown structure）、IBS（investment breakdown structure）、ABS（account breakdown structure）等进行联合策划。

（3）项目的 WBS 就是将项目的产品或服务、组织和过程这三种不同的结构综合为 WBS 的过程。项目经理和项目工作人员要善于将项目按照产品或服务的结构进行划分，并与项目组织责任的划分有机结合起来。

（4）对于项目各层面的工作要做到具体明确，而且要完整无缺地分配给项目内外的不同个人或组织，以便各工作模块的负责人都能明确自己的具体任务、努力的目标、承担的责任和拥有的权力，项目管理人员需要对项目的执行情况进行监督和业绩考核。

（5）对于最底层的工作包，一般要有全面、详细和明确的文字说明。

（6）并不是WBS中所有的分支都必须分解到同一水平。任何分支最底层的细目成为工作包。工作包是完成一项具体工作所要求的一个特定的、可确定的、可交付的独立的工作单元，需为项目提供充分而合适的管理信息。

（7）任何项目并不是只有唯一正确的WBS，如同一个项目按照产品的组成部分或根据生产过程分解就能做出两种不同的WBS。

（8）分包商及供应商的主要工作也应该包含在工作分解结构之内，以便更好地计划与控制分包商及供应商的实施过程。

6.2 项目进度计划的编制

计划是管理的首要职能，是实现项目目标的重要保证。项目管理的实质是在特定的时间范围内完成一组目标，因此准确地制定项目进度计划对于保证项目目标的实现和项目的成功是至关重要的。

6.2.1 项目进度计划的制定过程

1. 定义项目活动

制定项目进度计划首先需要明确一个项目中包括哪些项目活动，而这些活动需要在项目范围管理的基础上来完成，即首先明确整个项目的产品范围，然后在此基础上利用WBS对项目进行分解，细化到最基础的工作包。然后对该工作包进行定义。项目活动的定义需要包括项目活动期望完成的持续时间、期望的成本以及资源需求。而这些都需要根据项目章程、项目的假设和约束条件，以及历史信息来确定。

2. 项目活动排序

项目活动的定义完成之后，就需要识别项目活动之间的关联关系以及逻辑关系，并根据项目活动之间的逻辑关系对项目活动的先后顺序进行排列，形成文字说明或者以表格文档形式来记录该内容，为项目进度计划的制定提供依据。

项目活动之间的关系包括三种：强制性逻辑关系、可自由处理的逻辑关系以及外部逻辑关系。强制性逻辑关系指的是工作中固有的逻辑关系，即项目活动之间有着严格的先后关系。比如，在建筑施工中，只有完成了地基部分才能进行结构工程的施工。可自由处理的逻辑关系指的是由项目队伍决定的逻辑关系，该逻辑关系相对比较灵活。比如，在建筑施工过程中，某些装饰工程可以与结构工程同时进行，也可以推后进行。外部逻辑关系指的是项目活动与非项目活动之间的逻辑关系。比如，软件项目的测试可能需要依赖于外部供方提供的硬件设施。项目活动之间的关联关系以及逻辑关系如表6-3所示。

表6-3　　　　　　　　　　　项目活动逻辑关系

序号	工作代号	工作名称	紧前工作
1	A	拆开	—
2	B	准备清洗材料	—
3	C	电器检查	A
4	D	仪表检查	A
5	E	机械检查	A
6	F	机械清洗组装	B、E
7	G	总装	D、C、F
8	H	仪表校准	D

通常，项目活动排序方式包括手工排序与计算机排序两种，即项目活动排序可以手工进行，也可以依靠计算机项目管理软件进行。项目活动的排序方式可以根据项目规模的大小来选择。小型项目包括的项目活动数量较少，利用手工排序比较方便，大型复杂项目需要采用项目管理软件才能实现，使项目进度计划成为可能。

3. 估算项目活动时间

项目活动时间指的是评定每个单项活动完成所需要的工作持续时间。估算项目活动时间之后才能进行项目进度计划的制订，为项目活动配置合适的资源。

4. 编制项目进度计划

通过项目活动的定义、排序、时间估算以及充分考虑项目成本、项目资源等约束条件之后就可以进行项目进度计划的编制。项目进度计划包括项目的开始与结束时间、项目具体活动的开始与结束时间，以及项目的实施方案和措施。项目进度计划可以图的形式来反映，也可通过时间参数来表示，如表6-4所示。

表6-4　　　　　　　　　　　项目时间参数计算

活动代号	紧前活动	D（天）	ES（天）	EF（天）	LS（天）	LF（天）	TF（天）	FF（天）
A	—	5	0	5	0	5	0	0
B	—	1	0	1	4	5	4	0
C	A、B	4	5	8	5	9	0	0

续表

活动代号	紧前活动	D（天）	ES（天）	EF（天）	LS（天）	LF（天）	TF（天）	FF（天）
D	C	4	9	13	9	13	0	0
E	A	5	5	10	10	15	5	3
F	B	2	1	3	11	13	10	10
G	D、E	3	13	16	15	18	2	2
H	D、F	5	13	18	13	18	0	0

5. 项目进度计划的优化

项目进度计划编制出来后，我们把它叫作初始项目进度计划，初始项目进度计划需要进一步优化和调整。初步制订了项目进度计划之后，需要根据现有的资源、成本和环境的约束对项目进度计划进行优化，通常的做法是在网络图中压缩工期和资源优化。

6.2.2 项目进度计划工具和方法

常用的制订进度计划的工具主要有重大里程碑、甘特图和网络图。

1. 重大里程碑

项目里程碑是项目实施过程中对项目实施进度有重要影响的标志性事件或关键节点。制作里程碑计划有利于对项目的关键节点进行跟踪和管理。重大里程碑计划也叫作项目总控计划，是一个战略计划或项目的框架。它以可交付成果清单为依据，显示了项目为了达到最终目标而必须经过的条件或状态序列，描述了在每个阶段需要达到的状态要求。

对于大多数项目而言，一旦确定了项目的范围，需要做的第一件事情就是确定项目实施的里程碑。根据确定的项目阶段划分，在里程碑中应清楚地定义每一个阶段的开始时间、结束时间与负责人，各阶段的可交付成果由各阶段的实施规范和标准确定。里程碑是项目管理小组对项目进行控制的主要依据。里程碑一旦确定，各相应负责人应确保按时交付任务，不管采取什么措施都必须在里程碑所注明的时间内完成各项预定任务，不能有任何工作环节的延迟，从而保证整个项目按期交付。项目里程碑计划如图 6-8 所示。

2. 甘特图

甘特图（gantt chart）又叫作横道图、条状图（bar chart），是过去制订项目进度计划最常用的一种工具。甘特图是在第一次世界大战时期发明的，以亨利·L. 甘特先生的名字命名，他制定了一个完整地用条形图表示项目进度的标志系统。

里程碑事件	一月	二月	三月	四月	五月	六月	七月	八月
转包签订			▲					
计划书的完成				▲				
设计检查					▲			
子系统测试						▲		
第一单元实现						▲		
产品计划完成								▲

图 6-8　软件项目的转包项目计划

甘特图以图示的方式，通过活动列表和时间刻度形象地表示出任何特定项目的活动顺序与持续时间。它以横轴表示时间，纵轴表示活动，线条表示在整个期间上计划和实际的活动开始完成时间。它直观地表明活动计划在什么时间开始，什么时间结束，以及实际进展与计划要求的对比。管理者据此可以比较方便地弄清一项任务（项目）还剩下哪些工作要做，并可评估工作进度。图 6-9 就是一个有 5 个项目活动的简单的项目甘特图。甘特图的绘制可以利用某些软件比如 Excel、Microsoft Office Project 等进行绘制。

ID	任务名称	开始时间	完成	持续时间	2015年 05月 10 11 12 13 14 15 16 17 18 19 20 21 22 23
1	任务 1	2015/5/11	2015/5/11	1d	
2	任务 2	2015/5/12	2015/5/14	3d	
3	任务 3	2015/5/14	2015/5/17	4d	
4	任务 4	2015/5/18	2015/5/20	3d	
5	任务 5	2015/5/21	2015/5/23	3d	

图 6-9　项目甘特图

3. 网络图

网络计划技术是利用网络图的绘制来制订项目进度计划的技术方法。其中，关键路径法以及计划评审技术都属于网络计划方法，这两种方法都是利用网络图来表达项目活动的进度以及各个项目活动之间的相互关系，并在网络图的基础上，计算网络图中的各个时间参数，找出关键路径，通过调整关键活动的持续时间不断调整与优化网络，以寻求最短工期。另外还出现了新的网络计划技术，像风险评审技术、图示评审技术等。

网络图是由箭线和节点组成。用来表示工作流程的有向、有序的网络图形。网络图有单代号网络图（AON）和双代号网络图（AOA）之分。双代号网络图主要是过去利用手工的方式绘制网络图时用,而单代号网络图主要是近来利用项目管理软件来绘制网络图时用。

6.3 项目网络进度计划的制订

项目进度计划的编制需要在网络图的基础上来进行编制。网络计划技术如今主流的两种方法就是关键路径法和计划评审技术,本节主要介绍关键路径法。

6.3.1 双代号网络图的绘制

1. 双代号网络图的定义

双代号网络图是以箭线及其两端节点的编号表示项目的网络图。在双代号网络图中,箭线表示项目的具体活动,每个活动可以用箭线两端节点中的数字表示,如（i→j）,有时也会在箭线的上方标明活动的名称,在箭线下方标明活动的持续时间,如 $\xrightarrow{\text{购买饮料}}_{3}$ 箭线两端的圆圈表示节点,在时间上表示指向节点的工作全部完成后,该节点后面的工作才能开始。简单的双代号网络图如图 6-10 所示。

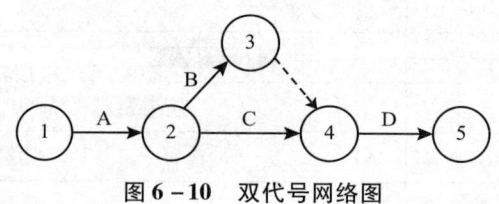

图 6-10 双代号网络图

2. 双代号网络图的名词解释

（1）虚箭线。它是实际工作中不存在的一项虚设的活动,因此一般不占用资源,不消耗时间,虚箭线一般用于正确表达活动之间的逻辑关系。它只在双代号网络图中出现。

（2）节点。它反映的是前后工作的交接点,节点中的编号应保证后续活动的结点比前面结点的编号大。

（3）起始节点。它是项目的第一个节点,只有外向箭线（即箭头离向节点）。

（4）终点节点。它是项目的最后一个节点,只有内向箭线（即箭头指向节点）。

（5）中间节点。它指的是既有内向箭线又有外向箭线的节点。

（6）线路。它指的是网络图中从起始节点开始,沿箭头方向通过一系列箭线与节点,最后达到终点节点的通路。一个网络图中一般有多条线路,线路可以用节点的代号来表示，比如①—②—③—⑤—⑥，线路的长度就是线路上各活动的持续时间之和。

（7）关键线路。它指的是总时差为 0 的线路，一般用双线或粗线标注，网络图中至少有一条关键线路，关键线路上的节点叫关键节点，关键线路上的活动叫关键活动。

3. 双代号网络图绘制规则

（1）网络图中的所有节点都要编号，应保证所有的箭尾号小于箭头号。
（2）网络图中不允许出现循环回路。
（3）网络图中的箭线应保持自左向右的方向。
（4）网络图中严禁出现双箭头和无箭头的连线。
（5）严禁在箭线上引入或引出箭线。
（6）绘制网络图时应避免箭线交叉，当交叉不可避免时，可用过桥法表示。
（7）一个网络图中应只有一个起始结点和一个终点结点。
（8）网络图中工作关系无法处理时可以引用虚箭线。
（9）网络图中任意两个结点间只能有一条箭线。

6.3.2 单代号网络图的绘制

1. 单代号网络图的定义

单代号网络图是以节点表示活动，以箭线表示活动之间逻辑关系的网络图，并在节点中加注工作代号，名称和持续时间。单代号网络图用圆圈代表一项活动，并将活动名称写在圆圈或方框中。由于该网络图中的活动只用一个符号表示，因此被称为单代号网络图。简单的单代号网络如图 6 – 11 所示。

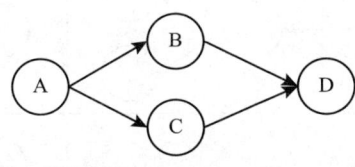

图 6 – 11 单代号网络

2. 单代号网络图的特点

（1）单代号网络图用节点表示活动，而箭线仅表示活动间的逻辑关系。
（2）单代号网络图作图简便，图面简洁，由于没有虚箭线，产生逻辑错误的可能较小。
（3）单代号网络图用节点表示工作：没有长度概念，不够形象，不便于绘制时标网络图。

(4) 单代号网络图更适合用计算机进行绘制、计算、优化和调整。最新发展起来的几种网络计划形式，如决策网络（DCPM）、图式评审技术（GERT）、前导网络（PN）等，都是采用单代号网络图表示的。

3. 单代号网络图的绘制规则

单代号网络图的绘制需要遵循一定的逻辑规则，具体如下：

第一，单代号网络图必须正确表达既定的逻辑关系。在绘制网络图之前会有既定的逻辑关系，单代号网络图就需要按照逻辑关系正确地表达。

第二，单代号网络图中严禁出现循环回路。

第三，单代号网络图中严禁出现双箭头或无箭头的连线。单代号网络图中严禁出现没有箭尾节点的箭线和没有箭头节点的箭线。

第四，绘制网络图时，箭线不宜交叉。当箭线不得不交叉的时候可以采用过桥法和指向法绘制。

第五，单代号网络图中应有一个起点节点和一个终点节点。

6.3.3　网络图中活动的逻辑关系

绘制网络图必须正确表达已定的逻辑关系。网络图中常见的各种工作逻辑关系的表示方法如表 6-5 所示。

表 6-5　　　　　　　　　用网络图表示的逻辑关系

序号	逻辑关系描述	双代号网络图表示方式	单代号网络图表示方式
1	A 完成后，B 才能开始	A→B	A→B
2	A 完成后，B 和 C 才能开始	A→(B, C)	A→(B, C)
3	A 和 B 完成后，C 才能开始	(A, B)→C	(A, B)→C
4	A 和 B 完成后，C 和 D 才能开始	(A, B)→(C, D)	(A, B)→(C, D)

续表

序号	逻辑关系描述	双代号网络图表示方式	单代号网络图表示方式
5	A 和 B 完成后，C 才能开始，且 B 完成后，D 才能开始		

6.3.4 网络图的绘制步骤

网络图的绘制可按照以下步骤绘制。

（1）首先绘制没有紧前工作的活动，若有两个或两个以上没有紧前工作的活动应增加一个起点节点。

（2）依照逻辑关系依次绘制其他各项活动。

（3）当各项活动箭线都绘制出来后，应合并那些没有紧后工作的活动，作为最终结点。

（4）当确认所绘制的网络图正确无误后，即可进行结点的编号。

6.3.5 单、双代号网络图绘制实例

项目单、双号网络图的绘制。项目通过 WBS 分解的活动及活动的逻辑关系（紧前活动）如表 6-6 所示。

表 6-6　　　　　　　　项目活动逻辑关系及时间估计

序号	活动	紧前活动
1	A	—
2	B	A
3	C	A
4	D	B
5	E	C、B

绘制的单代号和双代号网络如图 6-12 和图 6-13 所示。

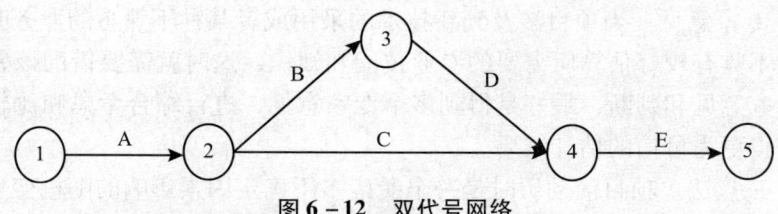

图 6-12　双代号网络

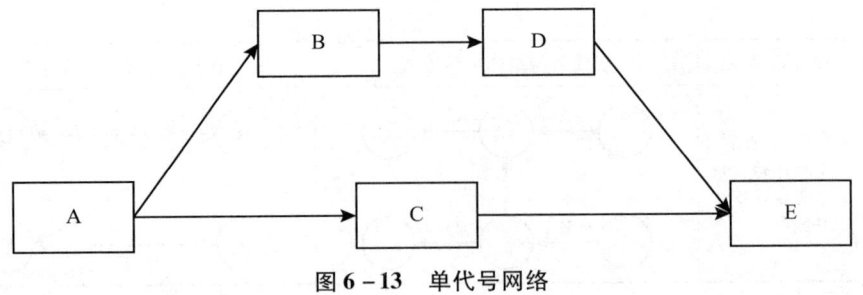

图 6-13 单代号网络

6.3.6 项目活动时间估计

项目活动时间的估算会受到项目成本与项目资源等约束条件的限制。项目活动持续时间的估算是制订项目进度计划的关键。

对于项目活动持续时间的估算需要考虑项目的假设前提和约束条件，还要考虑项目资源的供给，即完成活动所需的资源投入量以及能够提供的资源投入量。除此之外还需要考虑其他一些因素，以此确定项目活动持续时间。比如，增加工人的数量以减少工期，减少的工期并不能按照严格的数量关系计算，因为工人数量增加之后会由于工人之间的冲突增加一定的时间，因此需要根据经验增加一定的估计时间。

要对项目活动所需要的时间进行精确估算并不是一件容易的事情。对于比较熟悉的业务可获得相对比较准确的时间估计，而在缺乏经验的时候时间估算则带有相当的不确定性。在项目进展中，可以获得更多的经验和认识，从而给出比事前更准确的估算，同时需要不断调整计划，重新安排剩余的工作。项目活动持续时间估算的方法主要有以下几种。

（1）经验类比。对于一个有经验的工作人员来说，当前进行估算的活动可能和以往所参加过项目中的某些活动较为相似，借助过去的经验可以得到一种具有现实根据的估计。但是利用过去的经验估算项目持续时间会存在一定的问题，因为类似项目所处的情况并不能一直延续到现在，现在的项目会受到现有的外界事件的影响。因此，利用过去的经验需要注意避免使用过时的信息，需要考虑一些具体而现实的情况进行适当调整。

（2）历史数据。在很多文献资料中存在相关行业的大量信息，不仅包括杂志、报纸、学术刊物等正式出版物，也包括各种各样非正式的印刷品，这些信息可以作为一种估算的基础。正规成熟的企业一般都会有以往所完成的项目的资料记载，从中也可以获得真实有效的数据信息。

（3）专家意见。当项目涉及到新技术的采用或者某种不熟悉的业务时，工作人员往往不具有较好估算所需要的专业技能和知识，这时就需要借助该领域的专家给出专家意见和判断，最好是得到多个专家意见，进行综合考虑和比较，在此基础上获得更为可信的估计结果。

（4）三点法。项目活动历时是一个受诸多不确定因素影响的随机变量，通过随机过程分析，该活动出现各种可能持续时间服从 β 分布，如图 6-14 所示。

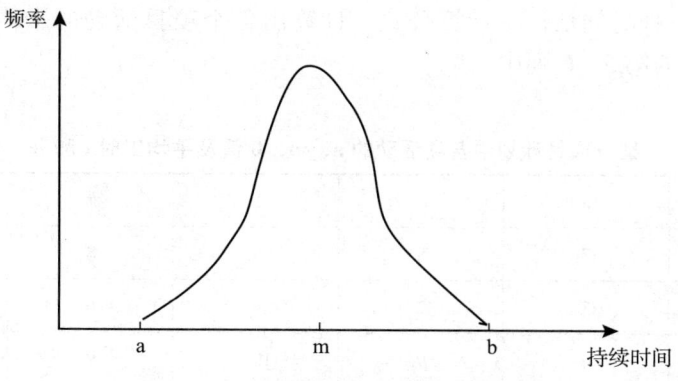

图 6-14 三种时间估计值的 β 分布曲线

项目活动时间估计常用的方法是三点估计法，它用在 PERT 中。对每一项活动估算出三个历时值。①最乐观估计时间 a，在最顺利条件下完成该活动所需要的时间，即完成该活动最短的估计时间。②最可能估计时间 m，在正常情况下完成该活动所需要的时间，即完成该活动最大可能的时间。③最悲观估计时间 b，在最不利条件下完成该活动所需要的时间，即完成该活动最长的时间或称最保守的估计时间。

用这三种时间就可以粗略地描述项目活动历时的分布，那么项目活动（工序）的期望完成时间可以由以下经验公式求得：

$$t_E = \frac{a + 4m + b}{6} \tag{6.1}$$

项目活动（工序）完成时间的方差：

$$\sigma^2 = \left(\frac{b-a}{6}\right)^2 \tag{6.2}$$

举例说明：

已知某项目计划网络图（图 6-15），该项目计划中各项活动的 a、m、b 值（单位为周）如表 6-7 中的第 2~4 列。要求：

① 每项活动的平均工时 t 及均方差 σ；
② 确定关键线路；
③ 在 25 周前完工的概率。

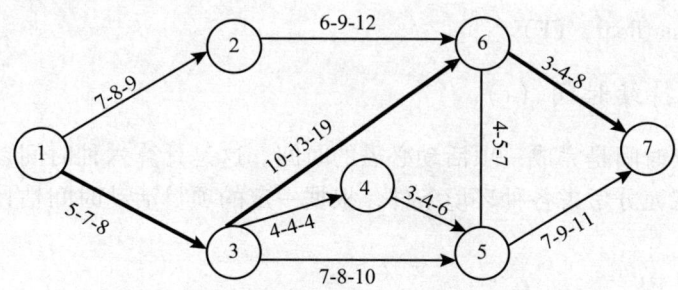

图 6-15 某工程网络计划几个活动的 a、m、b 值

解：用三种时间估计法计算公式，计算出各个项目活动的平均历时 t 和 σ，填入表 6-7 的第 5、6 列中。

表 6-7　　某一项目计划中各项活动的 a、m、b 值及平均工时 t 和 σ

工作	a	m	b	t	σ
1~2	7	8	9	8	0.333
1~3	5	7	8	6.833	0.5
2~6	6	9	12	9	1
3~4	4	4	4	4	0
3~5	7	8	10	8.167	0.5
3~6	10	13	19	13.5	1.5
4~5	3	4	6	4.167	0.5
5~6	4	5	7	5.167	0.5
5~7	7	9	11	9	0.667
6~7	3	4	8	4.5	0.883

（5）定额计算法。该方法通常可以利用一些定额（国家定额、行业定额和企业定额）来对项目活动持续时间进行计算，比如：工序时间 = 工序的实物工程量/每日完成量，每日完成量 = 定额工作量 × 每日工作时间。

6.3.7　项目进度计划的时间参数

项目进度计划主要是对项目及活动开始结束时间以及项目活动的持续时间所进行的规划。为了编制项目进度计划，需要对其中用到的时间参数进行计算和说明。编制项目进度计划时最常用到六种时间参数：最早开始时间（earliest start time，ES）、最早结束时间（earliest finish time，EF）、最迟开始时间（latest start time，LS）、最迟结束时间（latest finish time，LF）、总时差（total float，TF）和自由时差（free float，FF）。

1. 活动持续时间（t）

活动持续时间是完成一项活动必需的时间。这是计算六种时间参数的基础和前提。它是在充分考虑各种环境条件，根据一定的项目活动时间估计方法而估计出来的。

2. 最早开始（ES）与最早结束（EF）时间

（1）最早开始时间（ES）。

最早开始时间（ES）是项目活动可能开始的最早时间，它是在取已知紧前活动最早结束时间的最大值计算得到，即 ES = Max{紧前工作的 EF}。

（2）最早结束时间（EF）。

最早结束时间（EF）是某项活动可能结束的最早时间，它可以通过最早开始时间（ES）加上活动持续时间（D）计算得来，即：EF = ES + D。

3. 最迟开始（LS）与最迟结束（LF）时间

（1）最迟开始时间（LS）。

最迟开始时间（LS）是指保证项目在要求完工时间的前提下，某项活动必须开始的最迟时间，它可以通过最迟结束时间减去活动的持续时间计算得来，即：LS = LF – D。

（2）最迟结束时间（LF）。

最迟结束时间（LF）是指保证项目在要求完工时间的前提下完成某项活动的最迟时间，它可以在取项目紧后活动最迟开始时间的最小值计算得到。即：LF = Min{紧后工作的 LS}。

4. 总时差（TF）与自由时差（FF）

（1）总时差（TF）。

总时差是指项目活动在不影响项目完工时间的情况下，项目活动的开始时间的浮动时间。如果某项活动的最迟开始时间与最早开始时间不同，那么项目活动的开始时间就可以推迟，此时该项活动就存在总时差，而推迟的时间就是该项活动的总时差，即：总时差 = LF – EF 或总时差 = LS – ES。

项目活动的总时差为零说明为了不影响项目完工时间的情况下，项目活动的开始时间无法浮动，即项目活动必须在某个时间点开始，这样，才能保证项目在要求的时间内完成。总时差为零的活动是关键活动，关键活动形成的路线叫关键路线，关键路线上关键活动的持续时间之和就是项目的总工期。

（2）自由时差（FF）。

自由时差是指一项工作在不影响其紧后工作最早开始时间的前提下，本工作可以利用的机动时间。它反映的是对紧后活动的影响，它用紧后工作的最早开始时间的最小值与该工作的最早完成时间之差表示，即：自由时差 = Min{ES（紧后工作）} – EF。

双代号时间参数的计算可分为图上作业法和表上作业法，如图 6 – 16 和表 6 – 8 所示。

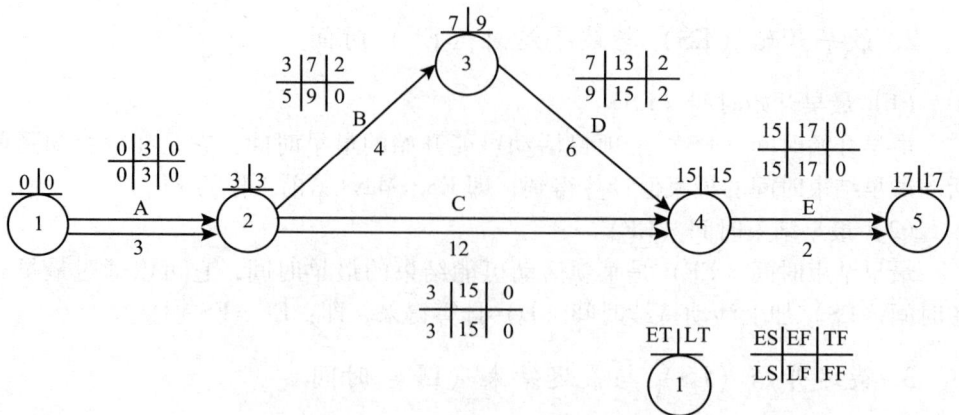

图 6-16 双代号网络图时间参数计算

表 6-8 双代号网络图时间参数计算

活动	活动持续时间	最早开始时间	最早结束时间	最迟开始时间	最迟结束时间	总时差	自由时差
A	3	0	3	0	3	0	0
B	4	3	7	5	9	2	0
C	12	3	15	3	15	0	0
D	6	7	13	9	15	2	2
E	2	15	17	15	17	0	0

单代号时间参数可分为图上作业法和表上作业法，如图 6-17 和表 6-9 所示。

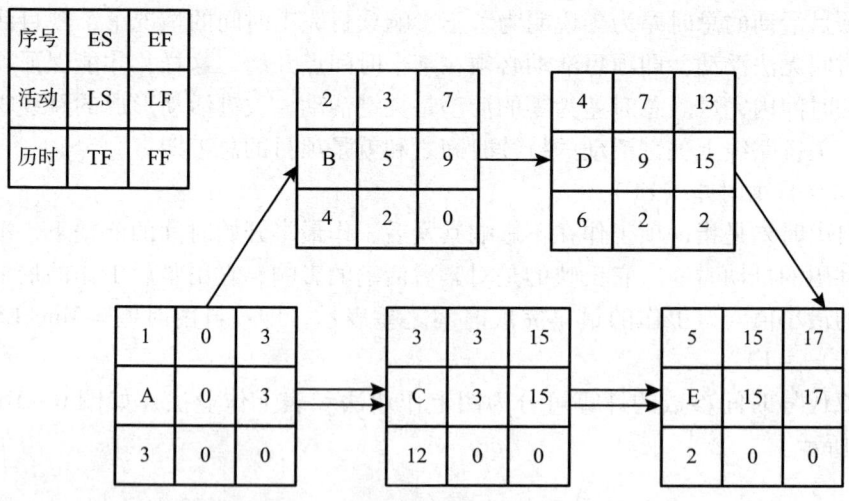

图 6-17 单代号网络图时间参数计算

表 6－9　　　　　　　　单代号网络图时间参数计算

活动	紧前活动	最早开始时间	最早结束时间	最迟开始时间	最迟结束时间	总时差	自由时差
A	—	0	3	0	3	0－0＝0	3－3＝0
B	A	3	7	5	9	5－3＝2	7－7＝0
C	A	3	15	3	15	3－3＝0	15－15＝0
D	B	7	13	9	15	9－7＝2	15－13＝2
E	C、D	15	17	15	17	15－15＝0	17－17＝0

6.3.8　确定关键路线

关键路线就是网络计划中从初始节点到最终结点项目活动持续时间之和最长的路线，也就是项目工期。关键路线上的活动为关键活动，总时差为零的活动也是关键活动。需要注意的是一个网络图中可能会有多条关键路线。图中关键路线是 A—C—E，用双箭线进行了标注，如图 6－18 所示。

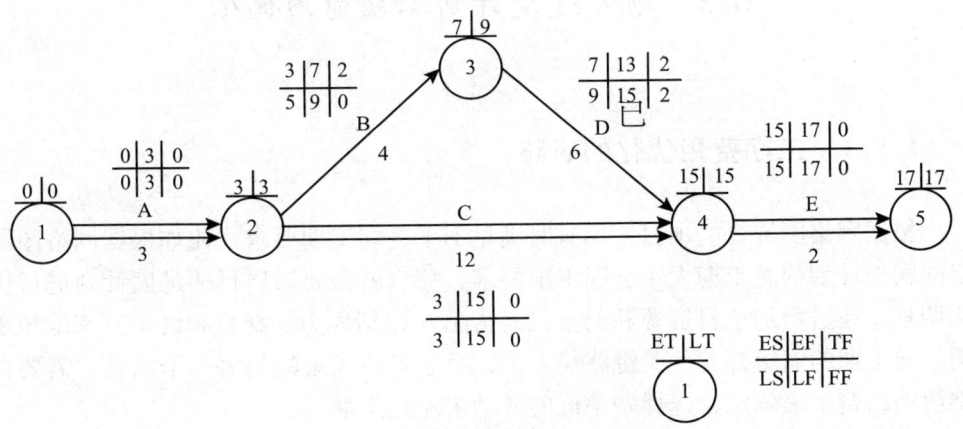

图 6－18　双代号网络图中的关键线路

6.4　项目作业计划

项目作业计划是项目管理者根据项目进度计划的要求对每一项活动的具体安排。项目作业计划是一个短期计划，是最底层的项目计划，它是将项目的总任务和指标层层分解，在时间上具体落实到每月、每旬、每天，在空间上落实到各施工队、班组和个人。使项目的总目标，变为全体职工每一时刻的具体行动纲领。

项目作业计划需要通过对劳力、材料、设备、构配件等进出场的具体安排，以及各工种在空间上的协调配合,保证施工现场的文明和施工过程的连续、均衡和高效,从而达到协调施工秩序的目的。

项目作业计划一般是通过项目任务派单来制定和下达。项目任务派单如表6-10所示。

表 6-10　　　　　　　　　　项目任务派单

递送:					
目标与标准:					
操作规范:					
验收标准:					
关键约束条件和假设:					
项目风险及应对措施:					
任务	所需资源	前置任务	活动持续时间	责任人	批准人

6.5　项目进度计划工期费用优化

6.5.1　工期费用优化的思路

根据网络图推算的项目工期有时满足不了合同工期要求,比如根据网络图制定的网络计划的总工期大于合同工期要求,那么就需要对项目的进度计划进行优化调整,通过增加项目资源和调整投入资源(包括人力、材料和设备)来缩短工期,而工期的缩短都是从关键路径入手,至于具体缩短的是哪一个活动,需要根据活动的费率来确定,选择费率低的活动来缩短工期。

费用交换是在进度和费用之间往往存在一定的转换关系,工期费用优化方法寻求的是压缩进度所需追加的最小费用,或者在最佳费用限额确定下如何保证压缩的工期最大,寻求工期和费用的最佳结合点。

6.5.2　工期费用优化的假设

工期费用优化方法基于以下假设:
(1) 每项活动有两组时间和成本估计:
➤ 正常时间(normal time),是指在正常条件下完成某项活动需要的估计时间。
➤ 应急时间(crash time),是指完成某项活动的最短估计时间。
➤ 正常成本(normal cost),是指在正常时间内完成某项活动的预计成本。

> 应急成本 (crash cost),是指在应急时间内完成某项活动的预计成本。

(2) 一项活动的工期可以被大大地缩短,从正常时间减至应急时间,这要靠投入更多的资源和技术创新来实现;

(3) 无论对一项活动投入多少额外的资源,也不可能在比应急时间更短的时间内完成这项活动;

(4) 在活动的正常点和应急点之间,时间和成本的关系是线性的。

$$直接费用率 = \frac{应急成本 - 正常成本}{正常时间 - 应急时间}$$

6.5.3 工期费用优化的步骤

某项目网络计划如图 6-19,图中箭线上方的数字表示该活动的费率,即每压缩一个时间单位所需要增加的费用,箭线下方括号外的数字表示该活动的正常时间,括号内的数据表示该活动的应急时间,工时单位为天。本项目要求必须在 14 天之内完成,需要对项目进度计划进行优化。

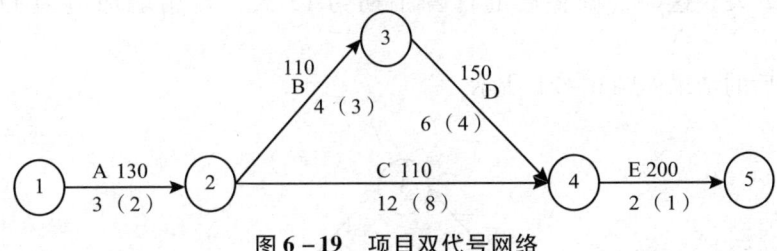

图 6-19 项目双代号网络

工期费用优化的步骤分为三步:

(1) 确定网络计划的计算工期、关键活动以及关键路径。

根据活动的正常持续时间计算活动的最早时间、最迟时间以及总时差,根据活动参数确定项目的工期、关键活动和关键路线,项目时间参数计算结果如图 6-20 所示。

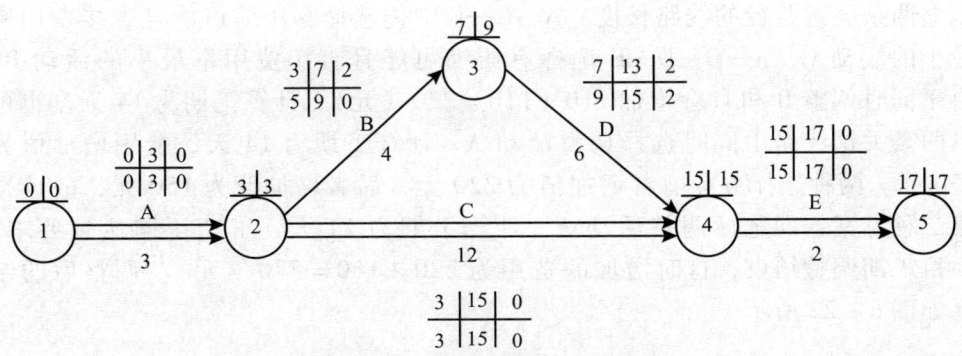

图 6-20 项目网络计划关键路线

从图 6-20 可以看出，关键路径是 A—C—E，计算工期是 3 + 12 + 2 = 17，关键活动是 A、C、E。

（2）按要求工期确定应缩短的工期目标。

根据计算结果可知，工期需缩短 17 - 14 = 3（天）。

（3）调整关键活动的持续时间。

①计算项目活动的费用率。项目中活动 A 的直接费用率为 130 元/天，B 和 C 的直接费用率为 110 元/天，D 的直接费用率为 150 元/天，E 的直接费用率为 200 元/天。

②选择第一次的调整对象。假设压缩工期所需资源可获得，并对质量的影响不大，仅考虑有调整余地，即增加费用最少的因素。项目关键线路中的关键活动为 A、C、E，三项活动中 C 直接费用率最小，则选择 C 作为第一次调整的对象。

③确定 C 的压缩时间和费用增加值。活动 C 有 4 天的调整余地，但是如果调整 3 天，那么 A—B—D—E 这时已经成为关键路线，需要考虑新的关键路线的影响。本项目的计算工期是 17 天，而次长路为 15 天，所以本次调整只能压缩活动 C 2 天。这时，调整后的计算工期为 15 天，费用增加值为 110 × 2 = 220（元）。

调整后的结果如图 6-21 所示。

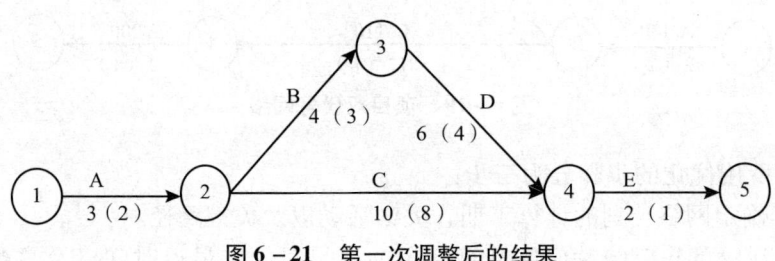

图 6-21　第一次调整后的结果

④第二次选择调整对象。第一次调整后，由图 9-17 可见，调整后的关键路径有两条：分别是 A—C—E，A—B—D—E，因此，本次调整必须同时压缩两条关键路径的线路长度。A—C—E 中仍选择有压缩可能且直接费用率最小的活动 C，A—B—D—E 选择有压缩可能且直接费用率最小的活动 B。由于同时调整 B 和 C 会增加 110 + 110 = 220（元），计算工期为 14 天。也可以两条关键线路中同时选择调整活动 A，计算工期为 14 天，费用增加值为 150 元。两种选择方案前者增加值为 220 元，后者增加值为 150 元，故选第二种方案，即选择调整活动 A，计算工期为 14 天，工期压缩达到要求，项目工期调整结束，这时增加的费用为 220 + 150 = 370（元）。调整后的结果如图 6-22 所示。

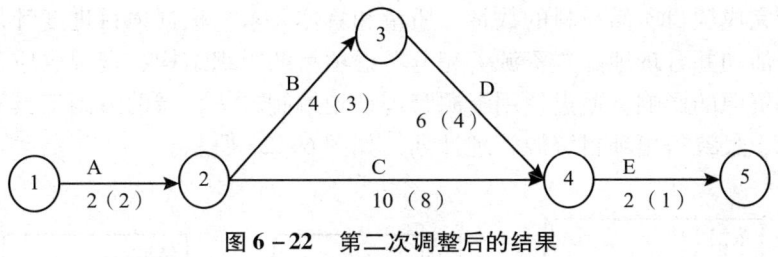

图 6-22 第二次调整后的结果

6.6 项目资源配置与优化

6.6.1 项目资源配置的作用和内容

任何一个项目的完成都需要消耗一定的资源，资源配置到位，并满足项目的需要，项目活动才能正常开展，才能保证项目实施的顺畅和项目目标的实现。而任何项目所拥有的资源都是有限的，并受到各种客观条件的影响，同时，各种资源之间也存在相互的制约关系。所以，如何为保证项目各项目标的完成而将资源适时、适量地优化配置，成为项目管理工作中面临的重要挑战和项目的重要工作内容。

项目中的资源包括在项目实施过程中所消耗的劳动力、机械、材料等有形资源，还包括项目资金、计算机软件、信息数据、专利技术等无形资源。

制定项目资源计划，需要重点解决和决定获取何种资源、获取多少资源，从何处获取、何时取得、如何使用等。

6.6.2 项目资源计划的定义与编制

1. 项目资源计划的定义

项目资源管理计划是在分析、识别项目的资源需求，确定项目所需投入的资源种类、数量、时间的基础上，制定科学、合理、可行的项目资源计划。项目资源管理计划主要包括两方面的内容，即资源的使用计划和资源的供应计划，其结果包括反映各种资源种类的需求及供应的分项计划，如人力资源计划、材料和设备的供应计划等。

2. 项目资源计划的编制

项目资源计划的编制，需要对项目目标进行分析和确定，对项目工作结构进行分解，把项目的总体目标分解为各个具体的子目标，以便于了解项目所需资源的总体情况。通过工作分解结构确定完成项目目标所必需进行的各项具体活动，据此估计完成项目所需材料的数量、质量和具体要求。根据项目进度计划了解项目的各项活动并合理地配置资源。充分考虑项目的组织结构、资源供应条件等限制因素对资源的影响。通过使用资源管理计划编制方法，借助编制工具和数学模型等技术，最终得出项目资源管理计划，如图6－23所示。

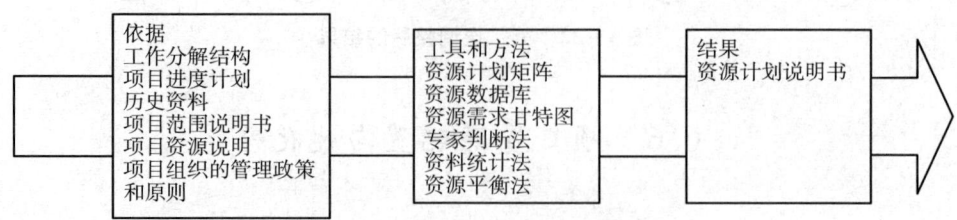

图6－23　项目资源管理计划制定

3. 项目资源计划制定的工具与方法

（1）项目资源矩阵表。

项目资源矩阵表是根据WBS对项目资源的需求所进行的资源分析、汇总得出的结果，它重点解决资源的种类、资源数量和价值等，如表6－11所示。

表6－11　　　　　　　　　　资源矩阵表

WBS	资源需求量						合计
	资源1	资源2	资源3	资源4	……	活动n	
活动1							
活动2							
活动3							
……							
活动m							
合计							

（2）资源甘特图。

项目资源甘特图直观地反映了项目各种资源在各个项目阶段、各项活动上的使用消耗情况，是项目资源的时间要求，如图6－24所示。

（3）资源负荷图。

资源负荷图反映了在各个时间点上某个资源的需求总量。资源负荷图可以很直观地显示资源在时间上的分布情况，如图6－25所示。

ID	任务名称	2015年06月												
		1	2	3	4	5	6	7	8	9	10	11	12	13	14
1	任务1														
2	任务2														
3	任务3														
4	……														
5	任务N														

图 6-24　资源甘特图

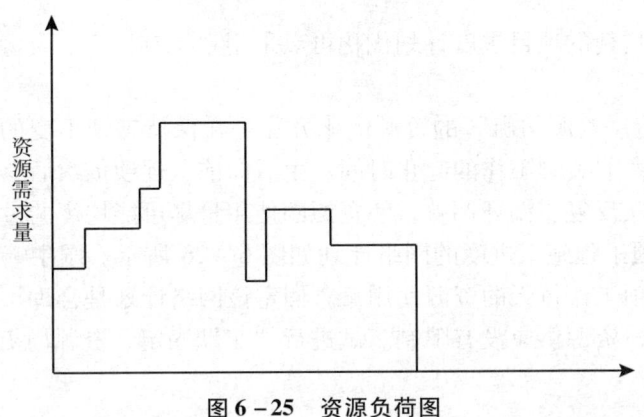

图 6-25　资源负荷图

（4）资源数据表。

项目资源数据表是以表的形式表示整个项目每个项目活动资源使用和安排情况，资源数据表反映的项目信息量十分庞大，该表可以进一步扩展，如表 6-12 所示。

表 6-12　项目资源数据表

任务编号	任务名称	责任人	所需资源	规格型号	来源	价格
1000	机器人设计与制造	李军				
1100	方案设计	马里				
1110	系统工程	王力	电脑			
1120	专业测试	李义	电脑			
1200	电子技术	秦汉				
1210	设备控制	王云	加工设备			
1220	软件安装	张伟	软件			

续表

任务编号	任务名称	责任人	所需资源	规格型号	来源	价格
1300	机器人制造	王积志				
1310	制造工艺设计	赵可	电脑			
1320	构件加工与安装	栗文	设备A			
1330	生产控制	李大伟	设备B			

6.6.3　基于资源均衡的项目进度计划的优化调整

基于资源均衡的项目进度计划优化可以采用"工期固定、资源均衡"的优化原理和方法。

"工期固定、资源均衡"的资源优化方法是在保持工期不变的情况下,在总时差范围内改变非关键工作的起止时间,由后向前、逐项依次后移调整网络计划安排,并经多次反复、循环调整,使资源的使用量尽可能均衡的过程。

【例】某项工程施工进度的网络计划如图6-26所示。图中箭线上方形括号内的数值为各项工作每天的资源使用量。假定该网络计划是合理可行的,其工期符合计划要求,资源供应没有限制。试进行"工期固定、资源均衡"的项目进度计划的优化。

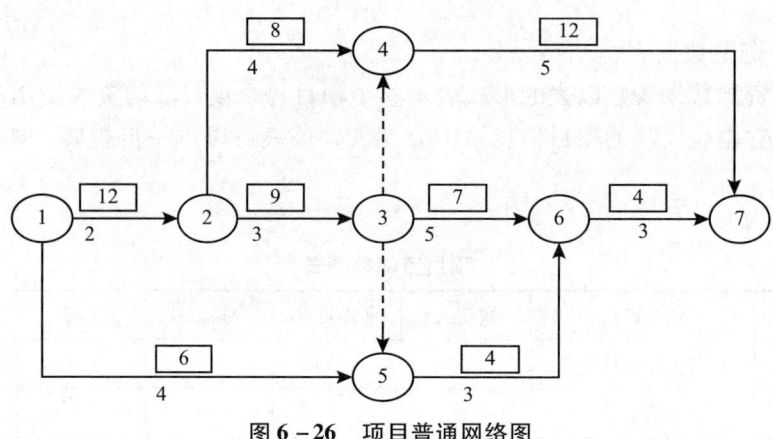

图6-26　项目普通网络图

（1）将上图的普通网络计划按最早时间改绘成时标网络计划,并绘制资源消耗动态曲线图、标注关键线路和非关键工作的自由时差和总时差,如图6-27所示。

（2）从后往前依序进行项目进度计划的调整。原则上关键路线上的关键活动不动,调整有时差的非关键活动。若效果好,就调整,否则就不调整。调整后的最终结果见图6-28。

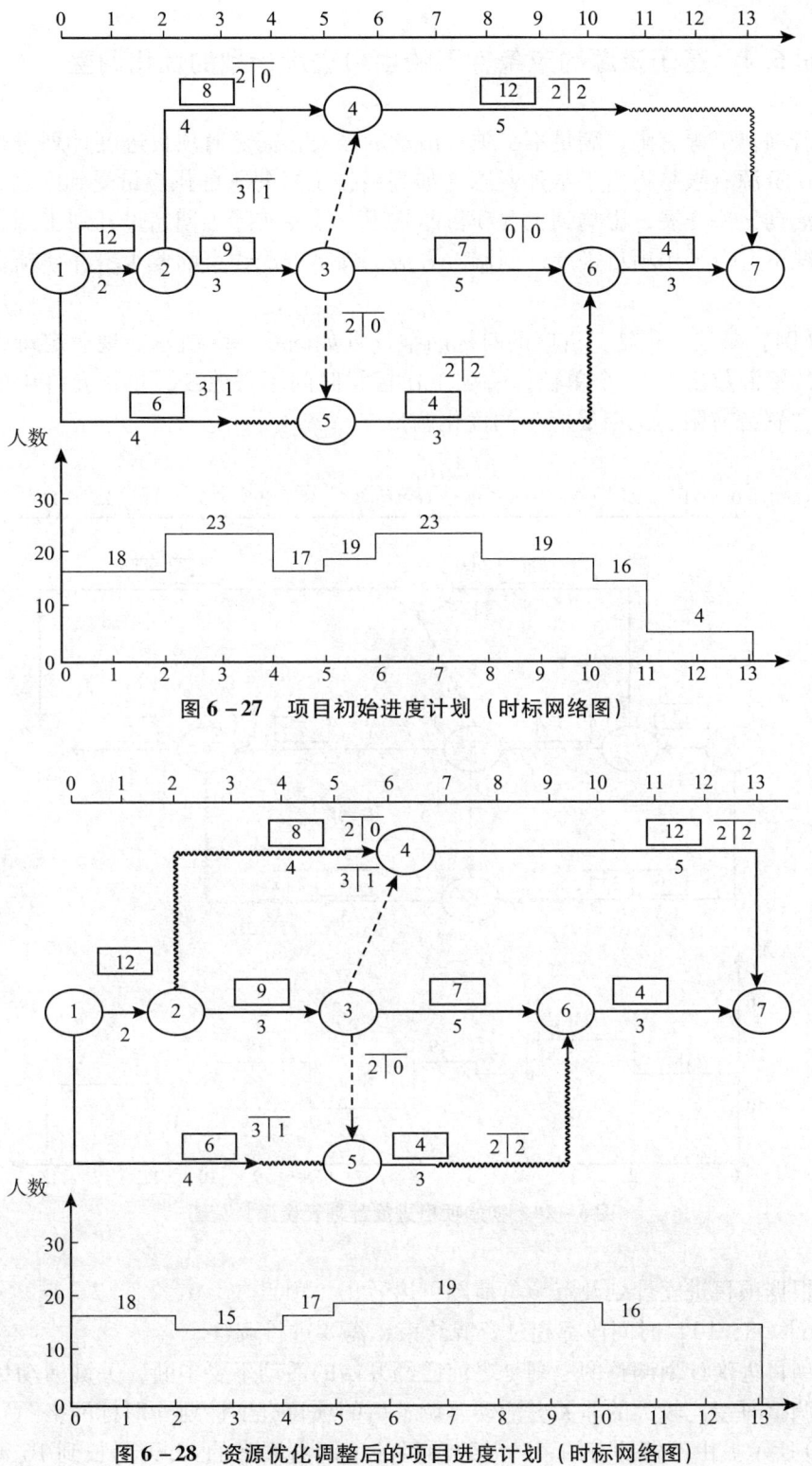

图 6-27 项目初始进度计划(时标网络图)

图 6-28 资源优化调整后的项目进度计划(时标网络图)

6.6.4 基于资源约束条件下的项目进度计划的优化调整

若项目资源有限,满足不了项目活动的需要,需要对项目进度计划进行优化调整。资源有限是指由于某种资源(如高级技工)每天的供应量受到限制,致使项目活动无法开展,影响到工程项目的施工,致使实际工期超过计划工期,在此种情况下可以采用项目进度计划调整方法,满足资源约束的要求,并使项目工期最短。

【例】某项工程施工进度的时标网络计划如图 6 – 29 所示。现假定每天能够供应的资源数量为 16 个单位,每项工作持续时间不得改变,也不允许中断。试进行"资源有限、工期最短"的优化调整。

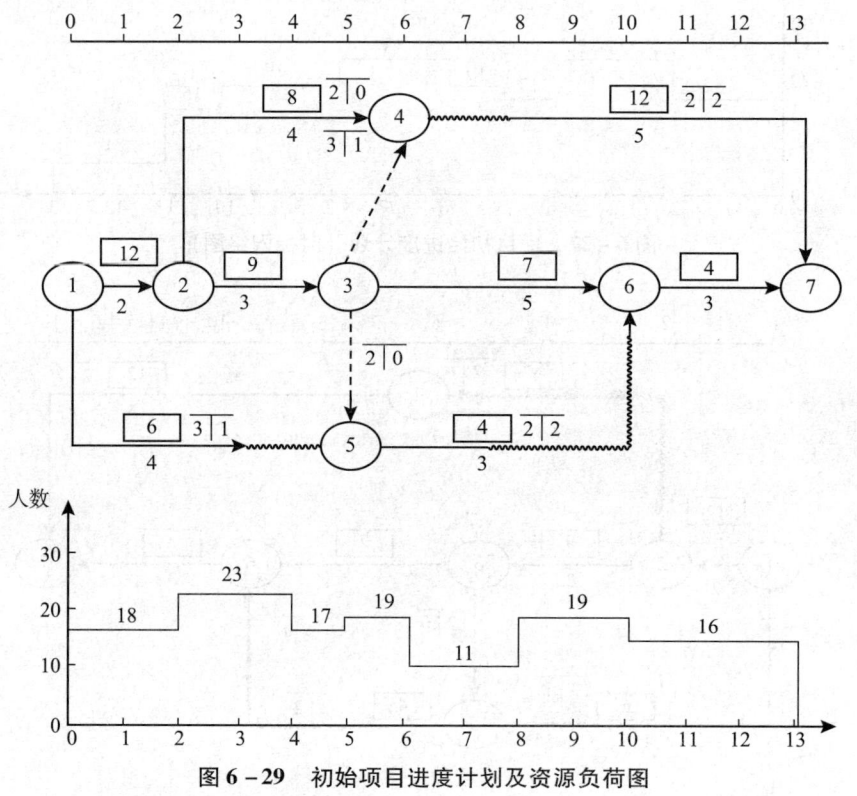

图 6 – 29 初始项目进度计划及资源负荷图

根据项目进度计划及资源负荷图可以看出,项目在 [0,2] [2,4] [4,5] [5,6] [8,10] 时间段都超过资源约束,需要进行调整。

项目进度计划调整的原则是之前已经开始的活动不要中断,关键活动尽量不动,调整时差比较大的非关键活动。调整后的项目进度计划(时标网络图)如图 6 – 30 所示。由于资源有约束,导致项目的工期由原来的 13 天延长到 16 天,最终拖了 3 天。

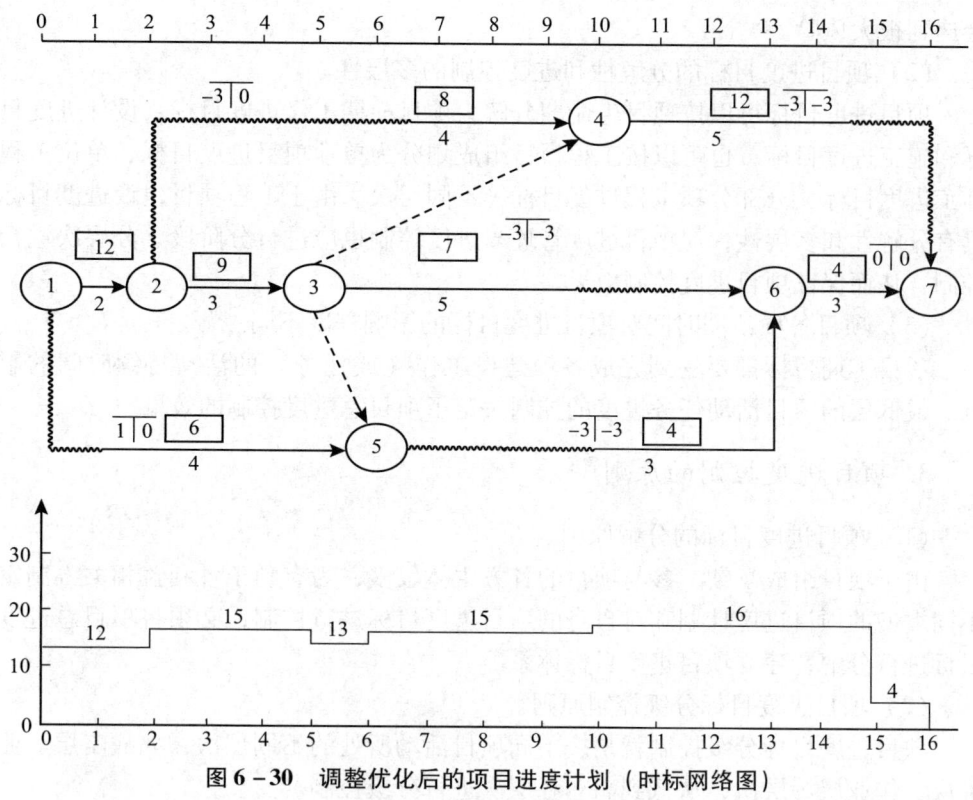

图 6-30 调整优化后的项目进度计划（时标网络图）

若项目资源有特殊要求，如设备是租赁设备，在安排项目进度计划时需要将该设备的活动尽量进行集中安排，并最好保持每天工作满负荷。

6.7 项目进度计划的控制

6.7.1 项目进度控制的概念及特点

1. 项目进度控制的概念

项目进度控制是依据项目进度计划，按照项目进度检查计划对实施过程中的每一个检查点进行检查，评价实际进度是否符合项目进度计划的要求，对出现的偏差分析原因，采取补救措施或调整、修改原计划，直至项目竣工和交付使用。项目进度控制的最终目标是确保工期目标的实现。

2. 项目进度控制的特点

（1）项目进度计划具备一定的风险性。

由于项目组成复杂，建设周期长，影响因素多，项目进度计划编制和实施都会遇到很大风险。

(2) 项目进度目标的分解性和进度控制的多层性。

项目进度目标可以按项目生命期分解为项目前期工作进度目标、设计进度目标和施工进度目标；也可以按工程项目组成划分为单项项目进度目标、单位工程施工进度目标、分部分项工程进度目标等不同层次。由于工程项目建设进度目标具有分解性和多层性，使项目进度管理与进度控制也应进行分阶段、分层次进行控制，从而保证项目进度控制效果。

(3) 项目各项活动时间对项目进度目标的影响程度不同。

项目工期目标都要受到完成各项建设工作（或任务）的活动持续时间的影响。最低层的项目活动任务进度的控制决定了项目总进度控制的效果。

3. 项目进度控制的原则

(1) 项目进度目标的分解原则。

由于项目组成复杂，参与项目的各方主体较多，为有利于各利益相关方制定不同类型的项目进度计划和对自身的项目进度目标进行控制，必须将项目总进度目标进行分解，建立项目进度目标体系。

(2) 项目进度目标分级控制原则。

项目进度目标分级控制就是按不同项目活动所处的不同层次，如战略层、业务层、作业层等层次，从低到高对各层次进行分级控制。

(3) 项目进度与投资和质量的协调控制原则。

如前所述，项目进度与投资和质量有着密切的相互关系。对项目进度实施控制时，必须兼顾项目投资目标和质量目标。只有当对项目进度目标、投资目标和质量目标进行统筹协调时，才有可能实现以最少的资源投入（投资）、最快的建设速度（进度）和最佳的产出效果（质量），多快好省地完成项目建设任务。

6.7.2　项目进度控制的内容

项目进度计划是根据经验或预测方法对未来做出的安排。在实际执行过程中，由于人力、物力、财力的供应和其他条件等因素的影响而出现大大小小的偏差是常有的事。所以，在制定详细科学的项目进度计划之后，还要在项目实施过程中不断监控项目的进程，发现偏差，分析原因，及时采取有效措施，从而确保项目按预定的进度目标进行，避免工期的拖延，这一过程就是项目进度控制。

项目进度控制的内容主要包括：确定进度是否已经发生变化；对造成进度变化的因素施加影响，以保证这种变化朝着有利的方向发展；在变化实际发生和正在发生时，对这种变化实施进度控制必须与项目整体变化控制的其他控制过程如成本、质量控制过程紧密结合。

6.7.3 项目进度控制的流程与步骤

1. 项目进度控制的流程

项目进度控制的步骤如图 6-31 所示。

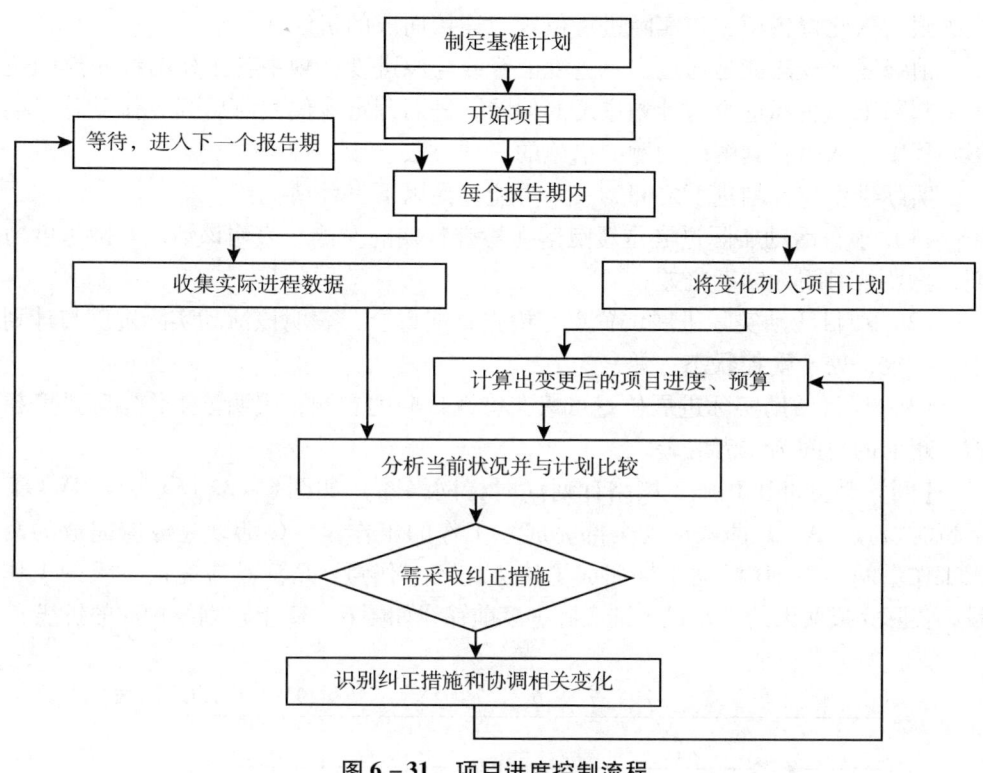

图 6-31 项目进度控制流程

2. 项目进度控制的具体步骤

（1）确定项目的进度控制点及控制标准。

（2）项目实施过程中若有范围、环境和需求的变化，且对项目计划产生影响，需要根据变化调整项目进度计划，并按批准后新的计划执行和控制。

（3）在每一个检查点应进行进度的跟踪与监控，通过执行情况报告分析进度执行状态，进行控制状态评价。

（4）若处于受控状态，则转至下一个控制点。

（5）若处于失控状态，则需要评价失控程度，分析原因，找到解决问题的办法，采取有效的纠正措施。将纠正措施列入计划，形成变更报告，并通知相关责任单位和责任人。

（6）对进度的调整过程进行高频率的检查，直到达到预期的调整效果。

6.7.4 项目进度控制的工具及技术

在项目进度控制分析系统中,项目管理者经常采用以下技术和工具。

1. 项目进度前锋线比较法

前锋线是指在原时标网络进度计划上,在每一时标检查点,用点划线确定检查界限,依此将各项工作实际进展位置点连接而成的折线。

前锋线比较法就是通过实际进度前锋线与原进度计划中各工作箭线交点的位置来判断工作实际进度与计划进度的偏差,进而判定该偏差对后续工作及总工期影响程度,从而找到解决问题的措施的一种方法。

实际进度与计划进度之间的关系可能存在以下三种情况:

(1) 项目活动实际进展位置点落在检查日期的左侧,表明该活动实际进度拖期,拖期的时间为二者之差;

(2) 项目活动实际进展位置点与检查日期重合,表明该活动实际进度与计划进度一致,处于受控状态;

(3) 项目活动实际进展位置点落在检查日期的右侧,表明该工作实际进度超前,超前的时间为二者之差。

【例】某分部工程施工网络计划(时标网络图)如图 6-32 所示,在第 4 天下班时检查,A、B 两项活动全部完成该工作的工作量,C 活动完成应完成的两天工作量的 1/2,D 活动正好完成了该工作的工作量,E 活动应完成一天的工作量,实际完成两天的工作量,则实际进度前锋线如图 6-32 上点划线构成的折线。

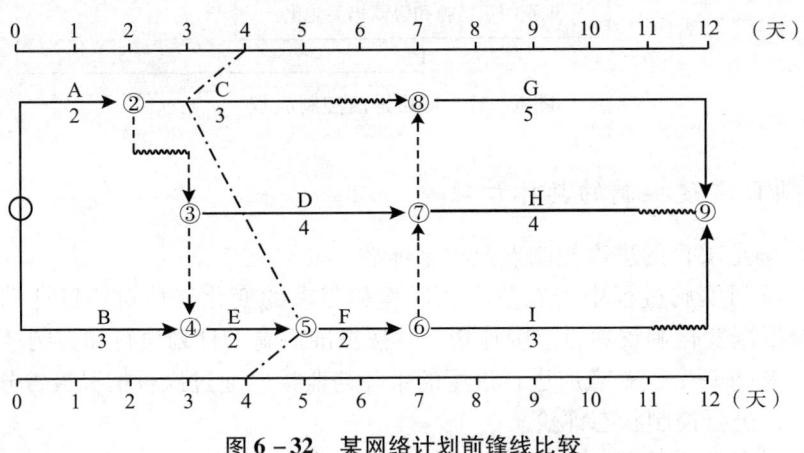

图 6-32 某网络计划前锋线比较

通过比较可以看出:

(1) 活动 C 实际进度拖后 1 天,其总时差和自由时差均为 2 天,既不影响总工期,也不影响其后续工作的正常进行;

（2）活动 D 实际进度与计划进度相同，对总工期和后续工作均无影响；

（3）活动 E 实际进度提前 1 天，对总工期无影响，将使其后续活动 F、I 的最早开始时间提前 1 天。

综上所述，该检查时刻（4 天末）各活动的实际进度对总工期无影响，将使活动 F、I 的最早开始时间提前 1 天。

2. 项目进度跟踪报告

项目进度跟踪报告可以用一个简单的表格形式跟踪需要报告的信息。在此介绍的是 IBM 公司的规范报表，见表 6-13 项目进度报告。通过项目进度跟踪报告，可以及时发现项目进度出现的偏差。

表 6-13　　　　　　　　　　项目进度报告表

项目内部进度报告			
姓名：	项目名称：	本周结束日期：	
关键问题： 超过目标日期了吗？ 估算有问题吗？ 质量有问题吗？ 评审有问题吗？		是	否
对跟踪项目的解释：			
下一周任务计划：			
问题和办法：			
完成人：	日期：	评审人：	日期：

3. 项目进度趋势预测法

图 6-33 给出的是根据实际与计划的偏差进行的趋势预测。对项目中某一特

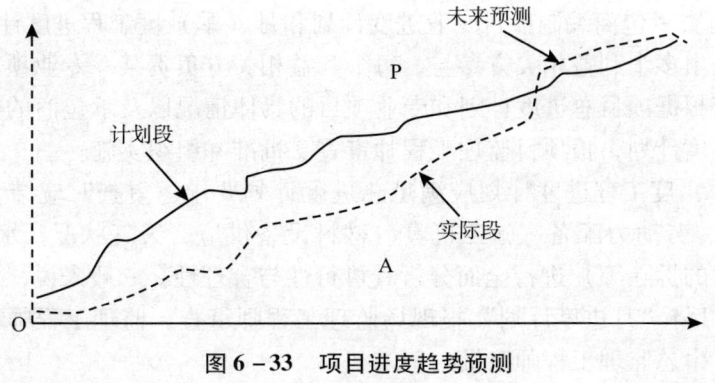

图 6-33　项目进度趋势预测

定的项目，OPS 代表计划中的进度，OAS 为实时时钟的实际进度，S 为当前时刻。项目管理者根据实际偏离情况并假设对已发生的偏差不采取纠正行动，预测假设按照 SA 轨迹运行可能实现的项目最终目标，从而判断计划是否需要调整，怎样调整；对于新的计划归集，管理者应该考虑是否存在实现问题，应采用哪种替代方案、资源需求和成本变化如何、需要哪些关键人物等。

4. 因果分析法

如果项目进度出现失控状态，必须分析原因，采取措施进行调整。
（1）明确问题。如延期问题、超预算问题。
（2）查找产生该问题的原因。为从系统角度充分认识各方原因，可以采用头脑风暴法进行原因的分析。
（3）分析各个原因对问题产生的影响程度。
（4）画出带箭头的鱼刺图。

项目有效进度控制的关键是尽可能早地、果断地将主要精力放在出现问题的活动上，通过这些技术和工具使用，将会达到好的管理效果，保证项目的顺利进行。

6.7.5 基于过程的项目进度控制体系

1. 项目进度事前控制

（1）承包商编制项目总进度计划。

项目总进度计划是施工组织设计的一个组成部分，项目总进度计划应符合施工合同约定内容的要求，可以用横道图或网络图表示项目进度计划，并附以文字说明。监理工程师应对项目总进度计划进行分析研究，并找出网络图中的关键线路和关键活动；项目总进度计划应从项目的条件（项目规模、质量目标，施工条件，承包单位资质与能力，工艺复杂程度等）出发，全面分析项目总进度计划的可行性、合理性。承包单位在工程开工前将项目施工总进度计划报现场专业监理工程师审查，在专业监理工程师审查合格基础上，由总监理工程师批准。

（2）审查承包商编制项目专业进度计划和月（季）度工程进度计划。

项目是由多个利益相关方参与，每个利益相关方负责某一专业项目内容。每个承包商应根据项目总进度计划和专业项目的具体情况以及承包商的能力来制定专业项目进度计划，报项目监理工程师审查、批准并组织实施。

月（季）度工程进度计划应满足总进度计划要求。审查时应结合现场条件（施工部位、劳动力配备、施工机具、材料设备供应，天气状况，水电热供应，施工障碍物的拆除等）进行全面分析其可行性与合理性。一般来说，承包单位应在每月 25 日将"月进度计划"报现场监理工程师审查，监理工程师审查合格后的基础上，由总监理工程师审批。

(3) 监理工程师应在以下几个方面对项目进度计划进行审查：

①项目进度计划是否符合施工合同中开竣工日期的规定。

②项目进度计划中主要工程项目是否有遗漏，分期施工是否满足分批投入使用的需要和要求，分包公司分别编制的各单项工程进度计划之间是否协调。

③施工顺序的安排是否符合施工工艺的要求。

④项目进度计划是否进行了优化，进度安排是否合理。

⑤劳动力、材料、构配件、设备及施工机具、设备、施工水、电等生产要素供应计划是否能保证施工进度计划的需要，供应是否均衡。

⑥对由建设单位提供的施工条件（资金、施工图纸、施工场地、采供的物资等）进行分析和确认，承包单位在施工进度计划中所提出的供应时间和数量是否明确、合理，是否能够得到满足，是否有造成因建设单位违约而导致工程延期和费用索赔的可能。

(4) 项目施工进度计划由总监理工程师审批签认后由承包单位执行。

2. 项目进度的事中控制

(1) 项目进度计划实施中，项目监理部应对承包商的实际项目进度进行跟踪检查与监督，实施动态控制。

(2) 并检查和记录实际进度完成情况。

(3) 记录和分析劳动力、材料（构配件、设备）及施工机具、设备、施工图纸等生产要素的投入和施工管理、施工方案的执行情况。

(4) 通过下达监理指令、召开工地例会、各种层次的专题协调会议，督促承包单位按期完成项目进度计划。

(5) 项目监理部应对检查的结果进行分析与评价；当实际进度滞后进度计划要求时，应召开监理会议查明滞后的原因，提醒承包单位或发出警告，同时积极协助承包单位排除滞后因素，尽可能挽回项目进度；总监理工程师应指令承包单位采取调整措施。

(6) 项目监理机构应通过工地例会和监理月报，定期向建设单位报告进度情况，特别是对建设单位原因可能导致工程延期和费用索赔的各种因素，要及时地提出建议。

3. 项目进度的事后控制

(1) 及时组织验收工作，以保证下一阶段施工的顺利开展。

(2) 处理工期方面的索赔与反索赔。

(3) 根据实际施工进度，及时修改和调整进度计划及监理工作计划，以保证下一阶段工作的顺利开展。

(4) 由监理工程师对工程进度资料进行收集、整理。

(5) 每月（季）末对项目实际进度进行检查，如与计划进度有较大差异时应分析原因，并采取相应的纠偏措施。

(6) 如由于资金、材料设备不能按计划到位造成进度滞后,应及时通知责任单位。

(7) 除以上原因外可采取如下措施(监理应建议采取的措施,不是承包方的措施):

①组织措施:增加劳动力,调换技术较高的操作工人,增加班次等。

②经济措施:奖勤罚懒,赏罚分明。

③技术措施:采用新工艺、新方法,实行交叉作业。

④其他措施:改善外部配合条件,改善劳动条件,加强调度力度等。

6.7.6 项目进度控制的途径

(1) 落实进度控制任务和管理职责分工。

(2) 审定承包单位编制的项目进度计划。根据项目进度计划的要求,发现问题及时与承包单位协调,制订解决问题的措施方案。

(3) 督促承包单位按时进行月支付申报,认真及时做好项目计量工作,以保证工程款的到位,确保工程进度。

(4) 监督检查劳动力配置及机械设备、机具是否满足项目计划的需要,发现问题,责成承包单位及时制订解决问题的方案。

(5) 监督检查材料、设备的订货进场,既合理使用资金又确保工程进度。

(6) 实行例会制度,检查计划完成情况,分析产生偏差的原因,采取有效措施,协调解决存在的问题。

6.7.7 项目进度控制的措施

1. 组织措施

(1) 建立进度控制目标体系,明确建设工程现场监理组织机构中进度控制人员及其职责分工。

(2) 建立项目进度报告制度及进度信息沟通网络。

(3) 建立项目进度计划审核制度。

(4) 建立项目进度控制检查制度和分析制度。

(5) 建立项目进度协调会议制度,即每周的工地例会制度。检查上周的(月末一周的例会同时检查上月的)承包商的施工进度,分析进度滞后的原因和责任,依据施工合同,明确相关承包商确定本周(或下月)的施工进度。通过项目例会协调解决因建设单位原因而造成的施工进度的影响;根据实际情况,经甲方批准,及时调整施工进度计划,通过签认或项目例会纪要,列明各方所承担的责任。

(6) 建立图纸审查、项目变更和设计变更等管理制度。

2. 技术措施

(1) 审查承包商提交的项目总进度计划是否满足施工合同工期的要求，重点从施工管理、施工措施以及人力、材料、机具的配置方面审查施工进度计划的可行性，提出审查意见，使承包商能在合理的状态下施工。

(2) 编制进度控制工作细则，指导监理人员实施进度控制。

(3) 采用网络计划技术及其他科学、适用的计划方法，并结合电子计算机，督促承包商按时报送月进度计划和周施工计划，对建设项目关键节点进行控制，对项目进度实施动态控制。

3. 经济措施

(1) 及时办理工程预付款及工程进度支付手续；
(2) 对应急赶工给予一定的赶工费用；
(3) 对工期提前给予奖励；
(4) 对工程延误收取误期损失赔偿金；
(5) 加强索赔管理，公正的处理索赔。

4. 合同措施

(1) 推行 CM 等先进的承发包管理模式；
(2) 加强合同管理，保证合同中进度目标的实现；
(3) 严格控制合同变更；
(4) 加强风险管理。

项目进度赶工的措施

(1) 确定赶工的对象——关键工作，还是非关键工作。
(2) 增加资源投入，例如增加劳动力、材料、周转材料和设备的投入量以缩短持续时间。
(3) 重新分配资源，例如将服务部门的人员投入到生产中去，投入风险准备资源，采用多班制施工，或延长工作时间。
(4) 减少工作范围，包括减少工作量或删去一些工作包。
(5) 改善工具、器具的机械化水平，以提高劳动效率。
(6) 提高劳动生产率，主要通过辅助措施和合理的工作过程。
(7) 将原计划由自己承担的某些分项工程分包给另外的单位，将原计划由自己生产的结构件改为外购等。
(8) 改变网络计划中工程活动的逻辑关系。如将前后顺序工作改为平行工作；流水作业能够很明显地缩短工期，所以在可能的情况下采用流水施工的方法，合理地搭接。

(9) 修改实施方案，采用技术措施。例如将占用工期时间长的现场制造方案改为场外预制，场内拼装；采用外加剂，以缩短混凝土的凝固时间，缩短拆模期等。

(10) 将一些工作包合并，特别是在关键线路上按先后顺序实施的工作包合并，与实施者一起研究，通过局部地调整实施过程和人力、物力的分配，达到缩短工期的效果。

【本章小结】

本章主要对项目进度管理进行了介绍，包括项目活动定义、项目活动逻辑关系、项目活动时间估计、项目进度计划的优化和项目进度控制等内容。在制定项目进度计划之前首先需要对项目的范围进行界定，并对项目进行分解，对项目活动进行定义。在完成项目活动的定义以及逻辑排序之后，采用专家经验、历史数据以及过去成熟的经验等来估计项目活动的持续时间，然后采用甘特图和网络计划等工具来制定与优化进度计划。在每一检查点，对照项目进度计划进行检查，评价状态，及时处理和解决，使系统进入正常的控制状态。

目前比较主流的项目进度计划制定工具是网络计划方法，网络计划方法包括关键路径法以及计划评审技术。关键路径法是在项目活动持续时间确定的情况下来应用的，而计划评审技术是在项目活动持续时间不确定的情况下用于项目进度计划的制定。计划评审技术主要是通过项目活动的3点估计计算期望值和方差，计算网络图的时间参数来确定工期。应用网络计划方法首先需要绘制网络图，然后计算网络图中的时间参数，从而确定关键活动与关键路线，利用时差不断调整与优化网络，最终得到最短工期。常用的网络图有双代号网络图和单代号网络图两种，其绘制规则和步骤类似。网络图中的时间参数一般包括最早开始和结束时间、最晚开始和结束时间。通过自由时差和总时差的计算来确定关键活动与关键路线，确定工期。

初步制定项目进度计划之后，需要对项目进度计划进行不断地调整与优化，来找到最优项目进度计划。根据项目进度计划实施项目时，实际执行过程可能会与项目进度计划有所偏差。因此，为了保证项目的顺利完成，项目管理人员需要及时发现偏差，并采取措施纠正偏差，不断调整进度计划。项目进度计划的控制方法包括进度跟踪报告、趋势跟踪以及因果分析法等。

【推荐读物】

1. 白思俊. 现代项目管理 [M]. 北京：机械工业出版社，2010，179－182.
2. 吴卫红. 项目管理 [M]. 北京：机械工业出版社，2011.
3. 乐云著. 项目管理概论 [M]. 北京：中国建筑工业出版社，2008.
4. 杰弗里·K. 宾图. 项目管理 [M]. 鲁耀斌，赵玲译. 北京：机械工业出版社，2010.
5. 池仁勇. 项目管理 [M]. 北京：清华大学出版社，2011.

6. 徐玉凤，董亚辉. 项目进度管理 [M]. 北京：对外经济贸易大学出版社，2006.

【复习讨论题】

1. 简述项目范围管理在项目管理中的地位与作用。
2. 简述项目进度管理的知识体系。
3. 项目进度计划制定的工具和方法有哪些？
4. 如何理解项目进度计划体系
5. 项目进度计划优化的方法有哪些？
6. 某项目的活动清单如下表所示，请画出单代号网络图，并计算相关时间参数，找出关键路线和关键活动。

活动名称	1	2	3	4	5	6	7	8	9	10	11	12	13
持续时间（周）	1	1.5	0.7	2	1	2	5	6	2	4	2	1	1
紧前活动	—	1	1	23	2	23	2	34	5	45	78	10	11

7. 简述项目进度控制的步骤。
8. 项目进度控制的工具和技术有哪些？

【网上练习】

查阅网上资料，分析雅典奥运会奥体项目拖期的原因及解决问题的方法。谈谈实施项目进度控制有何现实意义。

【案例分析】

济南市历山路改造项目严重拖期

一、济南市历山路改造项目施工方案

济南市政公用事业局首先明确了历山路改造项目进度安排为2007年6月30日~2007年12月30日。按项目进度计划，改造中的历山路副道工程包括路面整修和管线迁建工作将用45天修完，随后将封闭主车道进行施工，在1个月内主车道改造完工。施工时，车辆可由已修好的副道分流，尽可能保持历山路的通行。施工组织方将在主车道工程期间开展两侧慢行一体相关拆迁工作，主车道完工后开始慢行一体建设，力争在2007年底完成。历山路改造项目规划方案如图1所示。

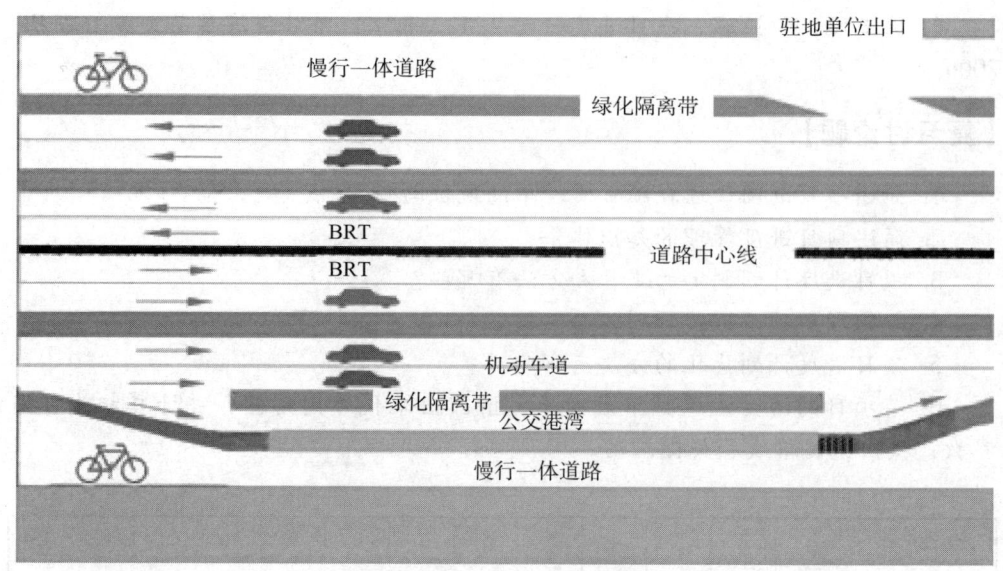

图1 历山路改造项目规划图

二、历山路改造项目严重拖期，对市民的出行造成严重影响

历山路改造从项目开始，市民忍受着施工带来的种种不便，期盼着能在2007年底能够顺利完工。但自历山路工程项目施工以来，工程进展一直不顺利，这条充满期待的道路却多次卡了脖子，历山路已经施工8个多月了，仍然没有竣工，工程严重拖期，对市民的出行带来了种种不利影响。

2007年12月25日，在历山路中段看到，车辆非常多，道路两侧的人行道还没修好，机动车、自行车、电动车和行人都混行在快车道上，交警忙着在指挥交通。

在历山路的北段，记者看到，一些写着"拆"字的建筑物里，商家仍在正常经营。在历山路南段，人行道断断续续，有的人行道还没拆迁出来，修了半截就断开了，行人走到此处，不得不改走快车道。一位执勤的交警告诉记者，自从历山路施工以来，道路交通压力一直比较大，给市民也带来了一些不便，交警部门也盼望着道路尽快完成施工，以缓解历山路以及周边道路的交通压力。

家住东仓小区的李莉女士说，从去年（2002年）6月开始，历山路就开始封闭施工了，市民是非常支持这条道路改造的，但道路的改造进度太慢，已经修了8个多月了还没完工，由于部分路段的慢车道还没建成，自己每天骑自行车出门都提心吊胆的，生怕出现意外。

历山路是主城区南北交通的一条主干道，市民希望有关部门能加快施工进度，尽快恢复该道路的正常交通。

三、历山路改造项目严重拖期的原因

影响项目进度的原因是多方面的，施工部门有关人士讲，由于受天气、拆迁和铁路桥建设的影响，历山路的工期不得不向后顺延。

天气是影响施工进度的一个原因。2007年下半年，济南市的天气有些反常，雨水比较多，严重影响了管线沟的施工。同时由于改性沥青对温度的要求比较高，气温低于5℃，沥青铺上就不结实，容易出现质量问题。为了保证道路的施工质量，施工部门就停止了沥青的铺设，等来年气温回升后，再进行沥青的铺设。

影响历山路施工的另外一个最主要的原因就是拆迁，施工单位也想尽快把道路修好，但两侧建筑拆不掉，道路就没法施工，管线也没法进行迁移，整条道路的工期就耽误了下来，施工单位也是干着急没办法。负责历山路拆迁的有关人士说，由于历山路是一条城市主干道，此次拓宽改造，两侧需要拆迁的建筑物非常多，共有5万平方米，目前，已经完成了3.6万平方米的拆迁，但由于种种原因，还有1万多平方米的建筑尚未拆除，这些尚未拆除的建筑大都集中在中段和南段，多是一些省直机关单位的房子。

历山路铁路桥改造项目涉及单位多，改造难度大，成为历山路改造项目的"拦路虎"，成为历山路改造项目的重要制约因素和关键。历山路铁路桥项目也称为"胶济铁路历山路框架桥工程"，建设单位为"胶济铁路客运专线有限责任公司"，施工方为"中铁二局集团胶济客运专线工程指挥部"。项目施工方是从今年（2008年）1月底进场施工的，由于桥下牵涉的部门太多，进展不是很顺利，光是桥下面自来水和污水管道走线问题，屡次协调，用了一个多月才干完。由于桥下没有交通封闭，这里的施工既要保证桥下南北交通，还要注意桥上火车通过，施工机械不能完全展开。施工进度一拖再拖，直到2008年9月才完成铁路桥的改造施工，严重拖了历山路改造项目的后腿。

四、济南市市长重视并采取有效措施解决问题

济南市市长在2008年2月29日召开的济南市建设工作会上，对一些重点工程不能按时完工提出了批评。"工程不能按时完工，我这个当市长的都脸红。"他认为，虽然存在着各种客观因素，但工作不力是造成工程拖拉的主要原因。"从接到的市长投诉电话来看，80%～90%的都和城市建设以及城市管理有关。"城市建设工作非常重要，既是建设城市，又是改善民生，城建工作的好与坏，快与慢，都和老百姓紧密相连。"历山路建设不能按时完工，媒体就要点名批评，道路全线开了工，就要按时完工，工期拖拉，人民群众肯定不满意。"对此，市长强调说，重点工程要定出"时间底线"，倒排工期，没有开工的项目明确开工时限，已经开工的要坚决防止拖工期和欠账。

济南市市长在济南市建设工作会议上对历山路等重点工程建设拖拖拉拉的行为进行了批评后，济南市建委格外重视。3月4日，济南市建委再次召开会议，成立历山路推进领导小组，济南市建委主任任组长，对历山路工程实行"包段制"。济南市市政公用局局长和市政公用局副局长各包一段，市建委重点工程建设办公室、城建处及市政公用局有关处室主要负责人都靠上抓，督促一线加快施工进度。

济南市建委主任要求，历山路施工单位要增加机械设备、人力、物力和施工时间。为避开白天交通高峰，要加大夜间施工力度。夜间施工期间，建委系统有关单位主要领导都要到工地现场办公、协调、帮助施工单位解决难题，争取早竣工、早验收、早开通、早运行。

济南市对历山路的施工单位建立严格的奖惩制度，任务完成好的表扬和奖励，误工期及质量、安全、文明施工不达标的批评和处罚，并且规定外地市政公司今后不能再在济南招投标，本地市政施工单位不得再承揽市政重点工程。

经过济南市政府、市建委、市政公用事业局、施工单位和沿线拆迁单位的共同努力，工程取得了重要进展。2008年4月4日，历山路快车道最后一层沥青的摊铺工作完成，历山路全线（包括副道在内）正式通车。

问题：（1）简述项目进度目标与成本、质量目标的关系。

（2）根据案例分析影响项目拖期的原因有哪些？

（3）避免项目拖期的途径和措施有哪些？

第7章 项目成本管理

【本章学习目标】

1. 掌握项目成本、项目成本预算、项目成本控制的概念
2. 了解项目成本的新理念
3. 掌握项目成本估算的方法
4. 掌握项目成本预算的过程
5. 了解项目成本控制的过程与方法
6. 了解项目成本控制的技巧

【重要概念】

项目成本（project cost）
项目成本估算（project cost estimate）
项目成本管理（project cost management）
项目成本管理规划（project cost management planning）
项目管理预算（project cost budgeting）
项目成本控制（project cost control）
挣值法（earned value technique）

【开篇案例】

维克拉玛蒂亚号建造项目严重超支

维克拉玛蒂亚号是印度海军隶下的航空母舰。维克拉玛蒂亚号航母全长274米，全宽53米，飞行甲板长195米、宽20.7米，载员1600人，满载排水量4.5万吨，动力装置为8台锅炉和4台蒸汽轮机，总功率18万马力，最高速度可达30节，可搭载28架米格-29K型舰载战斗机和6架卡-28反潜直升机及卡-31型预警直升机。

本舰原为俄罗斯海军基辅级航空母舰末舰戈尔什科夫海军上将号航空母舰，1999年1月，印度与俄罗斯开始交涉，2004年卖给印度并展开改造工程，根据合同要求，俄罗斯方面免费将该航母装让给印度，但是印度需要在俄罗斯造船厂

对该航母进行现代化改装，此外，印度还需要为航母配备俄制舰载机。俄罗斯并没有任何建造航母的经验，国内也没有可以造航母的船厂，在没有做好充足的技术准备情况下，完全没想到改装过程中充满了预想不到的复杂情况，也只能是边改装边学习，因此交付时间一拖再拖，改装质量简直让人汗颜，在2013年准备交付给印度的时候，试航过程中8个锅炉竟然有3个不能全功率工作。

在多次推迟交付后，终于在2013年11月16日俄罗斯将这艘二手的航母交付给印度海军，当然，经费也从最初的15亿美元飙升到23.3亿美元，如果加上与其配套的武器系统和米格29K舰载战机，总成本将超过50亿美元，印度认为，从改装开始，"俄罗斯就像在挤印度的牛奶，双方激烈的争吵曾让两国关系受影响"。

项目都是以追求项目效益为目的，而要保证项目的效益必须以低的项目成本作为前提条件。项目成本目标是项目管理三大目标之一，是项目管理的重点内容，是项目管理十大知识体系非常重要的一个模块。任何一个项目都是在一定预算范围内实施的，成本管理作为项目管理的重要组成部分，需要项目团队全员参与，需要进行全因素、全过程管理。项目管理首先需要做好项目成本的概算，它是项目规划中的关键内容。项目需要制定项目成本计划，确定成本控制标准，对项目全过程进行成本控制，以确保项目成本目标的实现。本章将从成本的概念、成本管理规划、成本估算、成本预算、成本控制等方面对项目成本管理进行详细介绍。

7.1 项目成本管理概述

项目成本管理是为确保项目在批准的预算内按时、按质、经济高效地完成项目的既定目标而开展的一种项目管理过程。包括项目成本规划、估算、预算和控制四个过程。

7.1.1 项目成本的概念与成本结构分解（CBS）

1. 项目成本概念

企业在从事生产经营活动或者项目开发时，需要耗费一定的人力、物力和财务资源，取得这些资源需要付出一定的代价，所耗费资源的代价用货币形式（如人民币、美元、欧元或者英镑等）来表示，并将其归集为不同的核算对象，称之为成本。随着市场经济的深入发展，成本概念的内涵和外延也在不断发展变化。

关于"项目成本"的不同定义

对于成本定义，不同的学科有着不同的观点。

经济学科认为，成本是指为了获取产品或者服务而付出的不可避免的最高代价。这个定义说明成本是由选择而引起的，没有选择就没有成本；

中国成本协会（CCA）认为"成本是为过程增值和结果有效而已付出或者应付出资源的代价"；

美国会计学会（AAA）对成本的定义是：为了达到特定目的而发生或未发生的价值牺牲，它可以用货币单位来加以衡量；

管理会计学科将成本定义为在生产经营活动中所使用的投入要素的价格。

尽管上述定义的表述方式各不相同，但大都反映了这样一个问题实质：成本是一种资源耗费，并且具有价值属性，其消耗的资源价值用货币方式来表现。

项目是为了创造独特产品、服务或者成果而进行的临时性工作。项目的每一项工作都需要占用或者耗费一定的资源。根据对成本概念的理解，项目成本可以定义为：在创造项目过程中所发生的资源耗费的货币表现。项目成本因项目过程而产生，贯穿于项目全生命周期的不同阶段，受不同的影响因素影响，是项目利益相关方共同作用的结果。

在项目管理实践中，经常会遇到诸如项目投资、项目造价和项目费用的概念，这些概念与项目成本既有联系，也有区别。

项目投资、项目造价、项目费用与项目成本的区别

1. 项目成本与项目投资

项目投资一般是指为了取得项目未来收益，而投入一定的资金、土地、设备和技术等生产要素的一种行为。项目成本与项目投资所表达的侧重点是不同的。项目投资对于支出方来讲是一种资本性支出，一般数额较大，在范围上包括了项目建设生命周期的全部支出并且强调资本支出是为了获取未来收益，投资的回收期限较长，会形成资金的沉淀。而成本则强调支出是随项目本身而流转，投入的成本补偿期限相对于投资来讲更快，一般不会形成资金长时间内的沉淀。

项目投资与项目成本共同点都是为了实现一定的目标而发生的支出，归根到底是一种资金的流出。一般来讲，对于项目业主或者建设方，项目支出称作为项目投资，而对于施工方或者从事项目咨询、监理等利益相关方，项目支出称之为项目成本。二者之间界限较为模糊，并且在一定的情况下可能会发生转化。如果项目所有方直接出售项目，则项目发生的支出就变成了项目成本；如果项目所有者持有该项目，通过该项目经营获利，则这个项目的支出就是项目投资。项目投

资与项目成本的本质区别在于是否获取未来的利益。

2. 项目成本与项目造价

项目造价是项目建造价格的简称,它是指进行某个项目建设所支出的全部费用。项目造价是根据项目范围及设计方案,测算项目建设中所包含的直接费用、间接费用、各项规费及税金等。项目成本与项目造价都是项目价值的货币表现形式,主要在概念性质和定义角度等方面存在着区别。

项目造价是项目的价格,它是采购人(业主)为了获取某个项目所要支付的货币金额,核心内容是投资估算、设计概算、修正概算、施工图预算、工程结算、竣工决算等。工程造价的主要任务:根据图纸、定额以及清单规范,计算出工程中所包含的直接费(人工、材料及设备、施工机具使用)、企业管理费、措施费、规费、利润及税金等。

3. 项目成本与项目费用

费用通常是指为了获取产品或者劳务而导致的资金流出。在会计学上,狭义的费用概念将费用限定于获得收入过程中而发生的资源耗费,如管理费用、财务费用和营业费用。广义的费用概念同时包括了成本和狭义的费用两个部分。

在会计上,项目成本与项目费用是有区别的。项目成本是针对特定的核算对象(如某个工程包,或者某分项工程)而发生的支出,而项目费用则针对一定期间,需要依据一定的财务规定在特定项目上分配这些费用。也就是说,成本的发生能直接与核算对象之间建立联系,而费用则是在一定的会计期间发生的支出,支出金额与支出对象之间难以建立直接的对应关系。费用在进行核算时,需要按照一定的会计规定将其分摊到具体项目或者产品上。

2. 项目成本的影响因素

项目的效益体现在项目成本最小化目标上,影响项目成本的因素主要有:

(1) 项目范围。影响项目成本最重要的因素是项目范围。项目范围规定了项目要完成一个什么样的产品、项目需要做哪些事情和所做事情的难度和复杂程度。从广度上讲,项目范围越大,项目需要做的事情就越多,项目成本就会越高;项目范围越小,项目成本就会越低;从深度上讲,项目需要做的事情越复杂、难度越大,项目成本也就会越高,反之成本越低。

(2) 项目质量。项目质量的要求会影响项目成本。项目质量要求高,就需要采购质量高的资源,同时耗费的时间也会越长,从而使项目成本升高;反之,项目质量水平要求低,则项目成本就会降低。

(3) 项目工期。项目成本与项目工期相关,随着工期的变化而变化。项目本身有个合理工期,高于这个合理工期,耗费的资源就多,使项目成本上升。如果低于这个合理工期,则需要增加劳动和资源占用的边际成本,同样也会使成本上升。

(4) 资源耗用数量及价格。在项目范围、质量和工期约束前提确定的情况下，项目成本与资源耗用数量及资源价格成正比关系。项目耗用数量越多，资源价格越高，就会相应地增加成本。在项目实施过程中，良好的管理水平和设计水平会影响项目成本。

3. 项目成本分解结构（CBS）

项目在不同的阶段会发生不同的成本，不同项目利益相关方根据不同任务而承担不同的项目成本。因此，要实施有效的项目成本管理，需要对项目成本进行结构分解。工作分解结构（WBS）为项目成本分解结构提供了方法论。与 WBS 相类似，我们把成本分解结构定义为依据不同标准，对项目成本进行结构化分解，即 CBS（cost break-down structure）。常用的成本结构分解方式有：

（1）按照项目组成而进行的成本分解结构。

根据 WBS 分解原理，一个项目可以分解为若干个子项目，一个子项目又可分解为若干个工作包，一个工作包又可分解为若干个活动。相应地，而每个活动或者工作包都会发生成本。按照项目组成分解成本，就是将总成本分解到项目各个组成部分，如子项目、工作包或者活动上，如图7-1所示。

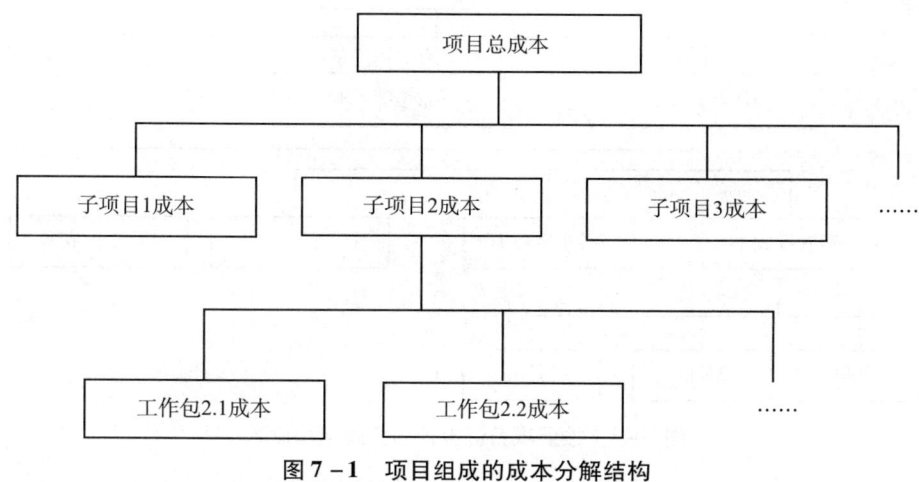

图7-1 项目组成的成本分解结构

（2）按照项目成本要素进行的成本分解结构。

按照成本要素分解项目成本，可以把总成本分解为直接费、间接费；直接费又可以分解为直接工程费和措施费；间接费可以分解为管理费、各种规费等；直接工程费又可分解为直接人工费、材料费和机械费等。项目成本分解如图7-2所示。

（3）按照项目进度计划分解结构成本。

根据项目进度计划要求，将项目成本按照时间分解到年度、季度、月、旬或者周，以便使项目管理者掌握成本的应用情况，为资金筹集准备，尽可能减少资金占用和利息支出，如图7-3所示。

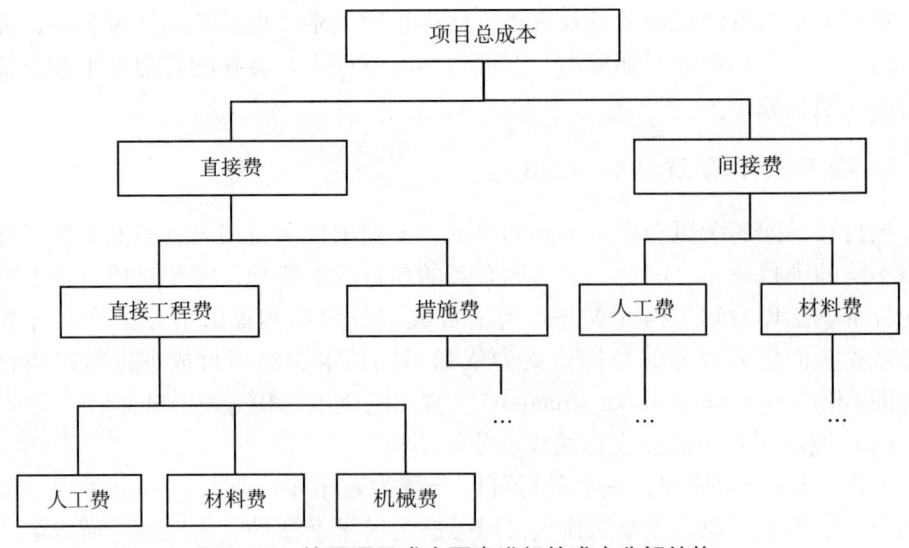

图7-2 按照项目成本要素进行的成本分解结构

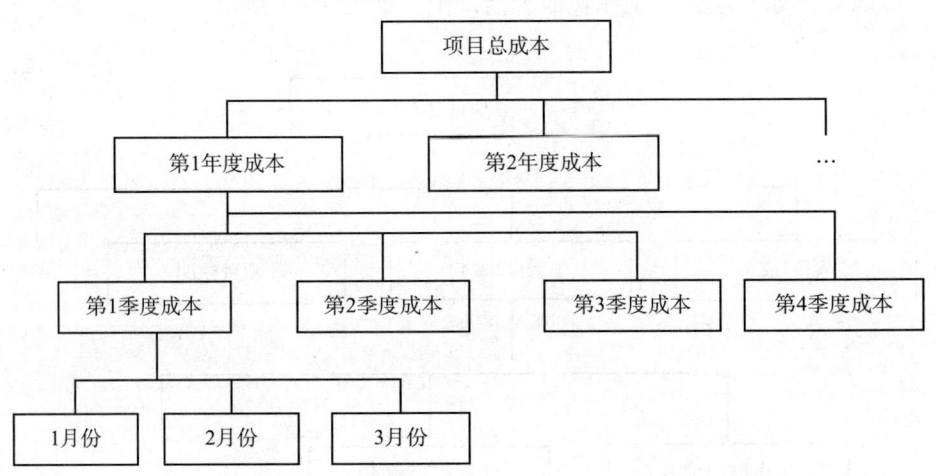

图7-3 按照项目进度计划分解结构成本

7.1.2 项目成本管理的概念

1. 项目成本管理的定义

项目成本管理是在规定的时间内，为保证项目成本目标的实现，制定项目成本计划，对实际发生费用进行控制的过程。通过项目成本管理，可以实现对整个项目实施过程进行监督检查，及时发现和解决项目成本管理过程中出现的各种问题。从以上定义可以看出，项目成本管理实质包括三个方面内容：

（1）项目成本管理对象是成本和资金；
（2）项目成本管理是一个对成本进行计划、实施和控制的过程；

(3) 项目成本管理的目标是确保成本控制在预算范围以内。

2. 项目成本管理的新理念

随着全球化竞争的日益加剧，项目数量急剧增加，项目的规模在不断扩大，项目化管理思想得到了社会广泛的普及和应用，降低项目成本的现实压力促使项目成本管理理论和实践得到了充分发展。当前项目成本管理理念主要体现在以下四个方面：

(1) 全过程项目成本管理。这种思想起源于20世纪80年代，由我国项目成本管理领域的工作者提出。该管理思想认为，项目成本来源于项目活动，成本管理应该贯穿于项目生命周期各阶段的全过程活动中；成本管理的关键在于采取经济技术手段，以设计为核心，对项目建设全过程的活动进行全方位的项目成本管理，这样才能达到预期的项目成本控制效果。

(2) 全生命周期项目成本管理。20世纪60年代，由美国国防部最先提出项目全生命周期成本管理的概念。一个项目的全生命周期成本是从项目的构思、建造、运营、最终到有效寿命的终结整个过程中花费在这个项目上的资金总体。项目全生命周期费用主要包括研究与研制费用、生产建造费用和使用维护费用三个部分。研究与研制费用对后期的使用维护费用影响很大，通过量化生命周期不同阶段的成本构成要素，寻求使项目获得、拥有和运营综合成本的最优化。这种思想已经成为投资决策和项目成本控制的一种重要思想和技术方法。

(3) 全因素成本管理。影响成本的因素有很多，不仅包括范围、质量和工期，还包括项目实施过程中所耗费的人、材料和机械等因素。而且项目自身的组织形式以及资金状况也是影响成本管理的重要因素。因此，需要从影响项目成本的各因素考虑对项目成本的影响并进行因素管理，以达到控制成本，实现项目成本目标的目的。

(4) 全面成本管理。国际全面成本管理促进会（AACE-I）前主席韦斯特尼（R. E. Westney）借鉴"全面质量管理"思想，提出了"全面成本管理"的理论和方法。全面成本管理就是通过有效使用专业知识和专门技术去计划和控制项目的资源、成本、赢利和风险。项目全面成本管理包括项目全过程成本管理、项目产品全生命周期成本管理、项目全因素成本管理、项目全方位成本管理四个部分，目前该思想已经成为世界范围内项目成本管理中最有效的技术和方法。

美国曼哈顿项目

美国陆军部于1942年6月开始实施利用核裂变反应来研制原子弹的计划，亦称曼哈顿计划（Manhattan Project）。该工程集中了当时西方国家最优秀的核科学家，动员了10万多人参加这一工程，历时3年，耗资20亿美元，于1945年7

月 16 日成功地进行了世界上第一次核爆炸,并按计划制造出两颗实用的原子弹。整个工程取得圆满成功。在美国曼哈顿项目执行过程中,负责人 L. R. 格罗夫斯和 R. 奥本海默应用了系统工程的思路和方法,大大缩短了工程所耗时间。这一工程的成功促进了第二次世界大战后系统工程的发展。

3. 项目成本管理原则

要实现对项目成本的有效管理,需要明确和遵循以下原则:

(1) 目标原则。通过建立科学的费用估算与控制体系,将费用的估算转化成为可控制的预算目标,并通过项目成本分解结构将其分解为子目标,明确责任和权限,通过子目标的实现,最终完成项目的总目标。

(2) 集成原则。项目成本、进度和质量以及相应的技术是相互关联,密不可分的。项目成本管理不能脱离于技术管理和进度管理而独立存在。因此,需要在成本、质量、技术和进度等之间的关系上进行综合平衡,集成优化。

(3) 全面成本管理原则。包括全员参与和全过程控制。成本涉及到设计、技术、采购、生产和基础管理等各项工作,要真正实现成本最优化的目标,需要企业管理人员、技术人员、施工人员和广大员工的共同参与,明确职责,上下结合,保证成本管理落到实处。项目成本又因项目过程而产生,需要对项目过程中的每项活动发生的成本细化优化,对每个过程进行有效控制,从而实现全过程的控制。

(4) 动态控制原则。项目管理是一个动态管理过程。遵循动态控制原则,就是在实践中每一个检查点,要收集成本发生的实际值,并与目标值进行比较,确定项目成本的控制状态,分析项目成本发生的趋势。如果出现偏差时,需要分析具体原因,采取相应措施,对项目工作进行持续的改进,或对目标计划进行调整。动态控制是一个计划、实施、检查和处理的 PDCA 循环过程,最终促进管理工作不断完善。

PDCA 循环

PDCA 循环又叫质量环,是管理学中的一个通用模型,最早由休哈特(Walter A. Shewhart)于 1930 年构想,后来被美国质量管理专家戴明(Edwards Deming)博士在 1950 年再度挖掘出来,并加以广泛宣传和运用于持续改善产品质量的过程中。

PDCA 是英语单词 Plan(计划)、Do(执行)、Check(检查)和 Action(纠正)的第一个字母,PDCA 循环就是按照这样的顺序进行质量管理,四个过程不是运行一次就结束,而是周而复始的进行,一个循环完了,解决一些问题,未解决的问题进入下一个循环,这样阶梯式上升的。

7.2 项目成本管理规划

7.2.1 项目成本管理规划概述

1. 项目成本管理规划的定义

项目成本管理规划是指为了规划、管理、支出和控制项目成本而制定政策、程序和文档的过程。项目成本管理与项目规划的过程紧密相连,在项目规划阶段对成本管理工作进行整体规划,建立成本管理过程的基本框架、体系和一些政策,可以确保项目管理各过程的有效性和各过程之间的协调性。项目成本规划管理为整个项目如何管理成本提供了指导和方向,是项目成本管理计划的重要组成部分。

2. 项目成本管理规划数据流向

项目成本管理规划依据项目章程、项目管理计划、组织过程资产以及事业环境因素等信息数据,通过信息数据处理的技术和方法,为有效的项目成本管理计划提供良好的基础。该信息数据会为定义活动、排列活动顺序以及识别和评价分析风险提供信息和数据,影响着项目活动的定义、排序以及风险的识别和评价分析。规划成本的数据流向如图7-4所示。

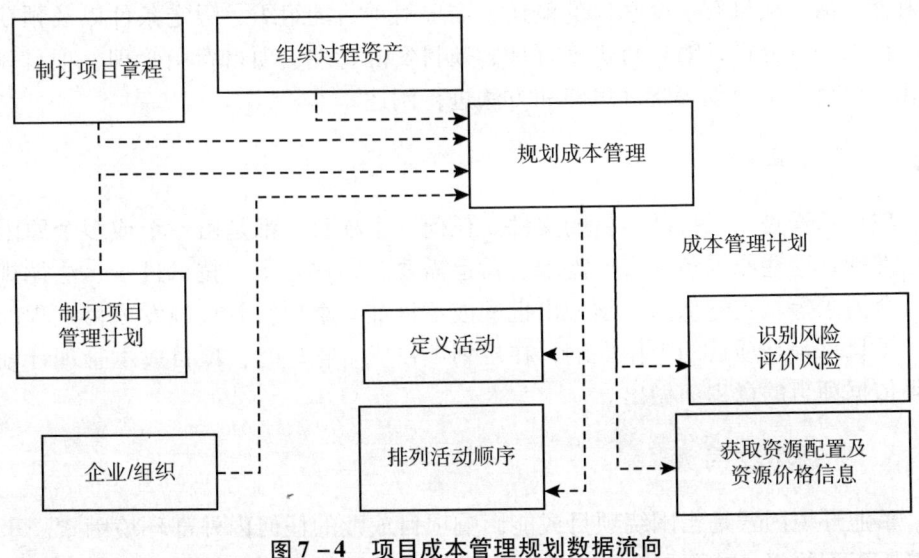

图 7-4　项目成本管理规划数据流向

3. 项目成本管理规划过程

项目成本管理规划是一个过程,是项目成本管理过程一个组成部分。按照过程管理 IPO（input-process-output）原理，项目规划过程根据项目管理计划、项目章程、事业环境因素和组织过程资产等输入变量，利用专家判断、分析技术和会议等工具技术，输出成本管理计划，如图7-5所示。

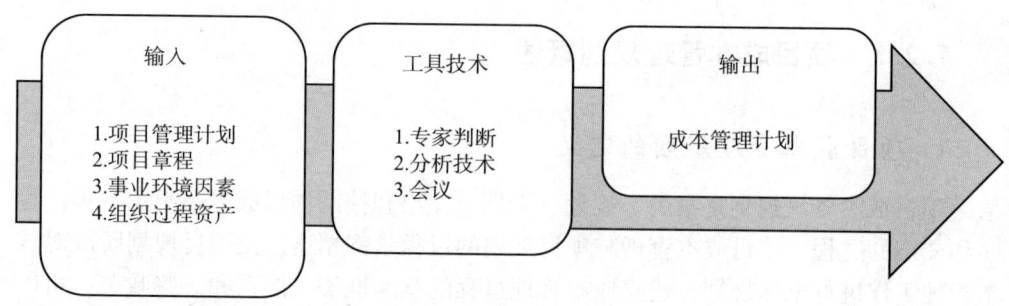

图7-5 项目成本管理规划过程

7.2.2 项目成本管理规划输入

项目成本管理规划输入包括项目管理计划、项目章程、事业环境因素和组织过程资产四个方面。

1. 项目管理计划

项目管理计划是项目管理的规划性文件，是项目实施过程项目管理的大纲和指南。根据不同的项目类型和项目管理需求，项目管理计划有很多种形式，其主要内容包括：项目有一个总体的概述，需要对项目的组织、限定条件以及预期的商务目标进行分析，对项目进度管理、项目资源管理、项目费用管理、项目风险管理、项目质量管理等管理思路和方法进行阐述。

2. 项目章程

项目章程是正式批准项目的文件。任何一个项目，都是由一个或多个原因而被批准的，这些原因包括市场需求、营运需要、客户要求、技术进步、法律规范和社会需求等。主管部门必须做出批准或不批准某个项目并且颁发项目章程的决策。项目章程是项目的工作大纲，在规划项目成本管理时，项目成本管理计划也必须依据项目的章程而做出。

3. 事业环境因素

事业环境因素是指围绕项目或能影响项目成败的任何内外部环境因素。事业环境因素可能提高或限制项目管理的灵活性，并可能对项目结果产生积极或消极影响。事业环境因素主要包括：组织文化、成本组织体系和成本管理流程、政府或行业标准（如监管机构条例、行为准则、产品标准、质量标准和工艺标准）、基础设施（如现有的成本管理软件和计算机设备）、现有人力资源状况（如人员在成本、合同等方面的技能、素养与知识)、人事管理制度(如人员招聘和留用指南、员工绩效评价与培训记录、加班政策和时间记录)、公司的工作授权系统、市场条件、商业数据库(如标准化的成本估算数据、行业风险研究资料和风险数据库)等。

4. 组织过程资产

在制定项目章程及以后的项目文件时,所有用于影响项目成功的资产都可以视作组织过程资产。组织过程资产反映了组织从以前项目中吸取的教训和学习到的知识,如完成的项目进度表、风险数据和实现价值数据。组织过程资产的累积程度是衡量一个项目组织管理体系成熟度的重要指标,项目组织在实践中形成自己独特的过程资产,构成组织的核心竞争力。影响规划成本管理的组织过程资产主要包括以下内容:

(1) 财务控制程序。包括定期的报告、费用与支付审查、会计编码以及标准合同条款。

(2) 历史信息和经验教训知识库。项目组织在项目操作过程中所获得的经验和教训,其中既包括已经形成文字的档案,也包括留在团队成员脑子中没有形成文字的思想。项目组织在项目管理过程中形成的所有文档,包括知识资料库、文档模板、标准化的表格、风险清单等。

(3) 财务数据库。项目中形成了与财务有关的所有的信息资料和数据资料。这是以后项目管理和项目决策的基础和前提。

(4) 现有的、正式的和非正式的、与成本估算和预算有关的政策、程序和指南。项目组织在项目管理过程中形成的各种财务成本方面的规章制度、指导方针、规范标准、操作程序、工作流程、管理制度、行为准则和工具方法等。

7.2.3 项目成本管理规划工具与技术

规划项目成本管理需要一定的工具技术和方法,主要包括:

1. 专家判断法

相似的项目在成本管理规划方面具有一定的相似性,该领域的专家可以凭借其拥有的项目成本管理经验,对项目环境进行具体分析,应用专家在应用领域、知识领域、学科和行业等方面的专业知识的判断,对项目成本规划提出专家意见,制订项目成本管理计划。

2. 分析技术

分析技术是指以成本管理中的决策行为作为研究对象,以成本最小化为决策目标的一切决策方法的总和。在制订成本管理计划时,会遇到项目筹资的决策问题,如是采用自筹资金、股权资金还是借贷资金等;会遇到项目资源筹集决策问题,如自制、采购、还是租用,这些决策问题会对项目成本产生影响,也可能会对项目进度和风险产生影响。可以采用的成本分析技术有：回收期、投资报酬率、内部收益率、净现值等。

3. 会议

会议是指人们怀着各自相同或不同的目的，围绕一个共同的主题，进行信息交流或聚会、商讨的活动。项目成本涉及各个项目外部的利益相关方以及项目组织内部的人员，如政府主管部门人员、设计单位人员、项目经理、项目成本负责人、项目采购经理等。项目团队可以采取会议的方法将不同利益诉求的人或者组织集中起来，进行讨论，形成一致的意见。

7.2.4 项目成本规划输出

项目成本规划的输出是项目成本管理计划。项目成本管理计划是项目管理计划的组成部分，该计划将对成本估算、成本预算以及成本控制等成本管理过程以及所采用的工具技术做出原则性规定。

成 本 企 划

20世纪60年代开始，日本的成本企划由丰田汽车公司最先开始倡导。成本企划是目标成本管理的又一模式，其思路是先根据消费者认可的售价，减去期望利润，计算出目标成本，再进一步运用价值工程分析等手段来研究产品生产如何满足目标消费要求。

日本成本企划特别委员会认为，成本企划是指在产品的策划、开发中，根据顾客需求设定相应的目标，希冀同时达成这些目标的综合性利润管理活动。

成本企划具有如下特点：

（1）成本企划实施的目的在于使"顾客满意"。成本企划方法的基础之一就是目标成本计算，这里的目标成本是一种全生命周期成本，它不仅包括生产者发生的成本，还包括消费者的使用成本。在成本管理中，企业为了取得竞争优势，就要满足顾客在质量、价格、交货期等方面的要求，并力求使顾客的使用成本达到最低，将全生命周期成本视为必须达到的目标加以实现。

（2）成本企划的管理重心是产品设计和开发策划。成本企划强调必须从产品"设计"开始关注未来产品成本，即在产品设计阶段乃至开发策划阶段就开始进行降低成本的活动。其管理的主要特征在于预防性，管理的主体是产品及工程设计人员、生产现场技术人员等，而成本管理人员则在价值信息的供给上提供必要的配合与帮助。

（3）成本企划是一种多重循环挤压降低成本的方法。首先，在产品规划阶段，由某职能部门进行市场调研，了解市场目前和将来的产品需要以及消费者倾向等情况。其次，在产品设计阶段，根据产品规划书，设计出产品原型，一般要经过构想设计、基本设计、详细设计与工序设计四个阶段,每个阶段的目标成本都要实施"设定—分解(沿着产品形成工艺过程逆方向分解)—再设定—再分解……"循环,每一循环都是对成本的一次挤压。只有最后工序设计阶段的成本降低额达成后,挤压暂告一个段落,才能转向实施批量生产。最后,在产品试生产阶段,这是对前期成本规划与管理工作的分析和评价,致力于解决可能存在的潜在问题。一旦试生产阶段发现产品成本超过目标成本,就得重新返回设计阶段。利用价值工程与各种改善手法,对过程中形成的过高成本加以修正,通过逐层次不断挤压来达到降低成本的目的。

资料来源:[日]水野滋著,宋永林,陆霞译.全企业综合质量管理 TQC 的引进和推行[M].北京:中国计量出版社,1989.

7.3 项目成本估算

7.3.1 项目成本估算概述

1. 项目成本估算的定义

项目成本估算是对完成项目各活动所必需的资源成本的估算。这个过程的主要任务是确定完成项目工作所需要的成本金额。成本估算主要应用于:在项目实施前的投资决策中,是资金筹集的依据;对于承包商来说,是进行竞争报价的依据;在实施过程中,估算的成本是制定成本计划的依据,也是对项目进行成本控制的依据。因此,项目成本估算是项目成本管理的基础。

由于在项目成本估算时所具备的条件和掌握的资料不同,项目成本估算的精度也就不同。项目成本估算的精度还取决于项目成本估算工作的管理成本和管理要求。掌握的资料越丰富,确定性条件越多,管理要求越高,则估算精度也就会越高,但同时成本也会越高。项目成本估算贯穿与项目生命周期的各个阶段,一般来说,随着生命周期各阶段的推移,估算的精确度随之提高。许多公司通过建立"估算手册"来标准化估算过程,提出量级估算、预算估算和最终估算三阶段划分法,各阶段估算精度和用途见表 7-1 所示。

表 7-1   项目成本估算的三阶段划分

估算类型	何时做	为什么做	精度
量级估算	在项目生命周期前期	为项目决策提供依据	-25% ~ +75%
预算估算	在项目立项后,项目进行早期	将资金拨入预算计划	-10% ~ +25%
最终估算	在项目后期,项目完成前	为采购提供决策依据,估算实际成本	-5% ~ +10%

四阶段划分将成本估算划分为数量级估算、系数估算、控制估算和详细或者最终估算。各阶段估算精度和用途见表7-2所示。

表7-2　　　　　　　　　　项目估算四阶段划分

估算类型	用途	精度
数量级估算	可行性研究	-30% ~ +50%
系数估算	预算、批准或者控制	-25% ~ +30%
控制估算	控制或者招投标	-10% ~ +15%
详细估算	检查估算或者招投标	-10% ~ +15%

2. 项目成本估算数据流向

在项目成本估算中，主要的数据来源于成本管理规划中的成本管理计划、工作分解结构的范围基准、制定进度计划中的进度计划、人力资源管理规划中的人力资源管理计划、识别风险中的风险登记册以及企业/组织中的事业环境因素和组织过程资产。估算成本中输出的数据会流向项目文件，更新项目文件；输出的活动成本估算数据会流向估算活动资源、识别风险和规划采购管理；输出的估算依据会流向制定预算，作为制定预算的依据。估算成本的数据流向如图7-6所示。

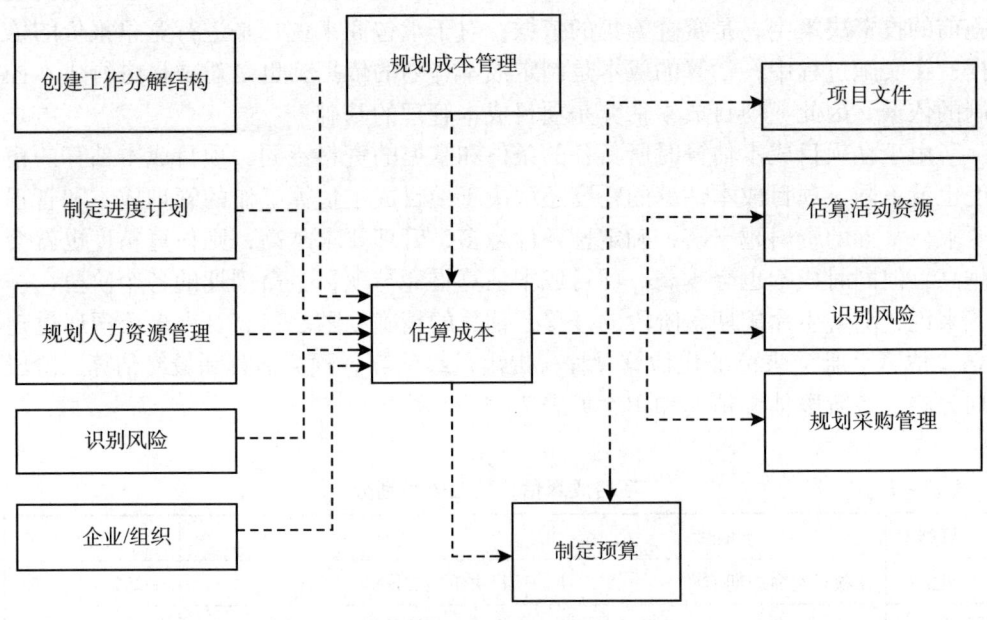

图7-6　成本估算的数据流向

7.3.2 项目成本估算依据

项目成本估算所需要的支持信息的数量与种类，因应用领域的不同而不同。成本估算不论其预算精度如何，其支持性文件都应该清晰、完整地说明成本估算是如何得出的。项目成本估算的依据主要包括：

(1) 关于成本估算依据的文件（如估算是如何编制的）；
(2) 关于全部假设条件；
(3) 关于各种制约因素的文件；
(4) 对估算区间的说明；
(5) 对最终估算的置信水平的说明。

7.3.3 项目成本估算过程

成本估算是在某个特定时点，根据已知信息所做出的成本预测。在估算成本时，需要做出各种备选方案，对备选方案的成本及其风险进行分析，以优化项目成本。

成本估算过程是从其他知识领域的相关过程的输出中获取输入信息，通过项目估算的工具和技术进行成本估算，最后得到输出项目估算成果。该过程的输入、工具与技术及输出如图 7-7 所示。

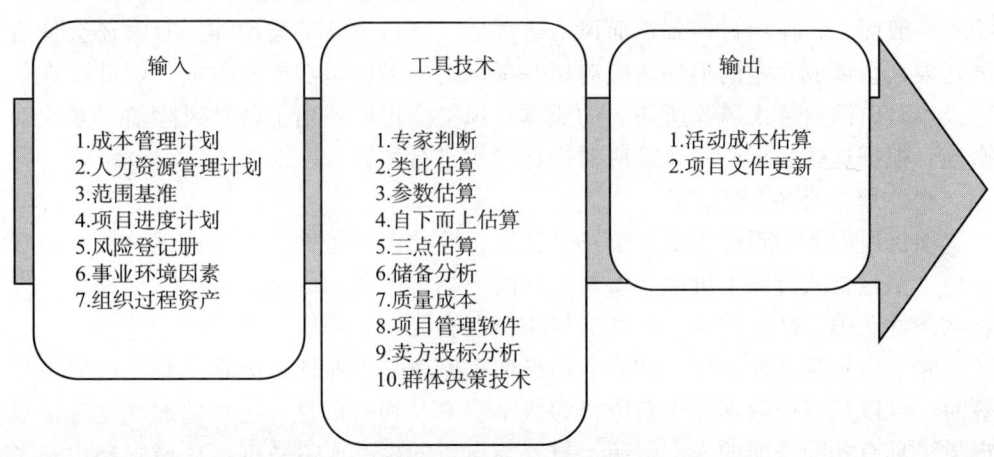

图 7-7 成本估算的输入、工具与技术和输出

1. 项目成本估算输入

项目成本估算需要依据与成本有关的数据，如人力资源计划、项目范围等，这些输入具体包括如下内容：

(1) 成本管理计划。

成本管理计划规定了如何管理和控制项目成本的一些程序、政策和方法，成本管理计划中的有关估算活动成本的方法和需要达到的准确度是进行项目估算的依据。

（2）人力资源管理计划。

在人力资源计划中，包含着项目人员配备情况、人工费率、工资标准和相关激励方案，这些是制定项目成本估算时必须要考虑的因素。

（3）范围基准。

范围基准是范围管理的重要输出，是确定项目主要交付成果的一份重要书面文件。范围基准不仅规定了项目要完成事项的数量，还包括了其质量标准。列入范围基准中的事项完成，标志着项目的完成。

（4）项目进度计划。

项目工作所需要的资源种类、数量和使用时间，都会对项目成本产生很大影响。进度计划中的所需要资源及使用时间是本过程重要输入。在项目活动资源估算过程中，已经估算出开展进度活动所需要的人员、材料和设备的数量。成本估算是建立在资源估算基础之上的，项目消耗资源或者占有资源都可以看成是对货币资金的占用和支出。另外，资金具有时间价值，项目本身及各项活动持续时间会对项目成本估算有一定影响，因此，活动的持续时间估算会对成本估算产生影响。有些资源价格随时间季节的变动而变动，这些项目活动的开始时间与结束时间也会影响成本估算。

（5）风险登记册。

风险既可以是威胁，也可以是机会，通常会对活动及整个项目成本产生影响。一般而言，在项目遇到负面风险事件后，项目风险将会增加，有时还会使进度延误，会造成一定的损失。应对每一项风险的措施是需要成本的，因此，在估算成本时，需要考虑风险所需要的成本。风险登记册列出了各类风险清单及应对措施，根据这些数据，对风险应对措施费用进行估算。

（6）事业环境因素。

项目所需要的资源需要从市场上获取，因此市场条件会影响成本估算。市场条件主要是指从市场上可以获得什么样的产品、服务和成果，可以从谁那里、以什么条件获得。地区或者全球性的供求情况会影响资源成本。

除了市场条件外，发布的商业信息数据库也是事业环境因素。在进行成本估算时，可以从商业数据库中获取资源成本费率及相关信息，这些数据库动态信息提供了具有各种技能的人力资源、材料与设备的标准成本数据。环境影响也是考虑的一个重要因素，项目会对环境不同程度地造成一定的污染，所以，需要进行环境治理，产生一定的费用。这都是估算成本的重要依据。

（7）组织过程资产。

影响成本估算的组织过程资产主要包括：①成本估算政策，指成本估算一些规定；②成本估算模板。一些行业或者企业会形成自己的成本估算模板，应用这些模板为成本估算提供了一些方法、算法；③成本估算历史信息。在进行新的项目估算时，可以利用过去的类似项目信息；④经验教训。在进行成本估算时，会形成一些经验，指导今后的估算，也会有一些教训，可以避免今后类似事件的发生，使成本估算更加准确。

2. 项目成本估算的工具与技术

成本估算实质上是一种预测工作，可以利用预测原理与理论对项目成本进行估算。但由于项目性质不同，项目成本估算与一般产品的成本估算又有不同之处，存在着一些特殊的成本估算方法。项目成本估算方法主要有：专家判断、类比估算、参数模型估算、自下而上的估算、三点估算等。

（1）专家判断。

专家判断是以专家为索取信息的对象，利用专家的理论和经验，对项目成本进行估计。专家可以基于对项目历史的经验和信息，对项目环境以及以往类似项目的信息提供有价值的见解，并且可以对其他估算方法做出判断与决定，对如何协调各方法之间的差异做出决策。

成本估算的专家是指具有专门的成本估算或者经过专业培训的团体或个人。专家的来源包括以下几个方面：①实施组织中的其他单位；②咨询机构；③专业和技术协会；④工业团体等等。

专家判断方法主要有专家个人判断法、专家会议法和德尔菲法等。专家个人判断法是指依靠专家个人的知识和经验对成本预测值做出判断；专家会议法是指把相关专家集中起来召开会议，在会议上讨论成本预测的有关问题；德尔菲法是以匿名的方法通过几轮函询征求专家们的意见，经过整理、分析、归纳和处理，最终形成函询专家共同认可的方案。

（2）类比估算。

类比估算法是指以过去类似项目的参数值（如范围、成本、预算和持续时间等）或者规模指标（如尺寸、重量、面积和复杂性等）为基础，来估算当前项目的同类参数或者指标，以过去类似项目的实际成本为依据，来估算当前项目成本。

类比估算法是最简单的成本估算技术，实质是综合运用了历史信息与专家判断。"类比估算"是通过同以往类似项目相类比得出估算。为了使这种方法更为可靠和实用，进行类比的以往项目不仅在形式上要和新项目相似，而且在实质上也要非常相同。

这种方法简单易行，花费较少，尤其当项目的资料难以取得时，此方法是估算项目总成本的一种行之有效的方法。当然，它也有一定的局限性。项目具有一次性、独特性等特征，在实际生产中，根本不可能存在完全相同的两个项目，根据对以往类似项目的经验对当前项目总成本进行估算，其估算的准确性较差。

这种方法一般应用在项目早期阶段，在这个阶段，项目详细信息不足，或者无须做出更加准确的估算。也可以针对整个项目或者项目中的某个部分，进行类比估算。

(3) 参数估算。

参数估算法是一种运用历史数据和其他变量（如施工中的平方英尺造价、软件编程中的编码行数、要求的人工小时数）之间的关系模型来计算项目活动成本的一种方法。这种技术估算的准确度取决于模型的成熟度及其涉及的基础数据的可靠性。

波音公司的参数估计

20世纪60年代协和式飞机开发项目运用了参数估算方法，协和式飞机是一种独特而新颖的机型，要估计完成飞机设计图的时间具有相当大的难度。但是，根据参数成本估算法和最近飞机开发项目的经验，开发者发现，所有人员投入设计的周数和巡航速度之间存在着稳定的线性关系。即飞机的巡航速度和设计图的完成时间成正比。例如：道格拉斯DC-3型飞机的巡航速度是160海里/小时左右，该飞机的设计图耗用时间是0.2个星期；波音747飞机的巡航速度是450海里/小时左右，该飞机的设计图耗用时间是2个星期。使用这些相关数据，可以合理而精确的预算设计过程。

(4) 自下而上估算。

自下而上估算是指参与项目工作的每一个组织和基层单位根据所承担的项目任务估算要发生的成本，然后将这些估算结果进行汇总求和，最后再加上各种杂项开支、一般性和行政性开支以及其他费用，就得到该项目的整体估算费用。该方法优点是低层次直接参与项目工作的人员更清楚项目工作所需资源的种类和数量，成本估算更为精确；因为该方法得出的成本估算源自他们自己的估计，可以避免以后成本预算过程中的一些冲突和不满。缺点是：低层单位更倾向于对每一个工作单元有过高估算的倾向，往往导致最后的成本估算无法接受。

(5) 三点估算。

项目成本估算存在着不确定性和风险，为提高活动成本估算的准确性，在计算每项活动成本时，要考虑三种可能性：

最可能成本（CM）：对项目工作的相关费用进行比较现实的估算所得到的活动成本；

最乐观成本（CO）：在活动实施环境最好、最理想的情况下所需要的活动成本；

最悲观成本（CP）：基于活动实施环境最差的情况所预测的活动成本。

该方法首先估算最悲观成本、最可能成本和最乐观成本，然后再计算出该活动的期望成本。基于活动成本在三点估算值区间内的假定分布情况，期望成本（CE）计算方法为：

假定三点估算值区间呈贝塔分布，期望成本为：

$$CE = (CO + 4CM + CP)/6 \qquad (7.1)$$

基于三点假定分布可以计算出期望成本,并可以说明期望成本的不确定区间。

其他方法还有储备分析、质量成本、项目管理软件、卖方投标分析、群体决策技术等,这些方法可以应用在不同类别项目估算中。

3. 估算成本的输出

(1) 活动成本估算。

活动成本估算是对完成项目工作可能需要成本的量化计算。成本估算需要覆盖活动所使用的全部资源,包括直接人工、直接材料、设备、服务、设施、信息技术,以及一些特殊的成本种类,如融资成本(包括利息)、通货膨胀补贴、汇率或者成本应急储备。如果间接成本也包含在项目估算中,则可以在活动层次或者更高的层次上列间接成本。表7-3是某一工程安装成本估算表。

表7-3　　　　　　　　　　工程安装成本估算表

序号	费用项目名称	计算方法	费率(%)	合价(千元)
一	直接费	(一)+(二)		615240
	(一)直接工程费	∑(工程量×省价目表基价+材料费)		456800
	其中:定额人工费(R1)	∑工程量×(定额工日消耗量+人工单价)		236000
	(二)措施费	1+2+3		158440
	1. 参照定额规定计取收费	按定额及配套规定计算		23000
	2. 参照省发布费率计取措施费	2.1+2.2+2.3+2.4		115640
	2.1 环境保护费	R1×相关费率	3.20	7552
	2.2 文明施工费	R1×相关费率	6.50	15340
	2.3 临时设施费	R1×相关费率	18.50	43660
	2.4 其他措施费	R1×相关费率	20.80	49088
	3. 措施费	按照施工组织设计(方案)计提		19800
	其中:人工费(R2)	R1×相关费率	12.23	28862.8
二	企业管理费	(R1+R2)×管理费率	6.50	264862.8
三	利润	(R1+R2)×利润率	30	79458.84
四	规费	4.1+4.2+4.3+4.4+4.5+4.6		52422.5642
	4.1 工程排污费	按建字〔2007〕45规定计取		3500
	4.2 工程定额测定费	(一+二+三)×相关费率	0.09	863.605476
	4.3 社会保险费	(一+二+三)×相关费率	2.60	24948.6026
	4.4 住房公积金	(一+二+三)×相关费率	0.20	1919.12328

续表

序号	费用项目名称	计算方法	费率(%)	合价(千元)
四	4.5 危险作业意外伤害保险费	按建字〔2007〕45 规定计取		2000
	4.6 安全施工费	（一＋二＋三）×相关费率	2	19191.2328
五	税金	（一＋二＋三＋四）×规定税率	3.44	34812.2566
六	设备费			9300
七	建筑工程费			2400
八	设计费	（一＋二＋三＋四＋五－4.3＋六＋七）×相关费率	4.50	46509.6536
九	安装工程预算费	一＋二＋三＋四＋五－4.3＋六＋七＋八		694981.588

（2）项目文件更新。

在估算之前形成的项目文件，可能会因为在估算过程中发生变化，需要进行迭代更新。

7.4 项目成本预算

7.4.1 项目成本预算概述

1. 项目成本预算定义

项目成本预算又称为项目成本计划，是一项制订项目成本控制标准的项目管理工作。它是确定项目的总成本，并将批准的项目总成本估算分配到项目各项具体活动中，进而确定、测量项目实际执行情况的成本基准。

项目成本估算与成本预算既有区别又有联系。成本估算主要是估计项目各项活动成本值和总成本值，以及误差范围，而成本预算是对项目总成本，及分配到各项活动、具体的责任部门或者具体的时间阶段上的成本值给予确定，并作为成本控制的标准。成本估算的输出结果是成本预算的基础和最重要的输入，成本预算是对成本估算的结果给予最终的确认。尽管成本估算与成本预算的目的和任务不同，但两者都以工作分解结构为依据，所运用的方法与工具相同，是项目成本管理中不可或缺的组成部分。

2. 项目成本预算数据流向

在项目成本估算中，主要的数据来源于成本管理规划中的成本管理计划、工作分解结构的范围基准、制定进度计划中的进度计划、人力资源管理规划中的人力资源管理计划、识别风险中的风险登记册以及企业/组织中的事业环境因素和组织过程资产。估算成本中输出的数据，会流向项目文件，更新项目文件，输出的活动成本估算数据会流向估算活动资源、识别风险和规划采购管理；输出的估算依据会流向制定预算，作为制订预算的依据。估算成本的数据流向如图7-8所示。

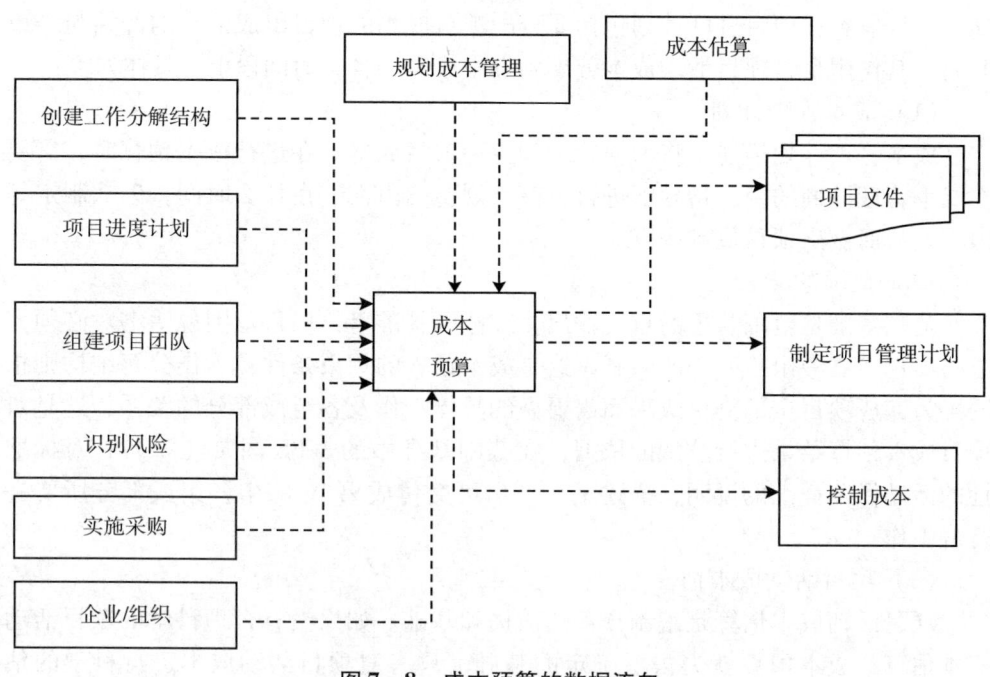

图7-8 成本预算的数据流向

7.4.2 项目成本预算过程

成本预算的主要作用是确定成本基准。该过程的输入、工具与技术及输出见图7-9。

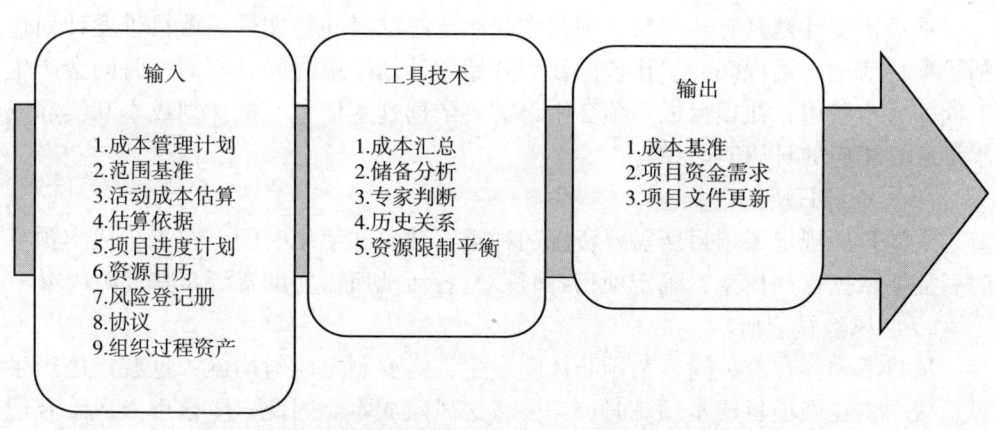

图7-9 成本预算的输入、工具与技术和输出

1. 成本预算的输入

制定成本预算关键的输入主要包括：活动成本估算、范围基准和项目进度计划。其中范围基准确定了要分配成本的项目组成活动；项目活动成本估算是待分配的项目成本；项目进度计划包括要分配项目成本的项目组成活动的开始与结束时间，其作用是将项目活动成本分配到发生成本的各个时间段上。具体如下：

（1）成本管理计划。

成本管理计划描述了将如何管理和控制项目成本。在进行成本预算时，需要在成本管理计划的统一指导下进行，该计划包括由谁、在什么时间、怎么制定等内容，从而做出项目成本预算。

（2）范围基准。

范围基准是范围管理的重要输出，在范围基准里，项目范围说明书对必须完成的项目产品做出了明确的限制，这是成本预算的约束条件；工作分解结构则指明了为完成项目全部交付成果而需要做的具体工作及各组成部分的关系，这是对项目成本估算结果进行分配的依据；在范围基准中的 WBS 词典（WD），对标准性的活动做了详细的说明，描述了为产出可交付成果 WBS 中各组成部分所要进行的工作。

（3）项目活动成本估算。

项目活动成本估算是编制预算的前提和基础。如果没有合理科学的项目活动成本估算，成本预算就失去了确定的基础，只有对项目活动成本进行科学的估算，预算成本所设置的目标才具有可靠性和实现的可能性。

（4）估算依据。

估算依据是在估算项目成本过程中所依据的一些标准和政策等文件。在估算依据中包括了基本的假设条件，例如，项目预算中是否应该包含间接成本或者其他成本。

（5）项目进度计划。

项目进度计划是有关项目各项工作起始与终结时间的文件。项目进度计划包括了项目活动、里程碑、工作包的计划开始与计划结束时间。不同的时间会产生不同的成本费用，在项目成本预算中，需要依据这些信息，把计划成本和实际成本汇总到相应的日历时段中。

（6）资源日历。

资源日历规定了项目所需要资源的种类、数量和使用时间。在进行成本预算时，需要依据这些信息，确定项目各时段、各活动所需要的资源及其资源成本。

（7）风险登记册。

项目活动存在着风险，为预防风险发生，需要制定应对措施，这些措施产生风险成本。在做项目成本预算时，需要考虑风险成本。因此，应该审查风险登记册，从而确定汇总之后的风险应对成本。

(8) 协议。

在项目进行过程中,需要从外部获取资源,需要采购产品、服务和成果,这些资源需要发生项目成本。因此,在制定预算时,需要考虑将要或已经采购的产品、服务或者成果的成本,以及适用的协议信息。

(9) 组织过程资产。

在制定项目成本预算时,一些组织过程资产,如现有正式和非正式的、与成本预算有关的政策、程序和指南,现有的成本预算工具以及成本报告的模板和报告方法,过去的历史数据及经验,这些都成为制订项目成本预算的依据,对预算的制定起到重要指导作用。

例如:已知某项目进度计划如图7-10所示,给出了项目的范围基准、活动成本估算以及项目进度计划等三个方面的关键输入。

活动名称	时间(月)	费用(万元)	工程进度											
			1	2	3	4	5	6	7	8	9	10	11	12
场地平整	1	30	■											
基础施工	3	60		■	■	■								
主体工程施工	5	120				■	■	■	■	■				
砌筑工程施工	3	60								■	■	■		
屋面工程施工	2	40									■	■		
楼地面施工	1	30										■		
室内设备安装	2	20									■	■		
装饰	1	40											■	

图7-10 某项目进度计划

2. 项目成本预算的工具和技术

项目成本预算的方法、工具和技术主要包括:

(1) 成本汇总。

成本汇总是将在活动上的成本估算汇总到WBS中的工作包,然后再根据需要,将工作包的成本汇总到WBS更高层次,如控制账户,最终得出整个项目的总成本。

(2) 储备分析。

通过预算储备分析,可以计算出所需的应急储备与管理储备(钱或者时间)。应急储备是为未规划但可能发生的变更提供的补贴,这些变更由风险登记册中所列的已知风险引起。管理储备则是为未规划的范围变更与成本变更而预留的预算。项目经理在使用或支出管理储备前,可能需要获得批准。管理储备不是项目成本基准的一部分,是否包含在项目总预算中,由管理层决定。

(3) 专家判断。

专家是受过预算方面的专业教育，具备项目成本管理经验和能力，或者具有预算知识、技能或培训经历的任何小组或者个人。专家可以从许多渠道来获取，包括组织内部的各部门、造价顾问公司、利益相关方、专业与技术协会以及项目管理专业团体等。在制订预算时，专家可以基于应用领域、知识领域、学科、行业或者相似项目经验，对制订预算提供帮助。

(4) 历史关系分析。

一些历史项目提供了许多数据，通过这些数据的分析，可以归纳出有关变量之间的关系，利用这些关系可以进行参数估算或者类比估算。应用这种方法时，首先利用项目特征（参数）来建立变量之间的数学模型，然后利用以往项目数据，求取模型的参数变量，最后将预算的自变量数据代入模型，得出预算的变量数值。

在应用历史关系分析方法时，如果用来建立模型的历史数据信息比较准确，并且模型中参数易于量化，这种方法非常适用。

(5) 资金限制平衡。

不考虑资金限制水平而编制出的预算只是一种理想状态。在实际中，项目计划支出总是受到项目资金的限制，因此，项目资金限制是项目预算的一个约束条件。当发现预算支出与资金限制有偏差时，需要调整工作进度计划，以平衡资金支出水平。

3. 项目成本预算的输出

(1) 成本基准。

成本预算的主要成果是建立一个项目成本基准。成本基准是经过批准、按时间段分配的项目预算。成本基准不包括任何管理储备，需要通过正式变更控制程序才能变更，是用作与实际结果进行比较的依据。

成本基准是项目成本预算的一个组成部分。一般首先确定一个控制账户，将责任落实到管理控制账户的部门或者负责人。控制账户是由若干个工作包构成，一个工作包又由若干个活动组成。在进行项目预算时，首先汇总在工作包之下的所有活动成本估算，然后再加上活动应急储备，会得出工作包成本估算。在此基础上，加上该工作的应急储备，就是这个控制账户所分配的预算值，也就是成本基准，在成本基准基础上，再加上一定数额的管理储备，就得出项目预算。

项目成本基准有多种表现方式，如表格式、直方图以及累积曲线图方式。

①表格式。

表格式主要以活动和工作包为自变量，项目成本为因变量绘制的表。根据管理需要，这些图表有很多种形式。根据项目估算的结果，将费用分配到具体活动或者工作包上去，可以用表7-4来表示详细的成本基准。

表7-4　　　　　　　　　　项目成本基准表

活动名称	单位	工作（程）量	综合单价	成本合计

项目成本基准表

项目中划分为12个时间段，依据活动成本和项目进度计划，把项目活动成本分解到不同时间段中，最后得到项目成本基准表。

活动名称	时间（月）	总预算成本（万元）	工程进度											
			1	2	3	4	5	6	7	8	9	10	11	12
场地平整	1	30	30											
基础施工	3	60		10	30	20								
主体工程施工	5	120				20	20	30	30	20				
砌筑工程施工	3	60								20	20	20		
屋面工程施工	2	40										25	15	
楼地面施工	1	30										30		
室内设备安装	2	20											10	10
装饰	1	40												40
合计	18	400	30	10	30	40	20	30	30	40	20	45	55	50
累计			30	40	70	110	130	160	190	230	250	295	350	400

②直方图式。

以时间段（月）为自变量，在此时间阶段上发生的成本费用金额为因变量，可以做出在不同时间段投入到项目上的成本直方图，如图7-11所示。

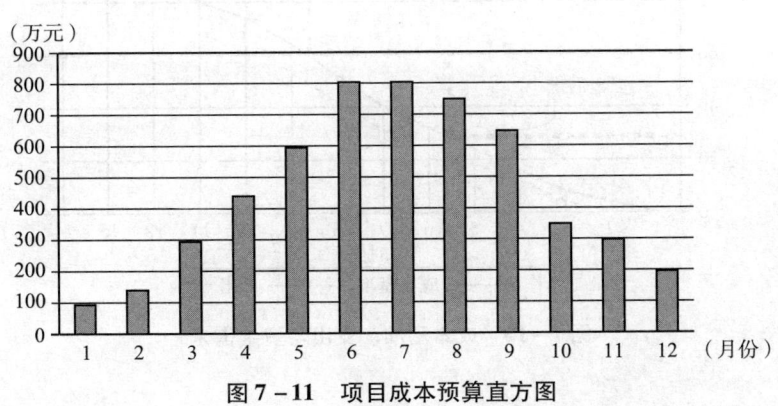

图7-11　项目成本预算直方图

③累积曲线图式。

累积曲线，也称之为"S"形基线，它是以时间为横坐标，在该时间点累计投入的成本量为纵坐标而做出的图表。该图表示累计投入成本量随时间总量的变化而变化的情况，如图7-12所示。

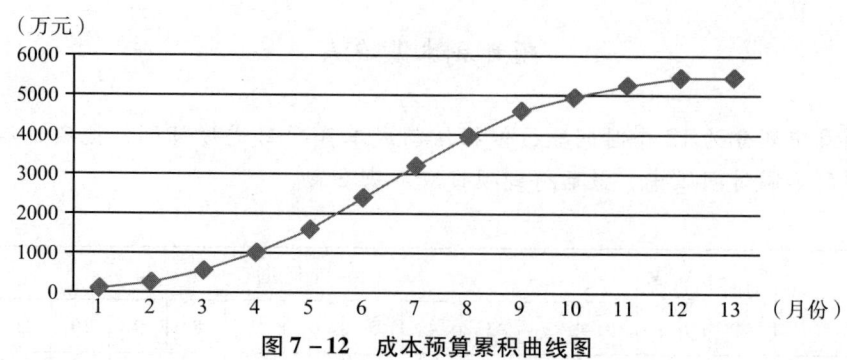

图7-12 成本预算累积曲线图

（2）项目资金需求计划。

项目实施过程中，要发生一定的成本，这些成本需要项目组织筹集资金并按要求进行现金支付。因此，需要预测在不同时间阶段项目所需要的资金。项目总的资金需求和阶段性资金需求由成本基准来确定。成本基准中既包括预计的支出，即现金流出，又包括预计的债务。项目资金需求量通常以增量非连续的方式投入，并且在不同阶段是不均衡的，有的阶段需求量大，有的阶段需求量小。如果有管理储备，总的资金需求等于成本基准加上管理储备。在资金需求文件中，可以说明资金的来源。

成本基准、成本支出与资金需求的关系可以用图7-13来表示。

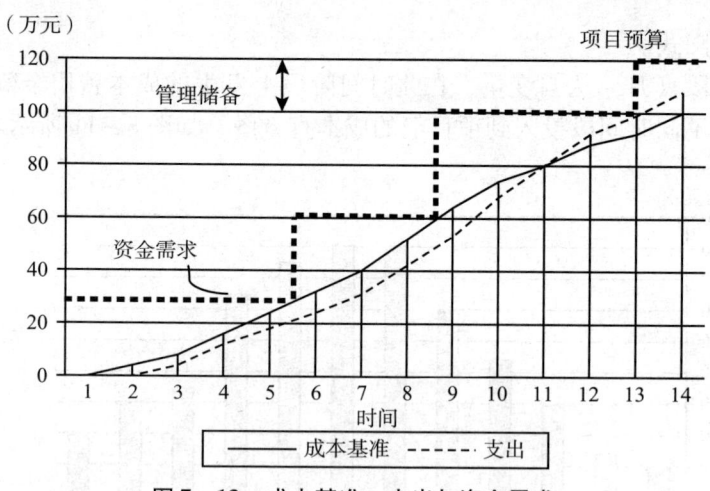

图7-13 成本基准、支出与资金需求

累积曲线与资金需求曲线

根据预算表的数据可以画出一条时间—成本累计曲线，根据累计的预算成本，确定资金需求的时间段，可以做出资金需求计划，即 1~4 月，需要 120 万元，1~9 月份，需要 260 万元，到 12 月份，需要安排资金 400 万元。

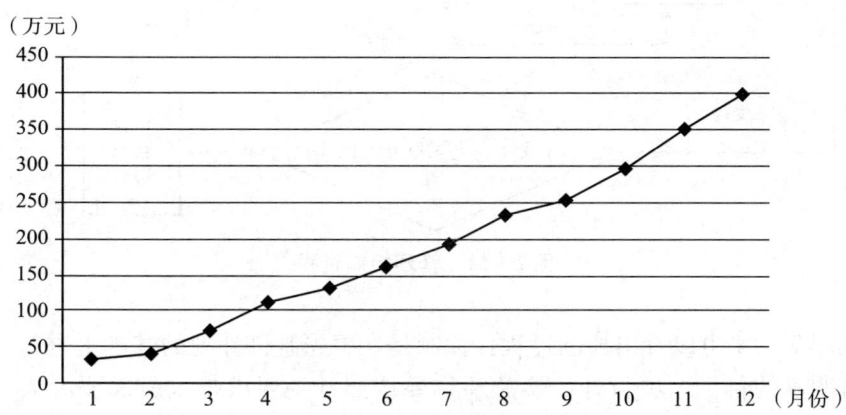

（3）项目文件更新。

在进行项目预算时，可能会对先前的输入，如风险、活动成本以及项目进度计划做出一些修正。输入变更，输出产生变化，需要对项目文件及时做出更新。在这个过程中可能要更新的输入项目文件会包括：风险登记册、活动成本估算以及项目进度计划等，输出文件包括成本基准、资金需求等。

7.5 项目成本控制

7.5.1 项目成本控制概述

1. 项目成本控制定义

控制是指管理人员按照计划标准来衡量所取得的成果，纠正所发生的偏差，以保证计划目标得以实现的管理活动。管理的起点是制订计划，然后进行组织和人员配备，实施并有效地领导，一旦计划实施，就必须进行控制，在每一检查点检查计划实施情况，找出偏离计划的误差，确定应采取的纠正措施，并采取纠正行动。管理控制过程如图 7-14 所示。

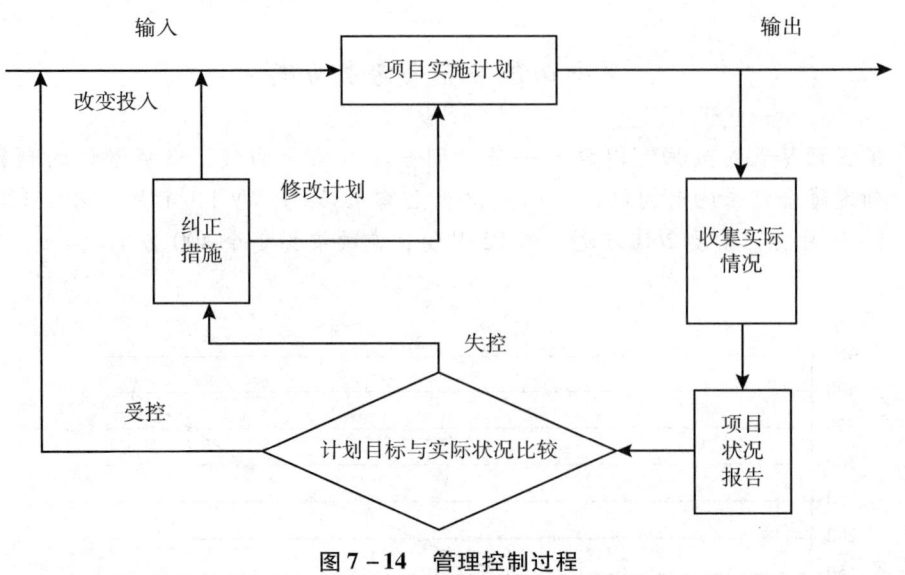

图 7-14 管理控制过程

从图 7-14 可以看出控制过程：控制是在事先制订计划的基础上进行的，计划要有明确的目标。项目开始实施后，要按照计划要求投入所需要的人力、材料、设备、机具、方法等资源信息。项目在实施过程中，输出实际的项目状况信息和产出物。控制人员在每一检查点需要收集项目实际成本情况和其他项目信息，衡量绩效，提出项目状况报告。项目状态报告与目标成本进行比较，以确定项目的控制状态。如果计划正常，就按照计划继续进行；如果有偏差，就要分析原因，采取纠正措施。纠正措施分为两种：一种是采取纠偏措施，使项目进入到正常的运行状态；另一种是修改计划，使计划处于一种新的状态，改变投入，使项目能够在新的计划状态下进行。

综上所述，项目成本控制是控制项目预算的变更，或做出工作调整，以达到控制目标的过程，是项目成本管理的重要部分。具体地讲，项目成本控制是指采用一定方法对项目形成全过程所耗费的各种成本使用情况进行管理控制的过程。项目成本控制主要包括收集项目成本信息，监视成本执行状况，寻找与计划的偏差；分析偏差并采取措施控制，达到目标成本要求；确保所有成本变更被准确地记录在成本预算计划中；防止不正确、不适宜或未核准的变更纳入成本预算计划中；将核准的变更通知有关项目利益相关方等。

2. 项目成本控制数据流向

项目成本控制是依据项目管理计划、项目成本预算等信息数据，通过一些工具技术和方法，进行有效的项目成本控制。成本控制的数据流向如图 7-15 所示。

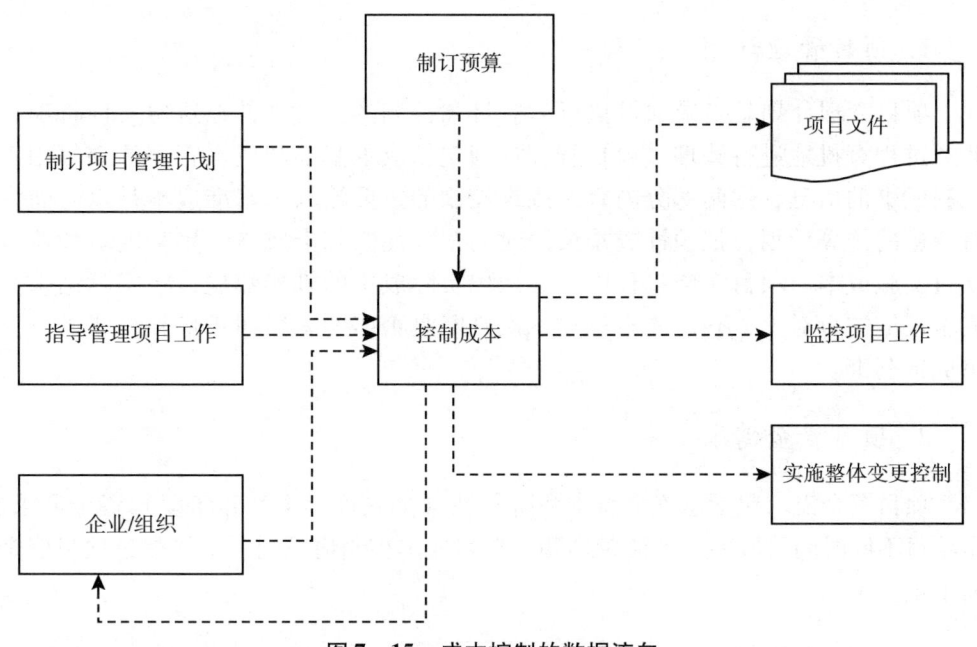

图 7-15 成本控制的数据流向

3. 项目成本控制过程

在项目成本控制过程中，成本控制的输入包括项目管理计划、项目资金需求、工作绩效数据和组织过程资产。项目成本控制过程如图 7-16 所示。

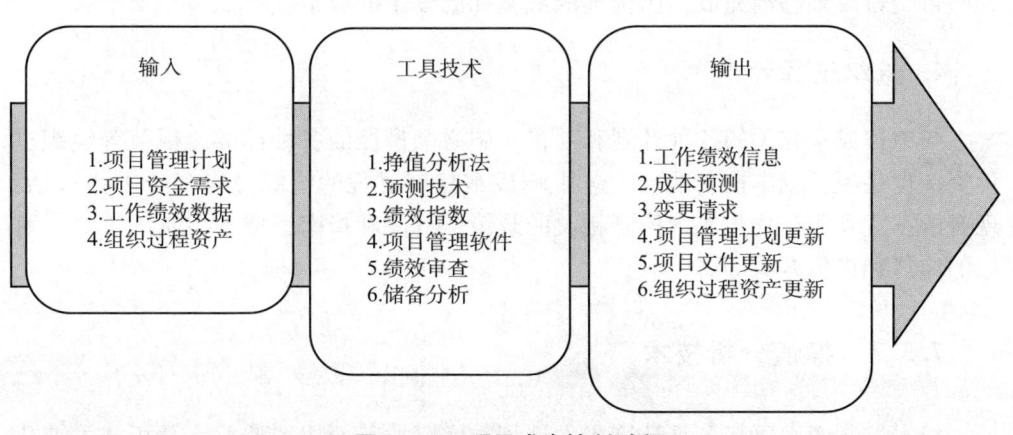

图 7-16 项目成本控制过程

7.5.2 项目成本控制输入

项目成本控制的目标是将各种成本通过一系列措施控制在成本计划与成本基准之内，实现项目成本最小化。项目成本控制的输入主要有项目管理计划、项目资金需求、工作绩效数据和组织过程资产。

1. 项目管理计划

项目管理计划是指导项目执行、监督和控制的一份文件,这份文件将项目业务过程有机地进行管理。项目管理计划包括成本基准和成本管理计划等用于控制成本的信息,这两部分内容是成本控制的主要输入。基准成本是以时间为自变量的预算计划,把预计成本按照时间累加便为基准成本,用来度量和监督项目实施成本。项目实施过程中,会产生实际成本的真实数据,将实际结果与成本基准进行对比,确定成本偏差,以判断是否需要采取纠正措施,或进行变更成本基准。

2. 项目资金需求

项目资金需求包括总资金需求和阶段性(如月度、季度和年度)资金需求,是项目不同时间阶段的现金流量预测,项目成本控制值原则上不能超过项目资金需求量。

3. 工作绩效数据

工作绩效数据是关于项目进展情况的数据,提供了有关成本执行的资料。一般包括范围、进度、成本和质量等方面完成情况的信息,工作绩效数据里面包括了成本方面的信息。可以用多种方法报告这些信息,较常采用的是开支表、直方图和 S 曲线。这些数据内容主要包括:哪些活动已经开工、进展情况如何,以及哪些可交付成果已经完成,已批准的成本和已发生的成本。

4. 组织过程资产

与项目成本有关的各种计划和项目实施必须遵循的各种标准、规范等组织过程资产也是项目成本控制的输入。影响成本控制过程的组织过程资产主要包括:现有的正式和非正式与成本控制相关的政策、程序和指南,成本控制的工具、可用的监督和报告方法等。

7.5.3 挣值分析技术

成本控制的主要任务是计算成本计划与实际执行的成本偏差,分析成本变化的原因并决定是否采取措施。从成本控制的任务来看,成本控制涉及的过程和内容较为复杂,需要利用很多数据、表格和方法来进行成本分析管理。成本控制的工具和技术非常重要,因为好的方法、工具和技术可以对成本控制更加有效。成本控制的方法技术和工具很多,例如,分解结构技术、挣值分析方法、储备分析以及预测技术等,其中,挣值分析方法是经常采用且有效的方法。

挣值法(earned value management,EVM)是一种先进的项目成本管理技术,最初由美国国防部于 1967 年首次确立的。挣值法把项目范围、进度和成本绩效综合考虑，以评估项目成本和进度的方法。该方法将范围基准、成本基准和进度基准整合起来，形成绩效基准，以便于项目管理团队评估和测量项目成本与进度绩效。

1. 挣值法的三个基本参数

在一定的时间段，对于特定的工作或者工作包来讲，可以从成本维度和工作完成维度来分析。在工作完成维度上，可以用已经完成的工作和计划要完成工作两种属性来表示；从成本视角看，一项工作或者工作包的成本分为实际成本和计划成本两种属性，如图 7-17 所示。

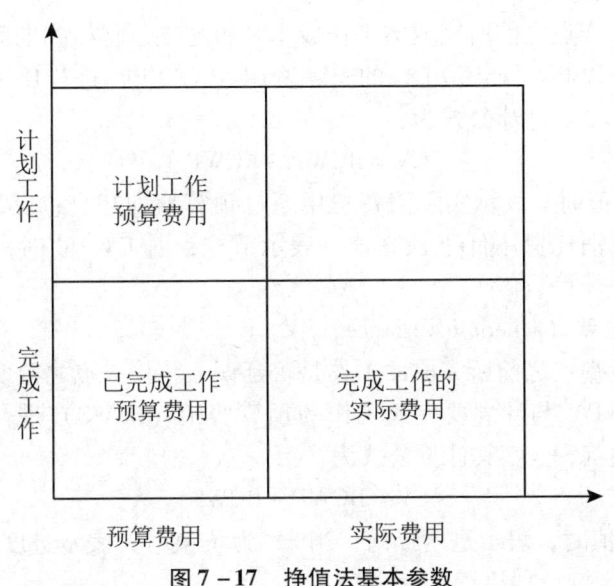

图 7-17 挣值法基本参数

在进行进度和费用偏差分析时，需要有共度量指标。为此，首先需要定义项目的三个基本参数。

(1) 已完成工作的预算费用。

已完成工作的预算费用（budgeted cost for work performed，BCWP），是指项目实施过程中某阶段实际完成工作量与按预算定额计算出来的工时（或费用）之积。称之为已经完成工作的预算费用，又叫挣值（earned value，EV），这是比较成本和进度偏差的基准。计算公式是：

$$已完成工作的预算费用 = 已完成工作量 \times 预算定额$$

(2) 计划工作的预算费用。

计划工作的预算费用（budgeted cost for work scheduled，BCWS）又称计划价值（plan value，PV），是指项目实施过程中某阶段计划要求完成的工作量与所需的预算工时（或费用）之积，主要反映应当完成的计划工作量。计算公式是：

$$\text{计划工作的预算费用} = \text{计划工作量} \times \text{预算定额}$$

（3）已完成工作量的实际费用。

已完成工作量的实际费用（actual cost for work performed，ACWP）又叫实际成本（actual cost，AC），是指项目实施过程中某阶段实际完成的工作量与所消耗的工时（或费用）之积，主要反映项目执行的实际消耗指标。

$$\text{已完工作实际费用} = \text{已完成工作量} \times \text{实际单价}$$

2. 挣值法的评价指标

在以上三个基本参数的基础上，可以确定挣值法的四个评价指标。

（1）成本偏差（cost variance，CV）。

为分析在检查点之前所完成的工作成本是否超支，将检查期间实际完成工作的预算费用（BCWP）与已完工作的实际费用（ACWP）进行比较，其差异称之为成本偏差（CV）。计算公式为：

$$CV = BCWP - ACWP \tag{7.2}$$

当 CV 为负值时，表示实际消费费用超过预算值即超支；反之，当 CV 为正值时，表示实际消耗费用低于预算值，表示节支；若 CV = 0 时，表示项目成本按计划执行。

（2）进度偏差（schedule variance，SV）。

为分析在检查点之前所完成的工作是否延误，将检查点之前实际完成工作的预算费用（BCWP）与计划要完成工作的预算费用（BSWS）进行比较，其差异称之为进度偏差（SV）。其计算公式为：

$$SV = BCWP - BCWS \tag{7.3}$$

当 SV 为正值时，表示进度提前；当 SV 为负值时，表示进度延误；若 SV = 0，表明项目进度按计划执行。

（3）成本绩效指数。

成本绩效指数（cost performed index，CPI），是指挣值与实际成本之比。其计算公式为：

$$CPI = BCWP/ACWP \tag{7.4}$$

当 CPI > 1 时，表示低于预算；当 CPI < 1 时，表示超出预算；当 CPI = 1 时，表示实际费用与预算费用吻合，项目成本按计划执行。

（4）进度绩效指数。

进度绩效指数（schedule performed index，SPI），是指项目挣得值与计划值之比，其计算公式为：

$$SPI = BCWP/BCWS \tag{7.5}$$

当 SPI > 1 时，表示进度提前；当 SPI < 1 时，表示进度延误；当 SPI = 1 时，表示项目实际进度等于计划进度。

3. 挣值法评价曲线

在项目实施过程中，已完成工作的预算费用（BCWP）、计划工作的预算费用（BCWS）和已完成工作的实际费用（ACWP）是时间的函数。以时间作为自变量，各种费用作为因变量，可以得出如下函数：

$$BCWP = F(t) \tag{7.6}$$
$$BCWS = F(t) \tag{7.7}$$
$$ACWP = F(t) \tag{7.8}$$

以时间为横轴，费用变量为纵轴，可以画出如图7-18所示的挣值法评价曲线。BCWS曲线为计划工作的预算费用曲线，表示项目计划投入的费用随时间的推移在不断积累，直至项目结束达到它的最大值，所以曲线呈S形状，也称为S曲线。ACWP表示已完成工作的实际费用，BCWP表示已完成工作的预算费用，同样是进度的时间参数，随时间的推移不断增加，也是呈S形的曲线。

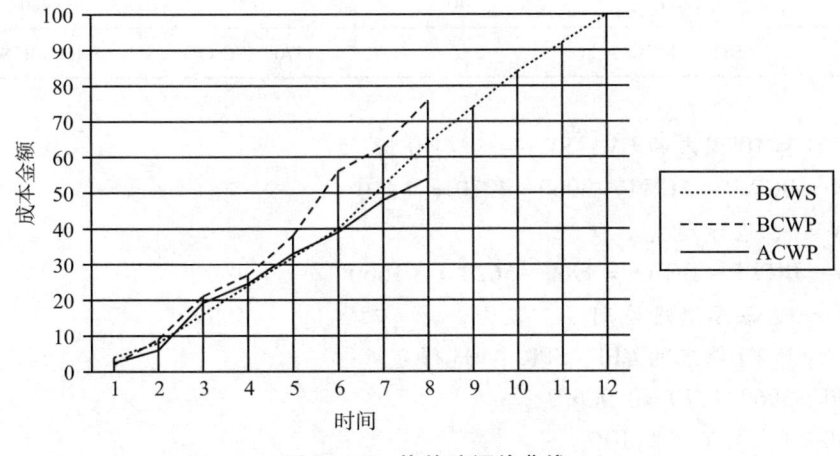

图7-18 挣值法评价曲线

利用挣值法评价曲线可进行费用和进度评价，图7-18中所示的项目，CV>0，SV>0，这表示项目执行效果比较好，即成本费用节支，进度提前。

4. 应用挣值法一般步骤

第一步，根据费用基线确定检查点上的BCWS；
第二步，记录到检查点为止项目费用使用的实际情况，确定ACWP；
第三步，度量到检查点为止项目任务完成情况，确定BCWP；
第四步，计算CV和SV（或者是CPI和SPI），判断项目执行情况；
第五步，如果偏差超出允许范围，则需要找出原因，并提出改正措施。

某项目进展到11周时，对前10周的工作进行统计，有关情况见下表。

单位：万元

工作	计划完成工作预算费用	已完成工作量（%）	完成工作实际发生费用	挣得值
A	400	100	400	400
B	450	100	460	450
C	700	80	720	560
D	150	100	150	150
E	500	100	520	500
F	800	50	400	400
G	1000	60	700	600
H	300	100	300	300
I	120	100	120	120
J	1200	40	600	480
合计	5620（BCWS）		4370（ACWP）	3960（BCWP）

1. 计算10周末的CV、SV，并进行分析

$CV = BCWP - ACWP = 3960 - 4370 = -410$

$CV < 0$，表示超支。

$SV = BCWP - BCWS = 3960 - 5620 = -1660$

$SV < 0$，表示进度拖期。

2. 计算10周末的CPI、SPI，并进行分析

$CPI = 3960/4370 = 0.906$

$CPI < 1$，表示超支10%。

$SPI = 3960/5620 = 0.704$

$SPI < 1$，表示进度拖期30%。

实际发生费用比预算多，工作进度也拖后了，因此项目状况不好，须加快进度并控制费用。

7.5.4 项目成本控制措施

项目实施过程中经常出现成本超支现象，影响到项目目标的实现及项目的成功。项目成本控制需要在检查点对项目成本支出进行核算，并对照项目成本控制标准进行比较，若发现没有达到成本控制标准的要求，就需要分析原因，找到解决问题的措施和方法。

成本出现超支现象的原因是多，情况也比较复杂，目前项目成本控制主要存在以下几个问题：项目管理人员成本控制意识淡薄；施工组织设计不合理；材料

管理制度不健全；间接费控制不力；财务管理、合同管理混乱。为遏制以上各种问题对工程项目成本控制的影响，按照责任明确的要求，可以从理念、组织、技术、经济、管理等几个方面采取措施来进行成本控制。

1. 理念措施

项目成本控制是全员、全过程、全要素的控制。所以工程项目成本控制需要对施工全过程进行控制，需要所有的施工人员参与，需要充分考虑每一个影响因素。绝非像有的人所认为的那样，成本控制是财务人员的事情，和其他人员无关。如果他们不关心项目的成本，为了把自己的工作干好，而通过增加项目成本的途径来提高自己工作的质量，对项目成本的控制是不利的。从决策上来说，每个职能部门工作最优，对于企业来说未必是最优的。所以应当追求项目整体最优，实现企业利润最大化。

2. 组织措施

完善高效的组织是项目成本控制的重要保证，通过有效的组织管理，可以最大限度地发挥项目管理人员的积极性和创造性，因此必须建立完善的、科学的、分工合理的、责权利明确的项目成本控制体系。

建立完善的组织机构。企业应建立和完善项目管理层作为成本控制中心的功能和机制。成立以项目经理为第一责任人，由工程技术、物资结构、试验测量、质量管理、合同管理、财务等相关部门领导组成的成本管理领导小组，主要负责项目经理部的成本管理、指导和考核，进行项目经济活动分析，制定成本目标及其实现的途径与对策，同时制定成本控制管理办法及奖惩办法等。

3. 技术措施

采用经济合理的技术方案和产品方案。在施工阶段应该充分发挥技术人员的主观能动性，对标书中主要技术方案作必要的技术经济论证，选择经济可靠的方案，从而降低工程成本，包括采用新材料、新技术、新工艺节约能耗，提高机械化操作等。

进行经济合理的施工组织设计。经济合理的施工组织设计是编制施工预算文件，进行成本控制的基础和前提，保证在工程的实施过程中能以最少的消耗取得最大的效益。施工组织设计要根据工程的建筑特点和施工条件等，考虑工期与成本的辩证统一关系，正确选择施工方案，合理布置施工现场；采用先进的施工方法和施工工艺，不断提高工业化、现代化水平；注意竣工收尾，加快工程进度，缩短工期。在工程中要随时收集实际发生的成本数据和施工形象进度，掌握市场信息，及时提出改善施工或变更施工组织设计，按照施工组织设计进度计划安排施工，克服和避免盲目突击赶工现象，消除赶工造成工程成本激增的情况。

重视和加强项目技术质量管理。主要是研究推广新产品、新技术、新结构、新工艺、新材料、新机器及其他技术革新措施，制定并贯彻降低成本的技术组织措施，提高经济效果，加强施工过程的技术质量检验制度，提高工程质量，贯彻"至精、至诚、更优、更新"的质量方针，避免返工损失。

4. 经济措施

（1）材料费的控制。材料费一般占工程全部费用的65%~75%，直接影响工程成本和经济效益，主要做好材料用量和材料价格控制两方面的工作来严格控制材料费。在材料用量方面，坚持按定额实行限额领料制度；避免和减少二次搬运等。在材料价格方面：在保质保量前提下，通过招标，择优购料；降低运输成本；减少资金占用；降低存货成本。

（2）人工费的控制。人工费一般占工程全部费用的10%左右，所占比例较大，所以要严格控制人工费，加强定额用工管理。主要是改善劳动组织、合理使用劳动力，提高工作效率；执行劳动定额，实行合理的工资和奖励制度；加强技术教育和培训工作；压缩非生产用工和辅助用工，严格控制非生产人员比例。

（3）机械费的控制。根据项目的需要，制订合理的项目设备使用计划，正确选配和合理利用机械设备，连续高效使用设备。做好机械设备的保养修理工作，避免不正当使用造成机械设备的闲置，从而加快施工进度、降低机械使用费。同时还可以考虑通过设备租赁等方式来降低机械使用费。

（4）间接费及其他直接费控制。主要是精减管理机构，合理确定管理幅度与管理层次，实行定额管理，制定费用分项分部门的定额指标，有计划地控制各项费用开支，对各项费用进行相应的审批制度。

5. 管理措施

（1）建立项目成本管理体系，落实经济责任制，确定项目成本控制目标，做好成本控制考核工作，调动全员成本控制的积极性和创造性。

（2）积极采用降低成本的管理新技术。如系统工程、工业工程、全面质量管理、PERT技术、价值工程等，其中价值工程是寻求降低成本途径的行之有效的管理方法。

（3）加强合同管理和索赔管理。合同管理和索赔管理是降低工程成本、提高经济效益的有效途径。项目管理人员应保证在施工过程严格按照项目合同执行，收集保存施工中与合同有关的资料，必要时可根据合同及相关资料要求索赔，确保施工过程中尽量减少不必要的费用支出和损失，从法律上保护自己的合法权益。

【本章小结】

项目成本管理就是在规定的时间内，为保证项目既定目标的实现，而对项目成本进行计划，对实际发生费用进行控制的过程。通过项目成本管理，可以实现对整个项目实施的管理监督，及时发现和解决项目实施过程中出现的各种问题。项目成本管理主要包括：项目成本规划、项目成本估算、项目成本预算和项目成本的控制。

项目成本管理规划是指为了规划、管理、支出和控制项目成本而制定政策、程序和文档的过程。项目成本管理规划为整个项目如何管理成本提供了指导和方向，是项目管理计划的重要组成部分。项目成本估算是对完成项目活动所需要的成本、资金进行近似估算的过程。在项目实施过程中，估算的成本是确定项目成本预算、制定进度计划的依据，也是对项目进行成本控制的基础和前提。因此，项目成本估算是项目成本管理的基础。项目成本预算又称为制订成本计划，是一项制订项目成本控制标准的项目管理工作。它是将批准的项目总成本估算分配到项目各项具体工作与活动中，进而确定、测量项目成本实际执行情况的成本基准。项目成本控制的核心就是以项目预算为控制标准，在每一检查点进行项目成本衡量，通过有效的成本控制方法对项目成本控制状态进行评价，如果失控，需要分析原因，采取有效的成本控制措施，及时解决成本管理中的问题，使项目得到有效控制。

【推荐读物】

1. 丁荣贵. 项目管理——项目思维与关键（第2版）[M]. 北京：中国电力出版社，2013.
2. 戚安邦. 项目成本管理 [M]. 北京：中国电力出版社，2014.
3. 文红星. 项目成本管理 [M]. 北京：机械工业出版社，2007.
4. 何成奇，马卫周. 工程项目成本控制 [M]. 北京：中国建筑工业出版社，2013.

【复习讨论题】

1. 什么是项目成本管理、项目成本预算和成本控制？
2. 简述项目成本新理念。
3. 项目成本规划的工具与技术包括哪些？
4. 简述项目成本估算管理的方法。
5. 简述项目成本预算意义。
6. 项目成本控制的思路与方法。
7. 如何对项目成本进行有效的控制？

【网上练习】

请查阅并分析鲁布革工程、黄河小浪底工程项目成本控制的经验和方法。

【案例分析】

公路施工 A 项目的成本管理

一、工程概况

A 项目是×集团公司第一施工处所属的一个项目。×集团公司具有工程施工总承包一级资质，是大型国有施工企业，资金、技术实力雄厚，尤其是在公路工程项目成本管理方面更是在国内处于领先地位，得到了业内及外界人士的充分认可。

A 项目作为××路的一个标段，主要承建大桥和与之相接的路基工程，全长 2.5 公里，工程量总计 1.2 亿元，其中土方工程 3583 万元。

二、项目成本管理的组织管理

（一）重视成本管理意识的培养

A 项目中标后，×集团公司第一施工处组建了精简高效的领导班子和项目团队，但项目团队成员对成本管理的认识不尽相同，有深有浅。因此，项目领导注重各管理层的人员成本管理意识的教育与培养，让成本管理的观念深入到每个职工的脑海里，并将其贯彻到具体的行动中去。要求团队成员具备先进的战略观、人本观、系统观、效益观和科技观等成本管理理念，运用科学有效的成本管理方法。

（二）建立完善的成本管理保障体系

1. 建立高效的项目组织机构

项目成立之后，即建立了以项目经理为核心的组织机构，形成了一个高效的组织管理系统。规范各部门的工作并加强部门间的协作关系，使得成本管理能较好地实施。

2. 明确各部门及各职员的职责分工

公司项目成本管理领导小组具体负责建立项目成本管理体系，对项目最终经营结果进行评审、考核并实行奖惩。

工程管理部门具体负责项目责任成本预测，提供施工组织设计，安排项目施工生产计划。

合同预算报价部门具体负责审核和签订分包合同，落实分包成本，编制施工图预算和工料机分析；计算、分析、落实和审核项目责任成本和各期项目成本收入。

人财部具体负责人力资源管理和财务管理，提供人力资源保证，降低人力资源成本；提供财务数据和考核数据。

主管工程师具体负责施工项目组织设计，优化施工设计，协助编制用料计划。

三、项目成本管理的实施

在施工项目成本管理实施的过程中，A项目充分考虑了项目成本的各影响因素，制定出相应的对策和办法，将现代成本管理理念融入其中，同时，A项目还根据项目自身的特点，将目标成本法穿插使用，取得了良好的效果。

（一）目标成本的确定

在A项目中标之后，施工企业根据施工组织设计、中标后项目的预算以及企业的整体情况，下达了A项目的目标利润，即要求A项目实现利润的最低限。A项目根据这个目标利润，在充分考虑当前市场状况和项目综合实力的基础上，经过与企业沟通，最终确定A项目的目标成本。本案例以路基工程为例，目标成本如表1和表2所示。

表1　　　　　　　　A项目路基工程目标成本　　　　　　　　单位：万元

工程项目	工程量总计	企业下达10%的利润	企业成本目标	施工预算成本	项目目标成本
路基土方	3583	358.3	3224.7	2973.9	2809.2
总计	12012	12012	10810.8	10367.4	10126.6

表2　　　　　　　A项目路基工程预算成本与目标成本　　　　　　单位：万元

工程项目		预算成本	目标成本	目标成本比预算成本降低额
路基工程	人工费	104.8	99.8	5
	材料费	1873.7	1797.2	76.5
	机械费	535.3	471.9	63.4
	其他费用	460.1	440.3	19.8
	小计	2973.9	2809.2	164.7

（二）成本目标的分解

成本目标按各分部分项工程进行成本目标分解。整个工程项目是由各个分部分项工程组成的，确定了项目的总体成本目标之后，要根据施工预算和施工组织设计，对各分部分项工程进行费用的归集，并在对各分部分项工程进行分析、剔除不必要的作业的基础上，确定每个结构工程的成本目标，如表3所示。

（三）基础工程成本目标的控制与分析

目标成本的确定与分解是对公司成本管理的总体规划，而真正使目标成本指标在各层次和个人都具有约束力，需要准确而及时的反馈及控制，实现成本全过程的动态管理。下面以A项目基础工程为例进行分析，如表4所示。

表3　　　　　　　　　　　分项工程目标成本　　　　　　　　　　　单位：万元

工程项目		人工费	材料费	机械费	其他成本	总目标成本
路基工程	清表	3.2		6.7	2.3	12.2
	路基填筑	42.8	1194.3	313.1	337.9	1888.1
	路基开挖	5.6	602.9	51.6	10.3	67.5
	软基处理	48.2	1797.2	100.5	69.8	841.4
	小计	99.8	2809.2	471.2	440.3	2809.2

表4　　　　　　　　基础工程实际成本与目标成本对比

成本项目	目标成本（万元）	实际成本（万元）	实际成本降低额（万元）	实际成本降低率（%）
人工费	138.9	147.5	-8.6	-6.2
材料费	1474.5	1419.9	54.6	3.7
机械费	317.9	292.8	25.1	7.9
其他成本	205.8	211.3	-5.5	-2.7
总目标成本	2137.1	2071.5	65.6	3.06

从表4可以看出，基础工程的实际成本比目标成本降低了65.6万元，降幅达到3.06%。在基础工程的施工中，人工费超过目标成本较多，主要是由于天气原因，影响了施工的进度。A项目为了保证基础工程能按进度计划完成，不影响整体工程的进度；不得不加班赶工，工人加班费用上升，导致人工费成本超支。A项目材料费节约了54.6万元，降幅达到3.7%。节约的原因有两个方面：一是由于对材料实行了严格的控制，对材料采购、保管、发放以及仓储都有严格的制度；二是A项目与供应商签订了长期合作协议，在价格方面享受了很多优惠。机械费降低25.1万元，主要是因为项目对机械的配置结构进行了优化，从配合使用的角度进行综合考虑，提高了机械的使用效率，降低了机械费用。其他费用的增加是由于赶工造成的，增加了管理费用。

（四）A项目实际成本核算与分析

A项目实际成本汇总表如表5所示。

由表5可以看出，A项目的总成本比预算成本降低了320.9万元，比目标成本降低了80.1万元。人工费比目标成本超支23.2万元，主要原因有以下两个：一方面是因为物价上涨引起的人工费单价差，在制定目标成本时，对物价上涨的影响考虑得不到位；另一方面是因为赶工期间，人工加班工资要比平时高，而且对一些临时用工控制的仍然不够严格。

表5　　　　　　　　　　A项目实际成本汇总　　　　　　　　　　单位：万元

成本项目	预算成本	目标成本	实际成本	实际与预算节（+）超（-）	实际与目标节（+）超（-）
人工费	607.6	575.4	598.6	9	-23.2
材料费	6903.5	6846.3	6755.9	147.6	90.4
机械费	1657.9	1561.5	1532.2	125.7	29.3
其他成本	1198.4	1143.4	1159.6	38.6	-16.4
总目标成本	10367.4	10126.6	10046.5	320.9	80.1

材料费比目标成本降低了90.4万元，主要原因是与主材料供应商达成长期合作协议，使得材料的价格上涨幅度比计划的要小得多；同时，A项目对材料的管理也做得较好，避免了许多不必要的浪费，在很大程度上节约了材料费用；另外，A项目还重视对新型材料的应用，在功能不变的情况下，用量相对减少，使得材料费用相应减少。机械费比目标成本降低了29.3万元，在燃油费上涨的条件下，机械费用仍然降低的原因，主要是项目部加强了对机械的管理，尤其是对机械配置结构的优化，提高了机械的利用率，降低了机械成本。其他费用比目标成本超支了16.4万元，主要是受到物价的影响，现场经费有所增加，同时项目部管理费用也有超支。在项目经理部全体管理人员的共同努力下，采取的成本管理方法和手段得到了有效的实施。A项目发生的工程实际成本为10046.5万元，比预算成本10367.4万元降低了320.9万元，比项目目标成本10126.6万元降低了80.1万元，实现了总体成本降低的目的。

四、项目成本管理的关键与思路

在对A项目成本的分析过程中，可以看出分项工程是成本发生，也是成本分析的基本要素，对施工项目成本的管理也应以分项工程为基本单位，针对分项工程，也就是每一个基本工作，确定其实施过程的人工、材料、机械以及其他费用的消耗标准，制定成本目标。在实施过程中，随时跟踪，发现偏差，并及时纠正偏差。只有这样，才能保证项目成本管理目标的顺利实现。

根据上述材料讨论：

（1）您认为项目实际成本降低有成功因素是什么？
（2）通过此案例如何理解项目的全面成本管理？
（3）项目目标成本如何制定？
（4）项目成本如何进行有效控制？

资料来源：张瑶.公路施工项目成本管理的案例分析[J].会计之友，2009（1）：24。

第8章　项目质量管理

【本章学习目标】

1. 掌握项目质量概念、项目质量管理概念，理解质量管理原则
2. 理解项目质量规划，了解项目质量规划方法与技术
3. 理解项目质量控制，掌握引起质量变异的原因，了解项目质量控制的方法与技术
4. 理解项目质量保证，了解项目质量保证的方法与技术
5. 理解项目质量监督，了解项目质量监督的内容

【重要概念】

质量（quality）
项目质量（project quality）
过程（process）
项目质量管理（project quality management）
项目质量规划（project quality planning）
项目质量控制（project quality control）
项目质量保证（project quality assurance）
质量管理体系（quality management system）

【开篇案例】

柏林勃兰登堡国际机场"烂尾"让德国丢面子

德国的国家形象一直不错，特别是代表高品质的"德国制造"更是为其增光不少。但德国媒体经常曝光国内的一些问题。柏林勃兰登堡国际机场就是其中之一。新机场于2006年9月破土动工，最初计划的全面启用时间是2012年5月。当时，柏林市长沃维莱特将柏林新机场称为"成功的项目"，是柏林的"新形象"。2012年5月，新机场方面却临时宣布将启用日期推迟到6月。之后又宣布启用日期推迟到当年10月。2013年1月，新机场的落成典礼再次被推迟，原因是新机场有超过两万处不符合规定的地方：如线路管道铺设不达标；登机办理台

数量过少；行李传送带数量不够；制冷设备功率太低；机坪跑道若两架飞机并排起飞，可能出现空中冲撞等危险事故；噪音污染治理要重新设计等。

这些缺陷让柏林新机场的启用时间一再推迟，也意味着工程费用也不断追加。新机场起先的资金预算为 25 亿欧元，后来增加到 50 亿欧元。德国媒体估算，最终机场建成要耗资 80 亿欧元。

项目有进度、费用和质量三个关键要素，质量是项目成果的重要体现，它决定了一个项目的成败。优质的产品和服务质量能够给项目团队带来竞争优势，因为高质量降低了因返工、退货以及废品带来的成本，降低了因返工等带来的进度拖延。更重要的是，高质量造就了满意的顾客。本章根据质量管理的一般原理，针对项目的特殊性，系统地阐述了项目质量管理的理论、方法和技术及在项目中的应用。

8.1 项目质量管理概述

8.1.1 项目质量定义

1. 质量定义

对于什么是质量有许多不同的说法，所以质量的定义有许多种，并且质量的定义也一直是随着时代的变化而不断变化的。下面介绍比较具有权威性的三种质量定义。

（1）符合性质量定义。

以"符合"现行标准的程度作为衡量依据。该定义的代表人物有美国的质量管理专家克劳斯比，克劳斯比认为质量定义是"符合要求"。

符合性质量体现了质量的客观性，判断产品是否符合要求，必须由可测量的量化特性反映。

（2）适用性质量定义。

以适合顾客需要的程度作为衡量依据。该定义的代表人物有美国质量管理专家朱兰，朱兰认为"质量就是适用性"。适用性即适合使用的特性。

适用性质量反映了质量的主观性，由于不同顾客，需要不同，并且顾客的需求是不断变化的，所以质量的内涵是非常丰富的。

符合性和适用性是在含义和范畴上本质完全不同的两个概念。符合性是从制造者角度出发，判断产品是否符合规格、符合标准。产品的符合性是由基层的现场操作人员完成。他们依据质量规格标准进行判断，如果符合规格就放行，流转到下一个地点或进行下一个活动。如果不符合规格，根据不符合规格的程度分别加以处理。适用性是从顾客角度出发,是指产品在使用时能够满足顾客需求的程度。顾客最有资格对产品的适用性程度做出判决。

质量既具有主观性的一面,又具有客观性的一面。由于质量主观性的一面,质量的内涵是非常丰富的,而且随着顾客需求的变化而不断变化;同时质量必须由可测量的量化特性反映,由于质量的客观性,使得对质量进行科学管理成为可能。

(3) ISO9000 质量定义。

国际标准化组织对质量定义加以归纳提炼,在 ISO9000:2015《质量管理体系 基础和术语》中对质量的定义为:客体的一组固有特性满足要求的程度[1]。[2]

上述定义中的"客体",是指可感知或可想象的任何事物,即质量定义所描述的对象,是承载质量属性的具体事物,早期质量的对象是产品,后来延伸至服务,如今不仅包括产品和服务,还可以是过程、人员、组织、体系、资源乃至它们的结合。

上述定义中的"特性"指的是可区分的特征,特性可以是固有的或赋予的。ISO9000 的质量定义特别强调了用于描述质量特性的是"固有特性",就是指本来就有的,尤其是那种永久的特性。"固有"的反义是"赋予",事物的"赋予"特性如价格等,不属于质量的范畴。一般产品的质量特性包括性能、寿命、可靠性、安全性、经济性和外观等具体特性。

上述定义中的"要求"是指明示的、通常隐含的或必须履行的需求或期望。明示的要求指规定的要求,明示的要求可以是以书面方式规定的要求,也可以是以口头方式规定的要求。如政府的药品监督部门所规定的药品中各种成分所占比重,业主与承包商在合同中约定的可交付成果必须达到的技术参数。通常隐含的要求指组织和其他相关方的惯例或一般做法,所考虑的需求或期望是不言而喻的。如电灯必须能发光,水杯必须能盛水,打印机必须能打印。必须履行的要求指法律法规的要求和强制性标准的要求。如汽车企业生产的汽车必须符合国家安全方面和环境方面的法律法规。"要求"反映了人们对质量定义所描述的对象的需求或期望。

ISO9000 质量定义高度抽象而概括,是从"特性"和"要求"两者之间关系的角度描述质量的,亦即某种事物的"特性"满足某个群体"要求"的程度,满足的程度越高,这种事物的质量就越高或者说越好;反之,则认为该事物的质量低或差。

2. 与质量有关的术语

(1) 产品。

产品是指在组织和顾客之间未发生任何交易的情况下,组织能够产生的

---

[1] 术语"质量"可使用形容词,如差、好或优秀来修饰。
[2] "固有"(其对应的是"赋予")是指存在于客体中。

输出。

通常，产品的主要要素是有形的。产品通常有硬件、流程性材料和软件这几种类别。硬件是有形的产品，其量具有计数的特性（如轮胎）。流程性材料也是有形的，其量具有连续的特性（如燃料和软饮料）。软件由信息组成，无论采用何种介质传递（如计算机程序、移动电话应用程序、操作手册、字典、音乐作品版权、驾驶执照）。

（2）服务。

服务是指至少有一项活动必须在组织和顾客之间进行的输出。

通常，服务的主要要素是无形的。

通常，服务包含与顾客在接触面的活动，除了确定顾客的要求以提供服务外，可能还包括与顾客建立持续的关系，如银行、会计师事务所，或公共组织（如学校或医院）等。

服务的提供可能涉及，在顾客提供的有形产品（如需要维修的汽车）上所完成的活动；在顾客提供的无形产品（如为准备纳税申报单所需的损益表）上所完成的活动；无形产品的交付（如知识传授方面的信息提供）；为顾客创造氛围（如在宾馆和饭店）。

通常，服务由顾客体验。

（3）过程。

过程是指利用输入实现预期结果的相互关联或相互作用的一组活动。

过程的"预期结果"称为输出，还是称为产品或服务，随相关语境而定。一个过程的输入通常是其他过程的输出，而一个过程的输出又通常是其他过程的输入。两个或两个以上相互关联和相互作用的连续过程也可作为一个过程。组织通常对过程进行策划，并使其在受控条件下运行，以增加价值。不易或不能经济地确认其输出是否合格的过程，通常称之为"特殊过程"。

过程是质量管理活动的基本单元。过程由三个基本要素：输入、输出和活动组成。

（4）不合格。

未满足要求。

判断产品或服务合格与否的依据是"要求"，"要求"是指明示的、通常隐含的或必须履行的需求或期望，而不仅仅是"规定的要求"，这说明质量的定义已经由原来的符合性质量提升到适用性质量。

（5）质量特性。

质量特性是指与要求有关的、客体的固有特性。

不同类别的产品，质量特性的具体表现形式也不尽相同。硬件产品质量特性主要有性能、功能、可信性（可靠性、维修性、保障性）、安全性、经济性和美学性。软件质量特性包括功能性、可靠性、易使用性、效率、可维护性和可移植性等。服务质量特性有可靠性、响应性、保证性、移情性、有形性。

3. 项目质量概念

ISO9000 的质量定义"客体的一组固有特性满足要求的程度"中的"客体"可以是产品、服务、过程、组织、体系，也可以是项目。根据 ISO9000 的质量定义，可以得出项目质量就是项目的一组固有特性满足项目要求的程度。也就是项目的一组固有特性满足利益相关方的明示的、通常隐含的或必须履行的需求和期望的程度。

项目质量可以指项目的可交付成果的质量，就是产品质量或服务质量，也可以是某项活动或过程的工作质量。项目的工作质量是项目产品质量的保证，项目的产品质量是工作质量的体现。

项目的交付成果是项目所获得的成果。不同的项目其可交付成果是不同的，如某一个建筑工程项目的可交付成果是以实物形式呈现的整栋楼，产品研发项目的可交付成果可以是新产品、新设备，一个 IT 项目的可交付成果可以是文档、端口、一个系统架构、一个完整的系统等等。项目的质量特性有性能、寿命、可靠性、安全性、经济性等。评判项目质量，就是看项目的可交付成果的质量特性是否符合质量标准，是否满足顾客需要。如一项拟建或在建的建筑产品，它和一般产品具有同样的质量内涵，即一组固有特性满足要求的程度。它的质量特性包括适用性、耐久性、可靠性、安全性、经济性以及环境的适宜性等。表 8-1 为工程项目质量特性构成。

表 8-1　　　　　　　　　　工程项目质量特性构成

项目质量特性	含义	说明
适用性	工程项目满足使用目的需具备的各种性能。包括：理化性能；结构性能；使用性能；外观性能	如技术性能（采光、通风、隔热、隔声、防火、强度、刚度、稳定性等）、平面布置和空间布置的合理性等
耐久性	工程竣工后完好使用到设计规定的年限	如一般建筑结构的设计使用年限是 50 年，在这期间，不产生严重的混凝土碳化和钢筋锈蚀
可靠性	工程项目在规定的时间和规定的条件下完成规定功能的能力	如建筑物能承担它所负荷的人和物的重量以及风、雪和自然灾害的侵袭
安全性	工程项目在使用过程中保证结构安全、保证人身和环境免受危害的程度	如结构安全度、抗震、耐火、防火、抗辐射、抗冲击波等能力是否达到特定要求

续表

项目质量特性	含义	说明
经济性	从规划、勘探、设计、施工到整个产品使用寿命周期内的成本和费用以及产生的经济效益和社会效益	包括工程造价、工程项目的运行管理费用和工程投入运行后产生的经济效益和社会效益
与环境的协调性	工程与其周围生态环境协调,与所在地区经济环境协调,与周围已建工程相协调	如项目用地范围内的规划布局、道路交通组织、绿化景观

项目质量也可以是某项活动或过程的工作质量,即在规定的时间内、在批准的预算内、在规定的范围内完成任务的程度。项目的工作质量体现在项目生命周期的各个阶段,如可行性研究的质量、项目决策质量、项目设计质量、项目施工质量、项目竣工验收质量。评判项目工作质量,常常用过程绩效指标,如过程合格率、产量、周期时间、生产率、计划完成情况等指标。

4. 项目质量形成过程

项目生命周期包括启动、规划设计、实施、收尾等阶段,项目质量是通过各个阶段的质量活动形成的,各阶段对项目质量会产生不同影响和作用。

(1) 项目启动阶段。

项目启动阶段主要包括项目的可行性研究和项目决策。

在项目的可行性研究中,通过研究比较,提出对项目质量的总体要求,并与项目的费用目标相协调。项目的可行性研究所确定的项目总体质量要求是项目的决策质量和设计质量的依据。

项目决策过程中,依据项目总体质量要求,考虑项目费用、时间、质量等目标之间的对立统一关系,确定项目的质量目标和水平。

(2) 项目规划设计阶段。

项目规划设计阶段要根据项目决策阶段确定的质量目标和水平,进行项目规划和设计,使项目质量目标和水平通过设计规划得以具体体现。项目规划设计阶段是决定项目质量的关键环节。

如建设工程项目中,工程设计是根据建设项目总体需要和地质报告,对工程的外形和内在的实体进行筹划、研究、构思、设计和描绘,形成设计说明书和图纸等相关文件,使得质量目标和水平具体化,为施工提供具体依据。

(3) 项目实施阶段。

项目实施阶段要按照项目规划设计阶段所提出的要求,将项目付诸实现,并形成项目可交付物。在一定程度上,项目实施是形成项目质量的决定性环节。

如工程施工是按照设计图纸和相关文件要求,通过施工手段形成工程实体,实现设计图纸所描述的实体形态。

（4）项目收尾阶段。

项目收尾阶段需要对项目进行全面的质量检查评定，评价项目质量是否达到预期要求；是否达到决策阶段确定的质量目标和水平，并通过验收确保项目质量。项目收尾阶段是对项目质量的确认和对项目最终成果质量的保证。

5. 项目质量的影响因素

影响项目质量的因素是多方面的，通常概括为5M1E，即：人（man）、材料（material）、设备（machine）、方法（method）、测量（measure）、环境（environment）。

（1）人。人的知识、经验、能力、职业道德、身体素质及质量意识等。

（2）设备。机器设备、仪表、工夹具的精度和维护保养状态等。

（3）材料。材料的物理性能、化学成分、外观质量等。

（4）方法。项目实施所采用的工艺方案、技术方案、作业方案和组织方案等。

（5）测量。测量设备、试验手段和测试方法等。

（6）环境。工程地质环境、水文、气象，施工场所的温度、湿度、含尘度、照明、噪声和震动，防护设施等。

6. 项目质量的特点

（1）影响因素多。影响项目质量的因素是多方面的，人、设备机器、材料、工艺、环境等因素会影响项目质量，自然因素、技术因素和管理因素也会影响项目质量。如工程项目的地形、地质、水文、气象、规划、决策、设计、材料、机械、施工方法、施工工艺、人员素质、管理制度和措施等，都将直接或间接地影响到工程项目质量。

（2）项目质量由项目生命周期的所有阶段共同保证。项目质量是通过项目生命周期的各个阶段的质量活动形成的，各阶段、各项活动对项目质量均会产生影响，任何一个阶段或环节出现问题，都对项目可交付成果产生影响。

（3）项目目标的制约性。项目具有多目标属性，项目质量受到项目工期和费用的制约，在对项目进行质量控制的同时，必须考虑其对费用和工期的影响，同样应考虑费用和工期对质量的制约，所有项目是在特定的工期和预算内实现预期的质量和范围。

（4）评价方法的特殊性。项目质量的评价方法不同于对一般产品的质量评价，如一般工业产品可以解体、拆卸，对其中的零部件进行检查，对不合格的零部件可以进行更换。但对于工程建筑，难以检查地基的质量，对于已经浇筑完成的混凝土构筑物，不能拆解，无法对隐蔽的内在质量进行检查和检测，终检时只能从表面进行检查，项目质量是通过对阶段结果的检验和记录进行评价的。

8.1.2 项目质量管理概念

项目质量管理离不开一般质量管理的范畴,为了更好地理解项目质量管理的概念,应首先了解一般质量管理的概念和理论。

1. 质量管理的定义

国际标准化组织在 ISO9000:2015 版标准《质量管理体系 基础和术语》中关于质量管理的定义:关于质量的管理。质量管理可包括制定质量方针和质量目标,以及通过质量策划、质量保证、质量控制和质量改进实现这些质量目标的过程。

质量管理是组织管理的重要组成部分,是组织围绕着质量而展开的各种计划、组织、指挥、控制和协调等所有管理活动的总和。质量管理必须与组织其他方面的管理如生产管理、财务管理、人力资源管理等紧密结合,才能在实现组织经营目标的同时实现质量目标。

2. 质量管理发展历程

质量是一个永恒的主题。人类社会从一开始就面临着质量方面的问题,古代人们开展了很多质量活动保证生产和生活的质量。现代意义上的质量管理活动则是从 20 世纪初开始的,100 多年来随着社会的发展,解决质量问题的手段和方式也是不断发展和变化的,现代质量管理科学可以分为三个阶段:质量检验阶段、统计质量管理阶段和全面质量管理阶段。

(1) 质量检验阶段。时间从 20 世纪初至 20 世纪 30 年代。主要是通过质量检验的方式来控制和保证产品质量。在此之前产品质量检验是通过工人的自检进行的,进入 20 世纪后产品制造出来后由专职检验人员对产品进行全面检验,剔除不合格品以达到保证产品质量的目的。该阶段的主要特点:一是将质量检验从生产过程中分离出来,建立了专职质量检验制度;二是事后把关,质量检验是在产品制造后进行。在大量生产的情况下,事后检验若信息反馈不及时会造成很大损失。

(2) 统计质量管理阶段。时间从 20 世纪 30 年代至 50 年代。在该阶段应用统计技术的方法控制整个生产过程的质量。美国贝尔实验室休哈特提出统计过程控制理论,首创了过程控制的工具——控制图,为质量控制理论奠定了基础。同是贝尔实验室的道奇提出抽样检验理论,构成了质量检验理论的重要内容。这一阶段的主要特点是:从单纯依靠质量检验、事后把关,发展到过程控制,突出了质量预防性控制的管理方式。

(3) 全面质量管理阶段。时间从 20 世纪 60 年代起至今。1961 年美国通用电气公司的费根堡姆在《全面质量管理》一书中提出,全面质量管理是为了能够在最经济的水平上并考虑到充分满足用户要求的条件下,进行市场研究、设计、生产和服务，把企业各部门的研制质量、维持质量和提高质量的活动融为一体的有效体系。全面质量管理的主要特点是"三全"，"三全"是指全面的质量、全过程、全员参加。"全面的质量"是指质量管理的对象不限于狭义的产品质量，扩大到过程质量、服务质量和工作质量以及其他质量，质量的范畴更加广泛。全面质量管理强调以过程质量和工作质量来保证产品质量。"全过程"是指产品质量的产生、形成和实现的整个过程，包括市场调研、产品开发和设计、生产制造、检验、包装、储运、销售和售后服务等过程。全面质量管理要对产品质量形成全过程各个环节加以管理，形成一个综合性的质量管理工作体系。"全员参加"是指组织的所有员工都参加，产品质量需要依靠组织中的全体人员的共同努力，人人关心质量，全员参加管理。全面质量管理是质量系统工程的体现。

在全面质量管理阶段，为了进一步保证和提高产品质量，出现了若干新理论和新方法。主要有质量保证理论、产品质量责任理论、质量文化、质量经济学、质量改进理论、田口方法、六西格玛管理、质量机能展开理论等。

随着国际贸易和国际上经济合作规模的日益扩大，人们越来越认识到质量问题是一个超越国家和地区边界的问题，国际上的合作变得日益必要。在这种背景下，国际标准化组织于1987年发布了质量管理体系的ISO9000族国际标准，在全球范围内掀起了贯彻ISO9000标准并获取认证的热潮。现代质量管理向着规范化、系统化、科学化和国际化不断发展。

80年代后期美国创建一种世界级企业成功的管理模式"卓越绩效模式"，其核心是强化组织的顾客满意意识和创新活动，追求卓越的经营绩效。卓越绩效模式得到了美国企业界和管理界的公认，世界各国许多企业和组织纷纷引入实施，其中施乐公司、通用公司、微软公司、摩托罗拉公司等世界级企业都是运用卓越绩效模式取得出色经营结果的典范。卓越绩效模式的本质是对全面质量管理的标准化、规范化和具体化。

3. 项目质量管理概念

项目质量管理是围绕项目质量所进行的计划、组织、指挥、控制和协调等活动，是项目管理的重要组成部分。项目质量管理与一般质量管理类似，在项目生命周期内，确定项目质量方针和项目质量目标，进行项目质量策划、项目质量控制、项目质量保证和项目质量改进等一系列项目质量管理活动，最大限度地满足项目利益相关方的需求和期望。

美国《项目管理知识体系指南》关于项目质量管理的定义：项目质量管理包括执行组织确定质量政策、目标与职责的各过程和活动，从而使项目满足其预定的需求。项目质量管理在项目环境内使用政策和程序，实施组织的质量管理体系；并以执行组织的名义，适当支持持续的过程改进活动。项目质量管理确保项目需求，包括产品需求得到满足和确认。

项目质量管理需要兼顾项目管理与项目可交付成果两个方面。这适用于所有项目，无论项目的可交付成果具有何种特性。不同类型的可交付成果所需要的质量测量方法和技术一般是不相同的。如，对应软件与核电站建设的可交付成果，需要采用不同的质量测量方法和措施，但是项目质量管理的方法对两者都适用。无论什么项目，未达到质量要求，都会给该项目或全部项目利益相关方带来严重的负面后果。

项目质量管理的主要活动包括项目质量规划、项目质量保证、项目质量控制和项目质量改进。这些过程彼此相互作用，而且还与项目管理的其他知识领域中的过程相互作用。

4. 项目质量管理原则

2015版质量管理体系标准ISO9000在总结质量管理理论和实践的基础上，提出了质量管理七项原则，揭示了质量管理最基本、最通用的一般性规律，是质量管理的理论基础。这七项原则同样是指导项目质量管理的原则。

（1）以顾客为关注焦点。质量管理的主要关注点是满足顾客要求并且努力超越顾客的期望。

该原则的理论依据是：组织只有赢得顾客和其他相关方的信任才能获得持续成功。与顾客相互作用的每个方面，都提供了为顾客创造更多价值的机会。理解顾客和其他相关方当前和未来的需求，有助于组织的持续成功。

贯彻实施以顾客为关注焦点的质量管理原则，有助于提升顾客价值，增强顾客满意，增进顾客忠诚，增加重复性业务，提高组织的声誉，扩展顾客群，增加收入和市场份额。

（2）领导作用。各级领导建立统一的宗旨和方向，并创造全员积极参与实现组织的质量目标的条件。

该原则的理论依据是：统一的宗旨和方向，以及全员的积极参与，能够使组织将战略、方针、过程和资源保持一致，以实现其目标。

领导者的发挥作用、承诺及积极参与，有助于提高实现组织质量目标的有效性和效率；使组织的过程更加协调；改善组织各层次、各职能间的沟通；开发和提高组织及其人员的能力，以获得期望的结果。

（3）全员积极参与。整个组织内各级胜任、经授权并积极参与的人员，是提高组织创造和提供价值能力的必要条件。

该原则的理论依据是：为了有效和高效地管理组织，各级人员得到尊重并参与其中是极其重要的。通过表彰、授权和提高能力，促进在实现组织的质量目标过程中的全员积极参与。

员工是项目的具体实施者，项目质量管理不仅需要领导者的正确领导，还有赖于全体员工的积极参与。这一原则体现了全面质量管理的思想。

员工对项目质量的重视程度将会对项目质量产生影响，促进全员积极参与，有助于组织内人员对质量目标有更深入理解，以及更强的加以实现的动力；在改进活动中，提高人员的参与程度；促进个人发展、主动性和创造力；提高员工的满意程度；增强整个组织内的相互信任和协作；促进整个组织对共同价值观和文化的关注。

（4）过程方法。将活动作为相互关联、功能连贯的过程组成的体系来理解和管理时，可更加有效和高效地得到一致的、可预知的结果。

该原则的理论依据是：质量管理体系是由相互关联的过程所组成。理解体系是如何产生结果的，能够使组织尽可能地完善其体系并优化其绩效。

过程是利用输入实现预期结果的相互关联或相互作用的一组活动。系统地识别和管理组织所应用的过程，特别是这些过程之间的相互作用，就是过程方法。在项目质量管理中应用过程方法时，应对每一个过程，特别是关键过程的要素加以识别。为管理过程确定职责、权限和义务。了解组织的能力，预先确定资源约束条件。确定过程相互依赖的关系，分析个别过程的变更对整个体系的影响。一个过程的输出往往是下一个过程的输入，过程与过程之间会形成复杂的过程网络。将过程及其相互关系作为一个体系进行管理，运行和改进过程并监视、分析和评价整个体系的绩效。管理可能影响过程输出和质量管理体系整体结果的风险。

过程方法有助于提高关注关键过程的结果和改进的机会的能力；通过由协调一致的过程所构成的体系，得到一致的、可预知的结果；通过过程的有效管理、资源的高效利用及跨职能壁垒的减少，尽可能提升其绩效；使组织能够向相关方提供关于其一致性、有效性和效率方面的信任。

（5）改进。成功的组织持续关注改进。

该原则的理论依据是：改进对于组织保持当前的绩效水平，对其内、外部条件的变化做出反应，并创造新的机会，都是非常必要的。

影响项目质量的因素在变化，顾客的需求和期望在变化，这就要求项目的相关方不断地提高过程绩效、组织能力和顾客满意度；增强对调查和确定根本原因及后续的预防和纠正措施的关注；提高对内外部风险和机遇的预测和反应的能力；增加对渐进性和突破性改进的考虑；更好地利用学习来改进；增强创新的动力。

（6）循证决策。基于数据和信息的分析和评价的决策，更有可能产生期望的结果。

该原则的理论依据是：决策是一个复杂的过程，并且总是包含一些不确定性。它经常涉及多种类型和来源的输入及其理解，而这些理解可能是主观的。重要的是理解因果关系和潜在的非预期后果。对事实、证据和数据的分析可导致决策更加客观、可信。

所谓循证决策是指基于数据和信息分析和评价的决策。在项目质量管理中，建立在数据和信息分析基础上的决策有助于改进决策过程；改进对过程绩效和实现目标的能力的评估；改进运行的有效性和效率；提高评审、挑战和改变观点和决策的能力；提高证实以往决策有效性的能力。

（7）关系管理。为了持续成功，组织需要管理与有关相关方（如供方）的关系。

该原则的理论依据是：有关相关方影响组织的绩效。当组织管理与所有相关方的关系，以尽可能有效地发挥其在组织绩效方面的作用时，持续成功更有可能实现。对供方及合作伙伴网络的关系管理是尤为重要的。

任何项目中都存在着相关方，相关方提供给项目的资源将会对项目质量、成本等产生重要的影响，如供应商提供的材料和设备的质量及价格直接影响项目质量和成本。项目组织对相关方的管理有助于对每一个与相关方有关的机会和限制的响应，提高组织及其有关相关方的绩效；对目标和价值观，与相关方有共同的理解；通过共享资源和人员能力，以及管理与质量有关的风险，增强为相关方创造价值的能力；具有良好管理、可稳定提供产品和服务的供应链。

5. 项目质量管理的基础工作

项目质量管理的基础工作是项目质量管理的基本保证，通常包括质量教育工作、标准化工作、计量工作、质量信息工作、质量责任制。

（1）质量教育工作。

在项目质量管理中，人是最为重要的要素。拥有高素质的员工队伍，是搞好项目质量管理的基础和先决条件。所以在项目质量管理中，必须重视质量教育工作。通过教育提高项目参与者的质量意识，掌握质量管理基本知识，掌握专业技术和技能。

质量教育工作包括：质量意识教育、质量管理知识教育和专业技术教育。

（2）标准化工作。

标准是指为了在一定范围内获得最佳秩序，经协商一致制定并由公认机构批准，共同使用的和重复使用的一种规范性文件。

标准化是指为了在一定范围内获得最佳秩序，对现实问题或潜在问题制定共同使用和重复使用的条款的活动。标准化活动主要包括编制、发布和实施标准的过程。

标准化是项目质量管理的重要依据和基础，为实现各种管理职能提供了共同的准则。产品标准是项目在质量方面的指标，是质量管理目标的具体化和定量化。组织的管理标准、工作标准为项目进行技术、生产、质量、设备管理等提供了管理依据，是实现管理目标的保证条件。组织的检测、检验等各类方法标准是评价质量的准则和依据。

（3）计量工作。

计量是实现单位统一、量值准确可靠的活动。或者说，是保证单位统一、量值准确一致的测量。

在质量管理中，需要检查、测量质量特性，获得质量测量结果，如果没有计量，就没有准确可靠的数据，则定量分析将毫无依据，质量优劣更无法判断，也就谈不上质量管理。因此计量工作就成为质量管理的基础工作之一。

计量工作的内容有：保证测量手段的量值的统一、准确和一致，并符合国家标准；保证测量仪器和工具质量可靠、稳定以及配套；定期对全部量具进行检定和维护，禁止不合格量具投入使用；完善测量技术、测量手段的技术改造和技术培训工作。

（4）质量信息工作。

质量信息是反映产品质量和工作质量的基本数据、原始记录和产品在使用过程中反映出来的质量情况数据。质量信息是质量管理的耳目、依据和资源，其主要工作是对信息进行收集、整理、分析、反馈、建档，并提供利用。

（5）质量责任制。

质量责任制，旨在确定项目中各部门或个人在质量管理中应承担的任务和活动，规定责任和权力。做到人人有确定的任务和明确的责任，事事有人负责，形成一个严密的质量管理责任网络。

8.2 项目质量规划

对项目质量进行管理，要制订出项目质量管理计划，规定项目的质量目标，确定项目质量标准，以及如何达到标准，这是项目质量规划所要完成的工作。

8.2.1 项目质量规划的定义

国际标准化组织在《质量管理体系　基础和术语》（ISO9000：2015）给出了质量规划的定义，质量规划是质量管理的一部分，致力于制定质量目标并规定必要的运行过程和相关资源以实现质量目标。

《项目管理知识体系指南》对项目质量规划的定义是：识别项目及其可交付成果的质量要求和标准，并书面描述项目将如何证明符合质量要求和标准的过程。

对项目质量规划从以下几个方面加以理解：

（1）项目质量规划的首要任务是设定项目质量目标，或者是设定质量要求和标准。项目质量目标是项目在质量方面要实现的结果。项目质量目标包括总目标和具体目标。总目标是项目拟达到的总体质量水平。如某建筑项目的质量总目标是工程合格率100%，优良率95%以上。具体目标包括项目的性能目标、可靠性目标、安全性目标、经济性目标、时间性目标和环境性目标等。如某建筑项目，其挡风墙使用的石料强度等级不小于40兆帕，这是一个性能质量目标或者说是质量标准。

（2）项目质量规划应为实现质量目标规定必要的作业过程和相关资源。项目质量管理是通过一系列过程实现的。项目质量规划应对项目的实现过程进行分解和识别，规定必要的作业过程。如施工项目的必要过程包括：工程调研与任务承接、施工准备、采购材料、施工生产、检验与试验、功能试验、竣工交验、回访与保修等。对规定的作业过程明确所需的资源，包括人员和设备等资源。明确过程的职责和权限，建立规范化的管理程序等。

工程项目质量策划案例

青岛国际博览中心是由美国 NBBJ 公司及北京设计院合作设计，由国家级大型企业南山集团投资 20 亿元人民币建设的大型国际化展览及会议中心。工程建设由中建三局承揽。下面以青岛国际博览中心为例，说明中建三局的工程项目质量管理策划的内容。

1. 明确工程项目质量目标

以"我们将把无质量通病、有竞争力的产品和服务，准时交付顾客"的质量方针为宗旨，严格按照设计要求及施工验收规范组织施工，争创鲁班奖，确保泰山杯。

2. 成立质量管理组织

项目部成立以项目经理为组长，技术负责人、质量负责人为副组长，施工员、材料员、机电管理员等人员为组员的并以公司总工程师技术指导监督的项目技术小组，及时分析施工质量形式及现状，提出规划措施，协调指导各种质量管理活动。

项目部技术小组所配成员须具备一定的施工技术和工程质量知识及管理经验与能力，成员变动时及时调整补充。

3. 质量管理机构的设置

项目部设项目经理 1 名、技术负责人 1 名、生产负责人 1 人、质量负责人 1 名、专业施工员、材料员、机电管理员；劳务班组配兼职质检员各 1 名（可以为班组长）。所配质量检查人员要分工明确，专职专用。

4. 明确项目工程质量责任

实行项目工程质量负责制度，建立以岗位为中心的各类人员工程质量责任制度。项目经理是施工项目工程质量的第一直接责任人。

项目部及劳务班组各配备不少于一人的专职质量管理检查人员，负责对项目部施工项目的质量管理和检查，并要认真执行质量检查制度，严格按照国家、行业验收标准和设计文件检查工程质量。公司相关职能部门质量及技术管理检查人员对项目部施工的工程项目实行抽查制度。对检查出的质量问题，要严格进行落实整改。

项目经理要组织全体施工管理及作业人员，严格贯彻国家、省、市的质量工作法律、法规和政策，认真落实建设单位、上级单位和公司制定的质量管理制度及规定，严格按照设计图纸、技术标准、施工规范和验收标准进行施工，并接受监理单位、上级质量监督单位或技术部等职能部门的检查监督，确保工程质量。

5. 制定质量控制规划

（1）实行质量示范样板引路制度。每个分部、分项工程或工种（特别是量大面广及装饰装修的分项工程，如钢筋工程、混凝土工程、批量工程、镶贴墙地面砖等）在开始大面积施工前作出示范样板，统一操作要求，统一施工工艺，统一质量标准。本事项由项目部具体负责监督管理劳务班组实施和参加的创优示范活动，劳务班组必须听从管理及配合。

（2）坚持技术交底制度。项目部必须坚持以技术进步保证施工质量的原则，不断总结新技术、新工艺，积极采用新工艺、新技术；项目部落实针对特殊工序编制相应的作业指导书或技术交底，包括对劳务班组的交底、施工员对班组长的交底、班组长对施工作业人员的交底，各种交底必须有书面或文字记录，并由本人用黑色笔签名。

（3）严格执行材料、成品、半成品及构配件进场检查及材料供应方资格审查制度。项目部对材料进场前必须进行检查验收。钢材、水泥、防水材料等实行双控（合格证、复试）。各种材料应堆放整齐，并要对水泥等材料设专用料库，防止雨淋受潮。

各种材料、构配件、成品及半成品等进场必须报监理工程师检查认可；凡涉及结构安全和使用功能和国家规范规定的应按有关规定进行试验，应与监理单位按规定进行办理取样试验见证手续。

（4）实行现场挂牌制度。各种进场材料、半成品、成品构配件均要悬挂标识牌，标明名称、规格、出厂日期、质量状态及数量等指标。

（5）严格计量测试工作。计量、测量和试验是工程质量的重要保证，项目部要认真执行计量测试规定，严格控制施工质量。

①按有关规定和需要配置人员、设备，保证正常工作的环境条件。加强管理人员的业务培训，严格执行计量、测量、试验管理规定。各种仪器、仪表、量具要定期维护和维修，且必须经过法定计量部门的标准合格，确保使用灵活，精度符合要求。

②严格按规范、规则和检测操作规程要求，加强开工前、施工中和竣工后的坐标方位、水准高程的测量，做到换手复核，保证建筑物、构筑物标高、定位及结构尺寸准确无误，控制在国家规范规定范围内。

③加强现场混凝土搅拌计量，混凝土一律实行重量比，严格控制好配合比，以保证工程内在质量。

（6）建立隐蔽工程检查制度。项目部各专业施工员、质检负责落实每项工程的隐蔽工程检查，确保隐蔽工程施工质量。

①凡施工过程中的隐蔽工程，如基础工程、钢筋工程和防水层、混凝土工程预埋件等，均应附上相应隐蔽工程检查记录及有关材料证明等，按程序和时间报监理人员签证后，方可隐蔽进行下道工序施工。另外，塔式起重机基础施工也应做好质量控制，并有验收手续。

②检查中发现地质与设计不符，本级不能处理者，应及时报监理代表或甲方代表。

③施工员、质量员等有关人员检查时除按规定的项目逐项检查外，还应按有关技术规程、规范、施工图纸对照检查，并对其位置、高程和施工尺寸（规格）进行检查，将检查的情况做好文字记录。

④隐蔽工程检查签证应用碳素墨水笔（或黑色签字笔）填写，做好留存。

（7）建立开、竣工检查制度。

①开工前检查内容及要求。

坚持基本建设程序，应与劳务公司签订劳务承包合同；

i. 设计文件、设计图纸应能满足开工需要；

ii. 施工前的工地调查、水准、定位复测已进行，并符合要求；

iii. 各种技术交底工作已按规定执行；

iv. 采用的新技术、新工艺能掌握运用；

v. 各项施工现场质量管理制度健全。

复工工程也应按以上内容进行检查。

②竣工检查内容及要求。

i. 核对各部尺寸、完成数量及质量标准是否符合设计要求；

ii. 各种施工质量记录的收集整理情况；

iii. 复查质量验收记录，如发现缺项、漏项或其他质量问题，应列项处理，限期完成。

上述主要以项目部对劳务班组检查及抽查。

（8）严格执行质量否决制度。对不合格检验批、分项、分部和单位工程进行返工。不合格分项工程流入下道工序，要追究班组长（劳务班组）责任；不合格分部工程流入下道工序，项目经理要追究施工员的责任。

（9）认真做好成品保护。项目管理人员应合理安排施工顺序，尽量减少工序的交叉作业。上下工序之间做好交接工作，并做好记录。同时，按实际情况尽量采取"护、包、盖、封"等有效措施加强成品保护，防止已完工程受到损伤，影响工程质量。

8.2.2 项目质量规划的依据

1. 项目特性

不同类型、规模的项目，其项目特性不可能相同，因此质量目标、质量管理运行过程及需要的资源各不相同，所制定的项目质量规划也应各不相同。

2. 项目质量方针

项目质量方针是项目在质量方面的意图和方向，项目质量方针为制定项目质量目标提供框架，是项目质量规划的基础。

3. 项目范围陈述

项目范围陈述说明了项目所有者的需求和项目的要求和目标，项目要满足这些需求，因此项目范围陈述是制定项目质量规划的依据和基础。

4. 项目可交付成果描述

项目可交付成果是项目的成果，对项目可交付成果的描述包含了详细的技术要求和其他相关内容，项目质量要符合这些要求，是项目质量规划的依据。

5. 标准和规则

质量要求往往是以标准、规范、规程等形式表现的，制定质量规划时要遵守这些标准和规则。如建筑工程项目的质量规划应依据建筑施工规范、建筑结构规范等国家和行业标准。

8.2.3 项目质量规划工具与方法

项目质量规划的工具与方法主要有以下几种。

1. 成本效益分析法

成本效益分析法是通过比较项目的全部成本和效益来评估项目价值的一种方法。开展质量活动要有成本，如检验需要检验人员、设备、材料等，形成检验的成本，是质量管理中的支出，但通过检验能够发现质量问题，保证项目质量，给项目带来了效益。成本效益分析是对每个质量活动进行成本效益分析，比较其可能成本与预期效益，使得质量总成本相对最低，质量效益相对最高。

2. 质量成本法

质量成本是指为了确保和保证满意的质量而发生的费用以及没有达到满意的质量所造成的损失。质量成本包括：预防成本、评价成本、内部失败成本和外部失败成本。

（1）预防成本是指为了预防不符合要求而发生的所有成本。如质量工作费用、质量培训费用、质量改进措施费用、新产品评审费用等。

（2）评价成本是指为评价产品或服务是否符合要求而发生的所有成本。主要用于评定质量发生的费用。如检验、测试的费用、检验人员的工资及福利费用等。

（3）内部失败成本是指项目内部发现的因未达到要求而发生的所有成本。如返修、返工、废品、因产品质量问题造成的停工、质量降等降级等带来的损失。

（4）外部失败成本是指客户发现的因未达到要求而发生的所有成本。如保修、业务流失、责任赔偿等损失。

项目质量与项目质量成本存在着密切关系。项目质量水平会随着预防成本、评价成本的增加而增加，内部失败成本和外部失败成本会随着项目质量水平的提高而减少。因此，总质量成本呈现出U字形。如图8-1所示，P点是最佳质量成本的质量水平。

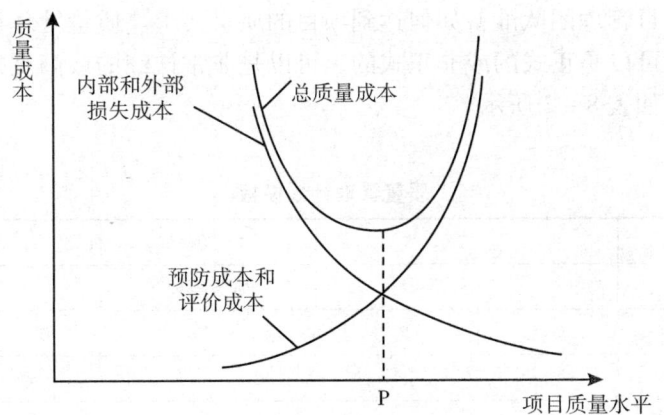

图8-1 项目质量成本曲线

质量成本是从经济的角度，从与质量有关的成本方面用货币的语言对项目质量管理状况进行测量和评价，判断项目质量管理活动是否协调和有效。项目质量与成本既相互矛盾又相互统一，在确定项目质量目标、质量管理流程和所需资源等质量规划过程中，通过质量成本分析，以使项目的质量与成本达到最佳组合。

3. 标杆法

标杆法是指利用其他项目质量计划或实际质量的结果作为新项目的参照体系和标杆，进行对照，为制定新项目质量计划提供依据。作为标杆的项目可以是项目组织内部的或外部的，可以是同一应用领域，也可以是不同应用领域的项目。

4. 实验设计法

实验设计（design of experiment，DOE）是一种统计方法，用来识别哪些因素会对正在生产的产品或正在开发的流程的特定变量产生影响。DOE可以用来确定测试的数量和类别以及这些测试对质量成本的影响。DOE通过对实验数据的分析，找到显著影响产品或流程的各种因素，识别其中最有影响的因素，判断各因素影响的大小，以及因素间可能存在的相互影响，以促进产品的设计开发和流程的优化、控制或改进现有的产品。如某企业设计人员在设计磁电机力矩时，通过实验设计，确定了工艺参数冲磁量、定位角和定子线圈匝数的最佳组合。

8.2.4 项目质量规划的成果

项目质量规划的成果主要有质量管理计划、过程改进计划、质量测量指标、质量核对单等。

1. 质量管理计划

质量管理计划是项目管理计划的组成部分，描述将如何实施执行组织的质量政策,以及项目管理团队准备如何达到项目的质量要求。质量管理计划根据项目的具体需要,可以是正式的或非正式的、可以是非常详细的或高度概括的。质量管理计划模板如表8-2所示。

表8-2　　　　　　　　　　质量管理计划模板

项目名称		项目编号	
项目发起人		质量经理	
项目简介			
项目质量标准			
项目质量目标			
编写人			
1. 质量角色和职责			
角色		职责	
2. 质量保证方法			
3. 质量控制方法			
4. 质量改进方法			
5. 质量资料管理			

2. 过程改进计划

过程改进计划是项目管理计划的子计划或组成部分。它详细说明对项目管理过程和产品开发过程进行分析的各个步骤,以识别增值活动。过程改进计划模板如表8-3所示。

表 8–3　　　　　　　　　　　过程改进计划模板

项目名称		项目编号	
项目发起人		项目经理	
项目简介			
编写人			
1. 过程描述			
2. 过程边界			
过程起点			
过程终点			
输入			
输出			
过程责任方			
过程干系人			
3. 过程测量指标			
测量指标		控制界限	
4. 改进目标			
5. 过程改进方法			

3. 质量测量指标

质量测量指标描述了项目或产品属性及其测量方式，以及允许的偏差。质量测量指标用于质量保证和控制质量过程。质量测量指标的例子包括：准时性、成本控制、缺陷频率、故障率、可用性、可靠性和测试覆盖度等。不同的项目质量测量指标也是不同的。质量测量指标模板如表 8–4 所示。

表 8-4　　　　　　　　　　　质量测量指标模板

项目名称			项目编号	
项目发起人			项目经理	
编写人				
序号	WBS 编码	活动/可交付成果	测量指标	测量方法

4. 质量核对单

质量核对单是一种结构化工具，通常列出各项内容，用来核对所要求的一系列步骤是否已经得到执行。基于项目需求和实践，核对单可简可繁。许多组织都有标准化的核对单，用来规范地执行经常性任务。质量核对单应该涵盖在范围基准中定义的验收标准。质量核对单模板如表 8-5 所示。

表 8-5　　　　　　　　　　　质量核对单模板

项目名称			项目编号	
项目发起人			项目经理	
编写人				
过程名称	活动名称	负责人	计划检查时间/频率	实际检查时间/频率	检查结果

8.3　项目质量控制

8.3.1　项目质量控制的定义

国际标准化组织在《质量管理体系　基础和术语》（ISO9000：2015）给出了质量控制的定义：质量控制是质量管理的一部分，致力于满足质量要求。

《项目管理知识体系指南》对控制质量的定义是：监督并记录质量活动执行结果，以便评估绩效，并推荐必要的变更过程。

对项目质量控制从以下几个方面理解。

（1）项目质量控制是根据项目质量规划中确定的项目目标和质量要求，使用一系列操作技术和活动，对项目的实施情况进行监督、检查和测量，判断已交付的输出是否满足质量要求，对于发现的偏差，及时进行反馈，并采取纠正措施，确保项目质量满足要求。项目质量控制遵循一般控制原理，也就是控制三部曲：确立标准，衡量成效，纠正偏差。

（2）项目质量控制的对象可以是项目所涉及的生产要素、工序、过程、某项阶段成果等一切与项目质量有关的要素。在项目进展的不同时期、不同阶段，项目质量控制的对象也不相同。

（3）项目需经历不同阶段，各阶段的工作内容、工作结果都不相同，影响质量的因素也不相同，所以每阶段的质量控制的内容和控制重点也不相同。

项目不同阶段的质量控制

项目生命周期包括启动、开发、实施、收尾等阶段，各个阶段的质量控制的对象、内容和手段都是不相同的。

1. 项目启动阶段

项目启动阶段主要包括项目的可行性研究和项目决策。项目可行性研究直接影响项目的决策质量和设计质量。在项目的可行性研究中，通过研究比较，提出对项目质量的总体要求，使项目的质量要求和标准符合项目所有者的意图，并与项目的其他目标相协调，与环境相协调。在项目决策过程中，应考虑项目费用、时间、质量等目标之间的对立统一关系，确定项目应达到的质量目标和水平。在启动阶段，从总体上明确了项目质量的方向。

2. 项目规划设计阶段

项目规划设计阶段使启动阶段确定的质量目标和水平具体化。具体包括三方面内容：

（1）质量设计。项目设计人员根据顾客的需要、质量目标，按照设计流程，进行设计工作。设计开发过程，同时要满足来自顾客和项目实施过程两个方面的要求，一个没有满足顾客需要的项目设计，不是好的设计；如果一个项目存在设计缺陷，就会给项目质量留下许多"隐患"。现代质量管理观点认为，质量是设计出来的，不是制造出来的，充分说明了设计质量的重要性。

（2）控制项目设计质量。项目设计开发是一个复杂的系统工程，要达到预期的质量目标，使项目设计满足其功能特性要求，满足设计指标，就必须预先考虑设计开发阶段可能偏离预定设计质量目标而发生失效、产生缺陷的风险。因此设计阶段质量管理活动始终是以减少风险为目标的。为了保证设计开发的质量，发现项目的明显缺陷，挖掘出潜在缺陷，可以采用设计评审、故障分析、实验室试验、现场试验等方法。

（3）针对控制对象预测造成质量问题的因素，拟订质量控制计划，设计控制程序,有目的、有预见地采取有效措施,将项目实施过程中常见的质量问题和质量事故消灭在萌芽状态中。

3. 项目实施阶段

项目实施阶段是项目形成的重要阶段,是项目质量管理的重点。项目实施阶段包括了项目实施准备和项目实施两个内容。

(1) 项目实施准备阶段的质量管理。在该阶段做好项目实施的准备工作,准备工作包括:技术准备、物资准备、组织准备和现场准备。准备工作的好坏,对项目产生直接影响。

(2) 项目实施过程质量管理。项目实施过程质量管理的主要任务是建立一个控制状态下的运营(生产)系统。所谓控制状态,就是项目的正常状态,即项目实施过程能够稳定地、持续地产生符合设计质量的产品。项目质量管理的重点是影响项目质量的因素、工艺和过程(工序)。要识别影响质量的因素,采取针对性的手段,控制这些因素的影响。为保证工序质量,要严格遵守操作规程,主动控制工序活动条件的质量,及时检验工序活动效果质量,设置工序质量控制点,实行重点控制,采用统计控制技术对工序过程进行监控等方法。

4. 项目收尾阶段

项目收尾阶段是项目生命周期的最后阶段,在该阶段要确认项目的可交付成果是否达到了预期的质量要求,实施项目的移交与清算。该阶段质量管理的重要手段是质量验收,即对项目进行全面的质量检查评定,判断项目是否达到质量目标,对不合格项目提出处理办法,以保证项目产品符合质量要求。

8.3.2 质量变异理论

所谓变异是指在过程运行中,任何与目标或规范要求不一致的变化,又称为波动。变异是客观存在的,它存在于任何事物中。世界上没有两个对象具有相同的特性测量值,无论人们把环境和条件控制得多么严格,无论付出多大努力,都是徒劳的。

要达到控制质量的目的,就要研究质量变异的原因,寻找变异的根源,确定控制的对象,这样控制才有针对性。质量变异的原因从来源和性质两个不同角度加以分析。

1. 质量变异来源的分类

引起质量变异的原因通常概括为 5M1E,即:人 (man)、材料 (material)、设备 (machine)、方法 (method)、测量 (measure)、环境 (environment)。

2. 质量变异性质的分类

引起质量变异的原因按性质分为随机因素和系统因素。

随机因素是一种不可避免的原因,对质量变异起着细微的作用,这种原因的出现带有随机性，不容易识别和不易消除。如施工设备正常磨损、操作者细微的不稳定，是不容易识别的，也难以消除。这类原因也称为正常原因。

系统原因是一种可以避免的原因，对质量变异影响程度大，但容易识别，可以消除。如操作者不按操作规程进行作业、施工设备的严重磨损或出现故障、设备的不正确调整等，会对质量产生较大影响。这些因素能够通过管理手段或技术手段发现，若采用有效措施是可以消除的，能够使施工过程恢复正常。这类原因也称为异常原因。

8.3.3 项目质量控制的依据

项目质量控制主要有以下依据：

1. 质量管理计划

质量管理计划是在项目质量规划中所产生的管理文件，对项目质量管理工作进行了全面安排，其中包括对项目质量控制工作和方法的明确说明。

2. 质量测量指标

质量测量指标指对项目或产品属性，提供详细的测量，以及进行测量的方法。质量测量指标用于控制质量过程，以确定可交付成果或过程是否达到质量要求，如表8-4所示。

3. 质量核对单

质量核对单是一种结构性工具，通常具体列出各项内容，用来核实所要求的一系列步骤是否已得到执行，如表8-5所示。

4. 工作绩效信息

工作绩效信息是在执行项目工作的过程中，从每个正在进行的过程中收集的信息和数据。对于这些信息和数据做进一步分析后，为质量控制提供了依据。例如，工作绩效信息包括已完成的工作、关键绩效指标、技术绩效测量结果、进度活动的开始日期和结束日期、变更请求的数量、缺陷的数量、实际成本和实际持续时间等。

5. 可交付成果

可交付成果是在某一过程、阶段或项目完成时，必须产出的独特并可核实的产品、成果或服务能力。项目质量控制的目标是提交的可交付成果要满足要求，所以应了解可交付成果的要求，使得质量控制具有针对性。

8.3.4 项目质量控制的方法

质量控制常用的方法包括以下几种：

1. 排列图法

排列图又称帕累托图，是将出现的质量问题或质量改进项目按照重要程度依次排列的一种图表。排列图有一个横坐标、两个纵坐标、几个按高低顺序排列的矩形和一条累计百分比折线组成，如图8-2所示。

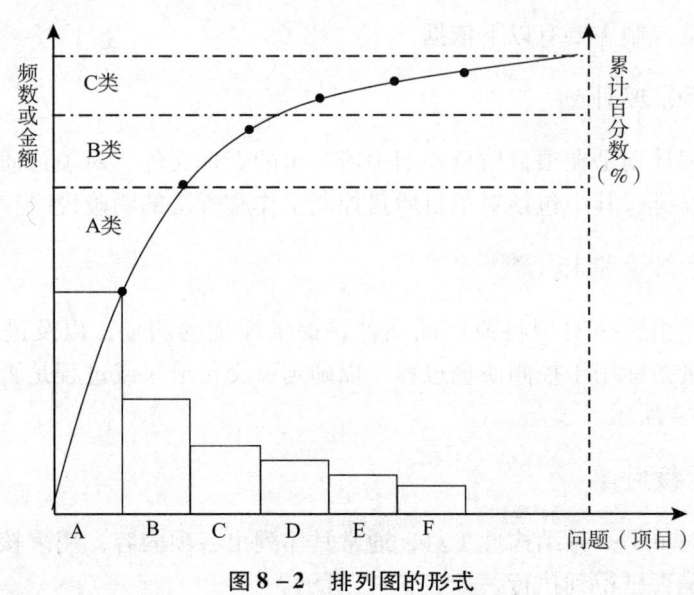

图8-2 排列图的形式

排列图建立在帕累托原理（又称80/20定律）基础上。美国质量管理专家朱兰将帕累托原理应用到质量管理领域，提出"关键的少数，次要的多数"观点，该观点认为80%的质量问题源于20%的起因，20%的质量问题源于80%的起因，因此面对众多影响质量问题的原因，要确定并首先解决"关键的少数"，而不是解决那些导致少数问题的"次要的多数"。而排列图是寻找关键质量问题的有效方法。

影响质量的主要因素通常分为三类：

A类为累计百分数在0~80范围内的因素，是影响产品质量的关键因素；
B类为累计百分数在81~90范围内的因素，是影响产品质量的一般因素；
C类为累计百分数在91~100范围内的因素，是影响产品质量的次要因素。

排列图法又称ABC分析图法。排列图的主要用途有：

（1）寻找产生质量问题的主要原因或关键因素；
（2）识别进行质量改进的机会；

（3）比较质量改进前后的排列图，确定改进的效果。

排列图应用实例：

在对某建筑物施工的房屋质量检查中，发现其中 150 间的地坪存在质量问题，经统计整理后得到的资料如表 8-6 所示。

表 8-6　　　　　　　　房间地坪质量缺陷统计表

序号	质量缺陷项目	不合格房间数	频率（%）	累计频率（%）
1	起砂	80	53.3	53.3
2	开裂	39	26.0	79.3
3	空鼓	18	12.0	91.3
4	不平整	9	6.0	97.3
5	其他	4	2.7	
合计		150	100	100

根据表 8-6 的统计资料加工整理成排列图，如图 8-3 所示。

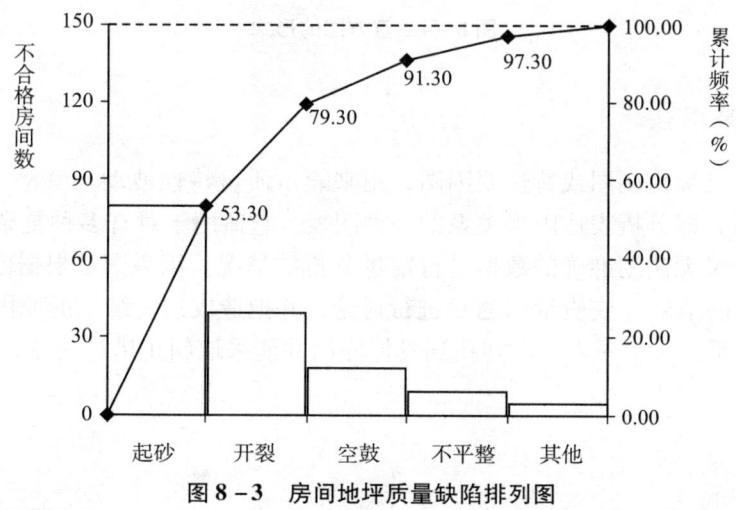

图 8-3　房间地坪质量缺陷排列图

从排列图中可以看出，约占累计频率 80% 的质量缺陷项目为起砂和开裂，这两项为造成房间地坪质量缺陷的关键因素。

2. 直方图法

直方图是将收集到的质量数据，按一定要求加以整理和分组，然后进行频数统计，用一系列宽度相等、高度不等的长方形表示数据分布的图形。直方图的横坐标表示质量特性（如尺寸、重量），纵坐标表示频数或频率，长方形的宽度表示数据范围的间隔，长方形的高度表示落在给定间隔内的数据频数。如图8-4所示，直方图一般用于观察和分析数据波动情况。直方图的用途主要有以下几个方面：

（1）整理数据，显示产品或过程质量特性数据分布状态；
（2）观察直方图形状，判断过程质量状况；
（3）根据数据波动状况有目的地进行质量控制和质量改进。

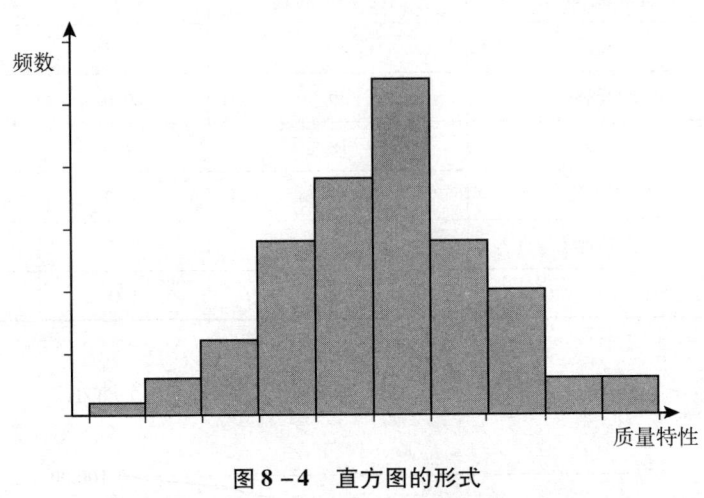

图8-4　直方图的形式

3. 因果图法

因果图又称鱼刺图或特性要因图，用来表示质量特性波动与其潜在（隐含）原因的关系，即分析表达因果关系的一种图表。它适用于对有多种复杂的原因的质量结果，又无法用准确的数据进行定量分析的情况。因果图是根据已经产生的或预计产生的结果（或质量问题）进行讨论，并把造成这一结果的原因详细地分析，顺藤摸瓜，步步深入，直到找到具体原因并能采取纠正措施为主，如图8-5所示。

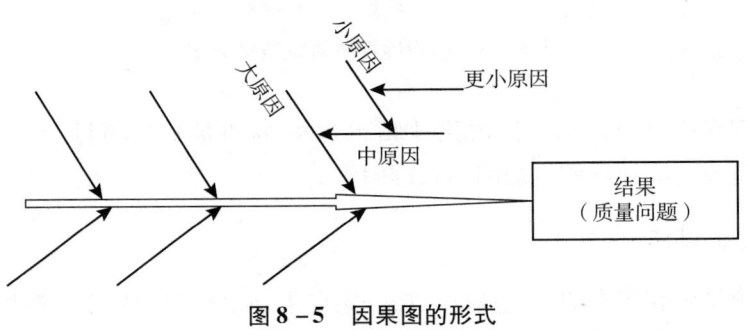

图8-5　因果图的形式

4. 控制图法

对（工序）过程中的质量波动进行控制，首先要解决的问题是如何科学地区分正常波动和异常波动，如何在过程中发现异常波动，并且通过及时调整异常波动，使过程处于受控状态，从而保证过程能够满足技术要求。应用控制图可以达到此目的。

控制图是对过程质量特性值进行测定、记录、评估和监察过程是否处于控制状态的一种用统计方法设计的图。图中有中心线（central line，CL）、上控制界限（upper control limit，UCL）和下控制界限（lower control limit，LCL），并有按时间顺序抽取的样本统计量数值的描点序列，如图8-6所示。UCL、CL 与 LCL 统称控制线。若控制图中的描点在上控制界限、下控制界限之外，或描点在上控制界限和下控制界限之间的排列不随机，则说明过程存在异常原因，处于非受控状态。

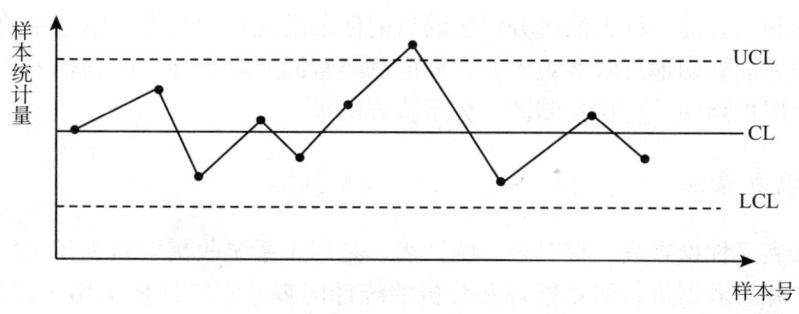

图 8-6 控制图的形式

控制图的控制界限是根据收集数据的统计量来确定的，按照 3σ 原理设计。

中心线 $CL = \mu$

上控制界限 $UCL = \mu + 3\sigma$

下控制界限 $LCL = \mu - 3\sigma$

控制图的用途：

（1）确立统计控制状态。根据描点的位置和分布状况，监视过程状态。

（2）监视过程并在过程超出控制界限时提供报警信号。即若发现异常变异，启动必要的调查和纠正措施。

（3）控制图可以向管理人员提供过程的质量信息，为管理决策提供依据。

5. 散布图法

散布图又称相关图，是研究成对出现的两组数据之间相关关系的简单图示技术。也就是说，散布图的作用是发现、显示和确认两组相关数据之间的关联程度，并确定两组数据预期的关系。散布图的形式如图8-7所示。

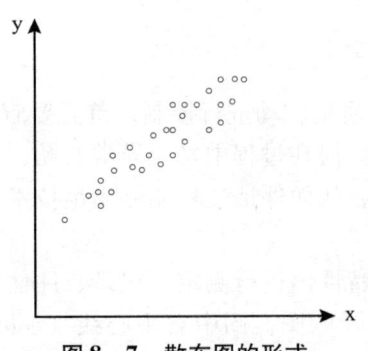

图 8-7 散布图的形式

6. 分层法

引起质量波动（或称变异）的原因是多种多样的，因此收集的质量数据和信息往往带有综合性。分层法是按照一定的标志，把收集到数据按不同目的加以归类、整理和汇总的一种方法。分层法的目的使杂乱无章的数据和信息系统化、条理化，使之能确切地反映客观事实。分层法经常同质量管理中的其他方法一起使用，如分层排列图、分层控制图、分层直方图等。

7. 调查表法

调查表又称检查表，核对表、统计表，是用来系统收集资料和积累数据，确认事实，并对数据进行粗略整理和分析的统计图表。它广泛地运用于现场管理，用以迅速取得或整理数据。

8. 检查法

检查是通过观察和判断，适当时结合测量、试验所进行的符合性评价。检查是对产品或服务的一种或多种特性进行测量、检查、试验、计量，并将这些特性与规定的要求进行比较以确定其符合性的活动。

检查有多种分类方式，其中包括：
（1）全数检查和抽样检查；
（2）自检、互检和专检；
（3）进货检查、过程检查（或工序检验）、成品检验；
（4）理化检查和感官检查；
（5）破坏性检查和非破坏性检查。

检查的依据是标准、规范、法规、要求等，其中标准包括技术标准、检查标准和管理标准。

8.3.5 项目质量控制的成果

1. 质量控制测量结果

质量控制测量结果是按照质量规划中规定的格式,对质量控制活动结果的书面记录。

2. 确认的变更

确认的变更是对变更或补救过的对象进行检查,做出接收或不接收的决定,并把决定通知相关人员。不接收的对象可能需要返工。

3. 核实的可交付对象

质量控制的一个目的就是确定可交付成果的正确性。实施质量控制过程的结果是可交付成果得以核实。

4. 工作绩效信息

工作绩效信息是指从各控制过程收集,并结合相关背景和跨领域关系进行整合分析而得到的绩效数据。如关于项目需求实现情况的信息:不接收的原因、要求返工,或所需的过程调整。

5. 变更请求

如果根据纠正措施或预防措施,需要对项目进行变更,则应按照既定的整体变更控制过程提出变更请求。

6. 项目管理计划更新

根据质量控制的结果对项目管理计划进行更新,包括质量管理计划和过程改进计划。

7. 项目文件更新

项目文件如质量标准、协议等,根据质量控制的结果而更新。

8.4 项目质量保证

8.4.1 项目质量保证的定义

国际标准化组织在《质量管理体系 基础和术语》(ISO9000:2015)给出

了质量保证的定义：质量保证是质量管理的一部分，致力于提供质量要求会得到满足的信任。项目质量保证是向项目相关方提供信任，使他们确信项目质量达到规定的要求。

《项目管理知识体系指南》把项目质量管理过程分为三个过程：规划质量管理、实施质量保证和控制质量。其中实施质量保证的定义是：审计质量要求和质量控制测量结果，确保采用合理的质量标准和操作性定义的过程。

1. 项目质量保证的任务

（1）保证满足规定质量要求，这也是质量控制的基本任务。
（2）以保证满足质量要求为基础，提供"信任"是质量保证的基本任务。

2. 项目质量保证的分类

（1）项目内部质量保证。它是向项目执行组织的高层领导提供信任的活动。项目的一系列质量活动是由项目经理或项目团队进行的，虽然项目团队明确了职责分工，也有相应的质量控制方法和程序，但是这些方法和程序是否有效，是否严格按程序进行，项目执行组织的高层领导要求项目团队有计划、有步骤展开提供证据的活动，使领导层确信项目运行正常，从而取得领导"信任"。

（2）项目外部质量保证。它是向用户或其他相关方提供信任的活动。为了使项目用户或第三方确信项目能达到所规定的质量要求，需要向用户或第三方提供客观证据，使其了解项目实施方的实力、业绩、管理水平、技术水平及在项目设计、实施各阶段主要质量控制活动，取得用户"信任"。

项目质量保证是从外部向项目质量控制系统施加压力，促使其更有效地运行。例如项目组织高层领导需要组织独立的专业人员进行检查、审核等活动，能够发现质量控制系统的薄弱环节，发现存在的质量问题，提出改进措施，所以说质量保证是对质量控制过程的质量控制，是质量管理的一个更高层次。

8.4.2 项目质量保证方法

项目质量保证采用的主要方法包括：质量审核、过程分析、建立质量管理体系及质量控制的方法和技术。

1. 质量审核指对某项工作进行独立的审查，即由与被审核无直接责任关系、具有相应资格的人进行的一种检查活动。
2. 过程分析是指按照过程改进计划中所要求的步骤来识别所需的改进。它要检查过程运行中遇到的问题、制约因素，以及无价值活动。过程分析包括识别问题、探究根本原因，并制定预防措施。

8.4.3 质量管理体系

1. 项目质量管理体系的定义

项目质量管理体系是指在项目质量方面指挥和控制组织的管理体系。

质量管理体系包括组织确定的目标,以及为获得所期望的结果而确定的所要求的过程和资源。质量管理体系管理为实现其价值以及相关方的结果所需要的相互作用的过程和资源。质量管理体系能够使最高管理者通过考虑其决策的长期和短期影响而优化资源的利用。

质量管理体系提供了一种在提供产品和服务方面,针对预期和非预期的结果确定所采取措施的方法。

2. ISO 9000 族标准的构成

ISO9000 族标准由 3 个核心标准和其他支持性标准和文件组成。3 个核心标准如下:

ISO9000:2015《质量管理体系 基础和术语》,阐述了质量管理体系的基本原则并定义了质量管理体系的术语。

ISO9001:2015《质量管理体系 要求》,规定了质量管理体系要求,用于证实组织具有稳定地提供满足顾客要求和适用法律法规要求的产品和服务的能力,目的在于增强顾客满意。

ISO9004:2009《组织持续成功的管理 一种质量管理方式》,为组织在复杂的、要求更高的和不断变化的环境中获得持续成功提供管理指南。

3. ISO9000 族标准的作用

每个组织都有质量管理活动,无论其是否有正式计划。ISO9000 族标准为如何建立一个正规的体系管理这些活动提供了指南,并且可用于帮助组织建立一个有凝聚力的质量管理体系。质量管理体系为策划、执行、监视和改进质量管理活动的绩效提供了框架。

ISO9000 族标准简介

国际标准化组织(简称 ISO)于 1987 年发布了"质量管理和质量保证"标准 ISO9000 族标准,该系列标准得到国际社会和国际组织的广泛认同,成为世界各国共同遵守的管理体系标准。该系列标准可帮助组织建立并有效运行质量管理体系,是质量管理体系通用的要求和指南。由于该标准吸收国际上先进的质量管理理念,采用 PDCA 循环的质量哲学思想,对于产品和服务的供需双方具有很强的实践性和指导性。

8.5 项目质量监督

8.5.1 项目质量监督的定义

项目质量监督是指为确保满足规定的要求，对实体的状况进行连续的监视和验证并对记录进行分析。

对质量监督从以下几个方面理解：

（1）质量监督的对象是实体，包括产品、活动、过程、组织、体系、人或者它们的任何组合。

（2）质量监督的目的是确保满足规定的要求。规定的要求，可以是标准、规范、法律、规章、制定等。

（3）质量监督的手段可以是监视、观察、验证，并对记录进行检查、分析，其方式可以是连续的，也可以是一定频次的；可以是即时的，也可以是延时的。

8.5.2 质量监督的主要类别

质量监督可以分为组织内部的微观质量监督和组织外部的宏观质量监督。组织外部的质量监督又可以分为政府监督、社会监督。

1. 组织内部监督

组织内部监督是指为了保证满足质量要求，由具备资格且经高层领导授权的员工对程序、方法、条件、产品、过程或服务进行的检查，对照规定的质量要求，发现问题予以记录，并督促责任部门分析原因，制定解决措施，直至问题获得解决。

组织内部的质量监督涉及各职能部门的工作和活动。例如在项目组织内部，质量检验部门负责对施工条件的监控和对外购、外协物资、工序、零部件和成品的检验和验证，技术部门负责技术系统对执行规定操作规范的监督；计量部门负责量值传递、法定计量单位贯彻和测试设备的配置管理。尽管质量监督涉及各职能部门，但质量监督的主体是项目的质量检验部门和质量保证部门。

2. 政府监督

政府监督是一种行政监督，是政府行政部门、法律授予具有行政监管职能的机构依靠特定的质量法规或行政规章，对组织或项目的质量行为给予的直接管理。政府对组织或项目主体行为的改变，依靠的是政府的强制能力，依据有关法律法规，通过强制性的行政许可、检查或制裁方式，对组织或项目的经营决策活动施加直接的影响。

3. 社会监督

社会监督是顾客和非营利性社会组织的监督。非营利性社会组织包括：消费者权益保护组织、企业或企业家行业组织、质量和标准的行业组织、公共媒体的社会组织等。通过质量信息的广泛发布、质量诉讼行动等多种方式进行监督。

8.5.3 项目质量监督的内容

项目质量监督的范围从项目启动、规划设计、实施和收尾的生命周期。对不同类型项目，质量监督的内容各不相同。对工程项目质量监督的主要内容包括：工程开工前，对工程的勘察、设计、施工单位的资质等级和报批手续、施工条件进行核查；工程施工中，按照监督计划对工程质量进行检查；工程完工后，在施工单位验收的基础上对工程质量进行验收等。

【本章小结】

质量是项目管理的三大目标之一，项目质量管理也就成为项目管理的重要内容之一。项目质量管理遵循质量管理学的基本理论，同时也具有自己的特殊性。本章首先介绍质量管理的一般原理，然后阐述项目质量管理的理论、方法和技术。

在项目质量管理概述中，首先介绍了质量定义、与质量有关的术语和项目质量的定义，项目质量形成过程，项目质量的影响因素，项目质量的特点。其次介绍了质量管理学的基本知识包括：质量管理的发展历程、项目质量管理概念、项目质量管理原则、项目质量管理的基础工作。

项目质量管理的基本过程包括项目质量规划、项目质量控制和项目质量保证。本章对项目质量规划的内容、依据和项目质量规划的方法和技术进行了介绍。项目质量规划的方法和技术包括成本效益分析、质量成本、标杆法、实验设计等。在项目质量控制中，介绍了控制的内容、对象、依据，阐述了质量变异理论，介绍了项目质量控制的方法和技术，主要包括：排列图、直方图、控制图、因果图、散布图、分层法、调查表及检查。在项目质量保证中，介绍了项目质量保证的定义、任务、分类和方法，在项目质量保证的方法和技术中着重介绍了质量审核、质量管理体系。

导致项目质量不合格的原因，既有项目内部的质量因素，也有项目外部的质量因素。不论是内部因素还是外部因素，均需要进行质量监督。本章最后阐述了质量监督的定义，分析了质量监督的类别和内容。

【推荐读物】

1. 王祖和. 现代项目质量管理 [M]. 北京：中国电力出版社，2014.

2. 邱菀华. 现代项目管理 [M]. 第3版. 北京：科学出版社，2013.

3. 张锐昕. 项目管理 [M]. 北京：清华大学出版社，2013.

4. 项目管理协会. 项目管理知识体系指南 [S]. 第5版. 北京：电子工业出版社，2015.

5. 池仁勇. 项目管理 [M]. 第3版. 北京：清华大学出版社，2015.

6. 温德成. 质量管理学 [M]. 北京：机械工业出版社，2014.

7. 龚益鸣. 现代质量管理学 [M]. 北京：清华大学出版社，2012.

8. 张公绪，孙静. 新编质量管理学 [M]. 北京：高等教育出版社，2004.

9. 刘广弟. 质量管理学 [M]. 第2版. 北京：清华大学出版社，2003.

10. 梁国明. 企业质量成本管理方法 [M]. 第3版. 北京：中国质检出版社，2011.

11. 杨青. 工程项目质量管理 [M]. 第2版. 北京：机械工业出版社，2014.

【复习讨论题】

1. 项目质量的定义是什么？
2. 影响项目质量的因素有哪些？
3. 说明项目不同阶段质量管理的内容。
4. 说明项目质量规划的依据。
5. 项目质量规划常用的方法有哪些？
6. 项目质量控制常用的方法有哪些？
7. 说明项目质量管理的原则。
8. 什么是质量成本？包括哪些类别？
9. 质量监督有哪些类别？

【网上练习】

1. 请查阅网上资料掌握和了解不同行业和领域（建筑工程、研发工程、环境工程）的行业质量标准内容。

2. 通过查阅网上资料了解质量认证的作用、存在的问题、认证的内容及步骤。

【案例分析】

石化工程项目质量管理实践

工程质量是石化企业"安稳长满优"运行的基础，今天的质量就是明天的安全和效益，石化行业独有特性对工程质量更是提出了近乎苛刻的要求，随着石化项目规模变大，投资增高，工艺流程愈加复杂，影响质量目标实现的风险加大，质量管理难度增加，如何应对挑战石化工程质量管理成为当前一项重大课题，下面分享某石化工程质量管理实践，以期为类似石化工程质量管理提供有益借鉴。

1. 项目概况

国内某中外合资石化企业为消除生产瓶颈、改善产品结构和实现千万吨产能，决定实施"十五"规划二期项目，包括加氢裂化、制氢、柴油加氢装置以及相应的系统配套工程等，其中加氢裂化引进美国 CLG 专利技术，制氢引进德国 Lurgi 专利技术，柴油加氢采用国内成熟工艺。项目采用"PMT＋监理＋EPC"管理模式，由两个 EPC（engineering procurement construction）总承包商、若干分承包商、业主项目管理团队（PMT）、三家工程监理及中石油质量监督历经两年紧张有序的建设管理，项目质量目标全面实现，高标准中交并一次投料开车成功。

2. 项目质量管理成果

项目全面实现既定质量目标，全面达到设计、国家及行业规范要求，建成后一次开车成功、竣工验收一次通过，经运行性能考核，各项指标均达到设计要求。工程设备、材料100%合格，土建工程和安装工程各单位工程质量100%合格。装置工艺管线一次合格率99.1%以上，炉管一次合格率99.8%以上。没有发生任何质量事故。

项目管理取得优异成绩，制氢装置获2007年度全国化学工业"优秀施工项目奖"；加氢裂化及制氢装置获中国勘察设计协会第四届优秀工程项目管理和优秀工程总承包项目"工程项目管理金奖"，柴油加氢装置获得"EPC总承包银钥匙奖"；加氢裂化及制氢装置获中国石油化工集团公司"优质工程奖"。

3. 项目质量管理实践

3.1 项目质量管理策划

3.1.1 明确质量管理目标，建章立制

为规范项目管理，项目业主成立了项目管理组织机构 PMT，下设职能组、专业组和项目部，明确了项目质量管理职责；编制印发工程建设总体部署，确立工程建设方针、指导思想和总体目标，定位项目为质量驱动型；出版 PMT 项目管理手册，明确项目各项管理规定和工作流程、程序；相继发布《工程质量管理规定》《工程质量管理手册》等文件，进一步明晰项目质量管理思路和程序。

3.1.2 建立质量管理体系，层级管理

项目各相关方按合同要求建立健全质量管理体系，明确人员，制订切实可行的质量管理计划、管理程序和流程，把工程监理、总承包商和各分承包商的质量管理体系纳入业主总体质量管理体系内，实行质量层级式管理：第一级为业主 PMT，从全局层面进行宏观质量管理；第二级为工程监理，代表业主实施全过程质量管理；第三级为各 EPC 总承包商和分承包商，按照规范要求及内部控制程序实施质量管理。工程质量监督代表政府对工程实施监督，项目相关方均接受、支持监督组的工程质量监督。

3.1.3 推行项目目标责任制

质量实行项目经理负责制，明确项目经理是项目质量第一责任人。按照全员质量管理原则，在项目业主总体质量目标框架下，由各相关方进行层层分解，在EPC总承包合同、施工合同、采购合同以及监理合同中细化质量目标、责任及奖惩措施，把质量目标责任落实到每个单位、每个人，形成人人担责、责任到人的质量目标责任管理体系。

3.2 项目质量管理实施

3.2.1 项目设计质量管理

设计是影响工程质量的基础环节和质量控制的源头，实行EPC总承包的项目更是典型的"三边"工程，设计输入条件不完善，更须加强项目设计质量管理，把好设计质量关。

1. PMT成员广泛收集信息，多次研究论证以确保信息准确、真实有效；组织召开设计开工会，详细交代业主建设意图、建设标准等。

2. 实行设计人员在岗报告制度，要求总承包商确保设计团队成员相对稳定，PMT不定期核查，专业关键设计人员变动需事先报请业主PMT批准。合同要求采用PDS软件设计，三维建模技术应用减少了设计的错漏碰缺，提高了设计质量。

3. 审核总承包商提交的设计质量计划，按照质量计划组织里程碑设计成果审查，PMT先后多次组织专业人员、外聘专家对工艺包转化及工艺流程图进行审查，及时反馈信息并跟踪设计逐项落实；工程监督委员会还组织各股东方专家学者进行工艺包专项审查。

4. 要求EPC总承包商对分批次提交的施工图组织设计交底和专业审查，杜绝未经审查而用于工程施工。PMT适时组织项目施工图会审，协调各专业间联系，有效规避专业间冲突，确保项目设计的系统性、完整性和适用性。

3.2.2 项目采购质量管理

原材料及设备采购质量是工程实体质量的关键和核心。PMT、工程监理及EPC总承包商采取有效措施，确保设备、材料及构配件符合质量要求。

1. 实行合格供应商名单审批。供货商名单由PMT和EPC总承包商共同推荐最终报PMT审批，选择三家以上合格供货商经招标择优确定供货商，技术谈判须PMT、总承包工程及设计人员共同参与并会签技术协议条款。对关键设备供货商名单，进行实地考察，了解资质、产能状况。

2. 实行关键设备驻厂监造。项目委托多家监造单位对重要、关键设备开展驻厂监造，对原材料、制造工艺、方法和出厂检验等各个环节进行质量把关，发现问题及时汇报，定期提交监造质量报告，实施全过程动态管理。总承包商组织PMT、工程监理、施工单位进行出厂前联合检验，质量不合格不放行出厂；此外还对部分管配件、阀门实行驻厂监造。

3. 实行进场材料100%复验。由EPC总承包商组织工程监理等对所有分批次进场设备、材料、构配件进行外观质量检查，核查质量证明文件，并随机抽样委托第三方复验。对进场阀门进行100%试压，工程监理对部分试压过程进行旁站监理。

4. 妥善存放设备材料。为适应项目物资储运要求，总承包商在现场建立一级库房，分承包商建立二级库，设专职库管员对进场检验合格的设备材料及构配件进行入库编码登记，按种类不同分别入库，并分批次、规格、型号挂牌码放，妥善保管避免因储存不当而损坏；同时做好材料领用、出库登记，确保用在正确的部位和追溯性。

5. 果断处理不合格品。对检查或复验发现的问题积极主动与相关人员沟通，及时组织返修或更换处理，对确实不符合要求的设备材料和构配件，果断安排退货，并将其从供货商名单中删除。如开箱检查时发现一空冷管束丝堵材质与设计 SUS304L 不相符，退厂返修。

3.2.3 项目施工质量管理

施工阶段是工程实体质量的形成阶段，是实施质量控制的重点。

1. 严把分承包商资质关。通过招投标择优选择资质高、综合实力强、信誉好并有类似石化项目施工业绩的分承包商承担相应的施工任务。

2. 做好施工组织设计（施工方案）审批。项目 PMT 明确施工技术方案三级审批制度，EPC 总承包商对分承包商提交的施工组织设计（施工方案）审查合格后报工程监理、PMT 审批，大型吊装等关键施工方案须经 PMT 主任审批。确保施工方法可行，选用标准规范适用，质量措施可靠经济，平面布置合理，并督促 EPC 总承包商和分承包商逐级做好施工组织设计交底。

3. 把好项目人员资质审查关。影响工程质量的关键要素是人，对参建人员的投标承诺符合情况进行动态审查，坚持特殊工种持证上岗率 100%，PMT 对工程监理资质进行审查，工程监理负责对总承包商、分承包商、质检、技术人员和特种作业人员进行资质审查，确保人员到位、持证在岗。制定焊工入厂测试规定，资质审查合格后组织现场焊接测试，保证焊接一次合格率。对拟投用的施工机械、工器具进行专项审核，确保校验合格、性能良好。

4. EPC 总承包商组织施工图交底和审查，交代设计意图和施工重点、难点，提出施工指导意见。要求 EPC 总承包商适时派驻设计代表，协助处理现场问题并做好设计现场服务。

5. 强化质量预控，严格工序交接。以工序为核心，认真做好分析预测，划分三级质量控制点，严格控制重点工序质量。及时制止质量违规行为，工序交接检查重点是隐蔽工程检查，在未经检查认可，不得进入后续工序施工。

6. 做好成品保护和冬（雨）季施工。PMI 要求总承包商采取措施保护成品，设置醒目标识、警示牌；加强坐标控制桩防护，定期复测确保精准；责成总承包商组织编制冬雨季专项施工方案，确保冬雨季施工质量。如对加热炉进行冬季过冬烘衬，对烟道空气预热器热管等全部抽出送暖气库房保管，确保衬里安全过冬。

7. 适时组织工程质量大检查。总承包商、分承包商负责内部施工质量检查和控制，工程监理每月组织质量大检查，PMT 每季度组织工程质量大检查，工程质量监督站按照监督计划参加 A 级点检查并不定期抽查，以确保工程施工质量。

借助外部力量加强质量管理，中石油工程质量监督总站、PMT邀请的国内石化行业质量专家组、中石化工程管理部先后对项目进行安全质量专项大检查，总承包商开工前组织内部专家进行质量大检查。

8. 定期组织工程协调会。工程监理每周组织工程例会，通报质量管理情况，总承包商、工程监理、PMT不定期组织质量专题会通报情况，跟踪问题整改，及时解决质量问题。

9. 重视项目"三查四定"。质量关口前移，认真组织项目做好"三查四定"工作，提前介入参与检查，问题由总承包商进行分类列表，制订整改方案，明确责任人，竣工验收前所有问题全部关闭。

按总体部署要求及时安排竖向工程施工，实现"无土化"安装，为安装工程创造良好条件。

根据上述材料讨论：
1. 对案例中石化工程项目质量管理的方法和措施进行分析和评价。
2. 案例中可以借鉴的质量管理经验主要有哪些？

资料来源：孙东彦. 石化工程项目质量管理实践 [J]. 广州化工, 2013 (7).

第 9 章　项目风险管理

【本章学习目标】

1. 掌握项目风险管理的概念
2. 了解项目风险管理知识体系
3. 掌握项目风险管理过程
4. 了解一般的项目风险因素
5. 掌握项目风险评价的方法
6. 了解项目风险应对与监控

【重要概念】

风险（risk）

项目风险管理（project risk management）

项目风险规划（project risk management planning）

项目风险识别（project risk identification）

项目风险评价与分析（project risk evaluation and analysis）

项目风险应对（project risk response）

项目风险监控（project risk monitoring）

【开篇案例】

PX 项目爆炸的真相

PX 项目又出事了。2015 年 4 月 6 日 18 时 56 分许，福建省漳州古雷的腾龙芳烃二甲苯装置发生漏油起火事故。据《新京报》报道，事发地居民目击了 PX 工厂的两次爆炸和现场腾起的蘑菇云，火光冲天，天空被大火照得通红，黑烟滚滚不断向外冒。根据官方通报，该事故已有 14 人受伤，火势仍未扑灭。

这个腾龙芳烃 PX 项目原选址于厦门，但在预落地时遭到了当地市民的强烈抵制。因担心其污染环境，2007 年 3 月，105 名政协委员建议项目迁址。2007 年 6 月 1 日，市民集体上街散步抵制 PX 项目，厦门市政府最终宣布暂停工程。后经协调，该项目自 2009 年在漳州市古雷半岛再次启动。

自 2007 年厦门反对 PX 项目事件以来，8 年间发生 7 起由 PX 项目引发的群体性事件，尽管专家和地方政府一再保证符合环保、安全生产的规定，也有越来越多的公众知晓了 PX 的低毒属性。但这一切都不如一场爆炸。

古雷开发区管委会负责人在回答记者"古雷将来有发生这种爆炸的可能性吗？"这个问题时说："肯定不会，因为古雷规划好了，将来输油管线就不经过居民区。"记者再问："万一爆炸，会波及我们吗？"负责人答："不会。正式投产时所有的居民都搬迁到十几公里之外去了。而且中间还有一个一公里的绿化带，种大树。"

在大连"7·16"大火的相关报道中，不少记者就对 PX 项目的安全感到忧心忡忡。有篇报道是如此描写的："PX 罐一旦爆炸，不但在场的所有消防人员无一能够幸免，就是 50 公里之外的大连市区，也顷刻毁灭，那将是世界上最大的 PX 爆炸事故。"

项目本身具有一次性、独特性等特征，项目内部和外部环境处在不断地变化过程中，所以，项目在实施的过程中存在着很大的不确定性，不确定性就会带来项目各种各样的风险。在项目规划阶段积极地开展项目风险规划、风险识别、项目风险评价和风险应对，在实施阶段做好项目风险的监控和处理，这样就能把项目的风险降低到最低限度，提高项目的成功度。如果不能很好地管理项目中的各种风险，就会给项目利益相关方造成损失，使其丧失机会，造成项目的失败。项目风险管理内容涉及项目风险的充分识别、科学度量和全面控制等，以努力降低风险发生的概率和风险后果对项目的影响。

9.1 项目风险的概念与分类

9.1.1 风险管理的历史发展

风险管理是一门新兴的管理学科，是项目管理知识体系内容之一。风险管理问题源于第一次世界大战的德国。后来美国于 1929～1933 年卷入经济危机，风险管理成为经济学家的研究重点。1931 年美国管理协会首先倡导风险管理，美国企业从 20 世纪 50 年代开始真正重视风险管理问题并推广应用，对风险管理开始采用科学的方法，并逐步积累了丰富的经验。

1950 年莫布雷（Mowbay）等在《保险学》（*Insurance*）一书中，较系统地阐述了风险管理的概念，风险管理发展成为一门独立的学科。

20 世纪 70 年代以后逐渐掀起了全球性的风险管理运动，法国从美国引进了风险管理并在法国国内传播开来。同时，日本也开始了重视和加强风险管理研究。近些年来，美国、英国、法国、德国、日本等国家先后建立起全国性和地区性的风险管理协会。1983 年在美国召开的风险和保险管理协会年会上,世界各国专家学者云集纽约,共同讨论并通过了"101 条风险管理准则",它标志着风险管理的发展已进入了一个新的发展阶段。1987 年联合国出版了关于风险管理的研究报告《在发展中国家促进风险管理》。

我国在 20 世纪 80 年代后期开始重视风险管理问题的研究。1991 年顾昌耀和邱菀华在《航空学报》上发表论文,对风险决策问题开展了研究。企业经营领域风险管理专著开始面试,在建设工程领域,风险分析理论也开始得到应用和发展。

9.1.2 风险的定义与分类

1. 风险的定义

风险(risk)一词是舶来品,来源于意大利语的"risque"一词。在早期的运用中,被理解为客观的危险,体现为自然现象或者航海遇到礁石、风暴等事件。大约到了 19 世纪,在英文的使用中,风险一词常常用法文拼写,主要是用于与保险有关的事情上。

现代意义上的"风险"一词,已经大大超越了"遇到危险"的狭义含义,而是"遇到破坏或损失的机会或危险",可以说,经过两百多年的演义,风险一词越来越被概念化,并随着人类活动的复杂性和深刻性而逐步深化,并被赋予了从哲学、经济学、社会学、统计学甚至文化艺术领域的更广泛、更深层次的含义,且与人类的决策和行为后果联系越来越紧密。

所谓风险,是指某些不确定性以及由其可能引起的偏离预定目标的不良后果的综合。它是不确定事件发生的概率及其后果的函数,若用 R 表示风险,P 表示不确定事件发生的概率,E 表示不确定事件发生的后果,则风险可用数学公式表示:

$$R = f(P, E)$$

风险是不良事件发生的潜在可能性。风险包括三个要素:一个事件、该事件发生的可能性和该事件发生后产生的不良后果。

2. 风险的特点

风险是由于项目的独特性带来项目的不确定性,而不确定性必然会带来不良事件的发生。风险具有以下几个明显的特征:

(1)不确定性。风险的本质来自环境和事件本身的不确定性,这种不确定性表现于多个未来的不良后果及其发生的可能性。

(2)后果的现实性。当一种后果已经成为现实,对项目目标和项目产品带来实实在在的影响。

(3)风险的可控性。风险管理的基本任务是提出可供选择的多个方案,评价每一种方案的风险，选择满意的控制风险方案并正确实施。风险控制分为主动控制与被动控制。台风、洪涝灾害等原因是被动控制，可采取改进设计的方法来消除或减轻可能产生不良后果，称为主动控制。

积谷防饥

在很久很久以前，有一个妇人，她每天煮饭的时候，总是从锅里抓一把米出来，放到一个特备的米缸中。有人讥笑过她的这种行为，但她不以为意，依然故我。

过了不久，发生了灾害，地里粮食严重歉收，很多人家都揭不开锅了。但这位妇人家由于有一个特备的米缸，得以熬过了饥荒。

3. 风险的类型

风险按照不同的角度有不同的分类方法。

（1）按照性质可以分为纯粹风险和投机风险。

①纯粹风险是指只有损失机会而无获利可能的风险。比如房屋所有者面临的火灾风险、汽车主人面临的碰撞风险等，当火灾碰撞事故发生时，他们便会遭受经济利益上的损失。

②投机风险是相对于纯粹风险而言的，是指既有损失机会，又有获利可能的风险。比如在股票市场上买卖股票，就存在赚钱、赔钱、不赔不赚三种后果，因而属于投机风险。

（2）按照标的可以分为财产风险、人身风险、责任风险和信用风险。

①财产风险是指导致一切有形财产的损毁、灭失或贬值的风险，以及经济或金钱上的损失的风险。如厂房、机器设备、成品、家具等会遭受火灾、地震、爆炸等风险。

②人身风险是指导致人的伤残、死亡、丧失劳动能力以及增加医疗费用支出的风险。如人会因生、老、病、死等生理规律。

③责任风险是指由于个人或团体的疏忽或过失行为，造成他人财产损失或人身伤亡，依照法律、契约或道义应承担的民事法律责任的风险。如由于违反操作规程而使出现爆炸事故。

④信用风险是指在经济交往中，权利人与义务人之间，由于一方违约或违法致使对方遭受经济损失的风险。如项目中的索赔问题。

（3）按照行为可以分为特定风险和基本风险。

①特定风险是指与特定的人有因果关系的风险，即由特定的人所引起的，而且损失仅涉及特定个人的风险。如火灾、爆炸以及对他人财产损失或人身伤害所负的法律责任。

②基本风险是指其损害波及社会的风险。基本风险的起因及影响都不与特定

的人有关,至少是个人所不能阻止的风险。与社会或政治有关的风险,与自然灾害有关的风险都属于基本风险。如地震、洪水、海啸、经济衰退等。

(4)按照产生原因可以分为自然风险、社会风险、政治风险、经济风险和技术风险等。

①自然风险是指由于自然环境的非规则运动所引起的自然现象或物理现象导致的风险。如地震、风灾以及各种瘟疫等自然现象等引起的风险。

②社会风险是指由于个人或团体的行为(包括过失行为、不当行为以及故意行为)或不作为而使社会生产以及人们生活遭受损失的风险。如盗窃、玩忽职守及故意破坏等行为对他人财产造成损失或人身造成伤害。

③政治风险是指在对外投资和贸易活动中,因政治原因而使债权人可能遭受损失的风险。如因进口国发生战争、内乱而中止货物进口或停止货款。

④经济风险是指在生产经营活动中由于受各种市场供求关系、经济贸易条件等因素变化的影响导致经营失败的风险。如价格的下降而产生经营的盈亏。

⑤技术风险是指伴随着科学技术的发展、生产方式的改变而对人们生产与生活产生的威胁。如技术的更新换代等。

⑥管理风险是指管理人员的组织管理能力、领导和成员的个人素质不够,计划和资源调度能力不强,组织机构设置不合理等原因导致项目管理水平低、管理秩序混乱,从而影响目标完成的风险。

9.1.3 项目风险的概念

项目风险是指在项目生命周期内,由于某些不确定性而可能导致项目偏离目标,造成项目损失的风险。项目风险具有以下特征:

(1)客观性。项目风险无处不在、无时不在。虽然一直希望能认识和控制风险,但直到现在也只能在一定的条件下适当改变项目风险存在和发生条件,降低发生的概率,减少项目的损失程度。

(2)偶然性。风险具有不确定性,任何一种风险的发生都是由许多条件和不确定因素相互作用的结果,随时都可能发生,是一种随机现象。

(3)规律性。个别风险事件的发生是偶然的,但是大量风险的统计分析,可发现其概率规律,并在此基础上开展风险管理。

(4)多样性。项目风险是社会、政治、经济、环境、技术、时间、质量等多种因素共同作用的结果,其影响机制是非常复杂的,所以需要加强项目风险的系统化管理。

9.1.4 项目风险产生的原因

项目的不确定性事件造成项目风险,项目的不确定事件又是由信息不完备造成的,也就是人们无法完全认识项目未来的发展变化和结果造成的。项目信息的不完备程度决定着项目的不确定性事件的不确定程度，而项目信息的不完备程度可通过人们的努力而降低，但是无法消除，这与项目风险产生的原因有关。项目风险产生的原因有以下四个方面：

1. 人们的认识能力有限

人们认识能力的有限性是造成项目风险的主观方面的原因。由数据和信息构成了事物的属性，任何事物都有自己的属性，且任何事物都是发展变化的。但由于人们认识世界的能力有限，所以人们对很多事物属性的认识仍然存在很大的局限性。造成人们对事物认识的这种局限性的根本原因是由于人们获取数据和信息的能力的有限性和客观事物发展变化的无限性这一对矛盾造成的，这一对矛盾使人们无法获得事物的完备信息。人们对项目的认识同样在广度和深度方面存在认识能力的限制，很多时候人们尚不能确切地预见项目未来的发展变化和最终结果。

2. 信息本身的滞后性

造成事物信息不完备性的原因是信息本身具有滞后性，对于用数据加以描述的事物的属性，人们只有在事物发生后才能够收集到描述事物的实际数据，在对数据进行加工处理后才能获得对决策有支持作用的信息。由于只有在事物发生后才能获得数据，且只有在对数据进行加工以后才能产生对决策有用的信息，因此任何事物本身信息产生时间与信息需要时间有一个滞后，这就形成了信息的滞后性。由于事物信息的滞后性，项目的不确定性事件是不可避免的，这种带有滞后特性的信息影响了人们正确地认识项目，实际上人们在项目决策中使用的信息都是历史信息和基于历史信息的预测信息，所以信息滞后性也是造成项目风险的根本原因之一。

3. 项目客观环境条件的发展变化

项目环境和条件的不断发展变化是造成项目风险的另一个原因，由于这种项目环境条件发展变化引起的不确定性导致项目本身的不确定性和风险性。其根本原因是项目的环境条件等方面的因素不确定程度比较高，所以人们既无法准确地预知在项目的未来有什么情况会发生，也不知道这种情况发生后会有什么样的严重后果。由于这种项目不确定性比较高，即使人们有历史的信息可以参考，也无法避免出现很多意外情况。这些客观事物的发展变化是造成项目不确定性和风险性的关键原因。

4. 项目信息资源和沟通管理的问题

项目信息资源和沟通管理的问题是形成项目不确定性和项目风险的重要原因。项目信息资源管理方面的问题主要包括：数据收集问题、数据加工问题和信息资源的合理使用问题。项目沟通管理方面的问题主要包括：项目利益相关方的知识分享问题和及时沟通的问题。项目的特性使得项目信息资源管理相对比较困难,有些项目只有很少信息或资源可作参考,所以项目信息资源存在着严重不足。如果这些方面管理不善就会大大增加项目的不确定性和风险。另外,项目沟通管理涉及诸多项目利益相关方之间的利益协调和跨组织管理,所以项目沟通管理中不但会有沟通不足问题,而且会有信息不对称问题,这些都是形成项目不确定性和项目风险的重要原因。

9.1.5 项目风险的分类

通过对项目风险进行分类,人们可以进一步认识项目风险及其特性。项目风险可按不同标准分成以下几类:

(1) 按项目风险发生概率分类,可以使人们充分认识项目风险发生可能性的大小。一般可以将项目风险按照发生概率大小分为三级、五级或多级,以区分不同的项目风险。

(2) 按项目风险后果严重程度分类,可以使人们充分认识项目风险后果的严重程度,一般将项目风险按照后果严重程度分为三级、五级或多级;或按损失大小分为若干级,以区分不同的项目风险。

(3) 按项目风险引发的原因分类,可以使人们充分认识造成项目风险的原因,以便人们有针对性地采取风险管理措施。按项目风险发生的原因可以按照主观/客观、组织内部/外部以及技术、经济、运行或环境等原因对项目风险进行分类。

(4) 按项目风险造成的后果分类,可以使人们充分认识到项目风险可能带来的后果,从而促使人们对项目风险预先采取风险防范措施。这可按人、财、物的损失或收益分类或按其他方法分类,但是必须给出项目风险结果。

(5) 按有无预警信息的风险分类,可以将风险分为:无预警信息而突然爆发的项目风险和有预警信息的项目风险。无预警信息的项目风险在项目全部风险中占很少的部分,有预警信息的项目风险是项目风险的主体。但是对于前者人们难以事前识别、评价和控制,所以只能在项目发生时或发生之后采取类似于救人、救火的办法控制和减少这类风险给项目带来的不利后果。对于后者人们可以通过收集各种预警信息识别和预测项目风险,并对其发生和发展施加影响,以求避免或减少这类项目风险的危害。

(6) 按项目风险关联程度分类,可以使人们充分认识项目风险是独立发生的还是关联发生的。其中,关联程度小的项目风险多数独立发生,而很少会对项目其他方面造成关联影响;关联程度大的项目风险则会对项目其他方面造成关联影响和引发其他风险。这种分类有助于人们采取针对性的项目风险管理措施。

9.1.6 项目风险的主要特性

项目本身的一次性、独特性和创新性等特性,使得项目风险也具有一系列的特性，项目风险的主要特性有以下五个方面：

1. 项目风险事件的随机性

虽然人们通过长期的统计研究可以发现某事物发生变化的基本规律，但这只是一种统计规律而具有随机性，没有人能够准确预言项目风险发生的确切时间和内容，所以项目风险的发生往往都是随机、偶然的。项目风险事件的随机性使项目的危害性大大增加。

2. 项目风险的相对可预测性

人们要进行项目风险管理就必须预测和认识项目的各种风险。不同项目风险对项目具有不同的影响，因此要充分地预测和认识项目风险。但由于项目环境与条件的不断变化，或受人们认识能力所限，没有人能准确地认识和预测项目的所有风险，只能相对预测项目的发展变化，这造成了项目风险的相对可预测性。

3. 项目风险的渐进性

绝大部分项目风险不是突然爆发的，而是随着环境、条件和自身固有的规律逐渐发展和变化的，随着项目内外部条件和环境的发展变化，项目风险的大小和性质会随之发生变化，也就是项目风险不断增大或缩小。

4. 项目风险的阶段性

项目风险的阶段性为人们开展风险管理提供了可能。绝大多数项目风险的发展是分阶段的，而且这些阶段都有着明确的界限、里程碑和风险征兆。项目风险发展一般分为三个阶段：一是潜在风险阶段；二是风险发生阶段；三是造成后果阶段。

5. 项目风险的突变性

项目风险突变性使项目风险管理变得十分困难。项目及其环境的发展变化有时是渐进的，有时是突变的。当项目及其发生条件发生突变时，项目的风险性质和后果也会随之发生突变。无预警信息的风险多数表现为项目风险的突变性，因此无预警信息的风险管理十分困难。

9.2 项目风险管理的内容与方法

项目的一次性和独特性使项目的不确定性较高，且项目风险一旦发生和形成后果，就没有改进和补偿的机会，因此项目风险管理的要求通常要比其他事物的风险管理要求高得多，而且项目风险管理更加注重项目风险的预防和规避等方面的工作。

9.2.1 项目风险管理的定义

项目风险管理是指通过风险识别、风险分析和风险评价去认识项目的风险，并以此为基础合理地使用各种风险应对措施、管理方法技术和手段，对项目的风险实行有效的控制，妥善地处理风险事件造成的不利后果，以最少的成本保证项目总体目标实现的管理工作。

对于一个项目来说，究竟存在什么样的项目风险和需要开展哪些项目风险管理工作，一方面取决于项目本身的特性；另一方面取决于项目所处的环境与条件。不同的项目由于项目环境与条件以及项目团队成员构成等因素不同，会造成不同的项目风险，因此，项目风险管理本身也有很大的不同。

BP公司墨西哥湾之殇

2010年4月20日夜间，美国南部路易斯安那州中部（墨西哥湾海域）沿海一油井平台发生爆炸，大量原油在深海泄漏，损失之惨烈，危害之严重，影响之深远，世之罕见。

漏油事件"始作俑者"是英国石油公司（BP）租赁的，属于瑞士越洋钻探公司的"深水地平线"钻井平台。4月20日晚，"深水地平线"发生爆炸并引发大火，大约36小时后沉入墨西哥湾，造成现场11名工作人员丧生、17人受伤。钻井平台底部油井自2010年4月24日起便漏油不止，4月29日浮油逼近海岸，4月30日浮油入侵海岸。事故发生后，BP先后尝试了多种封堵措施试图将污染损失挽回到最低。但效果不佳，沉没的钻井平台每天依然漏油不止。直到9月初，墨西哥湾漏油事件救灾总指挥艾伦宣布：英国石油公司漏油油井不再对墨西哥湾构成威胁。历时四个半月之久的墨西哥湾漏油事故方告一段落，共计漏油约490万桶。

这场原油污染危机不仅造成美国墨西哥湾沿岸地区严重的生态灾难，并且对美国经济、社会和政治，以及全球能源行业尤其是海洋石油开发行业的巨大影响已开始显现。至此BP的股价已经下跌了约50%，市值缩水超过千亿美元，为此所支付的赔偿金额已高达80亿美元。

墨西哥湾原油泄漏量之大，持续时间之久，破坏力之强，均远远超过美国政府最初的预期，生态环境的破坏已经无法逆转。这场灾难如何酿成？"冰冻三尺，非一日之寒"。事实证明，任何危机的背后必然是风险管理不力。

资料来源：第一财经日报，刘琼。

9.2.2 项目风险管理的过程

项目风险需要按照一定的程序与步骤来进行管理，项目风险管理的过程可以分为以下几个阶段：

1. 第一阶段：风险的潜伏阶段

该阶段风险尚未显现，但其可能性存在于各种征兆之中。这个阶段的风险管理重在预防，其主要工作内容是：

（1）识别与评价潜在的风险。这是预防风险的第一要务，不能识别就无法预防。识别风险包括项目存在哪些风险因素，风险度有多高。风险识别与评价的一个重要手段是量化，量化的好处是可以通过对比来鉴别风险征兆，可以设置临界点作为预警指标。如，我们识别出高血压是引发心脏病的重大风险，为此我们设置出一套检测血压的量化指标，把预警临界值设置在90/140。这样，我们就可以通过与正常指标的对比来监测高血压的风险了。

（2）规避和转移风险。是预防潜在风险的另一个有效办法。当你识别出某件事情可能会有风险时，只要放弃做这件事，或者换一种较稳妥的方式去做它，就可以避免风险发生。如果你知道喝酒有可能导致高血压或心脏病，只要避免喝酒或者改喝红酒或啤酒，就可以规避风险。

（3）准备风险应对方案和危机处理预案。是预防风险的核心内容。一旦风险和危机来临，有应对预案就可以有效地降低风险的损失和危机的灾难。你可以把常用的药物分放在家里和办公室容易拿到的地方，把医院的电话输入电话机，预先嘱咐身边的人如何处理，这就是风险预案。一旦心脏病突发，这些事先准备好的预案就足以挽救你的生命。

2. 第二阶段：风险的发生阶段

该阶段风险已经来临，风险将带来的损失已经不难预料，这个阶段的风险管理重在应对：

（1）选择和实施风险应对预案。事先准备的预案可以大大提高风险应对的决策效率，把决策简化到抉择。如，当飞行故障发生时，油料往往只够飞半个小时，没有时间决策，只能在预先准备的预案中选择实施。

（2）采取权宜措施缓解风险。有些时候实施风险预案需要时间和条件，权宜措施就是为了争取时间和创造条件。面对绑匪，你首先应该派遣的不是军队而是谈判代表，后者将为前者的部署争取时间。

（3）采取补救措施抵消损失。当风险造成的损失不可避免的时候，可以堤外损失堤内补救。如出口产品如果在进口国因质量问题退货，则"出口转内销"，挽回部分损失。

3. 第三阶段：风险的后果阶段

该阶段风险造成的损失已经成为事实，形势危急，这个阶段的风险管理重在应急和善后：

（1）选择和实施危机处理预案。如果出现疑似心肌梗死的情况，家人就需要首先及时呼叫120，然后控制情绪，减少活动，病人应该尽量立即卧床休息。救心丸对普通心绞痛有一定作用。

（2）实施灾难救助措施。危机往往伴随着灾难性的后果，损失已经铸成事实，形势无法逆转，因此需要考虑善后措施，如抢救生命。

（3）资料存档总结教训。这是善后要做的最后一件事情，但是它常常被忽略忘记。所有的风险和灾难留下的记录都是人类的遗产，它将为后人识别风险提供宝贵的线索。

9.2.3 项目风险管理的基本方法

对不同阶段的项目风险，其管理方法是不同的，项目风险管理理论认为，运用正确方法人们就可以在项目进程中识别、评价和应对项目风险，从而在项目风险渐进的过程中就能对项目风险实现有效的管理和控制。项目风险管理各阶段的主要风险管理方法包括如下：

（1）项目风险潜在阶段的管理方法。

项目风险潜在阶段，人们可以使用风险识别、风险评价等预防风险的方法对项目风险潜在阶段的风险进行预防，这类方法通常称为风险规避的方法。项目风险造成的后果多数是由于人们在项目风险潜在阶段未能够正确识别和评价项目风险造成的，如果人们能够识别这些潜在的项目风险并预见其后果，人们就可以采取各种规避风险的方法而规避项目风险的发生。

（2）项目风险发生阶段的管理方法。

在风险发生阶段，由于人们认识能力的有限性以及项目风险的渐进变化，人们不可能识别所有的项目风险和预见所有的项目风险后果，即使识别出来，也有可能发生，因此在项目实施进程中有一些项目风险不可避免地进入项目风险发生阶段。在项目风险发生阶段，人们可以采用风险转化与化解的办法对项目风险进行控制和管理，这类方法称为项目风险化解的方法。如果人们能立即发现项目风险并找到应对和解决的方法，多数情况下项目风险不会造成项目风险后果，至少可以减少项目风险后果所带来的损失。

（3）项目风险后果阶段的管理方法。

在项目风险后果阶段，由于项目风险的不确定性，人们不仅无法在项目风险潜在阶段识别和评价项目的全部风险，也无法在项目风险发生阶段化解全部项目风险，总会有一些项目风险会进入项目风险后果阶段。在项目风险后果阶段中，人们可以采取消减项目风险后果的措施以消除和减少项目风险所造成的影响，这类方法通常称为项目风险后果消减的方法。或者在自身承受范围内接受风险，这被称为风险自留。

由此可看出，因为项目风险的渐进性和阶段性等特性使人们能够在项目风险的不同阶段采取不同的应对措施，以实现对项目风险的有效管理。

9.2.4 项目风险管理工作的主要内容

项目风险管理工作有着严格的工作流程和内容，项目风险的主要内容如图9-1所示。

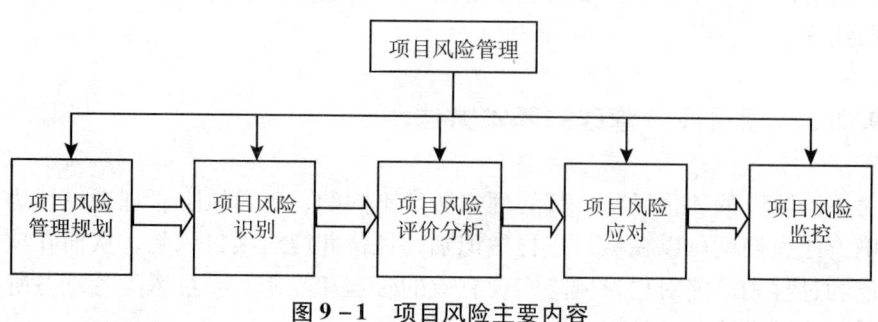

图9-1 项目风险主要内容

1. 项目风险管理规划

项目风险管理规划是确定如何在项目过程中开展项目风险管理活动的规划安排工作，这一工作给出的项目风险管理计划书是整个项目风险管理的指导性文件。不管是对有预警或者无预警的项目风险都需要制定风险管理规划，因为人们需要在项目风险管理规划中记录和说明如何在项目全过程中开展项目风险的各项活动和分配项目风险管理的职责等。

2. 项目风险的识别

项目风险的识别是指识别和确定项目究竟存在哪些风险因素以及这些风险因素影响项目的程度和可能带来的后果的工作，其主要任务是找出项目存在的风险，识别引起项目风险的主要因素，并对项目风险后果做初步的定性估计。项目风险识别工作要使用演绎和推理等方法对项目风险做出识别和推断。人们掌握项目信息的多少和人们的知识和经验，决定了项目风险识别工作的好坏。

3. 项目风险的评价

项目风险的评价包括项目风险的定性评价和定量评价两个方面的工作。项目风险定性评价是评价已识别的项目风险会造成哪些影响以及这些风险可能性的粗略估计，而项目风险定量评价是对项目风险及其后果进行定量化的评价和预测，并对项目风险进行统计分析。人们可以选择使用定性项目风险分析方法，也可以选择使用定量项目风险分析方法，或者两者结合起来使用。项目风险的定量评价的项目风险期望值等于各种项目风险发生的可能性与这些项目风险的损失额的乘积之和。

4. 项目风险应对

项目风险应对是一项根据项目风险识别和评价结果，计划和安排项目风险应对措施和分配相应资源的工作。这一工作通常要使用项目风险损失分析、效益分析、效用分析、多因素分析和集成分析等方法，根据分析结果来决定项目风险应对的措施。为了避免出现在项目风险应对中得不偿失的情况，人们要尽量减少风险应对措施的成本和全面考虑由此可能带来的风险收益，并且根据项目风险应对的收益决定是否需要付出代价去应对项目风险。

5. 项目风险的监控

项目风险的监控是根据项目前期所做的风险规划、识别、评价以及应对等工作而对项目实施过程中出现的风险进行的监督和控制工作。其具体内容包括：根据项目发展和变化情况不断地重新识别和评价项目的风险，不断地更新项目风险的应对措施，在项目风险征兆出现时决策和实施项目风险应对措施等。项目风险监督工作是一个动态的过程，而且是一种周而复始不断重复进行的工作循环。

9.3 项目风险管理规划

项目风险管理规划是在项目正式启动前或启动初期，对项目风险的一个统筹考虑、系统规划和顶层设计的过程。项目风险管理规划是规划和设计如何进行项目风险管理的动态创造性过程，该过程主要包括定义项目组织及成员风险管理的行动方案与方式，选择合适的风险管理方法，确定风险判断的依据等。它主要用于对风险管理活动的计划和实践形式进行决策，它是整个项目风险管理的战略性和全生命周期的指导性纲领。开展项目风险管理规划是进行项目风险管理的基本要求，也是进行项目风险管理的首要职能。

9.3.1 项目风险管理规划的目的

在项目实施过程的各项活动中，风险以不同形式和程度出现。项目风险一般有下列基本特征：
(1) 至少部分风险因素是未知的；
(2) 项目风险随着时间的变化而变化；
(3) 项目风险是可以管理的，即通过人为活动来改变它的形式和程度。

项目风险管理规划就是通过制定结构完备、内容全面且相互协调的风险管理策略并形成文件；确定项目实施风险管理的策略活动；规划充足的资源等来提出风险管理行动的详细计划。

项目风险管理规划是一个迭代过程，包括评估、控制、监控和记录项目风险的各种活动，其结果就是风险管理计划。通过制定风险管理规划，实现尽可能消除风险、隔离风险和降低风险，制订若干备选行动方案，建立时间和经费储备，以应付不可避免的风险。

项目风险管理规划的目的就是强化有组织、有目的的风险管理思路和途径，以预防、减轻、消除或抑制不良事件，即风险事件的发生和发展的影响。

9.3.2 项目风险管理规划的任务

项目风险管理规划是指确定一套系统全面的、有机配合的、协调一致的策略和方法并将其形成文件的过程，这套策略和方法用于辨识和跟踪风险，拟订风险缓解方案，进行持续的风险评估，从而确定风险变化情况并配置充足的资源。

项目风险管理规划阶段主要考虑的问题有两个：风险管理策略是否正确、可行和实施的管理策略和手段是否符合总目标。因此项目风险管理规划主要包括以下两个方面：一是决策者针对项目风险的形式选定风险管理行动方案。一经选定，就要制订执行这一行动方案的计划。为了使计划切实可行，常需要对项目风险进行再分析，特别是要检查计划是否与其他已做出的或将要做出的决策协调，为以后项目风险管理活动留有余地。在获得关于将来潜在风险以及其他风险足够多的信息之后才能做出决策，应当避免过早的决策。二是选择适合于已选定行动路线的风险规避策略。选定的风险规避策略要写入风险管理计划和风险规避策略计划中。

9.3.3 项目风险管理规划的主要内容

项目风险管理规划主要内容包括：

（1）方法。明确项目风险管理的使用方法、技术工具和数据资源，这些内容可随项目阶段及风险评估情况做适当的调整。

（2）人员。明确风险管理中的领导者、支持者及参与者的角色定位、任务分工及其各自的责任、能力要求。个人管理风险的能力各不相同，对其角色定位、任务分工也不同。但为了有效地管理风险，项目管理人员必须具备一定的管理能力和技术水平。

（3）时间。界定项目全生命周期中风险管理过程的各运行阶段及过程评价、控制和变更的周期或频率。

（4）类型级别及说明。定义并说明风险评估和风险量化的类型级别。明确定义和说明对于防止决策滞后和保证过程连续是很重要的。

（5）基准。明确定义由谁以何种方式采取风险应对行动。合理的定义可作为基准衡量项目团队实施风险应对计划的有效性，并避免发生项目业主方与项目承担方对该内容理解不同。

（6）汇报形式。规定风险管理各过程中应汇报和沟通的内容、范围、渠道及方式。汇报与沟通应包括项目团队内部之间的沟通及项目外部与投资方等项目利益相关方之间的沟通。

（7）跟踪。规定如何以文档的方式记录项目过程中风险以及风险管理的过程，风险管理文档可有效用于当前项目的管理、项目的监控、经验教训的总结及日后项目的指导等。

9.3.4 项目风险管理规划过程

项目风险管理规划标识了与项目相关的风险，所采取的风险评估、分析手段，制定了风险规避策略以及具体实施措施和手段。可以从内部和外部两种视角来看待项目风险规划过程：外部视角详细说明过程输入、机制、控制和输出；内部视角详细说明用机制将输入转化为输出的活动过程。风险规划过程目标是能从中看出主要事件和风险演化为问题的条件；制定关键风险应对策略；优化选择标准；为每一个严重的风险采取下一步行动；建立自动触发机制。

项目风险管理规划的过程活动是将按优先级排列的风险列表转变为风险应对计划所需的任务，是一种系统活动过程。项目风险管理规划的早期工作是确定项目风险管理目的和目标，明确具体区域的职责，明确需要补充的技术专业，规定评估过程和需要考虑的区域，规定选择处理方案的程序，规定评级图，确定报告和文档需求，规定报告要求和监控衡量标准等。项目风险管理规划过程活动包括以下内容：

（1）设定可能出现的严重风险；
（2）制订风险应对备选方案；
（3）选择风险应对途径；
（4）制订风险行动计划；
（5）确定风险模板；
（6）确定风险数据库模式。

9.3.5 项目风险管理计划

项目风险管理计划是风险管理规划文件的一个基础性文件，项目风险管理计划要说明如何把风险分析和管理步骤应用于项目之中，该文件详细地说明风险识别、风险评价、风险应对和风险监控过程的所有方面。风险管理计划还要说明项目整体风险评价基准是什么，应使用什么样的方法以及如何参照这些风险评价基准对项目整体风险进行评价。

风险管理计划模板

1. 引言
（1）本文的范围和目的
（2）概述
    a. 目标
    b. 需要优先考虑规避的风险
（3）组织
    a. 领导人员
    b. 责任
    c. 任务
（4）风险规避策略的内容说明
    a. 进度安排
    b. 主要里程碑和审查行动
    c. 审查

2. 风险分析
（1）风险识别
    a. 风险情况调查、风险来源等
    b. 风险分类
（2）风险估计
    a. 风险发生概率的估计
    b. 风险后果的估计
    c. 估计准则
    d. 估计误差的可能来源
（3）风险评价
    a. 风险评价使用的方法
    b. 评价方法的假设前提和局限性
    c. 风险评价使用的评价基准
    d. 风险评价结果

3. 风险管理
（1）根据风险评价结果提出的建议
（2）可用于规避风险的建议方案
（3）规避风险的建议方案
（4）风险监督的程序

4. 附录
（1）项目风险形势估计
（2）削减风险的计划

9.4 项目风险识别

项目风险管理的前提和基础是有效地识别项目风险,从而实现对项目风险的有效管理,减少项目风险带来的损失或增加项目风险机会带来的收益。

9.4.1 项目风险识别的含义

项目风险识别是项目风险管理的基础和重要组成部分,项目风险识别是对存在于项目中的各种风险源或不确定性因素,按其产生的背景、表现特征和预期后果进行界定和识别,对项目风险因素进行科学分类,并将这些风险因素整理成文档。

风险识别就是项目管理者识别风险来源、确定风险发生条件、描述风险特征并评价风险影响的过程。风险识别需要确定三个相互关联的因素:①风险源,包括时间、费用、技术、法律等;②风险事件,是指给项目带来消极影响的事件;③风险征兆,又称为触发器,是指实际的风险事件的间接表现。

9.4.2 项目风险识别的特点

(1) 全员性。项目风险的识别是项目组全体成员参与并共同完成的任务,而不只是项目经理或项目组个别人的工作。因为每个项目组成员的工作都会有风险,每个项目组成员都有各自的项目经历和项目风险管理经验。全员参与风险识别可以使风险的识别更全面。

(2) 系统性。在项目生命周期中项目风险无处不在、无时不有,决定了风险识别的系统性,项目生命周期过程中的风险都属于风险识别的范围。

(3) 动态性。项目风险是随着项目环境和条件的变化而变化的,因此风险识别并不是一次性的,在项目计划、实施甚至收尾阶段都要进行风险识别。根据项目内部条件、外部环境以及项目范围的变化情况,需要定期对风险识别进行调整。

(4) 信息性。项目风险识别具有信息依赖性,风险识别中非常重要的一项工作就是收集相关的项目信息。信息的全面性、及时性、准确性和动态性决定了项目风险识别工作的质量和其结果的可靠性和精确性。

(5) 综合性。风险识别是一项综合性较强的工作。除了在人员参与上、信息收集上和范围上具有综合性特点外,风险识别的工具和技术也具有综合性,即风险识别过程中要综合应用各种风险识别的技术和工具。

9.4.3 项目风险识别过程

项目风险识别过程可以看作是一个系统。项目风险识别过程的目标是项目小组和项目的利益相关方输入已察觉到的风险、及时识别风险、揭示风险来源、捕捉风险，并以文档方式进行记录。项目风险识别过程包括：

（1）过程输入。项目风险识别需要输入项目风险管理规划、项目产出物的描述、项目资料与信息、历史（文献）资料、类似项目风险、风险类别、制约因素和假设条件等。

（2）过程机制。过程机制是为项目风险识别过程活动提供的方法、技巧、工具或其他手段，风险核对清单、风险评估、风险管理表和风险数据库构成了项目风险识别过程的机制。

（3）过程控制。项目资源、项目需求和风险管理能力调节风险识别过程。成本、时间和人等项目资源将限制风险识别的范围。成本有限时，可用更经济的方法来识别风险；时间不够时，可以使用更快的方法；人员不够时，可以邀请更少的人参与风险识别，如果因为项目资源不足而采取了缩减措施后，就会出现危及过程效果的风险。

合同的需求和组织标准对项目有一定的影响。组织标准要求在评审项目时报告风险，故可从组织标准中定义风险识别的要求。合同的需求能直接说明风险评估的需求。项目风险管理规划详细说明了谁有责任和权利进行风险管理活动。

（4）过程的输出。风险识别过程的输出是风险描述和与之相关的风险场景。风险描述是用标准的表示法对风险进行简要说明，如项目风险来源、项目风险征兆、项目风险类别，以及项目风险发生的可能性、将会产生的后果和影响等。风险场景提供了风险描述相关的间接信息，如事件、条件、约束、假定、环境、有关影响因素和相关问题等。

9.4.4 项目风险识别的方法

项目风险识别是项目风险管理中非常关键的工作。项目风险识别过程中，不但必须全面识别项目风险可能带来的各种损失，而且要识别项目风险可能带来的各种机会。项目风险识别具体内容包括：识别并确定项目存在的风险、识别引发这些项目风险的原因、识别项目风险可能引起的后果等。项目风险识别包括以下几种方法：

（1）系统分析法。系统分析法是利用系统分解和系统分析的原理，将一个复杂的项目分解成一系列简单和容易辨识的子系统或系统元素，从而识别项目各子系统、系统要素和整个项目中的各种风险的办法。这种方法首先将项目按照系统分解的方法分成一系列的项目阶段、项目工作包和项目活动，然后通过分析项目工作包和项目活动风险的方法，去分析和找出项目风险，如图 9-2 所示。

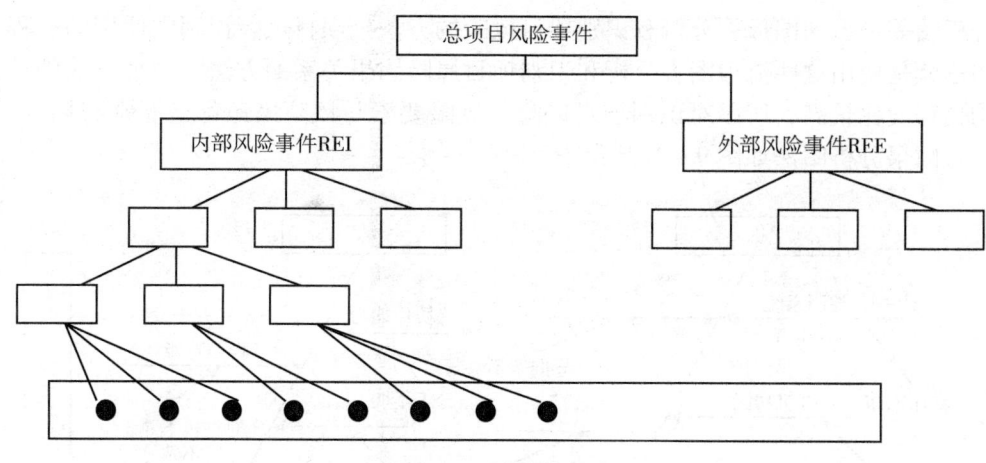

图 9-2 系统分析法

（2）核检清单法。核检清单法是通过预先设计一套项目风险识别的核检清单，然后利用这种项目风险核检清单去分析和找出项目风险的方法，如表 9-1 所示。

表 9-1　　　　　　　　　项目风险识别表

项目：	编号：
项目经理：	日期：

序号	风险事项	是、不是、不确定
1	项目政策风险	
2	项目法律风险	
3	项目材料涨价风险	
4	原材料供应风险	
5	变更风险	
6	市场风险	
7	技术风险	
8	…	

（3）假设分析法。假设分析法是通过分析项目计划的假设前提条件的可能发展变化，识别和找出项目风险的方法。

（4）情景分析法。情景分析法是通过对项目未来的某个状态和某种情况的详细描绘与分析，从而识别出项目风险与产生风险原因的一种项目风险识别方法。

（5）头脑风暴法。头脑风暴方法是通过使用专家经验去分析和识别项目风险的方法，是一种非结构化的项目风险识别方法，它是运用专家的创造性和发散性思维及其专家经验，通过会议讨论等形式去识别项目风险的一种方法。

（6）流程图法。项目流程图法是一种使用包括系统流程、工作流程图、因果分析图等一系列图形去分析和识别项目风险的方法。项目风险识别中使用的流程图法就是使用这些流程图去分析和识别项目风险因果关系的方法，这种方法的结构化程度比较高，所以对识别项目风险、风险要素与风险来源都是非常有用的。项目因果分析图法如图9-3所示。

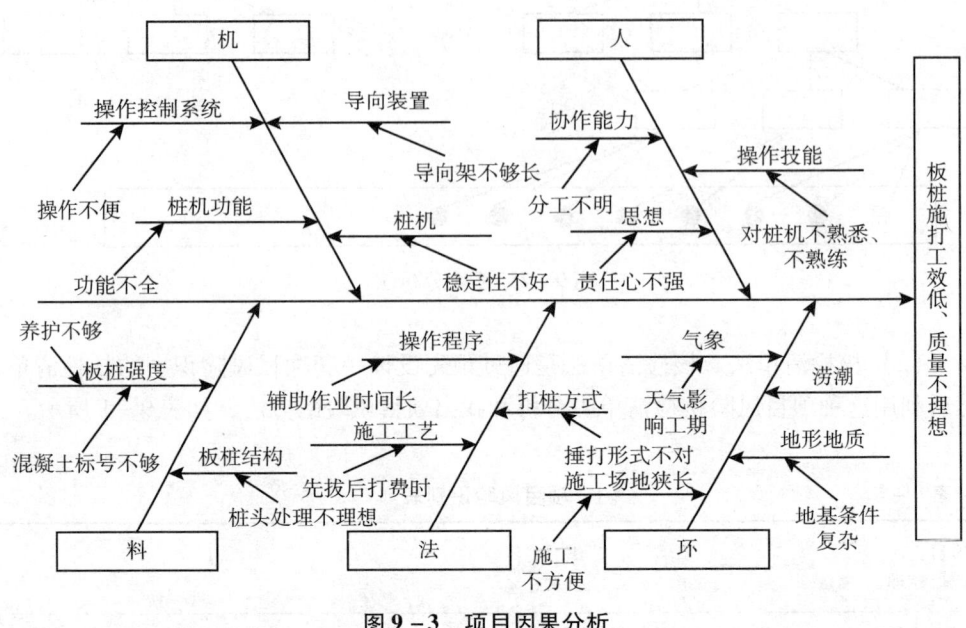

图9-3 项目因果分析

9.4.5 项目风险识别的结果

系统识别之间输出，它也是风险量化的输入，一般由已识别出的项目风险、项目风险来源表、项目风险征兆分析和确定。

1. 已识别出的项目风险

（1）项目风险可能的后果与影响范围；
（2）项目风险可能的发生时间范围；
（3）风险可能带来的损失和机遇。

2. 项目风险来源表

项目风险可能是彼此独立，也可能是相互关联和互为因果的，项目风险来源表将所有已经识别出的项目风险罗列出来并将每个风险来源加以说明。分析出风险的来源和原因，才能够对项目风险进行有效的管理和控制。

3. 风险征兆

即已经或即将发生的风险的外观表现，通常被称为项目风险触发器或者预警信号（见表9-2）。

表 9-2　　　　　　　　　　　房地产项目风险因素表

项目阶段	项目风险		风险说明
开发投资研究决策及土地获取阶段的风险	开发区域风险	1. 政治环境风险	主要受战争、工潮、社会动荡、政府稳定程度影响
		2. 政策环境风险	包括产业政策、住房政策、税收政策、金融政策、城市规划等
		3. 社会环境风险	主要指社会安定状况及地区风俗习惯等
		4. 经济环境风险	包括经济形势、区域发展、市场供求、通货膨胀等
	5. 开发物业类型与风险		官港家园项目作为公寓住宅,物业方面的主要风险为较大物业需要专业管理,难度较大
	6. 开发时机与风险		房地产的不可移动性与开发期限长的特点,使该项目面临开发时机风险
	7. 土地获取风险		招标过程、征地、拆迁、安置和补偿工作都会遇到相关风险
	8. 资金风险		因使用借贷资金而导致的自有资金回报率的不确定性及因为缺乏资金导致项目无法进行,前期投入也无法收回的可能性
前期手续和规划设计阶段的风险	9. 产品定位风险		具体产品定位的不准确,如目标客户、建筑风格、户型、建筑材料档次
	10. 前期手续风险		体现在政策变化和政府职能部门经办人员在办理手续时的差异性
	11. 设计风险		设计图纸存在问题及设计方案的调整所带来的风险
项目建设阶段风险	12. 招标模式与风险		不同的招标模式有不同的风险。大港房地产开发公司采用的是公开招标,这种招标模式特点为时间长、费用高
	13. 合同风险		因合同考虑不周、管理不善及合同执行力弱导致纠纷的风险
	14. 自然条件风险		施工期间恶劣的天气造成停工等给开发商构成的威胁
	15. 工期拖延风险		工期拖延,一方面会增加管理费用等成本支出;另一方面房地产市场状况可能会发生较大变化,错过最佳销售时期
	16. 项目质量风险		规划设计不当和施工过程不受控都会导致项目质量风险
	17. 施工索赔风险		在开发中,可能会遇到因工程变动,第三方干扰等原因而出现承包商向开发商索赔的现象
租售及物业管理阶段的风险	18. 销售风险		销售时机决策失误、销售合同不规范都可能导致销售风险
	19. 物业管理风险		包括选择物业公司的风险和收费风险

资料来源:只立. 官港家园房地产开发项目风险[D]. 山东大学,2012.

9.5 项目风险估计与评价

9.5.1 项目风险估计

1. 项目风险估计的概念

风险估计是在风险识别的基础上,通过对所收集大量的信息资料进行分析,利用概率统计理论和方法估计和预测风险因素或风险事件发生的可能性,并分析风险造成损失的大小。

风险估计的对象包括:风险因素和潜在的风险事件。风险因素是指一系列可能影响项目向好或坏的方向发展的因素的总和。潜在的风险事件是指如自然灾害或政治动乱等能影响项目的不联系事件。一般风险估计的对象是项目中的单个风险,而非项目整体风险。在风险估计过程中有些因素是很难定量描述的,使得风险量化非常困难。

2. 项目风险估计的主要内容

项目风险估计的内容主要有:
(1) 确认项目的关键风险。
依据风险识别的成果,进一步对系统的风险进行深入分析,确认系统中存在的关键风险,并将其确认为风险估计的对象。
(2) 确定风险概率及影响。
采取适当的风险估计方法,确定项目中上述风险的概率和可能的影响范围,计算风险值,给出各个风险的综合计算结果。
(3) 排列风险优先次序。
根据风险估计的结果,综合考虑各个风险的可能性和后果,以及对实现项目目标的影响,按其量值的大小排列项目风险的优先次序。具有较高优先级的风险成为风险评价和控制的主要对象。

3. 项目风险值的计算

$$风险值 = 风险发生概率 \times 风险后果$$

(1) 项目风险发生概率。
项目风险发生概率分为客观概率和主观概率。客观概率是以统计数据为基础,采用数学解析法计算得到的概率。而主观概率则是对以技术分析、实践经验为依据的主观判断进行量化得到的风险概率。在工程项目的风险分析与评估中,一般采用客观概率与主观概率相结合的方法。

项目风险估计的首要任务是分析和估计项目风险发生概率的大小，即项目风险发生可能性的大小。对风险的控制程度根据项目风险发生的可能性而定，一个项目风险的发生概率越高，造成损失的可能性就越大，对它的控制就应该越加严格。因此在项目风险评价中首先要分析、确定和评价项目风险可能性的大小。项目风险可能性的评价是项目风险评价中最为重要的工作之一。

（2）项目风险后果。

项目风险后果是对可能发生风险事件后果的量化，充分考虑了其严重程度和紧急程度两个方面。它包括直接损失和间接损失。

项目风险后果是分析和估计项目风险后果的严重程度，即估计项目风险可能带来的损失大小。即使一个项目风险发生的概率并不大，但它发生后带来的后果十分严重的话，就必须对它进行严格的管理和控制，否则这种项目风险的发生会给整个项目带来十分严重的损失。项目风险后果的评价也是项目风险评价中的一项非常重要的工作。

9.5.2 项目风险评价

1. 项目风险评价的概念

项目风险评价是对已识别出来的项目风险进一步的分析和量化，从而给出项目风险定性和定量描述的一种项目管理活动。它是在对项目风险进行规划、识别和估计的基础上，通过建立风险的系统模型，从而找到该项目的关键风险，确定项目的整体风险水平，为如何处置这些风险提供科学依据，以保障项目的顺利进行。

2. 项目风险评价的影响因素

影响项目风险评价的因素多种多样，在项目风险评价与分析过程中需要对项目风险评价效果产生重要影响的因素进行分析，这些影响因素主要包括以下几个方面：

（1）项目风险管理规划的科学性。项目风险管理规划规定了项目风险管理的基本原则和基本管理过程，它所规定的项目风险评价的基本原则与基本方法直接决定着项目风险评价的效果，一个科学严谨的项目风险管理规划对项目风险的评价有至关重要的影响。

（2）项目的类型。项目的类型对项目的风险也有着重要的影响，项目实现和管理过程所涉及的环节和关系越复杂，项目所面临的不确定性和风险性也就越高。项目利益相关方的管理要求越高，项目的风险性也就越高；项目团队越不熟悉项目的情况，其所面临的项目风险就越高。

（3）项目风险评价者的素质与能力。项目风险评价过程中需要用到各种方法与工具，无论项目风险评价的方法和工具多么先进，最终还是都必须有人来使用，项目风险评价者的素质、责任心和能力与经验直接决定着项目风险评价结果的科学性和可靠性。人们需要在项目风险评价中注意克服各种偏见，全面提高项目风险评价的能力。

（4）项目的阶段。项目风险大小取决于项目的状态和项目所处的阶段，不同的阶段对项目风险评价的难易程度不同。在项目决策阶段，项目的风险最高，对项目的风险评价更难，随着项目的逐步实施，项目所面临的不确定性逐步降低，风险逐步降低。所以在项目风险分析和评价过程中必须对项目状态和项目所处阶段进行准确把握。

（5）数据信息的准确性。进行项目风险评价的过程中，用到各种历史信息和来自各个方面的数据信息，数据信息的准确程度决定了项目风险评价的精确度。而且编制数据和进行数据分析的人的素质、能力和经验等也直接影响项目风险评价的结果。

除了以上的影响因素外，项目风险识别过程中所发生的项目风险清单、项目风险事件之间的关联度等也是影响项目风险评价效果的重要因素。组织在进行项目风险评价的过程中需要从全面和科学的视角出发，有效管理这些影响因素，保证项目风险评价的科学性和有效性，进而提高项目管理的效率。

3. 项目风险评价的方法

（1）专家法。专家法是在项目风险评价中经常使用的方法之一，它可以辅助其他的风险评价方法。在许多大型和复杂的项目管理中都会邀请各方面专家，运用自己的经验做出项目范围、项目工期、项目成本、项目质量等各方面项目风险的评价。这种项目风险评价的方法通常是比较准确可靠的，甚至有时比期望值计算和模拟仿真法确定的项目风险评价结果还要准确可靠，因为这些项目专家的经验通常是一种比较可靠的思想型信息数据。在很多项目风险评价中虽然仅仅要求专家给出高、中、低三种项目风险概率的估计和多种项目风险损失严重程度估计的数据，但其结果一般是足够准确和可靠的。

（2）损失期望值法。损失期望值法首先要分析和估计项目风险发生概率的大小和项目风险所带来损失的大小，然后将二者相乘以求出项目风险损失的期望值，并使用项目损失期望值评价项目风险的大小。

（3）模拟仿真法。模拟仿真法多数使用蒙特卡罗模拟或三角模拟等具体技术方法。这可用来测量项目的各种量化的风险，它通过系统仿真模型模拟项目风险事件发生时的各种条件和影响因素，然后使用计算机模拟仿真给出项目风险概率及其分布和损失大小的统计规律与结果。模拟仿真法多数用在大型项目或复杂项目的风险评价上，小项目多数使用损失期望值法。由于项目质量、时间（工期）和成本（造价）的风险直接关系项目的成败，所以模拟仿真法在这些项目风险的评价中广为应用。

蒙特卡罗仿真原理

蒙特卡罗（Monte Carlo）方法，又称随机抽样或统计模拟方法，泛指所有基于统计采样进行数值计算的方法。在第二次世界大战期间，美国参与"曼哈顿计划"的几位科学家（Stanislaw Ulam，John Von Neumann & N. Metropolis，et al.）首先将这种方法用于解决原子弹研制中的一个关键问题。后来 N. Metropolis 用驰名世界的赌城——摩纳哥的 Monte Carlo 来命名这种方法，为它蒙上了一层神秘色彩。随着现代计算机技术的飞速发展，蒙特卡罗方法已经在统计物理、经济学、社会学甚至气象学等方面的科学研究中发挥了极其重要的作用，将蒙特卡罗方法用于仿真即为蒙特卡罗仿真。蒙特卡罗方法适用于两类问题，第一类是本身就具有随机性的问题，第二类是能够转化为概率模型进行求解的确定性问题。

（4）风险矩阵分析法。在对项目风险进行评价的过程中，通常采用矩阵分析法来评价每项风险的重要性及其紧迫程度。风险矩阵给出了各种项目风险的概率和后果的组合，并规定哪些组合被评为高重要、中等重要和低重要的项目风险，然后根据组织的偏好，人们可以使用描述性文字或使用数字表示这种风险矩阵分析的结果。这里需要注意的是对项目风险损失、机遇的概率和后果进行评价（见表9-3）。

表 9-3　　　　　　　　　　　概率和影响矩阵

概率	威胁					机会				
0.90	0.05	0.09	0.18	0.36	0.72	0.72	0.38	0.18	0.09	0.05
0.70	0.04	0.07	0.14	0.28	0.56	0.56	0.28	0.14	0.07	0.04
0.50	0.03	0.05	0.10	0.20	0.40	0.40	0.20	0.10	0.05	0.03
0.30	0.02	0.03	0.06	0.12	0.24	0.24	0.12	0.06	0.03	0.02
0.10	0.01	0.01	0.20	0.04	0.08	0.08	0.04	0.20	0.01	0.01
	0.05	0.10	0.20	0.40	0.80	0.80	0.40	0.20	0.10	0.05
对目标的影响（比率标度）（如费用、时间或范围）										

（5）敏感性分析法。这是一种分析项目风险事件对项目影响的量化分析方法。敏感性分析法研究在项目全生命周期内当项目某个因素变化时，项目的目标或相关项目收益指标等会发生怎样或多大的变化。这种方法能够给出哪些项目因素的变化对项目的目标和结果的影响最敏感或最显著，从而帮人们识别和评价哪

些项目因素是敏感性因素。

（6）层次分析法。层次分析法风险评价模型是美国风险管理专家萨蒂（A. L. Saaty）在20世纪70年代提出来的。它是将复杂的风险问题分解为若干层次和若干要素，并在同一层次的各要素之间简单地进行比较、判断和计算，从而对诸多风险进行归纳、评价和风险发生概率的排序，并做一致性检验。

层次分析法是对一些较为复杂、模糊的问题作出决策的简易方法，层次分析法特别适用于那些难以完全定量分析的问题，是一种简便、灵活而又实用的多准则决策方法。

9.6 项目风险应对

项目风险总是客观存在的，必须在系统分析的基础上，采取积极项目风险措施，有所准备，确保将风险后果控制在可接受的水平。风险应对是根据项目风险识别、评价和评价的基本结果，在对项目风险综合权衡的基础上，提出项目风险的管理措施和处置方法，以有效地消除或控制项目风险。

9.6.1 项目风险应对的含义

项目风险应对是对项目风险评价出来的主要项目风险提出处理意见和办法。通过对项目风险识别、估计和评价，把项目风险发生的概率、损失严重程度以及其他因素综合考虑，就可得出项目发生各种风险的危害程度，再与公认的安全指标相比较，就可确定项目的危险等级，从而决定应采取什么样的措施以及控制措施应达到什么程度。

9.6.2 项目风险应对的依据

（1）项目风险管理规划。项目风险管理规划详细地说明风险应对的过程及要求。

（2）项目风险排序。将风险按其可能性、对项目目标的影响程度、缓急程度分级排序，确定项目需要应对的主要风险。

（3）项目风险认知。对可放弃的机会和可接受风险的认知。组织的认知度会影响风险应对计划。

（4）项目风险的特性。通常，项目风险应对措施必须是根据项目风险的特性制定。

（5）项目风险主体。明确项目风险应对的单位与个人，项目利益相关方可以作为风险应对主体的名单，以明确责任，提高风险管理效果。风险主体应参与风险应对计划的制订。

（6）组织抗风险的能力。项目组织抗风险能力也是决定项目风险应对措施的主要依据之一。一个项目组织或项目团队的抗风险能力是许多要素的综合表现。

（7）一般风险应对。许多风险可能是由某一个共同的原因造成的，这种情况下可以利用一种应对方案处理两个或更多项目风险。

（8）可供选用的应对措施。一种具体的项目风险实际上存在几种既定的可供选用的应对措施，这也是制定项目风险应对措施的另一个依据。对于一个具体的项目风险而言，有多少种可供选择的项目风险应对措施，对于项目风险应对和控制都是十分重要的。

9.6.3 项目风险应对策略

风险管理应对是根据不同项目的不同风险、损失严重程度以及其他因素综合起来考虑，估计项目发生各种风险的可能性及其危害程度，确定项目的风险等级，从而确定应采取的预防应对措施。风险管理策略包括减轻、预防、转移、回避、接受等措施。

1. 回避风险策略

回避风险策略是指当项目风险潜在威胁发生可能性太大，不利后果也太严重，又无其他风险管理策略可用时，主动放弃项目或改变项目目标与行动方案，从而规避风险的一种风险管理策略。例如，如承包商通过风险评价后发现某一投标中标的可能性较小，且即使中标，也存在亏损的风险。此时，其就应该放弃该投标，以回避亏本的经济风险。

2. 减轻风险策略

项目减轻风险策略是预测项目有风险，但可以通过有效的措施和方法降低风险发生的可能性或减缓风险带来的不利后果，以达到减少风险的目的。这是一种积极的风险处理手段，对已知的风险，项目管理者可在很大程度上加以控制。例如，项目规划时发现工程进度要求非常紧，企业现有的生产能力无法在规定的时间内完成项目。但可以通过联合投标，充分利用双方的资源保证项目按期完成，减少项目工期风险。

3. 接受风险策略

接受风险策略也叫风险容忍策略，是指项目组有意识地选择自己承担风险后果的策略。当项目收益比较客观，项目收益远远大于项目风险损失，而且一旦发生风险，在自己可以接受的范围内，或采取其他风险规避方法的费用超过风险事件造成的损失时，可采取接受风险的方法。接受风险可以是主动的，即在风险规划阶段已对一些风险有了准备，所以当风险事件发生时马上执行应急计划。也可能是被动的，即对风险的存在性和严重性认识不足，没有对风险进行预防处理，风险发生，其损失最终由项目管理组织人员自己承担风险损失。在实施项目时，应尽量避免被动接受风险的情况。

4. 储备风险策略

储备风险策略是指根据项目风险规律事先制订应急措施方案和制订一个科学高效的项目风险计划，一旦项目实际进展情况发生大的变化，就动用后备应急措施，项目风险应急措施主要有费用、进度和技术三种。如预算应急费是一笔事先准备好的资金，用于补偿差错、疏漏及其他不确定性对项目费用估计精确性的影响，预算应急费在项目预算中要单独列出。

5. 转移风险策略

转移风险策略是指将风险转移至其他人或其他组织，其目的是借用合同或协议，在风险事故一旦发生时将损失的一部分转移到有责任和能力承受项目风险的个人或组织。如项目分包把项目部分风险转移给分包商。工程保险是把项目风险转移给保险公司（见表9-4）。

表9-4　　　　　　　　　　　　项目风险应对表

项目名称	\multicolumn{5}{c}{"银湖信息系统"开发项目}				
引用文献（风险管理文件的类别号）	风险因素	可能性	处置前的影响性和程度	处置方式	处置后的预期影响性和程度
管理制度100A01	A	较小（15%）	风险极大	规避。选择另一个基于稳定设计的新系统	风险很小
管理制度100A01	B	较小（70%）	风险较小	降低。参加β测试小组，缩短交货期	风险极小

9.7　项目风险监控

任何一个项目风险都有一个发生、发展的过程，必须对其过程实施动态监控。项目风险是发展和变化的，这种发展和变化也会随着人们的控制行为而发生变化。人们对项目风险的控制过程就是一种发挥主观能动性改造客观世界的过程，此时产生的各种信息会进一步完善人们对项目风险的认识和把握程度，使人们对项目风险的控制行为更加符合客观规律。实际上人们对项目风险的监控过程就是一个不断认识项目风险和不断修订项目风险监控决策和行为的过程。这一过程是一个通过人们的行为使项目风险逐步从不可控向可控转化的过程。

9.7.1 项目风险监控的概念

项目风险监控是指跟踪已识别的风险和识别新的风险,保证风险计划的执行,评估风险对策与措施的有效性,并采取有效措施处理风险,将风险损失减少到最低限度。

项目风险监控的目的是考察各种风险控制措施产生的实际效果、确定风险减少的程度、监视风险的变化情况,进而考虑是否需要调整风险管理计划以及是否启动相应的应急措施等。

9.7.2 项目风险监控的主要内容

风险管理计划实施后,风险控制措施必然会对风险的发展产生相应的效果,监控风险管理计划实施过程的主要内容包括:
(1) 监控项目风险的发展、辨识项目风险发生的征兆;
(2) 应对和处理已发生的风险事件、消除或缩小项目风险事件的后果等;
(3) 及时发现、度量和有效处理新的风险因素;
(4) 评估风险控制措施产生的效果;
(5) 跟踪、评估风险的变化程度;
(6) 提供启动风险应急计划的时机和依据;
(7) 项目风险管理经验的总结。

9.7.3 项目风险监控的依据

项目风险监控的依据包括风险管理计划、实际发生了的风险事件和随时进行的风险识别结果。主要内容包括:
(1) 风险管理规划。项目风险监控都是依据这一计划开展的,但是在发现新风险后需要立即更新项目风险管理计划,所以项目风险监控工作都是依据不断更新的项目风险管理规划展开的。
(2) 项目风险识别因素。在项目规划阶段已识别的项目风险因素,对其进行重点关注和管理。
(3) 项目应对计划。项目风险监控按照不断更新的风险应对计划展开。
(4) 项目应急计划。这是预防项目环境条件发生变化而制定的应急预案,实施过程中一旦出现环境和条件的变化,就应该使用该应急计划。
(5) 项目沟通。工作成果和多种项目报告可以表述项目进展和项目风险。一般用于监督和控制项目风险的文档有:事件记录、行动规章、风险预报等。
(6) 实际项目的风险发展变化情况。有些项目风险最终变成现实而发生了,有些项目风险却没有发生。这些项目风险实际情况的发展变化情况也是项目风监控工作的重要依据之一。

（7）项目评审。项目评审检测和记录风险应对计划的有效性，以及风险主体的有效性，确保风险计划和措施的落实，并及时发现和对新产生的风险实施动态管理。

9.7.4　项目风险监控方法

项目风险监控必须借助一定的项目风险方法，才能达到预期的项目风险控制效果。项目风险监控具体方法有：

1. 风险预警系统方法

项目风险预警管理是指对于项目管理过程中有可能出现的风险，采取超前或预先防范的管理方式，一旦在监控过程中发现有发生风险的征兆，及时采取校正行动并发出预警信号，以最大限度地控制不利后果的发生。项目风险监控的意义就在于实现项目风险的预先管理，消除或控制项目风险的发生或避免造成不利后果。因此，构建风险预警系统，对于风险的有效监控具有重要作用和意义。在项目的规划阶段，通过对项目风险的识别、评价，提出重要风险的预案，建立项目风险预警的警级和标准，实施不同警级的应对预案，可以达到项目风险分级管理的效果。

2. 项目风险审计

为保证风险管理的有效性，对项目风险机构、人员的风险管理工作效果及问题进行审计，检查风险监控机制是否得到执行，并定期进行风险审核，在重大的阶段节点重新识别风险并进行分析，对没有预计到的风险制订新的应对计划。

3. 技术绩效衡量

技术绩效衡量将依据项目实施过程中收集的信息，利用一定的技术衡量的方法，如挣值分析中的 CV、SV 的计算，得到项目风险控制的状态，以此作为风险监控的依据。

4. 偏差和趋势分析

项目风险监控应通过绩效信息对项目实施趋势进行审查，通过实现价值分析和项目偏差和趋势分析，对项目总体绩效进行衡量。衡量的结果可以揭示项目完成时在成本与进度目标方面的偏离。与基准计划的偏差可能表明威胁或机会的潜在影响，偏差分析可见表 9-5。

表 9-5　　　　　　　　　　　　偏差分析表

项目名称：＿＿＿＿＿＿＿＿　　　　　风险事件＿＿＿＿＿＿＿
责任人＿＿＿＿＿＿＿＿　　　　　　　检查点＿＿＿＿＿＿＿
进度偏差

计划标准	实际结果	偏差

成本偏差

计划标准	实际结果	偏差

5. 状态审查会

项目风险管理可以邀请该领域的专家，对项目风险管理进行讨论，给出权威的专家意见，作为项目风险决策的重要依据。状态审查会可以是定期的，也可以是不定期的，会议时间可长可短，这取决于已识别的风险、风险优先度以及应对的难易程度。风险管理开展得越频繁，"状态审查会"方法的实施就越加容易。经常就风险进行讨论，可促使有关风险（特别是威胁）的讨论更加容易、更加准确。

9.7.5　项目风险监控的步骤

项目风险监控有着严格的过程和步骤。

（1）确定要监控的项目风险事件。根据项目风险识别与评价确定的重要风险因素为重点监控对象，明确项目风险控制的标准与方法。

（2）确定项目风险监控责任。所有需要监控的项目风险都必须落实到单位和人，同时明确岗位职责与权限，对于项目风险控制应实行项目责任制。

（3）确定项目风险监控的行动时间。项目风险监控要制订相应的时间计划，明确项目风险检查时间点、信息收集时间点，规定解决项目风险问题的时间表与时间限制。

（4）制订具体项目风险监控方案。根据项目的风险特性，依据项目风险应对计划，制订出多个能够控制项目风险的各种备选方案，然后对各方案的必要可行性进行分析研究，最终选定要采用的风险控制方案或备用方案。

（5）收集风险监控所需要的数据信息资料，并进行加工整理和统计分析。为项目风险管理效果评价提供基础。

（6）实施具体项目风险监控方案。要按照选定的具体项目风险控制方案开展项目风险控制的活动，分析风险失控原因，并实施纠偏的具体措施。

（7）跟踪具体项目风险的控制结果。就是对项目风险纠偏措施的效果进行评价并给出反馈，即利用跟踪去确认所采取的项目风险控制活动是否有效，以便进一步采取措施调整。

（8）随时观察新的风险事件的发生。分析项目风险的发展是否有新的变化，分析原因，采取有效的措施，对新发生的风险事件进行处理。

（9）判断项目风险是否已经消除。若认定某个项目风险已经解除，表明该项目风险的控制作业就已完成；若判断该项目风险仍未解除，就要重新进行项目风险识别，重新开展下一步的项目风险监控作业。

（10）项目风险处理工作完成后，需要对风险的过程进行总结，分析项目风险管理成功的经验和失败的教训，并形成文档和知识资产，为以后的项目风险管理服务。

9.7.6 项目风险监控的措施

风险监控的基本目的是以某种方式驾驭风险，保证项目可靠、高效地完成项目目标。由于项目风险具有复杂性、变动性、突发性、超前性等特点，风险监控应该围绕项目风险的基本问题制定科学的风险监控标准，采用系统的管理方法，建立有效的风险预警系统，做好项目风险应急计划，实施高效的项目风险监控。项目风险监控方法主要有：

1. 系统的项目监控方法

项目风险监控是一个复杂、连续的过程，它的任务是根据整个项目管理过程规定的衡量标准，全面跟踪并评价风险处理活动的执行情况。有效的风险监控工作可以指出风险处理活动是否正常和有效，哪些风险正在成为实际问题。掌握了这些情况，项目管理团队就有充裕时间采取纠正措施。建立一套风险管理指标系统，使之能以明确易懂的形式提供准确、及时而关系密切的项目风险管理信息，是进行风险监控的关键所在。项目管理的系统方法有助于避免或减少引起这种不利后果的风险。

2. 建立项目风险预警系统

由于项目的一次性、独特性及其复杂性，决定了项目风险的不可避免性；风险发生后的损失的难以弥补性和工作的被动性决定了风险管理的重要性。风险监控的意义就在于实现项目风险的有效管理，消除或控制项目风险的发生或避免造成不利后果。因此建立有效的项目风险预警系统，对于风险的有效监控具有重要意义和作用。项目风险监控的关键在于培养敏锐的风险意识，建立科学的风险预警系统，从注重风险处理向风险事前控制发展。

暴雨预警系统

暴雨预警信号分四级，分别以蓝色、黄色、橙色、红色表示。

预警信号	预警等级及标准	防御指南
暴雨蓝色预警信号	12 小时内降雨量将达 50 毫米以上，或者已达 50 毫米以上且降雨可能持续。	1. 政府及相关部门按照职责做好防暴雨准备工作； 2. 学校、幼儿园采取适当措施，保证学生和幼儿安全； 3. 驾驶人员应当注意道路积水和交通阻塞，确保安全； 4. 检查城市、农田、鱼塘排水系统，做好排涝准备。
暴雨黄色预警信号	6 小时内降雨量将达 50 毫米以上，或者已达 50 毫米以上且降雨可能持续。	1. 政府及相关部门按照职责做好防暴雨工作； 2. 交通管理部门应当根据路况在强降雨路段采取交通管制措施，在积水路段实行交通引导； 3. 切断低洼地带有危险的室外电源，暂停在空旷地方的户外作业，转移危险地带人员和危房居民到安全场所避雨； 4. 检查城市、农田、鱼塘排水系统，采取必要的排涝措施。
暴雨橙色预警信号	3 小时内降雨量将达 50 毫米以上，或者已达 50 毫米以上且降雨可能持续。	1. 政府及相关部门按照职责做好防暴雨应急工作； 2. 切断有危险的室外电源，暂停户外作业； 3. 处于危险地带的单位应当停课、停业，采取专门措施保护已到校学生、幼儿和其他上班人员的安全； 4. 做好城市、农田的排涝，注意防范可能引发的山洪、滑坡、泥石流等灾害。
暴雨红色预警信号	3 小时内降雨量将达 100 毫米以上，或者已达到 100 毫米以上且降雨可能持续。	1. 政府及相关部门按照职责做好防暴雨应急和抢险工作； 2. 停止集会、停课、停业（除特殊行业外）； 3. 做好山洪、滑坡、泥石流等灾害的防御和抢险工作。

3. 制订应对项目风险的应急计划

项目风险应急计划是为了控制项目实施过程中有可能出现或发生的特定情况做好准备。风险的特殊性使得项目风险监控活动面临着严峻的挑战，环境的多变性，风险的复杂性，这些都对风险监控的有效性提出了更高的要求。为了保持项目有效果、有效率地进行，必须对项目风险可能的各种意外情况进行有效管理。因此，制订应对各种项目风险应急计划是项目风险监控的一个重要工作，也是实施项目风险监控的一个重要途径。

4. 合理确定项目风险监控时机

项目风险监控既取决于项目风险客观规律的认识程度，同时也是一种综合权衡和监控策略的优选过程；既要避险，又要经济可行。项目风险监控过程每一个阶段风险度不同，其经济效果也是不同的，所以在什么时段和时点进行风险控制，控制到什么程度，需要进行技术经济分析。解决这个问题的方法有：（1）实施风险管理之后得到的直接收益同可能蒙受的直接损失比较，若收益大于损失，项目继续进行，否则没有必要把项目风险管理继续进行下去；（2）比较间接收益和间接损失。比较时，应把那些不能量化的方面也考虑在内，如环境影响。权衡风险后果时，必须考虑纯粹经济以外的因素，包括为了取得一定的收益而实施规避风险策略时可能遇到的困难。经过综合比较，最终合理确定风险监控时机。

5. 制定项目风险监控行动过程

项目风险监控重要的是应根据监控得到的项目风险征兆，做出合理的判断，采取有效的行动，即必须制定项目风险监控行动过程。项目风险监控行动过程一般包括四个步骤：（1）风险识别，找出过程或产品中的问题，产品可能是中间产品；（2）评估问题，进行分析以便理解和评估记录在案的问题；（3）计划行动，批准行动计划来解决问题；（4）监视进展，跟踪进展直至问题得以解决，并将经验教训记录在案，供日后参考。

【本章小结】

本章以项目风险理论为基础，阐述了项目风险管理规划、识别、估计与评价、应对和监控等过程管理的基本框架、科学的项目风险管理方法和实用的项目风险管理工具。项目风险管理规划是项目风险管理的基础和前提，主要对确定项目风险管理目标、如何实施有效的项目风险管理依据、工具、方法和技术，制订项目风险管理计划。项目风险识别是运用头脑风暴、专家讨论等方法，基于项目特点对项目风险全面识别，并进行风险列表，对风险后果进行描述。项目风险估计主要对每个风险因素发生的概率和风险后果进行计算和估计，并通过层次分析法、仿真模拟法对每个风险因素和整个项目的风险进行定量分析，根据计算出来的风险度大小进行排序，确定项目的主要风险、一般风险和次要风险，对主要风险制定风险应对预案。最后提出了在项目实施阶段对风险进行监控，对已识别的风险和新产生的风险进行检查和处理。将风险控制在可控的范围内，确保项目成功。

第9章 项目风险管理

【推荐读物】

1. 张国兴，胡绍兰．项目风险监控研究［J］．基建优化，2005（3）：11-12．
2. 曾华，耿海波，粟昊．工程项目风险管理［M］．北京：中国建筑工业出版社，2013．
3. 李安云．层次分析法在工程项目风险管理中的应用［J］．重庆科技学院学报，2005．
4. 余建星．基于过程分析的工程系统风险分析方法［J］．船舶工程，2003．
5. 尚梅．建筑工程危机管理［M］．北京：中国建筑工业出版社，2003．
6. 沈建明．项目风险管理［M］．北京：机械工业出版社，2010．

【复习讨论题】

1. 什么是项目风险管理？
2. 简述项目风险的主要内容。
3. 简述项目风险识别的结果。
4. 项目风险评价的方法有哪些？
5. 项目风险应对策略有哪些？
6. 简述项目风险监控的步骤。

【网上练习】

请查阅房地产项目特点并通过文献分析如何进行房地产项目的风险管理。

【案例分析】

"银湖信息系统"开发项目的风险处理

以"银湖信息系统"开发项目为例，发现如下风险因素：产品设计中要求使用一种尚未正式发布的计算机操作系统，而系统供应商的信誉不太好，他们提供的产品质量可能不可靠，也可能会延期供货。

经过进一步调查，得出操作系统出现对项目有影响的缺陷的概率为15%；操作系统延迟1周交付的概率为70%。如果操作系统不能满足要求，客户软件就得重写；如果延迟供货，工期就得延迟。

假如将操作系统有缺陷设定风险代码A，将延迟供货设定风险代码B。概率15%为"可能性较小"、概率70%为"可能性较大"；"客户软件重写"为"影响度极大"、"延期1周交付"为"影响度较小"。则这两项风险因素在风险影响矩阵中的区域如表1所示。

由表1可见，对于风险A需要安排专人负责，并举行里程碑风险分析会议；对于风险B则需要安排人员对风险进行监控，并在项目例会上进行汇报。

表1　包含风险A、B的影响矩阵

		可能性				
		可能性极小	可能性较小	可能性中等	可能性较大	可能性极大
影响程度	影响极大	风险需要关注	风险较大A	风险严重	风险严峻	风险严峻
	影响较大	风险较小	风险需要关注	风险较大	风险严重	风险严峻
	影响中等	风险很小	风险较小	风险需要关注	风险较大	风险严重
	影响较小	风险极小	风险很小	风险较小	风险需要关注B	风险较大
	影响极小	风险极小	风险极小	风险很小	风险较小	风险需要关注

将表1在所得结果进行综合、汇总后，其结果可以放在项目的风险汇总表中，如表2所示。在项目风险汇总表中，需要提出对各类项目风险因素的处置方式，并分析采取处置方式后这些风险因素的相应变化。

表2　项目风险识别汇总表

项目名称		"银湖信息系统"开发项目			
引用文献（风险管理文件的类别号）	风险因素	可能性	处置前的影响性和程度	处置方式	处置后的预期影响性和程度
管理制度100A01	A	较小（15%）	风险极大	规避。选择另一个基于稳定设计的新系统	风险很小
管理制度100A01	B	较大（70%）	风险较小	降低。参加β测试小组，缩短交货期	风险极小

在对风险因素识别、提出初步处置策略后，根据这些风险因素今后发生的可能性和影响程度进行归类，填入更新的风险影响矩阵。对"银湖信息系统"开发项目识别、处置后的风险因素如表3所示。对风险A必要时予以关注，而对风险B则暂时不需考虑。

表3　识别、处置后的风险A、B影响矩阵

		可能性				
		可能性极小	可能性较小	可能性中等	可能性较大	可能性极大
影响程度	影响极大	风险需要关注	风险较大	风险严重	风险严峻	风险严峻
	影响较大	风险较小	风险需要关注	风险较大	风险严重	风险严峻
	影响中等	风险很小	风险较小	风险需要关注	风险较大	风险严重
	影响较小	风险极小	风险很小A	风险较小	风险需要关注	风险较大
	影响极小	风险极小	风险极小B	风险很小	风险较小	风险需要关注

根据上述材料讨论：
(1) 结合案例讨论项目风险识别的方法有哪些？
(2) 项目风险评价的因素有哪些？
(3) 简述项目风险评价的方法。
(4) 项目如何对 A 类风险进行应对？

第 10 章 项目人力资源管理

【本章学习目标】

1. 了解项目人力资源的概念和主要内容
2. 了解人力资源计划的编制过程
3. 了解人员配备管理计划的制订过程和方法
4. 理解项目团队的概念及有效的项目团队的特点
5. 理解项目团队的发展过程
6. 掌握满足团队成员需求的方法
7. 掌握项目绩效评价方法
8. 如何构建高效的项目团队

【重要概念】

项目团队（project team）
项目人力资源管理（project human resource management）
项目绩效（project performance）
需求（need）
激励（motivation）
角色（role）

【开篇案例】

EMBA 为何管不好项目？

A 公司最近新任命了一位总经理助理，他的名字叫吴跃，是一个 EMBA。吴跃到任后，总经理马尚豪只是让他熟悉公司业务而没有给他正式分管的工作。经过一段时间对公司状况的了解，吴跃觉得应该做点什么以展示自己的才能。他向马总建议，应该将公司里的微机联成一个项目管理信息系统，这样可以提高公司项目的运作效率。马总听了很高兴，并让他全权负责，希望他在 30 天内完成本项目。吴跃感到很兴奋，他感到机会终于来了。

吴跃从公司信息部、数据部等相关部门迅速抽调了一批精兵强将，投入到项目的实施过程中。当项目实施一周后，吴跃发现项目的实际进展并不像想象那样顺利。在人员投入项目的工作时间上遇到了问题，陈漠一直说部门员工工作任务重，没有更多的时间参加此项目。项目不得不重新编制项目计划。吴跃检查项目的实施记录时，突然发现所用的一个关键设备不是所用系统匹配的型号，但更换已经没有时间了。这一切让吴跃直冒冷汗。

三天后，公司经理层会议如约而至。在公司经理层会议上，很多经理对建设局域网的方案提出异议，他们甚至推翻了自己当时提出的意见。马尚豪也认为当时考虑问题不全面。他甚至暗示这一个多月来，吴跃并没有真正投入工作。吴跃感到他在 A 公司的未来恐怕不太顺利。

在项目管理中，如不能妥善地对包括项目利益相关方在内的各种人力资源进行管理，组成高效的项目团队，关心团队成员的需求并给予充分激励，充分调动他们的积极性使他们参与到项目中去，项目恐怕很难顺利进行。本章将探讨关于项目人力资源的三个主要的问题：项目人力资源计划方法、项目团队管理、项目绩效评价。

10.1 项目人力资源管理的概念和主要内容

10.1.1 项目人力资源管理的概念

一般意义上的人力资源管理是指根据企业的目标、采用科学的方法对组织成员的思想、心理和行为进行协调、控制和管理，充分发挥其主观能动性，以便实现组织的目标。项目人力资源管理具有一般人力资源管理的特征，又具有一次性、独特性等自身的特点和规律。项目人力资源管理是根据项目的目标、进展和外部环境的变化对项目有关人员所开展的有效规划、积极开发、合理配置、准确评估、适当激励等工作。项目人力资源管理的目的是调动所有项目利益相关方的积极性，在项目承担组织的内部和外部建立有效的工作机制，以实现项目目标。

项目人力资源管理包括为最有效地使用参与项目的人员而实施的项目团队组建和管理的各个过程。与一般人力资源管理相比，项目人力资源管理更强调团队建设与灵活性。如前所述，在项目中，有时需要安排一人兼任多个岗位或完成跨职能性质的工作，这体现了人员配备计划的灵活性原则。

10.1.2 项目人力资源管理的特点

1. 突出团队建设

因为项目是一次性的临时工作，所以团队建设是项目人力资源管理的一个很重要的特点。项目团队不是在长期周而复始的运作中所形成的稳定结构，而是和项目一样具有一次性和临时性的特点。在短时间内建设一支队伍并尽快投入有效的项目工作，是至关重要的。在团队建设时需要考虑以下几个方面：

（1）团队成员来自组织内部还是外部；

（2）团队成员是就地办公还是远距离办公，是集中办公还是分散办公；

（3）项目所需的各种不同技术水平人员的费用如何；

（4）管理人员、技术人员和施工人员的比例各占多少。

2. 强调简洁高效

项目管理作为现代的管理手段，只有做到简洁高效，才能降低成本，提高项目的竞争力。

3. 重视成员遣散

由于项目的一次性和临时性特点，在项目收尾阶段，团队必然逐步解散。这时对离队人员的安排和关怀如果得当，将会对下一次的项目起到正面的影响；否则，很可能对今后的项目乃至整个组织产生非常不利的影响。

10.1.3 项目人力资源管理的主要内容

1. 编制人力资源规划

人力资源规划是项目管理计划的一个重要组成部分，主要解决在什么时候和以哪种方式满足项目人力资源需求的问题。人力资源规划包括确定、记录和分派项目角色、职责与请示汇报关系。人力资源规划的编制必须依据项目的实际情况，选择正式的或非正式的、详尽的或宽泛的规划。在项目生命周期的各阶段，还要根据实际情况不断对规划进行更新，以指导团队成员的招募和团队建设活动。

2. 人员招聘或遣散

为项目组配备适量和满足一定素质要求的人员是完成项目的重要保障，项目组人员的获取可通过内部招聘和外部招聘两种方式。当组织内部有足够的能够满足要求的人选时，可优先选择从组织内部招聘，当组织内部不能提供合适人选的时候，从外部招聘就成为必要途径。员工的增补应根据人员配置计划来寻求合适的人选，计划包括确定招聘人员的数量、知识技能等方面的要求、招聘的途径、招聘的方式、选择的方法、程序等。当项目组成员不能符合项目要求或已完成在项目中承担的任务时，就应该及时把这些员工从项目组中撤回甚至解聘，这对于员工的发展、项目的成本控制和企业人力资源的合理调配都有非常重要的意义。

3. 明确项目组每个成员的职责和权限以及绩效考核标准

可以运用组织结构图和岗位来对此进行描述。组织结构图有层级结构图和矩阵结构图两种，层级管理可以参照工作分解结构（WBS）进行，矩阵结构图参照线性责任图（LRC）进行。

4. 项目团队开发与建设

团队开发与建设包括员工能力开发与团队建设两个方面：

（1）构建一个能够促进员工业务发展的良好环境，提高团队成员个人的技能，增强他们完成项目活动的能力，形成能适应组织要求、不断更新技能与知识的员工群；

（2）提高团队成员之间的信任感和凝聚力，通过更多的协同作业提高团队的生产力。

明基：留住员工的"大脑"

IT产业的核心竞争力都装在知识员工的大脑里。明基通过企业文化、信息化等各种手段促进公司分享知识的氛围，创造性地运用知识管理的三个阶段，弥补员工的流失对公司造成的有形损失和无形损失，再加上公司已经形成的学习氛围和分享氛围，任何新进员工会马上融入公司，创造价值，真正做到留住了员工的工作经验。

明基集团通过自身知识管理系统中的三个阶段，让知识管理成为企业文化的一部分，从而达到留住员工大脑的知识管理目标。第一阶段：塑造竞赛中学习的企业文化自2000年明基大学成立起，帮助企业塑造更好的员工风格，使员工更快地融入明基的企业文化氛围。第二阶段：让上KM成为习惯一直以来让明基引以为豪的是拥有强大的信息化系统支持和保障企业大学的培训体系。有了系统的保障，员工就会得到更多的统计资料，以便于和各部门讨论培训的问题。在平时的工作中，给老板汇报，文档都是通过KM系统上传到公司资料库中，鼓励大家分享自己的知识。每个部门在KM地图上都有自己的分支，部门前人所有的工作文档、报告、模板、客户资料都在这里留有记录。第三阶段：实现人和脑袋分开管理创造学习氛围、把知识分享作为习惯，对于员工可以采取人和脑袋分开管理，即员工每创造一个价值，都要求他把知识分享出来，等于把他的脑袋留住。

10.2 人员配备管理计划

人员配备管理计划对于项目来说十分重要。合理配备人员不但有利于项目目标的实现，也有利于充分挖掘人力资源的潜力，降低人力资源的成本、改进与完善项目组织的结构和提高项目团队的合作与协同。

人员配备管理计划是项目管理计划的一个重要组成部分，包括何时、如何招募人员、人员撤离项目的安排等。同时，需要确定培训需求、奖赏计划、合规性考虑、安全问题，以及人员配备管理计划对组织的影响等。根据项目的需要，人员配备计划可以是正式的或非正式的、详尽的或宽泛的。在项目期间，将不断对其进行更新，以指导团队成员的招募和团队建设活动。

10.2.1 人员配备管理计划的主要内容

人员配备管理计划因应用领域和项目规模的不同而异，但应考虑的内容如下所述：

1. 项目团队组建

在规划项目团队成员招募过程中，会出现一些问题需要考虑。例如，人力资源来自组织内部还是外部？团队成员需要同地办公还是远距离分散办公？项目所需的各种不同技术水平的费用如何？组织的人力资源部门可为项目管理团队提供多大程度的协助和支持？

2. 时间表

人员配备管理计划说明了项目对各个或各组团队成员的时间安排要求，以及招募活动何时开始。一种制定人力资源图表的重要工具是资源直方图（见图10-1）。该直方图可以反映一个人、一个部门或整个项目团队在整个项目期间每周或每月需要工作的小时数。图中可加入一条水平线，代表待定资源的最多可用工作小时数。超过最多可用小时数的竖道表明需要采用资源平衡策略，例如，增加更多的资源或延长进度。

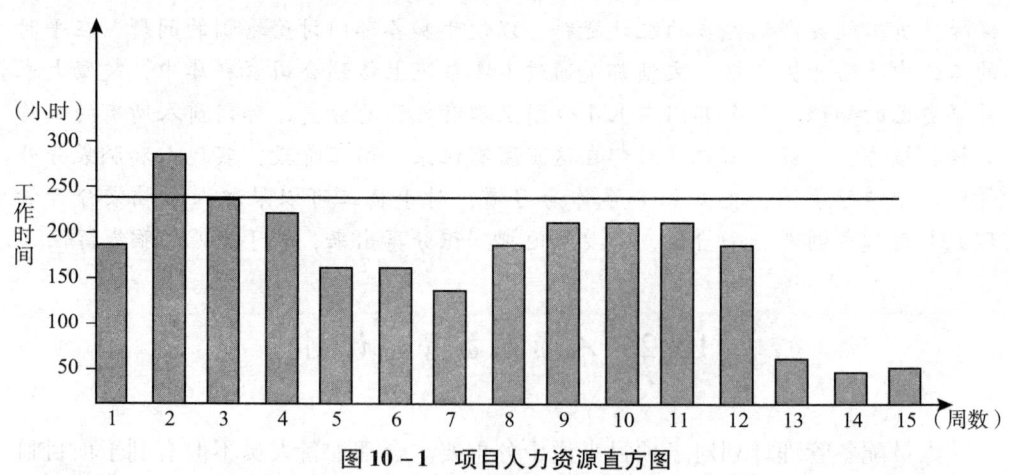

图10-1 项目人力资源直方图

3. 成员遣散安排

确定团队成员的遣散方法和时间对项目、团队成员都有益。在最佳时间，将团队成员撤离项目，可消除工作职责已经完成人员的费用支出，并降低成本。如果已经为员工做好了平滑过渡到新项目中去的安排，则可以提高士气。

4. 培训需求

如果预期分派的员工不具有所要求的技能和能力，则需要制定一份培训计划。计划可包括如何协助团队成员获取对项目有益的证书等各种方法。

5. 表彰和奖励

用明确的奖赏标准和有计划的奖赏系统来促进并加强期望的行为。要想有效，奖赏应基于受奖者控制范围内的工作和绩效。如，如果某团队成员因实现了费用目标而被奖赏，则该团队成员应对影响费用的决策有适当的控制权。制定奖赏计划，确定奖赏时间安排，为确保奖赏兑现不被遗忘。奖赏的实施属于项目团队建设过程的部分内容。

6. 合乎规定

人员配备管理计划内包括一些策略，以遵循相关的政府规定、工会合同和其他既定的人力资源政策。

7. 安全

针对安全隐患，为保护团队成员安全而制定的政策和程序。应将其列明在人员配备管理计划和风险登记册内。

10.2.2 人员配备的原则和方法

1. 人员配备的原则

（1）人员配备必须以实现项目目标为中心。项目组织一切人员配备都必须为实现项目目标而服务。因为项目组织的根本目标就是要成功地完成项目，所以项目组织的人员配备需要以项目目标实现为原则。

（2）人员配备必须精简、高效、节约。即在项目组织人员配备上既不允许多招收人员，也不允许少招收人员。在项目组织中特别要强调利用组织外部人力资源，因为一个项目的职能工作种类可能很多，但每项职能工作的量可能会很小，所以需要临时性的外部人力资源作为补充。另外，在人员配备中还提倡减少项目组织层次，精简项目组织机构，降低配备人员数量，达到精简、高效和节约的目标。

(3) 人员配备应合理安排各类人员的比例。包括技术工作人员和辅助工作人员的比例、项目管理人员和项目实施人员的比例等。另外，对于一些特殊项目还需要合理地安排不同专业或工种的人员和不同管理人员的比例关系，从而使各个专业或工种之间的人员能力实现合理的平衡，减少和消除窝工和人力资源浪费的现象。

2. 人员配备的方法

（1）谈判。在某些情况下，团队成员具有很大的自主权来分配他们用于项目上的时间。但是，在大多数情况下（特别是在职能性组织中），几乎所有的专业人员都是隶属于某一部门，由部门主管控制的。所以，在某些时候项目经理为了使项目团队成员更好地为项目服务，就必须与相应的部门主管进行谈判。谈判可能是一个复杂的长期过程，因为部门主管一般反对部门人员参与项目。对他们而言，将一个部门核心人员抽调到项目团队中对该部门的平稳运行是有害的。因此，谈判是必需的。谈判中需要讨论的问题主要有：团队成员需要工作多长时间？谁来选择合适项目的人员？当特殊情况出现时怎么办？

绝大多数项目资源都是与部门经理谈判得来的。有一点是非常关键的，对大部分项目经理而言，他们对团队成员的控制力可能会受到限制，尤其是在项目团队刚刚组建时。在这个时候，项目经理最好的办法就是仔细考虑为了成功完成项目所需的专门知识和技能的类型，带有明确的目标与部门经理进行谈判，将部门经理视为盟友而不是对手。

（2）招聘。所谓招聘，是指通过各种信息传播渠道，把既具有一定能力又对组织感兴趣的人吸引到组织来应聘的过程。其目的在于吸引更多的人来应聘，使组织具有更大的人员选择余地，以获得具有合适资格人选的过程。按方式不同，招聘可分为内部招聘和外部招聘。

①内部招聘。内部招聘是向组织现有员工传递有关职位空缺信息，吸引其中具有相应资格者应聘，或对有关岗位适合者发出邀请，或通过选拔，以调动和提升的方式安置到有关职位上。

首先，相对于外部招聘来说，内部招聘最明显的优点就是最大限度地节约了招聘成本；其次，组织和候选人之间相对来说信息是比较对称的，可以根据候选人工作表现，准确认识和把握候选人的工作能力和职业素质等方面，从而了解候选人是否适合空缺职位。同时，候选人经过以往在本组织工作的时间，也全面了解和认同组织的情况，而且候选人对新岗位的磨合期和适应期比较短，能迅速地熟悉工作。另外，此种招聘形式也可以大大地激发内部员工的内在积极性，他们会认为只要努力把工作干好，组织会提供一个发展空间，以实现自身的价值。当然，对于众多候选人中未被选中的候选人，事后应及时与其进行有效沟通，以避免挫伤员工的积极性。但是，内部招聘也会产生"近亲繁殖"以及缺乏新思想等不良现象。

②外部招聘。外部招聘是指面向组织外部征集应聘者以获取人力资源的过

程。项目团队根据项目的需要,向外界发布招聘信息,并对应聘者进行有关的测试、考核、评定及一定时期的试用,综合考虑其各方面条件之后决定是否为组织的聘用对象。

一般在下列情况下优先采用:一是补充初级岗位;二是获取现有员工不具备的技术;三是获得能够提供新思想的并具有不同背景的员工。招聘方法及适用对象见表 10-1。

表 10-1　　　　　　　　　　招聘方法及适用对象

招聘方法	适用对象	不太适用
发布广告	中下级人员	高级人员
借助中介机构	中下级人员	热门、高级人员
猎头公司	高级人员、热门尖端人员	下级人员
校园招聘	专业化初级人员	中上级人员
网络招聘	专业技术人员	非专业人员
熟人推荐	专业人员	非专业人员

10.2.3　人员配备管理计划制订的一般过程

1. 建立资源库

项目可得到的资源的供应是有限的,因此项目需对其可获得资源建立资源库。一般来说,资源库详细说明了资源可获得类型、层级(如技能与经验),以及可获得的时间,通常人力资源库储存在一个数据库中,这样就可以用项目管理工具对其分析。

2. 评估技能需求

对项目成功而言,找到能够完成项目任务所需技能的人员是非常关键的。因此,项目经理要为完成项目任务所需的技能建立假设或条件,承担任务的团队成员的技能与完成一项任务所需的时间息息相关。

在计划编制阶段,建立技能列表对于项目实施是有益的,其次对每项工作的执行也是有益的。因此应首先根据对完成任务所需技能建立列表,然后据此确定完成工作所需要人员的类型。

项目经理应对项目可获得人力资源的技能做出实事求是的评价。项目经理的任务就是确定与获得技能相关的风险及编制客观描述这些技能的计划。但是,技能水平绝不是截然"肯定"或"否定"事情。

项目小组成员对技能的掌握程度不一,因此项目经理对进度调整应建立在人员技能水平的基础上。如果完成项目任务所需的技能人员大部分无法得到,项目经理有权雇用所需的人才或签订服务协议。

3. 确定项目小组的规模

项目小组最终规模取决于两个因素，一个是所需要执行的任务数量，另一个是完成各项任务所需的人工量。

在编制进度和分配资源时，项目经理要确定工作任务所需人员的最佳组合。项目进度和人力资源数量之间存在着此消彼长的关系，人力资源数量的增加会在一定程度上加快项目的进度。但随着团队规模的膨胀，团队成员间的沟通和协调工作量会呈几何级数增加，工作效率就会降低，因此双倍的资源并不一定使生产力翻番。如，365个工程师不能在一天内完成由一个工程师用365天来完成的项目。为一项工作增加更多的人员就意味着沟通渠道的扩大，对设备以及工具的需求也增加。大的团队要求相当水平的工作协调与团队协作精神，有时候在较短的时间内，小的团队比大一些的团队能完成更大的工作量，团队规模选择取决于任务量、团队成员的个性、沟通水平以及项目经理的组织管理技能。

保留那些项目中不再需要的人员要付出极其昂贵的代价，他们的存在不仅白白地消耗各种资源，还可能会导致团队中出现各种矛盾和消耗团队士气。因此，对于项目经理来说，理解并掌握完成一周计划工作所需团队的规模是非常重要的。正是由于这个原因，在项目计划编制阶段要花大力气来计算在合理时间内完成每次工作所需的人力资源量。

4. 明确资源情况

每个项目都要编制人员配备计划。简单地说，人员配备计划要求专门"开发"一个简单的数据库。对于较大规模的项目而言，人员配备计划主要是确定项目小组何时、何种方式来召集人员，解散他们，这当中涉及的问题是很复杂的，需制定详细的人员配备计划。对于这类项目，可以以每周人员配备量为纵坐标，以时间为横坐标建立人员配备计划图。这样就可以清楚表述项目小组每周计划所需的人员以及项目执行过程中实际每周使用的人员数量。

人员配备计划图有助于人们看清人员配备中的"峰"或"谷"，但较多或较大幅度"峰"或"谷"的存在对项目的人力资源配备和降低项目成本都是不利的，为了保证高效地完成项目，项目经理应保持合理的人员配备水平（见图10-2）。项目经理必须注意当项目不再需要某些人力资源时，就要将他们释放。那种让项目的人员配备量在一个月内由5人增加到10人，在下一月就回到5人水平的想法是不现实而且低效的。可以使用项目进度编制工具来保持"人力资源平衡"的情况，避免出现"峰"或"谷"现象。因此，在项目计划编制阶段及项目实施阶段，项目经理应对这一问题予以特别关注。

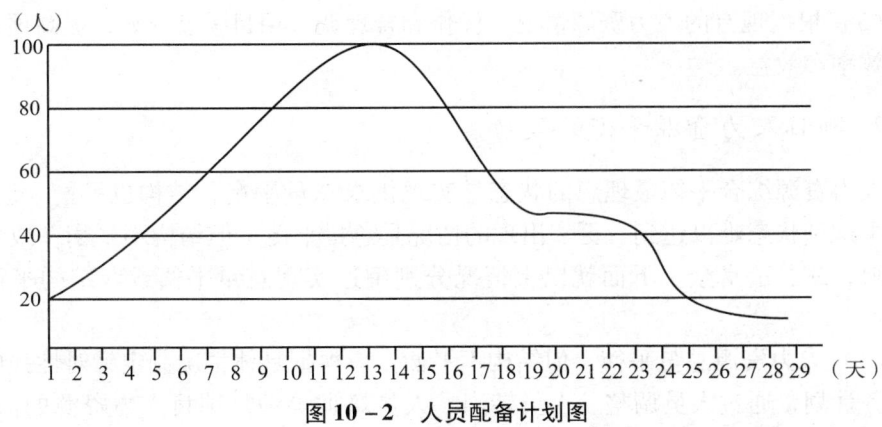

图 10-2 人员配备计划图

5. 组建团队

为了发挥项目成员的战斗力,就要把他们很好地组织起来,项目团队是为保证项目的有效实施而建立的团队。

6. 创建人力资源图表

项目经理可以依照 WBS 中各项任务,利用项目管理工具来配备人力资源,这是很重要的一步,因为项目经理需要在把握 WBS 下的任务水平的基础上,跟踪人力资源使用状况以及资源需求变化。

10.2.4 项目人力资源平衡

完成项目任务需要人力资源面临诸多限制,在项目执行过程中,时常会出现实际可利用的资源不能满足项目的需要,或者需要的资源水平在数量、质量方面发生变化,这些都可能会影响项目进度计划、成本预算、质量功能、工作范围等指标,结果导致项目目标无法实现。为了使项目的人力资源得到合理、充分、有效的使用,实现项目目标,就需要在项目管理中进行有关方面的调整,以实现项目人力资源的平衡。人力资源综合平衡包括总量平衡和结构平衡。

1. 项目人力资源平衡的作用

(1) 根据进度计划调整项目所需的人力资源,避免资源不够、资源冗余或资源不均等现象的发生。

(2) 减少人力资源的过度分配问题,满足项目资源需要,提高人力资源的使用效率。

(3) 充分利用非关键路径上的浮动时间来灵活安排人力资源,使项目资源得到最大限度的应用,确保项目进度计划的有效实现。

(4) 在进度拖期的情况下,调整人力资源的数量和质量,控制项目进度。

(5) 根据现有的人力资源情况，优化和合理调整项目进度计划，提高项目管理的效率和效益。

2. 项目人力资源平衡的策略

人力资源综合平衡最理想的状态是实现供求总量平衡，结构也平衡。但是，现实中这种状态难以达到。更多出现的情况是总量平衡，但结构不平衡；或者总量短缺；或总量富余。下面就以上情况分别阐述实现总量平衡或者结构平衡的方法：

（1）人力资源总量平衡，但结构不平衡。应根据具体情况制定针对性强的各种业务计划，通过人员调整、人员转岗、人员培训等满足项目人力资源的需要。如培训计划、调整计划等，以实现结构平衡。

（2）人力资源总量短缺。组织可以通过制定相关政策或业务计划来解决这一问题。如其他岗位富余人员的转岗计划、富余岗位员工的培训计划、现有员工的加班加点计划、员工工作效率提高计划、兼职或临时性全职人员的招聘计划、人员租赁计划、正式员工的招聘计划、部分工作外包计划、设备购置计划等。

（3）人力资源总量富余。组织可以通过以下政策或业务计划来解决这一问题：如富余人员的转岗计划、部分员工的撤退计划、鼓励员工辞职计划、员工的工作时间缩减计划、部分员工临时下岗计划、员工辞退计划等。

奥的斯新员工的培训步骤

■ 来自全国各地的大学生入职后，首先会聚到天津总部全国培训中心参加为期两周的入职培训。

■ 入职培训结束后，这些意气风发的新人被输送到集团各分支机构和职能部门。

■ 为了在日常工作中对新毕业的学生们给予持续的激励和辅导，培训中心通过每月编辑的电子培训刊物（E-Magazine）不断向他们传递工作方法和自我激励与发展的信息，协助他们稳步地完成从学生到公司所需要的职业员工的角色转换。

■ 奥的斯在帮助毕业生尽快适应新环境、快速成长而提供各种学习与发展机会的同时，也对他们的工作技能和业绩表现进行紧密的跟踪与评估，从而确保培养和保留符合公司发展需要的具有胜任能力的人才。

10.2.5 项目人员配备结果

在项目管理环境中，工作说明可能会存在潜在的重叠。这样就需要对项目中各个项目管理岗位的详细职责、工作内容、技能要求、负责人员等进行具体明确，最终形成项目团队成员清单（见表10-2）。根据项目团队成员清单表，我们很容易区分项目中各职位的工作内容及技能要求，还可以找到相应的责任人，一目了然，有助于管理责任的落实。

表 10-2　　　　　　　　　　项目团队成员清单

角色	要求		人数	已到位人员名单	工作起止时间
	工作描述	技能要求			
项目行政人员	协调和综合子系统任务； 协助确定技术和人才需求； 根据技术进度、进度计划和预算来预测和分析项目的执行。	计划编制； 协调； 分析； 对组织的了解。			
业务经理	进行方案权衡； 根据制定的进度和预算对技术进行指导。	专业技术知识； 权变分析； 任务实施管理； 对任务专家的领导。			
项目经理	项目计划编制和控制； 了解客户与利益相关方的需求； 建立项目组织并配备人员； 全面领导项目计划的实施。	全面领导大型项目； 组建团队； 解决冲突； 管理多种职能任务； 计划编制和资源配置； 协调利益相关方。			
项目总监	通过各种项目负责管理多项目业务，其中每一业务有一个项目经理领导； 企业规划和发展，谋利，技术开发，制定大型项目管理指导方针； 培养人才。	领导能力； 战略计划编制； 大型项目业务指导和管理； 组织建设； 关键人员的挑选和开发； 新业务的开创和发展。			

10.3　项目团队管理

10.3.1　项目团队的概念

"团队"是当今企业运作中最为人们所耳熟能详的词之一。20世纪70年代，沃尔沃、丰田、通用食品等公司将团队的概念和运作方式引入其生产过程中。在如今的企业乃至非营利性组织中，团队正逐渐成为人们关注的焦点。在今天复杂多变的环境中，随着现代项目组织的发展，横向的适应性团队对于有效的项目管理变得越来越重要。它需要把具有不同需要、来自不同组织单位、拥有不同专业背景的个体组成一个凝聚的、积极的和具有献身精神的高效团队。

有效工作的团队是项目获得成功的一个重要因素。什么是真正的项目团队？

团队是指在工作中紧密协作并相互负责的一小群人，他们拥有共同的目的、绩效目标以及工作方法，且以此自我约束。或者说团队是指为了达到某一确定目标，由具有明确分工与合作且具有不同层次的权力和责任的人构成的人群。

团队的概念包括以下含义：

(1) 必须具有明确的目标。任何团队都是为了特定目标而建立和存在的，目标是团队存在的前提。

(2) 进行有效的分工与合作。没有分工与合作不能称为团队，分工与合作的关系是由团队目标决定的。

(3) 要有不同层次的权力与责任。这是由于分工之后，就要赋予每个人相应的权力和责任，以便于实现团队目标。

作为团队的一种，项目团队就是由少数有互补技能、愿意为了共同的有压力的项目目标而相互承担责任的人们组成的群体。

项目团队是为保证项目的有效实施而建立的团队。项目团队的具体职责、组织机构、人员构成和人数配备等因项目性质、复杂程度、规模大小和持续时间长短而异。项目团队的一般职责是项目计划、组织、实施、协调和控制，项目组织要对项目的范围、费用、时间、质量、风险、人力资源和沟通等进行多方面的管理。

由以上定义可知，项目团队不仅仅是指被分配到某一个项目中工作的一组人员，它更是指一组互相联系的人员同心协力地进行工作，以实现项目目标，满足客户需求。而要使这些人员发展成为一个有效协作的团队，一方面需要项目经理做出努力；另一方面也需要项目团队中的每位成员积极地投入到团队中去。

西游记项目团队的组织架构

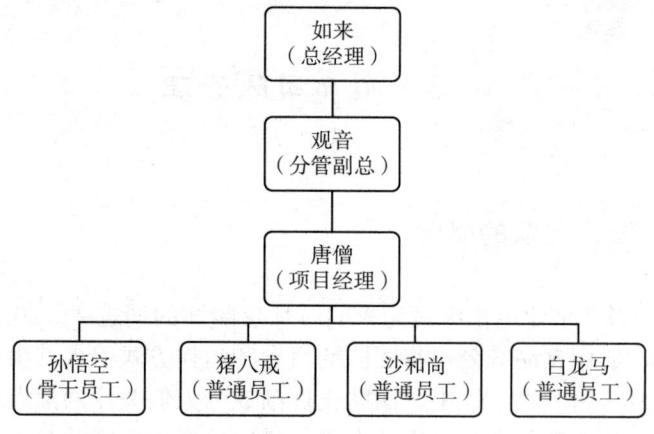

- 项目经理——唐僧

- 技术核心——孙悟空
- 团队成员——猪八戒、沙和尚、白龙马

10.3.2 项目团队成员的选择

项目组有了合适的人不一定能够形成一支真正的团队，但如果有不合适的人进入了项目组则一定不能形成真正的团队。因此，选择合适的成员对项目团队建设来说是至关重要的。找到合适的人就等于成功了一半。

1. 选择标准

选择合适项目组成员的标准有很多，主要有以下几个方面：

（1）具有与任务相关的知识与技能。这是最基本的条件。要做到这一点，需要对项目的工作进行分解并对完成各活动所需要的知识和技能进行定义。一般来说，一支有效的团队需要3种不同技能类型的人：具备技术专长的成员、具备定义问题和决策技能的成员、具备解决冲突和建立人际关系技能的成员。这些人的技术、能力、知识结构应尽量能够互补。

（2）个人对项目任务感兴趣并能兑现承诺。兴趣是最好的激励手段，当一个人全身心地投入到一项工作中去的时候，能够激发个人更大的潜能，把工作做得更好；而如果从事这个工作的人员不喜欢这个工作的时候，就有抵触情绪，项目工作的质量和进度是很难保证的。

（3）有时间参与项目。任何一个项目组都希望找到能人或者专家，然而，能人或者专家是各个项目组都想得到的人，他们忙碌于各个项目或者工作中。很多项目失败的原因不是由于项目组成员的专业能力不够，而是由于这些人员对项目的投入程度不够。

（4）喜欢团队合作。我们项目工作中经常碰到"技术牛仔"。他们有很高超的专业技能，但很难与他人合作。这些人进入项目组一般会对项目组的建立造成较大危害。

唐僧四大徒弟的角色与作用

（1）孙悟空
- 解决团队问题的骨干
- 团队的绩优高手
- 有性格
- 用之好，无所不能
- 用之不当，寸步难行

（2）猪八戒
- 关键时刻能助一臂之力，但很难靠它扭转失败之局面

- 偶尔还起反面作用

(3) 沙僧
- 忠厚诚实，团队调和力
- 缺少创造力，平凡但实在
- 业绩平常，做事平常，绝不会给团队带来麻烦，也不会带来危害

(4) 白龙
- 能解决主管业务及业务之外的琐事，忠心耿耿。不能多，也不能少

2. 选择流程

项目组成员的选择顺序应如图10-3所示。

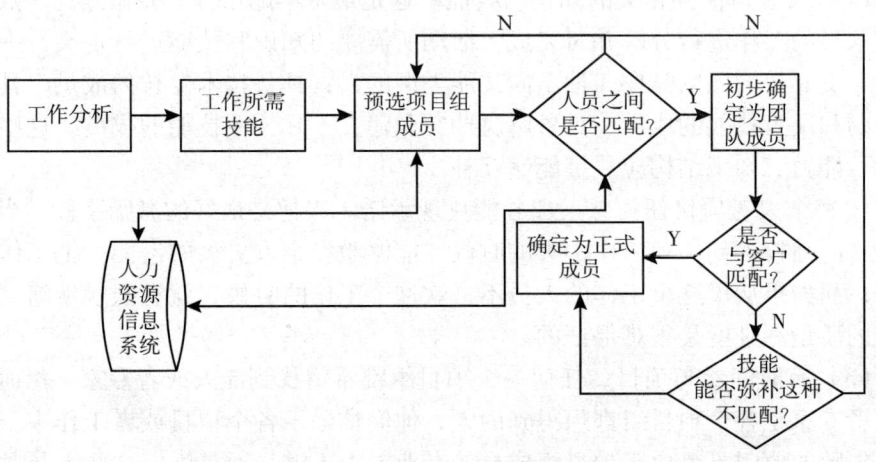

图10-3 项目组成员的选择

资料来源：丁荣贵著. 项目管理：项目思维与管理关键（第2版）[M]. 北京：中国电力出版社，2013：232.

项目组成员的选择是建立在工作分析的基础之上的。要进行工作分析，可以使用WBS（工作分解结构）等工具，工作分析的结果是项目究竟包含哪些任务，每项任务的完成需要哪些知识和技能，这些需要经过仔细的定义。

定义了完成项目任务所需要的知识和技能以后，就要寻找哪些人员具备这些知识和技能。这个过程叫作预选项目组成员。这一步骤需要考察"成功的项目经历""工作状态""知识和能力取向"三个方面的情况。这一步实际上也是判断项目组能否与项目特点相一致。

在预选了项目组成员以后，要考察这些成员是不是相互之间在人际关系方面能否合得来，在性格上是否匹配，在团队角色上是否相称。如果互相匹配，就初步确定项目组成员；如果互相不能适应，就得重新选择项目组成员。

如果项目组成员之间相互融洽了，那么还要看这些成员和顾客能否相互融洽。需要再次强调的是，项目的任务是项目组和其他利益相关者，尤其是与顾客

共同完成的。如果没有客户对项目的支持，很难实现项目的目标，更不可能满足客户的需求。如果预选的人员能够和顾客相互融洽，那么这个人就可以成为正式的团队成员；如果这个人不能够和顾客相互融洽，那么还要看这个人所具有的技能是否能够弥补这种不足。如果项目组成员的知识和技能水准确实高超，它们能够弥补他们与顾客在人际关系方面的不和谐，则其也可以成为正式的成员。如果他们拥有的知识和技能不足以弥补这种不和谐，那么就需要重新选择项目组成员。

诸葛亮识别人才的"七招"

- 问之以是非而观其志
- 穷之以词辨而观其变
- 咨之以计谋而观其识
- 告之以猖难而观其勇
- 醉之以酒而观其性
- 临之以利而观其廉
- 期之以事而观其性

10.3.3 项目团队的生命周期与管理风格

项目是有生命周期的，同样，项目组也有生命周期。典型的项目组从建立到解散需要经过 5 个阶段，即：形成期、风暴期、规范期、成果期和结束期。

1. 形成期

项目组的组建阶段为形成期。在这个时期，团队的主要特征就是"礼貌"。人员刚刚到来，彼此之间不一定很了解。他们均带着对实现项目成果和个人期望来到一起，彼此之间非常礼貌。

在项目组形成时，确定项目目标和项目组的工作原则与方法，使其成为大家共同关注的焦点是十分重要的。项目组必须能够缩短这个时期。在这个阶段，项目组的每个成员都会自觉不自觉地对自己的行为进行约束，但是，他们会私下自问这么一些问题：这个集体值得我付出努力吗？我到底是否适合这里，还是作为局外人为好？哪些人可能成为我的朋友，哪些人可能成为我的对手？

不同的团队发展阶段需要选择不同的管理风格。对于形成期来说，最好的管理风格是参与式和集权式相结合的方式。通过鼓励成员参与，可以加强彼此之间的理解和信任，也可以提供更多的关于项目方案和风险的设想。通过集权，可以将大家关注的焦点统一起来。

2. 风暴期

当项目组真正开始工作时，会遇到各种各样的问题，成员之间将产生各种各样的冲突。这个阶段被称为团队的风暴期。很多团队因不能平安度过这个阶段而夭折。

这个阶段是多事之秋。在短暂的礼貌之后，人们就不只是单纯需要精神动力了。现实问题常常会对人们产生困扰，项目组成员开始感到项目任务的艰巨和挑战，人们对项目的观点、方法等产生了不同的理解。在这个阶段，指望项目组成员和谐、全力以赴地投入工作是不切实际的。

有很多项目组不能迈过这个阶段，它们可能会奔命于各种各样的协调会议中。虽然人们都彼此告诫要"精诚团结"，但实际上很少会取得理想的效果。项目组成员之间互相提防或攻击，他们不能将自己视为团队中的一员。

这个阶段项目经理需要同时采取集权、参与和授权三种管理风格。首先需要鼓励大家沟通和交流，因为很多误解和冲突都是由于沟通不充分造成的。其次要有意识地授权给那些和你观点一致的人，这样不仅激励了这些人员，也会使更多的人能够帮助你争取更多人的支持。最后可以采取集权方式，不管怎么样，别忘了你是项目经理，你需要对项目成果的实现负总责。

3. 规范期

如果项目组能够安全度过风暴期，就进入了团队生命周期的第三个阶段：规范期。

在这个阶段，项目成员之间的冲突得到缓解，他们开始在很多方面达成一致意见。通过风暴期的磨合，沟通和协作的必要性得到广泛认可，团队开始逐渐建立一种公认行为标准或者价值观，团队绩效和士气开始增加。团队成员中的自我意识逐渐被团队意识所取代，团队工作效率得到明显提高。

这个阶段较适宜的管理风格同样为参与、授权和集权，但与风暴期相比，授权的比重得到明显增加，而集权的比重逐渐下降。

4. 成果期

在这个阶段，项目组已经成为一个真正有战斗力的团队，项目组以团队为荣，他们已经知道如何协作和相互支持，团队士气高涨，每个人的自我管理和自我约束能力已悄然变成了他们的习惯。这个时期的特点就是"交付"，会出现大量的项目成果。

这个阶段的管理风格应以授权式为主流。

5. 结束期

随着项目接近尾声，项目的成员就逐渐离开团队，这个时期称为项目组的结束期。如果有新的成员加入，那么我们的团队就进入了一个新的团队的形成期。

这个阶段又会出现效率较低的情形，因为项目组面临调整，许多项目组成员必须考虑其将来的去向。在这个阶段需要采取集权、参与和授权三种管理风格：通过参与积累团队经验教训，通过授权维持团队效率，通过集权处理评价和分配中的纷争。

关于项目组的生命周期还有一点需要说明。尽管项目有生命周期，项目组也有生命周期，但这两个生命周期的长度并不是一样的。项目生命周期的各个阶段、各个过程都可能是由不同的团队来完成的，这些团队都会经历5个阶段，项目从头到尾均有一个固定成员的项目组完成的情况是很少见的。

无论一个什么样的团队里，一般都包括三个层次：项目团队的核心层、中心层、外延层。核心层是指面对面在一起直接从事项目工作的群体，是核心人员；中心层，是指与第一层有着紧密联系的、直接为核心层的工作提供服务的项目团队成员；外延层，对第一层和第二层成员有影响，也可能指那些被项目工作影响但对项目工作没有直接联系的人群。

项目目标的实现需要靠团队来完成，因此，无论是项目经理还是项目团队成员都需要理解团队的建设过程，理解团队不同发展阶段的特点，以及团队成员的性格特点，努力寻求适合团队发展不同阶段的管理风格和管理方式，只有这样，才能建设成为一支真正的项目团队，发挥团队最大的效率。

10.3.4 团队成员的需求满足

在团队管理中，如何调动团队成员的积极性，是团队领导者需要认真面对的问题。只有充分了解了团队成员的需求，掌握需求的变化规律，才能激发他们的工作积极性，从而有效保证项目目标的完成。而目标的完成，需要成员具备良好的技术、知识、技能和协作，这一切，都要源于对成员需求的把握。

1. 团队成员需求分析要素及方法

项目组有了合适的人后并不一定能够形成一支真正的团队，但有了项目团队，如果不能识别、分析并满足团队成员的需求，项目团队仍然不能有效地运行。因此，识别并满足项目团队成员的需求，就尤为重要。可以从以下几个方面分析项目团队成员的需求：

（1）成员的工作状态。应该了解该员工的工作状态，他/她正在承担何种项目（任务）、工作的饱和度怎样，以及企业员工的整体工作负荷情况。基于这种信息，企业才能判断哪些成员有时间能够投入项目，他们的项目兴趣在什么地方，对工作负荷强度有什么要求。

（2）成员的价值取向。所谓价值取向是指团队成员所看重的东西及其优先序。一般来说，员工之所以到一个企业来工作，大体上看重三个方面：企业形象（它可以激发员工的自豪感和增加其履历）、薪酬待遇以及专业能力得到提高的机会。了解这些信息可以帮助企业做好吸引和激励项目人员的准备。同样，对于项目成员来说,他也有关注的重点,了解他们关注的重点,将有助于开发成员的潜力。

(3) 人气/性格取向。多年来,心理学家和管理专家开发了一系列的心理和性格测试方法来帮助我们理解人的行为。其中著名的是一种 Myers – Briggs 类型分析方法。这种方法用四种特征对人群分类,即:外向—内向、注重事实—注重感觉、理性—感性、决断—思虑。这四类倾向可将人划分为 16 种类型。每一种性格类型都联系着某些行为特点。如果知道项目组成员的性格类型,我们就能很快想象出人们在不同环境下的行为。这不仅对项目经理很重要,对于项目组成员如何与其他成员和谐相处也很重要。

(4) 团队角色取向。根据组织行为学的研究成果,人们在团队中喜欢扮演 9 种团队角色:创造者、探索者、组织者、生产者、检查者、维护者、倾听者、评价者、协调者。如果我们只是根据专业技能和资历等通过责任矩阵锁定项目组成员的角色,这样的项目组要建设成真正的团队将面临很多困难。人们非常愿意承担的角色通常只有两三种。

管理人员必须了解各项目组成员能够给团队带来贡献的个人优势,成员们喜欢的角色,并据此选择人员与分配团队角色。

管仲病重,齐桓公亲往探视。君臣就管仲之后择相之事,有一段对话,发人深省。齐桓公:"群臣之中谁可为相?"管仲:"知臣莫如君。"桓公:"易牙如何?"管仲:"易牙烹其子讨好君主,没有人性。这种人不可接近。"桓公:"竖刁如何?"管仲:"竖刁阉割自己伺候君主,不通人情。这种人不可亲近。"桓公:"开方如何?"管仲:"开方背弃自己的父母侍奉君主,不近人情。况且他本来是千乘之封的太子,能弃千乘之封,其欲望必然超过千乘。应当远离这种人,若重用必定乱国。"桓公:"鲍叔牙如何?"管仲:"鲍叔牙为人清廉纯正,是个真正的君子。但他对于善恶过于分明,一旦知道别人的过失,终身不忘,这是他的短处,不可为相。"桓公:"隰朋如何?"管仲:"隰朋对自己要求很高,能做到不耻下问。对不如自己的人哀怜同情;对于国政,不需要他管的他就不打听;对于事务,不需要他了解的,就不过问;别人有些小毛病,他能装作没看见。不得已的话,可择隰朋为相。"

由此可知,在项目管理中,管理者必须了解自己的团队,知人善任。

(5) 能力/知识取向。项目组要了解成员相关的技能等级,如他(她)的专业是什么?达到了什么程度?还对哪些工作比较熟悉?只有掌握了这些信息,我们才能知晓成员们适合从事哪类工作,或者他需要何种培训。

2. 团队成员需求类型及满足方法

根据团队成员需求分析方法和马斯洛的需要层次理论,我们可以将团队成员的一般性需求分为五类:"物质和精神需求""学习需求""能力锻炼需求""社交需求"和"成就需求"。

任何一个团队成员,都存在"物质和精神需求",而"学习""能力锻炼""社交"和"成就"这四个需求则因人而异,他们可能具有其中的一个或多个,需求的强度也不尽相同。针对这五个方面的需求,项目经理应根据每个成员的具体情况去分析其需求,并满足其合理需求。

(1)物质和精神需求。任何一个团队成员,都需要为生计而工作,因此他们都存在物质需求(即获得劳动报酬的需求);另外,任何一个工作在团队中的成员,没有谁不期望得到团队领导和其他团队成员的理解、关心、肯定和尊重,而这些可以归结为精神需求的范畴。

为了满足团队成员的"物质"需求,项目经理可以和团队成员一起制定"赏罚分明、多劳多得"的绩效考核制度,让他们通过自己的努力获得他们应该获得的报酬。为了满足团队成员的"精神"需求,项目经理一定要注意多采用商量的口吻分派和安排工作,避免居高临下、颐指气使。另外,平时也需要在团队中倡导和践行团结互助、互敬互爱的良好风尚。

(2)学习需求。新员工或学习意愿比较强烈的团队成员,他们期望在工作的过程中学习到新知识、新技能,因此这类员工"学习需求"比较明显。

对于这类需求,项目经理可以结合工作的实际需要,给这些成员安排一些有针对性的培训,抑或给他们安排指导老师进行帮带,也可以根据他们的期望安排一些新的工作任务,让他们在完成自己工作任务的同时,实现个人的"学习"目标。

(3)能力锻炼需求。有些团队成员,具有某些方面的知识背景和技能,渴望在团队目标的实现过程中,得到较多这方面的"实践和锻炼"机会。

对于这类员工,项目经理可以根据项目需要,结合他们的能力特点和个人意愿,安排一些富有挑战性工作,让他们通过这些工作"检验"自己的能力和水平,实现他们所期望的"锻炼"的目的。

(4)社交需求。也有一些团队成员,他们期望在工作的过程中结交一些好朋友,为现在和将来能在学习、工作和生活上互帮互助积累"感情"账户。同时,团队成员也需要稳定的家庭和亲友关系为自己提供支持,得到应有的关心和爱护,他们不希望因为忙于项目工作而丧失了这些宝贵的亲情。

对于这类成员,项目经理可以让他们负责组织一些团队活动,让他们利用这些机会加深彼此的感情。同时,要考虑他们的家庭成员的感受,做好家庭成员的思想工作和生活安排,让家庭成员支持他们参与项目,避免出现"项目成功、家庭失败"的现象。

另外,项目团队不是交友俱乐部,项目经理一定要注意,不要让团队成员因为"社交"而不顾团队目标和利益,形成"小集体"。

(5)成就需求。有些团队成员,具有较强的工作能力或有一技之长,他们有满腔热情,希望在团队中大显身手,展现自己的能力。

对于这类成员,项目经理可以根据项目的实际需要和团队成员的个人意愿分配给他们一些挑战性工作，或安排他们作为小组负责人、技术攻关人或新手帮带人等角色，让他们在工作过程中实现"自我展现"的愿望。

不过，这种类型成员也最容易滋生"个人英雄主义"的倾向，项目经理需要察言观色，及时采取必要的措施。

华为公司的有效激励

只用了 10 多年的时间，华为就从一家代理销售交换机的小公司，逐步发展壮大为拥有自主开发产品和核心技术的跨国公司。这一切都离不开华为在人才吸引和人才激励方面的机制。

一、"全员持股"的特定激励政策满足员工最大生理需求和安全需求

先看一看下面这些股权激励下的员工收入数据。

0 级主管，30 个人年薪 6000 万元。

1 级主管，120 个人年薪 1500 万元。

2 级部门总监，350 个人年薪 350 万元。

3 级部门主管，1500 个人年薪 100 万元。

4 级部门正副经理，5000 个人年薪 50 万元。

基层员工，60000 个人年薪 10 万元。

华为公司的股权激励说明，任何一个员工只要努力工作，不仅可以拿到丰厚的工资，而且还可以获得可观的股权分红。甚至有的员工的分红是其工资的数倍。这种方法不仅激发了员工的工作积极性，还充分满足员工的生理需求和安全需求，使员工不会为自己的生存担忧。

二、团结协作而集体奋斗的企业文化

在公司里员工上下平等，不平等的部分已经通过工资形式表现出来，华为员工无权享受特权。大家同甘共苦，人人平等，集体奋斗，将个人努力融入集体拼搏之中，在华为得到充分体现。这样团结协作的氛围给予员工归属感，同事之间的合作使员工感受到他人的帮助和关爱，让员工的社交需求得到满足。

三、公司未来客观的前景和双向晋升渠道满足员工自尊需求和自我实现的需求

华为公司设计了任职资格双向晋升通道。新员工首先从基层业务人员做起，然后上升为骨干，员工可以根据自己的喜好，选择管理人员或者技术专家作为自己未来的职业发展道路。在达到高级职称之前，基层管理者和核心骨干之间，中层管理者与专家之间的工资相同，同时两个职位之间还可以相互转换。如此诱人的晋升和发展前景让追求成功和实现自身价值的员工更加努力工作。

10.3.5 项目团队激励

激励的有效性是指通过激励手段能有效地实现预定目标（如图10-4所示）。激励是否有效，关键是看激励能否充分调动团队成员的积极性去努力完成任务，有效地实现预定的目标。因此，知道采用何种激励手段，才能随机制宜，把它与整个管理制度有机地结合起来，实现对团队成员的有效激励。根据激励的原则，通常可采用以下几种激励方式：

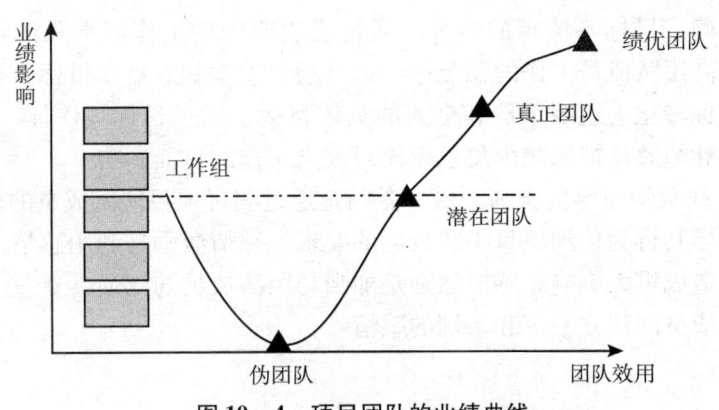

图10-4 项目团队的业绩曲线

（1）物质激励与荣誉激励。这是项目团队中最基本也是采用最多的一种激励手段。其中，物质激励手段包括工资和奖金等；荣誉激励是众人或组织对个体或群体的高度评价，是满足人们自尊需要，激发人们奋力进取的重要手段。

运用物质激励时，要注意把报酬和团队成员的期望相联系。有一项研究发现，电信运营团队成员的薪酬因子对成员的期望满意度有非常显著的影响，因此，可以考虑把团队成员的报酬和期望相联系，从而提高成员的期望满意度，激励成员更加努力地工作。具体而言，采用浮动标准的报酬分配制度，可以鼓励成员提高效率，发挥潜能；采用技能工资，可以鼓励成员扩展技能和成长；运用灵活福利，可以满足不同成员的不同报酬组合差异。

（2）参与激励与制度激励。参与激励是指尊重员工、信任员工，让他们了解项目组织的真实情况，使其在不同层次和深度上参与决策，从而激发其主人翁的精神。同时，项目团队的各项规章制度即是约束，成员在遵守规章制度的过程中是约束和奖励的双向激励。

把领导支持和项目团队成员的期望相结合，提升领导对成员的信任、信赖和尊重程度。领导可以更加主动地对成员进行肯定和表扬，更加关注成员的日常生活和个人发展，使用合理性、友情、谈判等权术，增加正式沟通的方式来增强成员对领导支持度的期望。

积极尝试让成员参与项目方案的设计中，允许他们参与那些会影响到他们的决策。随着知识性团队成员的不断增多,通过这种参与能够增强成员在项目中成长的机会,责任和参与工作本身可以为成员提供内部激励。同时,有做出实施决策的机会,然后看着他们发挥作用,有助于满足团队成员责任、成就、认可、成长和自尊的需要。

(3) 目标激励与环境激励。目标激励是由项目目标所提供的一种激励的力量。因为项目目标体现了项目团队成员工作和努力的意义,所以能够在理想和信念的层次上激励全体团队成员。良好的工作和生活环境可满足团队成员的保健需求,同时形成一定的压力去推动成员努力工作,所以具有很强的激励作用。

明确工作职责和绩效目标是对项目团队成员进行的目标激励。项目中可能存在职责不明确、目标不清晰的情况,通过说明明确的工作职责和清晰的工作目标,可以提高团队成员工作的积极性、提升项目效率和效益。目标管理强调把组织的整理目标转化为组织单位和个人的具体目标,通过目标具体性、参与决策、明确的规定和绩效反馈来减少角色模糊对成员工作的负面影响。

(4) 榜样激励与感情激励。榜样激励是通过满足项目团队成员的模仿和学习的需要,引导其行为达到项目团队目标的要求。感情激励是利用感情因素对人的工作积极性造成重大影响。感情激励是加强与团队成员的沟通、尊重、关心每一个成员,在成员间建立平等和亲切的感情。

10.4 项目团队绩效评价

为保证项目团队工作的高效,必须对团队工作业绩进行科学的评价。项目团队业绩评价是企业绩效管理系统的有机组成部分,是联系团队激励机制与企业战略目标的纽带。科学的项目团队业绩评价不仅能够为企业确定对团队及其成员的奖酬提供客观依据,而且业绩评价内容本身也为团队指明了努力的方向,使团队工作与企业战略保持高度一致。

卡奇奥布(Cacioppe,1999)指出,团队业绩评价包括两个层次,一是对团队整体工作业绩的评价,二是对团队成员个人工作业绩的评价。团队业绩评价方法与职能分工模式下的业绩评价方法在评价内容方面存在根本的差异。团队业绩评价是以对实现企业总体目标(针对团队的评价)或团队目标(针对团队成员的评价)的贡献为基本评价依据,目的在于保证团队成员之间以及团队之间在实现企业战略目标过程中的密切协作。而企业职能分工模式下的业绩评价则是以个人工作目标的实现程度为依据。

10.4.1 项目团队绩效评价的原则

要确保项目团队绩效管理得以实施,需要建立以下原则:
(1) 促使利益相关方全过程参与项目。促使项目利益相关方的全过程参与是提高项目成功率的必要条件。因为完成项目所需要的资源往往掌握在不同的项目利益相关方手中。他们对项目投入的资源和承诺是项目团队实施项目的前提和基础；同时，项目团队绩效最终也是由项目利益相关方去评价的。

（2）追求人、流程、技术之间的和谐。人、流程、技术三个方面的属性以及它们之间的关联关系决定了系统的绩效。割裂三者之间的关系将减弱项目系统的绩效；同样，三者中任一方的变化将会引起其他两者的反应。因此，建立人、流程和技术之间和谐的关联关系对保证项目取得良好的绩效是必要的。近年来，关于能力成熟度（capability maturity）的概念越来越受到人们的重视，而能力成熟度的核心就在于在不同等级上追求人、流程、技术的和谐。

（3）绩效评价与人员个体评判分离。绩效评价是绩效管理的重要内容，改变了绩效评价的方法，就改变了被评价者的行为方式。当绩效评价焦点放在人员评判方面时，人们很容易通过牺牲其他人或部分绩效的代价来换取所需要的绩效数据，或者通过篡改绩效数据来欺骗评价者。换句话说，如果评价的结果将与人们各自得到的奖惩挂钩，人们经常会为了保护自己的利益而牺牲他人的利益，或者牺牲整体的目标而追求局部目标，偏离了正确的绩效管理轨道。

10.4.2 项目团队成员绩效评价方法

项目团队成员工作业绩评价的方法有很多种，这里主要介绍关键绩效指标评价法。

关键绩效指标（key performance indicator，KPI）是用于沟通和评估被评价者绩效的定量化或行为化的标准体系。也就是说，关键绩效指标是一个标准体系，它必须是定量化的，如果难以定量化，那么也必须是行为化的。如果定量化和行为化这两个特征都无法满足，那么就不是符合要求的关键绩效指标。

在团队成员的工作业绩评价中使用 KPI 的核心观念是：设定与团队流程相关的标准值，定出一系列的对团队工作有提示、警告和监控作用的标准衡量指标，然后把实际运作过程中产生的相关指标实际值与预先设定的标准值进行比较和评估。如差别较大，则分析其原因，找出解决的方法和途径，从而再将团队的流程做相应的调整和优化，以使未来的实际绩效指标值可以达到令决策者满意的程度。

关键绩效指标评价体系的设计思路如下：

（1）要明确企业的战略目标。根据企业层次的 KPI 建立项目的 KPI，并对项目的 KPI 进行分解，确定相关的要素目标，分析绩效驱动因素（技术、人员、组织结构等），确定实现目标的工作流程，确定评价指标的体系。

（2）团队领导和团队成员一起将 KPI 进行细分，分解为更细的 KPI 以及团队各角色的业绩衡量指标。这些业绩衡量指标就是进行团队成员考核的要素和依据。这样，团队成员的 KPI 制定依据来自项目，项目的 KPI 制定依据来自企业 KPI，企业的 KPI 制定则是以企业战略和远景目标作为依据。这样就保证了组织、团队、成员的目标一致性。

指标体系确立之后，还要确立评价标准。指标是指从哪些方面衡量成员的工作，而标准则是在各个指标上应该达到什么样的程度。由于各项目、同一项目的不同角色在目标、性质等方面都各不相同，因此评价标准也应根据具体情况体现出差异性。这些标准应该是项目组成员通过努力可以达到的，防止出现过高或过低的情况。标准过高，会使成员却步不前而打消其积极性；标准太低，会使成员失去了动力，失去了考评的意义。

（3）要对关键绩效指标进行审核。例如，多个评价者对同一绩效指标进行评价，结果是否能取得一致？跟踪和监控这些指标是否有可操作性？审核主要是为了确保这些指标能够全面客观地反映被评价成员的绩效情况，并保证指标的可实施性。

10.4.3 项目团队绩效评价的指标体系

由于项目的利益相关方在价值观上有所不同，他们对团队的心理期望也表现出不同。换句话说，利益相关方对项目绩效评价的标准有多个指标。

尽管团队的利益相关方有多个，他们对团队的心理期望也不同，但可以通过将这些期望归类进行分析。每个利益相关方都期望自己对团队的投入要少，符合自己心理期望的产出要多，并且这种过程是稳定的、持续的。因此，可以将团队的绩效数据相应地分为四类，也可称之为团队的四类绩效评价指标体系（见图10-5）。

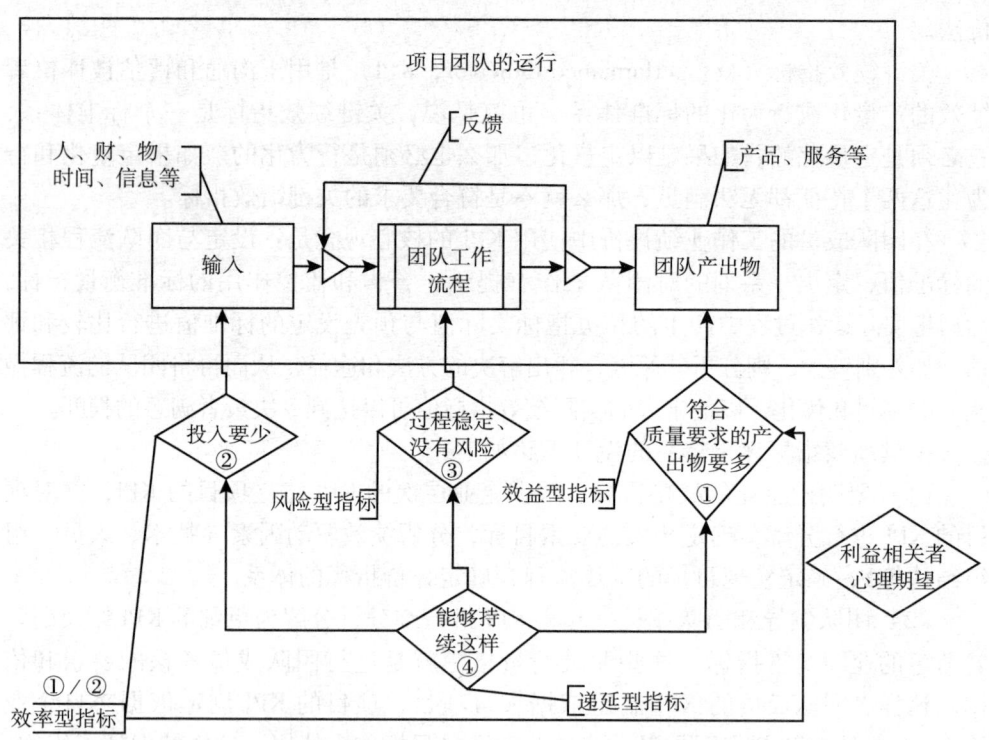

图10-5 团队利益相关方对团队的心理期望与绩效指标关系图

1. 项目的效益型绩效指标

效益是指项目的利益相关方由于项目运作而得到最终的、阶段性的直接收获，亦即项目团队对利益相关方的交付物（deliverables），包括任何可衡量的、有形的或无形的、可证实或可感知的产出、结果等。效益型指标应包含在绩效契约中。

人们之所以成立项目团队或与项目团队发生联系，是因为他们可以通过项目团队满足其心理期望。效益型指标是利益相关方从项目团队获得的直接回报的衡量指标。该类指标可以明确也应该尽可能明确地体现在项目团队的利益相关方之间相互签订的绩效契约之中。

典型的效益性指标见表10-3。

表10-3　　　　　　　　　　典型的效益型指标

效益型指标	关注指标的利益相关方
销售收入	供应商/项目团队发起人
奖金/工资	项目团队成员
功能点实现数	项目团队业主
里程碑按时完成数	团队负责人
项目团队员工数	职能经理

2. 项目的效率型绩效指标

效率是指为获得单位效益各利益相关方所付出的代价。这些代价包括有形的或无形的、可衡量、可证实或被评价者认可的投入等。与效益型指标一样，效率型指标也应包含在绩效契约中。

对项目团队管理来说，一个重要的原则是"做正确的事"，并"正确地做事"。效率型指标是为了判断团队以什么代价将该做的事做好了。效率型指标是PDCA循环中检查部分的重要内容，绝不能等到团队生命周期结束后再进行判断。

典型的效率型指标见表10-4。

表10-4　　　　　　　　　　典型的效率型指标

效率型指标	关注指标的利益相关方
毛利率/利润率	供应商/项目团队发起人
小时工资额	项目团队成员
实现单位功能点的投入	业主
投资收益率	项目团队发起人
人均产值	项目团队负责人/职能经理

3. 项目的递延型绩效指标

递延型指标用以反映项目运作的整个过程及其产出物对项目的利益相关方未来影响的程度，亦即项目的利益相关方由于项目运作而得到的间接收获，包括任何可衡量的、有形的或无形的、在未来能够证实的知识、能力等绩效数据。递延型指标不一定包含在绩效契约中。

典型的递延型指标见表10-5。

表10-5　　　　　　　　　　典型的递延型指标

递延型指标	关注指标的利益相关方
顾客满意度	供应商/项目团队发起人
技能提高程度	项目团队成员
与战略的吻合性	业主
品牌提升程度	项目团队发起人
职位晋升幅度	职能经理

4. 项目的风险型绩效指标

一般而言，风险是指可能对项目利益相关方的未来产生影响的不确定因素，这种影响可能是积极的，也可能是消极的。这里所指的风险，是指在项目的运行过程及产出物中应该引起利益相关方警觉的可衡量的事件、活动等绩效数据。风险型指标是用来判断项目运行过程及产出物中的风险因子的数量及其对项目利益相关方的危害程度的指标。风险型指标也应在绩效契约中得到体现。

风险型指标指的是一种对运作过程和产出物进行判断的指标，它可以包含在绩效契约所规定的"达到目标的原则、方针和行为的限度"之中。项目团队管理中的风险识别、风险分析的目的是为了采取风险应对措施，提高项目团队实现目标的可靠程度，使项目团队的运作结果可以预期。

典型的风险型指标见表10-6。

表10-6　　　　　　　　　　典型的风险型指标

风险型指标	关注该指标的利益相关方
应收款	供应商
客户满意度	项目团队发起人
团队氛围	项目团队成员
产品质量	项目业主
人员流失率	职能经理/项目团队负责人

效益型指标、效率型指标、递延型指标、风险型指标是判断团队的利益相关方是否满意的不可或缺的几个方面。然而，这些指标对利益相关方满意度的影响程度并非是相同的。对于效益型指标和效率型指标来说，其实现程度越大，利益相关方越满意；对于风险型指标来说，尽管没有风险会使利益相关方感到安全、踏实，但没有风险并不能给其带来更多的满意；对于递延型指标来说，越是对利益相关方的未来有积极影响，他们越会感到满足。这四类指标对利益相关方满意度的贡献可以用图10-6简单表示。

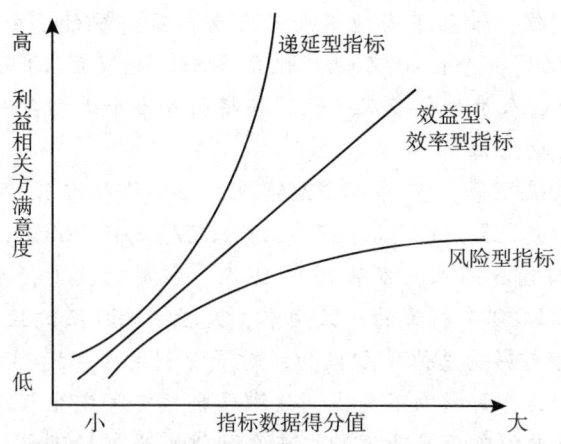

图 10-6　项目团队的四类绩效指标对利益相关方满意度的效用关系图

QJSC 水库项目营运期的绩效评价

1. 项目经济效益与社会效益的评价

该项目有较好的经济效益和社会效益，具体体现在以下几个方面：

（1）该项目是以农业灌溉为主的水库，征收农业灌溉水费较困难，现有工业用水、村镇居民用水水费收入为 350 万～400 万元左右，超过原初设时的预期，评价认为直接经济效益已超过预期，评价较好。

（2）灌溉效益：水库建设后，灌区由于供水有保证，旱地改种烤烟、水田，并可种两季，其他经济作物蔬菜、水果也有发展。根据乡镇统计汇报资料，2012年至2014年灌区5个村农业增产0.28亿元，灌溉用水给农作物带来的拉动增产效益增收为0.07亿元/年。若按本次设置有无法指标计算，增产产值接近0.5亿元/年，乘以供水拉动系数0.6后，也达0.3亿元/年。

（3）水库扩建后YZ区工业总产值逐步增加，以QJ化工厂为例：该厂2010年前产值为0.8亿元，成本核算亏损。2010年开始供水后产值增至1.2亿元，转亏为盈利38万元。2014年该厂产值已达3.24亿元，利润400万元。工业供水拉动效益据测算大约为4880万元，预计还将逐步增加。

（4）城镇供水效益。水库扩建后抬高了水位，水质量也得到提高，YZ镇水厂仅抽水处理成本下降1元/立方米,按年供水量150万立方米计算,产生间接效益150万元。

(5) 防洪效益。该项目防洪保护面积为0.3万亩,按500元/亩·年计算,防洪效益为150万元/年。

(6) 随着水库蓄水量的不断增加,带动了YZ镇的煤化工、冶金、发电、陶瓷和农产品加工为主导产业的工业基地的建设和发展,工业生产和生活用水将由目前的供水1200万立方米达到3000万~4000万立方米,水费收入将会有很大提高,经预测灌渠配套加上工业用水增加,该项目能逐步扭亏为盈,且有较好效益。

(7) 水库的扩建,带动了当地工业的发展,目前统计已引资4500万元,建成年产32万吨焦化厂1个;10万吨焦化厂3个;洗煤厂10万吨、20万吨各1个。已解决当地就业人员800多人。预计还将引资多个大型项目,将大大推动该地区的发展,扩大就业面。

(8) 城镇化效果显著。QJ市对YZ镇规划面积将扩大23.5平方千米,组建YZ工业区19.5平方千米,YZ镇目前工业产值已占QJ市60%,财政收入达1000万元。YZ镇将从目前5万人,发展到10万人。水质的改善,水量增加,解决了水库附近多个村寨1450个村民的人饮用水,大牲畜850头的饮水。

(9) 对区域生态影响总体是积极的,对资源利用、环境影响、区域生态均有积极的影响,淹没区负面影响不突出,使灌区自然灾害发生频率大为下降,与先进地区生产差距减少。变干旱为湿润、变自然供水为可控供水。

综上所述QJSC水库营运绩效总体较好,除灌溉效益因灌渠不配套而未能达到预期目标外,多数指标达到或超过了预期,对该地区造成了巨大的社会、政治、经济正面影响。美中不足的是淹没搬迁补偿费用未能足额支付,带来一定的负面影响。

2. 项目综合绩效评价

本项目扩建后水库总库容为4927万立方米,经评审审定投资18122.84万元,水的单位造价指标为3.68元/立方米,优于省内平均水平。水库年提供水量5162万立方米,设计灌溉面积8.27万亩,如能将灌区内的支渠配套,有效地提供灌溉用水会给灌区的水稻、苞谷、小麦、蚕豆和经济作物烤烟、油菜等带来增产效益。工业用水促使当地工业产值不断上升,村镇就业人员将会有所增加,城镇面貌、生活质量等将有很大改善,水库自身运营经济效益逐步改善,有较好的可持续发展前瞻。总体评价该项目是一个好项目,基本上达到或超过了项目的预期,对推动该地区发展起到了很好的促进作用,加之区内气候温和,水土资源丰富,有较好的可持续发展前景。

3. 通过绩效评价反映出的问题

(1) 灌渠不配套。根据调查了解的情况看,干渠建成后,灌区内没有兴修支渠、斗渠、农渠,设计灌溉面积8.27万亩,由于只是利用原有渠道,目前仅能达到5万亩。

(2) 水资源浪费严重。由于支渠不配套,灌农在干渠内随意打开缺口放水,致使水到处乱流。习惯于满放满灌,灌溉水均以田亩计量,按设计计算输水损失达到30%,个别输水损失达到50%,水资源浪费极为严重。

(3) 工业区对库区的污染。随着受益区工业的发展,工业粉尘、有害气体将会进一步增加,对水库工作生活区也产生影响,库区环境质量将会下降。

(4) 水库功能可能会发生转变。随着工业用水量的增大,在一定程度上会影响农业灌溉用水。

资料来源:赖应良. 某水库建设项目绩效评价案例, http://blog.sciencenet.cn/blog-371386-730374.html.

10.5 高效项目团队的建设

一个高效的项目团队是确保项目高质量完成的重要保证。建设高效的项目团队,是实现项目管理目标的前提和保证。具体的建设措施有以下五点:

1. 选拔或培养适合角色职责的人才

工程项目是由不同角色的人共同协作完成的,每种角色都必须有明确的职责定义,因此选拔和培养适合角色职责的人才是首要的因素。工程项目经理要熟悉各种设计方法,愿意听取其他人的意见,并且要很客观地把自己的思想与其他人的意见相比。

选拔或培养适合角色职责的人才,是高效项目团队的最重要的因素。

2. 增强项目经理的领导才能

项目经理是项目的负责人,负责整个项目的组织、计划及实施的全过程,在项目团队管理过程中起着关键作用。

项目经理必须以身作则,严格要求自己,起到榜样和示范作用;要明确具体的项目质量、范围、工期、成本等目标约束;明确各团队成员的角色和责任分工,充分发挥团队成员各自的作用。

在工程项目过程中,由于严格的目标约束及多变的外部环境,项目经理必须运用各种激励理论对团队的成员进行适时的激励,鼓励和激发团队成员的积极性、主动性,充分发挥团队成员的创造力。

对下属进行灵活的授权,一方面,显示了项目经理对团队成员的信任,有利于充分发挥项目团队队员的积极性和创造性,使得团队成员在自己的授权范围内可根据内外部环境的变化及时决策。另一方面,通过灵活的授权,项目经理逐渐将工作重点转向关键点控制、目标控制和过程监控,工作重心由内转向外,侧重于处理工程项目与企业或社会之间的关系,从外部保障了工程团队的运作。

3. 营造良好的沟通氛围和交流环境

成员之间由于价值观、性格、处世方法等方面的差异会产生各种冲突,人际关系往往会陷入紧张的局面，甚至有可能出现敌视情绪以及向领导者挑战等各种情况。为此，项目经理要进行充分沟通，引导团队成员调整心态和准确定位角色，把个人目标与项目目标结合起来。

团队成员与周围环境之间也会产生不和谐，项目经理要帮助团队成员熟悉工作环境，学习并掌握相关的技术，以利于工程项目目标的及时完成。

在工程施工过程中，团队与其他部门也会产生各种各样的矛盾冲突，这需要项目经理与这些部门的管理者进行很好的沟通和协调，为团队争取更充足的资源与更好的环境。

4. 充分发挥开发团队的凝聚力

团队凝聚力是无形的精神力量，是将一个团队成员紧密地联系在一起的看不见的纽带。一般情况下，高团队凝聚力会带来高团队绩效。

团队凝聚力在外部表现为成员的团队荣誉感，而团队荣誉感主要来源于项目目标。因此，应当设立恰当的项目目标，并使团队成员对项目目标形成统一和强烈的共识，激发成员的团队荣誉感。同时，引导团队成员个人目标与项目目标的统一，增大团队成员对项目团队的向心力，使项目团队走向高效。

团队凝聚力在内部表现为团队成员间的融合度和团队士气，良好的人际关系是高效团队的润滑剂。因此，必须采取有效措施增强团队成员之间的融合度，让成员在短期内树立起团队意识，形成对团队的认同感和归属感，形成高昂的团队士气，提高团队的工作绩效。

5. 建立共同的工作框架、规范和纪律约束

工程项目的施工是一项复杂、要求极高、计划性非常强的工作，团队要有严明的纪律。建立共同的工作框架使团队成员知道如何达到目标，建立规范使各项工作有标准可以遵循，建立一定的纪律约束可以保证计划的正常执行。

唐僧团队的成功要点

1. 目标明确。唐僧起到了团队核心和凝聚力的作用，依靠领导位置和虔诚取经之心确保团队一直向目标迈进。当有人危及他的价值观时，哪怕不取经解散团队，他也要惩罚此人来确保贯彻他的个人意志。

2. 利益一致。师徒四人，虽时有矛盾，但大家都知道，只有到达西天取得真经，方能成得正果。因此尽管想法思路不同，但大家的目标明确、利益一致。

3. 规则清楚。制度明确，等级分明。师傅就是师傅，任徒弟有天大的本事，也不能超越法规，不能以下犯上。

4. 结构合理。像唐僧的能力和水平也只能领导这么一个团队，人再多，他就当不成师傅了；像悟空这样能干的人不能太多，否则，唐僧就不能驾驭和控制住局面了；像八戒这样喜欢溜须拍马的人就更不能多；而像沙僧和小白龙这样的

多些倒无妨,既有些本事,又默默奉献。

5. 素质尚可。唐僧徒弟四人皆因怀才不遇或犯点小错被罚,整个团队素质较高,人才结构也合理,尽管有种种矛盾和冲突,但团队总体上还是能形成合力的。

6. 上级支持。唐僧之所以能当这个团队的头,与上级各级领导的关心支持是分不开的。每当这个团队即将分崩离析时,上级领导部门就会派人来调解。

【推荐读物】

1. 丁荣贵,孙涛. 现代组织与人力资源管理 [M]. 北京:电子工业出版社,2009.
2. 祝宝江. 人力资源管理项目实训教程 [M]. 杭州:浙江大学出版社,2011.
3. 高世葵. 项目人力资源管理 [M]. 北京:机械工业出版社,2011.
4. 鲁道夫·梅利克(Rudolf Milik)著,李萌译. 项目人力资源管理 [M]. 北京:东方出版社,2009.
5. 丁荣贵. 项目思维与管理关键 [M]. 北京:中国电力出版社,2013.
6. 丁荣贵,杨乃定. 项目组织与团队 [M]. 北京:机械工业出版社,2011.

【复习讨论题】

1. 有效的项目团队有什么特点?
2. 项目团队的形成有哪几个阶段?分别有什么特点?
3. 项目团队绩效评价指标体系分为几类?每一类都包括哪些指标?
4. 项目团队激励的手段有哪些?如何根据项目生命周期的不同进行选择?
5. 人员配备管理计划的主要内容有哪些?
6. 试述人员配备的原则和方法。
7. 试述制订人员配备管理计划的一般过程。
8. 如何建立高效的项目团队?

【网上练习】

查阅网上资料,分析高效项目团队建设有效的、可操作的方法。

【案例分析】

人力资源计划与现实的差距

当杰瑞得知自己被任命为项目经理时非常高兴,他所承担的项目是研究把公司里的计算机联成一个局域网的可行性。这个局域网将把公司人员联系在一起,加强公司内部的信息交流。同时还将使公司内部大量传递的书面文件大大减少,

项目管理

公司的各种通知将利用电子布告栏发布，管理者可以直接从公司的数据库里得到各种需要的信息，下一级的报告可通过计算机网络以最快的速度传到上级高层主管的面前。总之，公司将被迅速地推进信息时代，效率将大大提高，这是一项令杰瑞非常振奋的任务。

这是杰瑞第一次承担实际的项目管理工作。大学毕业以后，获得了管理学硕士学位的杰瑞被 Globus 公司录用，成为该公司行政部门副总裁马克斯·韦纳先生的特别助手。两年以来，他曾多次经历高层决策的全过程，但令他感到失落的是，自己只是决策过程的一个旁观者而不是一个参与者。现在，这个局域网项目终于可以让杰瑞真正有权去领导并完成一项实际的工作了。

杰瑞做了一张"待办事项表"。第一项工作是"组织项目人员"。他去请示韦纳先生，队伍应当多大，有什么人参加。"任何你需要的人都可以参加，"韦纳先生回答，"最重要的是一个月后给我拿出结论报告，我们将根据你的意见研究怎样构建公司的局域网，我希望在下一次的执行会议前看到你的研究报告"。

经过考虑杰瑞认为要完成这项工作，必须由下列人员参加：一位秘书，一名助手，一位微机专家，一位熟悉网络技术的通信专家以及来自公司五大部门的代表。杰瑞分析，只有自己、秘书和助手能以全部精力参加项目工作，然而要在一个月内完成任务，其他人员也必须积极奉献，起码要把大约 1/4 的精力投入到项目中来。

按杰瑞的计划，五个部门的代表应当分别做出研究报告的一个部分，提出本部门对局域网的需求并分析局域网系统将对本部门工作效率产生的影响。计算机和网络专家与助手负责报告的技术部分。杰瑞自己的任务则是协调各方面的工作，并把各部分最终合成一份完整的报告。

杰瑞在组织队伍时立刻遇到了问题。第一个麻烦是没有办法让秘书完全投入项目工作。因为她所在的部门任务繁忙，秘书们已经在超负荷工作了。杰瑞去找韦纳先生，他很同情地点点头说，很遗憾，但不管用什么人，遇到什么情况，报告必须按期完成。杰瑞找助手时还算幸运，经过半天时间的查询，最后选定了合同和采购分部的鲍勃·鲁莱特先生。因为他离退休还有两个月，工作量应当减轻，一个月的项目对他正合适。最容易说定的是计算机专家，杰瑞找到数据处理部下属的信息管理分部主任，告诉他需要一位计算机专家和一位网络专家，主任立刻指定了玛格丽特·布洛克。遗憾的是，公司没有网络专家，所以主任告诉杰瑞可以去外面聘请一位。

在确定各部门代表时，情形大不相同。财务部副经理玛丽·加勒特说，Globus 确实应当进入 21 世纪了，她很乐意派一个人参加杰瑞的工作。但是，数据处理部对这件事态度冷淡，部门副总裁萨姆·拉夫沉默了很长一段时间，没有对他要人的请求做出任何答复。最后他说，我不完全理解你和韦纳先生为什么要办这件事，我们才是这方面的专家，为什么不事先来问问我们对公司局域网的意见？事实上我们对这件事已经跟踪几个月了。杰瑞离开时，萨姆·拉夫没有承诺任何事，只是含糊地答应将会关注项目。

这个遭遇使杰瑞大失所望,直到此前,事情一直都很顺利,遇到的人也都很友好。他一边走一边想着与拉夫不够愉快的会面,在办公室门口遇到这个项目的新助手鲍勃·鲁莱特。"听着,杰瑞,"鲍勃·鲁莱特说,"你知道,我还有两个月就退休,我乐意帮你完成这个项目。不过我对计算机一窍不通,说实话,我讨厌计算机这玩意儿。要我们两个人来搞这个项目是在耍弄人。我愿意跟你一起干,不过对我你别指望什么"。

所有这些事发生在第三天,这时已经星期四了。为了加快项目启动,杰瑞打算下周一上午开个会,除了数据处理部还没有定人,其他人都要参加。财务部的代表认为项目尽快启动是应当的,不过下周自己要出差。另一些人表示可以出席,但听起来却并不那么热心。只有玛格丽特·布洛克积极性比较高。至于网络专家能不能请到,还要等下周请示韦纳先生。

星期五、星期六和星期天杰瑞一直忙于会议的准备工作。他写了一份五页的工作安排,确定了项目进展的里程碑,编写了项目工作指南,还读了几本关于局域网的杂志。星期一9:00,杰瑞来到会议室,发现那里还空无一人。9:30,才来了两个人。连鲍勃·鲁莱特和玛格丽特·布洛克都没露面。

杰瑞十分懊丧地回到办公室,他发现一张玛格丽特·布洛克要他回电话的条子。电话里玛格丽特·布洛克对没有出席会议表示道歉,并解释说,不知道为什么老板已经通知她不要再参与这个项目。

13:30,韦纳先生把杰瑞叫到办公室并通知他局域网项目已被取消。"简直闹翻了天,"他解释说,"拉夫到上级那里告状,说你和我是业余水准,胡乱来,干得是不该我们干的事。很抱歉,杰瑞,但我想你有所失也有所得,下次好好干,怎么样?"

"好吧。"杰瑞茫然地说。他真的不明白是怎么回事,只知道有些人对公司的执行总裁说自己是个业余爱好者,他开始为自己的前程担心。

根据上述材料,请回答:

(1) 导致杰瑞遭受挫折的主要原因是什么?
(2) 杰瑞应如何做才能保证项目成功?

第 11 章　项目沟通与冲突管理

【本章学习目标】

1. 掌握项目沟通管理的主要内容
2. 了解项目沟通的技巧
3. 掌握项目冲突的主要内容
4. 了解项目冲突的解决方法
5. 分析实践中的项目沟通与冲突管理

【重要概念】

项目沟通（project communication）
正式沟通（formal communication）
非正式沟通（informal communication）
项目沟通管理（project communications management）
项目冲突（project conflict）

【开篇案例】

例会的困扰

李伟是负责开发某个建设工程项目的项目经理。每个周末项目都要开会，总结本周工作计划的完成情况，对工程中出现的一些问题进行讨论，并对下周的工作进行部署。

但是每次会议参会人员对参会不重视，都是拖拖拉拉，迟到现象非常普遍，严重影响到会议效率和效果。项目组成员抱怨例会的目的不明，项目经理和项目团队成员想到什么就研究什么，没有明确的会议主题和议程，会议随意性太大，导致会议时间太长，大家频频抱怨。例会上往往大家意见相左，很多组员开始互相争吵，相互报怨，甚至影响到了人际关系的融洽。而他的团队总是会因为沟通的不足而只有少数的人干实事，其他的人不安排就不知道自己该干吗，不监督就忽视工作成果，很多工作不到位，直接影响到工期。

老李非常希望能够通过自己的努力改善这一状况，因此要求项目组成员无论如何每周必须按时参加例会并发言，但对例会具体应如何组织实施，该制定哪些会议流程和制度，老张却不知如何是好。

资料来源：夏洪胜．项目管理［M］．经济管理出版社，2014．

沟通是人类社会生活的重要内容和基本方式，项目是一个开放的、复杂的社会技术系统，做好沟通管理是项目成功的关键因素。冲突是一种产生于系统中各方所追求目标的对立状态，项目冲突是项目管理中经常发生的问题，本章主要探讨项目沟通与冲突管理的概念、理论、方法和技巧。

11.1 项目沟通

11.1.1 沟通的基本概念与作用

1. 沟通的内涵

没有人员之间的沟通就不可能做到有效的协调。事实上，项目经理每天所做的大部分事务都是围绕沟通这一核心问题展开的，例如，与上司和下属的沟通，与利益相关方的交流等。

所谓沟通（communication）是指人与人之间、人与群体之间思想与感情的传递和反馈过程，目的是实现思想的一致和感情的通畅。由此可见，沟通包含着以下三个含义：

（1）沟通是双方的行为，沟通有单向沟通与双向沟通，其中双向沟通是最有效的。其中"双方"既可以是"人"，也可以是"机"。这里主要阐述"人"与"人"的交流形式，并把着重点放在组织内部的信息沟通上，这是领导工作的重要组成部分。

（2）沟通是一个过程。沟通过程指的是信息交流的全过程。人际之间的沟通过程可以分为六步：信息发出者把所要发送的信息按一定程序进行编码后，使信息沿一定通道传递，接收者收到信息后，首先进行译码处理，然后对信息进行解读，再将收到信息后的情况或反应发回信息发出者，即反馈。

（3）编码、译码和沟通渠道是有效沟通的关键环节。用语言、文字表达的信息，往往含有"字里行间"和"言外之意"的内容，甚至还会造成"言者无意，听者有心"的结果。而如果沟通渠道选择不当，往往会造成信息堵塞或信息失真现象，影响到沟通的效果。

有效的沟通产生的积极作用

怎样才会使沟通更有效呢？实现积极沟通的基础又是什么？

- 信息沟通方面。只有以真实、快捷为基础，才能有效地实现信息交流，达到为公司发展服务、为公司决策服务之目的。
- 情感沟通方面。只有以真挚、理解为基础，才能实现公司上下员工心与心的碰撞、心灵与心灵的交流，形成相互理解、相互信任的良好人际关系氛围。
- 经验沟通方面。只有以真诚、无私为基础，通过部门与部门之间的经验交流，工作教训总结，才能切实实现彼此取长补短、共同进步，才能真正实现公司协调高效运行之目的。

沟通的基础决定沟通的作用，只要管理者始终以真实、真挚、真诚为基础，沟通就一定能发挥积极作用。

2. 沟通的作用

沟通不仅是一个人获得他人思想、感情、见解、价值观的一种途径，而且是一种重要的、有效的影响他人的工具和改变他人的手段。在以人为本的管理中，沟通的地位越发重要，管理者所做的每一件事都需要有信息沟通。

名医劝治的失败

我国古代春秋战国时期，有一位著名的医生，他的名字叫扁鹊。

有一次，扁鹊觐见蔡桓公，站了一会儿，他看看蔡桓公的脸色说："国君，你的皮肤有病，不治怕要加重了。"蔡桓公笑着说："我没有病。"扁鹊告辞走了以后，蔡桓公对他的臣下说："医生就喜欢给没病的人治病，以便夸耀自己有本事。"过了十几天，扁鹊又前往拜见蔡桓公，他仔细看看蔡桓公的脸色说："国君，你的病已到了皮肉之间，不治会加重的。"桓公见他尽说些不着边际的话，气得没有理他，扁鹊走后，桓公还闷闷不乐。再过十几天，蔡桓公出巡，扁鹊远远地望见桓公，转身就走。

桓公特意派人去问扁鹊为什么不肯再来觐见，扁鹊说："皮肤上的病，用药物敷贴可以治好；在皮肉之间的病，用针灸可以治好；在肠胃之间，服用汤药可以治好；如果病入骨髓，那生命就掌握在司命之神的手里了，医生是无法可想的了。如今国君的病已深入骨髓，所以我不能再去觐见了。"蔡桓公还是不相信。五天之后，桓公遍身疼痛，连忙派人去找扁鹊，扁鹊已经逃往秦国躲起来了。不久，蔡桓公便病死了。

沟通的作用可以从信息收集、情绪表达、员工激励和自我控制四个方面去理解。

（1）收集信息，使决策能更加合理和有效。管理决策是项目管理的重点和基础，而有效决策的前提是信息的收集与加工。信息收集的过程就是沟通的过程，也实际上就是信息双向交流的过程，准确可靠而迅速地收集、处理、传递和使用信息是决策的基础。

（2）改善人际关系，稳定员工的思想情绪，统一组织行动。沟通是人际交往的重要组成部分，它可以表达自己的意愿和思想，它可以消除人们内心的紧张等不良情绪，使人感到愉悦。在相互沟通中，人们可以增进了解，改善关系，减少不必要的冲突。

（3）沟通可以通过下面的途径来激励员工。使组织成员明确形势，告诉他们做什么，如何来做，如何达到标准和要求。目标设置和实现过程中信息的持续反馈和沟通对员工都有激励作用。

（4）沟通对组织成员的行为具有自我控制作用。组织的规则、章程、政策等是组织每一个成员都必须遵守的，对成员的行为具有自我控制和约束作用。而成员是通过不同形式的沟通来了解、领会这些规则、章程、政策的，因此说，沟通对组织成员的行为具有自我控制作用。

沟通中的角色

英国著名的维多利亚女王，与其丈夫相亲相爱，感情和谐。但是维多利亚女王乃是一国之王，成天忙于公务，出入于社交场合，而她的丈夫阿尔伯特却和她相反，对政治不太关心，对社交活动也没有多大的兴趣，因此两人有时也闹些别扭。

有一天，维多利亚女王去参加社交活动，而阿尔伯特却没有去，已是夜深了，女王才回到寝宫，只见房门紧闭着。女王走上前去敲门。

房内的阿尔伯特问："谁？"

女王回答："我是女王。"

门没有开，女王再次敲门。

房内的阿尔伯特问："谁呀？"

女王回答："维多利亚。"

门还是没开。女王徘徊了半晌，又上前敲门。

房内的阿尔伯特仍然是问："谁呀？"

女王温柔地回答："你的妻子。"

这时，门开了，丈夫阿尔伯特伸出热情的双手把女王拉了进去。

3. 沟通的原则

沟通作为人类最基本、最重要的互动方式，是管理的核心和本质，是维系组织存在，保持和加强组织纽带，创造和维护组织文化，提高组织效率和降低风险的主要途径。

要使信息能及时、准确、完整地传递，就必须遵循一定的沟通原则，主要包括：

(1) 目标性原则。

有效沟通首先应该具有明确的沟通目的或目标，没有沟通目标的沟通，是很难把握与衡量其沟通效果是否与沟通的本意相偏离的。沟通目标、目的不明确，必将造成信息发送者所发信息混乱、模糊、含混不清，接收者只能靠经验和场景猜测对方的用意，从而极易导致沟通误差或沟通失败。另外，不同的沟通目标，一般会对应于不同的沟通方式和沟通行为。如果你想得到你同事的支持，你会特别注意增强和发展你们之间相互关系中友好、合作的一面，但如果你不想他再上你这来给你增添额外的工作，你可能会想方设法减少友好关系的成分。而这些不同的目的和目标当然会影响沟通的行为与效果。

(2) 真实性原则。

有效沟通必须是对有意义的信息进行传递。没有真正意义的信息传递，哪怕整个沟通的过程是完整的，沟通也会因为没有任何实质内容而失去其价值和意义，沟通成了无效与无意义沟通。一个良好的沟通过程，项目沟通的信息必须是真实的，这是沟通能够存在、成立和有效的内容基础和根本与首要前提。

(3) 渠道适当性原理。

有效沟通必须通过适当和必要的沟通渠道，由一个主体送达至另一个主体，这就是有效的沟通渠道。有了真实的信息需要沟通，也有一些渠道可以将信息传送给信息接收者，但并不能就完全保证沟通的有效性。因为不同的信息对于传递渠道的选择有要求。真实的信息，选择了不恰当的渠道进行传递，就会产生信息误读或扭曲，导致沟通受挫或受阻，有时甚至产生沟通灾难。如上司对下级表扬可以通过私下表扬，也可通过正式大会表扬，效果是不一样的。

(4) 信息传递完整性原则。

有效沟通必须由适当的主体发出，并通过适当的渠道，完整无缺地传送给适当的主体接收，此即为有效沟通的信息传递完整性原理。由于各种原因的影响和各种因素的干扰，被传递的信息，有可能在被传递过程当中，人为或自然地损耗或变形。如果这种情况发生，那么，接收者接收到的信息，已经不是发出者所发出的严格意义上的同一信息。既然已经不是同一信息，那么，就有可能发生沟通失误或误解信息。

(5) 时间及时性原则。

任何沟通都是有时间限制的，整个沟通的过程必须在沟通发生的有效期发生完毕，否则，也会失去沟通的意义。如新闻报道就是典型的案例。在战争中，特务或间谍的信息传递和有效沟通的及时性尤其显得触目惊心，有可能导致战局差之毫厘，失之千里。项目时间上的紧迫性和制约性是非常突出的，沟通反馈时间延误，可能影响沟通的效果，甚至造成沟通的无效。如项目绩效考核信息上报不及时，会造成绩效考核结果的计算，直接影响绩效工资的发放和项目问题的解决。所以项目管理者必须按照规定的时间收集、整理和传递项目信息。

(6) 统一性原则。

经由沟通管理"三步曲"建立起来的建设管理秩序本身就是为项目建设制定的统一运转管理模式,从信息的产生、传递、接收到信息的反馈全过程是一致的。它与项目建设有关规定、说明、报告及规范操作办法一起,构成了项目沟通管理的《通用词典》。虽然《通用词典》也需要随着项目的进展与经验的积累而不断充实、调整与完善,但是,它的存在必然成为沟通管理所遵循的统一性原则之参照体系,这样一个模板的建立,越来越体现出沟通管理统一性原则的实用价值和关键所在。

(7) 理解同一性原则。

信息接收者必须真正了解、体验或理解信息发出者所发出信息的真正意义,这是沟通有效的重要保证。每一个接受者都是独特的个体,他的经历、经验、知识、兴趣,希望都会左右他对所解读的信息的内在意义的理解,理解一旦偏差,沟通的有效性就会产生问题。所以在沟通过程中需要考虑发送者和接受者的特征,根据接受者的素质和接受能力,采用不同的语言,以保证发送的信息被接受者所理解。

有一个秀才去买柴,他对卖柴的人说:"荷薪者过来!"卖柴的人听不懂荷薪者(担柴的人)三个字,但是听得懂"过来"两个字,于是把柴担到秀才前面。

秀才问他:"其价如何?"卖柴的人听不太懂这句话,但是听得懂"价"这个字,于是就告诉秀才价钱。

秀才接着说:"外实而内虚,烟多而焰少,请损之。"(你的木柴外表是干的,里头却是湿的,燃烧起来,会浓烟多而火焰小,请减些价钱吧。)

卖柴人因为听不懂秀才的话,于是担着柴扭头走了。

4. 项目沟通的内涵

项目沟通(project communication)是指带着一定的目的、动机和态度,通过各种方式将项目信息传递给他人的过程。项目沟通是以项目经理为中心,与各利益相关方等进行项目信息的交流。一般来讲,项目经理需要花费全部工作时间的75%~90%对项目实施过程中的口头、书面或者其他沟通进行管理。

11.1.2 项目沟通的过程

任何一项沟通都必须有沟通的主体(信息发送者、信息接收者)和信息沟通渠道。信息沟通需要按照一定的步骤进行,如图11-1所示。

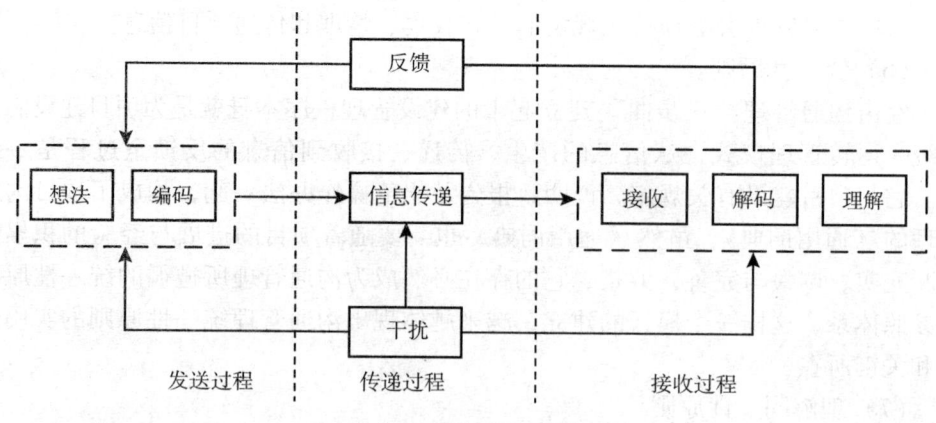

图 11-1 信息沟通的一般过程

1. 想法

沟通过程中的信息发送者首先要确定沟通的信息内容和思想想法，这是沟通过程中要努力使对方接受和理解的思想想法和信息。需要特别说明的是，这些真实的想法和信息并不是直接要发送出去的东西，它们只是原材料，需要经过进一步的加工和处理。

2. 编码

编码是指信息发送者要根据信息接收者的个性、知识水平、价值观和理解能力等，努力设法找到并使用信息接收方能够理解的语言、方法和表达方式，将自己想要发送的信息进行加工处理和转化。只有对信息进行编码，信息发送者才能将自己的信息或思想发送出去。

3. 信息传递

在确定沟通信息并编码后，就可以根据所传递信息的特性、信息接收者的具体情况和沟通渠道的噪音干扰等情况来确定使用选定的渠道，并将信息传送给信息接收者。不同类型的信息传送渠道和过程是不同的。一般情况下，电子型信息依靠电子设备（电视、计算机、手机、报话机等）进行联络，书面型信息可以通过邮局或者快递公司等传送，思想型信息大多需要以交流的形式完成。

4. 干扰

在信息过程中会受到各种因素的干扰，如沟通环境比较嘈杂，信息清晰度、语言表达能力、接受能力等，这些因素对沟通效果都会有影响。

5. 接收信息

信息的接收者关注来自信息发送者的信息并接收。

6. 解码

解码是相对于编码而言，信息接收者对已经接收到的信息，从初始的形式转化到可以理解的形式。

7. 理解

理解是指通过汇总、整理和推理的过程，全面理解那些已经完成解码的信息或数据表示的思想和要求，真正明白信息发送者发送的信息。

8. 反馈

反馈是指信息接收者在对信息发送者提供的信息有疑问、不清楚或需要进行回应时对信息发送者做出的回馈和互动。反馈是信息沟通中必不可少的一个环节，有助于双方相互理解，并保证沟通的顺利进行。即便是信息发送者不断发送信息的过程中，信息接收者就是没有疑问也需要做出一种反馈，从而让信息发送者确认你在接收他发送的信息。

春秋战国时期，耕柱子是一代宗师墨子的得意门生，不过，他老是挨墨子的责骂。有一次，墨子又责备了耕柱子，耕柱子觉得自己真是非常委屈，因为在许多门生之中，大家都公认耕柱子是最优秀的人，但又偏偏常遭到墨子指责，让他没面子过不去。一天，耕柱子悠悠不平地问墨子："老师，难道在这么多学生当中，我竟是如此的差劲儿，以至于要时常遭您老人家责骂吗？"墨子听后，毫不动肝火："假设我现在要上太行山，依你看，我应该要用良马来拉车，还是用老牛来拖车？"耕柱子回答说："再笨的人也知道要用良马来拉车。"墨子又问："那么，为什么不用老牛呢？"耕柱子回答说："理由非常的简单，因为良马足以担负重任，值得驱遣。"墨子说："你答得一点儿也没有错，我之所以时常责骂你，也只因为你能够担负重任，值得我一再地教导与匡正你。"

11.1.3 项目沟通的类型

按照不同的标准，项目沟通可以分为不同的类型。

1. 正式沟通与非正式沟通

（1）正式沟通是指通过组织明文规定的渠道进行信息的传递和交流。它与组织的结构息息相关，包括按正式组织系统发布的命令、文件，组织召开的正式会议，组织内部上下级和同事之间因工作需要而进行的正式接触等。

正式沟通的优点是沟通效果好，比较严肃，约束力强；易于保密，可以使信息沟通保持权威性；适用于重要的信息和文件的传达、组织的决策等。其缺点是较刻板缺乏灵活性；沟通速度慢（需要依靠组织系统的层层传递）。

（2）非正式沟通是指在正式沟通渠道之外沟通双方进行的信息传递和交流。如项目团队成员之间私下交流、个人之间的谈心活动等。

非正式沟通的优点是：更加灵活，适应事态的变化，省略许多烦琐的程序；并且常常能提供大量的通过正式沟通渠道难以获得的信息，真实地反映员工的思想、态度和动机；更加及时，沟通形式不拘，直接明了，速度很快，容易及时了解到正式沟通难以提供的"内幕新闻"。其缺点是容易失真，沟通过程难以控制，传递的信息不确切，易于失真、曲解；易于破坏组织团结，它可能导致小集团、小圈子，影响人心稳定和团体的凝聚力。

很多情况下，来自非正式沟通的信息反而易于获得信息接收者的重视。因为这种沟通方式一般采取口头的方式，不留证据，不负责任，有很多在正式沟通中不便于传递的信息可以在非正式的沟通中透露。

战国时期，齐国有一人名曰艾子，有一次，他遇到了一个叫毛空的人，向艾子说："有一户人家的一只鸭一次下了100个蛋。""这不可能！"艾子说。爱说空话的人说："是两只鸭子一次下了100个蛋。"艾子说："这也不可能。"爱说空话的人又说："大概是3只鸭子吧。"艾子还是不信。爱说空话的人便一次又一次地增加鸭子的数目，一直加到10只。艾子便说："你把鸭蛋的数目减少一些不行吗？"爱说空话的人说："那不行！宁增不减。"这个爱说空话的人又向艾子说："上个月，天上掉下一块肉，有10丈宽，10丈长。"艾子听了说："哪有这事，不可能的。"爱说空话的人又说："那大概有20丈长吧。"艾子忍不住问道："世上哪有10丈长、10丈宽的肉呢？还是从天上掉下来的。掉到什么地方？你见过吗？你刚才说的鸭子又是哪一家的？"这个爱说空话的人说："我是从街上听来的。"子曰："道听而涂说，德之弃也。"（涂：通"途"）。意思是：孔子说："从道途中听了没有根据的话而乱传，是很不道德的。"

2. 上行沟通、下行沟通和平行沟通

（1）上行沟通是指下级的意见向上级反映，自下而上进行的沟通。项目管理者应采取措施鼓励向上沟通，如态度调查、征求意见会、意见箱等。只有上行沟通渠道畅通，项目经理才能够掌握全面情况，有利于决策制定。上行沟通主要有两种形式：一种是层层传递，依据一定的组织原则和程序逐级向上反映；另一种是越级反映，项目管理者与普通团队成员直接沟通。在互联网时代，越级反映越来越普遍。

（2）下行沟通是指项目管理者对员工进行自上而下的信息沟通。一般以命令的形式传达上层管理者的决策，是管理者向被管理者发布命令和指示的过程。

（3）平行沟通是指各平行部门之间进行的沟通。如高层管理者内部、各部门内部之间的沟通。平行沟通是保证平行组织之间相互配合和支持，减少摩擦和冲突的一项重要措施。

合 一 架 构

- "我感谢你的意见,同时也……"
- "我尊重你的看法,同时也……"
- "我同意你的观点,同时也……"
- "我尊重你的意图,同时也……"
- 三层意思:
  ——表明你能站在对方的立场看问题,易达契合。
  ——表明你正在建立一个合作的架构。
  ——为自己的看法另开一条不会遭到抗拒的途径。

3. 单项沟通和双向沟通

单向沟通是指信息发送者和信息接收者两者之间的地位不变(单向传递),一方只发送信息,另一方只接收信息,且双方无论是在感情上还是言语上都不需要信息反馈,如作报告、发布指令等。这种沟通方式的优点是传递速度快,但准确性较差,有时容易造成信息接收者产生抗拒心理。

双向沟通是指在沟通过程中信息发送者和信息接收者的位置不断变换,且信息发送者是以协商和讨论的姿态面对信息接收者,信息发送者发送信息后还需要及时听取反馈意见,如协商、交谈等。这种沟通方式的优点是信息传递准确性较高,接收者有反馈意见的机会,产生平等感和参与感,有利于双方感情的联络。但容易给信息接收者造成较大的心理压力,信息传递速度较慢。

最好的沟通方式是面对面的沟通

一家著名的公司为了增进员工之间的相互信任和情感交流,规定在公司内部200米之内不允许用电话进行沟通,只允许面对面的沟通,结果产生了非常好的效果,公司所有员工之间的感情非常融洽。同时,我们也看到,很多的IT公司和一些网站公司,它有非常好的沟通渠道:E-mail、电话、因特网,但忽略了最好的沟通方式:面谈。致使在电子化沟通方式日益普及的今天,人和人之间的了解、信任和感情已非常非常的淡化了。所以,不论作为一个沟通者或者作为一个管理者,你一定不要忘记使用面谈这种方式进行沟通。

4. 语言沟通与非语言沟通

语言沟通分为书面沟通与口头沟通。
书面沟通是指用书面的形式进行信息的传递和交流,如通知、报纸、杂志、备忘录等。其优点是可以作为资料长期保存，反复查阅。

口头沟通就是运用口头表达进行信息交流活动，如谈话、演讲等。其优点是灵活、速度快，双方可以自由交换意见，且信息传递较为准确。

非语言沟通是指除语言沟通以外的各种人际沟通方式，包括形体语言（脸部表情、目光、手势和姿势）、语气语调、时间、空间距离等方式。

手势：柔和的手势表示友好、商量，强硬的手势则意味着："我是对的，你必须听我的"。

脸部表情：微笑表示友善礼貌，皱眉表示怀疑和不满意。

眼神：盯着看意味着不礼貌，但也可能表示兴趣，寻求支持。

姿态：双臂环抱表示防御，开会时独坐一隅意味着傲慢或不感兴趣。

声音：演说时抑扬顿挫表明热情，突然停顿是为了造成悬念，吸引注意力。

请你做一个练习，测试一下你的非语言交际能力如何。

按照下列标准，给每个句子打分：

1. 从不；2. 有时；3. 通常是这样；4. 总是这样

问题	得分
◇我在听人讲话时保持不动，不摇晃身体，不摆动自己的脚，或者表现出不安定情绪	
◇我直视讲话者，对目光交流感到舒服	
◇我关心的是讲话者说什么，而不是担心我如何看或者我的感受如何	
◇欣赏时我很容易笑和显示出活泼的面部表情	
◇当我听时，我能完全控制自己的身体	
◇我以点头来鼓励讲话者随便说或以一种支持、友好的方式来听他的讲话	
总分	

◇如果你的得分大于15，则你的非语言性技巧非常好；

◇如果你的得分在10～13之间，说明你处于中间范围，应该有一定的改进；

◇如果你的得分低于10，那么请学习聆听技巧。

边展示边交流

如果我们用耳听某件事，通常能记住10%～15%，如果我们用眼睛看，则能够回忆起30%～35%，而两者结合，我们就能够记往绝大部分。

统计表明，83%～87%的事物是通过视觉进入我们大脑，仅有11%是通过听觉进入大脑的，而且通过视觉，能够增加语言的活力。

教学工具的颜色、声音、动作，极具有吸引力。

重复演示，将更加令人难忘。另外具体故事情景的事件和一些特殊事例是很容易记忆的,人们能复述。

引用数据——超级有力。

11.1.4 项目沟通的渠道

信息沟通的不同渠道会影响项目团队成员的工作效率。按照性质,可以将沟通渠道分为正式沟通渠道和非正式沟通渠道两种。

1. 正式沟通渠道

在项目信息沟通过程中,信息发送者并非直接把信息传递给信息接收者,而是要通过一些人的传递,即产生不同的沟通渠道。不同的沟通渠道信息沟通的效率是不同的。

正式沟通渠道可以分为五大类:链式沟通渠道、轮式沟通渠道、环式沟通渠道、Y 式沟通渠道和全通道式沟通渠道,如图 11-2 所示。

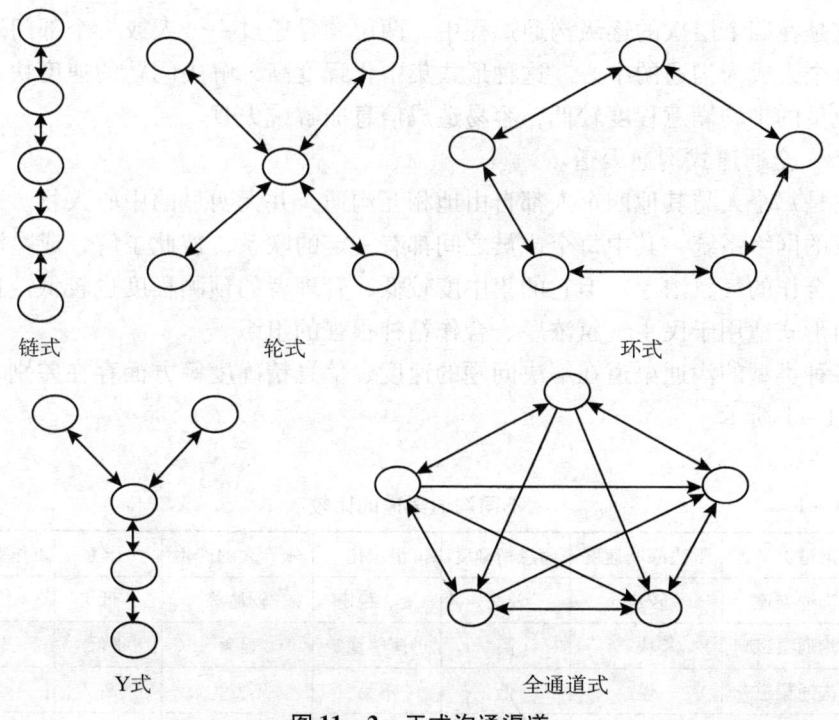

图 11-2 正式沟通渠道

(1) 链式沟通渠道。

它是指信息在五个层次中逐级传递,只有上行沟通和下行沟通,居于两端的人只能与其相邻的一个成员联系,而居中的人则可以分别与两端的人沟通信息。在这种沟通形态中,信息经过层层传递、筛选,由于各个信息传递者接受信息的差异很大,容易产生失真。这种沟通渠道适用于班子庞大,实行分层授权控制的项目信息传递及沟通。

(2) 轮式沟通渠道。

它是一个管理者与四个下级进行的沟通,而四个下级之间不相互沟通。这种沟通属于控制型网络沟通,其中只有一个成员是各种信息的汇集点与传递中心。它的优点是集中化程度高,解决问题的速度快,中心人员的预测程度高。其缺点是沟通的渠道少,组织成员的满意程度低,员工士气不高。这种沟通渠道适用于一个主管直接管理若干部门的情况。

(3) 环式沟通渠道。

它是五个人之间的沟通,管理者对两个下级进行沟通,而两个下级再分别与各自的下级进行沟通,基层再相互进行沟通。其中,每个人都同时与两侧的人沟通。在这种方式中,组织的集中化和预测程度都较低,畅通渠道不多,组织中成员具有较为满意的情绪,员工士气较高。这种形式也可以发展成多环型,是加强控制、争取时间的一个有效方法。

(4) Y式沟通渠道。

它是在四个层次的逐级沟通过程中,两位领导通过一个人或一个部门进行沟通,这个人成为沟通的中心。这种形式集中化程度高,解决问题的速度快。但组织中成员的平均满意程度较低,容易造成信息曲解或失真。

(5) 全通道式沟通渠道。

它是每个人与其他四个人都自由地相互沟通,并无明显的中心人物。这是一种开发的网络系统,其中每个成员之间都有一定的联系,彼此了解,成员满意程度高,合作的气氛浓厚。但它的集中度较低,管理者的预测程度也较低。这种沟通渠道形式适用于民主气氛浓厚、合作精神很强的组织。

各种类型的沟通渠道在解决问题的速度、信息精确度等方面存在差别,具体如表11-1所示。

表11-1　　　　　　　　　　　不同沟通渠道的比较

沟通渠道类型	解决问题速度	信息精确度	组织化	领导人的产生	士气	工作变化弹性
链式沟通渠道	较快	较高	慢、稳定	较显著	低	慢
轮式沟通渠道	快	高	迅速、稳定	显著	很低	较慢
环式沟通渠道	慢	低	不易	不发生	高	快
Y式沟通渠道	较快	较低	不一定	会易位	不一定	较快
全通道式沟通渠道	最慢	最高	最慢、稳定	不发生	最高	最快

2. 非正式沟通渠道

在组织中,除了正式沟通渠道之外,还存在非正式沟通渠道,有些消息往往是通过非正式沟通渠道传播的，其中包括小道消息。

戴维斯等人的研究表明，非正式沟通渠道主要存在四种形式：单线式、流言式、偶然式和集束式，如图11-3所示。

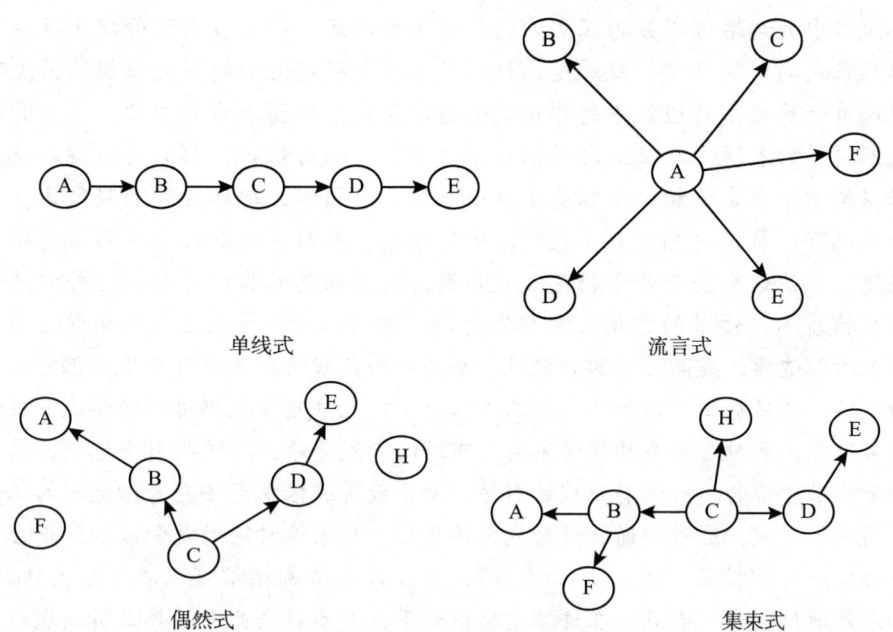

图11-3 非正式沟通渠道

（1）单线式。

消息由A通过一连串的人将信息传递给最终的接收者。

（2）流言式。

A主动地把小道消息传递给其他人，如在小组会议上传播小道消息。

（3）偶然式。

消息由信息传递者偶然地传递给其他人，其他人再偶然地传播出去，并没有一条确定的路线。

（4）集束式。

C将消息有选择地告诉自己的亲朋好友，之后信息按照这种形式传递下去。在项目管理实践中，这种信息传递方式最为普遍。

组织中传播的小道消息常常会给项目目标带来不利的影响。改善的办法在于使正式沟通渠道通畅。但是非正式沟通渠道也能弥补正式沟通渠道的不足，主要表现在以下方面：

①可以满足项目团队成员情感方面的需求；

②可以弥补正式渠道信息传递方式的不足；

③可以了解团队成员真正的心理倾向与需要；

④可以减轻管理者的沟通压力；

⑤可以防止正式沟通中信息"过滤"现象。

如何看待组织中的非正式沟通

组织中的沟通可以分为正式沟通与非正式沟通,但大多数的管理者往往认识不到非正式沟通的存在,就算是认识到了也不会引起他们的多大重视,甚至有些管理人员干脆主张将组织中的非正式沟通消除或是削弱。事实证明,以上的做法都是不科学的表现。非正式沟通根本无法根除,如若强行,那只会适得其反。它也难以控制,在企业组织中容易生成小集体、小团体,破坏企业的凝聚力。在大多数情况下,员工更相信非正式沟通中的信息,而对企业正式公布的信息持怀疑的态度。无论这个企业处于稳定发展时期,还是动荡的非常时期,这种沟通的方式都发挥着不可估量的作用。在稳定时期,它可以给一个企业注入新的活力,激发员工的创造力,提高员工的积极性,塑造一个良好的企业内部环境。但它也可以扭曲现实,破坏员工工作动力,降低工作效率,无法充分挖掘员工的潜能。在动荡的非常时期,面对着企业的经营不善,市场的激烈竞争,多边的社会环境,员工的心理是非常复杂的。如没有正确的引导,大多数员工根本无法全身心地投入工作之中。而这个时候,这种沟通就开始发挥其作用。如果这种沟通是积极的,则会在企业中形成一种"咬紧牙关,齐心协力",大多数员工都相信可以渡过难关的氛围,但如果是消极的呢?而且,在许多这种情形下,大多数企业中的员工所表现出来的沟通都是这种消极的,结果可想而知。这时,管理者可以通过正式沟通,如职工大会,给员工传达正确积极的思想,打消他们心中的疑虑,以达到稳定人心,强化组织凝聚力,使企业中的非正式沟通发挥其应有的积极作用。当然,管理者也可以通过非正式沟通,如基层走动、与员工在非正式场合的交流、到职工公寓和他们沟通等。精密的管理者会发现这种非正式沟通是非常的重要,可以得到许多从正式沟通中无法得到的信息,而有时候这种信息起着比正式沟通还要大的作用。

11.1.5 项目沟通的形式

在项目沟通中,不同信息的沟通需要采取不同的沟通方式和方法,因此在编制项目沟通计划过程中还必须明确各种信息需求的沟通方式和方法。

项目沟通的方法主要有:项目会议、项目报告、调查、培训、面谈、书面交流等。

1. 项目会议

项目常用的会议有项目启动会议、项目情况评审会议、项目技术评审会议、项目问题解决会议等。

(1) 项目启动会议。

项目启动会议是项目立项以后第一次召开的全体会议,它是项目实施前的内部会议,由项目经理负责筹备和主持,要求所有的项目利益相关者都应参加。

项目启动会议的内容涉及到项目的基本情况,如目标、意义、规模、主要成果、主要任务及关键时间节点、完成时间、主要利益相关方、责任、权力、义务、沟通方式、检查点、管理制度、项目所需资源的要求(如资金、人力资源、设备、施工条件等)以及项目可能会遇到的困难及变化等。

(2) 项目情况评审会议。

项目情况评审是项目管理者了解项目进展情况、对项目情况进行评价、解决和处理问题的一种方式。

项目评审会议应该定期召开,以便及早发生项目进展中存在的问题,防止危及项目目标实现的情况发生。会议周期根据会议的中心议题确定,可以是一周、一个月、一个季度或者是一年召开。

除以上会议外,还有董事会、中高层管理者例会、管理质询会、部门或项目例会、全员年会、跨部门或部门内业务专项讨论会、定期的员工沟通会、演讲会或辩论会等。

(3) 项目技术评审会议。

不管任何项目都要召开项目技术评审会议,以确保项目业主、设计单位、施工单位、客户同意项目提出的各种技术方案和组织实施方案。不同专业领域的项目召开的技术评审会议会有所不同,但大多数项目都会召开项目技术初步评审会议和项目技术终审会议两种技术评审会议。

(4) 项目问题解决会议。

项目问题解决会议是当项目团队成员发现项目进展中存在问题时临时召开的会议。在项目开始时,对于该种会议的主持者、参加者及召开时间等都应当根据实际需要组织会议,处理和解决实际问题。

项目问题解决会议涉及的内容:描述和说明项目存在的各种问题;找出项目问题的原因和影响因素;找出解决项目问题的各种可行性实施方案;最后,如果选定的项目问题解决方案涉及计划变更问题,会议还需要对项目计划进行修订,并通知相关单位和人员,进行有效的监督和控制,确保达到预期的效果。

会议的组织

一、制订会议计划

(1) 会名:

(2) 会议时间:××××年×月×日至×日,XX:XX——YY:YY

(3) 会场地点:

(4) 参加人员和人数:

(5) 大会主持人：
(6) 会务负责人：
(7) 议题和议程：
(8) 其他活动：
(9) 后勤服务安排：
(10) 经费预算：
(11) 附件：会议日程表。

二、会前准备

(1) 准备会议报告（主题报告、开幕词、闭幕词、发言稿）；
(2) 制定会议议程；
(3) 确定并邀请参会嘉宾；
(4) 确定会议标识（背景图、横幅、参会证、桌签、路引、活动现场路线图的样式和内容）；
(5) 布置会场（桌椅摆设、投影仪、会议电脑、麦克风、电话会议机、打印机、录音笔、激光笔、电源、纸、笔、饮用水、鲜花、茶歇、应急药品、摄影摄像设备）；
(6) 发出会议通知（会议主题、时间、地点、参会要求、参会人员、会议议程）；
(7) 后勤服务（车辆、住宿、餐饮、茶歇用品）；
(8) 准备会议资料袋（会务指南、参会证、纸笔、会议交流材料、温馨提示）。

三、会议组织

(1) 会场引导（嘉宾、参会人员）；
(2) 主持人按会议议程组织会议、安排发言和讨论；
(3) 茶歇；
(4) 照相；
(5) 会议记录；
(6) 会场后勤服务。

四、会后处理

(1) 会议记录；
(2) 会议文书材料的收集和归档；
(3) 会议后勤服务的善后工作；
(4) 会务工作总结。

如何写会议纪要

一、概念

会议纪要是各级党政机关、人民团体和企事业单位召开比较重要会议时使用的一种公务文书。会议纪要是根据会议的宗旨和要求写成的，要准确地反映会议的主要内容、指导思想、主要结论等。会议纪要可以作为向上级机关汇报之用，也可以作为文件向有关单位和下级机关分发。会议纪要可以交流信息、交流经验，对于本单位和下级机关来说，可以作为解决问题、指导工作的依据，并有一定的约束力。

会议纪要一般根据会议类型分类，在机关工作中，工作性会议、专题研究会、座谈会和日常工作会议都应形成各自的会议纪要。各种会议纪要的写法也稍有区别。

二、格式

时间：_____

地点：_____

参加人：_____

主持人：_____

讨论主题：

1. _____
2. _____

主要内容：

1. 会议的基本情况
2. 就某些问题达成共识
3. 分歧意见
4. 下一步工作安排
5. 其他事项的处理

参加人：_____（签字）

三、要求

一般由版头和正文两部分组成：

（1）版头或标题。一般由会议名称和文种类别（纪要）组成，有的有正、副两个标题，正标题概括纪要的基本精神，副标题写明会议名称和文种。如作为文件下发，还应有编号。

（2）正文。由三部分组成：首先是会议概况。包括会议召开的时间、地点、主持人、参加人员、议题等。其次是会议基本精神。可以根据会议内容采用归纳的方法，分成若干个问题加以分述。每个议题，可依听取汇报（或报告）、讨论、决定的顺序去写。这部分是纪要的主体，要写得完整、清楚。最后是正文的结尾部分。可以适当写些对会议精神的贯彻执行要求或号召，也可以不写。作为文件下发的会议纪要，要签上有发文机关和日期的落款。

会议纪要是一种记录性文件，具体写作要求根据会议的性质而定。一般地讲，要抓住中心、突出重点、善于综合、归纳，条理要很清楚。

2. 项目报告

项目报告包括年、季、月、周的工作计划与总结、各项工作报表（年、季、月、周、天的业绩结果工作报表）、各项工作记录（用于工作分析或知识积累）等参见表 11 – 2。

表 11 – 2　　　　　　　　　×××项目部周工作报告

2011 年　　　月　　　日

类别	序号	工作项目	工作内容	完成时间	责任人	完成结果汇报	备注
本周工作总结	1						
	2						
	3						
	4						
	5						

类别	序号	工作项目	工作内容	计划完成时间	责任人	完成结果目标	备注
下周工作计划	1						
	2						
	3						
	4						

类别	序号	针对本部门及公司发展有何建议或意见	建议后具体解决方案
建议或意见	1		
	2		
	3		

备注	一、填写标准： 1. 本周工作总结：指本周内部门完成的各项工作内容及结果。 2. 下周工作计划：指上周未完成需在下周继续延续的工作事项与下周部门其他重点工作规划。 3. 需协调解决的问题：指本部门在和横向部门沟通后仍不能解决需要通过公司获取资源支持方能完成的工作。 4. 建议或意见：根据部门日常体系操作过程中与公司发展提出建议或意见，并能针对提出的建议给出合理化的解决方案。

续表

备注	二、具体要求： 1. 各部门负责人及各事业部总监须对本部门的工作总结、下周工作计划、工作完成时间及完成结果的实操性负责； 2. 周工作报告是部门对本周完成工作的检视和下周工作安排和计划，各部门须于每周星期五上午 12 点前发送至总裁办，如未按规定的时间进行提交的，总裁办将按总结和计划制度中的相关规定实施乐捐行为（乐捐标准：50 元/周/人）。 3. 周工作报告各项内容需如实填写和不得空漏，总裁办将依据各部门需待解决的问题进行周例会重点讨论事项。 4. 但凡有工作时效的项目，各部门负责人必须严格按照既定的工作时间完成，如完成时间有变更，须提前说明变更原因（工作忙碌原因不予接受）及变更后完成时间。

3. 调查

包括客户满意度调查、市场调查、员工满意度调查、利益相关方调查等，用于了解需求，分析不足。

4. 培训

培训包括新员工培训、领导者及管理者培训、专业培训、通用技能培训等，多以体验式、课堂式、交流研讨会、读书会等形式，须注重培训效果的巩固与应用。

ERP 项目培训计划书

第一章：培训目标
建议描述内容提要：
1. 使关键用户能够理解并熟练掌握标准业务流程的操作。
2. 为后面的系统调研进行充分的交流做好充足的准备。
3. 通过培训，使关键用户能够在贵公司担负起知识转移的任务。
第二章：学员应该参加的课程

培训内容

课程＼角色	领导人员	项目经理	财务会计	采购经理/采购计划员	仓库保管员	销售经理/销售业务员	技术部	生产负责人/计划员
ERP 理念	√	√	√	√	√	√	√	√
整体业务流程	√	*	√	√	√	√		√
部门流程及软件讲解								
总账			*					
报表			*					
固定资产			*					*

续表

课程 \ 角色	领导人员	项目经理	财务会计	采购经理/采购计划员	仓库保管员	销售经理/销售业务员	技术部	生产负责人/计划员
应收应付			*					
存货核算			*					
采购管理				*				
库存管理				*	*	√		
销售管理						*		
物料清单								*
生产								*

第三章：学员应具备的能力

建议描述内容提要：

1. 计算机基础，比如熟练应用 Win2000 操作系统，掌握基本的办公软件操作（如 Office），IE 浏览器的熟练应用；

2. 熟悉本单位的业务流程操作。

第四章：培训教师介绍

建议描述内容提要：

1. 知识结构（学历、专业、接受的培训等）；

2. 工作经历（包括来××公司以前的工作经历）；

3. 已经实施过的项目

第五章：具体安排

建议描述内容举例：

_____项目培训计划

培训名称	××机械制造有限公司 ERP 信息系统培训		
培训时间	2016-11-7 至 2016-11-19		
培训地点	培训中心 211 教室		
培训进程表			
日期	时间	培训内容	角色	备注

日期	时间	培训内容	角色	备注
11月7日	8：30~10：30	ERP 理念简要介绍	全体人员	
11月7日	10：50~12：00	整体业务流程	全体人员	
11月7日	13：00~16：30	总账/报表软件讲解	财务人员	
11月8日	8：30~9：30		财务人员	上机练习
11月8日	9：30~12：00	固定资产/应收应付/存货软件讲解	财务人员	

续表

| 培训进程表 ||||||
日期	时间	培训内容	角色	备注
11月8日	13：00~16：30		财务人员	上机练习
11月9日	8：30~12：00	采购部业务流程讲解/采购管理软件讲解	采购人员	解答问题
11月9日	13：00~16：30		采购人员	上机练习
11月12日	8：30~12：00	销售部业务流程讲解/销售管理软件讲解	销售人员	解答问题
11月12日	13：00~16：30		销售人员	上机练习
11月13日	8：30~10：30		保管员/销售业务员/采购业务员/材料会计	解答问题
11月13日	10：30~12：00			上机练习
11月13日	13：00~16：00	产品BOM的搭建及查询	技术部	解答问题
11月14日	8：30~12：00	简单生产流程讲解	生产计划员	解答问题
11月14日	13：00~16：30	简单生产软件讲解	生产计划员	
11月15日	全天			演练及上机
11月16日	8：30~12：00	计划生产流程讲解	生产计划员	解答问题
11月16日	13：00~16：30	计划生产软件讲解	生产计划员	
11月19日	全天			演练及上机

第六章：其他要求

（一）对教室和教具的要求

建议描述内容举例：

1. 配备亮度清晰的投影仪，最好是方形玻面。幕布同投影仪之间应有足够距离，幕布的尺寸能使投影片充分显示，便于后排听课人员看清。

2. 配备安放稳妥的白板或黑板、与投影幕布在讲台两侧对称放置。准备书写流畅的笔和可以擦净板面的板擦。

3. 讲台桌面的长度要能够放下投影仪、教员使用的投影片夹和其他教具。

4. 教师窗帘和灯光布置上既不要影响投影效果，又要照顾到听课人员看清白板和记录需要。

5. 无环境噪声干扰（车辆、生产、食堂、风机等）。

6. 配备可固定又可手持的话筒，足够电线长度的接线板，不出噪声的扬声器。

7. 有教桌以便于听课人员记录，有练习用机。

8. 有适合不同听课人数的教室；椭圆会议桌或沙发、舞厅设备不宜用于教室。

（二）对培训学员的要求

建议描述内容举例：

1. 培训学员必须严格遵守培训纪律，不得无故迟到、早退、旷课。
2. 学员应提前对所培训内容进行预习，上课时认真做好笔记。
3. 经过学习，受训学员必须能够熟练掌握标准业务在新系统中的处理流程，并能够担当起向其他最终用户进行知识转移的任务，否则应坚持自学，直到考核合格为止。

5. 项目面谈

项目面谈是指任何有计划、有目的地在2人或以上沟通主体间进行的谈话。面谈既可以以一对一的形式进行，也可以以一对多的形式进行，它可以有效征求员工意见，反馈绩效信息，激励员工行为等，是项目中人际沟通最重要的形式。

项目面谈的过程包括面谈计划制订和面谈计划实施两个步骤。

（1）面谈计划制订。

项目面谈是有目的性的，因此，首先需要制订面谈计划。

面谈计划应报告面谈目的、面谈问题、面谈结构、面谈环境和预期问题与回答等几个方面。

（2）面谈计划实施。

在面谈计划实施的前期，必须首先仔细策划面谈的开始方式。尽管面谈的开始方式多种多样，但要坚持两个原则：一是要开诚布公；二是要以建立和睦关系开始。

面谈应当是一种建设性的相互影响，从而使参与者感到自由、准确地交流。作为访谈者，在开始就要创造面谈的氛围，与被访谈者建立良好的关系，创造和寻求舒适、开放的气氛。同时，在访谈过程中注意综合运用结构化访谈和非结构化访谈，从而能够最大限度地获取有用的信息。

项目面谈结束时，应当得出访谈的结论。在此过程中，试着总结一下得到的信息，用来检查一下得到信息的准确性，如果有误，可以让被访谈者纠正，并向被访谈者表示感谢。

招聘会见——面试

1. 面试的过程

面试是一种主观性的评价方法，面试的过程主要分为以下几个阶段：

（1）接触阶段——目的在于消除紧张和恐惧，与应聘者建立和谐的关系。应聘者明确会见内容和持续时间，面试官可询问应聘者的业余爱好，个人经历。

（2）询问与回答阶段——该阶段考察应聘者的综合素质，看其是否适合其应聘的岗位。

(3) 结束阶段——会谈双方达成一致意见，面试者对应聘者的素质作出大致判断。

2. 应聘者在面试中要注意的问题

(1) 男生的着装要求：

——男生最好西装革履；

——颜色以主流颜色为主，如深蓝色、咖啡色、黑色、灰色等；

——对于初入职场的学生西装不必过于高档，整洁、干净、合身即可；

——衬衫以白色或浅色为主；

——领带在配色方面以和谐为美，不必标新立异，要打得结实，不可触到皮带上，尽可能别上领带夹；

——皮鞋以黑色为主，方头系带皮鞋最佳，西装革履不宜穿白色袜子，最好选择和鞋颜色一样的袜子；

——整洁的仪容，脸部要干净，面试前一定要洗干净头发，避免味道，剃掉胡须；

——适当的装饰，可以带上文件包，装的东西不宜过多，给人圆滚滚的感觉。

(2) 女生的着装要求：

——女生面试的服装礼仪——庄重典雅的女性更有职业气质，相比男士，女士的服装更具有灵活性；

——可穿套装、套裙；

——套裙的裙子要在膝盖左右或下方，太短有失庄重，穿裙装袜子以肉色最为雅致；

——画龙点睛的装饰品（丝巾、胸花、项链），不宜佩戴过多；

——化淡妆，显得正式，也更显靓丽。

(3) 介绍的技巧：

——做好自我介绍，要间接、清晰、充满自信，目光正视对方。

(4) 交谈的礼节：

——表情要自然，语气要和气，表达要得体，可适当做些手势，动作幅度不宜过大；

——谈话内容要直入主题，不要谈一些荒诞离奇、耸人听闻的事情；

——谈话中多使用礼貌用语，如"您好""对不起""打搅了""再见"等。

6. 项目书面交流

通过管理流程制度文件发布、公司及项目部文档管理、邮件系统、内部网络、刊物、展板、电子公告系统、纸质文件批复、小纸条、内部共享服务器等多种形式，促进信息的内部共享，加强文化宣传，提高制度知悉度，促进知识积累、促进项目管理效率和水平的提升。

11.2 项目沟通管理

11.2.1 项目沟通管理的概念

项目沟通管理（project communication management）就是为了实现项目目标，科学地、合理地组织和管理所有项目工作中的沟通交流。包括为了确保项目信息及时适当地产生、收集、传播、保存和最终配置所必需的过程。项目沟通管理是现代项目管理知识体系中的九大知识领域之一。项目沟通管理把成功所必需的因素——人、想法和信息之间提供了一个关键连接。

项目沟通管理具有复杂和系统的特征。著名组织管理学家巴纳德认为"沟通是把一个组织中的成员联系在一起，以实现共同目标的手段"。没有沟通，就没有管理。沟通不良几乎是每个项目都存在的老毛病，项目的组织机构越是复杂，其沟通越是困难。往往项目基层的许多建设性意见未及时反馈至高层决策者，便已被层层扼杀，而高层决策的传达，常常也无法以原貌展现在所有人员之前。所有的项目参与者，包括项目的开发投资者、管理者、设计单位、监理单位、施工单位等，都希望能以各自的沟通能力、技巧来完成必要的沟通，以使项目建设顺利地进行。

由此可见，在项目中沟通管理是必不可少，同时也是不可忽视的。项目管理者最重要的工作之一就是沟通，通常花在这方面的时间应该占到全部工作的75%~90%。只有通过良好的交流才能获取足够的信息、发现潜在的问题、控制好项目的各个方面，以实现项目的目标。

11.2.2 项目沟通计划

1. 项目沟通计划的本质

项目沟通计划是对项目全过程的沟通工作，是对沟通方法、沟通渠道等各个方面事先所作的计划与安排。项目沟通计划需要在项目初期阶段来完成。项目沟通计划用来确定：什么人需要什么信息、这些人何时需要这些信息，信息的形式是怎样的，哪个干系人来提供这些信息。沟通管理计划识别了适宜的沟通技术、方式、会议，该计划还建立了进度表说明何时进行沟通。虽然所有的项目都需要沟通项目信息，但信息需求和传播方式差别很大。确认涉及人的信息需求和决定满足需求的适当方式是项目获得成功的重要因素。

对于大多数项目，沟通计划的大部分工作作为项目前期阶段的一部分来完成。然而本过程的结果在项目进行中应时常被复查和修订（如有需要）以确保持续的应用性。

沟通计划常常与组织计划紧密联系在一起，因为项目的组织结构对项目沟通要求有重大影响。

2. 项目沟通计划的输入

（1）沟通要求。沟通要求是项目涉及人信息需求（information requirements）的总和。信息需求需要结合信息类型和格式定义，决定项目沟通通常所需要信息有：项目组织和项目利益相关方的责任关系；涉及项目的纪律，行政部门、专业；项目所需人员的推算以及应分配的位置；外部信息需求（例如，同媒体的沟通）。

（2）沟通技巧。在项目利益相关方之间来回传递信息，所能使用的技术和方法可能差异很大：从简短的谈话到长期的会议；从简单的书面文件到即时查询的在线的进度表和数据库。

可能影响项目沟通的技术因素有：

信息需求的即时性。项目的成功是取决于即时通知频繁更新的信息，还是通过定期发行的报告已足够？

技术的有效性。已到位的系统运行良好吗？还是系统要作一些变动？

预期的项目人员配置。计划中的沟通系统是否同项目参与方的经验和知识相兼容？还是需要大量的培训和学习？

项目工期的长短。现有技术在项目结束前是否已经变化以至于必须采用更新的技术？

（3）制约因素。制约因素是限制项目管理小组做出选择的因素。例如，如果需要大量地采购项目资源，那么处理合同的信息就需要更多考虑。当项目按照合同执行时，特定的合同条款也会影响沟通计划。

（4）假设因素。对计划中的目的来说，假设因素是被认为真实地确定的因素。假设通常包含一定程度的风险。他们可在本处确定，或者他们也可是风险识别过程的输出。

3. 沟通计划的工具和方法

项目涉及人分析。为了对项目涉及人的信息需求和信息资源形成一种系统的和符合逻辑的观点以满足需求，应对多种多样项目涉及人的信息需求加以分析。此种分析应考虑那些适合于项目且能提供所需要信息的方法和技术。应注意避免在不需要的信息和不适合的技术上浪费资源。

4. 项目沟通计划的输出

项目沟通管理计划是一个文件，它提供：

（1）收集和归档的结构。详细规定用来收集和储存各类信息的方法。采用的过程应涵盖对以前已公布材料更新和纠正收集和发送。

（2）发送结构。详细地规定信息（状况报告、数据、进度、技术资料等）将流向谁那里，和使用什么方法（书面报告、会议等）来发布各类信息。此种结构必须与项目组织图表定义的责任和报告关系兼容。

被发送的信息的说明包括格式、内容、详细级别、使用的协议/定义。

产品进度，显示每种类型的沟通什么时候产生。

在排定的沟通中检索信息的方法。

随着项目的进展，修订和提炼沟通管理计划的方法。

项目沟通计划书需要根据项目沟通目标和确定项目沟通需求去分解得到项目沟通的任务，进一步根据项目沟通的时间要求去安排这些项目沟通任务，并确定出保障项目沟通计划实施的资源和预算。

根据项目的需要，沟通管理计划可以是正式的或非正式的，可以是详细的或提纲式的。沟通管理计划是整个项目计划的一个附属部分（见表11-3）。

表11-3　　　　　　　　项目沟通计划模板

填制时间：＿＿＿＿＿＿　制定人：＿＿＿＿＿＿　计划时间段：从＿＿＿＿＿＿到＿＿＿＿＿＿

沟通时间	沟通内容	沟通目的	沟通渠道（方式）	文档	沟通对象	负责人
每周一上午	周工作总结及计划；存在的问题及处理办法	使项目组内部了解项目进展，统一思想；各小组成员对项目的想法	周例会、邮件	《会议纪要》《项目周报》	例会：项目小组成员 文档：与会人员，抄送领导小组、项目信息员、公司领导	实施经理或项目经理
里程碑日	项目阶段性总结	汇报阶段性工作	会议邮件	《阶段性总结报告》	例会：项目组主要成员；领导小组成员； 文档：与会人员，抄送领导小组、公司领导	项目经理
项目实施前	项目组筹备会议	协助对方组建项目组。了解对方对项目的想法	会议、邮件	《××项目组织结构表》《会议纪要》	会议：对方项目负责人，我方项目组主要成员 文档：与会人员	
项目实施前	项目启动会议	标志项目启动，动员相关人员进入角色	会议	《会议纪要》《项目规章制度》	会议：对方重要领导、项目组主要成员和项目相关业务人员	项目经理
项目实施前	总体实施方案	汇报方案，听取对方的意见，最终双方确认	邮件、会议	《项目总体方案》	会议：项目组主要成员、领导小组成员	项目经理

续表

沟通时间	沟通内容	沟通目的	沟通渠道（方式）	文档	沟通对象	负责人
项目实施前	调研报告（设计报告）讲解	模拟实际业务，发现软件和实际之间的问题	会议	《会议纪要》	会议：项目组主要成员	项目经理
产生软件问题时	软件问题	及时将问题通知公司开发经理、项目经理；实施问题存档	邮件	《问题反馈单》	相关开发人员、开发经理、项目经理	实施经理
每项任务开始前	任务分配及控制	项目经理将任务下发给执行人，并跟踪执行	邮件	《任务单》	任务执行人、项目经理	
每周	二次开发进度	及时了解和推动二次开发进展	邮件	《每周进度表》	项目经理、开发经理、实施经理、开发小组人员	
每项任务结束	任务完成质量	跟踪下方任务的完成质量，便于保证质量和考核	电话/邮件/谈话		项目经理、实施经理、开发经理、任务的受益人（主要是客户）	项目经理
不定期	项目组交流	了解项目组成员对项目的想法和建议	谈话		谈话：项目组成员	
项目发生重要事件	交流会	解决争端、统一思想	专题会议	《备忘录》/《会议纪要》	与会人员、管理小组、公司领导	
……						

11.2.3 项目沟通的内容

1. 情感沟通

人类是有着自身独特的自我感觉、情绪、情感、兴趣、爱好、偏好、习惯的一种生物，可以被看作是企业管理者手中的智慧型资源，它是决定企业综合竞争力及核心竞争力的重要因素。信息、知识、技术及其他资源的生产力的发挥均需要依靠人的操作，而因为人有自身的情绪、情感、局限和偏好，所以他们在工作中并不总是处于理智状态，需要对其情感进行调节和疏导。

著名的安利公司有一个优点，它不像一般公司那样总是把"英雄豪杰"的照片挂在墙上。该公司有个很好的习惯，就是每一次找一个成功的业务员，叫他把故事讲给其他人听，再找一个失败的业务员，把他的挫折感讲给别人听，让大家一起交流，最后再把五个成功的和五个失败的摆在一起，让大家再一次互相交流。安利的成功，与这种情感分享有很大的关系。

2. 操作性业务沟通

在项目沟通管理中，除了大量的情感沟通，还包括另一种业务层面上的基本的管理沟通，即人们对自身工作目的、目标、方式、方法、技术、现状的管理，也就是对操作性业务信息的沟通管理。这种管理是比较常见的沟通方式，项目的实施都需要它来维系。按照内容指向的不同，这种项目沟通管理方式可以被分为工作指令、工作意见和工作建议三大类内容的沟通。

3. 权利、责任、利益间的沟通

项目中的每一个人都可以为项目创造直接利润，而项目中的任何一个员工都需要明确认识到权利、责任与利益的划分。其中，员工的责任和权利是管理中劳动分工、岗位职责及授权的划分。而员工的利益主要指在项目中可以得到的经济利益及地位，这是用于吸引、激励员工努力工作的重要条件。权利、责任、利益通常需要用书面文字说明进行固定和确认，因此一般都是通过书面形式进行正式的管理沟通。

4. 决策性业务信息沟通

对项目管理者来说，还有其他影响着项目的发展方向、速度和规模，并最终影响着产出的效果，这就是管理者对决策性信息需要进行沟通。

5. 制度沟通

制度沟通属于项目中的例行管理，规章制度和管理条例是管理的基础工作和前提性工作，共同构建了在项目内部运行的完整规则。这套规则对项目中所有员工的权利、利益和工作职责进行详细规定。同时，也规定了人与人之间、部门与部门之间的协作关系，明确了所有成员的行为规则，在项目管理中起到职责划分、行为指导、业务规范以及安全运行的重大作用。在任何时代背景下，它的作用都不可被忽视。

6. 项目文化沟通

作为组织文化的一种，项目文化是各利益相关方的企业文化在项目中的具体化和个性化展现。项目文化来源于项目组织文化，在项目中通过快速整合形成或宣传的独特价值观及行为规范，其内容则主要包括项目的使命、项目精神、价值观、经营哲学、规章制度、操作规范、行为准则、人文氛围、历史传统、施工环境等。项目文化的重要性主要表现在它显在或潜在地存在于项目员工的内心中，并逐步发展为行为习惯，继而对人们在精神理念、态度观念、观点看法、感情交流、行为规范等方面产生影响，最终对项目的实施效率和效果，以及项目目标的实现起到重要保证。

7. 外部沟通

项目生存在企业、供应商、客户、顾客、经销商、政府、竞争对手、金融机构、社会公众等共同构成的社会大环境中。项目中使用的资源来源于外界，它生产的产品又需要输送到用户，才能最终实现企业的资源配置和良好运转，并实现获取利润的经济目标。从更深层次上来说，项目的实施是为了满足外部用户的需要，如果项目不能生产出满足外界市场和顾客需求的产品或服务，项目就会出现生存危机。因此，项目的生死最终是由顾客和市场决定的，而非项目本身。因此，项目组织需要保持与外界的良好而有效的沟通。

11.2.4 基于项目对象的沟通

1. 与客户的沟通

客户是项目成果的使用者。因此，在项目实施全过程中都应与其客户保持及时有效的沟通，以便获得他们的支持、参与和推动，特别是项目的启动期间更为重要。良好的沟通能使双方对于项目目标、范围达成共识，保证项目为客户所接受。

获取客户好感的六大法则

★给客户良好的外观印象
★要记住并常说出客户的名字
★让您的客户有优越感
★自己保持快乐开朗
★替客户解决问题
★利用小赠品赢得准客户的好感

如果项目初期就没有得到客户的支持和认同，很难想象该项目能成功。为了达到获得支持的目的，与客户沟通必须做到以下几点：

（1）培养客户对项目的价值与战略重要性的认同感。形成双向交流，以保持信息的一致性，增强项目进度的透明度，并确保双方了解项目的进展。

（2）必须通过良好的沟通就客户的需求达成一致，通过走访，问卷调查和交流讨论，了解客户的真实需求以及对项目的规划、产品的认可，或提出客户建议，这样，按照客户的需求来规划设计产品和有效的组织实施，这样才能保证产品最终被客户认可和接受，否则会给项目带来无穷的隐患，甚至会使项目前功尽弃。

(3) 还要与客户在管理思想、管理理念上达成一致，争取客户的理解和支持。

与客户的沟通技巧和注意事项

1. 做好沟通前的准备工作
(1) 对产品保持足够的热情
(2) 充分了解产品信息
(3) 掌握介绍自己和产品的艺术
(4) 准备好你的销售道具
(5) 明确每次销售的目标
2. 管好你的目标客户
(1) 科学划分客户群
(2) 把握关键客户
(3) 管理客户的重要信息
(4) 找到有决策权的购买者
(5) 有目的地考察客户
3. 沟通过程中的主动进攻策略
(1) 让客户说出愿意购买的条件
(2) 适度运用"威胁"策略
(3) 提出超出底线的要求
(4) 巧用退而求其次的策略
(5) 为客户提供真诚建议
(6) 为客户提供周到服务
(7) 充分利用价格谈判
(8) 以让步换取客户认同
4. 有效应对客户
(1) 巧妙应对客户的不同反应
(2) 不要阻止客户说出拒绝理由
(3) 应对客户拒绝购买的妙招
(4) 分散客户注意力
(5) 告诉顾客事实真相
5. 与客户保持良好互动
(1) 锤炼向客户提问的策略
(2) 向客户展示购买产品的好处

(3) 有效倾听客户谈话
(4) 使用精确的数据说服客户
(5) 身体语言的灵活运用
(6) 寻找共同话题
6. 准确捕捉客户的心思
(1) 真诚了解客户的需求
(2) 把握客户的折中心理
(3) 准确分析客户的决定过程
(4) 对症下药地解决客户疑虑
(5) 了解客户内心的负面因素
7. 需要特别注意的问题
(1) 讲究沟通的礼仪和礼节
(2) 给予客户足够的关心和重视
(3) 不动声色胜过急于表现
(4) 创造畅通无阻的沟通氛围
(5) 选择恰当的沟通时间和地点
(6) 永远不要攻击竞争对手
8. 做好沟通的后续工作
(1) 消除客户购买后的消极情绪
(2) 主动提供优质售后服务
(3) 对客户应说到做到
(4) 不断总结经验教训
(5) 与客户建立持久而友好的联系

介绍的礼节

介绍的顺序：
★位卑者给位尊者
★晚辈给长辈
★自己公司的同事给别家公司的同事
★公司同事给客户
★非官方人士给官方人士
★本国同事给外国同事

握手的礼仪

何时要握手？
★遇见认识人

★ 与别人道别
★ 某人进入你的办公室或离开时
★ 被相互介绍时
★ 安慰某人时
注意：与女士见面时，一定要女士主动伸手才可握手！

交换名片的礼仪

★ 名片夹应该放置在西服的插袋里，而不是从西裤的后兜中掏出。
★ 有上司在场，应在上司与对方交换名片之后，方才出示自己的名片。
★ 如果是坐着，尽可能起身接受对方递过来的名片。
★ 双手接过对方名片，阅读名片内容，并口头确认。
★ 不要在收到的名片上记录与之无关的信息。

2. 与项目组成员的沟通

项目组成员是项目实施的主力军，他们对项目的认识、对项目的投入状态、团队成员间的和谐程度以及执行力，都会对项目成功造成不容忽视的影响。如果项目中一些重要信息没有进行充分有效的沟通，例如在制订计划、实施情况、技术问题等方面与相关人员沟通不足，就会造成各行其是、重复劳动，甚至不必要的损失。

与项目组成员的沟通，要注意把握以下三点：

（1）项目管理者不但自己要把工作重点放在沟通上，还要引导整个项目团队进行有效的沟通。

（2）作为项目管理者，为调动项目组成员的工作热情，提高项目效率，还应充分了解项目成员的个性、喜好和需求等，并采取不同的沟通方法，使项目组成员的工作协调一致，有效激励，从而保证按时、按质、按量完成预期的项目目标和任务。

（3）有人的地方就有冲突，作为项目管理者，应尽可能地避免项目组成员之间发生冲突，当冲突发生后应采取积极的态度和适当的方法解决，以维持项目组的和谐氛围。解决这类冲突有两个很重要的原则：一是不能全部采用正式、生硬的方式去解决，应该多寻求一些非正式渠道来沟通；二是要倡导互相理解和尊重。

团队沟通的类型与特征

1. 老虎型（支配型 dominance）

企图心强烈，喜欢冒险，个性积极，竞争力强，凡事喜欢掌控全局发号施令,不喜欢维持现状,但行动力强,目标一经确立便会尽心尽力。它的缺点是在决策上较易流于专断,不容易妥协,故较容易与人发生争执摩擦。

2. 考拉型(耐心型 pace/patience)

行事稳健,不会夸张强调平实的人,性情平和,对人不喜欢制造麻烦,不息事宁人,温和善良,在他人眼中常让人误以为是懒散不积极,但只要决心投入,绝对是"路遥知马力"的最佳典型。对"考拉"要多给予关注,想方设法挖掘他们内在的潜力。

3. 孔雀型(表达型 extroversion)

热情洋溢,好交朋友,口才流畅,重视形象,擅于人际关系的建立,富同情心,最适合人际导向的工作。缺点是容易过于乐观,往往无法估计细节,在执行力度上需要高专业的技术精英来配合。对"孔雀"要以鼓励为主,给他机会展现他的工作激情,但也要注意他的情绪化和避免细节失误。

4. 猫头鹰型(精确型 conformity)

传统而守旧,阐明力强,精确度高是最佳的品质保证者,喜欢把细节条例化,个性拘谨含蓄,谨守分寸忠于职责,但会让人觉得"隐恶扬善"。"猫头鹰"清晰阐明事理说服他人很有一套,处事客观合理,只是有时会钻在牛角尖儿里拔不出来。

5. 变色龙型(整合型 1/2 sigma)

中庸而不极端,凡事不执着,韧性极强,擅于沟通是天生的谈判家,他们能充实融入各种新环境新文化且适应性良好,在他人眼中会觉得他们"没有个性",故"没有原则就是最高原则",他们晓得凡事看情况、看场所。

3. 与供应商的沟通

项目往往是一个系统集成项目,项目管理者必须考虑供应商这一重要环节。供应商的管理水平、经营理论和合作态度,供应商所提供的产品或服务的质量、交货期等将直接影响到项目的质量和进度。因此,要保证供应商能按项目计划进度及时地提供符合要求的产品,当质量出现问题时能及时有效地处理,既不影响工期,又能保证质量,就必须进行良好的双向沟通。

4. 与上层管理者的沟通

上层管理者往往更加关心的是项目的工期、成本、质量等。作为项目管理者,就应该经常主动地与上层管理者保持沟通,及时地反馈信息,特别是将可能会延期、将增加项目费用、可能会产生质量问题的苗头等提早汇报,使上层管理者能及时并适时调整工作计划,在人力、物力、财力等方面给予更多的理解和支持,保证项目的顺利进行,实现项目的目标。

如何与领导沟通？

会议室，张强正和经理争吵不休。今天是3日，按照惯例正在召开部门月度工作布置会议。

"这个指标我完成不了，经理你每天坐在办公室里，根本不知道我们在一线的辛苦。现在市场竞争这么激烈，新客户很难开发。现在你要求这个月实现业绩增长30%，这根本就不现实。"张强对于经理布置的本月工作任务很不满。

"为什么你完成不了呢？"经理问道。

"我人手不够。我带的三个业务员，钱可刚毕业没什么经验，老周和赵明不错，可赵明这个月18日就将离职了。没有兵你让我怎么打仗？"张强觉得这个理由很充分了。

"就这个原因吗？这是你的问题。怎么带新人，怎么降低老员工离职带来的业绩影响，是你这个做主管应该考虑的事情。"经理说。

"我的问题？那经理你做什么？难道部门任务都是我们的事情？"张强不服。

"如果你觉得做不了，可以选择辞职。"

"辞职就辞职，照这样下去根本就没法做了。"

"好，你可以离开会议室了，等会议结束后把辞职报告交给我。"

5. 与其他相关项目管理者之间的沟通

对于大型的项目，项目管理者还应与项目其他相关方的项目管理者保持良好的沟通，因为其他利益相关方所负责的项目的进度、质量等也将会对本项目的进度、质量和成本等产生影响。比如，系统集成项目会与建筑施工队或装潢公司有配合问题，系统集成方何时入场最佳，都必须与建筑施工队或装潢公司进行及时有效的沟通。

11.2.5 项目沟通的技巧

管理是沟通，是一种态度，是一种艺术，也是一种技巧。高效沟通应坚持三原则：谈论行为不谈论个性，对事不对人，不要对别人的人品妄加评论；要明确沟通内容，让对方听懂你要表达的意思；要积极聆听，说到他想听，听到他想说，在沟通中我们要有对人的敏感。

在沟通管理过程中一定要善于运用非语言信号为语言的效果进行铺垫，真诚的微笑，热烈的握手，专注的神态，尊敬的寒暄，都能给对方带来好感，活跃沟通气氛，加重后面语言的分量。

1. 主动沟通

沟通是双向的、互动的。积极主动沟通和消极被动沟通，效果是大不一样的。主动沟通应做好以下几个方面：

（1）登门拜访请教。不要老是坐在办公室里等别人上门找你，只想着别人为你服务。项目工作计划的确认与修改、完成目标任务的措施和安排，工作中遇到的困难和问题，需要上级部门帮助解决和协调的意见和要求，适当时候，应当主动登门拜访、请教，以求帮助指导。

不能"鸡犬之声相闻，老死不相往来"。更不能心中只有领导，没有部门，没有同事，"三过其门而不入"。只要是不影响部门的正常工作，或者别人正忙在兴头上，利用一切机会，采取各种形式，加强进行沟通，"无事也登三宝殿"。

（2）保持联系。单位与上级管理部门之间、同级之间、同事之间应该保持经常联系，及时通气，才能彼此了解，互相信任，消除误会，增进共识。不能有事有人，无事无人，关系需要长期维护。管理方式没有绝对的好坏之分，关键要看是否相互协调。如果在自己的眼中，总是只有自己的意见是正确的，别人的意见都是错误的，那么在众人的眼中，这个人的意见未必是正确的，他自己最后也可能被孤立。要多联系、多沟通、多交友、少树敌，争取双赢和多赢。

2. 用心沟通

有了目的，就要采用不同的沟通手段和方法，需要有明确的态度。态度是很重要的，直接影响到沟通的效果。可以想象一下，如果是一个通报，那必然需要采取广播式的方法，而且应该是以权威地、肯定地、清晰地描述出来；如果是一次意见征询，那么应该采取的是广纳百言、虚心受教的态度和方法来进行沟通。

无论是什么方式和态度，作为一个沟通的发起人，都应该抱着一颗真心，诚心诚意地去做这件事，这样才能得到对方的认可，得到对方中肯的意见。

（1）要有尊重之心。管理者应像尊重自己一样尊重对方，始终保持一颗平等的心态，更多地突出对方的重要性。

（2）要有战友之心。大家都是为了一个共同的目标共同的利益在工作，从这一点出发大家都是一条战壕的战友，在相互沟通时如果能牢记这一点，就能达成最终的共识。

（3）要有换位之心。人都会自觉或不自觉地以自我为中心的，一定要学会换位思考，从对方情形下考虑和分析问题，这样就能让对方体会到你的诚意，支持和理解你的解决问题的方案，使问题得到有效的解决。

（4）要有赏识的心。学会欣赏自己的合作伙伴和同事是管理者的美德。当一个人被赏识的时候，他可以受到极大激励。作为管理者，需要首先以赏识的眼光对待每一个人，并且让他感受到。

（5）要有分享的心。分享是最好的学习态度，也是最好的团队文化氛围。学会分享工作成果、分享愉悦的心情、分享物质报酬。

（6）要有关爱的心。了解对方的爱好、习惯、忌讳等，关爱对方的情感，关心家庭的困难，关注对方的成长。不经意的一次友好的表示或关怀可能就能让对方体会到你的"心"，这可能会带来极大的帮助。

如何给人留下好印象

（1）记住人的名字和面孔；
（2）把握最初的7秒钟；
（3）发挥自己的长处；
（4）保持自己的本色，不卑不亢；
（5）善于使用眼神、目光；
（6）多听少说，先听再行；
（7）集中精神，积极热情地表示你对对方的关注和寻求支持；
（8）态度肯定，始终如一地表明你的观点和兴趣；
（9）放松心情，时刻保持一颗平常心；
（10）不要信口开河、虚张声势、摆出虚假的姿态。

3. 积极聆听

语言是沟通的媒介，聆听是沟通的基础。作为一名管理者在别人的沟通过程中，应该主动征求意见，善于聆听，只有善于听取信息，掌握大量的信息，才能有效地解决问题，才能成为有洞察力的领导者。聆听比表达更重要，但很多人做不到。人人都希望被了解，也急于表达自己，却疏于倾听，达不到预期的沟通效果。聆听应注意以下几个问题：

（1）观察。除了用耳听，还要留心捕捉脸部表情，洞察眼睛的变化，感知对方的心理和情绪变化，及时调整沟通的方式和方法。

（2）鼓励他人表达自己。当我们跟下级进行沟通时，下级往往因为级别的差距产生紧张感，不敢说话。管理者应引导，创造轻松的沟通氛围，不断地鼓励对方多表达，我们才能听到更多对自己有用的信息。

（3）倾听全部信息。不要只听自己关心和感兴趣的信息，而应了解事情的原委，尽量多地了解相关信息，这样才能公正、公平、合理地解决问题。

（4）有兴趣倾听。在沟通过程中放下手头的工作专心进行沟通，表现出管理者的兴趣，表明对对方是关注和寻求支持的，有利于对方更好地说，并能将话题维持。

（5）积极的引导。在交流过程中，对方可能说得不全面，或逻辑不清晰，管理者应适时、巧妙地引导，了解到你所需要的信息。

（6）深思慎言。听就要用脑听，在听的过程中，要学会思考。这样才能获得更多的有效信息，最终和对方达成一致，并共同实施。

聆听的五个层次

（1）听而不闻。层次最低的是"听而不闻"，如同耳边风。

（2）假装聆听。"嗯……是的……对对对……"略有反应，其实心不在焉。
（3）选择性的聆听。只听合自己口味的。
（4）专注地聆听。每句话或许都进入大脑，但是否听出真意，值得怀疑。
（5）设身处地的聆听。最高的层次，一般人很少办得到。

聆听技巧的四步骤

具体步骤	检查要点	改进
步骤1　准备聆听	◇给发出信息者以充分的注意 ◇开放式态度 ◇先不要下定论 ◇准备聆听与你不同的意见 ◇从对方的角度着想	
步骤2　发出准备聆听的信息	◇显示你给予发出信息者的充分 ◇注意（如延缓接听电话） ◇若不想现在谈，提议其他时间 ◇不要东张西望，注视着对方的眼睛	
步骤3　采取积极的行动	◇尝试了解真正的含义 ◇有目的的聆听 ◇集中精神 ◇继续畅开思想 ◇不断反馈信息的内容	
步骤4　及时反馈	◇没有听清楚 ◇没有理解 ◇想得到更多的信息 ◇想澄清 ◇想要对方重复或者改述 ◇已经理解	

"倾听"技能测试表（几乎都是—5，常常—4，偶尔—3，很少—2，几乎从不—1）

态度：
1. 你喜欢听别人说话吗？
2. 你会鼓励别人说话吗？
3. 你不喜欢的人在说话时，你也注意听吗？
4. 无论说话人是男是女，年长年幼，你都注意听吗？
5. 朋友、熟人、陌生人说话时，你都注意听吗？

行为：
6. 你是否会目中无人或心不在焉？
7. 你是否注视听话者？
8. 你是否忽略了足以使你分心的事物？

9. 你是否微笑、点头以及使用不同的方法鼓励他人说话？
10. 你是否深入考虑说话者所说的话？
11. 你是否试着指出说话者所说的意思？
12. 你是否试着指出他为何说那些话？
13. 你是否让说话者说完他（她）的话？
14. 当说话者在犹豫时，你是否鼓励他继续下去？
15. 你是否重述他的话，弄清楚后再发问？
16. 在说话者讲完之前，你是否避免批评他？
17. 无论说话者的态度与用词如何，你都注意听吗？
18. 若你预先知道说话者要说什么，你也注意听吗？
19. 你是否询问说话者有关他所用字词的意思？
20. 为了请他更完整解释他的意见，你是否询问？

4. 正确表达

沟通必须目的明确、思路清晰、语言准确、注意表达方式。在信息交流之前，发讯者应考虑好自己将要表达的意图，抓住中心思想。在沟通过程中要使用双方都理解的用语，语言表达要看沟通对象的素质、语言接收能力和理解能力，并恰当地运用语气和表达方式，措辞不仅要清晰、明确，还要注意情感上的细微差别，力求恰当，使对方能有效接收所传递的信息。发讯者有必要对所传递信息的背景、依据、理由等作出适当的解释，使对方对信息有明确、全面的了解。在表达自己的意见时，要诚恳谦虚。讲话时要力求简明扼要。用简单明了的词句表明自己的意思，语调要婉转，态度要从容不迫。

自　　检

材料准备：一些 A4 的白纸。
参加人数：主持人 1 名，参加人数 10～30 人。
游戏做法：

1. 将 A4 纸发下去。主持人说："来，每两人共分一张 A4 的白纸，每个人一半。"主持人的话讲到这里就不讲了，猜猜看，会发生什么事？有的人就把这张纸"哗"地撕开了，有的是横着撕，有的是坚着撕。主持人如果提出质问："我说要撕开吗？"大家就会笑起来。这就是沟通不良。主持人只说这一句话，马上就出现不同的结果。

重新分发 A4 纸，主持人说："来，每两人共分一张 A4 的白纸，每个人一半。"这一次就一个人都没有撕了。

接下来主持人作个示范，并说："现在每个人半张，然后这样子撕。"

于是大家全部都照主持人那样，"哗"地将纸撕开。

2. 主持人说："将半张纸分成一样的大小四条。"

马上就会出现两种方法，有的是这样子分，有的是那样子分，不是四条瘦的，就是四条胖的。又不一样。主持人说："我要四条瘦的。"于是分成胖的纸条统统丢掉。把纸发下去再分，这回每个人都是四条瘦的了。

3. 主持人说："将每一条放在另一条的中间。"

结果全场至少出现了五六种叠放的样子，有的像"米"字，有的像"井"字，有的统统叠放在一起，总之，各式各样的都有。

在做任何表达之前，必须问自己三个问题：

（1）为什么我要说这些话？我应该采用什么来证明我的话取得了效果？

（2）我的关键信息是什么？怎样才能简化这些信息？我可以采用什么样的增进理解的方法？我应该采用什么样的传达手段？

（3）谁是听众？听众的水平如何？背景如何？是否感兴趣？是否有时间？已具备哪些知识？

选择词汇应注意六大原则：以清楚、简明、完整、礼貌、正确、具体的词汇，用适当的语速清晰地表达。

要使你的词汇精确、好记、有活力，最好用能共鸣、富有情感、对方易于接受的词语，如"热情对待顾客"改为"对待顾客就像对待家里的客人一样"，这样的表达就比较精确、好记、可操作性强。

语言表达要深入浅出，这是提高沟通效率的捷径。能够用很通俗的语言阐明一个很复杂深奥的道理是一种本事，是真正的高手。毛泽东把马克思主义的道理千条万绪归结为一句话：造反有理，精辟至极。马克思写了一大堆书，为什么？就为了证明一件事：无产阶级的造反不是瞎胡闹，是有道理的。道理何在？请看资本论。张瑞敏把项目管理比作擦桌子，柳传志把组织的功能比作瞎子背瘸子。大师的语言，最大的特点就是生动浅显，容易解码因而容易理解。

5. 语气适当

表达时要注意身体语言，适当应用表情及手势。语言词汇是重要的，但很多意思不是语言词汇所能表达的。语调、音量、声调、语速和强调的字句，都是非常重要的，影响听者第一印象和所收到信息的最终质量。事实上38%听者的第一印象源于声音的表现力。重要的事情可以重复或加重语气，讲话要抑扬顿挫，增加手势和表情，这样才富有感染力。别人对"粗鲁"或"文雅"的印象，大部分来自对方的声音高低快慢与音量大小等微妙变化。

用质问式的语气来谈话，是最易伤感情的。许多夫妻不和，同事交恶，都是由于一方喜欢以质问式的态度来与对方谈话所致。如果你觉得意见不对，你不妨把你的意见说出，何必一定先来个质问，使对方难堪呢？

有些人爱用质问的语气来纠正别人错误，先质问，后解释，犹如先向对方打了一拳，然后再向他解释一样，这不必要的一拳，足以破坏双方的情感自尊心，激起了剧烈的反感，也就没有后续的解释了，更谈不上沟通的效果啦。

6. 控制情绪

让对方产生好感，不要损及对方，在沟通过程中人身攻击要绝对避免；要有充分耐性；接受意见，争取赞同；有所让步，对对方的态度能够容忍。发言最容易带情感，情感好，善言善语，心态平静。心态一旦把持不住，激动、冷嘲热讽。就像打乒乓球一样，你拉一下，我推一下，问题推来推去，最终得不到有效解决。

一般人讨论问题时，浪费太多的时间精力在打击、批评、玩弄手腕、文过饰非或曲解他人，仿佛开车时一脚踏油门，另一脚踩刹车。歧见发生时，本当及时煞车。但许多人反而猛踩油门，施加更大压力，为自己找更多理由来自圆其说。越少思想的人，说话越多，争辩越多的人，思想越少。

提问的技巧

沟通，要提高提问技巧，提问服从于目的，达到最小化干扰。提的问题不好，得到不准确的、低质量的信息，基于这些信息而作出的决策往往会失败，使人感到困惑不已。

（1）封闭式问题。只能得到较少的信息，通常回答"是""不是"或简单事实，但对于寻求事实，但对避免有人提出一些啰唆问题是有帮助的。

（2）引导性问题。引导性问题暗示了你要寻找的答案，这样，被提问者能够快速给出我们想要的答案。当然也可能是错误的答案。

（3）别提太多问题。一连串的提问让人迷惑，不知先回答哪一个，被提问者就会选择最后一个或最简单的问题进行回答。记住：问题不要超过三个。

轻松幽默是调整谈话氛围的重要手段。它既是通向和谐对话的台阶和跳板，又是化解冲突、窘境、恶意挑衅的灵丹妙药。有很多企业家喜欢在洗浴中心招待客户，是为了以此拉近与客户的关系，大家都脱光了，赤诚相见，谁也端不起架子。这也是一种非语言信号。

7. 赞美对方

赞美几乎是一个屡试不爽的特效沟通润滑剂。这个世界上的人，没有不喜欢表扬的。学会赞美，将使你在任何沟通中一帆风顺。即使给领导提意见，也要先表扬后批评。不要怕人说拍马屁，把拍马屁当作对领导的激励，只要表扬的内容属实就没问题。领导与员工一样都是人，员工同样需要激励，喜欢听领导的表扬。领导多给予正向激励，多表扬，多肯定，有利于建立良好的人际关系，员工会更多支持领导工作，领导成效就有基本的保证，员工也在舒心的环境中愉快高效地工作，健康成长。

你的部属不是机器人,而是有血有肉的人,他们都有自尊和虚荣,他们都有感情,受到伤害时会怨恨,甚至产生敌对。批评是危险的火星,搞不好会引火焚身,因为它伤害一个人宝贵的自尊心,并激起他的反抗。批评是无用的,因为它使人采取守势,往往使他竭力为自己辩护。因批评而引起的羞愤,常常使雇员、亲人和朋友的情绪大为低落,并且对应该纠正的事,一点也没有好处。

每个人都期待从他人的语言中获得肯定与赞美,增加"自我价值"与"自我尊严"。给对方真诚的赞赏,真诚的赞赏是成功管理者的首要秘诀。

卡耐基甚至在自己的墓碑上也不会忘记称赞别人:"这里躺着一个人,他懂得如何与比他聪明的人打交道。"

山上有两间和尚庙,甲庙的和尚经常吵架,互相敌视,生活痛苦;乙庙的和尚,却一团和气,个个笑容满面,生活快乐。于是,甲庙的住持便好奇地前来请教乙庙的小和尚:"你们为什么能让庙里永远保持愉快的气氛呢?"小和尚回答:"因为我们经常做错事。"

甲庙住持正感疑惑时,忽见一名和尚匆匆由外归来,走进大厅时不慎滑了一跤,正在拖地的和尚立刻跑了过去,扶起他说:"都是我的错,把地擦得太湿了!"站在大门口的和尚,也跟着进来懊恼地说:"都是我的错,没告诉你大厅正在擦地。"被扶起的和尚则愧疚自责地说:"不!不!是我的错,都怪我自己太不小心了!"前来请教的甲庙住持看了这一幕,心领神会,他已经知道答案了。您知道了吗?

8. 求同存异

求同存异又被称为最大公约数战术。人们只有找到共同之处,才能解决冲突。两口子吵架,最后一句话"为了孩子"相拥和解;两个员工争执不休,最后一句话"都是为了工作"握手言和。无论人们的想法相距多么遥远,总是能够找到共同性。有了共性,就有了建立沟通桥梁的支点。

在项目沟通过程中,每一个都有自己的观点,都会涉及自己的利益,而在项目合作过程中,项目团队不同的人都会产生碰撞的火花,如果每一个人都从自己的利益来考虑,问题永远得不到解决,所以,大家都从大局考虑,多从对方的角度考虑,都能够适当地做出让步,问题就会迎刃而解。记住:忍一时风平浪静,退一步海阔天空。

求同存异之刘备

刘备一生坎坷,几度穷困潦倒,终成霸业,且追随者众多,这与他的求同存异分不开:

相传刘备、关羽、张飞义结金兰,"寝同眠",张飞鼾声如雷,但是刘备包容了这个有点粗犷的兄弟，因为他们目标相同：都是匡扶汉室。

刘备三顾茅庐，请诸葛亮出山，然而诸葛亮一生谨慎，对自己和属下求全责备。刘备非但没有因为这些腹诽孔明，反而非常尊重孔明。

魏延叛变故主投降刘备时，刘备已经看到这个人有着反骨，将来必反。但是刘备有知人之明。因为目标一致，刘备也对魏延加以重用，魏延也成为一个能独当一面的将军。

刘备能够凝聚那么多人才，就是因为他善于求同存异，允许并且尊重他人的不同，利用他们的相同点。因而手下既有粗犷的猛将，也有细致的文官。

9. 移情入境

项目沟通中的移情入境有两个方面的含义，一方面是移情，它是指体验别人内心世界，就好像那是自己的内心世界一样的能力，就是用别人的眼光来观察世界，或者称感同身受、换位思考。人际沟通过程中要保证沟通的有效，最重要同时也是最复杂的变量是人与人取得理解。没有移情，人际沟通将缺少其基本的性质——理解，不能达成共识，最终处理问题的方案和结果得不到认可，沟通也将以失败而告终。所以通过移情，换位思考，对事物有共同的理解和认可，是保证沟通有效的前提和重要基础。其过程如下：（1）感受到对方的情感；（2）运用语言和非语言表达出对对方的情感和状况的理解；（3）让对方感受到对其理解。

2000年10月美国总统大选，当时我国的一名知名教授赴洛杉矶访问。刚下飞机，记者就过来采访他，"请问×教授，你认为美国总统大选谁会获胜？"当时是官方活动，不能信口开河，如果这位教授按照记者的思路，回答谁会获胜，一旦回答错误，就是一件很尴尬的事情。这时，就应该使用外交辞令了："首先，我要感谢各位记者对我们的关注，此外，我相信美国人民是受过良好教育的人民。美国人民是强调独立自主的一个民族，所以这次美国总统大选美国人民一定会做出符合自己意愿的选择，而且我相信不管谁当选美国总统都会促进中美关系的可持续发展。谢谢，我的话完了。"这样的回答，无论最后谁当选，这位教授都不会落入尴尬的境地。

移情入境的另一个方面的意思是设计一个对现实有借鉴意义的场景，通过双方共同熟悉的场景进行分析，用具体的例子来说明和理解问题，从而对所要沟通的问题进行有效的理解，最终达成共识。这就是所谓的情景教育。例如，燕昭王千金买死马，为了表达一个信息：死马尚值千金，况活马乎。赵高于秦庭指鹿为马，给人的信息是：意志不可违抗。项目管理培训中设计的很多课堂游戏，用意都在于用一个显而易见的事实去启发人的思路。

10. 有效反馈

有效的沟通需要是双向的，有信息的传递和反馈，只有这样，才能双向和谐，目标协调，问题才能得到解决。无论是正式沟通还是非正式沟通，都要充分利用反馈机制，要避免出现"只传递而没有反馈"的状况。

对于一个完整而有效的沟通来说，仅仅有表达和倾听是不够的，还必须有反应——反馈，即信息的接收者在接收信息后，及时地回应沟通对象，向沟通对象告知自己的理解和意见、态度，并且澄清"表达"和"倾听"过程中可能出现的误解和失真。

管理沟通积极反馈的基本要求如下：

（1）避免在对方情绪激动时反馈自己的意见，尤其是要作一个与对方所寻求的意见不相一致的反馈时。

（2）避免全盘否定性的评价，或者向沟通对象泼冷水。即使要批评下属，也必须先赞扬下属工作中积极的一面，再针对需要改进的地方提出建设性的建议，以让下属能心悦诚服地接受。

（3）使用描述性而不是评价性的语言进行反馈，尤其强调要对事不对人，避免把对事的分析处理变成对人的褒贬。既要使沟通对象明白自己的意见和态度，又要有助于对方行为的改变。

（4）向沟通对象明确表达你将考虑如何采取行动，让对方感觉到这种沟通有立竿见影的效果，以增加沟通对象对你的信任。

（5）站在沟通对象的立场上，针对沟通对象所需要的信息进行反馈。

（6）反馈要表达明确、具体，若有不同意见，要提供实例说明，避免发生正面冲突。

（7）反馈一定要针对沟通对象可以改变的行为进行反馈，要把反馈的重点放在最重要的问题上，以确保沟通对象的接受和理解，提高沟通的效率。

最常见的几种沟通障碍

A. 沟通中断

沟通受到干扰突然中断，是最常见的一种障碍。而且这种情况在沟通过程中可能会发生许多次。

★阅读材料时，有同事走进来和你讲话。

★与人会议时，秘书暂时离开她的办公桌，这时电话铃响了，不管你接不接电话，会谈已经中断了。

★开会正在发言时，有人举起手发问。无论要不要停下来让他发问，他已经对你（发送者）和与会者（接收者）造成干扰。

★会谈中，突然窗外传来消防车的警铃声。就算你们两人礼貌性地不去注意外面的骚动，尽力集中精神，但实际上仍然受到了干扰。

消除这类障碍，可参照下面的操作步骤：

★确认它们的存在，不要刻意忽略这些干扰。

★在谈话被打断、继续交谈下去之前，就再重复一次刚才的话，确定对方和自己一样了解情况。

＊阅读时受到打扰，就等打扰消失后，重读刚刚读过的内容。

＊干扰过于严重，无法继续沟通时，应该重新安排会谈、阅读或写报告的时间。

B. 时间限制

时间压力——自己或对方的时间限制，也是常见的人际沟通障碍。

每个人都很忙，至少应该是很忙。与其他人沟通时，人们很可能没有办法将下个小时、明天，或下个星期该做的事完全抛诸脑后。所以，这种对沟通造成的压力几乎是无法完全消除的。

怎样降低时间因素对沟通的压力？请参照下面操作步骤。

＊作为发送者，应该经常注意对方是否焦虑不安，并以言辞安抚。

＊在沟通开始之前就订好时间的限制，以免时间压力影响了沟通的成效。如"我们这个会议要开一个小时"。

＊事先审慎地制定工作进度表。不要把你的进度表定得过于紧迫，最好是留点时间给可能出现的干扰。

C. 对主题不了解

对谈论的主题不够了解，也常造成发送者和接收者之间的隔阂。

当接收者因为不了解主题而不知道发送者说到哪里的时候，他的反应可能很担心、急着填补脑中的空白、做白日梦，或是三者同时进行。

作为发送者，有责任清楚知道自己在说什么，传送完整的信息，并仔细体会对方是否了解自己所传达的一切。

D. 过去的经验

人们难免会把以往所吸收的信息累积为经验。在与人沟通的时候，如与人交谈或写报告，就会不知不觉地用过去的经验过滤所收到的信息。

这样的结果是接收者所获得的信息很可能与发出者信息的含义和意图大不相同，沟通无效。

要想降低这一障碍造成的不良影响，则当自己作为发出信息的一方时，沟通之前要尽量了解对方对主题的掌握程度。

E. 距离的阻隔

在不能与他人面对面沟通的情况下，距离也就成为一种障碍。

克服这项沟通障碍的重点，同样是先要确认因距离造成的沟通困难，进而加强自己所能控制的沟通过程。

例如，打电话的时候，要比平常交谈更集中注意力来倾听；写报告时，要尽可能条理分明，即使读者跳着看，也能了解最重要的信息。

F. 职位的差距

在工作中与人沟通时，人们是不可能忘记彼此的职位高低的。

主管对你说话的时候，你总会觉得他是上司；当你和下属沟通时，就算你是位非常擅长自理人际关系的人，你也无法让对方忘记职位的差距。这种感觉会使工作上的人际沟通变得比较复杂。

G. 缺乏兴趣或过分关切

对谈论主题过分关心或漠不关心，都是相当严重的沟通障碍。

接收者对主题过分关系，往往会很急切地提出问题，发表评论，而不是很在乎发送者接下来要说什么。

接收者或是急于去干其他事情，或是认为沟通的主题实在很乏味时，就会对发送者要说什么不关心了。而如果沟通的双方都觉得主题很无聊，情况就更不乐观了。

这项障碍的解决之道，可参照以下步骤。

★发送者首先要承认这种情况已经发生。如你可以说："让我们把问题留到最后 15 分钟再研究好吗？"

★接收者在发现注意力已转移到自己的意见上时，不妨在记事本上迅速写下几个关键字，然后专心倾听，最后再提出来讨论。

★接收者对讨论或阅读的资料不是很有兴趣，则不妨想着努力获得一些对自己有用的资讯，而不要浪费时间。

H. 选择性的认知偏见与假设

每个人都会把以往的经验、本身的想法和感觉介入人际沟通，因而难免会在某些议题上坚持自己的立场。对于已经做出的决定，则往往觉得不需要或不希望接纳新的资料。

所以，接收到的新信息常会被个人的原则、道德标准和个人信仰所扭曲。

若事先想好自己对某种信息应有的反应，如心想：好吧，权且听听，我是不会妥协的。或是根据对方外观条件而产生预先反应，如心想：哼，像他（她）那种小年轻（小女人、乡巴佬……），能有什么见地？这种偏见严重地扭曲沟通的信息。

11.3 项目冲突

11.3.1 项目冲突的概念

冲突，一般就是指发生在项目组织中的两个或两个以上决策者之间的分歧和矛盾。项目组织中必然存在项目冲突，它可以发生在各个项目运行阶段，也存在于项目运行的全过程，对项目既可以产生正面影响，也可能产生负面影响。负面影响主要表现在由于处理项目冲突需要耗费一定的人力、物力和时间，如果处理不合理或不及时，将对项目造成难以挽回的影响；正面影响是指将项目管理问题及早暴露，使项目能以较低的代价及时处理项目进展中的障碍。

项目冲突是组织冲突的一种特定表现形态，是项目内部或外部某些关系难以协调而导致的矛盾激化和行为对抗。

项目冲突迫使项目团队寻求新的方法，能够激发项目团队队员的积极性和创造性。传统观念害怕发生冲突，力争避免冲突、消灭冲突。而现代观念认为冲突不可避免，冲突本身并不可怕，可怕的是处理不当。有些项目冲突可以等待其发展到一定的阶段再合理解决；但有些项目冲突如果处理不及时就会造成混乱，影响甚至危及项目的进展。现代项目管理提出的项目冲突新的管理理念，对项目运行各阶段冲突的有效处理提供了科学有效的方法。

11.3.2 项目冲突的来源

项目冲突管理的过程中，找准项目冲突源极其重要，了解冲突源是处理项目冲突的首要任务。主要的项目冲突源分为以下几个方面。

1. 人力资源的冲突

项目组织中有很多部门，人力资源冲突主要是围绕着职能部门在人员分配、人员平衡和协调问题方面产生的冲突。

2. 成本费用的冲突

项目管理中涉及资金和成本的管理，是保证项目有效运行的重要保证。成本费用冲突往往表现在对费用如何分配上产生的冲突。

3. 技术方面的冲突

技术是项目管理的重点，项目对技术的质量、性能方面的管理有严格的要求，所以在保证技术质量所采用的一定实现方式的过程中容易发生冲突。比如，项目职能部门设计的某项技术方案不能达到项目经理的心理预期。

4. 管理的冲突

项目需要科学有效的管理，项目目标才能实现。在项目管理过程中自然会产生大量的冲突，管理冲突包括对项目中各个环节责任、义务的明确过程中的冲突，工作关系界面协调中的冲突，定义项目工作范围时引发的冲突，还有制定运行规则、实施计划和管理支持程序等很多方面的冲突。

5. 项目优先权的冲突

项目组织中的项目多以多个项目共存的方式存在。在多项目管理过程中，项目参与者在为实现不同目标、不同任务的工作顺序上会出现分歧。同时，各部门站在不同的利益出发点考虑，他们在安排工作活动资源时对优先权的思考存在不同的思路与看法，这就导致出现了优先权冲突。

6. 项目进度的冲突

项目是由多个活动构成的，每个项目活动都有逻辑关系和先后顺序。在对项目各环节的工作任务和工作时间进行安排时，一般会制订详细而明确的项目进度计划，如果计划安排不合理，活动顺序安排错误，会使项目无法正常实施。如果有一个环节进度因为各种原因不能按计划进行，就可能影响整个项目的进展，这时就需要项目经理对项目进度计划做出调整，进度冲突随之显现出来。

7. 成员个性差异冲突

项目组织中的每个成员在价值观和事物判断标准等方面都存在明显的个性差异，有些人养成了以自我为核心的习惯，很难与整个项目文化理念相融合而产生冲突。在项目中，组织成员也会受到工作压力影响，产生不良情绪，影响与领导和同事的关系。

11.3.3 项目冲突的起因

项目冲突不会在真空中形成，它的出现总是有理由的。如何进行项目冲突管理在很大程度上取决于对冲突产生原因的判断，项目冲突产生的原因主要有：

1. 沟通与知觉差异

沟通不畅容易造成双方的误解，引发冲突。另外，人们看待事物存在"知觉差异"，即根据主观的心智体验来解释事物，而不是根据客观存在的事实来看待它，比如人们对"半杯水"的不同态度，并由此激发冲突。

寓言故事：半杯水

很早以前，有两个人都想要通过茫茫的戈壁到沙漠的另一边的绿洲去开拓新的生活。他们都知道在沙漠的中间有一座缅族人留下的旧城遗址，传说神秘的缅族人的后代，经常在那里出没，并且经常在旧城旁边的两条小路上，分别放着两杯清水，专门给穿越沙漠的人救命用。于是，这两个人出发了，也希望这两杯清水能够帮助他们越过茫茫沙漠。

第一个人，当他走到旧城的时候，水已经喝完了，但他轻而易举地找到了那个水杯。但是，当他发现只有半杯水的时候，他就开始了抱怨诅咒、谩骂，恨前边走过的人怎么喝了杯子里的半杯水，也骂缅族人的吝啬，突然，天公作怨，一阵强风，飞起的沙粒落在了水杯里，当他还在抱怨水里有沙子怎么喝的时候，一阵狂风把他手中的水杯刮走了，水洒落在沙粒中。在他抱怨间，就连这半杯水，他都没有喝上。没有了水，他很快就死在了沙漠里。

第二个人，当他走到旧城的时候，水也已经喝完了，而且筋疲力尽。他挣扎着找到了那个水杯,当他看到杯子里还有半杯水的时候,他立即端起水杯一饮而尽,然后他跪在地上感谢上天,感谢缅族人的救命之恩。少时,他继续赶路,终于走出了沙漠,看到了绿洲,在这里实现了自己的理想,过上了幸福的新生活。

2. 角色混淆

项目中会根据项目的需要和每一个的项目成员的特长,每一个成员都被赋予特定的角色,并给予一定的期望。但项目中常存在"在其位不谋其政,不在其位却越俎代庖"等角色混淆、定位错误的情况,从而经常产生冲突。

3. 项目中资源分配及利益格局的变化

项目中每一利益相关方都希望得到项目利益。项目中某些成员由于掌控了各种资源、优势、好处而想维持现状,另一些人则希望通过改变现状在未来获取这些资源、优势和好处,导致既得利益者与潜在利益者的矛盾,并由此产生对抗和冲突。

4. 目标差异

不同价值理念及成长经历的项目成员有着各自不同的奋斗目标,而且往往有时与项目目标不一致。同时,由于所处部门及管理层面的局限,成员在看待问题及如何实现项目目标方法、路径上,也有很大差异,存在"屁股决定脑袋"的现象,并由此产生冲突。

11.3.4 解决项目冲突的技巧

解决项目冲突的主要责任在于项目经理,项目经理可以使用以下五种方法来解决冲突:

(1) 面对和解决问题。通过审查备选方案,把冲突当作需要解决的问题来处理,以"取舍"的态度进行公开对话。问题解决就是冲突各方一起积极地定义问题、收集问题的信息、制订解决方案,最后直到选择一个最合适的方案来解决冲突,最终实现双赢或多赢。在这个过程中,需要公开地协商,这是冲突管理中最理想的一种方法。

(2) 合作与妥协。合作是综合考虑不同的观点和意见,引导各方达成一致意见并加以遵守;集合多方的观点和意见,得出一个多数人接受和承诺的冲突解决方案,这是一种双赢的方法。妥协就是通过冲突各方的协商,相互做出让步,寻找一种能够使冲突各方都有一定程度满意的方案。妥协冲突解决方式各方没有任何一方完全满意,这是一种"双输"的方法。

(3) 缓解与包容。它是通过缓解,待双方冷静下来,通过进一步的思考,相互理解,从而找到解决问题的有效方法。包容则强调一致而非差异,可简记为求同存异；求同存异的方法就是冲突各方都关注他们一致的一面，而淡化不一致的一面。一般求同存异要求保持一种友好的气氛，但是回避了解决冲突的根源。也就是让大家都冷静下来，先把工作做完。这是一种缓兵之计，是一种消极解决问题的方法。

（4）撤退与回避。撤退就是把眼前的或潜在的冲突搁置起来，从实际或潜在冲突中退出。这种方法不能从根本上解决问题，见了问题绕道走，只是用于一些并不严重、不会影响大局的一种冲突解决方法。

（5）强迫。它是利用自身的权威，以强硬的方法，以牺牲他方为代价，采用某一方的观点，只提供赢—输方案。这种方法一般只适用于赢—输这样的零和游戏情景里。PMBOK 认为这是最差的一种冲突解决方法，但某些场景下，双方不能够有效协商，问题迟迟得不到解决，已严重影响大局，这时不得不使用该方法以解决问题，并推动项目进展。

在不同项目场景下，面对不同的冲突应该使用不同的解决方法。而对冲突方法的判定，既要考虑冲突解决的结果，也要考虑冲突解决的过程。

吃饭冲突解决策略

小两口商量晚饭吃什么，老公想吃包子，老婆想吃面条，于是冲突出现，作为小两口的朋友，我们使用前面所提到的五种冲突解决方法来帮助他们解决晚饭问题。

（1）面对与解决。两个人坐下来，平心静气地讨论一下膳食均衡及营养问题，列出备选的晚餐方案：①面条；②包子；③比萨；④馒头＋红烧肉。最终讨论决定，晚上吃馒头＋红烧肉。能够取得这样的结果，是因为冲突的双方彼此信任，认同对方的能力及目标。这是最好的冲突解决方法。

（2）合作与妥协。两人一商量，今晚吃面条，明晚吃包子。晚上做面条，同时叫外卖送点包子，都能吃到自己喜欢的东西。

（3）缓解与包容。男方想吃带馅的，女方想吃带汤的，所以最终决定：吃馄饨。

（4）撤退/回避。既然决定不了那就先把问题搁置，男方去上上网，女方去看看电视，等会儿继续讨论晚上吃什么。

（5）强制。男方告诉女方晚上必须吃面条。

11.3.5 项目冲突的表现

冲突强度是指项目冲突源在项目运行过程中影响的强度（权重）。项目冲突源在项目的不同阶段对项目的影响程度不同，其影响强度也不同，因而决定其处理冲突的时机和手段不同。同一项目冲突源在项目不同阶段的影响程度和关注的内容不同，在处理时要有所侧重和区别。

1. 项目启动阶段冲突强度与项目冲突源的表现关系

在项目启动阶段，项目组织还未真正建立，在项目活动的优先权问题上，项目经理、职能部门常常会有不同的理解而产生冲突。项目经理首先必须对因优先权而引发的冲突进行评价和计划，其次是管理程序会涉及几个非常关键的问题，如：如何设计项目组织、项目经理的权力、项目报告的模式和信息沟通渠道等问题，都需要及时进行计划，并给予处理和解决，以避免因这些问题而导致项目工作的延误。

解决项目冲突首先要找准冲突源，根据冲突源的具体情况采取针对性措施。其次，职能部门具有负责编撰项目计划书的决策功能，所以要尽快与项目职能部门磋商，让他们在组织总体目标的大背景下，尽早将项目放入组织目标之中，并明确项目的地位，建立其本身的组织结构，正式成立项目组织。然后，建立健全的管理操作体系，明确项目中的各项任务分工，判断项目在人力资源方面的需求目标。

这一阶段应重点关注优先权冲突（特别是做好项目资源的分配，工作的重视度等），管理冲突（建立详细而具体的项目管理作业程序）和项目进度冲突（建立项目进度计划体系，及时进行项目进度控制，对出现的项目进度问题进行有效的处理）。

2. 项目规划阶段冲突强度与项目冲突源在项目不同阶段的表现关系

在项目规划阶段，优先权、项目进度计划、资源配置、设计（产品和管理）的质量等仍然是重要的冲突，这一阶段项目的优化权的确定仍然是项目规划阶段需要关注的最重要的冲突内容，它决定了项目资源的配置和项目能够正常有效实施。项目进度计划的制订，项目组织构架的构建和项目团队成员的配置，利益相关方的选择将奠定良好的项目管理基础。产品设计部门和设计团队的选择关系到项目产品的质量以及客户的满意度，管理设计将关系到项目实施的效率和效果，关系到项目目标的实现。

规划阶段之所以会显现出项目进度方面的冲突，可能主要原因在于启动阶段的项目设想过程中存在问题，设想的进度粗略，不够详细具体，不够系统和平衡，本身就存在缺陷。在这个阶段的程序管理中的冲突相对降低，这个时候已经成立稳定的项目组织，并且都会出台严格的规章制度，在制度的约束下，大家都依照制度和计划展开工作。

化解冲突的前提还是了解冲突源，围绕冲突源展开沟通管理。会议沟通的方式可以有力地帮助各职能部门化解冲突，会议中向各部门反馈信息，让他们了解是否按照既定的项目计划在执行任务，然后针对出现的问题展开讨论。经过融洽的沟通以后，在想要对项目的优先权作出调整时，会很容易取得他们的理解。

这一阶段关注点与项目启动阶段一样，内容有所不同，即优先权冲突（通过碰头会向支持领域提供对既定的项目计划和需求的有效反馈），项目进度计划冲突（在与项目职能部门合作完成工作任务的进度），管理冲突（制定关键管理问题的预备计划）。

3. 项目实施阶段冲突强度与项目冲突源的阶段表现关系

在项目实施阶段，由于项目工作任务内在的逻辑关系（某一关键工作滞后引起整个项目滞后）和合作协调关系（分包商进度配合不利），可能对进度计划进行必要调整。需要在每个检查点对照项目计划检查计划的完成情况，发现问题及时分析原因，进行有效的调整。

本阶段项目计划（主要是进度、成本、质量）的冲突表现最突出，必须给予足够的重视。必须做好项目计划的控制与调整。在项目实施阶段，原设计不可能确保所有技术问题的消除，可能在可靠性与质量控制标准、各种设计问题和测试程序发生冲突，这些都会对项目带来影响，需要及时发现问题并做出变更和调整。本阶段对人力资源的需求达到高峰，项目经理要对人力资源冲突给予关注，协调合理安排人员配置，满足项目要求。

这一阶段的冲突相对升级，要求项目经理需要较高的解决冲突的能力。解决这个阶段的冲突需要对各方面的关系和问题进行把控，还要紧密联系各参与部门和支持部门，与他们进行有效沟通，对各项任务的进度了如指掌，从而方便分析可能会出现的异常情况，并安排合理的应对策略。

这一阶段应重点关注项目计划（进度、成本、质量）冲突，在项目进程中应连续监督项目计划执行的情况，及时对预见问题考虑替代方案。关注技术冲突，尽早处理技术问题，重视早期的技术测试；及早对项目技术方案达成共识。加强人力资源冲突的处理，预测和协调项目对人力资源的需求，满足项目的需要。

4. 项目结束阶段冲突强度与项目冲突源的阶段表现关系

在项目结束阶段，项目实施阶段进度计划的错位必然传递到项目结束阶段。比如，项目施工所需的材料或设备的供货滞后，造成项目施工进度延误，必然造成结束阶段施工紧张，有的甚至给项目的交付带来严重的负面影响。施工过程中的质量隐患可能在这一阶段最终暴露，项目成本控制不利导致项目严重超预算，造成资金紧张和项目亏损。项目临近尾声，部分项目成员开始担忧未来的去向，同时这一阶段的进度、预算和质量目标等种种要求加大了项目成员的压力。项目成员的人际关系在这个阶段也变得极度紧张。人力资源分配方面的冲突也会发生。另外，项目管理层领导可能会在这个阶段将人员进行调动甚至安排到新的项目中，整个过程中极易发生冲突。所以，应该更加重视对项目实施阶段的项目各项计划冲突的处理，以减少对项目结束阶段的负面传导作用。

这一阶段应重点关注项目进度、成本计划、质量计划的冲突，考虑向可能出现进度延误的关键项目调配人员，及时解决可能影响项目质量的技术问题，处理好人力资源的冲突。在项目接近完成时做好人员重新分配计划与项目班子和协作方保持良好的工作关系，努力营造和谐的工作环境。

【推荐读物】

1. 谢玉华，李亚伯. 管理沟通［M］. 大连：东北财经大学出版社，2010.
2. ［美］玛丽·蒙特，钱小军，张洁译. 管理沟通指南（中英文）［M］. 北京：清华大学出版社，2007.
3. Michael E. Hattersley, Linda Mcjannet. Management Communication—Principles and Practices ［M］. 北京：机械工业出版社，1998.
4. 魏江，严进. 管理沟通——成功管理的基石［M］. 北京：机械工业出版社，2006.
5. 王万勇. 项目经理沟通管理技巧与实务［M］. 北京：中国电力出版社，2015.
6. 丁荣贵，孙涛. 项目组织与人力资源管理［M］. 北京：电子工业出版社，2009.

【复习讨论题】

1. 简述项目沟通的概念。
2. 项目沟通的形式有哪些？如何应用？
3. 简述项目的沟通渠道。
4. 结合具体项目谈谈项目沟通技巧的应用。
5. 项目一般会产生哪方面的冲突？如何处理这些冲突？

【网上练习】

查阅网上资料，分析项目沟通注意的要点。

【案例分析】

项目经理的沟通管理技巧

近年来，随着系统集成，网络技术和管理信息系统技术的发展，一些原有的管理方式已越来越不适应项目管理的发展需要。因此，某建设单位聘请了一家软件开发公司，成立了项目小组，开发项目管理信息系统。

一般来说，项目沟通管理开展得是否有效，对项目的成败会起到关键性作用。因此，项目经理要科学地组织、指挥、协调和控制项目的实施过程，实现项目的目标，就必须进行有效的项目沟通管理，特别是注重对项目沟通管理过程中的对象、方法和理念的研究和运用。

项目经理既是主导项目沟通管理的核心人员，也是项目有关各方协调配合的桥梁和纽带，还是项目沟通管理的发源地和控制者。在项目管理中，项目经理的大部分时间是在做获得信息和处理信息。项目经理是所有项目沟通的灵魂，必须同多方面的人员进行沟通。项目经理的沟通对象主要包括：客户方的高层管理者、客户、项目团队、客户方的职能经理以及其他项目经理的沟通管理。

1. 与高级管理层的沟通

大多数项目必然会改变利益、资源在项目需求的企事业单位各部门、个人之间的分配，甚至对该单位意味着一场变革。因此，需要高级管理层在单位内部提倡变革的理念，营造变革的氛围，鼓励员工参与到变革中去。

在本案例中，建设单位管理部门之间或多或少存在着资源冲突、职责交叉或不清晰、协调不够等问题。项目经理注意与高级管理层充分沟通，一方面是了解他们的发展战略设想，另一方面是取得高级领导层对项目的理解和支持，规范以往的业务流程、改善已存在问题的管理模式，来适应项目管理信息系统的要求。领导对项目的理解和支持成为项目成功的关键和顺利实施的保证。

另外，本案例的项目经理通过与建设单位管理层积极的沟通，从高级管理层获得了有效的支持，如在人、财、物方面保证了项目得到必要的资源，也就保证了项目的进度。

建设单位领导积极参与项目实施，并且使项目团队获得打破官僚层次、迅速决策、达到理想目标的授权。参加者能感受到这种关心与支持，增强了为项目工作的信心，团队活力得到了很大提高。

2. 与客户的沟通

与客户的关系是项目经理应该处理的最重要的关系之一，增加沟通、了解需求和减少误解是处理好这个关系的关键所在。项目成功的必要条件之一，即是项目经理和客户之间需要达成一种合作性的工作关系。实现双赢合作的一个重要条件是项目经理和客户之间始终保持有效的沟通。

在本案例中，客户是建设单位各职能部门人员，他们所关心的是系统是否"好用"，能否提高自己的工作效率，尽量将自己从繁杂的事务中解脱出来；项目经理则希望自己所负责的项目能够达到客户需求，为自己及其所属公司创造良好的口碑，获得最好的收益。项目经理及时有效地与客户方使用人员进行交流，保证交流渠道的畅通无阻。

3. 与项目团队的沟通

项目经理和项目团队成员是项目团队的主要组成部分，鼓励团队建设和团队成员之间合作的最有效的方法是鼓励团队内部真诚沟通，建立一个自愿性的，相互依存、高度配合的高效项目团队。

本案例中，在制订计划、工作分解结构时，项目经理让几乎所有的项目组成员参加，增进参加者对计划、组织结构图等的理解与支持。这样做可能比较花时间，但是可以保证在具体的执行过程中，特别是在项目发生变更时得到更多的支持，可以提高参与者的理解、信任、投入、共享和拥有感。此外，项目经理通过与成员的大量的正式、非正式交谈与沟通，了解项目的进展情况，并得到足够的信息，这样就可以及时纠正或解决一些问题。

4. 与职能经理的沟通

在大多数企业的现有体制下，项目部基本没有足够的资源，包括人力及物力资源，这些资源基本来自合作单位内部各职能部门，本案例的情况也不例外。建设单位的人力及物力资源都分配在各个职能科室，项目经理必须考虑这些资源能否满足项目要求，能否适应环境的改变，例如进度拖延、预算增减、任务变更、人员调动等。在这样的环境下，控制这些资源的职能部门负责人的配合，决定着在能否所需时间段内获取所需资源，因此，项目经理必须要与职能经理进行有效的沟通，保持和谐的关系。

另外，项目总目标的实现有赖于各个子目标的协调推进，对项目经理和职能经理的沟通来讲，可以起到把握总目标推进的方向，又照顾到各职能部门的特殊需求，在不影响总目标的前提下，可以对职能部门子目标作适当修正或调整，坚持原则与妥协相结合，以求和谐推进大目标的顺利实现。

5. 与其他项目经理的主动沟通

有的大型项目会分成若干个子项目，也会有若干个项目经理承担不同的任务，而各个任务之间是紧密联系的，因此项目经理应该主动地与其他项目经理进行沟通，以保证项目的顺利实施。

根据上述材料讨论：

（1）简述项目经理沟通的重要性。

（2）项目经理针对不同对象有哪些不同的沟通技巧？

第12章 项目利益相关方管理

【本章学习目标】

1. 掌握项目利益相关方的定义
2. 掌握项目利益相关方的构成
3. 掌握项目主要利益相关方的角色、责任和管理要点。
4. 把握项目利益相关方管理的本质。
5. 掌握项目利益相关方管理的过程
6. 掌握项目利益相关方管理的要点

【重要概念】

利益相关方（stakeholders）

项目利益相关方（project stakeholders）

项目利益相关方管理（project stakeholder management）

项目发起人（project sponsor）

项目承包商（project contractor）

【开篇案例】

国际工程项目中的关系管理

LP高速公路项目位于A国西部，是连接A国两个主要旅游城市的交通要道，该项目由A国政府出资，业主为A国交通部公共事业局。业主咨询公司为一家英国公司，该公司是项目的初步设计者和标书文件的编制者，也是项目开工后设计变更和施工图纸的技术审批者。合同条件采用FIDIC第三版，现场监理工程师及其工作团队人员均是业主的雇员。

LP高速公路全程60公里，共分5个合同标段，本项目是其中一个标段，位于LP高速公路中段，由我国W公司承担，其他4个合同标段的承担单位均为当地公司。

该项目是W公司在A国的第一个项目，此前没有其他业务关系。该项目利益相关方众多，在此仅分析W公司项目经理部与代理的关系。

W公司在A国的代理在此项目投标和中标过程中起到了重要的作用。代理从我国驻A国使馆经参处拿到了W公司的简介和地址，并把有关此项目的招标信息传真给了W公司总部。W公司当时正有意拓展其国际工程承包业务，对此项目很感兴趣，便约代理来北京面谈。双方在面谈后，签订了独家代理协议。协议规定，代理负责协助W公司在A国的工程项目投标及执行，W公司在中标后支付代理每笔项目收款的3%为佣金。

W公司在代理的协助下首先通过了A国交通部公共事业局的资格预审，可以在其后的5年内参加该国的国际招标项目，并顺利中标该工程项目。

由于W公司在当地没有代表处和其他关系，前期对代理非常依赖，代理俨然成为W公司在当地的代言人。随着项目经理部组建后在当地工作的开展，代理的角色和作用越来越淡化，双方不可避免地产生了一些矛盾。如在供货商和分包商的选择上，代理总会有极力推荐的对象，如果项目经理部最后决定不用他推荐的公司，代理就会有意见，闹情绪，甚至私下搞些小动作，还曾经直接给W公司总部打电话告状，说项目经理部宁愿相信别人也不相信他们，声称项目经理部正被别有用心的人利用。

面对这种情况，项目经理部认真分析代理的心理和品性，并于公司总部达成一致，重申代理的主要职责是协助拿标，项目经理部负责该项目的现场执行，如果项目经理部需要信息或帮助，由代理负责提供。同时项目经理部从大局出发，不去计较代理的狭隘和自私，对外时刻维护代理的形象，尊重他，并注意保持和调动他的积极性。在一段时间的磨合后，项目经理部和代理建立了和谐、友好的国际关系。

12.1 项目利益相关方的定义

12.1.1 利益相关方的概念

利益相关方，来源于英文"stakeholder"一词，最初被翻译成"有争议的财产保管人，赌金保管者"，也有翻译为"利益共享者""利益相关者"。最早使用"利益相关者"概念的经济学家是安索夫（Ansoff）。相关研究最初起源于企业管理领域，由斯坦福大学最早于20世纪60年代提出，到80年代才逐步发展完善。

弗里曼（Freeman，1984）给予广义利益相关方的定义是："企业利益相关方是指那些能影响企业目标的实现或被企业目标的实现所影响的个人或群体"。

克拉克森（Clarkson，1994）认为，企业的目标是为所有利益相关方创造财富和价值，企业是由利益相关者组成的系统，它与为企业活动提供法律和市场基础的社会大系统一起运作。

米切尔（Mitchell，1997）认为，作为利益相关者必须具备三个条件：（1）影响力，即某一群体是否拥有影响企业决策的地位、能力和相应的手段；（2）合法性，即某一群体是否被法律和道义上赋有对企业拥有的索取权；（3）紧迫性，即某一群体的要求能否立即引起企业管理层的关注。

按照米切尔、艾格尔和伍德（Mitchell，Agle and Wood，1997）的归纳，利益相关者定义可以分为三个层次：

第一层次，泛指所有受公司经营活动影响或者影响公司经营活动的自然人或社会团体。如弗里曼的定义："利益相关方是能够影响一个组织目标的实现或者能够被组织实现目标过程影响的人"。

第二层次，专指那些与公司有直接关系的自然人或社会团体，这样排除了政府、社会团体等。如纳斯的定义："利益相关方是指与企业有关系的人，他们使企业运营成为可能"。

第三层次，特指在公司下了"赌注"，其利益与公司利益紧密相关的自然人或社会团体。典型的如布莱尔的定义："利益相关方是那些所有向企业贡献了专用性资产，以及作为既成结果已经处于风险投资状况的人或集团"。

通过对以上的分析，借鉴美国经济学家弗里曼对"stakeholder"的定义，将利益相关方定义为与组织有一定利益关系的个人或团体。利益相关者能够影响组织的运行或受组织运行的影响，在进行组织决策时必须将其需求考虑在内。

12.1.2 利益相关方理论的发展

利益相关方理论始于多德（Dodd，1932），但它作为一个明确的理论概念是在1963年由斯坦福研究所（Stanford Research Institute，SRI）提出的。而利益相关方观点最终形成一个独立的理论分支则得益于瑞安曼（Eric Rhenman）和安索夫的开创性研究，经弗里曼、布莱尔（Blair）、多纳德逊、米切尔、克拉克森等学者的共同努力，使利益相关者理论最终形成了比较完整的理论框架，并在实际应用中得到了很好的效果，自此，利益相关方理论开始引人关注。

12.1.3 利益相关方类型的划分

（1）利益相关方按照相关利益群体与企业是否存在交易性合同关系来分，可将利益相关方分为契约型利益相关方（contractual shareholders）和公众型利益相关方（community shareholders）。前者包括股东、雇员、顾客、分销商、供应商、贷款人等；后者包括消费者、监管者、政府、媒体、社区等。

（2）利益相关方根据相关者群体在企业经营活动中承担风险的方式，将利益相关方分为主动的利益相关方（positive stakeholders）和被动的利益相关方（passive stakeholders）。前者包括股东、投资方、贷款人、建设单位、分销商、项目管理公司、施工单位、政府等，后者包括顾客、供应商、监管者、媒体、社区等。

（3）利益相关方根据利益相关方与企业联系的紧密程度，将利益相关方分为主要的利益相关方（primary stakeholders）和次要的利益相关方（secondary stakeholders）。前者是指若没有这些群体的参与，企业就无法生存，包括股东、雇员、顾客、供应商等；后者是指间接影响企业的运作或受到企业的间接影响的群体，他们对企业的生存起不到根本性的作用，比如社区、政府、媒体等。

（4）利益相关方根据利益相关者与公司关系的正式性，区分为直接利益相关方和间接利益相关方。前者是由于契约和其他法律承认的利益而能直接提出的索取权的人或团体，如投资方、建设单位、设计公司、施工单位、监理单位、销售单位等；后者是基于非正式关系的利益团体，如社区、顾客、媒体等，他们对公司的影响是零散和随机的。

12.1.4　项目利益相关方的概念

项目利益相关方（project stakeholder）是指与项目有一定利益关系的个人或组织，也就是项目的参与方以及受项目运作影响或能够对项目运作产生影响的个人或组织。

项目利益相关方相对于某一特定的组织，指的是与该组织有利益或利害关系的一组群体，该群体中任一组织或个人的利益均与该项目的业绩有关。项目利益相关方可以是组织内部的，如项目组织内的设计、成本、质量、施工、工会等各职能部门及其各级员工；也可以是项目组织外部的，如政府、银行、行业协会、客户、社区等。

一个项目的成功完成，不仅仅是项目经理或项目团队的责任，更是所有项目利益相关方共同努力的结果。

英国政府商务部对项目失败的共性因素调查结果显示，导致项目失败的8项原因中，有6项来源于项目团队之外，其中包括缺少利益相关方的承诺、仅对项目进行技术可行性分析而缺少项目为组织带来的收益分析等。这些问题的产生，大部分与项目的利益相关方没有参与项目并对项目做出承诺有关。项目失败很大程度上是利益相关方不尽责、不作为而造成的。所以，这也是国际项目管理协会（IPMA）在第五版项目管理知识体系（PMBOK）中加入项目利益相关方管理模块的缘由，项目利益相关方管理也逐渐成为现代项目管理研究热点。

项目利益相关方的不同解释

项目利益相关方（stakeholder）在金山词霸中被翻译成"赌金保管者"，《朗文词典》也将其译成"有争议的财产保管人""赌金保管者"这些解释显然不适合于项目管理。在《新英汉词典》中，该单词被翻译成"利益共享者"，似乎有些沾边了，但是"利益共享者"只是对项目成果的分享，只表明了他们对项目的利益，为什么他们是项目成功的关键呢？他们对项目的责任何在呢？这些问题不解释清楚，利益相关方就难以识别。

明确的、有参考价值的定义来自项目管理协会（PMI），它认为：项目利益相关方是介入项目过程或者是受到项目成果影响的组织或个人。国际项目管理协会（IPMA）也提了类似的定义，不过它更愿意用 interested parties 来代替 stakeholders。这个定义被项目管理界广泛使用，但是，其中仍然存在三个问题：第一，怎样才能保证与项目成败攸关的利益相关方都能够识别出来；第二，如何清晰静态利益相关方的需求；第三，究竟该由谁来承担识别利益相关方的责任。

资料来源：丁荣贵. 项目利益相关方及其需求的识别 [J]. 项目管理技术，2008（1）.

12.2 项目利益相关方的构成及其职责

项目管理团队必须弄清谁是项目的利益相关方，确定他们的期望和需求，并据此对其影响尽量进行管理，以确保项目取得成功。

项目利益相关方受利益驱动，会对项目的启动、规划、设计、实施、结果等各方面施加影响。项目利益相关方有政府部门、项目发起人、股东、客户、供应商、银行、工会、行业协会、社区、项目经理、雇员等，如图 12-1 所示。

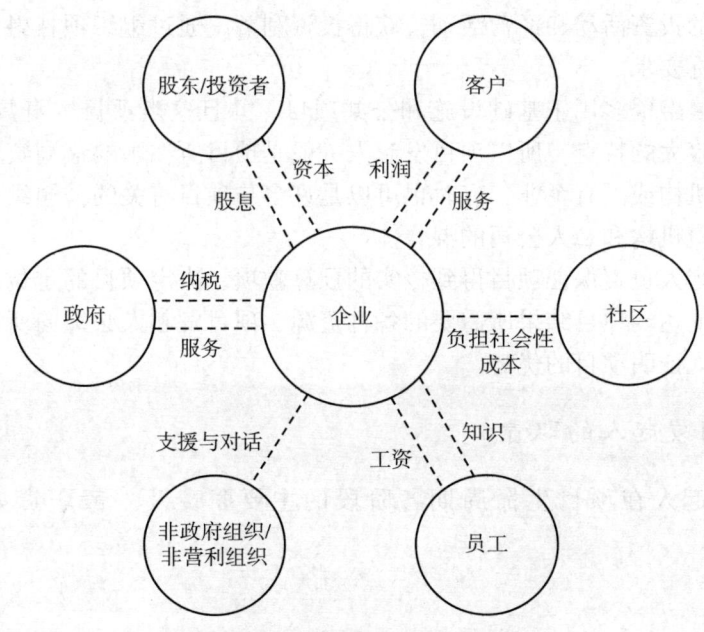

图 12-1 项目利益相关方的构成

项目利益相关方在参与项目时的责任和权限大小各不相同，并且在项目生命周期的不同阶段也会有变化。如项目管理公司在项目启动和规划阶段起到重要影响，发挥重要作用，而监理公司、施工单位在项目实施阶段对项目在成功和收益起到重要影响。

置责任与权限于脑后的项目利益相关方可能会严重影响项目目标的实现，同样忽视项目利益相关方的项目经理也会对项目的结果造成破坏性的影响。识别项目利益相关方有的时候是很难的一件事情。如新楼盘周边收废品的老头是不是该项目的利益相关方？直观上感觉不是。但是当顾客前来购房，已确定好要购买时他无意间的一句话："听说这个小区治安不大好"，会不会对该项目的销售造成不良影响呢？从这个角度来看，他也是项目的利益相关方，它对项目的销售和利益也有一定的影响。

项目利益相关方对于项目的影响存在积极和消极两种情况。积极的项目利益相关方通常是项目成果的获益者，而消极的项目利益相关方可能从项目的成功中看到消极的结果。

12.2.1 项目发起人

1. 项目发起人的内涵

项目发起人（project initiator）一般为股本投资者，即项目的实际投资者，它通过项目的投资活动和经营活动，获得投资利益，通过组织项目融资，实现投资项目的目标要求。

由于项目融资多用于基础设施和公共项目，并且这类项目本身具有投资多、收益高和风险大的特点，所以项目发起人一般是项目所在国的最高资信者和受益者——政府机构或国有企业，有时也可以是许多与项目有关的公司组成的投资财团，或者政府机构和私人公司的混合体。

项目发起人负责保证项目得到核实的预算款项、决定项目的定位、目标和总体计划、保证达到项目结果所需要的各种资源。项目发起人必须向所有关系项目成功与否的人证明项目的优势。

2. 项目发起人的职责

项目发起人在项目生命周期各阶段的主要职责及一般职责如表 12-1 所示。

表 12-1　　项目发起人在项目生命周期各阶段的主要职责及一般职责

阶段	主要角色与职责	一般职责
项目启动阶段	• 就项目当前或未来的价值及相关性等方面提供战略计划及指导 • 定义自己的要求 • 为项目获取资金支持 • 任命项目发起人的联络人	• 详细阐述项目群以及组织的需求 • 确保项目成果满足需求 • 通过向组织内的其他人员展示项目获得对项目的支持 • 就项目进展以及项目成功因素等方面与项目其他利益相关方进行沟通，表达自己的观点
项目计划（规划）阶段	• 审批项目计划 • 参与项目计划编制阶段的工作	
项目执行和控制阶段	• 参加对项目实施要求的审查 • 协助解决需求方面的问题 • 书面批准项目要求以及资格标准 • 参加项目状况审查会议 • 参加项目筹划指导委员会会议	
项目收尾阶段	• 派员参加经验交流会议 • 签署并批准项目结束	

社会资本发起 PPP 项目的实施流程

《政府和社会资本合作模式操作指南》第六条第二款规定：政府和社会资本合作项目由政府或社会资本发起，以政府发起为主。《财政部 PPP 项目合同指南》第七条规定：如果 PPP 项目由社会资本发起，社会资本应以项目建议书的方式向财政部门推荐潜在政府和社会资本合作项目。可行性研究报告和项目产出说明由社会资本方完成。

社会资本发起 PPP 项目的实施流程如下：

(1) 由社会资本方编制项目建议书，向财政部门（PPP 中心）推荐 PPP 项目。

在社会资本方发起时，可委托有资质的第三方机构就某具体项目编制项目建议书，并提交给当地财政部门（PPP 中心），表明投资意向，推荐采用 PPP 模式实施该具体项目。上述项目建议书，是根据国民经济发展、产业政策、生产力布局、国内外市场、所在地的内外部条件，提出的某一具体项目的建议文件，是对拟建项目提出的框架性的总体设想；主要论证项目建议的必要性，项目建设方案与项目估算较为粗糙。

(2) 财政部门（PPP 中心）将推荐项目列入开发计划。

财政部门在收到社会资本方提交的项目建议书后，会同行业主管部门对潜在 PPP 项目进行评估，将项目列入开发计划，着手下一步工作。

(3) 社会资本方作为项目发起人负责编制可行性研究报告、项目产出说明和初步实施方案，并提交给财政部门。

社会资本方作为项目发起人,根据财政部门的要求编制并提交可行性研究报告、项目产出说明和初步实施方案。社会资本方可委托有资质的第三方机构进行协助。

(4) 财政部门(PPP中心)进行项目论证与测算。一般情况下,财政部门根据《PPP物有所值评价指引》及《财政承受能力论证指引》的规定,对项目开展物有所值评价及财政承受能力论证,形成《物有所值评价报告》《财政承受能力论证报告》。对于社会资本方发起的PPP项目,通常由社会资本组建专业的团队,进行项目的策划论证,并自行承担相关前期费用,聘请专业咨询公司及律师团队,制作项目的《物有所值评价报告》《财政承受能力论证报告》。对于政府方而言,此阶段的主要工作,就是对上述论证文件进行审查。

(5) 项目实施机构编制PPP项目实施方案。一般情况下,根据《政府和社会资本合作模式操作指南》等相关规定,有关职能部门或事业单位经本级政府授权后,作为项目实施机构进行项目实施方案的编制工作,在该方案中明确项目公司股权结构、确定PPP项目运作方式、明确交易结构、确定社会资本方采购方式等,并报本级政府审批。对于社会资本方发起的PPP项目,通常由社会资本组建专业的团队,进行项目的策划论证,并自行承担相关前期费用,聘请专业咨询公司及律师团队,制作项目的《实施方案》并进行验证。对于政府方而言,此阶段的主要工作,就是对上述方案进行审查。

(6) 采购人就PPP项目进行资格预审。项目实施机构作为采购人,根据《政府和社会资本合作项目政府采购管理办法》等相关规定,对项目进行资格预审,验证项目能否获得社会资本响应和实现充分竞争,并将资格预审的评审报告提交财政部门备案。由此可知,社会资本方发起项目后,并不表示将来一定能够投资该项目,只不过作为发起人的社会资本方具有一定的优势。

(7) 采购人进行项目采购。采购人按照《PPP项目实施方案》确定的采购方式,根据《政府和社会资本合作项目政府采购管理办法》等政府采购相关规定选择社会资本合作方。

(8) PPP项目合同的谈判及签署。选定社会资本方后,项目实施机构与中标人就PPP项目合同进行谈判,并最终签署。

(9) 项目执行。PPP项目合同签署后,政府方与社会资本方,根据合同的约定,共同实施PPP项目。

12.2.2 项目经理

1. 项目经理的内涵

项目经理(project manager)是指以项目经理责任制为核心,全面负责项目的组织、计划及实施全过程,对项目实行质量、安全、进度、成本管理的责任保证体系,全面提高项目管理水平,以保证项目目标成功实现的个人。

项目经理是为项目的成功策划和执行负总责的人，具体负责处理项目所有事务性质的工作。也可称为"执行制作人"（exutive producer）。项目经理是项目团队的领导者，项目经理首要职责是在预算范围内按时、优质地领导项目小组完成全部项目工作内容，并使客户满意。项目经理是一个项目全面管理的核心和焦点。

项目经理与总经理和部门经理有很大的不同，主要表现在：

（1）项目经理与总经理职责不同。项目经理是项目的直接管理者，是一线管理者；而总经理是通过对企业或组织的重大管理问题进行战略决策，并通过监督管理实现管理目标。它主要对项目的主要关键节点进行检查和监督，确保项目总目标的实现。

（2）项目经理与部门经理的职责不同。项目经理对项目的计划、组织、实施等负全部责任，而部门经理只对组织或项目某一专业职能进行专业化职能管理，对总经理或项目经理负责。如技术部门经理对技术方案的选择、设备部门经理对设备的选择等，成本经理负责项目成本的估算、预算和实施控制等工作。

2. 项目经理的职责

项目经理对项目的成功负全面管理责任。项目经理在项目生命周期各阶段的主要职责及一般职责如表12-2所示。

表12-2　　项目经理在项目生命周期各阶段的主要职责及一般职责

阶段	主要角色与职责	一般职责
项目启动阶段	• 草拟项目概念文件及项目章程 • 定义项目成功标准 • 编制项目约束条件文件 • 编制项目假设文件 • 进行成本—收益分析	• 执行贯彻项目政策与程序 • 获取执行项目工作所需的资源 • 保持人员技术的熟练度和生产能力，需要时提供培训 • 建立并保持项目的质量 • 识别并获取项目所需的工具
项目规划设计阶段	• 在项目团队成员的帮助下编制详细的项目计划文件 • 在项目团队成员的帮助下建立组织分解结构及工作分解结构表 • 编制或者帮助编制项目工作范围说明书、项目进度安排、沟通计划、风险管理计划、成本—收益分析、采购管理计划、配置管理计划、项目过渡核对表 • 确保管理成本、客户、有关机构以及承包商遵守自己的承诺 • 确保项目计划得到审批并作为基准计划 • 为项目分配资源并确定工作包（资源计划） • 批准项目质量计划以及配置管理计划	

续表

阶段	主要角色与职责	一般职责
项目实施阶段	• 管理项目日常工作，并为项目团队成员开展工作提供指导 • 定期检查项目进展状况，将预算与实际价值进行比较 • 定期检查项目网络图，将进度基准计划与实际完成的工作进行比较 • 变更项目预算及项目进度安排，需要时提供建议 • 检查质量保证审查的结果 • 审查项目风险，监理风险减弱等风险应对策略与程序 • 确保项目计划经常更新，必要时各方共同签署	• 执行贯彻项目政策与程序 • 获取执行项目工作所需的资源 • 保持人员技术的熟练度和生产能力，需要时提供培训 • 建立并保持项目的质量 • 识别并获取项目所需的工具
项目收尾阶段	• 对未通过测试验收的产品编制行动方案 • 得到客户及项目管理层对完成产品的认可 • 对于尚未解决的事项进行收尾工作 • 编写项目后执行报告 • 开展经验交流活动 • 财务账目、财务支出等的收尾活动 • 将所有的项目有关文件、数据进行归档 • 需要时参加并协助项目交付审计 • 在合同收尾阶段协助采购合同的管理工作 • 与项目团队以及其他利益相关方共同庆祝项目的成功	

3. 项目经理的能力要求

实践证明，并不是任何人都可以成为合格的项目经理。项目及项目管理的特点要求项目经理需要具备相应的能力，才能圆满地完成项目任务。通常一个合格的项目经理需要具备以下能力：

（1）专业技术知识能力。

项目经理需要掌握如下两方面的知识：

①项目所在领域的相关专业技术知识，如工业、农业、建筑业等方面的专业知识。一些大型复杂的项目，其工艺、技术、设备的专业性要求很强，对项目经理的要求也很高。不难想象，作为项目实施最高决策的项目经理，如果不懂技术，就无法进行有效的决策，无法按照工艺流程来组织实施，也难以鉴别项目计划、工具设备以及技术方案的优劣。同样，在与项目其他利益相关方的沟通上也会遭遇很多的困难。因此，项目经理需要具备全面的专业技术知识。

②管理和应用方面的知识，如管理学、经济学、法学、系统论、信息论、控制论、财务管理学、系统工程等理论和方法，以及风险管理、进度管理、范围管理、质量管理、成本管理、人力资源管理等职能应用领域的知识。

（2）综合管理能力。

①激发团队成员的能力。出色的项目经理应能够根据团队人员个人的能力、性格和经验等对团队人员进行培养和锻炼，主要包括以下几方面：第一，项目经理应提供培养员工的环境，使员工能够从工作中获得知识；第二，项目经理应以

适当的方式培养员工不断创新的意识，敢于承担责任，果断决策，善于把握学习和发展的良机；第三，项目经理要尽可能地提供培训机会，采取适当的方式有针对性地培养员工的相关能力。第四，要通过正确而准确的项目考核，认可他们对项目的绩效贡献，及时发现项目实施过程中的问题，通过绩效沟通，帮助他们解决问题，提高工作绩效。

②组织能力。任何项目都需要一定的资源配置，资源配置能力和管理水平决定了项目的成功度。所以项目经理需要按照项目的目标争取到项目所需要的资源。如项目团队成员的调配与分工，项目资金的争取和配备，项目施工设备的配备、项目利益相关方的选择与配备等。

项目资源配置到位，还要加强项目资源的管理。做到明确项目的目标和定位、项目的责任分工、项目总规划与计划以及项目各专业计划的制订与批准、项目的沟通方式与要求、项目的监督与检查、项目规划与计划的调整、项目关键节点、各项工作和报告期的检查与验收等。

③决策能力。任何项目经理在项目管理过程中要做大量的决策，决策正确与否，直接决定了项目的管理水平和效果。所以项目经理需要具有科学正确决策的能力和水平。

项目决策就是投资者按照自己的意图和目的，在调查分析、研究的基础上，对投资规模、投资方向、投资结构、投资分配以及投资项目的选择、布局等方面进行技术经济分析，从而判断投资项目是否必要和可行的一种选择。

项目决策需要运用科学的决策程序和方法，应遵循科学化和民主化两大原则。科学化，就是在项目决策前，按照科学的程序，采用科学的方法，在调查研究的基础上，对拟建项目的可行性和发展前景进行认真的决策分析与评价。民主化，就是善于吸纳各种不同意见，分析各种风险，多谋而后慎断。

④沟通能力。沟通能力就是有效倾听、劝告和理解他人行为的能力，一般包括表达能力、争辩能力、倾听能力等。只有具备足够的沟通能力，项目经理才能与团队成员、项目的利益相关方等进行有效的交流，才能在项目实施过程中不断有效地解决问题，使项目实现有效可控。

⑤抗压能力。项目实施过程中经常会遇到各种各样的问题，如技术问题、人员问题、进度问题等。项目经理只有做到临危不惧，勇于承担责任，冷静思考，及时有效处理，才能带领项目团队转危为安，确保项目顺利完成。

⑥应变能力。每个项目在其实施过程中都有可能发生千变万化的情况，项目管理本质上是一个动态的管理过程。这就要求项目经理必须具备灵活应变的能力，根据外部环境的变化和客户需求的变化，不断进行调整，这样才能对各种不利的情况作出迅速反应。

⑦处理和解决问题的能力。项目实施的计划性很强，每个项目阶段都有明确的时间要求、质量要求和预算要求，项目经理应辨明事情的主次顺序，合理调动项目资源，规划好项目的进度、按质量控制标准的要求和预算来完成项目，及时发现项目实施过程中的各种问题，调动各方面的力量分析问题的原因和症结所

在，提出有效的解决方案，有效处理和解决问题，保证项目向正确的方向发展，确保项目成功。

⑧领导能力。领导力不是简单的服从，而是一系列行为的组合，这些行为将会激励人们跟随领导完成既定的目标。通俗来讲，领导力体现的是一种号召力，即调动下属工作积极性的能力。通常情况下，项目团队成员来自不同的部门，他们之间在性格、能力、素质、价值观等方面或多或少都存在一定的差别，因此，项目经理需要具备领导能力，充分调动每一个成员的工作积极性，让他们全身心地投入到项目工作中，以确保项目的高效开展。

建造师执业资格证书

国家规定，只有建造师才可以担任项目经理，建造师主要从事项目管理，适用于施工单位。

《中华人民共和国建筑法》第十四条规定："从事建筑活动的专业技术人员，应当依法取得相应的执业资格证书，并在执业证书许可的范围内从事建筑活动。"2003年2月27日《国务院关于取消第二批行政审批项目和改变一批行政审批项目管理方式的决定》规定："取消建筑施工企业项目经理资质核准，由注册建造师代替，并设立过渡期。"人事部、建设部依据国务院上述要求决定对建设工程项目总承包及施工管理的专业技术人员实行建造师执业资格制度，出台了《建造师执业资格制度暂行规定》。

建造师分为两个等级，分别为一级建造师与二级建造师。

（1）一级建造师。

一级建造师，是一种建筑类执业资格，是担任大型项目经理的前提条件。一级建造师执业资格考试设4个科目，参加全部4个科目考试的人员必须在连续的两个考试年度内通过全部科目。取得建造师执业资格证书且符合注册条件的人员，必须经过注册登记后，方可以建造师名义执业。

（2）二级建造师。

二级建造师，是建筑类的一种职业资格，是担任项目经理的前提条件。二级建造师执业资格考试合格者，由省、自治区、直辖市人事部门颁发《中华人民共和国二级建造师执业资格证书》。取得建造师执业资格证书经过注册登记后，即获得二级建造师注册证书，注册后的建造师方可受聘执业。

【拓展阅读】

关于 IPMP 证书等级体系

国际项目管理专业资质认证（International Project Management Professional，

IPMP）是国际项目管理协会（International Project Management Association，IPMA）在全球推行的四级项目管理专业资质认证体系的总称。IPMP是对项目管理人员知识、经验和个人素质的综合评估证明，根据IPMP认证等级划分，通过IPMP四级认证的项目管理从业人员，将分别具备负责管理大型国际项目、大型复杂项目、一般复杂项目和具有从事项目管理专业工作的能力。

IPMA依据国际项目管理专业资质认证标准（IPMA Competence Baseline，ICB），针对项目管理人员的专业水平和管理能力不同，将项目管理专业人员的资质划分为四个等级，即A级、B级、C级、D级，对每个等级分别授予不同级别与称谓的证书，如下表所示。

IPMA全球四级证书体系（IPMP）

头衔	能力	认证程序			有效期
		阶段1	阶段2	阶段3	
认证的国际特级项目经理 Certified Projects Director（IPMA Level A）	能力=知识+经验+个人素质	A	申请 履历 项目清单 证明材料 自我评估	项目群管理报告	面试	5年
认证的国际高级项目经理 Certified Senior Project Manager（IPMA Level B）		B		项目管理报告（无C级证书将附加笔试）		
认证的国际项目经理 Certified Project Manager（IPMA Level C）		C		1. 笔试 2. 案例研讨		
认证的国际助理项目经理 Certified Project Management Associate（IPMA Level D）	知识	D	申请 履历 自我评估	笔试		无时间限制

IPMP A级（Level A）证书获得者，被称为是认证的国际特级项目经理

(Certified Projects Director)。获得这一级认证的项目管理专业人员有能力指导一个公司（或一个分支机构）包括有诸多项目的复杂规划，有能力管理该组织的所有项目，或者管理一项国际合作型的复杂项目。

IPMP B级（Level B）证书获得者，被称为是认证的国际高级项目经理（Certified Senior Project Manager）。获得这一级认证的项目管理专业人员可以管理大型复杂项目，或者管理一项国际合作型项目。

IPMP C级（Level C）证书获得者，被称为是认证的国际项目经理（Certified Project Manager）。通过这一级认证的项目管理专业人员能够管理一般复杂项目，也可以在所在项目中辅助高级项目经理进行管理。

IPMP D级（Level D）证书获得者，被称为是认证的国际助理项目经理（Certified Project Management Associate）。获得这一级认证的项目管理人员具有项目管理从业的基本管理知识，并可以将它们应用于某些项目管理领域中。

12.2.3 项目团队

1. 项目团队的内涵

项目团队（project team）是由一组个体成员组成的为实现项目目标而协同工作的群体。项目的成功需要项目团队成员之间的密切协作，在协作过程中就需要有人为了团队的整体利益作出局部的牺牲。然而，如果谁牺牲谁吃亏的话，这种协作就不可能形成，团队也就不可能形成。只有充分发挥项目团队成员的优势，并将各团队成员的优势根据项目的要求进行整合，最好形成整体优势和最大效益，将项目团队中的各种才干和知识尽可能地共同发挥出来，项目才有可能获得成功，项目团队成员才能从中获益。

因此，项目团队就是由少数具有互补技能，愿意为了共同的有压力的目标而相互承担责任的人组成的群体。

2. 项目团队的职责

项目团队在项目生命周期各阶段的主要职责及一般职责如表12-3所示。

表12-3　　项目团队在项目生命周期各阶段的主要职责及一般职责

阶段	主要角色与职责	一般职责
项目启动阶段	• 为产品开发提供评估意见 • 保证需求是切合实际的，并合乎目前可用资源的状况 • 从完整性、相关性及清晰性等角度分析需求	• 识别技术解决可选方案 • 在预算成本以及进度范围内实施方案 • 同质量保证组织的协调 • 支持项目计划编制以及对项目的追踪

续表

阶段	主要角色与职责	一般职责
项目规划设计阶段	• 开发技术方法 • 分配并参与开发任务 • 在编制成本估算以及进度编制方面提供支持 • 协助编制质量保证计划以及配置管理计划 • 保证所有的项目小组成员理解项目计划 • 识别项目人员的培训需求 • 保证项目实施人员充分理解各种需求	• 识别技术解决可选方案 • 在预算成本以及进度范围内实施方案 • 同质量保证组织的协调 • 支持项目计划编制以及对项目的追踪
项目实施阶段	• 创建产品或流程方案 • 跟踪项目实施情况以及递交项目进展报告 • 编制配置控制文件及其基准文件 • 进行内部审查以及外部审查 • 编制测试计划并协调各种测试活动 • 实施分配给的各项项目计划 • 识别问题并提出变更进度申请 • 协调质量保证活动，审查质量保证结果以及纠正各种偏差 • 识别风险并对出现的各种风险采取应对措施 • 参与变更审查	
项目收尾阶段	• 参加经验交流会议 • 识别能够改善项目流程的方式 • 向项目经理交付各种与项目有关的文件以归档	

雁 行 理 论

秋天到了，叶子黄了，一群大雁往南飞……

野雁（大雁）每年要飞行好几万英里，光是一天内就可以飞越好几百英里的距离，真是人世间的一大奇观，而它们就靠随时不断地互相鼓舞来到达目的地。

雁群排列成V（人）字形，当每一只雁鸟展翅拍打时，造成其他的雁鸟立刻跟进，整个雁群抬升。借着V字队形，整个雁群比每只雁鸟单飞时，至少增加了七十一个百分比的飞行距离。

当一只野雁脱队时，它立刻感到独自飞行时迟缓、拖拉与吃力，所以很快又回到队形中，继续利用前一只鸟所造成的浮力。

当领队的野雁疲倦了，它会轮流退到侧翼，另一只野雁则接替飞在队形的最前端。

飞行在后的野雁会利用叫声鼓励前面的同伴来保持整体的速度，热情十足，继续前进。

当有一只雁生病或受伤时，会有其他两只从队伍飞下来协助保护它，直到它康复或死亡为止，然后它们自己组成队伍开始飞行，努力去追赶上原来的雁群。

3. 建立高效的项目团队

（1）加强项目团队领导。

组建一支基础广泛的团队是建立高效项目团队的前提,在组建项目团队时,除考虑每个人的教育背景、工作经验外,还需考虑其兴趣爱好、个性特征、年龄、性别、专业优势等,确保团队队员优势互补,做到人尽其才,才尽其用。

项目经理要为个人和团队设定明确而有感召力的目标,明确实现项目目标的具体衡量标准,让每个成员明确理解他的工作职责、角色、工作标准、考核指标及要求、操作规范及其质量标准等。设立实施项目的行为规范及共同遵守的价值观,引导团队行为,鼓励与支持参与,接受不同的见解,珍视和理解差异,进行开放性的沟通并积极地倾听,充分授权,民主决策。营造以信任为基础的良好的工作环境和条件,尊重与关怀团队成员,强化个人服从组织、少数服从多数的团队精神。根据队员的不同发展阶段实施情境领导,正确地运用指导、教练、支持与授权四种领导形态,鼓励队员积极主动地分担项目的责任,创造性地完成任务,实现项目的目标。

(2)鼓舞项目团队士气。

项目团队的士气取决于队员对项目工作的热情及意愿,所以,项目经理必须采取有效的激励措施激发团队成员的工作热情,创造出信任、和谐而健康的工作环境和氛围,让每个成员都知道,如果项目成功了,每个人都是赢家,个人的价值也得到了实现,否则便是双输。而项目的成功需要项目团队成员的共同努力和协作,任何人都没有比团队更有战斗力。鼓励成员相互协调、彼此帮助,开诚布公地表达自己的思想,设身处地地提供反馈,加强交流。提倡与支持不断学习的气氛,使团队成员有成长和学习的机会,能够获得职业进步。庆祝团队达到的里程碑,肯定与赏识个人与团队的成功。

灵活多样而丰富多彩的团队建设活动,如组织项目队员周末聚会、室外拓展、团队旅游等,是培养和发展个人友谊、鼓舞团队士气的有效方式。另外,通过定期召开项目团队会议,交流思想和解决项目问题,使项目管理更有成效。

(3)提高项目团队效率。

建设高效项目团队的最终目的是提高团队的工作效率,项目团队的工作效率依赖于团队的士气和合作共事的关系,依赖于成员的专业知识和掌握的技艺,依赖于项目的管理与协作,依赖于团队的业务目标和交付成果。高效项目团队必定能通过计划、组织、领导、控制和创新,通过最佳的资源组合,在工期、质量、成本、安全等方面取得竞争优势,以最低的投入取得最大的产出。

12.2.4 承包商

1. 承包商的内涵

随着中国社会的发展,基础设施建设工程、房地产市场、IT行业、国防工程、研发项目快速发展,我国固定资产投资规模越来越大,项目越来越多。每个产品都需要经过设计,然后付诸实施就需要承包商来完成这个把图纸上的产品变成实物的过程,项目承包商自然也就逐渐多了起来。而且随着专业化分工越来越细,现代项目技术越来越复杂、工程量越来越大、客户要求也越来越高,一般工程都需要将项目整体分成若干个子项目转包给不同的承包商(contractor),从而发挥各承包商的优势,保证项目能够高质量地完成。

所谓承包商,是指有一定生产能力、技术装备、流动资金和资质,双方签订合同,在项目中能够按照业主的要求,提供所需产品,并获得收益的单位。

在工程建设领域,按照承包商进行生产的主要形式的不同,分为承建商(勘察、设计单位,监理单位、建筑安装企业、装饰单位)、供应商(建筑施工设备、建筑材料、建设资金、混凝土预制构件、非标准件制作、商品混凝土供应等)、租赁商(建筑机械设备租赁,劳务提供等);按照他们的承包方式不同分为施工总承包企业、专业承包企业、劳务分包企业。

不同类型的承包商在项目生命周期的不同阶段介入,如项目管理公司、勘察单位在项目的启动阶段,设计公司在规划设计阶段介入,建筑施工企业、监理公司在项目实施阶段介入等。因而,不同类型的承包商在项目生命周期的各阶段需要承担的职责是不同的。

承建商是指承接建设任务的商人或组织,通俗地说就是施工方、施工企业。承建商主要是负责工程建设实施阶段的生产活动,负责各类建筑物的建造过程,也可以说是把设计图纸上的各种线条,在指定的地点,变成实物的过程的施工单位或组织。如建筑承建商负责的任务包括基础工程施工、主体结构施工、屋面工程施工、装饰工程施工等。

2. 承包商的角色与责任

承包商有多种,本书以工程承包商和设备供应商为例说明承包商的角色和责任,如表 12-4 所示。

表 12-4 　　　　　　工程承包商与设备供应商的角色与责任

工程承包商的角色与责任	设备供应商的角色与责任
(1) 制订施工组织设计和项目计划,经监理工程师审定后组织实施。 (2) 按施工计划组织施工,认真组织好人力、机械、材料等资源的投入,并向监理工程师提供年、季、月工程进度计划。 (3) 按施工合同要求在工程进度、成本、质量方面进行过程控制,发现不合格项及时纠正。 (4) 遵守有关部门对施工场地交通、施工噪声以及环境保护和安全生产等方面的管理规定,办理相关手续。 (5) 按专用条款约定,做好施工现场地下管线和邻近建筑物、构筑物及有关文物、古树等的保护工作。 (6) 保证施工现场清洁,使之符合环境卫生管理的有关规定。 (7) 在施工过程中按规定程序及时、主动、自觉接受监理工程师的监督检查;提供业主和监理工程师需要的各种项目统计数据的报表。 (8) 及时向委托方提交竣工验收申请报告,对验收中发现的问题及时进行改进。 (9) 负责已完工程的保护工作。 (10) 向委托方完整、及时地移交有关工程资料档案	(1) 按照合同约定,以规定的价格,在规定的时间、质量和数量条件下提供设备,并做好现场服务,及时解决有关设备的技术、质量、缺损件等问题。 (2) 按照合同约定,完成设备的有关运输、保险、包装、设备调试、安装、技术援助、培训等相关工作。 (3) 保证提交的设备和技术规范与委托文件的要求一致。 (4) 保证业主在使用其所提供的设备时,不侵犯第三方的专利权、商标权和工业设计权。 (5) 做好已售设备的质保与售后服务工作。 (6) 完成合同规定的其他工作

3. 承包商应具备的素质和能力

(1) 有较高的思想素养和事业心、责任心以及勇于进取、积极创新的魄力。选好人、用好人、知人善任，团结同志，调动全体职工的积极性，形成强大的凝聚力。

(2) 懂得理财的重要性，精通理财之道，并且能够取得往来银行和担保公司的信用和支持。

(3) 通晓工程施工技术、施工组织和估价业务知识以及投标策略，针对不同工程的具体条件，不失时机地作出争取中标的报价决策；中标后能迅速组成团队高质量完成项目任务，实现项目目标，赢得业主的满意。

(4) 科学管理，运用现代化的工程项目管理手段和方法，提高项目管理效率和效果。建立准确详尽的成本核算制度、工程质量管理制度以及信息管理系统，随时掌握工程进度、质量、成本和资源利用的动态，使项目受控。

(5) 熟悉各种保险程序和税法，以利于保护工程项目、企业财产以及职工的合法权益。

(6) 熟悉劳工关系和公共关系，维护员工和企业的利益，构建良好的合作伙伴关系，实现双方或多方共赢，实现职工队伍的稳定和积极性的发挥，树立企业良好的社会形象（见表12－5）。

表12－5　　　2016年全球最大20家国际工程承包商名录　　　单位：百万美元

排名 2015年	排名 2016年	公司名称	国外营业额	总营业额	新签合同额	国别/地区
1	1	霍克蒂夫公司（Hochtief AG）	17598.9	19795.0	25973.5	德国
2	2	斯勘斯卡公司（Skanska AB）	12347.1	15722.2	18219.6	瑞典
3	4	维西公司（VINCI）	11065.0	32699.0	29197.0	法国
4	8	斯特拉巴格公司（STRABAG SE）	10799.0	13502.0	11050.0	奥地利
5	6	布依格公司（BOUYGUES）	9576.0	24960.0	30053.0	法国
6	7	柏克德集团公司（BECHTEL）	8931.0	15367.0	13904.0	美国
7	9	泰克尼普集团（TECHNIP）	8084.0	8245.0	7714.0	法国
8	6	凯洛格布朗路特公司（KBR）	7426.4	8150.2	3697.7	美国
9	10	比尔芬格柏格建筑公司（Bilfinger Berger AG）	6553.0	9967.0	12563.0	德国
10	8	福陆公司（FLOUR CORP.）	6338.5	11273.7	19276.2	美国
11	11	Royal BAM Group NV	5892.0	10844.0	NA	荷兰
12	13	鲍维斯林德（Bovis Lend Lease）	5680.0	8353.0	10829.0	英国
13	17	联合承包商国际公司（Consolidated Contractors Int'l Co.）	3941.2	3941.2	5386.5	希腊
14	45	中国交通建设集团有限公司	3380.7	14734.4	20513.5	中国
15	15	JGC公司（JGC Corp.）	3159.0	3804.0	1738.0	日本
16	18	千代田株式会社（Chiyoda Corp.）	3053.0	3517.0	4150.0	日本
17	16	Grupo ACS	3004.0	18526.6	NA	西班牙

续表

排名 2015年	排名 2016年	公司名称	国外营业额	总营业额	新签合同额	国别/地区
18	20	中国建筑工程总公司	2956.1	16146.9	24608.8	中国
19	22	PCL建筑商公司 PCL Construction Enterprises Inc.	2527.0	4110.0	4827.0	美国
20	19	鲍佛贝蒂公司 Balfour Beatty plc	2380.0	9073.0	9962.0	英国

12.2.5 客户

1. 客户的内涵

客户（project customer）是指使用项目成果的个人或组织。任何项目都是为项目客户服务的，最终产品也是提供给客户使用的。因此，项目管理中必须要认真考虑客户的需求和期望。

每个项目都有特定的客户，它可能是个人或组织，也可能是由两个或更多的人组成的一个团体，或者对同一项目结果具有相同需求的许多组织。在一些情况下，客户是需求提出者并提供资金的人，如建设建筑物、住宅等；所以项目公司必须了解客户的真正需求，按照客户的需求设计开发产品，这样的产品才是客户需要的，才能最终被客户接受，项目的效益才能最终体现出来，项目才能成功。

2. 客户的角色与职责

客户在项目生命周期各阶段的主要职责及一般职责如表12-6所示。

表12-6　客户在项目生命周期各阶段的主要职责及一般职责

阶段	主要职责	一般职责
项目启动阶段	• 清晰定义自己的需求 • 清晰定义对项目团队和项目经理的具体要求	• 清晰表述自己的需求 • 确保需求得到满足 • 确保人员的培训以随时能够进行新产品的验收 • 支持新产品应用于其他商业领域
项目规划阶段	• 审批项目计划 • 审查项目进展报告 • 任命与项目团队联系的联络人 • 书面批准各种需求及资格标准 • 识别那些需要培训的人员	
项目实施阶段	• 参加培训 • 必要时协助检查产品 • 批准交付及安装程序 • 审查当前商业实践并分析项目产品的影响 • 开发程序、政策及系统来支持新产品的应用 • 参加需求审查 • 必要时审查设计 • 协助解决需求问题	
项目收尾阶段	• 派员参加经验交流会议	

12.2.6 政府

1. 政府的内涵

政府（government）是指中央和地方的全部立法、行政和司法等机关。政府既为项目提供条件，也对其提出要求。

项目管理者需要与供电、供水、通信、道路、交通等各政府管理部门的沟通和合作，保证项目顺利实施。

按照角色的不同，可以将政府分为两类：

（1）政府项目管理办公室。制定政府相关的项目管理政策，并确保这些政策得到贯彻和落实；同时负责审查项目计划的可行性，对高风险、高投资的项目进行监督。

（2）政府相关项目管理层。审查项目计划、合同及其他评价风险的各项任务，必要时对出现问题的项目推荐解决方案。

2. 政府的职责

政府与项目管理组织之间一般没有正式的合同关系，但是作为项目实施外部环境的提供者，政府也是项目的关键利益相关方。

政府在项目生命周期各阶段的主要职责及一般职责如表 12-7 所示。

表 12-7　政府在项目生命周期各阶段的主要职责及一般职责

阶段	政府项目管理办公室	政府相关项目管理层
一般职责	● 确定、审查、更新本领域的项目管理体系及其他各项政策 ● 提供项目管理规划与各项标准 ● 为项目管理的改善提供资源 ● 对项目政策的执行情况进行检查和控制	● 将政府需求进行排序，同时将其包含在战略计划中 ● 确保进行各项目活动所需的资源 ● 审查/批准对外部实体（如卖方或其他组织）的承诺 ● 保证政府相关人员得到相应的培训 ● 评估并推荐所采用的自动化工具
项目启动阶段	● 审查项目的概念文件 ● 审查项目的可行性研究报告和施工组织设计	● 选择项目经理，在人员配备方面提供协助 ● 审查并批准项目风险分析 ● 确保资金供应
项目规划阶段	● 审查并协助识别风险 ● 落实项目目标是否定义清楚 ● 监督质量保证活动、风险计划以及项目启动的各种文件 ● 批准项目计划 ● 确保项目计划得到批准并基准化	● 审批项目计划、预算及建立管理准备金 ● 成本估计时，确保项目小组领导的支持 ● 保证项目人员的可获得性

续表

阶段	政府项目管理办公室	政府相关项目管理层
项目实施阶段	• 进行项目监督 • 审查项目进展情况 • 对实施不好的项目有要求暂停或者停工的权力	• 定期进行项目实施管理的审查 • 批准项目计划变更 • 审查项目风险管理计划 • 审批合同执行中的变更
项目收尾阶段	• 收集数据并归档 • 审查项目后实施报告归档 • 参加经验交流会议	• 参加经验交流会议 • 参与并保证客户以及项目发起人对项目的验收 • 确保财务收尾

PPP 模式下项目的各参与方及其职责

PPP 项目模式运作中，利益主体包括政府、社会投资者、特许经营 PPP 项目公司，金融机构、咨询公司、承包商及供应商等。为了平衡政府部门、社会投资者、PPP 项目公司、金融机构等利益主体的不同利益和要求，首先应明确各利益主体的职能。

1. 政府

政府部门（政府或者政府授权的部门）通常是 PPP 项目的发起人，它们在法律上既不拥有项目，也不经营项目，而是通过给予项目某些特许经营权和给予项目一定数额的从属性贷款或贷款担保作为项目建设、开发和融资安排的支持。政府需要对项目的可行性进行分析，并组织项目招标，对投标的私营企业进行综合权衡，确定最终的项目开发主体。如在污水处理项目中，政府部门确保项目公司在整个特许经营期内无偿使用污水处理厂场地范围内的土地，并且协助项目公司获得法律许可的与履行项目协议相关的税收和电价优惠等，给予了项目公司强有力的支持，为项目的成功打下了良好的基础。

2. 私营企业

私营企业和代表政府的股权投资机构合作成立 PPP 项目公司，投入的股本形成公司的权益资本。政府部门在选择私人投资机构的时候往往比较慎重，因为 PPP 项目的资金规模非常巨大，花费的时间长，需要私人投资机构具备雄厚的资金实力和良好的信誉。私营企业作为发起人，负责召集 PPP 项目公司成员。投标以前，各成员就联合成立项目公司达成一致，以合同形式确定各自的出资比例和出资形式，并推选成员中的几人组成项目领导小组负责 PPP 项目公司正式注册前的工作。参与 PPP 项目的一般均为实力雄厚的企业，如香港地铁公司、中国中信集团公司、北京桑德环保集团有限公司等实力雄厚的国内外企业均积极投身到我国 PPP 项目的建设中，成功完成了北京地铁 4 号线 PPP 项目、国家体育馆鸟巢 BOT 项目、襄樊市污水处理厂 30 万吨/日 BOT 项目等重大项目。

3. 项目公司

PPP项目公司是为PPP项目的建设以及运营而专门设立的公司，由政府和社会投资者联合组成。PPP项目公司是PPP项目的实施者，从政府或授权机构获得建设和经营项目的特许权，负责项目从融资、设计、建设和运营直至项目最后的移交等全过程的运作。PPP项目公司正式注册成立后，负责整个项目的运作。项目特许期结束，经营权或所有权转移时，PPP项目公司清算并解散。在项目运作过程中，PPP项目公司的职能主要包括投标与谈判、项目开发、运营和移交、确保项目的服务质量等。项目公司对污水处理厂进行投融资、设计、建设，并在特许经营期内，按照特许权协议的条款对污水处理厂进行运营、维护和修理。在特许运营期结束后，项目公司将污水处理厂的资产移交给大冶市政府，并保证项目设施的性能符合协议中规定的性能标准。

4. 银行等金融机构

在PPP模式下，向项目提供贷款的银行主要是国际金融机构、商业银行、信托投资机构等。在PPP项目的资金中，来自私营企业以及政府的直接投资占的比例通常比较小，大部分的资金来自银行和金融机构，且贷款期限较长。为了保证项目贷款的顺利回收，贷款人通常要求PPP项目公司或其参与者提供履约保函或担保函，从而避免或减少由于开发或运营不善带来的损失。同时，贷款人为了保证贷款的安全性，通常要求PPP项目公司质押他们在银行的账户，如基本账户、营业收入账户、还款账户等。

5. 咨询公司

由于PPP项目运作参与合作者众多、资金结构复杂、项目开发期较长、风险较大，因此在项目的全寿命期内都需要咨询公司的介入，指导项目的运作。在PPP项目中的主要工作包括组织尽职调查、设计基础设施PPP项目方案，设计项目交易结构和招商程序，设定边界条件、遴选标准等，建立财务模型并进行商业预测分析，编制招商文件，组织实施招标或竞争性谈判等公开竞争性招商程序，参与商务谈判及协助签订项目特许经营协议等。具体职能如下：

（1）提供政策咨询。

由于项目的运作涉及国家的产业政策、行业政策、税收、金融等各方面的政策，咨询公司可以帮助PPP项目公司了解这些政策，并按照政策的要求设计项目框架，规避项目的政策风险。

（2）协助确定融资方案。

合理的融资方案是项目成功的重要因素。咨询公司可以充分发挥自身的专业优势，依据其掌握的市场信息和融资经验，帮助PPP项目公司设计适合项目特点的最佳的融资计划，确定合理的融资结构。

（3）协助制订风险管理方案。

在PPP模式下，项目面临的风险众多，咨询公司能够对项目全生命期内风险作出较为准确专业的判断，制订合理的风险分配方案，使项目的风险管理合理有效。

(4) 协助选择合作伙伴。

项目的建设需要有众多的合作伙伴参与，包括设计单位、建设单位、监理单位等，咨询公司可以协助 PPP 项目公司选择信誉卓越、技术精专的合作伙伴，协助进行工程的合理安排，有效控制工程的进度、成本和质量。

(5) 协助项目开发运营。

咨询公司可以为 PPP 项目公司提供长期的市场分析和预测，设计规避市场风险的有效方案。项目开发运营过程中的相关报告、文件以及会议等也都在咨询公司的协助下完成。

除了上述的利害关系者以外，设计单位、保险公司、运营公司、建设单位、材料供应商等也都在 PPP 模式运作过程中发挥着重要的作用，他们与 PPP 公司和各合作方的协调和密切配合是项目成功的重要因素。

资料来源：仝振江，山东德衡（枣庄）律师事务所。

12.3 项目利益相关方管理

项目利益相关方管理（project stakeholder management）是指项目管理者运用规范的管理程序来识别出项目的利益相关方，了解项目利益相关方的需求，分析项目利益相关方的重要度，处理项目利益相关方之间的关系，获得利益相关方的支持，从而确保项目的成功。项目利益相关方管理的过程主要包括项目利益相关方识别、项目利益相关方的需求分析、项目利益相关方重要性分析、项目利益相关方支持度分析和项目利益相关方综合分析五个主要内容。

12.3.1 项目利益相关方识别

项目的目标的实现程度实际上是项目所有项目利益相关方需求的综合体现。项目利益相关方对项目的成功至关重要，如何将项目的利益相关方有效地识别出来是进行项目管理的首要和关键问题。

利益相关方的识别必须要做到"全面识别、不能遗漏"。可以采用的方法主要有范围识别法、360 度层次分析法、访谈法和三维模型法等。

夏普（Helen Sharp）提出一种可以识别所有利益相关方的方法（如图 12 - 2 所示）。该方法以基点利益相关方（baseline stakeholders）（包括用户、开发者、规则制定者和决策者）为中心点，通过他们可以识别供应者利益相关方（supplier stakeholders）和客户利益相关方（client' stakeholders）。前者为基点利益相关方提供信息或者以完成某项任务的形式提供支持，后者处理或检查基点利益相关方的产品。其他与基点利益相关方发生各种联系的利益相关方被称为附属利益相关方（satellite stakeholders），他们与基点利益相关方之间的交互活动可能包括：传达、读取规则或指导方针，收集信息等。

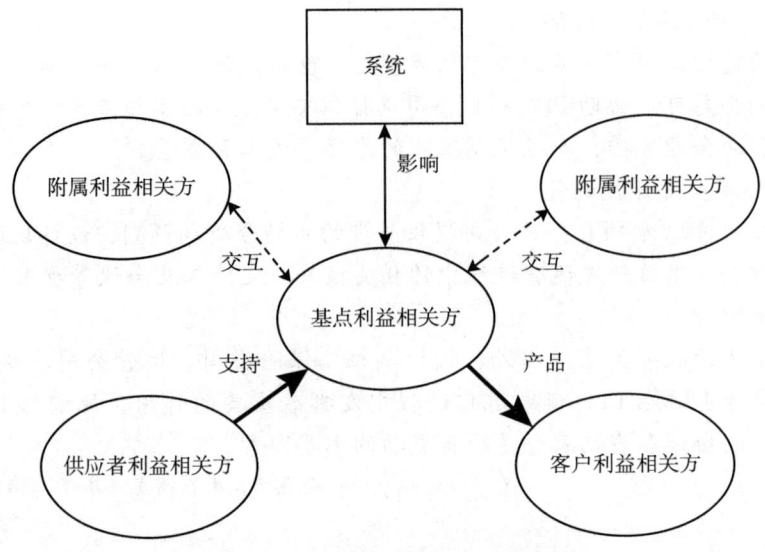

图 12-2 项目利益相关方识别要素

该方法以已知的核心利益相关方为中心并向外发散,有希望识别出所有的与项目有关的利益相关方,并且保证不会纳入不相关的组织或个人。

丁荣贵教授则提出从角色、任务和过程三个维度对项目利益相关方进行识别的模型(见图12-3)。

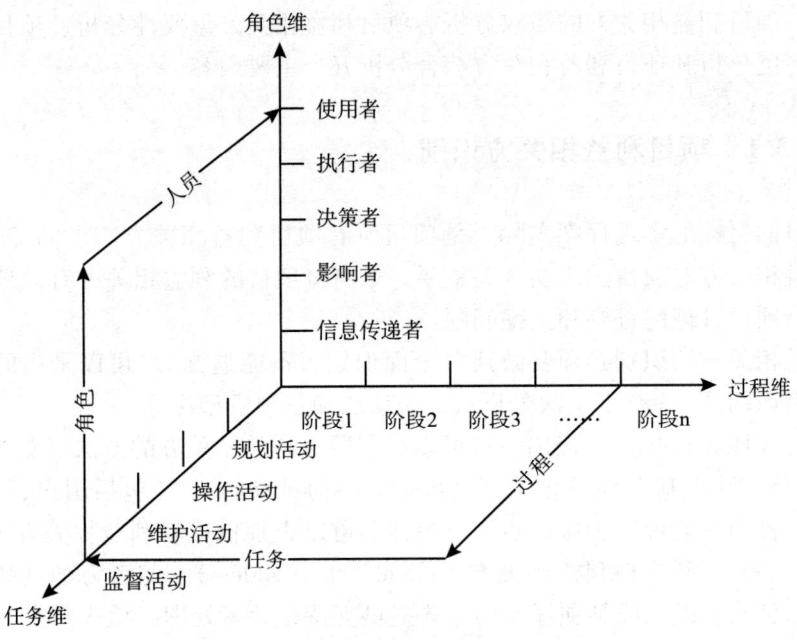

图 12-3 项目利益相关方识别的三维模型

在图 12-3 中,过程维用来表明项目目前所处的阶段和过程。由于项目的利益相关方不是一成不变的，而是在不同的阶段和过程中会有进入和退出，因此参与项目各阶段和过程的利益相关方是不同的，我们需要识别出参与该过程的利益相关方是谁。在项目启动时也不可能完全把整个项目不同阶段不同过程的相关方完全识别出来。划分项目生命周期很重要的目的在于理清责任，不同阶段利益相关方的责任不同，他们的角色和需求也就有所不同。

图 12-3 中的任务维就是用来明确该过程、阶段的工作任务（通过 WBS 进行识别）。任务明确之后，就需要对应到组织（部门），由于项目并不是要和整个组织进行协调，而是要和组织中的部分人员和部门进行协调，因此还需要由组织对应到具体的个人，整个过程可以通过 OBS 进行识别。

通过三维模型可以基于项目的生命期特征，通过 WBS 和 OBS 识别，使其相互对应，通过系统的分析把过程、任务和角色进行有效的对应，从而把项目利益相关方识别出来。

对于一般的项目而言，项目的利益相关方主要包括项目经理、项目发起人、项目客户、项目团队、承包商、供应商、政府部门、社会公众等。识别出项目利益相关方后，就需要挖掘他们的期望并将其变为明确的需求。

12.3.2 项目利益相关方的需求分析

项目利益相关方识别出之后，就需要挖掘他们的期望并将其变为明确的需求。项目利益相关方对项目的期望包括多个方面，其中既有对项目成果与利益的需要，成就与价值的需要，也有思想与情感的需要。

项目利益相关方的需求是多种多样的，这些需求对利益相关方来说需求强度是不同的。有些需求之间甚至是存在冲突的，如供应商期望尽早支付材料款而投资方则希望晚一些支付。一个项目不可能满足所有利益相关方的需求，因此，必须了解利益相关方的需求是什么，每一个需求的强度和迫切度是多少，哪些项目利益相关方的需求需要首先得到满足，这就需要通过一定的方法对项目利益相关方需求的重要性进行分析。

项目利益相关方的期望可以分为三类：第一类是"musts"，即如果去掉了就不能满足其基本需要成果的特性；第二类是"wants"，即利益相关方希望得到的能够丰富其需要的东西；第三类是"nice-to-haves"，即对利益相关方而言最好得到、多多益善的东西。

从理性上看这三类需求对利益相关方的重要性而言是递减的，然而，在项目的生命周期过程中，利益相关方表达这些需求的频率却常常是递增的。这是导致项目范围蔓延、项目变更、项目冲突最终失控而导致项目失败的重要原因。

项目利益相关方期望分析可以用质量功能表（quality function development, QFD）方法（见图 12-4）。

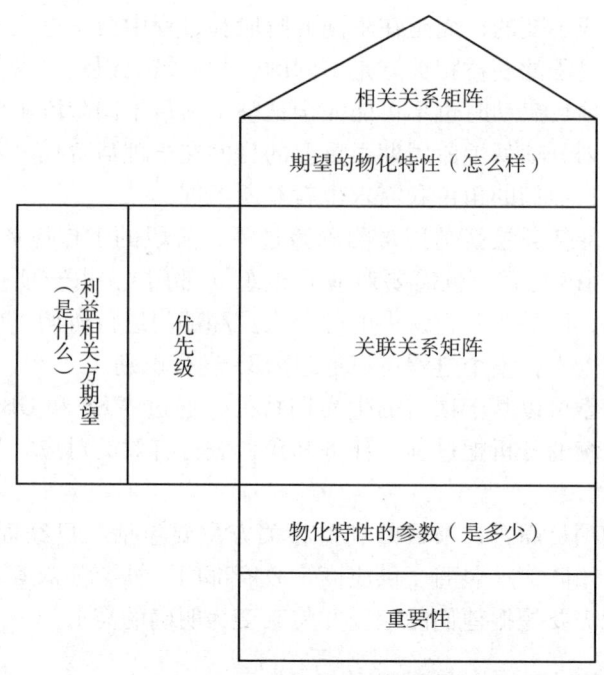

图 12-4 项目利益相关方需求的质量功能表

资料来源：丁荣贵. 项目利益相关方及其需求的识别 [J]. 项目管理技术，2008（1）：73-76.

图 12-4 中，"利益相关方期望"一般是抽象、笼统或模糊的。"优先级"则表示利益相关方期望之间的优先序。"期望的物化特性"是利益相关方期望的具体化表达而明确的事物（如资金、利润、满意度等），可以由专业人员通过访谈或调查问卷予以确定，并获得利益相关方的认可。"相关关系矩阵"是指众多物化特性之间的关系，通常用正相关或负相关表示。"关联关系矩阵"是指项目利益相关方的期望和其物化特性之间的关联关系，这种关系可以用"强""中等""弱"表示，也可采用分值表示。"物化特性的参数"是指能够用客观标准（指标值）来度量利益相关方需求。重要性是这些指标的权数，即重要度。

12.3.3 项目利益相关方重要性分析

每一个项目都会有多个利益相关方，每一个项目利益相关方在项目中承担的任务和任务量是不同的，职责大小是不同的，对项目的贡献是不同的。所以项目经理需求对参与项目的各个利益相关方的重要性进行分析，确定哪些利益相关方是重要关键的，哪些利益相关方是次要的，对关键利益相关方进行重视并加强管理。

项目经理的时间和精力是有限的，必须要重点处理好与重要和关键利益相关方之间的关系；同时，有些利益相关方对项目的作用很小，但如果其需求得不到满足，也许会给项目目标的实现造成巨大的阻碍，也应当给予高度的重视。

项目经理可将项目利益相关方按照其对项目影响的重要程度进行分类，从而确定某个利益相关方对项目的影响层次，以便进行有针对性的管理。如某炼油项目的利益相关方及其重要性如表12-8所示。

表12-8　　　　　　　　某炼油项目利益相关方及其重要性分析

角色	名称	重要性
发起人	胜利油田	主要利益相关方
客户	齐鲁石化	主要利益相关方
发起人各事业部	各事业部	一般利益相关方
项目团队	项目经理、团队成员	主要利益相关方
政府	山东省人民政府	主要利益相关方
监理单位	得胜监理公司	主要利益相关方
设计单位	山东大卫设计公司	主要利益相关方
承包商	中石化十公司	主要利益相关方
供应商	××供应商	主要利益相关方
银行	中国建设银行山东分行	主要利益相关方
保险公司	中国人民保险公司	重要利益相关方
会计师事务所	大宏会计师事务所	重要利益相关方
当地居民	拆迁户	主要利益相关方

项目利益相关方重要性分析的目的在于识别出项目的重要利益相关方，在此基础上，需要对项目利益相关方的立场和态度进行分析。

12.3.4　项目利益相关方支持度分析

按照项目利益相关方对项目支持程度递减的顺序，可以将项目利益相关方分为首倡者、内部支持者、较积极者、参与者、无所谓者、不积极者、反对者。为保证项目的顺利开展，在充分利用首倡者和内部支持者积极支持的同时，争取较积极者、参与者、无所谓者这些中间力量的参与，同时要争取不积极者和反对者尽量不要反对。

需要特别注意的是，项目利益相关方对项目的支持程度并不是一成不变的。随着项目的进展和对项目认识程度的加深，项目利益相关方对项目的支持度会发生变化。因此，项目经理要及时关注项目重要利益相关方对项目态度的变化，以灵活应对各种变化。

项目支持度分析可以通过调查问卷和访谈研究，从利益相关方的期望、资源的投入、项目的工作量，项目的重要度等进行分析，从而确定每一个利益相关方的支持度。

12.3.5 项目利益相关方综合分析

在对利益相关方进行重要性和支持度分析的基础上,需要综合考虑利益相关方对项目的影响。进行项目利益相关方综合分析常用的方法是坐标格法,如图12-5所示。

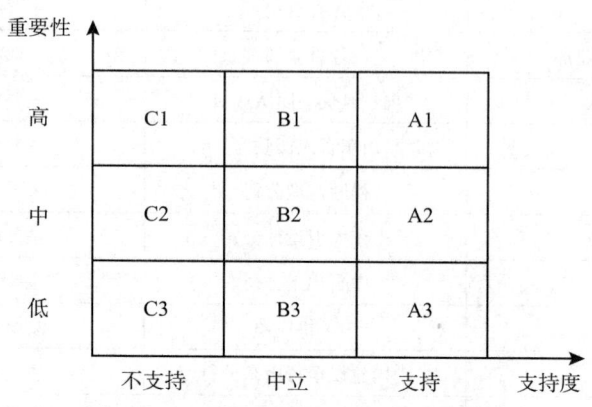

图 12-5 项目利益相关方综合分析坐标

图12-5中,纵坐标表示项目利益相关方的重要性,分为高、中、低三个层次;横坐标表示项目利益相关方对项目的支持程度,分为不支持、中立、支持三个层次。据此,项目利益相关方对项目的综合影响可以分为9类,对不同类型的利益相关方管理需要采取不同的策略。对A1、B1、A2区域的利益相关方给予高度重视,充分沟通,加强管理,更好地发挥其作用。而对C1、B2、A3、C2、B3区域的利益相关方区别情况进行适度管理,通过项目文化建设和充分的沟通,得到利益相关方的理解、支持和重视,而对项目作用一般的利益相关方则给予重视。对于C3区域的利益相关方则可忽视。在利益相关方综合分析时,即使不是重要利益相关方,也要考虑其对项目的影响,其提供的产品是否紧缺,是否有可替代性,以决定其关注的程度。

12.3.6 项目利益相关方关系管理的要点

项目各利益相关方在项目的整个生命周期中构成错综复杂的关系。为有效地实施项目利益相关方关系管理,更好地实现项目目标,应注意以下几点:

1. 选择合适的项目利益相关方

选择项目利益相关方主要考虑以下两个方面:
(1) 项目利益相关方对依靠各方实现项目目标是否有强烈的意向,这是项目利益相关方合作的基础。如果是一相情愿或者合作共赢的意愿不强烈，各方实力不均衡或不互补，就不会有持续稳定的伙伴关系，就不会有项目的成功。

（2）合作伙伴是否具有较强的合作能力。良好的合作伙伴应具有与项目相近的文化意识、经营理念和项目所需的优势资源，具备沟通协作、灵活处理问题的机制和能力，以及尊重伙伴、维系伙伴关系均衡的能力。

2. 确立共同的目标

作为项目的目标必须明确地提出来，并得到各方的认可。项目的目标必须具体和可衡量的，需要满足一定的原则。SMART原则是用来设定判断一个目标优劣的有效标准，即目标必须是：具体的（specific）、有针对性的；可衡量的（measurable），即可以检测目标的实现程度，或有检测目标实现程度的方法；可达到的（attainable），即尽管在实现目标的过程中可能存在巨大的挑战，但它是经过分析的、有把握实现的；相关的（relevant），即目标一定要与企业的商业目的等相关，还需要与实现目标的人相关，目标间必须是系统的，不冲突的；有时间限度的（time-bound），即必须设定目标的开始启动时间、检测时间和完成时间。

在此原则基础之上，合作伙伴的评价标准就容易确定。共同的目标可使各相关利益主体在决策时将项目共同体来统筹考虑，系统分析，也有利于各利益相关方关系的稳定。通过协作配合，各利益相关方子目标的实现，从而实现项目的总目标。

3. 明确各利益相关方的责权利

项目是满足利益相关方需求的平台，这一平台的成功运转需要各参与方在其中承担相应的角色和责任。只有将责任落实，项目才能得到有效的开展，才能对各利益相关方对项目的贡献进行评价。因此，在识别项目利益相关方的基础上，必须明确他们的职责，以合同、协议等规范的契约形式将项目的责任落实到具体的利益相关方，从而切实保证项目工作的完成和目标实现。

要按规定要求完成项目的任务和职责，必须明确完成任务所需要的权力。权力是行事的能力，是完成任务的重要保证。项目经理需要规定职责的要求，以及完成任务的要求对各利益相关方进行权力的分配，并在项目章程、施工组织设计中和合同中给予确定。

项目经理需要对各项目利益相关方的工作进行科学准确的评价。需要在项目规划和组织设计中给予明确的利益相关方认可的考核方案，根据考核结果与项目利益相关方的利益挂钩，给予物质和精神方面激励，调动利益相关方的积极性，增加货位的责任感，共同完成项目，实现项目目标。

4. 实施差异化管理策略

项目利益相关方对项目的重要性是不同的，其需求也各种各样，参与时间是不同的。所以只有采取满足利益相关方需求的措施才能最大限度地获取利益相关方的支持，使项目利益相关方满意，促进项目的顺利实施。因此，对待不同的利益相关方，要实施符合其特点和要求的策略，并促进利益相关方之间的相互协调，为项目的实施创造良好的外部环境。

【本章小结】

项目利益相关方（project stakeholder）定义为任何能够影响项目或受项目影响的个人或团体。通常，项目利益相关方包括项目发起人、项目经理、项目团队、承包商、客户、政府等，不同的利益相关方在项目生命周期的不同阶段需要承担不同的职责。

项目利益相关方管理（project stakeholder management）是指项目管理者运用规范的管理程序来处理与项目利益相关方之间的关系，获得利益相关方的支持，从而确保项目的成功。项目利益相关方管理的过程主要包括项目利益相关方识别、项目利益相关方的需求分析、项目利益相关方重要性分析、项目利益相关方支持度分析和项目利益相关方综合分析等内容。

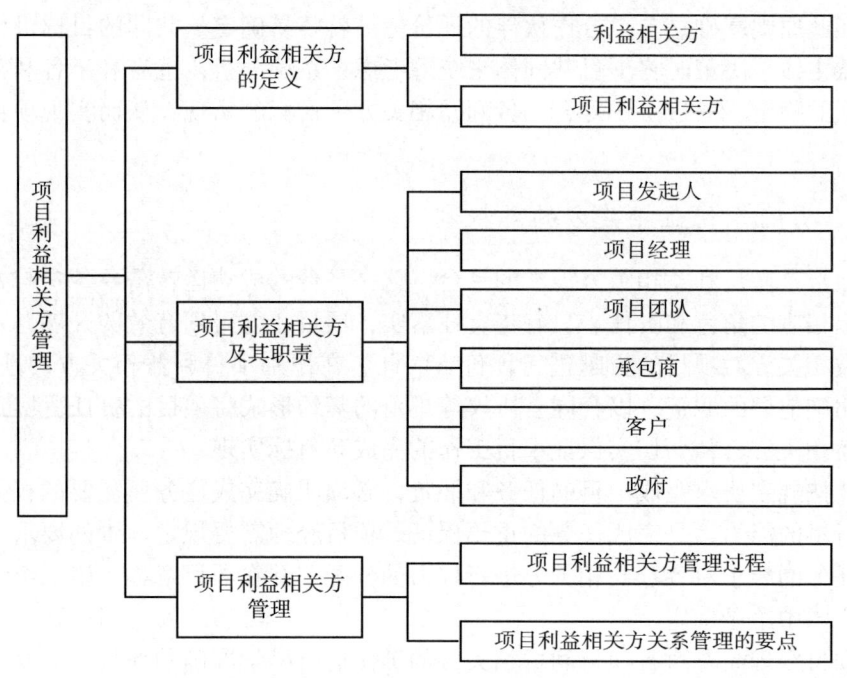

项目各利益相关方在项目的整个生命周期中构成错综复杂的关系。为有效地实施项目利益相关方关系管理，更好地明确共同的项目目标，必须重视项目合作伙伴的选择、制定项目管理规范、责任落实、利益挂钩和实行差异化管理策略。

【推荐读物】

1. 丁荣贵．项目利益相关方及其需求的识别 [J]．项目管理技术，2008

(1): 73-76.

2. 特雷斯·罗德著,邓伟长,汪小金译. 项目干系人管理 [M]. 北京：中国电力出版社, 2014.

3. 刘小湘. 体育场馆建设中的不同投融资模式研究 [J]. 唐山师范学院学报, 2011 (33): 82-83.

4. Project Management Institute. 项目管理知识体系指南（PMBOK指南）（第5版）[M]. 北京：电子工业出版社, 2015.

【复习讨论题】

1. 简述项目利益相关方的定义。
2. 简述项目经理在项目生命周期各阶段的主要职责。
3. 简述项目利益相关方管理的过程。
4. 进行项目利益相关方管理有哪些要点？

【网上练习】

查阅网上资料，分析北京地铁4号线PPP项目利益相关方管理的经验与困惑。

【案例分析】

冲出封锁线——瓦良格号赴华的利益相关者管理

万众期待的我国首艘国产航母将于2017年4月26日上午在大连正式下水！据公开资料显示，我国首艘国产航母的长度是315米，相当于三个足球场的长度，其宽度为75米。该国产航母与"辽宁舰"的外形基本相似，但可搭载的战斗机数量会更多。

9时许，仪式在雄壮的国歌声中开始。按照国际惯例，剪彩后进行"掷瓶礼"。随着一瓶香槟酒摔碎舰艏，两舷喷射绚丽彩带，周边船舶一起鸣响汽笛，全场响起热烈掌声。

航空母舰在拖曳牵引下缓缓移出船坞，停靠码头。这也标志着多少年来、多少代人的大国重器的梦想正在实现！

此时让我们将目光挪回到2000年6月14日，那一天，是我们第一艘航空母舰——瓦良格号（辽宁舰）启程运到中国的日子。这一天，是梦想的起航，也是苦难的开端！

这一天，荷兰国际运输合约公司（以下简称ITC，是中方聘请的运输公司）旗下的SUHAILI号拖轮拖带着已拆除武器和动力系统的瓦良格号驶离尼古拉耶夫港，进入黑海。可启程3天后，6月17日就在土耳其遇到了障碍。

土耳其海峡（也称黑海海峡）是黑海向外的唯一通道，是地球上最繁忙的航路之一，也是航母来华的必经之路。瓦良格号在拖带下欲进入博斯普鲁斯海峡时，遭土耳其政府拦阻，并被命令退回黑海，开始了此后五百多天在黑海上的徘徊。

表面上看，瓦良格号无法通过的原因只有一条：安全，但是这背后的利益关系错综复杂。2000年11月中旬，僵持近5个月后，时任中国驻土耳其大使姚匡乙接到国内明确指示，要求他全面介入瓦良格号通过海峡一事，"指示很明确、很坚决，意思说，这次主体是企业，但由中国政府出面，要我尽量采取措施，尽快使瓦良格号通过海峡。"在这一团乱麻中，姚匡乙找到了所有利益相关者，并逐一击破。

一、反对派核心，放行关键人物——国务部长米尔扎欧鲁

米尔扎欧鲁（Mirzaoglu）认为瓦良格号太大，若强行通过，可能造成两个结果，一是触礁，二是搁浅。但这也只是表面原因，毕竟瓦良格号的姊妹舰库兹涅佐夫号也曾在无动力情况下通过土耳其海峡。

一开始，姚匡乙从这位掌握生杀大权的国务部长入手，展开多方斡旋，在他的建议下，国内派来了由交通部负责的代表团，会见了反对航母通过的副总理和米尔扎欧鲁。但是后者态度强硬，表示"可以谈，但不会给你任何希望"。

利益相关方分析：这位国务部长即是权力/影响力矩阵中权力高，影响力也高的，属于关键利益相关者，本来应该尽量争取支持，但是该部长由于种种原因，始终不改其立场，我们也应该迂回一下，争取其他重要利益相关者的支持，与之抗衡！

二、峰回路转，绝望中的火苗——土耳其驻华大使

绝望中，姚匡乙跑去外交部，请求"不要把门关死"，否则"势必影响中土关系"，土耳其副总理通过外交部传话回复，"土方没有把门关死，还可以继续谈。"这令姚匡乙看到希望。时值7月，按照传统，是土耳其大使们纷纷休假的时候，姚匡乙赶去度假胜地伊斯米尔，找到了正回国休假的土耳其驻华大使。

"我们有一个谈话，我称之为海边谈话，"对姚匡乙来说，彼时的情景历历在目，"他住在一个度假村，旁边有豪华游轮停靠着，我说，'中土关系就像这条船，我们不能让它始终停泊在一个地方，更不能让它后退，要让它往前走。我提出，希望大使阁下能通过自己的影响，向你的政府进一步解释中国的立场、意见，使瓦良格号能尽早过去。我在土耳其当大使，本来可以集中精力发展中土关系，现在却花了太多时间专门处理此事，这影响到了我们双边关系的发展。'他的态度很积极，帮忙做了很多工作。"

姚匡乙又找到了土耳其外交部次长，次长表示，土耳其外交部并不关心船的用途，这与土耳其无关，并建议中方出具一份安全上的书面保证。"他帮了我的忙，如果没有这个书面保证，外交部很难去说服其他部门，有了以后就可以说，一旦出现问题，中国政府将承担责任，"姚匡乙解释说。

利益相关方分析：土耳其驻华大使与外交部次长虽然属于权力低、利益也低的一个利益相关者，本来只需要做最小的努力，但是此时大使因为中方比较亲近，相当于是打开外交部的钥匙，所以应该积极争取，通过他打通与外交部高层的关系。

三、胜利的曙光——土耳其外交部亚洲司司长

同年7月份，姚匡乙还与土耳其外交部亚洲司司长约谈了一次。2001年的时候，中国的海外旅游目的地还不多，而土耳其正经历亚洲金融风暴的后续影响，双方经贸关系也存在很大逆差，开放中国人到土旅游，既能缓解土国的经济困难，又能缩小逆差。姚匡乙从这一诉求点出发提出，瓦良格号如能顺利通过，他将努力使土耳其成为中国公民的旅游目的地。同时承诺，将努力使中国总理访问土耳其，中国还可以在其他领域与土耳其合作，"包括军事领域"。姚匡乙回忆说，该司长将谈话内容分抄给土耳其总参谋部、海事署、总理府，他的承诺对这些部门产生了很大影响。

利益相关方分析：亚洲司司长作为权力高、利益也高的利益相关者，而且是对项目持中立态度的利益相关者，是需要重点攻克的对象，通过摸清其诉求，了解双方可以达成协作的点——使土耳其成为中国公民的旅游目的地，从而使其对项目的态度由中立转为支持，是制胜的重要一环！

四、高层出马，尘埃落定——土耳其军方

土耳其军队一直担负着维护凯末尔世俗国家路线的政治使命，被视作土耳其世俗力量的守护者，因此拿下军方的支持意味着在这场博弈中拿到了一张王牌。7月，土耳其总参谋长凯威里科鲁应邀访问北京，受到了时任中国国家主席江泽民的高规格接见，双方在军事技术出口方面达成了一些协议，土耳其军方的立场也随之改变。"军方松动后，才使得总理能发表意见，"姚匡乙分析说，"到了8月24日，总理埃切维特书面指示米尔扎欧鲁，让瓦良格号通过。"

利益相关方分析：土耳其军方实际上出于权力/影响力矩阵中权力高，利益低的板块中，这个事情跟军方利益不大，所以军方也是一直采取不发声的态度。但是由于土耳其军方在政府中的权力和影响力巨大，争取到军方的支持在政府中可谓是一记惊雷！但是姚大使的个人影响力有限，此时就可以申请由高层介入对接，攻克对方军方，拿下制胜一局！

姚大使保存了当天的一份报道，记录了多方斡旋后求得的珍贵妥协。米尔扎欧鲁在发布会上称，鉴于近期两国友谊、贸易得到加强、关系达到了很高的水平，瓦良格号将在实现必要条件情况下获准通过，"总理府在听取了总参谋部、外交部和海事署的意见后，做了最后决定，这个决定是以指示形式作出的，我们只能被迫执行这些指示，安全通过的条件将由我们专家组来确定。"

自此，瓦良格号结束了在黑海上五百多天的徘徊，迈出了赴华路途中最大的一个坎儿！正所谓"风劲帆满海天阔，巨龙入海正当时"，中国的航母梦也开始

朝着胜利的曙光不断前进!

根据上述材料讨论:

(1) 什么是项目利益相关方?

(2) 利益相关方分析的工具有哪些?

(3) 谈谈利益相关方对项目成功的重要影响。

资料来源:高登项目管理。

第13章 项目收尾与后评价

【本章学习目标】

1. 掌握项目竣工验收、项目审计、项目后评价的概念
2. 了解项目竣工验收的内容与程序
3. 掌握项目资料交付的内容与要求
4. 掌握项目审计的方法与内容
5. 掌握项目回访与保修的意义
6. 了解项目后评价的作用

【重要概念】

项目竣工验收（project closing）

项目结算与决算（project settlement and final accounts）

项目审计（project audit）

项目回访与修理（project visit and repair）

项目后评价（project post-evaluation）

【开篇案例】

项目仓促交付

公司销售部门谈了一个非常重要的项目，并与客户签订了合同。这个项目与我们正在研发的一个产品关系比较大，前期由于沟通等种种原因，耽搁了很长时间，等到我们研发部门知道消息的时候，已经很晚了。项目要求9月中旬启动，11月下旬上线。按常理，这么短期的项目是没法完成的，不过出于完善我们产品和信守合同的考虑，我们还是咬着牙硬着头皮上了。由于产品还不成熟，交付工作只能我们自己上。按照计划，下周必须开发完成，进入测试阶段，可是我们还没进行过一次完整的提交，客户比较着急。我们原本是出于想把事情做好的想法，不希望把尚不完善的东西提交出去，导致进度看上去延后了。现在的情况是，客户产生了一些怀疑，我们很被动。所以，目前我们拟订了一个应急方案，赶紧先把目前做好的版本做一次提交，让客户看到现阶段的成果，再逐步修改完善。

项目的最后一个阶段是收尾阶段,需要进行有效的管理,以顺利结束项目。项目启动阶段需要正规的文档和工作,项目收尾阶段也需要正式地将完成的成果进行移交并将相关的经验存档,收尾阶段一旦结束,就标志着整个项目的结束。项目收尾的具体内容主要是项目竣工验收、项目资料交付、项目决算与结算、项目审计、项目产品回访与保修和项目后评价等。

13.1 项目的竣工验收

工程项目的竣工验收是施工全过程的终结阶段,也是工程项目管理的最后一项工作。它是建设投资成果转入生产或使用的标志,也是全面考核投资效益、检验设计和施工质量的重要环节。

工程项目的竣工验收是由建设单位组织,设计、施工、监理和政府主管部门等共同参加,以批准的设计任务书和设计文件,以及国家(或部门)发布的施工验收规范和质量检验标准为依据,按照一定的程序和手续,对工程项目的总体进行检验和认证(综合评价,鉴定)的活动过程。勘察、设计、施工、设备制造和监理单位有责任提供相关资料和竣工图纸,政府建设行政主管部门应当委托工程质量监督机构对工程竣工验收实施监督。

13.1.1 项目竣工验收的作用和范围

1. 项目竣工验收的作用

在项目竣工验收阶段,建设单位、设计单位、施工单位和监理单位要分别对工程项目的决策论证、勘察设计和施工安装活动进行最后的检验和评价,实事求是地总结项目建设的经验和教训。因此,工程竣工验收实际上是对项目管理过程的系统检验。竣工验收的作用主要体现在以下几个方面:

(1)检查项目是否达到设计要求和质量标准。通过对已竣工工程的检验和试验,可以全面考察工程项目设计和施工质量,考核承包商的施工成果是否达到了设计要求,是否达到了国家质量标准的要求,能否达到生产和使用要求,能否正式转入生产运行。通过竣工验收,及时发现和解决存在的问题,以保证项目达到设计要求和质量标准。

(2)明确项目各利益相关方任务完成情况。能否顺利通过竣工验收,是判别承包商是否按施工承包合同约定的责任范围完成施工任务的标志。工程通过竣工验收后,承包商即可以与业主办理竣工结算手续,将所建成的工程移交给业主使用和保管。

(3)有利于总结项目管理过程中的经验和教训,提高各利益相关方的项目管理能力。建设单位和其他利益相关方可以从中吸取经验和教训,以提高项目决策和管理水平。一个建设项目建成投产交付使用后,能否取得预想的宏观效益,需要经过国家权威管理部门按照技术规范、技术标准组织验收确认。

2. 项目竣工验收的范围

建设单位对已符合竣工验收条件的建设工程项目，要按照有关部门关于《项目工程竣工验收办法》的规定，及时向负责验收的主管部门提出竣工验收申请报告，适时组织建设项目正式进行竣工验收，办理固定资产移交手续。建设工程项目竣工验收的范围如下。

（1）凡列入固定资产投资计划的新建、扩建、改建、迁建的建设工程项目或单项工程按批准的设计文件规定的内容和施工图纸要求全部建成符合验收标准的，必须及时组织验收，办理固定资产移交手续。

（2）使用更新改造资金进行的基本建设或属于基本建设性质的技术改造工程项目，也应按国家关于建设项目竣工验收规定，办理竣工验收手续。

（3）小型基本建设和技术改造项目的竣工验收，可根据有关部门（地区）的规定适当简化手续，但必须按规定办理竣工验收和固定资产移交手续。

13.1.2 项目竣工验收的依据和条件

1. 项目竣工验收的依据

按现行规定，工程项目竣工验收的依据主要包括以下几个方面。

（1）有关主管部门对该项目的批复文件。包括可行性研究报告及批复文件、环境影响评价报告及批复文件、设计任务书、初步设计批复文件，以及与项目建设有关的各种文件。

（2）工程设计文件。包括初步设计或扩大初步设计、技术设计、施工图设计等文件和设计说明。

（3）设备技术资料。主要包括设备清单及其技术说明书。

（4）与项目相关的标准规范。

（5）招标文件及合同文件。包括施工承包方的工作内容和应达到的标准，以及施工过程中的设计修改变更通知书等。

（6）全部竣工资料。包括全部工程的竣工图及说明。项目实际验收时，工程项目的规模、工艺流程、各种管线、土地使用、建筑工程的建筑面积和结构形式、技术装备、技术标准、环境保护设施、劳动卫生、安全消防等，都必须与各种批准的文件内容和合同文件相一致。对从国外引进新技术、关键设备或成套设备的项目，以及中外合资建设的项目，还应按照签订的合同和外国提供的设计文件等资料进行审核验收。

2. 竣工验收的条件

工程项目的竣工验收一般应符合以下条件。

(1) 完成建设工程设计和合同约定的各项工作内容。建设工程设计和合同约定的内容主要是指设计文件所确定的、在承包合同"承包人承揽工程项目一览表"中载明的工作范围，也包括监理工程师签发的变更通知单中所确定的工作内容。

(2) 有完整的技术档案和施工管理资料。工程技术档案和施工管理资料是工程竣工验收和质量保证的重要依据之一，主要包括工程项目竣工报告；分项、分部工程和单位工程技术人员名单；图纸会审和设计交底记录；设计变更通知单，技术变更核实单；工程质量事故发生后调查和处理资料；隐蔽验收记录及施工日志；竣工图；质量检验评定资料等；合同约定的其他资料（见表13-1）。

表13-1　　　　　　　　　分项工程检验批质量验收记录表

编号：_____

单位（子单位）工程名称				
分部（子分部）工程名称			验收部位	
施工单位			项目经理	
分包单位			分包项目经理	
施工执行标准名称及编号				
施工质量验收规范的规定		施工单位检查评定记录	监理（建设）单位验收记录	
主控项目	1			
	2			
	3			
	4			
	5			
一般项目	1			
	2			
	3			
	4			
	5			
施工单位检查评定结果	专业工长（施工员）		施工班组长	
	项目专业质量检查员： 　　年　月　日			
监理（建设）单位验收结论	专业监理工程师： （建设单位项目专业技术负责人）　　年　月　日			

注：本表为参考表式，具体分项工程内容依据《建筑工程施工质量验收系列规范标准表格文本及填写说明》填写。

(3) 有材料、设备、构配件的质量合格证明资料和试验、检验报告。对建设工程使用的主要建筑材料、建筑构配件和设备，除具有质量合格证明资料外，还应当有试验、检验报告。试验、检验报告中应当注明其规格、型号、用于工程的哪些部位、批量批次、性能等技术指标，其质量要求必须符合国家规定的标准。

(4) 有勘察、设计、施工、工程监理等单位分别签署的质量合格文件。勘察、设计、施工、工程监理等有关单位依据工程设计文件及承包合同所要求的质量标准，对竣工工程进行检查、评定并签署合格文件。竣工验收所依据的国家强制性标准有土建工程、安装工程、人防工程、管道工程、桥梁工程、电气工程及铁路建筑安装工程验收标准等。

(5) 有施工单位签署的工程质量保修书。施工单位同建设单位签署的工程质量保修书也是交付竣工验收的条件之一。工程质量保修是指建设工程在办理交工验收手续后，在规定的保修期限内，因勘察、设计、施工、材料等原因造成的质量缺陷，由施工单位负责维修，由责任方承担维修费用并赔偿损失。施工单位与建设单位应在竣工验收前签署工程质量保修书。工程保修书的内容包括：保修项目内容及范围、保修期、保修责任和保修金支付方法等。

工程质量保修书

发包人（全称）：_____

承包人（全称）：_____

发包人、承包人根据《中华人民共和国建筑法》和《建设工程质量管理条例》，经协商一致，对_____（工程全称）签订工程质量保修书。

一、**工程质量保修范围和内容**

承包人在质量保修期内，按照有关法律、法规、规章的管理规定和双方约定，承担本工程质量保修责任。

质量保修范围包括本次工程交通安全设施施工范围内的全部内容，以及双方约定的其他项目。具体保修内容，双方约定如下：

_____

_____

_____。

二、**质量保修期**

质量保修期从工程实际竣工验收之日算起。分单项竣工验收的工程，按总工程验收合格之日起计算质量保修期。

双方根据《建设工程质量管理条例》及有关规定，结合具体工程约定质量保修期如下：

_____施工承包范围内的全部施工内容，保修期为_____年；

其他约定：_____

三、质量保修责任

1. 属于保修范围、内容的项目，承包人应当在接到保修通知之日起7天内派人保修。承包人不在约定期限内派人保修的，发包人可以委托他人修理。

2. 发生紧急抢修事故的，承包人在接到发包人发出的事故通知后，应当在最短的时间内到达事故现场抢修。

3. 对于涉及结构安全的质量问题，应当按照相关的规定，立即向当地建设行政主管部门报告，采取安全防范措施；由原设计单位或者具有相应资质等级的设计单位提出保修方案，承包人实施保修。

4. 由于设计、地勘单位失误、发包人使用不当、不可抗力、第三方责任等原因造成的质量问题不在保修范围内。

5. 质量保修完成后，由发包人组织验收。

四、保修费用承担

保修费用由造成质量缺陷的责任方承担。

五、其他

1. 双方约定的其他工程质量保修事项：_____。

2. 本工程质量保修书，由施工合同发包人、承包人双方在竣工验收前共同签署，作为施工合同附件，其有效期限至保修期满。

发包人（公章）：　　　　　　承包人（公章）：
法定代表人（签字）：　　　　法定代表人（签字）：
_____年_____月_____日　　_____年_____月_____日

13.1.3 项目竣工验收的组织和程序

1. 项目竣工验收的组织

根据国务院《建设工程质量管理条例》（2000）和建设部《房屋建设工

程和市政基础设施竣工验收暂行规定》（2000），工程竣工验收由建设单位负责组织实施。建设单位收到施工单位提交的竣工报告后，应及时组织设计、施工、监理等有关单位进行竣工验收。建设单位主要职责包括制订工作方案、召开会议、组织现场查验、完成工程竣工验收报告、负责竣工验收备案等工作。

对于重大、重要的工程，应预先与勘察设计、施工、设备制造、监理、建设行政监督管理部门、工程造价管理部门、供水供电部门及建设单位上级主管部门等单位共同研究，协商成立由各行专家和领导参加的验收委员会或验收工作组。通常还要请同行专家组成专家组，负责各专业的审查工作。验收委员会或验收组的主要工作包括：负责审查工程建设的各个环节，听取各有关单位的工作报告；审查竣工验收报告书；检查建筑安装工程现场情况，检查试车生产情况；对设计、施工、设备质量等做出全面评价；签署竣工验收鉴定书等。

2. 项目竣工验收的程序

建设规模较小而且简单的项目，可以采用一次性竣工验收。建设规模大而且比较复杂的项目，其竣工验收的程序一般分为两个阶段：一是单项工程验收；二是全面竣工验收或称工程整体验收。在项目实施过程中的"中间验收"，是项目管理内容的组成部分，是竣工验收的基础，不作为一个验收阶段。根据工程项目（工程）规模的大小和复杂程度，具体的竣工验收程序可适当调整。

（1）单项工程验收程序。

单项工程验收又称交工验收，是在全面竣工验收前，施工承包商按设计文件和合同要求完成其承建的单项工程项目后，向工程项目业主交工，接受项目业主的单项工程验收。

单项工程验收对重大项目来说，具有重大意义，特别是对某些能独立发挥作用、验收合格后即可投入使用并产生效益的单项工程，更应该完工一项，验收一项，使工程项目尽早发挥经济效益。单项工程验收只涉及施工的有关各方，在有完善的合同文件、合同管理以及有工程监理单位的条件下，其交工验收的程序分为以下几个步骤：

①承包商提出申请。一个规模大而且复杂的工程项目，如果分成若干个合同交与不同承包商进行建设，承包商可以按合同规定完成某个单项（单位）工程，或按合同约定完成可分步移交的工程，并经自行预验、修补缺陷。设备安装工程需要与项目业主和监理工程师共同进行无负荷单项和联动试车调试，即可向项目业主提出交工验收申请，同时提供施工工序合格文件、设备安装和调试合格记录、工程总结等竣工文件资料。这些文件资料都必须经过监理工程师现场签字确认（见表13-2）。

表 13-2 工程竣工验收申请表

工程名称		工程地址	
建设单位		结构类型/层数	
勘察单位		建筑面积	
设计单位		开工日期	
监理单位		完工日期	
施工单位		合同工期	
竣工条件具备情况	项目内容	施工单位自检情况	
	完成工程设计和合同约定的情况		
	技术档案和施工管理资料		
	主要建筑材料、建筑构配件和设备的进场试验报告（含监督抽检）资料		
	施工安全评价书		
	工程款支付情况		
	工程质量保修书		
	监督站责令整改问题的执行情况		

已完成设计和合同约定的各项内容，工程质量符合有关法律、法规和工程建设强制性标准，特申请办理工程竣工验收手续。

项目经理：

企业技术负责人：　　　　　　　　　　　　　　　　　　　　　（施工单位盖章）

法定代表人：

　　　　　　　　　　　　　　　　　　　　　　　　年　　月　　日

监理单位意见：

总监理工程师签名：　　　　　　　　　　　　　　　　年　　月　　日

②项目业主组织验收。项目业主在接到承包商申请后，要及时组织监理工程师等有关人员，依据设计文件、施工合同文本和国家颁发的有关技术规范要求，进行以下检验工作：

➢ 检查复核资料。对承包商提供的交工验收项目技术资料进行审查复核，确定技术资料的完整性、准确性。

➤ 核实交工项目的完整性。按照设计文件和合同检查已完成工程是否有漏项。

➤ 组织现场联合检查，必要时根据需要对完工项目的结构、施工质量等方面进行抽样检查和现场试验，检查工程质量、隐蔽工程竣工验收资料、关键部位的施工记录等，考察施工质量是否达到合同要求。

➤ 检查各种记录。试车记录及试车中发现的问题是否已得到改正。

在现场检查和试验中，如按合同规定均已合格通过，没有发现影响正常生产运行的重大缺陷，并得到各方确认，项目业主可以向承包商颁发交工验收合格证书。如果单项工程存在一些轻微缺陷，应要求承包商在限定时间内消除后，再颁发交工验收证书。如在上述检查和试验中发现有重大问题，项目业主认为还不具备交工验收条件时，要经参与各方共同讨论形成会议纪要，并签字确认。纪要中应包括正式交工验收前，承包商尚需完成的工作清单，待完成后，再由承包商重新提出交工验收申请。

验收合格的单项工程在全部工程竣工验收时，原则上不再办理验收手续，但应将单项工程交工验收证明书作为最后验收的附件，并加以说明。

（2）全面竣工验收。

全部工程完成后，由项目业主提出申请，政府有关主管部门组织竣工验收。它是在单项工程验收的基础上，对工程项目进行的整体验收。全面竣工验收分为验收准备、预验收和正式验收三个阶段。为了使验收工程顺利进行，项目业主要完成以下几项主要准备工作：

①做好工程收尾工作。由于收尾工作的特点是零星、分散、工程量小、分布面广、施工工效低，很容易拖延工期，所以必须抓紧，合理安排，务求早日完成。②竣工验收资料准备。③编制竣工决算。竣工决算是竣工验收报告的重要部分，由编制说明和相关报表组成。主要是将工程项目从筹建开始一直到竣工投产交付使用为止的全部费用，即建筑工程费用、安装工程费用、设备和工器具购置费用及其他费用，进行最终的决算。编制前，应对工程项目的所有财产和物资，包括各种建筑材料、设备、备品备件、施工设备等进行逐一清点，核实账物，清理所有债权债务，应偿还的及时偿还，应收回的抓紧收回。通过竣工决算，用以反映建设过程中实际发生的全部基本建设支出，落实节余的各项财产、物资和其他资金，借以正确核实新增固定资产的价值。④其他相关资料的准备等。对整个工程进行竣工验收后，工程项目业主应迅速办理固定资产交付使用手续。

房地产项目竣工的工作内容

（1）土建主体结构全部完工、项目装修工作全部完工。

（2）项目安装类工作全部完工。

（3）项目交通道路、园林景观全部完工。

(4) 项目接通高压电、电气系统全面工作,送电入户。

(5) 项目给排水系统全面与市政系统接驳,能够顺畅实现进水与排水。

(6) 项目燃气系统安装完成,打压检测完成,实现户内点火成功。

(7) 项目供暖系统全部完工,户内供暖检测压力测试完工。

(8) 项目电信信号系统全部覆盖。

(9) 项目弱电智能化监控系统全面工作,入户光纤检测通过政府部门验收。

(10) 项目交付区域卫生洁净,达到整洁、卫生、美观的效果。

(11) 项目围墙系统全面封闭,不同项目之间的隔离设施完善。

(12) 交楼区域与施工区域进行有效分隔,并基本实现围蔽。

13.1.4 项目竣工验收报告

1. 竣工验收报告的概念

竣工验收报告是指工程项目竣工之后,经过相关部门成立的专门验收机构,组织专家进行质量评估验收以后形成的书面报告。

2. 工程竣工验收报告主要内容

工程竣工验收报告主要内容包括:①工程概况。包括工程名称、地址、建筑面积、结构层数等内容;②工程竣工验收时间、程序、内容和竣工验收组织形式;③质量验收情况。包括建筑工程质量,给排水与采暖工程质量,建筑电气安装工程质量,通风与空调工程质量,其他专业工程质量等;④建设单位执行基本建设程序情况;⑤对工程勘察、设计、施工、监理等方面的评价;⑥工程竣工验收意见等内容;⑦签名盖章确认(见表13-3)。

表13-3　　　　　　　　　　建筑工程竣工验收报告

工程名称	
建设单位	
施工单位	
监理单位	
项目经理	
开工日期	
工程完成设计与合同所约定内容情况	
验收组织形式	

续表

验收组成情况	专业	成员名称	

工程竣工验收情况	项目	验收记录	验收结论
	分部工程	共 分部 经查 分部 符合标准及设计要求 分部	
	质量控制资料	共 项 经审查符合要求 项，经核定 符合规范要求 项	
	安全和主要使用功能核查及抽查结果	共检查 项 符合要求 项 共抽查 项 符合要求 项，经返工处理 符合要求 项	
	观感质量验收	共抽查 项 符合要求 项 不符合要求 项	

参加各方竣工验收意见	建设单位（公章）		项目负责人： 年 月 日
	施工单位（公章）		单位负责人： 年 月 日
	监理单位（公章）		总监理工程师： 年 月 日

续表

竣工验收程序		
工程竣工验收组验收意见	建设单位执行基本建设程序情况：	
	对工程勘察、设计、施工、监理等方面的评价：	
	对工程施工、设备安装质量和各管理环节等方面作出总体评价：	
参加验收人员签字：		

3. 工程竣工验收报告附件内容

工程竣工验收报告附件内容包括：①施工许可证；②施工图设计文件审查意见；③施工单位工程质量评估报告；④监理单位工程质量评估报告；⑤设计单位的设计变更通知书及有关质量检查单；⑥城市规划、消防监督、环境保护等政府主管部门验收合格的证明文件；⑦验收组人员签署的工程竣工验收意见；⑧市政基础设施工程应附有质量检测和功能性试验资料；⑨施工单位签署的工程质量保修书；⑩法规、规章规定的其他有关文件。

4. 工程竣工验收备案制度

为了加强房屋建筑和市政基础设施工程质量的管理，根据《建设工程质量管理条例》，在中华人民共和国境内对新建、扩建、改建各类房屋建筑和市政基础设施工程实行工程项目竣工验收备案制度。国务院住房和城乡建设主管部门负责全国房屋建筑和市政基础设施工程的竣工验收备案管理工作。县级以上地方人民政府建设主管部门负责本行政区域内工程的竣工验收备案管理工作。建设单位应当自工程竣工验收合格之日起15日内，依照本办法规定，向工程所在地的县级以上地方人民政府建设主管部门备案。

建设单位办理工程竣工验收备案应当提交下列文件：（1）工程竣工验收备案表；（2）工程竣工验收报告。竣工验收报告应当包括工程报建日期，施工许可证号，施工图设计文件审查意见，勘察、设计、施工、工程监理等单位分别签署的质量合格文件及验收人员签署的竣工验收原始文件，市政基础设施的有关质量检测和功能性试验资料以及备案机关认为需要提供的有关资料；(3) 法律、行政法规规定应当由规划、环保等部门出具的认可文件或者准许使用文件；(4) 法律规定应当由公安消防部门出具的对大型的人员密集场所和其他特殊建设工程验收合格的证明文件；(5) 施工单位签署的工程质量保修书；(6) 法规、规章规定必须提供的其他文件。住宅工程还应当提交《住宅质量保证书》和《住宅使用说明书》。

工程竣工验收备案应做好以下工作：(1) 备案机关收到建设单位报送的竣工验收备案文件，验证文件齐全后，应当在工程竣工验收备案表上签署文件收讫。(2) 备案机关发现建设单位在竣工验收过程中有违反国家有关建设工程质量管理规定行为的，应当在收讫竣工验收备案文件 15 日内，责令停止使用，重新组织竣工验收。(3) 建设单位在工程竣工验收合格之日起 15 日内未办理工程竣工验收备案的，备案机关责令限期改正，处 20 万元以上 50 万元以下罚款。(4) 建设单位将备案机关决定重新组织竣工验收的工程，在重新组织竣工验收前擅自使用的，备案机关责令停止使用，处工程合同价款 2% 以上 4% 以下罚款。(5) 建设单位采用虚假证明文件办理工程竣工验收备案的，工程竣工验收无效，备案机关责令停止使用，重新组织竣工验收，处 20 万元以上 50 万元以下罚款；构成犯罪的，依法追究刑事责任。(6) 备案机关决定重新组织竣工验收并责令停止使用的工程，建设单位在备案之前已投入使用或者建设单位擅自继续使用造成使用人损失的，由建设单位依法承担赔偿责任。(7) 竣工验收备案文件齐全，备案机关及其工作人员不办理备案手续的，由有关机关责令改正，对直接责任人员给予行政处分。

13.2 项目资料的交付

交付竣工验收的工程项目必须有与竣工资料目录相符的分类组卷档案。工程项目的交工主体由承包人在建设工程竣工验收后，一方面要把完整的工程项目实体移交给业主，另一方面要把全部应移交的竣工资料交给业主。竣工资料是在项目实施过程中与工程进度同步形成的，从项目立项开始直到项目实施结束、竣工验收为止各阶段所产生的与项目相关的各种文件、资料、设计图纸、图表、计算资料、试验报告与试验资料、工程照片、记录照片、录像、光盘等。

13.2.1 项目竣工资料的来源与构成

项目竣工资料的主要来源主要有以下内容：

(1) 工程项目实施过程中直接形成的文件资料。例如，项目决策阶段形成的文件资料；工程勘察设计文件、招标投标文件、各种合同文件（包括合同变更和补充文件）；设备材料方面的文件；工程施工过程形成的文件；资料和现场记录

（包括施工、工程监理、业主等单位的现场记录）；资金来源和财务管理文件资料；单项工程及全面竣工验收文件；项目审计监督文件；工程项目内部各单位之间、各种形式往来文件；各种会议记录、纪要、领导讲话、专家咨询意见等。

（2）对工程项目的实施有直接或间接影响的法律、法规以及有关政策，政府有关部门和各级地方部门的有关规定或其他类似文件。

（3）国际国内与工程项目有关的各种社会经济信息。

（4）各种媒体发表的与工程项目有关的评论和文章。

（5）与工程项目有关的其他资料。

房地产项目的竣工资料

（1）图纸会审、设计变更、洽商记录

（2）项目定位测量记录

（3）原材料合格证及试验报告

（4）施工试验报告

（5）隐蔽工程报告

（6）施工记录

（7）项目抽检记录

（8）项目检验批验收记录

（9）建筑节能分项工程：墙体、幕墙、门窗、屋面及地面等节能工程质量验收记录

（10）管道、设备强度试验、严密性试验记录

（11）管道系统清洗、灌水、通水、通球试验记录

（12）设备调试记录

（13）新材料、新工艺推广记录

（14）电梯、消防、煤气验收合格报告书

（15）相关责任单位的质量评估报告

以上资料真实、齐全，在项目交付前30天，组卷完成，提交当地项目主管部门。

13.2.2 项目竣工资料验收内容及要求

1. 项目竣工资料验收内容

项目竣工资料的归档范围应符合《建设工程文件归档整理规范》（GB/T 50328—2001）和国家档案局《建设项目（工程）档案验收办法》及其他规范、文件的规定，由业主组织进行。凡是列入归档范围的竣工资料，承包人都必须按规定将自己责任范围内的竣工资料按分类组卷的要求移交给业主，业主对竣工资

料验收合格后，将全部竣工资料整理汇总，按规定向档案主管部门移交备案。属于向地方城建档案管理部门报送档案资料的项目，还应会同地方城建档案管理部门共同验收，此外国家、省、市重点项目或一些大型项目的预验收和验收，必须有地方城建档案管理部门参加。列入城建档案管理部门档案接收范围的工程，业主在组织工程竣工验收前，应提请地方城建档案管理部门对工程所有文件档案进行预验收。

2: 归档文件的质量要求

（1）归档的工程文件应为原件。

（2）工程文件的内容及其深度必须符合国家有关工程勘察、设计、施工、监理等方面的技术规范、标准和规程。

（3）工程文件的内容必须真实、准确，与工程实际相符合。

（4）工程文件应采用耐久性强的书写材料，如碳素墨水、蓝黑墨水，不得使用易褪色的书写材料，如红色墨水、纯蓝墨水、圆珠笔、复写纸、铅笔等。

（5）工程文件应字迹清楚，图样清晰，图表整洁，签字盖章手续完备。

（6）工程文件中文字材料幅面尺寸规格宜为 A4 幅面（297 毫米 ×210 毫米）。图纸宜采用国家标准图幅。

（7）工程文件的纸张应采用能够长期保存的韧力大、耐久性强的纸张。图纸一般采用蓝晒图，竣工图应是新蓝图。计算机出图必须清晰，不得使用计算机出图的复印件。

（8）所有竣工图均应加盖竣工图章。

①竣工图章的基本内容应包括：“竣工图”字样、施工单位、编制人、审核人、技术负责人、编制日期、监理单位、现场监理、总监。

②竣工图章示例如图 13－1 所示。

竣　工　图			
施工单位			
编 制 人		审 核 人	
技术负责人		编制日期	
监理单位			
总　　监		现场监理	

图 13－1　施工图章样式

③竣工图章尺寸为：50 毫米 ×80 毫米。

④竣工图章应使用不易褪色的红印泥，应盖在图标栏上方空白处。

（9）利用施工图改绘竣工图，必须标明变更修改依据；凡施工图结构、工艺、平面布置等有重大改变，或变更部分超过图面 1/3 的，应当重新绘制竣工图。

(10) 不同幅面的工程图纸应按《技术制图复制图的折叠方法》（GB/10609.3—89）统一折叠成 A4 幅面（297 毫米×210 毫米），图标栏露在外面。

为确保工程档案质量，各编制单位、城建档案管理部门和政府建设管理部门等应严格开展工程档案验收工作。对不符合验收要求的工程档案，一律退回编制单位进行改正、补齐，并重新报送验收。未取得城建档案管理部门对工程档案验收认可文件的项目，业主不得组织竣工验收。总包人必须对工程档案的质量负全面责任，对各分包人做到"开工前有交底，施工中有检查，竣工时有预检"，确保工程档案资料达到一次交验合格。承包人根据建设工程施工合同的约定，在建设工程竣工验收后，按规定和约定的时间，将全部应移交的竣工资料交给业主，并应符合城建档案管理的要求。

13.2.3 竣工资料的移交

所有参加工程项目的单位，包括建设单位、施工单位、监理单位应在工程项目业主的统一组织安排下，分工负责，按照工程编序建立项目档案体系，对本单位分管项目的工程文档进行全面系统的收集、整理、归档后进行正式移交。工程档案的归档移交程序包括三个层面：一是建设、勘察、设计、施工、监理等单位将本单位在工程建设过程中形成的文件资料向本单位档案管理机构移交；二是勘察、设计、施工、监理等单位将本单位在工程建设过程中形成的文件资料向建设单位档案管理机构移交。三是业主将汇总的工程文件档案向地方城建档案管理部门移交。一般地，施工、监理等有关单位应在项目竣工验收前将工程档案按合同或协议规定的时间和套数移交给业主，进行工程档案验收。列入城建档案管理部门档案接收范围的工程，业主应在工程竣工验收合格后 3 个月内向城建档案管理部门移交一套符合规范要求的工程档案，并办理移交手续，填写工程档案移交记录，双方签字并盖章。对改建、扩建和维修工程，业主应组织设计、施工、监理等单位据实修改、补充和完善工程档案。对改变部位应重新编写档案文件，并在工程竣工验收合格后 3 个月内向城建档案管理部门移交。停建、缓建项目的工程档案，暂由业主保管。

13.3 项目结算与决算

工程项目结算是施工企业按照合同规定的内容全部完成所承包的工程，并经验收合格后，向发包单位进行的最终工程价款结算。项目竣工决算是竣工验收阶段业主与承包单位办理竣工结算后，按照国家规定的建设项目竣工决算编制办法编制的核定项目建设成果、财务状况和新增资产价值的总结性文件。项目竣工结算是竣工决算编制的基础。无论是与施工企业的结算，还是企业自身的竣工决算，都要及时科学办理。否则将会影响企业竣工验收及交付使用，也会对是否能发挥投资的经济效益产生重大影响。

13.3.1 项目竣工结算

项目竣工结算是指承包方完成合同内工程的施工并通过了竣工验收后，所提交的竣工结算书经过业主和监理工程师审查签证，送交经办银行或工程预算审查部门审查签认，经办银行办理拨付工程价款手续的过程。工程竣工结算分为单位工程竣工结算、单项工程竣工结算和建设项目竣工总结算。其中单位工程竣工结算和单项工程竣工结算也可看成分阶段结算。单位工程竣工结算由承包人编制，发包人审查；实行总承包的工程，由具体承包人编制，在总承包人审查的基础上，发包人审查。单项工程竣工结算或建设项目竣工总结算由总（承）包人编制，发包人可直接进行审查，也可以委托具有相应资质的工程造价咨询机构进行审查。政府投资项目，由同级财政部门审查。单项工程竣工结算或建设项目竣工总结算经发、承包人签字盖章后有效。

项目竣工结算是承包人与业主办理工程价款最终结算的依据，是双方签订建筑安装工程承包合同终结的依据。同时，工程竣工结算是核定建设工程造价的依据，也是建设项目验收后编制竣工结算、核定新增资产价值的依据。因此，工程竣工结算应充分、合理地反映承包工程的实际价值。工程竣工后，建设单位应该会同监理工程师或委托有执业资格的造价审计事务所对施工单位所报送的竣工结算进行严格的审核，确保工程竣工结算能真实地反映工程的实际造价。我国的《工程价款结算办法》中对竣工结算审查的期限、审查部门等做了明确的规定。

1. 项目竣工结算编制的依据

根据国家相关文件的规定，项目竣工结算编制的主要依据包括以下内容：
（1）国家有关法律、法规、规章制度和相关的司法解释。
（2）《建设工程工程量清单计价规范》。
（3）施工承发包合同、专业分包合同及补充合同，有关材料、设备采购合同。
（4）招投标文件，包括招标答疑文件、投标承诺、中标报价书及其组成内容。
（5）工程竣工图或施工图、施工图会审记录，经批准的施工组织设计及设计变更、工程洽商和相关会议纪要。
（6）经批准的开、竣工报告或停、复工报告。
（7）双方确认的工程量。
（8）双方确认追加（减）的工程价款。
（9）双方确认的索赔、现场签证事项及价款。

(10) 其他依据。

2. 项目竣工结算的支付流程

(1) 承包人递交竣工结算书。

承包人应在合同规定的时间内编制完成竣工结算书,并在提交竣工验收报告的同时递交给发包人。承包人未能在合同约定时间内递交竣工结算书,经发包人催促后14天内仍未提供或没有明确答复的,发包人可以根据已有资料办理结算,责任由承包人自负,且若发包人要求交付竣工工程的,承包人应当交付。

(2) 发包人进行核对。

发包人在收到承包人递交的竣工结算书后,应按合同约定的时间核对。合同中对核对竣工结算时间没有约定或约定不明的,可以按照《建设工程价款结算暂行办法》(财建〔2004〕369号)的规定进行,即单项工程竣工后,承包人应按照规定程序向发包人递交竣工结算报告及完整的结算资料,发包人应按表13-4的规定时限进行核对,并提出审查意见。

表13-4　　　　　　　　　　工程竣工结算审查时限

工程竣工结算报告金额	审查时间
500万元以下	从接到竣工结算报告和完整的竣工结算资料之日起20天
500万~2000万元	从接到竣工结算报告和完整的竣工结算资料之日起30天
2000万~5000万元	从接到竣工结算报告和完整的竣工结算资料之日起45天
5000万元以上	从接到竣工结算报告和完整的竣工结算资料之日起60天

建设项目竣工总结算在最后一个单项工程竣工结算审查确认后15天内汇总,送发包人后30天内审查完成。

发包人或受其委托的工程造价咨询人收到递交的工程结算书后,在合同约定的时间内,不核对竣工结算或未提出核对意见的,视为承包人递交的竣工结算书已被确认,发包人应向承包人支付工程结算价款。承包人在接到发包人提出的核对意见后,在合同约定的时间内,不确认也未提出异议的,视为发包人提出的核对意见已被认可,竣工结算办理完毕。竣工结算办理完毕,发包人应将竣工结算书报送工程所在地工程造价管理机构备案。竣工结算书作为工程竣工验收备案、交付使用的必备文件。

(3) 项目竣工结算价款的支付。

项目竣工结算办理完毕,发包人应根据确认的竣工结算书在合同约定的时间内向承包人支付工程竣工结算价款。若合同中没有约定或约定不明确的,根据《建设工程价款结算暂行办法》的规定,发包人应在竣工结算书确认后15天内向承包人支付工程结算价款。发包人未在合同约定时间内向承包人支付工程结算价款的,承包人可催告发包人支付结算价款。如达成延期支付协议的,发包人应按同期银行同类贷款利率支付拖欠工程价款的利息。如未达成延期支付协议的，承包人可以与发包人协商将工程折价，或申请人民法院将该工程依法拍卖，承包人就该工程折价或拍卖的价款优先受偿。

$$竣工结算工程价款 = 合同价款 + 施工过程中预算或合同价款调整数额 - 预付及已结算工程价款 - 保修金$$

3. 项目竣工结算的有关规定

工程项目的竣工结算按照国家有关规定应符合以下要求：

（1）工程竣工验收报告经发包人认可后 28 天内，承包人向发包人递交竣工结算报告及完整的结算资料，双方按照协议书约定的合同价款及专用条款约定的合同价款调整内容，进行工程竣工结算。

（2）发包人应在收到竣工结算报告及结算资料后 28 天内进行核实，给予确认或提出修改意见。发包人确认竣工结算报告后通知经办银行向承包人支付工程竣工结算价款。承包人收到竣工结算价款后 14 天内将竣工工程交付发包人。

（3）发包人收到竣工结算报告及结算资料后 28 天内若无正当理由不支付工程竣工结算价款，须从第 29 天起按承包人同期银行贷款利率支付拖欠工程价款的利息，并承担违约责任。

（4）发包人收到竣工结算报告及结算资料后 28 天内不支付工程竣工结算价款，承包人可催告发包人支付结算价款。发包人在收到竣工结算报告及结算资料后 56 天内仍不支付的，承包人可与发包人协议将该工程折价转让，也可由承包人申请人民法院将该工程依法拍卖，承包人就该工程折价或拍卖的价款优先受偿。

（5）工程竣工验收报告经发包人认可后 28 天内，承包人未能向发包人递交竣工结算报告及完整的结算资料，造成工程竣工结算不能正常进行或工程竣工结算价款不能及时支付，发包人要求交付工程的，承包人应当交付；发包人不要求交付工程的，承包人承担保管责任。

（6）发包人与承包人对工程竣工结算价款发生争议时，按关于争议的约定处理。工程竣工结算经发包人与承包人确认，即作为工程竣工决算的依据。

4. 项目竣工结算的审查

项目竣工结算是承包人向业主结清工程价款的依据，是发包人编制项目竣工决算的基础资料。通过竣工结算，承发包双方可以结束相互之间的合同关系和经济责任。

经审查核定后的工程竣工结算是核定建设工程造价的依据，对工程竣工结算的审查一般从以下几方面着手。

（1）检查隐蔽验收记录。所有隐蔽工程均需进行验收，两人以上签字；实行工程监理的项目应经监理工程师签证确认。审核隐蔽工程施工记录和验收签证是否完整，工程量和竣工图一致方可列入结算。

(2) 核对合同价款。首先，应该审查竣工工程内容是否符合合同条件。其次，审查是否按合同约定的结算方法、计价定额、取费标准、主材价格编制竣工结算。

(3) 审核变更签证。设计修改变更应由原设计单位出具设计变更通知单和修改图纸，设计、校审人员签字并加盖公章，经建设单位审核同意，方可列入结算；重大设计变更应经原审批部门批准，否则不应列入结算。

(4) 审查工程量。竣工结算的工程量应依据竣工图、设计变更单和现场签证进行核算，并按国家统一规定的计算规则计算工程量。重点审查分项工程的工程量有无漏项或重复，计算规则是否正确。

(5) 审查单价。结算单价应按合同约定或招投标规定的计价定额与计价原则执行。应审查所列各分项工程预算单价是否与现行预算定额相符，其名称、规格、计量单位和所包括的工程内容是否与工程量配套。

(6) 审查各项费用计取。先审核各项费率、价格指数或换算系数是否正确，价差调整计算是否符合要求；再审查各项费用的计取基数是否正确；最后核实特殊费用和计算程序。

13.3.2 项目竣工决算

项目竣工决算是以实物数量和货币指标为计量单位，综合反映竣工项目从筹建开始到项目竣工交付使用为止的全部建设费用、建成成果和财务状况的总结性文件，是反映建设项目实际造价和投资效果的文件。项目竣工决算是项目竣工验收报告的重要内容，属于业主工程项目管理范围。它既是建设项目工程竣工验收报告的重要组成部分，也是单项工程验收和全部工程验收的依据之一，还是对建设工程项目进行财务监督的依据。

1. 项目竣工决算的作用

项目竣工决算的作用在于正确核定新增固定资产价值，考核分析投资效果。正确编制竣工决算，有利于正确地进行设计概算、施工预算、竣工决算之间的"三算"对比。竣工决算还是建立健全经济责任制的依据，是反映工程项目实际造价和投资效果的文件。竣工决算对于总结、分析建设工程的经验教训，提高工程造价管理水平和积累技术经济资料，对有关部门制订类似工程的建设计划与修订概预算定额指标提供资料和数据，都有重要意义。

2. 项目竣工决算的内容

项目竣工决算应包括从项目筹集到竣工投产全过程的全部实际费用，即建筑工程费用、安装工程费用、设备及工器具费用和其他费用。竣工决算的内容包括竣工财务决算说明书、竣工财务决算报表、工程竣工图和工程造价比较分析四个部分。前两个部分又称之为建设项目竣工财务决算，是竣工决算的核心内容和重要组成部分。

（1）竣工财务决算说明书。

竣工财务决算说明书主要反映竣工工程建设成果，是对竣工决算报表进行分析和补充说明的文件，是全面考核分析工程投资与造价的书面总结，其内容包括以下几部分：①建设项目概况，对工程总的评价；②资金来源及运用等财务分析。主要包括工程价款结算、会计账务处理、财产物资情况及债权债务的清偿情况；③基本建设收入、投资包干结余、竣工结余资金的上交分配情况；④各项经济技术指标的分析；⑤工程建设的经验及项目管理和财务管理工作以及竣工财务决算中有待解决的问题；⑥需要说明的其他事项。

（2）建设项目竣工财务决算报表（见表13-5）。

建设项目竣工财务决算报表分大中型建设项目竣工财务决算报表和小型建设项目竣工决算报表。其中大中型建设项目竣工决算报表包括建设项目竣工财务决算审批表、大中型建设项目概况表、大中型建设项目竣工财务决算表、大中型建设项目交付使用财产总表和建设项目交付使用财产明细表；小型建设项目竣工财务决算报表包括建设项目竣工财务决算审批表、小型建设项目竣工财务决算表、建设项目交付使用财产明细表。

表13-5　　　　　　　　　　**基本建设项目竣工财务决算表**

建竣决02表　　　　　　　　　　　　　　　　　　　　　　　　　　　单位：万元

资金来源	金额	奖金占用	金额
资金来源		一、基本建设支出	
一、基建拨款		1. 交付使用资产	
1. 预算拨款		2. 在建工程	
2. 基建基金拨款		3. 待核销基建支出	
其中：国债专项资金拨款		4. 非经营项目转出投资	
3. 专项建设基金拨款		二、应收生产单位投资借款	
4. 进口设备转账拨款		三、拨付所属投资借款	
5. 器材转账拨款		四、器材	
6. 煤代油专用基金拨款		其中：待处理器材损失	
7. 自筹资金拨款		五、货币资金	
8. 其他拨款		六、预付及应收款	
二、项目资本		七、有价证券	
1. 国家资本		八、固定资产	
2. 法人资本		固定资产原价	
3. 个人资本		减：累计折旧	
4. 外商资本		固定资产净值	

续表

资金来源	金额	奖金占用	金额
三、项目资本公积		固定资产清理	
四、基建借款		待处理固定资产损失	
其中：国债转贷			
五、上级拨入投资借款			
六、企业债券资金			
七、待冲基建支出			
八、应付款			
九、未交款			
1. 未交税金			
2. 其他未交款			
十、上级拨入资金			
十一、留成收入			
合计			

（3）建设工程竣工图。

建设项目竣工图是真实地记录各种地上地下建筑物、构筑物等情况的技术文件，是工程进行交工验收、维护、改建和扩建的依据，是国家的重要技术档案。国家规定，各项新建、扩建、改建的基本建设工程，特别是基础、地下建筑、管线、井巷、桥梁、隧道、港口、水坝以及设备安装等隐蔽部位，都要编制竣工图。

竣工图编制有以下具体要求：

①凡按图竣工没有变动的，由施工单位（包括总包和分包施工单位，下同）在原施工图上加盖"竣工图"标志后，即作为竣工图。

②凡在施工过程中，虽有一般性设计变更，但能将原施工图加以修改补充作为竣工图的，可不重新绘制，由施工单位负责在原施工图（必须是新蓝图）上注明修改的部分，并附以设计变更通知单和施工说明，加盖"竣工图"标志后，作为竣工图。

③凡结构形式改变、施工工艺改变、平面布置改变以及有其他重大改变，不宜再在原施工图上修改、补充者，应重新绘制改变后的竣工图。由设计原因造成的，由设计单位负责重新绘制；由施工原因造成的，由施工单位负责重新绘图；由其他原因造成的，由建设单位自行绘图或委托设计单位绘图。施工单位负责在新图上加盖"竣工图"标志，并附以有关记录和说明，作为竣工图。

④为了满足竣工验收和竣工决算需要，还应绘制能反映竣工工程全部内容的工程竣工平面图。

(4) 工程造价比较分析。

批准的概算是考核建设工程造价的依据。在进行工程造价比较分析时,可先对比整个项目的总概算,再对比工程项目(或单项工程)的综合概算和其他工程费用概算,最后对比单位工程概算,并分别将建筑安装工程、设备、工器具购置和其他基建费用逐一与项目竣工决算编制的实际工程造价进行对比,找出节约或超支的具体环节。主要分析的内容包括主要实物工程量,主要材料消耗量,考核建设单位管理费、建筑及安装工程间接费的取费标准等。

13.4 项目审计

项目审计是项目管理系统的一个组成部分。它是指国家或企业的审计机构依据国家的法律法规、财务制度以及组织的经营方针、管理标准和规章制度,对项目的全部或部分建设活动,用科学的方法和程序进行审核检查,判定其是否合法、合理和有效,借以发现错误、纠正弊端、防止舞弊、改善管理,保证项目目标顺利实现的一种活动。项目审计具有独立性特征,独立于项目组织之外,其工作不受项目管理人员的制约,审计人员与项目无任何直接的行政或经济关系。审计人员的权力由国家或组织授予,代表国家或组织对项目建设实施审计监督并评价其经济责任,客观地向国家或组织报告审计结果。项目审计具有高度的权威性特征,其依据是法规和标准。法规是指法律、法令、条例、规章制度以及方针、政策等。标准则是指各种技术标准和管理标准。项目审计是一项具有科学性的工作,它不仅在审计实施的过程中具有科学的程序,而且还运用各种科学的方法。审计的科学性是其独立性和权威性的基础和保证。

审计的起源

历史上有明确记载审计的是从《周礼》开始,书中拟构的周朝主要是通过"宰夫"对"百官府群都县鄙"等进行财政财务监督。宰夫为小宰属官,对于小宰内部财经机构的审计属于内部审计,对小宰之外的财经部门,如司会及地方机构的审计,则属于外部审计。宰夫相对独立于被审计对象"百官府群都县鄙"。宰夫在审计的内容上混合财政财务审计、经济政绩审计和财经法纪审计于一体,这就是按照治法考核"百官府群都县鄙"的政绩,稽查他们财用收支的情况。对于浪费公家财物、支出不当和账册不实者,那就根据王朝制定的法规——官刑,报请冢宰加以诛罚;财用充足善于增加财务者,予以奖赏。审计的方式是分年、月、旬定期进行,总核考会计文书。这就是《周礼》中所载的"听出入以要会""听其会计"。

13.4.1 项目审计的职能

审计因对象的性质不同，具体内容的不同，其职能也有所区别。就项目建设而言，审计主要有如下职能。

1. 经济监督职能

经济监督是指对项目的全部或部分建设活动进行监督和督促。项目审计的监督职能是与建设项目的一次性、独立性以及项目组织者享有充分的自主权相关的。实施项目管理，将建设项目的责任和权力授予项目经理及其领导的项目组织，在投资决策者与项目的实际工作者之间增加了一个管理层次，这就在客观上需要对项目管理人员经管的财物和管理效果进行监察和监督，以防止收支混乱、滥用职权和作弊渎职等现象的发生。实行项目管理的同时必须加强审计监督，尤其是在实行项目管理初期，在各种项目管理的规范、标准尚不成熟，项目管理人员还没有完全适应这种新的管理模式的情况下，审计的经济监督职能更应加强。

项目的审计监督主要包括两个方面：一是对项目管理人员的监督；二是对建设项目的各种活动进行监督。而搞好这两个方面的监督，离不开对审计结果的正确判断。因此，项目审计要充分发挥其监督职能，必须具备两个条件：其一，项目审计要由组织或国家的审计机关实施，这是发挥审计监督职能的先决条件；其二，项目审计要有严格的标准和明确的界限，只有这样，才能保证审计结果的严肃、公平和客观。

2. 经济评价职能

经济评价是指通过审计和检查，评定项目的投资决策及项目建设期间的重大决策是否正确，项目计划是否科学、完备和可行，实施状况是否满足工程进度、工期和质量目标的要求，资源利用是否优化以及控制系统是否健全、有效，机构运行是否合理等。评价的过程就是查明建设项目的真相、对照标准进行分析研究、发现问题和肯定成绩的过程。

3. 经济鉴证功能

经济鉴证是指通过审查项目建设和管理的实际情况，确定相关资料是否符合实际，并在认真鉴定的基础上做出书面的证明。在建设项目中，需要在审计中予以鉴证的资料很多，但最主要的有进度报告、质量报告、成本报告以及会计记录和财务报表、物资领用记录和报表等。对资料的真实性和正确性作出鉴证，需要做大量的艰苦细致的工作。然而，在项目审计中，并不一定要对所有的资料都进行鉴证，而可以选择其中某些既重要而又可能存在问题的领域开展工作。审计的鉴证职能依赖于审计工作的权威性。这种权威性来自两个方面：其一，审计部门拥有国家或组织授予的足够的权力；其二，参与审计的人员在所审查的范围内是业务上的专家。这两者缺一不可。

4. 支持职能

支持是指通过实施审计，提出改进项目组织、提高工作效率、改善管理方法的途径，帮助项目组织者在合乎法规的前提下更合理地利用现有资源，顺利实现项目的目标。在我国各种项目建设中，审计者和项目组织者的根本利益是一致的，其工作目标也是一致的，这就要求项目审计在发挥监督职能的同时必须发挥支持职能，从而促使和帮助项目组织更好地开展工作。项目审计的支持职能是由项目建设的特殊性所决定的。现代项目的建设会涉及大量复杂的管理和技术问题，其中有些问题可能是全新的。尽管项目管理人员经过精心挑选，他们不一定精通项目涉及的所有问题，也不可能做得完全正确，从而不可避免地出现差错与失误，所以通过项目审计提供支持就显得十分重要。

13.4.2 项目审计的任务

项目审计的任务主要有以下几个方面：
（1）检查审核项目建设活动是否符合相关规章制度的规定。
（2）检查审核项目建设活动是否符合国家的政策、法律、法规和条例，有无违法乱纪、营私舞弊等现象。
（3）检查审核项目建设活动是否合理。
（4）检查审核建设项目的效益。在项目建设前期是指对投资效益进行审计；在项目建设期间则是指对有效利用资源进行审计。
（5）检查和审核各类项目报告、会计记录和财务报表等反映项目建设和管理状况的资料是否真实和公允，有无弄虚作假或文过饰非的现象，有无只报喜不报忧的问题。
（6）在检查审核项目建设和管理状况的基础上，提出改进建议，为组织决策者提供决策依据，促使项目组织改善管理工作。

13.4.3 项目审计程序

项目审计是一项复杂细致而又专业性很强的工作，必须按照科学的程序进行。审计部门对项目进行审计时，从开始到结束的全部过程需要采取以下步骤。

1. 项目审计准备

在实施审计之前要进行充分周密的准备，这是保证审计工作达到预期目的的前提。项目审计能否发挥应有效用以及效用的大小，在很大程度上取决于准备工作。通常审计准备主要包括以下工作：
（1）选择审计项目，明确审计目的，确定审计范围。有时候一个组织在建或拟建的项目很多,每个项目需要审计的范围也各不相同,因而在实行审计之前要对审计的项目和范围进行选择,同时明确审计的目的。这项工作通常在主管领导的指示或支持下进行,所选的项目及其审计领域一般会有明确的范围。这样可以提高审计效率,做到有的放矢。

(2) 建立审计工作组织。项目审计的工作组织应由主管领导和审计机关的领导协商确定,理想的形式是由审计机关的专职人员负责和组织,并根据审计内容的要求增加其他专家。在组建审计组织时,主要应该考虑审计领域对技术和非技术专家专业及其经验的要求。

(3) 了解概况,准备资料。首先,要了解项目的基本状况,包括项目的组织形式、投资目的、利益相关方等;其次,要熟悉和收集有关项目建设的法规、政策、标准以及被审项目的各种文件,如项目计划、项目合同等。

(4) 制订项目审计计划。主要是根据审计的目的和范围,确定日程安排和工作步骤,以及提出包括审计重点在内的详细提纲。

(5) 针对确定的审计范围实施常规审查,从中发现常规性的错误和弊端。这项工作内容繁杂,既包括定性的审查,也包括定量的审查,有时还需要进行大量的计算。

(6) 对可疑的环节或特殊领域进行详细审核和检查。如将贪污盗窃、营私舞弊、严重渎职等行为通过这一工作予以澄清,问题严重时还会涉及内查外调、查账对证、接受群众检举等工作内容,因而,这项工作必须要掌握好政策界限。

(7) 协同项目管理人员纠正错弊事项。在审计中针对发现的错误和舞弊现象,要帮助或协同项目管理人员及时纠正,避免影响日后的工作。一些重大的违法违纪问题,需要等待汇报主管领导或部门后再作处理。

2. 编制审计报告

审计报告是审计工作组集体工作的最终产品,审计工作的成果和后续行动的效果将取决于报告编写的质量和提出的方式。项目审计报告要在征求项目管理人员意见的基础上,对所获得的资料进行综合归纳,分析研究,进而对审计事项作出客观、公正和准确的评价。最后,将作为审计结果和结论的报告送交有关部门。

3. 后续工作

在审计报告的建议部分,审计人员应尽量明确采取纠正行动的部门和人员。当这些部门和人员属于项目组织之外的组织支持系统时,组织决策者应迅速作出决策,解决错弊和偏差。审计的另一后续工作是吸取被审项目的教训。项目审计结束之后,项目相关人员要认真反思,杜绝日后发生类似问题,起到治标、治本的作用。项目审计的最大效益就在于此。最后,项目审计应将审计过程中的全部文件,包括审计记录以及各种原始材料整理归档,建立审计档案,以备日后查考和研究。

13.4.4 项目审计的内容

1. 项目前期审计

项目前期审计是指项目在展开大规模实施之前的审计,它是项目审计最重要的组成部分。搞好项目前期审计,对于防止错误的投资决策和项目目标的顺利实现具有重要意义。

(1) 可行性研究审计。

可行性研究审计就是指对项目可行性研究的组织、过程和研究结果进行审核和调查,确定研究结果的重要性,避免和减少决策失误。这项工作的主要内容包括以下几点:

①审查承担可行性研究的单位和人员是否具备相应的资格以及研究人员的构成是否满足项目要求;
②审查市场调查和预测情况;
③审查项目的技术研究情况;
④审核项目的建设方案;
⑤审查项目的财务评价是否准确和可行;
⑥审查国民经济评价情况;
⑦审查项目的社会效益与影响。

(2) 项目计划审计。

项目计划的审计主要有如下几方面:

①项目总计划的审计。审查项目总计划是否包含了所有必要的信息,格式是否规范,内容是否全面,条目是否清楚,方法是否科学,有无与法律和有关政策相抵触的条款。
②项目进度安排的审计。审查项目进度安排是否采用了条线图和网络分析等技术,是否考虑了资源条件的限制,是否做过工期和成本间的分析,关键环节有无备选方案,时间安排有没有余量等。
③项目成本估算和成本计划审计。审查成本估算采用了哪种方法,估算的精确如何;成本计划采用了什么方法,能否满足成本控制的要求。
④项目质量计划审计。审查项目质量责任规定是否明确,质量标准是否清楚明确,质量控制的程序和方法是否正确。
⑤其他项目分计划的审计。这里的项目分计划主要指项目组织内部各部门根据自己主管的工作编制的计划,如沟通计划、采购计划等。

(3) 项目组织审计。

项目组织审计主要集中在项目组织形式、项目经理、项目人员三个方面。

①项目组织形式审计。主要是根据项目的规模和性质审核所选择的组织形式能否适应项目管理的需要,如果存在问题,指出症结所在,并提出改进意见。

②项目经理审计。主要是审查项目经理能否满足项目需要,其知识构成和经验是否符合条件要求,其权力和责任是否均衡和相符,防止任命不合格的人员担任项目经理这一职务。

③审查项目人员。主要包括审查项目人员的选拔是否符合程序和规定,主要项目人员的业务是否满足要求,项目组织各部门的人员在知识上是否存在互补性,整个项目组织中是否存在多余的人员。通过这项工作,保证项目组织精干高效,防止相关人员在用人中营私舞弊。

(4) 招标审计。

项目的招标工作要根据国家的政策、法令、有关规定及定额进行全过程审计。在项目投标之前,项目组织要将标底、招标的方式、设想的合同类型等报给审计部门,由审计部门审查标底、招标方式和合同类型是否正确可行。对投标单位的资质、简历、技术力量、管理状况、财务状况等情况进行审查。

(5) 投标审计。

投标审计是对投标单位投标工作组的工作进行审计。审核投标工作组制定的建设方案、投标报价、项目风险等。

(6) 项目合同审计。

项目合同审计是对项目的合法性、合规性所做的审计。是对合同当事人的法律地位、合同双方履行合同的能力、合同条款等进行的审查。

2. 项目建设期间审计

审计部门根据国家有关规定,根据企业的投资目标和规章制度,对建设期间的项目管理状况、财务收支活动以及遵守财经纪律的情况进行强制性审查,做出客观公正的评价,提高管理水平和投资效益。建设期间的审计主要包括以下几个方面的审计:

(1) 项目组织审计。项目建设期间的许多管理问题都来源于组织,因而组织审计在建设期间占据非常重要的地位。与项目前期审计相同,也要对建设项目的组织进行审计。

(2) 报表、报告审计。报表、报告审计是检查项目组织提供报表、报告等资料的可靠性、全面性和规范性的基本手段。包括项目进度报告审计、项目成本报告审计、项目质量报告审计、项目财务报表审计等。

(3) 设备、材料审计。其审计的重点主要包括设备、材料采购审计;设备材料发出的审计;材料设备使用及其他收发业务的审计。

(4) 项目建设收入审计。审查收入是否符合国家的规定;审查出售产品的价格是否合理;审查售出产品的质量保证;审查收入的分配是否合规。

(5) 施工管理审计。对施工管理工作的审计,主要集中在进度、质量和成本三方面。

(6) 合同管理审计。主要是合同变更审计、合同终止审计和合同结算审计。

3. 项目结束审计

项目经过系统建设达到既定的投资目标之后，就要组织试运行和验收，交付使用。为了对项目结束期间的经济活动进行监督和对整个项目的建设和管理状况作出评价，必须加强这一时期的审计工作。

（1）竣工验收审计。主要审计工作包括：审查剩余物质、设备的处理情况；审查项目的试运行情况；审查项目建设资料的归档与移交；审查索赔问题和人员安排情况、项目验收等。

（2）竣工决算审计。主要包括对项目预算执行情况的审查；资金来源和资金运用的审查；对竣工情况说明书编制的审查等。

（3）项目建设经济效益审计。项目建设的经济效益体现在成本降低、工期缩短和质量提高三个方面。

（4）项目人员业绩评价。项目完成后，要对项目管理人员作出真实的评价，以确定他们在整个项目过程中的贡献大小，从而激发项目管理人员的工作积极性。

13.5 项目回访与保修

工程项目竣工验收交接后，工程项目的承包人应按照法律的规定和施工合同的约定，认真履行工程项目产品的回访与保修义务，以确保工程项目正常运转和产品使用人的正当利益。回访工作应纳入承包人的日常工作计划中，在双方约定的质量保修期内，承包人应向使用人提供"工程质量保修书"中承诺的保修服务，并按照谁造成的质量问题由谁承担经济责任的原则处理项目使用过程中的质量问题。

13.5.1 工程项目产品回访与保修的概念

工程项目竣工验收后，虽然通过了交工前的各种检验，但由于建筑产品的复杂性，仍然可能存在着一些质量问题或者隐患，要在产品的使用过程中才能逐步暴露出来，例如，建筑物的不均匀沉降、地下及屋面防水工程的渗漏等问题，这些都需要在使用中通过检查和观察才可以确定。为了有效地维护建设工程使用者的合法权益，我国已经把工程交工后产品保修确定为我国的一项基本法律制度。建设工程质量保修是指建设工程项目在办理竣工验收手续后，在规定的保修期限内，因勘察、设计、施工、材料等原因造成的质量缺陷，应当由施工承包单位负责维修、返工或更换，由责任单位负责赔偿损失。

回访是一种产品售后服务的方式，工程项目回访广义来讲是指工程项目的设计、施工、设备及材料供应等单位，在工程竣工验收交付使用后，自签署工程质量保修书起的一定期限内，主动去了解项目的使用情况和设计质量、施工质量、设备运行状态及用户对维修方面的要求，从而发现产品使用中的问题并及时处理，使建筑产品能够正常地发挥其使用功能。实行工程质量保修制度，加强工程项目的回访与保修工作，是明确与落实建设工程质量责任的重要措施，是维护用户及消费者合法权益的重要保障。工程项目产品回访与保修是实现施工单位与用户双赢的过程，通过回访与保修，可以促进项目的承包人在项目的设计、施工过程中牢固树立为用户服务的观念，更有效地提高承包人的技术与管理水平；同时，承包人也尽到了为顾客服务的义务，履行了质量保修的承诺。

13.5.2 工程项目产品回访与保修的意义

施工单位进行工程回访与保修有以下重要意义：

（1）有利于项目经理部重视项目管理，提高工程质量。只有加强施工项目的过程控制，增强项目管理层和作业层的责任心，严格按规范和标准进行施工，从防止和消除质量缺陷的目的出发，才能从源头上杜绝工程保修问题的发生。

（2）有利于承包人及时听取用户意见，发现工程质量问题，及时采取相应的措施，保证工程项目使用功能的正常发挥，同时也履行了回访与保修的承诺。

（3）有利于加强施工单位同建设单位和用户的联系与沟通，增强了建设单位和用户对施工单位的信任感，提高了施工单位的社会信誉。

13.5.3 工程项目产品回访与保修的依据

工程项目产品实行回访与保修制度是由我国法律与法规明确规定的，此项工作的主要依据有：

（1）《中华人民共和国建筑法》。

《中华人民共和国建筑法》第六十二条规定，建筑工程实行质量保修制度。具体的保修范围和最低保修期限由国务院规定。

（2）《中华人民共和国合同法》。

《中华人民共和国合同法》第二百七十五条规定："建设工程施工合同的内容包括质量保修范围和质量保证期。"第二百八十一条规定："因施工人的原因致使建设工程质量不符合约定的，发包人有权要求施工人在合理期限内无偿修理或者返工、改建。"

（3）《建设工程质量管理条例》。

《建设工程质量管理条例》第三十九条规定："建设工程实行质量保修制度。建设工程承包单位在向建设单位提交工程竣工验收报告时，应当向建设单位出具质量保修书。质量保修书中应当明确建设工程的保修范围、保修期限和保修责任等。"

（4）《建设工程项目管理规范》。

《建设工程项目管理规范》第18.1.1条规定："回访保修的责任应由承包人

承担,承包人应建立施工项目交工后的回访与保修制度,听取用户意见,提高服务质量,改进服务方式。"第18.1.2条规定:"承包人应建立与发包人及用户的服务联系网络,及时取得信息,并按计划、实施、验证、报告的程序,搞好回访与保修工作。"

13.5.4 工程项目产品保修范围与保修期

1. 保修范围

一般来说,各种类型的建筑工程及建筑工程的各个部位都应该实行保修。我国在《中华人民共和国建筑法》中规定:建筑工程的保修范围应当包括地基基础工程、主体结构工程、屋面防水工程和其他土建工程,以及电气管线、上下水管线的安装工程,供热、供冷系统工程等项目。

2. 保修期

根据《建设工程项目管理规范》规定:建筑工程保修期为自竣工验收合格之日起计算,在正常使用条件下的最低保修期限。《建设工程质量管理条例》规定,在正常使用条件下建设工程的最低保修期限为:①基础设施工程、房屋建筑的地基基础工程和主体结构工程,为设计文件规定的该工程的合理使用年限;②屋面防水工程、有防水要求的卫生间、房间和外墙面的防渗漏工程的保修期限为5年;③供热与供冷系统为2个采暖期、供冷期;④电器管线、给排水管道、设备安装和装修工程为2年;⑤其他项目的保修期限由发包方与承包方在"工程质量保修书"中具体约定。

13.5.5 保修期责任

由于建筑工程情况比较复杂,不像其他商品那样单一,有些问题往往是由多种原因造成的。进行工程质量保修,必须澄清经济责任,由产生质量问题的责任方承担工程的保修经济责任。质量保修的原因一般有以下情况:①属于承包人的原因。由于承包人未严格按照国家现行施工及验收规范、工程质量验收标准、设计文件要求和合同约定组织施工,造成的工程质量缺陷,所产生的工程质量保修,应当由承包人负责修理并承担经济责任。②属于设计人的原因。由于设计原因造成的质量缺陷,应由设计人承担经济责任。当由承包人进行修理时,其费用数额可按合同约定,通过发包人向设计人索赔,不足部分由发包人补偿。③属于发包人的原因。由于发包人供应的建筑材料、构配件或设备不合格造成的工程质量缺陷,或由发包人指定的分包人造成的质量缺陷,均应由发包人自行承担经济责任。④属于使用人的原因。由于使用人未经许可自行改建造成的质量缺陷,或由于使用人使用不当造成的损坏,均应由使用人自行承担经济责任。⑤其他原因。由于地震、洪水、台风等不可抗力原因造成的损坏或非施工原因造成的事故，不属于规定的保修范围，承包人不承担经济责任。负责维修的经济责任由国家根据具体政策规定。对在保修期内和保修范围内发生的质量问题，应先由建设单位组织勘察、设计、施工等单位分析质量问题的原因，确定保修方案，由施工单位负责保修。但当问题严重和紧急时，不管是什么原因造成的，均先由施工单位履行保修义务，不得推诿和扯皮。对引起质量问题的原因应实事求是，科学分析，分清责任，按责任大小由责任方承担不同比例的经济赔偿。这里的损失，既包括因工程质量造成的直接损失，即用于返修的费用，也包括间接损失，如给使用人或第三人造成的财产或非财产损失等。

13.5.6 工程项目产品保修步骤

项目保修工作一般包括以下步骤：

（1）发送保修书。

在工程竣工验收的同时，施工单位应向建设单位报送"房屋建筑工程质量保修书"。工程质量保修书属于工程竣工资料的范围，它是承包人对工程质量保修的承诺。其内容主要包括保修范围、保修内容、保修时间、保修责任、保修费用等。

房屋建筑工程质量保修书（示范文本）

发包人（全称）：_____　　　　承包人（全称）：_____

发包人、承包人根据《中华人民共和国建筑法》、《建设工程质量管理条例》和《房屋建筑工程质量保修办法》，经协商一致，对××××工程（工程全称）签订工程质量保修书。

一、工程质量保修范围和内容

承包人在质量保修期内，按照有关法律、法规、规章的管理规定和双方约定，承担本工程质量保修责任。

质量保修范围包括地基基础工程、主体结构工程、屋面防水工程、有防水要求的卫生间、房间和外墙面的防渗漏、供热与供冷系统、电气管线、给排水管道、设备安装和装修工程，以及双方约定的其他项目。具体保修的内容，双方约定如下：_____

二、质量保修期

双方根据《建设工程质量管理条例》及有关规定，约定本工程的质量保修期如下：

1. 地基基础工程和主体结构工程为设计文件规定的该工程合理使用年限；

2. 屋面防水工程、有防水要求的卫生间、房间和外墙面的防渗漏为_____年；

3. 装修工程为_____年；

4. 电气管线、给排水管道、设备安装工程为_____年；

5. 供热与供冷系统为_____个采暖期、供冷期；

6. 住宅小区内的给排水设施、道路等配套工程为_____年；

7. 其他项目保修期限约定如下：_____。

质量保修期限自工程竣工验收合格之日起计算。

三、质量保修责任

1. 属于保修范围、内容的项目，承包人应当在接到保修通知之日起 7 天内派人保修。承包人不在约定期限内派人保修的，发包人可以委托他人修理。

2. 发生紧急抢修事故的，承包人在接到事故通知后，应当立即到达事故现场抢修。

3. 对于涉及结构安全的质量问题，应当按照房屋建筑工程质量保修办法的规定，立即向当地建设行政主管部门报告，采取安全防范措施；由原设计单位或者具有相应资质等级的设计单位提出保修方案，承包人实施保修。

4. 质量保修完成后，由发包人组织验收。

四、保修费用

保修费用由造成质量缺陷的责任方承担。

五、其他

双方约定的其他工程质量保修事项：
_____

本工程质量保修书，由施工合同发包人、承包人双方在竣工验收前共同签署，作为施工合同附件，其有效期限至保修期满。

发包人（公章） 承包人（公章）

法定代表人（签字） 法定代表人（签字）

年　月　日　　　　　　　　　年　月　日

(2) 填写"工程质量修理通知书"。

在保修期内，工程项目出现质量问题影响使用，使用人应填写"工程质量修理通知书"告知承包人，注明质量问题及部位、联系维修方式，要求承包人派人前往检查修理。修理通知书发出日期为约定起始日期，承包人应在 7 天内派出人员执行保修任务。

13.6 项目后评价

项目后评价起始于20世纪30年代美国的"新政时代",在60年代美国"向贫困宣战"的规划中使用了巨额国家预算资金投入建设,使项目后评价进一步得到了发展,形成了项目后评价理论体系。从60年代末开始,各国和国际金融组织逐步应用和发展了后评价的理论,使之成为投资监督和管理的得力工具和手段。项目后评价是项目生命周期中不可或缺的重要环节。

13.6.1 项目后评价的概念及作用

1. 项目后评价的概念与特点

项目后评价是指在项目完成并运行一段时间后,对项目的目的、执行过程、效益、作用和影响进行系统的、客观的分析和总结的一种技术经济活动。项目后评价具有如下特点:

(1) 现实性。项目后评价是以项目建设和运营的实际情况为基础,对项目建设、运营中存在的现实情况、产生的实际数据进行评价,所以具有现实性的特点。这一点与项目前评价不同,前评价中的项目可行性研究是预测性的评价,它所使用的数据为预测数据,而项目后评价是以项目投入运营后的实际数据为依据。

(2) 公正性。公正性表示在实施项目后评价时,应持实事求是的态度,在发现问题、分析原因和做出结论中始终保持客观、负责的态度。公正性标志着后评价及评价者的信誉,应贯穿于整个后评价的全过程,即从后评价项目的选定、计划的编制、任务的委托、评价者的组成、具体评价过程,直到形成报告。项目后评价必须保证公正性,这是一条很重要的原则。

(3) 全面性。项目后评价是对项目实践的全面评价,它不仅对项目立项决策、项目实施、项目运营等全过程进行系统评价,还对项目经济效益、社会影响、环境影响及项目综合管理等全方位进行系统评价。因此,项目后评价是比较系统、全面的技术经济活动。

(4) 实用性。后评价的主要目的是为决策服务,因此,后评价报告应针对性强,具有可操作性,即实用性。后评价报告文字要简练明确,避免引用过多的专业术语。报告应突出重点,并能满足多方面的要求。报告所提的建议具有具体的措施和要求。

(5) 反馈性。项目后评价的结果需要反馈到决策部门,作为新项目立项和评估的基础以及调整投资计划和政策的依据,这是后评价的最终目标。因此,项目后评价结论的扩散和反馈机制、手段和方法便成为后评价成败的关键环节之一。

国外一些国家建立了"项目管理信息系统",通过项目周期各个阶段的信息交流和反馈,系统地为后评价提供资料和向决策机构提供后评价的反馈信息。

2. 项目后评价的作用

通过项目活动实践的检查总结,确定项目预期的目标是否达到,项目或规划是否合理有效,项目的主要效益指标是否实现;通过分析评价找出成败的原因,总结经验教训;并通过及时有效的信息反馈,为提高未来新项目的决策水平提供基础;同时也为后评价项目实施运营中出现的问题提出改进建议,从而达到提高投资效益的目的。

项目后评价具有透明性和公平性,能客观、公正地评价项目活动成绩和失误的主客观原因,比较客观公正地确定项目决策者、管理者和建设者的工作业绩和存在的问题,从而进一步提高他们的责任心和工作水平。

项目后评价是范围更广泛、内容更深入、方法更科学的评价活动。在评价内容上,一方面,要求对已经完成项目的社会环境和健康发展影响进行评价;另一方面,强调和细化了对项目管理的评估,注重评价项目管理过程如何导致项目结果、项目结果如何满足客户需求,从而更有利于总结项目管理的经验教训,提高未来新项目的决策水平,促进项目可持续发展。

13.6.2 项目后评价的基本内容

基于现代项目后评价理论的发展,项目后评价主要包括项目效益后评价和项目管理后评价两个方面内容。

1. 项目效益后评价

项目效益后评价是项目后评价理论的重要组成部分。它以项目投产后实际取得的效益(经济、社会、环境等)及其隐含在其中的技术影响为基础,重新测算项目的各项经济数据,得到相关的投资效果指标,然后将它们与项目前期评估时预测的有关财务效果值(如净现值 NPV、内部收益率 IRR、投资回收期等)、社会环境影响值(如环境质量值 IEQ 等)进行对比,评价和分析其偏差情况及其原因,吸取经验教训,从而为提高项目的投资管理水平和投资决策服务。项目效益后评价具体包括经济效益后评价、环境效益和社会效益后评价、项目可持续性后评价以及项目综合效益后评价等内容。

(1) 项目经济效益评价。项目后评价的经济效益评价主要是指项目的财务评价和经济评价(或称国民经济评价),其主要原理与项目前评价一样,只是评价的目的和数据取值不同。

(2) 项目环境影响评价。项目后评价的环境影响评价是对照项目前评价时批准的《环境影响评价》,重新审定项目环境影响的实际结果,审核项目环境管理的决策、规定、规范、参数的可靠性和实际效果。实施环境影响后评价应遵照国家环保法的规定,根据国家和地方环境质量标准、污染物排放标准以及相关产业部门的环保规定,在审核已实施的环评报告和评价环境影响现状的同时,要对未来进行预测。对有可能产生突发事件的项目,要有环境影响的风险分析。如果项目生产或使用对人类和生态危害极大的剧毒物品,或项目位于环境高度敏感的地区,或项目已发生严重的污染事件,那么,还需要提出一份单独的项目环境影响后评价报告。环境影响后评价一般包括项目的污染控制、区域的环境质量、自然资源的利用、区域的生态平衡和环境管理能力等。

(3) 项目社会影响评价。从社会发展的观点来看,项目的社会影响评价是分析项目对国家或地方发展目标的贡献和影响,包括项目本身和对周围地区社会的影响。社会影响评价一般定义为对项目的经济、社会和环境方面产生的有形和无形的效益和结果所进行的一种分析。

(4) 项目可持续性评价。项目可持续性评价的要点包括:确立项目目标、产出和投入与相关"持续性因素"之间的真实关系(即因果联系)。

(5) 项目综合评价。项目综合评价包括项目的成败分析和项目管理的各个环节的责任分析。项目综合评价一般采用成功度评价方法,该评价方法是依靠评价专家或专家组的经验,综合对各项指标的评价结果,对项目的成功程度做出定性的结论,也就是通常所说的打分的方法。成功度评价是以逻辑框架法分析的项目目标的实现程度和经济效益的评价结论为基础,以项目的目标和效益为核心所进行的全面系统的评价。其中,项目评价的成功度可分为五个等级。等级及标准如表 13-6 所示。

表 13-6　　　　　　　　　　项目评价的成功度等级和标准

评价级别	评价标准
A+级(完全成功的)	项目的各项指标都已全面实现或超过,相对成本而言,项目取得巨大的效益和影响
A级(成功的)	项目的大部分目标已经实现,相对成本而言,项目达到了预期的效益和影响
B级(部分成功的)	项目实现了原定的部分目标,相对成本而言,项目只取得了一定的效益和影响
C级(不成功的)	项目实现的目标非常有限,相对成本而言,项目几乎没产生什么正效益和影响
D级(失败的)	项目的目标是不现实的,无法实现,相对成本而言,项目不得不终止

2. 项目管理后评价

项目管理后评价是以项目竣工验收和项目效益后评价为基础,结合其他相关资料对项目整个生命周期中各阶段管理工作进行评价。其目的是通过对项目各阶段管理工作的实际情况进行分析研究,形成项目管理情况的总体概念。通过分析、比较和评价,了解目前项目管理的水平。通过吸取经验和教训,以保证更好地完成以后的项目管理工作,促使项目预期目标更好地完成。项目管理后评价包括项目的过程后评价、项目综合管理后评价及项目管理者评价,主要包括以下几个方面：

（1）投资者的表现。评价者要从项目立项、准备、评估、决策和监督等方面来评价投资者和投资决策者在项目实施过程中的作用和表现。

（2）借款人的表现。评价者要分析评价借款人的投资环境和条件，包括执行协议能力、资格和资信以及机构设置、管理程序和决策质量等。世界银行、亚洲开发银行贷款项目还要分析评价协议承诺兑现情况、政策环境、国内配套资金等。

（3）项目执行机构的表现。评价者要分析评价项目执行机构的管理能力和管理者的水平，包括合同管理、人员管理和培训以及与项目受益者的合作等。世界银行、亚洲开发银行贷款项目还要对项目技术援助、咨询专家使用、项目的监测评价系统等进行评价。

（4）外部因素的分析。影响到项目成果的还有许多外部的管理因素，例如价格的变化、国际国内市场条件的变化、自然灾害、国形势不安定等，以及项目其他相关机构的因素，例如联合融资者、合同商和供货商等。评价者要对这些因素进行必要的分析评价。

13.6.3　项目后评价的程序

项目后评价的程序一般包括如下步骤：

1. 后评价项目的选定

选择后评价项目有两条基本原则，即特殊的项目和计划需要总结的项目。一般来讲，选定后评价项目有以下几条标准：

（1）由于项目实施而引起运营中出现重大问题的项目；

（2）一些非常规的项目，如规模过大、建设内容复杂或带有试验性的新技术项目；

（3）发生重大变化的项目，如建设内容、外部条件、厂址布局等发生了重大变化的项目；

（4）迫切需要了解项目作用和影响的项目；

（5）可为即将实施的国际预算、宏观战略和规划原则提供信息的相关投资活动和项目；

（6）为投资规划计划确定未来发展方向的有代表性的项目；

（7）对开展行业部门或地区后评价研究有重要意义的项目。

2. 制订项目后评价计划

选定进行项目后评价的项目之后，需要制订项目后评价计划，以便项目管理者和执行者在项目实施过程中注意收集资料，在规定的时间，按规定的要求完成项目后评价工作。严格来说，项目后评价本身也是一个项目，同样需要制订周密、详细的实施计划。

3. 项目后评价范围的确定

一般而言，项目的影响面是非常广泛的，所以，在进行后评价时应该把后评价的内容限定在一定的内容范围内，主要是项目直接影响的范围之内。评价范围通常在委托合同中确定，委托者要把评价任务的目的、内容、深度、时间和费用等，特别是那些在本次任务中必须完成的特定要求，需要交代得十分具体而明确。

4. 项目后评价机构和相关专家的选择

在项目后评价阶段，通常要委托一个独立的评价咨询机构去实施，或由银行内部相对独立的后评价专门机构去实施，如世界银行的业务评价局，项目后评价往往由这两类机构来完成。项目后评估专家组由"内部"和"外部"两部分专家组成。"内部"就是被委托机构内部的专家，由于他们熟悉项目后评价过程和报告程序，了解后评价的目的和任务，一方面，可以顺利实施项目后评价，另一方面，费用也比较低。"外部"就是项目后评价执行机构以外的独立咨询专家。聘请外部专家的优点是外部专家一般更为客观公正。因此，应聘请熟悉被评项目专业的真正行家，一方面可以提高评估质量，另一方面还可以弥补执行机构内部人手不足的问题。

5. 执行项目后评价

在确定项目后评价机构、组建项目后评价专家小组之后，即可开始项目后评价工作。

（1）信息资料的收集。

项目后评价的基本资料应包括项目自身的资料、项目所在地区的资料、评价方法的有关规定和指导原则等。项目自身的资料一般应包括：①项目自我评价报告、项目完工报告、项目竣工验收报告；②项目决算审核报告、项目概算调整报告及其批复文件；③项目开工报告及其批复文件、项目初步设计及其批复文件；④项目评估报告、项目可行性研究报告及其批复文件等。项目所在地区资料包括：国家和地区的统计资料、物价信息等。项目后评价方法规定的资料则应根据委托者的要求进行收集。目前已经颁布项目后评价方法指导原则或手册的国内外主要机构有：联合国开发署、世界银行、亚洲开发银行、经济和合作发展组织、英国海外开发署、日本海外协力基金、中国国家开发银行、中国地方政府和行业主管部门、中国国际工程咨询公司、中国各省市工程咨询中心等。

（2）后评价现场调查。

项目后评价现场调查应事先做好充分准备，明确调查任务，制定调查提纲。调查任务一般应回答以下问题：①项目基本情况；②项目实现程度；③项目运营和管控情况；④作用和影响。

（3）分析和结论。

后评价项目现场调查后，应对资料进行全面认真的分析，回答以下主要问题：①总体结果；②可持续性；③方案比选；④经验教训。

6. 编写项目后评价报告

项目后评价报告是评价结果的汇总，是反馈经验教训的主要文件。后评价报告包括摘要、项目概况、评价内容、主要变化和问题、原因分析、经验教训、结论和建议、基础数据和评价方法说明等。一般来说，项目后评价报告的最后提交，标志着项目的最后结束。国内项目后评价一般分为四个阶段：

（1）项目自评阶段。由项目业主会同执行管理机构按照发改委或国家开发银行的要求编写项目自我评价报告，报行业主管部门和国家发改委或国家开发银行。

（2）行业或地方初审阶段。由行业或省级主管部门对项目自评报告进行初步审查，提出意见，一并上报。

（3）正式后评价阶段。由相对独立的后评价机构组织专家对项目进行后评价，通过对资料收集、现场调查和分析讨论，提出项目的后评价报告。

（4）成果反馈阶段。在项目后评价报告的编写过程中要广泛征求各方面意见，在报告完成之后要以召开新闻会等形式进行发布，同时散发成果报告。

13.6.4　项目后评价的方法

国内项目后评价的方法主要参考项目前期评估的评价方法和国际上通用的后评价方法。国际上通用的后评价方法有对比分析法、统计预测法、逻辑框架法、成功度评估法等。

1. 对比分析法

后评价方法论的一条基本原则是对比法则，主要方法之一是对比分析法。对比分析法是把客观事物加以比较，以达到认识事物的本质和规律并作出正确的评价。对比的目的是要找出变化和差距，为提出问题和分析原因找到重点。在对比分析中，选择合适的对比标准是十分关键的步骤。选择合适，才能作出客观的评价；选择不合适，评价可能会得出错误的结论。对比分析法包括前后对比、有无对比和横向对比等。

2. 统计预测法

项目后评价包括了项目已经发生事实的总结，以及对项目未来发展的预测。因此，在后评价中，只有具有统计意义的数据才是有意义的，后评价时点以前的统计数据是评价对比的基础，后评价时点的数据是对比的对象，后评价时点以后的数据是预测分析的结果。

3. 逻辑框架法

逻辑框架法（logical framework approach，LFA）是一种概念化论述项目的方法，即用一张简单的框图来清晰地分析一个复杂项目的内涵和关系，将几个内容相关、必须同步考虑的动态因素组合起来，通过分析其间的关系，从设计、策划到目的、目标等方面来评价一项活动或工作。LFA 的核心概念是事物的因果关系逻辑，即"如果"提供了某种条件，"那么"就会产生某种结果。这些条件包括事物内在的因素和事物外部的因素。LFA 的模式类似一个 4×4 的矩阵，基本模式如表 13-7 所示。

表 13-7　　　　　　　　　　逻辑框架法的模式

层次描述	客观验证指标	验证方法	重要外部条件
目标	目标指标	监测和监督手段及方法	实现目标的主要条件
目的	目的指标	监测和监督手段及方法	实现目的的主要条件
产出	产出物定量指标	监测和监督手段及方法	实现产出的主要条件
投入	投入物定量指标	监测和监督手段及方法	落实投入的主要条件

4. 成功度评估法

项目后评价还可以使用成功度评估的方法，项目成功度评估法需要对照项目前评估所确定的项目目标去分析项目的实际结果，以评估项目目标的实现程度。在作项目成功度评估时要十分注意项目原定目标的合理性、可实施性的评估，以及项目条件与环境发展变化的影响评估，以便根据实际情况评估项目的成功度。成功度评估法需要依靠评估专家或专家组的经验，综合项目各项指标的评估结果，对项目的成功程度做出最终的评价和结论。成功度评估法可以使用逻辑框架法等方法分析评估的结论作为基础数据，然后对于项目的目标和效益成功程度进行全面系统的评估。

项目的成功度评估法使用的表格是根据项目后评价的任务、目的与性质决定的。

表 13-8 为英国海外开发署设计的一种统一评估其资助项目的表格。

表 13-8　　　　　　　　　　项目成功度评估表

项目成功度评估指标	相关重要性	成功度
经济效益指标		
扩大生产能力的指标		
管理水平提高的指标		

续表

项目成功度评估指标	相关重要性	成功度
对贫困改善的指标		
教育改善指标		
健康改善指标		
儿童与妇女影响指标		
环境影响指标		
社会影响指标		
制度影响指标		
技术成功度指标		
项目进度管理指标		
预算成本控制指标		
项目资源条件		
成本—效果分析		
财务回报率		
经济回报率		
财务持续性		
运营持续性		
项目总体可持续性		
项目总成功度		

13.6.5 项目后评价报告

项目后评价报告是项目后评价的最后一步工作，它是项目后评价各种评价结果的汇总和撰写。项目后评价报告必须真实反映评价结果，客观描述评价分析的问题和情况，认真全面地给出对于项目后续发展的对策和建议。总体来说，项目后评价报告有着汇报项目完成情况、评估项目实际绩效、改善项目后续发展和提高组织未来决策质量的作用。

项目后评价报告一般包括项目概况、实施评价、运营评价、效益评价、结论经验、对策建议等几部分。

项目后评价报告提纲

一、项目概况

1. 项目情况简述。概述项目建设地点、项目业主、项目性质、特点以及项目开工和竣工时间。

2. 项目决策要点。项目建设的理由、决策目标和目的。

3. 项目主要建设内容。决策批准规模、能力，实际建成规模、能力。

4. 项目实施进度。项目周期各个阶段的起止时间，时间进度表，建设工期。

5. 项目总投资。项目立项决策批复投资、初步设计批复概算及调整概算、竣工决算投资和实际完成投资情况。

6. 项目资金来源及到位情况。资金来源计划和实际情况。

7. 项目运行及效益现状。项目运行现状，生产能力实现状况，项目财务经济效益情况等。

二、项目实施过程的总结与评价

1. 项目前期决策总结与评价。项目立项的依据，项目决策过程和程序，项目评估和可研报告批复的主要意见。

2. 项目实施准备工作与评价。项目勘察、设计、开工准备、采购招标、征地拆迁和资金筹措等情况和程序。

3. 项目建设实施总结与评价。项目合同执行与管理情况，工程建设与进度情况，项目设计变更情况，项目投资控制情况，工程质量控制情况，工程监理和竣工验收情况。

4. 项目运营情况与评价。项目运营情况，项目设计能力实现情况，项目运营成本和财务状况，以及产品结构与市场情况。

三、项目效果和效益评价

1. 项目技术水平评价。项目技术水平（设备、工艺及辅助配套水平，国产化水平，技术经济性）。

2. 项目财务经济效益评价。项目资产及债务状况，项目财务与经济效益情况，项目财务和经济效益变化的主要原因。

3. 项目经营管理评价。项目管理机构设置情况，项目领导班子情况，项目管理体制及规章制度情况，项目经营管理策略情况，项目技术人员培训情况。

四、项目环境和社会影响评价

项目环境影响评价。项目环保达标情况，项目环保设施及制度建设和执行情况，环境影响和生态保护。

五、项目的社会影响评价

项目主要利益群体，项目的建设实施对当地（宏观经济、区域经济、行业经济）发展的影响，对当地就业和人民生活水平提高的影响，对当地政府的财政收入和税收的影响。

六、项目目标和可持续性评价

1. 项目目标评价。项目的工程目标；技术目标；效益目标（财务经济）；影响目标（社会环境和宏观目标）。
2. 项目持续性评价。根据项目现状，结合国家的政策、资源条件和市场环境对项目的可持续性进行分析，预测产品的市场竞争力，从项目内部因素和外部条件等方面评价整个项目的持续发展能力。

七、项目后评价结论和主要经验教训

1. 项目成功度评价。
2. 评价结论和存在的问题。
3. 主要经验教训。

八、对策建议

1. 对项目和项目执行机构的建议。
2. 对中央企业的对策建议。
3. 宏观对策建议。

【本章小结】

工程项目收尾管理的内容包括工程项目竣工验收管理、工程项目资料交付、项目结算与决算、项目审计、项目产品回访与保修和项目后评价等内容。

项目竣工验收是承包人向发包人交付项目产品的过程。本章从竣工验收的概念入手，详细介绍了竣工验收应具备的条件和符合的标准，竣工验收的管理程序和准备工作，项目竣工验收报告的编写。工程项目竣工资料交付是根据《建设工程文件归档整理规范》（GB/T 50328—2001）和国家档案局《建设项目（工程）档案验收办法》及其他规范、文件的规定和要求，由业主组织进行，对工程的竣工资料进行整理、分类和归档。按分类组卷的要求移交给业主，业主对竣工资料验收合格后，将全部竣工资料整理汇总，按规定向档案主管部门移交备案。

工程项目结算是施工企业按照合同规定的内容全部完成所承包的工程，并经验收合格后，向发包单位进行的最终工程价款结算。项目竣工决算是竣工验收阶段业主与承包单位办理竣工结算后，按照国家规定的建设项目竣工决算编制办法核定项目建设成果和财务状况。项目审计是国家或企业的审计机构依据国家的法律法规、财务制度以及组织的经营方针、管理标准和规章制度，对项目的全部或部分建设活动，用科学的方法和程序进行审核检查，判定其是否合法、合理和有效，借以发现错误、纠正弊端、防止舞弊、改善管理，保证项目目标顺利实现。项目产品的回访与保修是工程项目竣工验收交接后，工程项目的承包人按照法律的规定和施工合同的约定，认真履行工程项目产品的回访与保修义务，以确保工

程项目正常运转和产品使用人的合理利益。项目后评价是在项目完成并运行到正常状态后,对项目的目的、执行过程、效益、作用和影响进行系统的、客观的分析和总结。它主要包括项目效益评价和项目管理评价。

【推荐读物】

1. 何芳,傅旗康. 房地产项目后评价理论与实务 [M]. 北京:清华大学出版社,2014.
2. 周鹏,宋伟. 项目验收与后评价 [M]. 北京:机械工业出版社,2007.
3. 朱红章. 工程项目审计 [M]. 武汉:武汉大学出版社,2010.
4. 赵庆华. 工程审计 [M]. 南京:东南大学出版社,2015.
5. 方春艳. 工程结算与决算 [M]. 北京:中国电力出版社,2015.

【复习讨论题】

1. 什么是项目竣工验收?
2. 简述项目竣工验收的流程。
3. 请谈一谈项目资料的目的和意义。
4. 项目审计的内容有哪些?
5. 简述项目回访和要求。
6. 简述项目后评价的主要方法和内容。

【网上练习】

1. 请查阅并分析掌握项目后评价报告的编写要点。
2. 请查阅国家关于建设工程项目竣工验收的内容及要求。

【案例分析】

紫玉官邸住宅项目交付

根据公司对紫玉官邸住宅项目交楼工作安排,为合理有序地开展交楼各项工作,保证交楼工作顺利完成。经过初步讨论,现拟订项目交付方案如下:

交楼时间:2015年6月30日
交楼地点:紫玉官邸会所
维修服务中心地点:运动中心(暂定)
交楼范围:19号、23号、24号楼,共计656户住房
交楼领导小组:集团董事长
组长:项目总经理
副组长:工程部、开发部、财务部、营销部、物业公司部门经理

一、交楼工作计划

（1）具体交楼计划（共计656户）如表1所示。

表1　　　　　　　　项目交楼计划表

日期	房源	户数
7月1日	23-1-01、02户（27层）、24-1-01、02户（27层）、19-1-01（28层）、19-2-01（28层）、23-2-01（28层）、24-2-01（28层）	218
7月2日	23-1-03、04户（27层）、24-1-03、04户（27层）、19-1-04（28层）、19-2-04（28层）、23-2-04（28层）、24-2-04（28层）	218
7月3日	19-1-02、03（28层）、19-2-02、03（28层）、23-2-02、03（27层）、24-2-02、03（27层）	220

（2）编制"交收楼通知书"并发放。营销部于6月10日（根据工程、开发取证进度）前完成定稿（包括交楼地点、业主需携带的资料、收楼流程、应缴费明细），6月11日完成设计，6月14日开始印刷，6月15日开始向业主寄发。

（3）营销部提前电话沟通，明确应收楼业主的信函接收地址，并告知业主如不方便接收信函，需提前一天到现场领取"交楼通知书"，确保逐户通知到位。

二、资料准备及交楼流程

1. 交楼前的资料准备

（1）业主身份证原件及复印件2张；

（2）业主及家庭成员1英寸照片（业主2张、家庭成员每人1张）；

（3）购房合同、已支付房款的所有收据原件，如有丢失，需登报声明，并由购房者本人写遗失声明、维修资金缴费凭证原件；

（4）如以个人名义购买，请携带二代身份证原件（如业主未成年，由监护人带户口本原件，如军人购房时使用军官证，请携带军官证原件）；

（5）如以个人名义但属于港、澳、台或外籍人士，请携带港澳台通行证或护照原件；

（6）如果您是公司或其他企事业单位购房的，请携带最新年检的公司营业执照（或事业单位法人证书等）原件及复印件（加盖公章）一份、最新年检的组织机构代码证原件及复印件（加盖公章）一份、单位授权委托书、法定代表人身份证明书、公司法定代表人及授权代理人身份证原件及复印件一份；

（7）如业主需委托他人代收（验）楼的业主，除应提供上述所有文件资料外，还应提供公证处公证的代理收（验）楼的授权委托书及委托人和受托人本人的二代身份证原件及复印件一份，如需办理公证委托书请注明代收房，代办结算、代收钥匙。

项目管理

2. 交楼流程

交楼流程如图1所示。

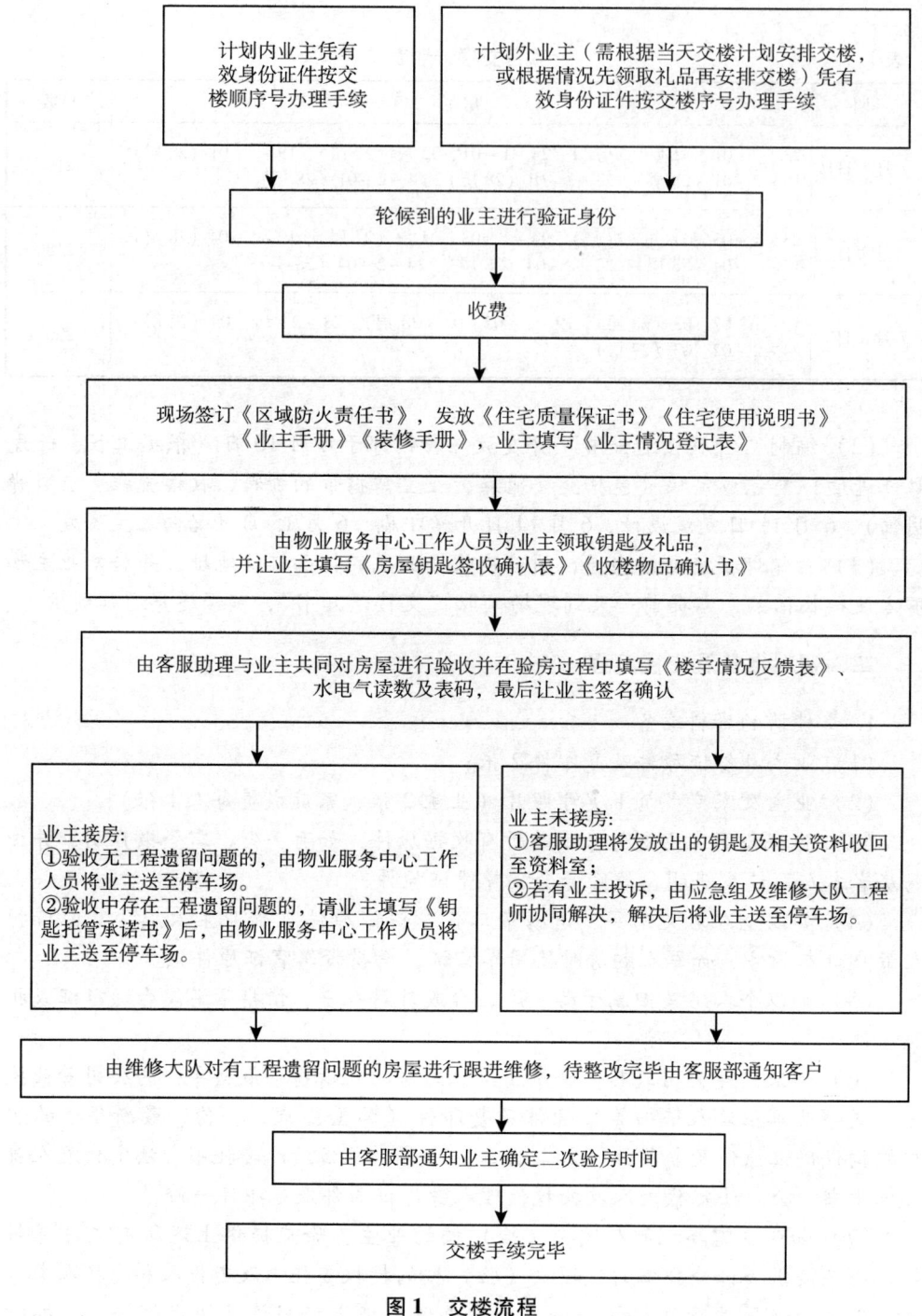

图1 交楼流程

三、现场人员分组情况

1. 接待签到组（负责人：物业公司、配 1 名服务人员）

（1）接待：业主前来交房时，服务人员接待问好"欢迎入住紫玉官邸"；

（2）签到：营销人员负责业主签到，并发放序号牌；

（3）服务：服务人员在等候区负责引导业主休息，服务人员准备好糕点和饮料，并送到业主手中，及时帮业主续水，满足业主的其他合理要求；

（4）引导：业主排到序号时引导业主办理相关交房流程，并回收序号牌。

2. 身份验证组（负责人：物业服务人员 1 名，财务人员 1 名）

（1）验证业主的《收楼通知书》、《购房合同书》、购房发票（或收据）、维修资金缴费凭证二代身份证原件（如属代办交房需验代办人二代身份证原件及委托书）等资料；

（2）在《交房手续办理流程单》第一栏中签字确认，引导业主办理下一步手续。

3. 收费组（负责人：物业财务）

（1）收取面积差、物业管理费（合同约定 6 个月）、有线电视开户费、代收水费。

（2）打单，引导业主办理下一步手续；

（3）发放《准予入住通知书》；

（4）在《交房手续办理流程单》第二栏中签字确认，引导业主办理下一步手续。

4. 签约组（负责人：物业客服）

（1）验证《准予入住通知书》；

（2）与业主签订《区域防火责任书》，填写《业主家庭情况登记表》；

（3）发放《业主手册》《装修手册》《住宅质量保证书》《住宅使用说明书》；

（4）回收《收楼通知书》《准予入住通知书》；

（5）在《交房手续办理流程单》第三栏中签字确认，引导业主办理下一步手续。

5. 钥匙、礼品发放组（负责人：物业管家）

（1）发放钥匙、礼品给业主，填写《房屋钥匙签收确认书》及《收楼物品确认表》，同时通知一名验房人员陪同业主验房；

（2）在《交房手续办理流程单》第四栏中签字，引导业主办理下一步手续。

6. 验房组（负责人：物业工程小组）

（1）验房人员陪同客户验房，解答客户的相关咨询，将水、电、气止数和验房情况写在《楼宇情况反馈表》上，交房完毕后请业主在《楼宇情况反馈表》签字确认，并将《楼宇情况反馈表》第二联交业主保管；

（2）验房人员及时将《楼宇情况反馈表》第三、四联反馈至维修大队；第

一联用作录入台账的依据,并最后回收至资料管理员处存档;

（3）告知业主交房结束,并引领业主到便民服务区办理相关业务;

（4）验房人员在《交房手续办理流程单》第五栏中签字并回收至资料管理员处存档。

7. 资料整理及归档（负责人：物业客服）

（1）物业服务中心设专人收集验房资料;

（2）每日交房结束后资料收集人将业主填写的《业主家庭情况登记表》《交房手续办理流程单》《区域防火责任书》《楼宇情况反馈表》等资料进行整理、归档。

8. 维修队伍（负责人：工程管理部）

（1）接到业主报修后,维修大队接到指令后5分钟内到达现场,由业主在维修单上签认到场时间。

（2）维修大队必须备足材料,按照物业公司日常工作程序完成交楼期间的维修服务工作,提供24小时现场服务。

（3）维修人员到达现场后30分钟内开始施工,维修结束前不得撤离现场。

9. 应急处理小组（负责人：物业公司）

对于在交房现场无法处理的问题,由工作人员引导业主到交房现场协调安抚组办公室解决。

10. 慰问组（负责人：营销部）

交楼之日起15天内,组织交楼慰问小组对收楼后的客户上门慰问。慰问的内容包括送贺卡,并请客户填写《业主回访记录表》。

11. 后勤保障组（负责人：物业公司）

（1）现场各项物资的供应及应急物资的购买;

（2）现场工作人员的用餐及饮用水供给;

（3）临时医护点的后勤保障。

12. 便民服务区

交房时为满足业主的需求,将开展"一站式"便民服务活动,以物业服务中心为信息交流的公共平台,即"一站"前台,联系煤气公司、电话公司、网络公司、有线电视等相关业务单位进行现场办公,方便业主办理相关业务。

四、交房现场环境布置

1. 交房办公区环境布置

（1）管理人员着装整洁,精神饱满;接待台及各交房办公室桌面需摆放鲜花;

（2）张贴醒目的"办理交房手续流程图",办理手续窗口设置要求做到"一条龙"服务程序,各窗口标识清楚,一目了然;

（3）交房办公区挂上各类祝福语横幅,挂灯笼,飘小彩带,摆放花篮、盆景,给人以隆重、喜庆的感受;

> 欢迎首期业主回家！
> 你幸福的微笑，是最美的咏叹调。
> 我们共同拥有一个家。
> 衷心祝愿业主骏业日新，安康恒足！
> 诚信友爱，共谋发展，创建和谐社区。

2. 交房区域环境布置

(1) 大门口挂红布大灯笼和横幅，横幅内容有"欢迎您乔迁新居"，插上彩旗；大门口设置指路牌，标明"交房办公区"字样；

(2) 广场安置充气球，并在气球上挂上横幅；

(3) 每户门上贴上"欢迎回家"标语；

(4) 在园区插彩色小旗、挂红色小灯笼，各出入口安置充气拱门，并在充气拱门上挂上祝福标语；

(5) 在园区各出入口安置引导标识，摆放鲜花。

五、物品采购与时间要求

1. 交楼所需物品采购情况：6月20日前采购到位。

2. 办公设备调配：办公桌椅、录音电话、电脑、打印机、饮水机等，物业公司6月20日前调配到位。

六、工作要求

1. 所有工作人员必须坚守岗位，一律不得请假，特殊情况需报公司总经理批准后方可请假，需临时离开本岗位的必须经该小组组长同意。

2. 全体工作人员要以饱满的热情和高度的责任心，做好本次交楼活动，任何情况下不得与业主发生争吵。现场工作人员必须衣冠整洁、佩戴工作牌、用语文明、彬彬有礼、热情待客。全体工作人员通信工具必须保持24小时畅通。

3. 各小组负责人必须全力配合，紧密协作，确保交楼工作的顺利进行并圆满完成交楼任务。

根据上述材料讨论：

(1) 简述项目交付对项目的重要性。

(2) 项目交付应包括哪些内容？

(3) 项目交付如何做好流程管理，责任和权力的界定？